Der aktivierende Wohlfahrtsstaat

AF752726

Schriften des Zentrums für Sozialpolitik
Band 24

Herausgegeben von Gerd Glaeske, Karin Gottschall, Stephan Leibfried, Philip Manow, Frank Nullmeier, Herbert Obinger, Stefan Traub und Heinz Rothgang

Zentrum für Sozialpolitik, Universität Bremen

Irene Dingeldey, Dr. rer. soc., ist wissenschaftliche Mitarbeiterin am Institut Arbeit und Wirtschaft der Universität Bremen.

Irene Dingeldey

Der aktivierende Wohlfahrtsstaat

Governance der Arbeitsmarktpolitik in Dänemark, Großbritannien und Deutschland

Campus Verlag
Frankfurt/New York

Diese Publikation ist durch die Hans-Böckler-Stiftung gefördert.

Bibliografische Information der Deutschen Nationalbibliothek:
Die Deutsche Nationalbibliothek verzeichnet diese Publikation in der Deutschen Nationalbibliografie. Detaillierte bibliografische Daten sind im Internet unter http://dnb.d-nb.de abrufbar.
ISBN 978-3-593-39386-5

Das Werk einschließlich aller seiner Teile ist urheberrechtlich geschützt. Jede Verwertung ist ohne Zustimmung des Verlags unzulässig. Das gilt insbesondere für Vervielfältigungen, Übersetzungen, Mikroverfilmungen und die Einspeicherung und Verarbeitung in elektronischen Systemen.
Copyright © 2011 Campus Verlag GmbH, Frankfurt am Main
Umschlaggestaltung: Campus Verlag GmbH, Frankfurt am Main
Druck und Bindung: CPI buchbücher.de, Birkach
Gedruckt auf Papier aus zertifizierten Rohstoffen (FSC/PEFC).
Printed in Germany

Dieses Buch ist auch als E-Book erhältlich
www.campus.de

Meinen Rittern

Inhalt

Vorwort

Das vorliegende Buch wurde an der Universität Bremen als Habilitationsschrift verfasst. Es ist über einen vergleichsweise langen Zeitraum hinweg entstanden, so dass letztlich viele Personen und Institutionen zu seinem Zustandekommen beigetragen haben. Zu nennen ist das Zentrum für Sozialpolitik in Bremen, an dem die Arbeit im Zusammenhang mit einem Projekt der Abteilung »Geschlechterpolitik im Wohlfahrtsstaat« unter der Leitung von Prof. Dr. Karin Gottschall am Sonderforschungsbereich »Staatlichkeit im Wandel« begann. Am Institut Arbeit und Wirtschaft der Universität Bremen wurde sie schließlich in 2011 abgeschlossen. Beide Institutionen haben die Finanzierung der für dieses Buch grundlegenden Forschungsarbeit durch die Bereitstellung einer Stelle ermöglicht. Dabei ist zudem dem Kanzler der Universität Bremen, Gerd-Rüdiger Kück, zu danken, der in meinem Fall die Vereinbarkeit von Familie, Beruf und Weiterqualifizierung über Stellenverlängerungen möglich gemacht und so zum Entstehen der Arbeit beigetragen hat.

Mein besonderer Dank gilt den Betreuern und Gutachtern der Arbeit Prof. Dr. Karin Gottschall und Prof. Dr. Frank Nullmeier. Wichtig für mich war, dass sie die Hoffnung auf die Fertigstellung der Arbeit nie aufgegeben haben. Bei Dr. Günter Warsewa, dem Direktor des Instituts Arbeit und Wirtschaft, möchte ich mich dafür bedanken, dass er mich in den beiden vergangenen Jahren immer wieder zur Weiterarbeit und Fertigstellung der Arbeit ermuntert und die dafür notwendige Ressourcen bereitgestellt hat.

Schließlich gilt mein Dank der Hans-Böckler-Stiftung, die durch die Gewährung eines Druckkostenzuschusses nicht nur die Veröffentlichung unterstützte, sondern damit auch den finalen »Druck« zur Fertigstellung ausgeübt hat.

Die Übernahme der Formatierung der Arbeit und die geduldige Umsetzung unzähliger Änderungswünsche in Bezug auf Tabellen und Grafiken durch Tobias Schwandt war für mich eine unschätzbare Hilfe, für die ich mich ebenfalls bedanken möchte. Ebenso hat mir die Unterstützung meiner Kollegen und Kolleginnen Ina Berninger, Prof. Dr. Rainer Dombois, Prof. Dr. Herbert Obinger, Anne Schröter, Dr. Jörg Sommer und Dr. Wolfgang Ritter in der Endphase sehr geholfen, zumal sie die Arbeit Korrektur gelesen haben. Ihnen allen möchte ich ebenfalls recht herzlich danken. Die Verantwortung für den nachfolgenden Text liegt gleichwohl ausschließlich bei der Verfasserin.

Meine Familie hat während des gesamten Entstehungsprozesses der Arbeit ein ereignisreiches Kontrastprogramm geboten, so dass insgesamt eine erfüllte Lebenszeit daraus wurde. Das war nicht nur wichtig, sondern auch sehr schön. Vielen Dank!

Bremen, den 30. August 2011

Irene Dingeldey

»Nur wer sich ändert, bleibt sich treu«.

(Wolf Biermann 1992)

»Der Staat muß nicht nur die negativen Auswirkungen eines ›Subsystems‹ (Wirtschaft, Gesellschaft, Politik) auf das andere ausgleichen beziehungsweise regulativ verhindern, sondern gewährleisten und organisieren, daß Subsysteme optimal aufeinander bezogen sind. Beispielsweise muß das Sozialsystem so konzipiert sein, daß es die Wiederaufnahme von Erwerbsarbeit und die Eigeninitiative optimal vorbereitet und unterstützt. Eine neue Balance von individuellen Rechten und Pflichten, die Forderung, der verwaltende, Recht setzende und Daseinsvorsorge betreibende Staat müsse seinen Bürgern wieder mehr zutrauen und zumuten – das alles bedeutet nicht den kaltschnäuzigen Rückzug des Staates aus der Verantwortung. Im Gegenteil: Es geht um ein neues Steuerungsmodell, das sehr viel mehr Kreativität braucht, Innovationsbereitschaft und den langen Atem vorausschauender, aktivierender Politik«.

(Bodo Hombach 1999)

Einleitung

Zentrale Ziele des Wohlfahrtsstaates sind die Gewährleistung sozialer Rechte und der soziale Ausgleich (Kaufmann 1997: 22; Marshall (1949) 1963). Um diese Ziele erfüllen zu können, muss der Wohlfahrtsstaat zwischen den verschiedenen Gesellschaftsbereichen Staat, Markt und Familie und den diesen zu Grunde liegenden widersprüchlichen Funktionsbedingungen vermitteln (Kaufmann 2002b: 278). Angesichts der sich verändernden wirtschaftlichen und sozialen Rahmenbedingungen ist dazu eine beständige Anpassung der konkreten Ausgestaltung sozialer Rechte wie auch wohlfahrtsstaatlicher Institutionen und Programme an neue Bedürfnisse und Herausforderungen notwendig. Das von Wolf Biermann formulierte Paradoxon der Notwendigkeit von Wandel als Voraussetzung für Kontinuität charakterisiert daher äußerst treffend die Dynamik der Wohlfahrtsstaatsentwicklung.

In der vielfach als goldenes Zeitalter des Wohlfahrtsstaates bezeichneten Nachkriegszeit galt der fürsorgende oder versorgende Wohlfahrtsstaat als dominantes Paradigma[1] für sozialstaatliches Handeln in den westlichen Ländern. Folgt man der Argumentation von Esping-Andersen (1990) und anderen (Bonoli 2007b: 25), wurden der Ausbau der Dekommodifizierung, also die Existenzsicherung unabhängig von Markteinkommen, sowie die

1 Die Charakterisierungen des fürsorgenden (Schmid 1996) und des versorgenden Wohlfahrtsstaates (Heinelt 2003) decken sich weitgehend mit dem Terminus des keynesianischen Wohlfahrtsstaates (Jessop 1994) als Bezeichnung für das wohlfahrtsstaatliche Paradigma der Nachkriegszeit. Im Folgenden wird aus Gründen der Einfachheit nur noch vom fürsorgenden Wohlfahrtsstaat gesprochen. Nach Kuhn wird ein Paradigma als wissenschaftliches Erklärungsmodell verstanden, das gleichwohl abgelöst werden kann, wenn ein neues Paradigma bei der Bearbeitung offener Fragen als überlegen erscheint (Kuhn 1976). Im Folgenden wird in Anlehnung an Hall der Begriff des wohlfahrts-staatlichen Paradigmas verstanden als » ›an interpretive framework‹ of ideas and stan-dards that specifies not only the goals of policy and the kind of instruments that can be used to attain them, but also the very nature of the problems they are meant to be adressing« (Hall 1993: 279; ähnlich Béland 2005).

Angleichung der Markteinkommen über sozialstaatliche Umverteilung als zentrale sozialpolitische Ziele verfolgt. Dies basierte auf einem Verständnis des Staates als planendem oder steuerndem Interventionsstaat, der unter anderem mit Hilfe der keynesianischen Makrosteuerung, die entsprechenden ökonomischen Voraussetzungen in Form von wirtschaftlichem Wachstum und Vollbeschäftigung schaffen sollte (Dingeldey 2006b). Die verschiedenen von Esping-Andersen (1990) als liberal, konservativ-korporatistisch und sozialdemokratisch-universalistisch typologisierten Wohlfahrtsstaatsregime belegen dabei, dass die entsprechenden Ziele in den einzelnen Ländern nicht nur im Rahmen unterschiedlicher historisch gewachsener institutioneller Arrangements entlang verschiedener Normen und Prinzipien umgesetzt, sondern auch jeweils mit durchaus unterschiedlichem Erfolg erreicht wurden.

Spätestens seit den 1970er Jahren entstanden jedoch neue Herausforderungen und soziale Problemlagen, welche die mit dem Paradigma des fürsorgenden Wohlfahrtsstaates verbundenen Ziele und Instrumente sowie das damit einhergehende Problemlösungspotential generell in Frage stellten. Zu nennen sind hier unter anderem die zunehmende Internationalisierung der Wirtschaft, welche die keynesianische Steuerung restringierte beziehungsweise deren weitgehendes Versagen bei der Beseitigung der Massenarbeitslosigkeit verdeutlichte (Scharpf 1987). Ferner wurde die Finanzkrise des Staates unter anderem auf permanent steigende wohlfahrtsstaatliche Ausgaben zurückgeführt. Damit wurden vor allem kompensatorische, finanzielle Leistungen beziehungsweise das Ziel einer umfassenden Dekommodifizierung zunehmend diskreditiert. Gleichzeitig zeigten die etablierten Instrumente und Programme Defizite hinsichtlich der Absicherung so genannter neuer sozialer Risiken, die aufgrund der zunehmenden Prekarisierung von Erwerbstätigen sowie der Auflösung der traditionellen Familienformen entstanden (Bonoli 2007a; Pierson 2001a).

Vor diesem Hintergrund entwarfen sowohl nationale als auch internationale Akteure neue wohlfahrtsstaatliche Leitbilder, um die konkreten Ziele sowie Programme und Institutionen an die veränderten Herausforderungen anzupassen. Seit Ende der 1980er Jahre werden die entsprechenden Reformdiskurse von Seiten der OECD oder der EU durch die Entwürfe einer »Active Society« oder »Activating Policies« (Lefresne 1999; OECD 1989) geprägt. Die diesen Entwürfen zu Grunde liegenden Ideen wurden nicht zuletzt von ideologischen Wegbereitern und Politikberatern der nationalen Regierungen und Parteien entwickelt und beeinflusst.

Beispielhaft zu nennen sind hier Publikationen, die einen »Social Investment State« (Giddens 1998a) oder einen »Enabling State« (Gilbert/Gilbert 1989; Gilbert 2002) als Ziel des Wandels skizzierten beziehungsweise dahingehende Entwicklungen positiv bewerteten. Andere wiederum haben die entsprechenden Reformpolitiken als Transformation vom »Keynesian Welfare State to the Schumpeterian Workfare State« (Jessop 1994) kritisch kommentiert. Als am wenigsten normativ überfrachtet kann in diesem Zusammenhang die These des wohlfahrtsstaatlichen Paradigmenwechsels vom »fürsorgenden zum aktivierenden Staat« betrachtet werden (Dingeldey 2006b)[2].

Grundlegend für die genannten Entwürfe ist, dass sozialstaatliche Ziele wie Freiheit und Gleichheit im Sinne einer Steigerung der Eigenverantwortung und sozialer Teilhabe reinterpretiert werden. Im Rahmen einer Politik, die sozialen Risiken präventiv begegnen will, werden die im Rahmen einer fürsorgenden Sozialpolitik gewährten universalisierten Rechtsansprüche auf standardisierte materielle Leistungen abgebaut und durch individualisierte und konditionalisierte Leistungen ersetzt. Im Vordergrund steht dabei die Arbeitsmarktaktivierung, womit die Kommodifizierung der Individuen zum vorrangigen Ziel staatlicher Steuerungsintentionen wird. Der bereits vollzogene Übergang zu einer angebotsorientierten Wirtschaftssteuerung wird nunmehr durch einen massiven Umbau hin zur aktivierenden Arbeitsmarktpolitik ergänzt und das Vollbeschäftigungsziel weitgehend durch das Ziel der Förderung von Beschäftigungsfähig ersetzt.

Bislang noch wenig Aufmerksamkeit fand dabei, dass das neue Paradigma neben dem Wandel von *Welfare* auch einen Wandel von *State* impli-

---

2 Eine der bekanntesten Definitionen eines Paradigmenwechsels geht zurück auf Peter Hall, der den Begriff letztlich synonym mit einem Policy Wandel dritter Ordnung im Sinne einer Veränderung von Zielen, Instrumenten und »Settings« verwendet (Hall 1993; ausführlich siehe Abschnitt 3.1). Im Folgenden wird der wohlfahrtsstaatliche Paradigmenwechsel in Anlehnung an Hall und Kuhn (siehe oben) als Wandel der (normativen) Vorstellungen zur materiellen und ideellen Gestalt des Wohlfahrtsstaates, der damit verbundenen Interpretationen wirtschaftlicher und sozialpolitischer Funktionsmechanismen sowie der darauf aufbauenden Institutionen und Interventionsmechanismen verstanden. Die Umsetzung eines Paradigmenwechsels beinhaltet damit eine auf dem Ideenwandel aufbauende komplexe und umfassende Reformulierung politischer Ziele und Programme sowie die Umgestaltung von Institutionen. Dabei ist auch eine Veränderung damit verbundener Outcomes zu erwarten. Der Terminus aktivierender Sozial- oder Wohlfahrtsstaat wird im Folgenden kursorisch für das hier thematisierte neue Wohlfahrtsstaatsparadigma genutzt, sofern nicht auf Differenzen der spezifischen normativen Konzepte abgehoben wird.

ziert. Das zweite oben angeführte Zitat des ehemaligen deutschen Kanzleramtsministers Bodo Hombach unterstreicht jedoch genau diesen Aspekt, indem die veränderten sozialstaatlichen Zielsetzungen mit dem Wandel des Steuerungsmodells beziehungsweise von Governance[3] verbunden werden. Dies lässt sich vordergründig auf die Arbeitsteilung zwischen staatlichen und privaten Akteuren beim Regulieren, Erbringen und Finanzieren sozialer Leistungen beziehen. Wesentlicher erscheint jedoch eine damit einher gehende Neudefinition der Rolle des Staates.

Dieser wird unter anderem als Gewährleistungsstaat skizziert, in dem die Rücknahme staatlicher Verantwortung beim Erbringen von Leistungen mit der Ausdehnung von hoch komplexen Regulierungs- und Koordinationsaufgaben bei der Wahrnehmung einer erweiterten Gewährleistungsverantwortung gekoppelt ist (Schuppert 1997; 2005). Die Transformation zum aktivierenden Wohlfahrtsstaat wäre somit nicht – wie in zahlreichen wohlfahrtsstaatlichen Analysen impliziert – allein durch die Veränderung des »Umfangs« staatlicher Intervention (Retrenchement oder Expansion) zu erfassen, sondern muss im Sinne eines umfassenden Umbaus untersucht werden. Dabei ist auch zu klären, inwiefern sich der neben der Veränderung der Governance von Policies ebenfalls angestrebte Wandel der Governance der politischen Entscheidungsprozesse (Politics) beispielsweise durch die vermehrte Entscheidungsfindung in Netzwerken auf die Gestaltung von Politik beziehungsweise die Reformfähigkeit auswirkt.

Um den mit dem Konzept des aktivierenden Wohlfahrtsstaates verbundenen Wandel erfassen zu können, bedarf es daher nicht nur einer Analyse der veränderten Ziele, Instrumente und institutionellen Arrangements der Policies, sondern auch der den entsprechenden Reformen vorangegangenen Entscheidungsprozesse. Eine derart angelegte Untersuchung entspricht der von Kaufmann eingeforderten Analyse von Sozialpolitik in ihrer dreifachen Dimensionierung, also die Entwicklung sozialpolitischer Ideen (Social Ideas), die institutionelle Ausgestaltung der Sozialpolitiken (Social Policies) und die diese beeinflussenden politischen Entscheidungsprozesse und Machtverhältnisse (Social Politics) (Kaufmann 2009).

---

3 »Governance« wird im Folgenden als Oberbegriff genutzt, um das »Gesamt aller nebeneinander bestehenden Formen der kollektiven Regelung gesellschaftlicher Sachverhalte: von der institutionalisierten zivilgesellschaftlichen Selbstregelung über verschiedene Formen des Zusammenwirkens staatlicher und privater Akteure bis hin zu hoheitlichem Handeln staatlicher Akteure« zu bezeichnen (Mayntz 2004: 66) und bezieht sich sowohl auf die das Handeln regelnden Strukturen als auch auf den Prozess der Regelung (Mayntz 2005: 15; Pierre/Peters 2000: 14).

Eingelöst wird der entsprechende Anspruch über die Untersuchung von Wandel und Kontinuität in der Arbeitsmarktpolitik mit spezifischer Fokussierung auf die Veränderung von Governance in verschiedenen Wohlfahrtsstaatsregimen. Forschungsleitend sind dabei folgende Fragen:

1. Findet in einzelnen Ländern tatsächlich ein Wandel der Arbeitsmarktpolitik in Anlehnung an das skizzierte Paradigma des aktivierenden Wohlfahrtsstaates statt und wird der dabei implizierte Wandel von Governance-Formen vollzogen?
2. Führt der Paradigmenwechsel zu einer Konvergenz der Regime und/oder entwickeln sich verschiedene Varianten aktivierender Politik?
3. Wie lassen sich mögliche Unterschiede der arbeitsmarktpolitischen Reformen entlang des Aktivierungsparadigmas erklären, und welchen Einfluss haben dabei verschiedene Formen der Governance der Entscheidungsfindung?

Aufgrund der dargelegten Erörterungen zum Forschungsstand wird für die Beantwortung dieser Fragen ein qualitativ vergleichendes Forschungsdesign gewählt. Im Mittelpunkt steht die Analyse der Arbeitsmarktpolitik und ihrer Governance seit Beginn der 1990er Jahre bis 2005, da für diesen Zeitpunkt alle relevanten Daten zur Implementation für alle Länder sowie umfassende empirische Studien zu den Entscheidungsprozessen vorliegen, die sekundäranalytisch ausgewertet werden. Die mit den jüngeren Reformen einhergehende Entwicklung wird eingearbeitet, aber im Zuge der zusammenfassenden Bewertung primär dahingehend kommentiert, ob eine Fortsetzung oder ein Kurswechsel der zuvor verfolgten Strategien absehbar ist.

Die Auswahl des Politikfeldes der Arbeitsmarktpolitik begründet sich darin, dass in allen normativen Diskursen zum aktivierenden Wohlfahrtsstaat die Steigerung der Arbeitsmarktteilhabe beziehungsweise die Förderung von Beschäftigungsfähigkeit im Sinne einer (Re-) Kommodifizierung von Arbeitskraft als zentrale Ziele genannt werden. Entsprechend kommt dem Wandel hin zu einer aktivierenden Arbeitsmarktpolitik[4] eine Schlüsselrolle auf dem Weg zum aktivierenden Wohlfahrtsstaat zu.

4 Eine zentrale Unterscheidung zwischen aktiver und aktivierender Arbeitsmarktpolitik besteht darin, dass erstere idealtypisch auf die Veränderung von auf Arbeitsmarktstrukturen respektive die Vermeidung eines Mismatch zwischen Angebot und Nachfrage am Arbeitsmarkt abzielt. Letztere zielt auf das Individuum beziehungsweise die Verbesserung der individuellen Beschäftigungsfähigkeit. Dies schließt nicht nur die Förderung und Ermöglichung der Arbeitsmarktteilhabe, sondern auch die gezielte Einflussnahme

Ein Spezifikum des nunmehr verfolgten Ziels der Beschäftigungsfähigkeit, verstanden als Steigerung der Arbeitsmarktteilhabe auch von bislang arbeitsmarktfernen Gruppen, ist, dass es nicht ausschließlich im Rahmen der Arbeitsmarktpolitik gewährleistet werden kann. Vielmehr bedarf es komplementärer Reformen in weiteren Politikfeldern, indem verschiedene Dienstleistungsangebote zur Verfügung gestellt oder auch finanzielle Anreizstrukturen re-reguliert werden. Das größte, wenn auch länderspezifisch durchaus unterschiedlich entwickelte Aktivierungspotential liegt bei Frauen beziehungsweise Müttern, die auch als Zielgruppe politischer Reformen genannt wurden. Entsprechend wird in der Analyse exemplarisch auf diese Gruppe beziehungsweise die Koordination aktivierender Arbeitsmarktpolitik mit der Steuer- und Familienpolitik fokussiert[5]. Dabei wird angenommen, dass nicht nur die Chance auf Arbeitsmarktintegration, sondern auch deren Umfang (Arbeitszeit) durch die Aktivierungspolitik respektive die Koordination der verschiedenen Policies beeinflusst wird – und damit auch das Entstehen egalitärer oder polarisierter Muster der Erwerbsintegration. Weitere Politikfelder werden dann berücksichtigt, wenn von der Arbeitsmarktpolitik ausgehende institutionelle oder programmatische Reformen angestrebt werden, wie zum Beispiel die Reform der Sozialhilfeverwaltung oder aber die Aktivierung von Sozialhilfeempfängern.

Um die Realisierung des Paradigmenwechsels im Sinne einer primär konvergenten Entwicklung untersuchen zu können, begründet sich die Auswahl der Untersuchungsländer Dänemark, Großbritannien und Deutschland innerhalb einer weitgehend homogenen Ländergruppe im Rahmen eines Most-Similar-Systems Design. Gleichzeitig wird die Konkordanzmethode angewandt, indem untersucht wird, inwiefern sich der wohlfahrtsstaatliche Paradigmenwechsel (als Ähnlichkeit der abhängigen Variable) bei hoher Varianz der unabhängigen Variablen, also unterschiedlichen wohlfahrtsstaatlichen Regimetypen, politischen Systemen usw.

---

auf persönliches Verhalten und individuelle Arbeitsbereitschaft ein (Serrano Pascual 2007b). Obgleich dabei eine starke Überschneidung hinsichtlich der eingesetzten Instrumente besteht, werden sie in jeweils unterschiedlichen Kontexten genutzt. In diesem Sinne stellt auch die Anpassung der so genannten passiven Arbeitsmarktpolitik, also die Konditionalisierung und Individualisierung von Transferleistungen, einen Teil des Wandels dar.

5 Für andere Gruppen wie »ältere Arbeitnehmer« wäre dagegen die Koordination mit der Verrentungspolitik beziehungsweise mit gesundheitsbezogenen Dienstleistungsangeboten als komplementäre Policies zu betrachten.

durch einzelne ähnliche bzw. gleich ausgeprägte Variablen wie die Ideen des Aktivierungsparadigmas oder die hohe Arbeitslosigkeit erklären lässt.

Die mit den formulierten Fragen verbundene Perspektive auf das Phänomen »Wandel des Wohlfahrtsstaates« ist bewusst vielschichtig und breit gewählt. Eine Verallgemeinerung der hier erzielten Ergebnisse für andere Bereiche ist jedoch nicht ohne weiteres möglich. In anderen Politikfeldern, wie beispielsweise der Gesundheits- oder Rentenpolitik, haben Ziele wie die Steigerung der Eigenverantwortung oder der Präventions- und Aktivierungsgedanke ebenfalls Einzug gehalten, ohne jedoch derart prägend für den Wandel des gesamten Institutionensystems zu sein wie in der Arbeitsmarktpolitik.

Die in der vorliegenden Analyse erzielten Ergebnisse sind also zunächst immer als Wandel des Wohlfahrtsstaates im Politikfeld der Arbeitsmarktpolitik und die diese flankierenden Politikfelder in den jeweils untersuchten Ländern zu verstehen, auch wenn dies im Folgenden zum Teil kursorisch als Wandel des Wohlfahrtsstaats abgekürzt wird. Die empirisch fundierten Ergebnisse eines derart begrenzten Untersuchungsfeldes tragen gleichwohl dazu bei, auf verschiedene bislang vernachlässigte Aspekte der vergleichenden Wohlfahrtsstaatsforschung aufmerksam zu machen oder auch bestehende Annahmen zu kritisieren oder gar in ihrer (Allgemein-) Gültigkeit in Frage zu stellen.

Die Untersuchung des wohlfahrtsstaatlichen Paradigmenwechsels ist aufs Engste mit der Frage nach dem »Wesen« des Wohlfahrtsstaates selbst verknüpft. In der durchaus umfassenden Wohlfahrtsstaatsforschung wird die Frage, was den Wohlfahrtsstaat beziehungsweise wohlfahrtsstaatliches Handeln ausmacht, kaum thematisiert. Die für das Forschungsdesign relevante steuerungstheoretische Rekonstruktion verschiedener Paradigmen verspricht daher auch neue Perspektiven auf das Phänomen des Wohlfahrtsstaates an sich beziehungsweise lenkt die Aufmerksamkeit auf (bekannte, aber vielfach vergessenen) genuine Ambivalenzen beziehungsweise Spannungsverhältnisse wohlfahrtsstaatlichen Handelns. In diesem Sinne versteht sich die nachfolgende Arbeit auch als eine Weiterführung der von Esping-Andersen (1990; 1999) entwickelten Kriterien zur Unterscheidung verschiedener Wohlfahrtsstaatsregime beziehungsweise deren Anpassung an veränderte Entwicklungen.

Die Fokussierung auf Governance stellt die in den vergangenen Jahren vernachlässigte Interdependenz zwischen staatlichen Strukturen und Wohlfahrtsentwicklung erneut ins Zentrum sozialpolitischer Analyse. Da in der

Governance-Forschung bislang das Verhältnis von Sozialstaat und Individuum kaum behandelt wurde, will die folgende Untersuchung zur Erweiterung und Systematisierung hinsichtlich der in dieser Beziehung relevanten Governance-Formen beitragen. Dabei verspricht die Verbindung der Analyse neuer Formen der Governance von Policies (als abhängige Variable) mit der Analyse der Governance von Politics (als unabhängige Variable) neue Einsichten in Bezug auf die sozialstaatliche Reformfähigkeit verschiedener Länder.

Die Untersuchung der im Konzept des aktivierenden Sozialstaates formulierten präventiven Zielsetzung »soziale Befähigung« soll Aufschluss darüber geben, ob beziehungsweise wie sich der in der Governance-Forschung idealtypisch skizzierte Gewährleistungsstaat (Hoffmann-Riem 2000; Schuppert 2005) in der Realität tatsächlich entwickelt, und welche Probleme mit einem entsprechenden Umbau des Staates einhergehen. Wesentlich erscheint dabei erstens, inwiefern formulierte Ziele wie die Gewährleistung sozialer Teilhabe tatsächlich realisiert werden. Zweitens muss geprüft werden, inwiefern der Staat die ihm zugeschriebene Rolle als eine Art Meta-Akteur in den einzelnen Ländern tatsächlich erfüllt und die zunehmend komplexen Regulierungs- und Koordinationsanforderungen erfolgreich bewältigt, um die gegebenenfalls sogar erweiterte Gewährleistungsverantwortung einzulösen. Eine Art »Prüfstein« stellen dabei drittens nicht zuletzt die zu beobachtenden Folgen wohlfahrtsstaatlichen Handelns im Sinne einer stärkeren Egalisierung oder Polarisierung sozialer Teilhabechancen dar, die sich unter anderem an den entstehenden Mustern der Arbeitsmarktteilhabe ablesen lassen.

Umgekehrt kann die in der Wohlfahrtsstaatsforschung im Zuge der Debatte um das »Dependent Variable Problem« (Clasen/Siegel 2007a; Green-Pedersen 2004) formulierte Kritik einer Engführung der Beurteilung wohlfahrtsstaatlicher Performanz, die sich an der Konzentration der Analysen auf Ausgaben und/oder Leistungen in den überwiegend quantitativ orientierten Untersuchungen festmacht, mit der Thematisierung der Governance von Sozialpolitik überwunden werden. Dies verspricht einen innovativen Beitrag zur Kontroverse um Rückbau, Konsolidierung oder Umbau des Wohlfahrtsstaates. In diesem Zusammenhang ist nicht zuletzt auch der Aspekt relevant, inwiefern die einzelnen Wohlfahrtsregime im Rahmen eines Paradigmenwechsels ihren historischen Entwicklungspfaden (im Sinne pfadabhängigen Wandels) treu bleiben oder (partielle) Pfadbrüche verwirklichen. Eine entsprechend breite und differenzierte Perspektive auf das Phänomen wohlfahrtsstaatlichen Wandels erfordert daher eine aufwendige Konstruktion der »abhängigen« Variable, um unterschiedliche Aktivierungsvarianten und Reformprofile abbilden zu können.

Dies wird kombiniert mit einem vergleichsweise breiten Ansatz bei der Erklärung der Muster wohlfahrtsstaatlichen Wandels beziehungsweise länderspezifischer Policy-Varianten. Die in der vergleichenden Wohlfahrtsstaatforschung etablierten Erklärungsansätze zeigen eine jeweils spezifische Affinität zu den konstatierten Mustern des Wandels: Funktionalistische und diskursorientierte Ansätze legen meist eine eher konvergente wohlfahrtsstaatliche Entwicklung nahe. Institutionalistische und Interessen- beziehungsweise Machtressourcenansätze heben dagegen meist stärker auf die Erklärung länderspezifischer Entwicklungen ab – und damit auf Divergenzen. Darüber hinaus wird den institutionalistischen Ansätzen und insbesondere auch der Veto-Spieler-These ein gewisser Bias hinsichtlich der Akzentuierung pfadabhängiger Entwicklungen beziehungsweise von Reformblockaden vorgeworfen, ohne dass – so die Kritik – die Kombination verschiedener Formen von Wandel ausreichend berücksichtigt werde.

In der vorliegenden Untersuchung wird der Ansatz des akteurzentrierten Institutionalismus favorisiert (Mayntz/Scharpf 1995; Scharpf 2000a). Dieser zeigt sich offen, die im Konzept des aktivierenden Wohlfahrtsstaates als auch des Gewährleistungsstaates formulierten Annahmen einer sich verändernden Governance der Entscheidungsfindung zu untersuchen, da nicht nur staatliche, sondern auch gesellschaftliche Akteure in die Analyse einbezogen werden. Von zentralem Interesse ist dabei, ob in den verschiedenen Ländern jeweils unterschiedliche Formen der Governance der Entscheidungsfindung dominieren, und inwiefern diese wohlfahrtsstaatlichen Wandel im Zuge der Umsetzung des Aktivierungsparadigmas beeinflussen. Dabei ist anzunehmen, dass die jeweils unterschiedlichen Formen der Governance der Entscheidungsfindung, also Hierarchie oder Co-Governance (zum Beispiel durch Verhandlungen), jeweils unterschiedliche Reformoptionen ermöglichen oder restringieren. Dabei dürfte nicht zuletzt auch die Koordination verschiedener Policies beziehungsweise das Herstellen eines im nationalen Kontext (erneut) kongruenten Institutionen- und Anreizsystems entlang des neuen Paradigmas mit den verschiedenen Formen der Governance der Entscheidungsfindung in jeweils unterschiedlichem Umfang beziehungsweise für unterschiedliche Bereiche besser oder schlechter gelingen.

Ferner können globale ökonomische Entwicklungen wie auch international relevante Ideen beziehungsweise Diskurse als Erklärungsfaktoren im Rahmen des Ansatzes eines akteurzentrierten Institutionalismus integriert werden. Um der in der Literatur zunehmenden Betonung von Diskurs beziehungsweise Ideen als Erklärungsfaktoren Rechnung zu tragen (Schmidt 2000; 2002c), wird im Rahmen eines diskursiv erweiterten akteurzentrierten Institutionalismus neben den verschiedenen Formen der Governance der Entscheidungsfindung auch die nationale Ausprägung der Reformdiskurse und deren Einfluss auf die Umsetzung der paradigmatischen Veränderungen analysiert. Um dabei Ursachen für die jeweils länderspezifischen Entwicklungen genau aufzeigen zu können, wird die Methode des Process Tracing angewandt.

Im Rahmen des soweit skizzierten Forschungsdesigns werden verschiedene Schwerpunktsetzungen verfolgt: Erstens sollen die (länder-) spezifischen Veränderungen der jeweiligen Wohlfahrtsstaaten beziehungsweise Arbeitsmarktpolitiken detailliert analysiert sowie die damit einhergehenden sozialen Folgen offen gelegt werden, um eine Typisierung der potentiellen Varianten der Aktivierungspolitik begründen zu können. Zweitens werden die Konzepte von Wandel respektive pfadabhängiger Entwicklung analytisch konkreter gefasst, um sie auch empirisch detaillierter untersuchen zu können. Dabei sollen sowohl pfadabhängige als auch pfadbrechende Veränderungen detailliert untersucht sowie Konvergenz und Divergenz wohlfahrtsstaatlicher Entwicklung differenziert beurteilt werden. So sind beispielsweise auch ähnliche Reformen in den verschiedenen Regimen als jeweils in unterschiedlicher Weise »pfadbrechend« oder »pfadabhängig« zu klassifizieren. Ferner erscheint ein kompletter Regimewechsel als »Meßlatte« für einen »Pfadbruch« zu stark. Vielmehr müssen auch partielle Pfadbrüche, im Sinne einer Abweichung von etablierten wohlfahrtsstaatlichen Normen beziehungsweise Veränderungen institutioneller Teilsysteme als Teil von Wandel wahrgenommen und erklärt werden. Drittens sollen Stereotype zur Erklärung der Entwicklung in den einzelnen Ländern überprüft und mit Hilfe der Analyse eines Sets von Variablen, wie sie im diskursiv erweiterten akteurzentrierten Institutionalismus zusammengefasst sind, gegebenenfalls korrigiert werden. Zu nennen ist hier zum Beispiel die These der Reformunfähigkeit der konservativ-korporatistischen Wohlfahrtsstaaten im Vergleich zu anderen Wohlfahrtsstaatsregimen oder die als grundsätzlich »optimal« eingeschätzten Anpassungsleistungen in den skandinavischen Ländern.

Mit Hilfe dieses Forschungsdesigns lassen sich entlang der oben formulierten Fragestellung folgende Hypothesen generieren:

1. Die Arbeitsmarktpolitik in den verschiedenen Ländern wird in Anlehnung an das Paradigma des aktivierenden Wohlfahrtsstaates umgebaut (Restructuring). Dies geht mit einem Wandel von Governance im Sinne eines Gewährleistungsstaates einher.
2. Veränderungen entlang des neuen Paradigmas gehen mit einer Parallelität konvergenter und divergenter Entwicklungen einher, die in der Herausbildung unterschiedlicher Varianten der Aktivierungspolitik münden.
3. Unterschiede bei den Reformen entlang des Aktivierungsparadigmas sind durch das Zusammenspiel verschiedener Variablen zu erklären. Konkrete Reformziele der Aktivierungspolitik werden im politischen Diskurs der einzelnen Länder in Abhängigkeit spezifischer sozioökonomischer Problemlagen und bestehender wohlfahrtsstaatlicher Institutionen formuliert. Die jeweils dominante Form der Governance der Entscheidungsfindung beeinflusst, welche pfadbrechenden Reformziele dabei verwirklicht werden können.

Um die entsprechenden Hypothesen zu begründen, zu konkretisieren und schließlich zu überprüfen, wird im weiteren Fortgang der Arbeit zunächst die Diskussion zum Wandel des Wohlfahrtsstaates und der Arbeitsmarktpolitik in der wissenschaftlichen Literatur dargestellt (Teil I). Dabei wird der normative Diskurs zu neuen wohlfahrtsstaatlichen Leitbildern und Paradigmen ausführlich erläutert, der teilweise empirische und teilweise ebenfalls normative Diskurs zu Staat, Steuerung und Governance wiedergegeben sowie schließlich der Forschungsstand in der empirisch vergleichenden Wohlfahrtsstaats- und Arbeitsmarktpolitik kritisch diskutiert. Im Fazit zum Forschungsstand erfolgt eine Begründung des Forschungsbedarfs.

Daran schließt sich in Teil II die theoretisch konzeptionelle Entwicklung eines vergleichenden Forschungsdesigns an. Diese beginnt mit einer steuerungstheoretisch orientierten Rekonstruktion des Wohlfahrtsstaates »an sich« sowie der darauf aufbauenden wohlfahrtsstaatlichen Paradigmen. Es folgen eine kurze Diskussion zur Bestimmung von Wandel, Konvergenz und Divergenz in der vergleichenden Wohlfahrtsstaatsentwicklung sowie eine ausführliche Darstellung und Begründung des Ansatzes eines diskursiv erweiterten akteurzentrierten Institutionalismus. Am Ende dieser verschiedenen Kapitel wird die dazu jeweils formulierte Forschungsfrage und Forschungshypothese weiter konkretisiert. Schließlich wird das vergleichende Forschungsdesign entwickelt und es werden sowohl abhängige als auch unabhängige Variablen operationalisiert.

Aufgrund der skizzierten Schwerpunktsetzungen ergibt sich eine zweiteilige Darstellung der empirischen Analyse zum Wandel der Arbeitsmarktpolitik in den verschiedenen Ländern und dessen Erklärung. Dabei nimmt die Analyse des Wandels der Governance der Arbeitsmarktpolitik (in ihrer Policy-Dimension), einschließlich ihrer Koordination mit der Familien- und Steuerpolitik, einen vergleichsweise breiten Raum ein. Entsprechend werden in Teil III die jeweils ersten Teile der Länderfallstudien zum Wandel der Arbeitsmarktpolitik seit Anfang der 1990er Jahre bis 2005 sowie darüber hinaus präsentiert.

Auf der Basis der vergleichenden Betrachtung werden schließlich Fragen nach der Verwirklichung des Paradigmenwechsels wie auch nach der damit verbundenen Konvergenz beziehungsweise Divergenz wohlfahrtsstaatlicher Entwicklung beantwortet beziehungsweise die entsprechenden Hypothesen 1 und 2 überprüft. Aufbauend auf diesen Ergebnissen wird eine Typologisierung der Varianten aktivierender Arbeitsmarktpolitik bis 2005 einschließlich der sozialen Folgen vorgenommen. Gleichzeitig wird aus der Perspektive der einzelnen Regime herausgearbeitet, welche Veränderungen als pfadabhängig beziehungsweise inkrementell oder als pfadbrechend gedeutet werden können, und darauf aufbauend ein Reformprofil im Sinne vollzogener und gescheiterter Reformen erstellt. Die Aktivierungsvarianten (Policy-Variante), einschließlich der ihnen zugrunde liegenden Reformprofile, werden als »abhängige« Variable konzeptionalisiert.

Die Erklärung der verschiedenen Aktivierungsvarianten beziehungsweise der jeweiligen Reformprofile erfolgt in Teil IV in Anlehnung an den Ansatz des diskursiv erweiterten akteurzentrierten Institutionalismus. Vorab werden globale Herausforderungen wie auch der internationale Diskurs als allgemeine Antriebskräfte für den Wandel von Arbeitsmarktpolitik seit den 1990er Jahren skizziert. Die bis 2005 entstandenen Policy-Varianten und Reformprofile werden als kumulative Ergebnisse verschiedener Entscheidungsprozesse und Reformen interpretiert. Entsprechend werden im zweiten Teil der Länderstudien zunächst verschiedene Reformphasen in Anlehnung an Diskurswechsel im Vorfeld von Wahlen beziehungsweise Regierungswechseln definiert. Im Anschluss wird überprüft, welche Formen der Governance der Entscheidungsfindung in den einzelnen Phasen dominieren und wie diese die jeweiligen Entscheidungen beeinflussen, die zur Herausbildung verschiedener Policy-Varianten führen.

Wiederum auf der Basis vergleichender Betrachtungen wird geklärt, inwiefern sich die Hypothese 3 bestätigt (einschließlich der zu entwickelnden Teilhypothesen). Schließlich erfolgt eine Reflexion der Ergebnisse mit Bezug zu zentralen Thesen des Forschungsstandes in der vergleichenden Arbeitsmarkt- und Wohlfahrtsstaatsforschung.

In Teil V werden die Leistungen der Arbeit mit Blick auf die zukünftige Forschung im Bereich der vergleichenden Arbeitsmarkt- und Wohlfahrtsstaatsforschung wie auch der Governance-Forschung skizziert. Ferner werden die durch die Ergebnisse implizierten Restriktionen und Optionen in Bezug auf die Gestaltung von Arbeitsmarktpolitik kurz angerissen.

Als eher redaktionelle Anmerkung bleibt an dieser Stelle zu bemerken, dass Begriffe wie »Teilnehmer« oder »Arbeitnehmer« sich immer auf Männer *und* Frauen beziehen, die weibliche Form beziehungsweise »Innen« aber nicht durchgängig genutzt wurde, um die Lesbarkeit zu erhöhen. Aus demselben Grund werden ferner die im deutschen Kontext weniger verbreiteten Abkürzungen, zum Beispiel für dänische Parteien, für britische Ministerien oder arbeitsmarktpolitische Maßnahmen nicht nur einmal eingeführt, sondern die Nennung des vollen Namens vor der Abkürzung durchaus wiederholt, um beispielsweise verschiedene liberale Parteien oder aber die im Zeitverlauf umbenannten Ministerien oder Maßnahmen unterscheiden zu können.

I. Reflexion des wohlfahrtsstaatlichen Wandels und der Arbeitsmarktpolitik in der wissenschaftlichen Literatur

Die Diskussion des Forschungsstandes, die einer klassischen wissenschaftlichen Untersuchung vorausgeht, gestaltet sich in Bezug auf das hier behandelte Thema als äußerst komplex und folgt zum Teil eher unkonventionellen Pfaden. Zentral dabei ist, dass drei bislang weitgehend unverbundene Diskussions- und Forschungsstränge dargestellt und im Hinblick auf ihren Ertrag zur Analyse des Wandels des Wohlfahrtsstaates, der Arbeitsmarktpolitik und deren Governance diskutiert werden: Die normative Diskussion zu neuen wohlfahrtsstaatlichen Leitbildern und Paradigmen, die Steuerungs- und Governance-Diskussion sowie die vergleichende Wohlfahrtsstaats- und Arbeitsmarktforschung. Für jeden Diskussions- beziehungsweise Forschungsstrang müssen dabei jeweils spezifische Probleme beziehungsweise Besonderheiten vorweg benannt werden.

Die von verschiedenen Wissenschaftlern seit Ende der 1990er Jahre in spezifischen nationalen Kontexten entworfenen neuen normativen Leitbilder beziehungsweise Paradigmen des Wohlfahrtsstaates überschreiten die Grenzen des rein wissenschaftlichen Diskurses. Die Wahl dieses Diskussionsstrangs als Ausgangspunkt begründet sich darin, dass zunächst die den verschiedenen Leitbildern gemeinsamen Charakteristika und damit die zentralen Dimensionen des angestrebten wohlfahrtsstaatlichen Paradigmenwechsels den Forschungsgegenstand näher bestimmen sollen.

Exemplarisch werden daher der Social Investment State und der Aktivierende Sozialstaat berücksichtigt, die als normativ politische Leitbilder von britischen respektive deutschen Sozialwissenschaftlern mehr oder weniger explizit verfasst wurden, um Ideen und Argumentationshilfen für politische Akteure zu produzieren – und damit den je spezifischen nationalen gesellschaftspolitischen Diskurs sowie konkrete politische Reformen zu beeinflussen. Demgegenüber skizzieren der Enabling State und der Workfare State jeweils ein neues wohlfahrtsstaatliches Paradigma anhand der vollzogenen sozialpolitischen Reformen in verschiedenen westeuropäischen Ländern. Beiden Entwürfen gemeinsam ist dabei, dass die empirischen Beispiele nicht systematisch ausgewählt beziehungsweise untersucht werden, sondern entlang normativer Vorstellungen eher positiv respektive negativ bewertet werden[6]. Damit ist auch hier eine unterstützend legitimierende oder eher kritische Einflussnahme auf die sich vollziehenden Reformprozesse implizit angelegt.

Als Ergebnis dieser Diskussion kann vorweg genommen werden, dass die Förderung der Beschäftigungsfähigkeit beziehungsweise die umfassende Kommodifizierung der Sozialbürger als zentrales Element in allen Entwürfen betont wird. Damit aber kommt der Arbeitsmarktpolitik und ihrer Kontextualisierung, unter anderem durch die Steuer- und Familienpolitik, eine Schlüsselrolle bei der Umsetzung des Paradigmenwechsels zu. Eine weitere Gemeinsamkeit besteht darin, dass die verschiedenen Entwürfe direkt oder indirekt, nicht nur die Veränderung von *Welfare*, also wohlfahrtsstaatlicher Leistungen, sondern auch einen Wandel von *State*, im Sinne einer veränderten Rolle des Staates, von Steuerung und Governance thematisieren.

Die Diskussion des Forschungsstandes zum Wandel von Staatlichkeit und Governance als auch zur vergleichenden Wohlfahrtsstaats- und Arbeitsmarktforschung soll entsprechend Aufschluss darüber geben, inwiefern die sich verändernde Relevanz von Arbeit respektive die sich verändernde Governance von Kommodifizierung und Dekommodifizierung als zentrales Element von Wohlfahrtsstaatlichkeit bereits untersucht wurde, und welche Veränderungen dabei – im Rahmen vergleichender Analysen – dokumentiert und erklärt wurden.

Dabei ist für den Strang der Steuerungs- und Governance-Literatur gleichermaßen charakteristisch, dass es neben konzeptionellen Arbeiten und rein empirischen Untersuchungen zu Entscheidungs- und Implementationsprozessen eine Vielzahl von Publikationen gibt, welche die Interpretation empirischer Analysen mit dem normativen Entwurf neuer Steuerungs- beziehungsweise Governance-Paradigmen beziehungsweise einer veränderten Rolle des Staates verknüpfen. Die Grenzen zur Politikberatung beziehungsweise zum gesellschaftspolitischen Diskurs sind auch im Rahmen dieses Forschungszweiges fließend.

6 In den entsprechenden Studien ist das Untersuchungsdesign meist nicht analytisch angelegt und lässt keine »Falsifikation« der These zum Enabling State oder zum Workfare State zu. Die zudem stark normativen Annahmen in den zitierten Arbeiten begründen daher die Besprechung in diesem ersten Teil.

Die Darstellung der vergleichenden Literatur zum Wandel des Wohlfahrtsstaates sowie der Arbeitsmarktpolitik als drittem Strang kommt einer klassischen Diskussion des Forschungsstandes am nächsten. Gleichwohl gibt es auch hier einige Besonderheiten. Zunächst wird der Begriff des Wandels problematisiert, da dessen Konzeptionalisierung sehr stark mit den verschiedenen Forschungsperspektiven variiert. Ferner wird das so genannten *Dependent Variable Problem ausführlich* diskutiert, da die Wahl der (abhängigen) Variable die Befunde zum wohlfahrtsstaatlichen Wandel stark beeinflusst. Im Anschluss daran werden verschiedene Ansätze zur Erklärung wohlfahrtsstaatlichen Wandels vorgestellt.

Ziel dieses ersten Teils der Arbeit insgesamt ist es, die normative Diskussion zu neuen wohlfahrtsstaatlichen Leitbildern und Paradigmen (Kapitel 1), den Diskurs zum Wandel von Staatlichkeit, Steuerung und Governance (Kapitel 2) und die empirisch vergleichende Forschung zum Wandel des Wohlfahrtsstaates und der Arbeitsmarktpolitik (Kapitel 3) so aufeinander zu beziehen beziehungsweise aufzubereiten, dass der Untersuchungsgegenstand deutlich umrissen werden kann, Forschungslücken klar hervortreten und Eckpunkte für die Entwicklung eines empirisch-analytischen Untersuchungsdesigns für die Analyse der Arbeitsmarktpolitik als Beispiel für den Paradigmenwechsel zum aktivierenden Wohlfahrtsstaat deutlich werden (Kapitel 4).

1. Neue wohlfahrtsstaatliche Leitbilder und Paradigmen

Die Kontexte für das Entstehen neuer wohlfahrtsstaatlicher Leitbilder sind vielfältig. Zu nennen sind die bereits in den 1970er und 1980er Jahren überwiegend von Ökonomen propagierten neo-liberalen Konzepte »reduzierter« Staatlichkeit, die als Vorbilder für die Kürzungen sozialstaatlicher Leistungen durch die Reagan und Thatcher-Regierungen während der 1980er Jahre galten. Die negativen sozialen Folgen der entsprechenden Politiken diskreditierten jedoch die entsprechenden Leitbilder. Positive Anleihen lassen sich dagegen bei den Debatten um den Dritten Weg der amerikanischen Demokraten und deren Diskussion um den New Progressivism finden, welche schließlich die sozialpolitischen Reformen der Clinton Ära prägten. Des Weiteren sind die etwa zeitgleich in den USA entstandenen Debatten zur Civil Society und zum Kommunitarismus zu nennen, welche in Abgrenzung zu einem als überbordend empfundenen Etatismus, eine aktive Bürgergesellschaft beziehungsweise die Stärkung der Selbststeuerungspotentiale der zivilgesellschaftlichen Vereinigungen und Assoziationen als positives Leitbild propagierten sowie auf die Notwendigkeit einer neuen Balance zwischen individuellen Rechten und sozialen Pflichten verwiesen (Evers 2000; Vorländer 2001). Ferner kann vor allem in Deutschland die Debatte um das Steuerungsversagen des Staates (Mayntz 1997a; Scharpf 1987) auch für die Ideen zur Restrukturierung des Wohlfahrtsstaates als wesentlich angesehen werden.

Im politischen Kontext sind darüber hinaus insbesondere die Verlautbarungen beziehungsweise Empfehlungen internationaler Organisationen wie der OECD und später die Formulierung der beschäftigungspolitischen Leitlinien der Europäischen Gemeinschaft zu nennen, welche auf entsprechende Diskussionen aufbauten beziehungsweise diese mit prägten. So hat die OECD die Idee einer Active Society als Framework for Labour Market Policies bereits Ende der 1980er Jahre formuliert und in zahlreichen nachfolgenden Beiträgen konkretisiert (OECD 1989; 1990; 1994a). Die Europäische Kommission hob in den 1998 beschlossenen Leitlinien schließlich unter anderem »Beschäftigungsfähigkeit« und »Arbeitsmarktaktivierung« sowie die »Förderung der Chancengleichheit von Mann und Frau« als arbeitsmarktpolitische Ziele hervor und richtet ihre beschäftigungspolitischen Empfehlungen an die Mitgliedstaaten an diesen aus (Aust 2000; Keller 1999; Lefresne 1999).

Wie bereits angemerkt, wurden vor dem Hintergrund dieser unterschiedlichen Einflüsse in Großbritannien der Social Investment State (Abschnitt 1.1) und in Deutschland der Aktivierende Sozialstaat (Abschnitt 1.2) jeweils im Rahmen politisch-programmatischer Schriften als neue wohlfahrtsstaatliche Leitbilder entwickelt. Der von amerikanischen Sozialwissenschaftlern konturierte Enabling State (Abschnitt 1.3) rekonstruiert dagegen einen wohlfahrtsstaatlichen Paradigmenwechsel, der mit empirischen Belegen zu sozialpolitischen Reformen begründet wird. Die Literatur zum Workfare State (Abschnitt 1.4) ist weitgehend international und erscheint als Mischung der verschiedenen Perspektiven. So wird auch hier ein Paradigmenwechsel anhand der jüngeren sozialpolitischen Reformen in verschiedenen Ländern rekonstruiert, der jedoch aus einer kapitalismuskritischen Position heraus als weitgehend negativ interpretiert wird. Als Zwischenfazit dieser Diskussion können verschiedene »Objekte« des Wandels identifizieren werden, die – trotz verschiedener Entstehungskontexte und normativer Prämissen – in allen verschiedenen Leitbildern beziehungsweise Paradigmen genannt werden (Abschnitt 1.5).

1.1 Social Investment State

Zu Beginn der 1990er Jahre machte der britische Soziologe Anthony Giddens vor dem Hintergrund veränderter Problemkonstellationen und Risikostrukturen aufgrund von Globalisierung, Individualisierung und ökologischen Herausforderungen zunächst auf die Unzulänglichkeiten der Dichotomie »linker« und »rechter« Gesellschaftsanalysen beziehungsweise Reformstrategien aufmerksam (Giddens 1997). In seinen späteren politisch programmatischen Schriften, die kurz nach dem Regierungsantritt von New Labour erschienen, hat er darauf aufbauend eine »Erneuerung der sozialen Demokratie« als mehr oder weniger konkreten Programmentwurf für die Sozialdemokratie verfasst. Er skizzierte einen Dritten Weg als politische Alternative sowohl zur neo-liberalen, marktorientierten Reformpolitik à la Margret Thatcher, als auch zur traditionellen keynesianisch orientierten, das heißt stark staatszentrierten, Politik der traditionellen Sozialdemokratie. Zentraler Bestandteil dieses Dritten Weges ist ein verändertes wohlfahrtsstaatliches Leitbild in Form des Social Investment State (Giddens 1998a; 1998b).

Giddens zielt mit seinem Entwurf auf eine Wohlfahrtsgesellschaft, die sich durch Positive Welfare auszeichnet. Diese wird unter anderem durch Maßnahmen der Prävention, der individuellen Befähigung, aber auch durch die Förderung von Eigeninitiative zur Vermeidung sozialer Risikolagen skizziert. Der Social Investment State ist zentraler Bestandteil dieser Gesellschaft, da die Investition in Bildung und Weiterbildung beziehungsweise lebenslanges Lernen als leitendes Prinzip gilt. Ferner sollen »Risk Taker«, das heißt Individuen, welche Risiken (durch die Teilnahme) am Arbeitsmarkt annehmen, unter anderem durch das Setzen von Anreizen unterstützt werden. Sozialpolitik wird damit dem Primat wirtschaftlicher Zielsetzungen untergeordnet und die genannten Maßnahmen werden als vorrangig gegenüber der Gewährung von Transferleistungen gesehen. Gleichheit und Gerechtigkeit bleiben weiterhin zentrale sozialpolitische Ziele. Sie werden jedoch re-interpretiert als Umverteilung von (Lebens-) Chancen beziehungsweise als Förderung der sozialen Inklusion, unter anderem über Arbeitsmarktpartizipation. Freiheit wird im Sinne von Handlungsautonomie beziehungsweise Unabhängigkeit von sozialstaatlichen Transfers definiert (Giddens 1998b).

Die dabei zum Ausdruck gebrachte Kritik am keynesianischen Wohlfahrtsstaat begründet sich in der dort vorherrschenden reaktiven Absicherung sozialer Risiken. Dabei seien durch eine weitgehend bedingungslose Gewährung sozialer Rechte falsche Anreize gesetzt worden, zum Beispiel zum Rückzug vom Arbeitsmarkt beziehungsweise zum Sozialbetrug. Gleichzeitig wird in Abgrenzung zu neo-liberalen Vorstellungen ein nur minimalistisches soziales Sicherungsnetz als nicht ausreichend betrachtet, um die Menschen gegenüber den Herausforderungen moderner Gesellschaften abzusichern, und die zentrale Rolle des Staates als Investor in Humankapital und in Infrastruktur betont. Die steuerungstheoretischen Annahmen sind nicht sehr elaboriert. Es wird nur generell darauf verwiesen, dass bei der Umsetzung sozialpolitischer Ziele nicht ausschließlich auf den Markt beziehungsweise Marktmechanismen, sondern auf einen strukturellen Pluralismus gesetzt wird (Giddens 2000: 55). Sozialstaatliche Programme sollen demnach nicht ausschließlich von staatlichen Akteuren, sondern durch Kooperation mit anderen Akteuren – auch Unternehmen – durchgeführt werden. Besonders hervorgehoben wird die Rolle des Dritten Sektors bei der Produktion sozialer Dienste. Netzwerke, Selbsthilfe und die Kultivierung von Sozialkapital sollen zur ökonomischen Erneuerung beitragen (Giddens 1998b: 127, 110, 117). Alles in allem zielt damit der Dritte Weg nach Giddens auf ein verändertes Verhältnis von Individuum und Gesellschaft, das in Bezug auf den Sozialstaat mit dem zentralen Motto *»No Rights without Responsibilities«* beschrieben wird (Giddens 1998b:65).

1.2 Aktivierender Sozialstaat

Das normative Leitbild des Aktivierenden Sozialstaates wurde zu Beginn der 1990er Jahre im Zusammenhang mit der Diskussion um die Verwaltungsmodernisierung in Deutschland entwickelt. Vor diesem Hintergrund sind die Vorstellungen zu neuen Steuerungs- und Governance- Instrumenten explizit mit einer veränderten Verantwortungsteilung zwischen Staat und Gesellschaft beziehungsweise Bürgern verbunden. Federführend waren dabei im Wesentlichen zwei wissenschaftliche Einrichtungen beziehungsweise die dort beschäftigten Politik- und Verwaltungswissenschaftler Stephan von Bandemer und Bernhard Blanke[7] (a). Ein weiterer Diskussionsstrang ist im Bereich der Selbsthilfeforschung beziehungsweise im Zusammenhang mit der Debatte um die Bürger- beziehungsweise Zivilgesellschaft zu verorten (b).

(a) Die internationale Diskussion zur Modernisierung des Sozialstaates wird aus dieser Perspektive heraus dahingehend kritisiert, dass institutionelle und damit auch instrumentelle Fragen zum Wandel des Sozialstaates

7 Zu nennen sind das ehemalige Institut für Arbeit und Technik in Gelsenkirchen, das für sich reklamierte den Begriff 1994 als Forschungsprogramm der Abteilung Dienstleistungssysteme entwickelt zu haben (Bandemer 1999; Bandemer/Hilbert 2001) sowie die an der Universität Hannover ansässige Abteilung Sozialpolitik und Public Policy, die damals von Prof. Dr. Bernhard Blanke geleitet wurde (Blanke/Schridde 1999; Blanke 2001). Die Forschung der Abteilung zur Staatsmodernisierung und Verwaltungsreform trug maßgeblich zur Verbreitung des Konzepts »Aktivierender Staat« bei. Zwischen eben diesen beiden wissenschaftlichen Institutionen gab es auch verschiedene Koproduktionen (Bandemer u.a. 1995; Blanke/Bandemer 1999).

weitgehend ausgeblendet werden. Um der Idee der »Aktivierung« gerecht zu werden, bedürfe es – so Blanke – der Veränderung des komplexen Systems von Institutionen, Organisationen und Akteuren (Blanke 2001: 148). Das Konzept des aktivierenden Sozialstaats wird daher sehr stark durch Staats- und Steuerungsvorstellungen bestimmt.

Der Kern des Konzepts wird als eine neue Mischung staatlicher Gesamtverantwortung und »bürgerlicher« Selbsttätigkeit mit Blick auf die kontinuierliche Verbesserung der Leistungsketten skizziert (Blanke/Bandemer 1999: 327; Blanke 2001: 154). Entsprechend werden dem Aktivierenden Sozialstaat verschiedene Handlungsarten beziehungsweise Governance-Formen auf unterschiedlichen Stufen des Politik- und Implementationsprozesses zugewiesen: Als hierarchisch handelnder Staat, der als einzige gesellschaftliche Organisation über demokratische Legitimation verfügt, ist er für die politische Führung bei der Problemperzeption sowie den Dialog über die gesellschaftspolitischen Prioritäten und Strategien verantwortlich. Als verhandelnder Staat beziehungsweise in der Rolle als Moderator muss er konkrete Zielsetzungen und Programmentwürfe mit den verschiedenen relevanten kollektiven Akteuren aushandeln. Bei der Leistungserbringung sollte er mit den Steuerungsadressaten kooperieren, nicht zuletzt um eine Produkt- und Prozessoptimierung zu erreichen. Ergebnisse und Wirkungen sozialer Leistungen, zum Beispiel die Dienstleistungsqualität, sollten nicht zuletzt durch die Koproduktion mit Selbsthilfegruppen oder den Sozialstaatsklienten erreicht werden (Blanke 2001: 158–162).

Relevant für die Effizienz und die kontinuierliche Verbesserung der Leistungsketten erscheint ferner, dass die Bewirkungsketten vom »Ergebnis her rückwärts« aufgebaut, mit gestuften Funktionsbereichen verkoppelt und Schnittstellen sowohl kenntlich als auch der Problemlösung zugänglich gemacht werden sollen, wobei auch die klassischen Instrumente des New Public Management zum Einsatz kommen (Bandemer 2001:609; Blanke 2001:158–162).

Zusammenfassend kann man damit die Leitlinien der Reorganisation des aktivierenden Sozialstaates anhand von vier wesentlichen Elementen festmachen: Dialog statt Dekret, zielklare Kooperation, Produkt- und Prozessoptimierung sowie Koproduktion (Blanke 2001: 158–162; ähnlich Bandemer 2001: 608). Damit fordern die Autoren im Rahmen des von ihnen entworfenen Leitbildes nicht »schlicht weniger Staat, sondern einen anderen, seine Verantwortung für die Entwicklung des gesellschaftlichen Zusammenhangs (soziale Inklusion) wahrnehmenden, aber zugleich strategisch differenziert die ›Bürger‹ samt ihrer Organisation in die Pflicht nehmenden Staat« (Blanke 2001: 164).

(b) Der zweite Diskussionsstrang geht mit den aufgezeigten staats- und steuerungspolitischen Leitlinien eines aktivierenden Staates weitgehend konform und hebt Bürgerbeteiligung und Koproduktion als Kernelemente des aktivierenden Staates besonders hervor. Dabei werden nicht nur die darin liegenden Produktivitätsreserven, sondern auch die demokratisch partizipativen Elemente der Beteiligung positiv bewertet (Evers/Leggewie 1999: 335; Olk 2000). In Anlehnung an die internationale Debatte wird vor allem die Notwendigkeit der Befähigung der Bürger im Zusammenhang mit dem Wandel von Rechten und Pflichten betont. Um dabei die Benachteiligung von sozial schwachen Gruppen zu vermeiden, soll aktivierende Politik von einer ungleichen Verteilung von Bewältigungskompetenzen und Ressourcen ausgehen und diese gegebenenfalls durch gezielte Maßnahmen umverteilen (Olk 2000: 121).

1.3 Enabling State

Der Begriff des Enabling State wurde von den amerikanischen Soziologen Neil und Barbara Gilbert mit Bezug zur amerikanischen Sozialpolitik Ende der 1980er Jahre geprägt (Gilbert/Gilbert 1989). Später wurde der dabei konstatierte wohlfahrtsstaatliche Paradigmenwechsel auch für die europäische Entwicklung bis etwa im Jahr 2000 bestätigt und in seinen verschiedenen Dimensionen präzisiert (Gilbert/Terrell 2002). Zunächst wurde der Enabling State in Abgrenzung zum konventionellen Wohlfahrtsstaat durch vier zentrale Funktionen mit einem starken steuerungspolitischen Akzent definiert: Erstens private (marktorientierte) Initiativen beim Erbringen von Sozialleistungen fördernd; Zweitens sie durch das Setzen angemessener Standards regulierend; Drittens normativ die individuelle und familiale Verantwortung hervorhebend sowie viertens ein adäquates Niveau von Unterstützung und sozialer Absicherung für die sozial Schwachen sicherstellend (Gilbert/Gilbert 1989: 172).

In den neueren Schriften werden die Eigenschaften des Enabling State umfassender skizziert und insbesondere die zunehmende Bedeutung der Arbeitsmarktteilhabe beziehungsweise die rekommodifizierende Funktion der sozialpolitischen Reformen als charakteristisch hervorgehoben (Gilbert

2002: 86). Als empirische Belege für das Entstehen eines Enabling State werden die Welfare-to-Work Programme beziehungsweise die zunehmende Bedeutung von Qualifizierungsprogrammen für Arbeitslose, die Unterstützung von Geringverdienern (Tax Credits) ebenso wie die Redefinition von Arbeitsbereitschaft und Zumutbarkeitskriterien sowie die Verschärfung von Sanktionen genannt. Darüber hinaus wird die relative Zunahme bedürftigkeitsgeprüfter Leistungen und die Konditionalisierung von Sozialleistungen hervorgehoben. Dabei wird insbesondere letzteres als Rücknahme sozialer Bürgerrechte kritisiert (Gilbert 2002).

Der Paradigmenwechsel vom konventionellen Wohlfahrtsstaat zum Enabling State lässt sich demnach folgendermaßen zusammenfassen: Ersterer war in seiner idealsten Form nach skandinavischem Vorbild gestaltet und garantierte universellen Zugang zu öffentlich bereitgestellten Leistungen, einen starken Schutz der Arbeitnehmer (Dekommodifizierung) sowie soziale Rechte als soziale Staatsbürgerrechte. Demgegenüber stützt der Enabling State Marktmechanismen, gewährt Leistungen zielorientiert und selektiv. Dabei werden insbesondere die Förderung der Arbeitsmarktteilnahme und der Eigenverantwortung normativ propagiert (Gilbert 2002: 44).

1.4 Workfare State

Im Zusammenhang mit der Beschreibung einer Veränderung des kapitalistischen Akkumulations- und Regulationsregimes vom Fordismus zum Post-Fordismus konstatieren Vertreter der neo-marxistischen Regulationstheorie wie der Brite Bob Jessop einen Paradigmenwechsel vom Keynesian Welfare State zum Schumpeterian Workfare State. Demnach war der als Idealtypus konstruierte Keynesianische Wohlfahrtsstaat in seiner Blütezeit vornehmlich darauf bedacht, die Nachfrage im Interesse der Vollbeschäftigung zu regeln und soziale Rechte über generalisierte Massenkonsumnormen auszuweiten. Demgegenüber – so Jessop – ordnet der Schumpeterian Workfare State die Sozialpolitik den Erfordernissen der Arbeitsmarktflexibilität sowie der Steigerung der strukturellen oder systembezogenen Konkurrenzfähigkeit unter. Dabei wird Druck zur Senkung des Soziallohns ausgeübt sowie Ausbildung und Arbeitsmarktpolitik stärker mit Zielen der Flexibilisierung verbunden. Steuerungspolitisch wird eine Aushöhlung des Nationalstaates betrieben, indem dessen Funktionen zum Teil auf supranationale Organisationen und auf subnationale Ebenen übertragen sowie neue Formen internationaler Zusammenarbeit gefördert werden. Dabei wurde angenommen, dass sich auch der Schumpeterian Workfare State, ähnlich wie der Keynesian Welfare State, aufgrund unterschiedlicher politischer Konstellationen in den einzelnen Ländern in durchaus unterschiedlichen Varianten entwickeln werde (Jessop 1991a; 1994: 57, 66).

In späteren Schriften wurde ergänzt, dass insbesondere in Bezug auf die Umsetzung von Wirtschafts- und Sozialpolitik, die Bedeutung von nicht staatlichen Strukturen zur Kompensation von Marktversagen in Form von Netzwerken auf allen politischen Ebenen zunehme (Jessop 2000: 20) sowie eine substantielle Veränderung im Verhältnis von Staat und Individuum stattfinde: »... there is also a major reorientation on the part of the state to the making and remaking of the subjects who are expected to serve as partners in the innovative, kowledge-driven, entrepreneurial, flexible economy and its accompanying self-reliant, autonomous, empowered workfare regime ...« (Jessop 2000: 19).

Seit Ende der 1990er Jahre wird das Konzept des *Workfare State* von verschiedenen Autoren mit unterschiedlichen theoretischen Bezügen, aber in einer durchweg kritischen Perspektive, auf die wohlfahrtsstaatlichen Reformen in den USA und Großbritannien, aber auch in Skandinavien und der Bundesrepublik angewandt und präzisiert (Handler 2003; Peck 2001; Trube 2003). Als zentrale Charakteristika des *Workfare State* werden dabei – neben den bereits genannten Elementen – die zunehmende Priorität arbeitsmarktpolitischer Aktivierung gegenüber der Zahlung finanzieller Transfers sowie die damit verbundene Konditionalisierung sozialer Rechte weitgehend kritisch wahrgenommen: »The change from passive provisions of transfers to labour market activation programs is seen as a pass from unconditional rights combined with almost no obligations to the conditioning of social rights linked to obligations« (Torfing 1999a: 374).

1.5 Zwischenresümee

Die verschiedenen dargestellten Varianten eines neuen wohlfahrtsstaatlichen Leitbildes beziehungsweise Paradigmas haben unterschiedliche nationale Bezüge und basieren auf verschiedenen normativen und methodischen Voraussetzungen. Gleichwohl skizzieren alle vorgestellten Leitbilder beziehungsweise Paradigmen einen qualitativen Wandel von Wohlfahrtsstaatlichkeit, indem auf die Veränderung der Ziele sowie die Formen der Leistungserbringung und auch die Veränderung der Entscheidungsfindung abgehoben wird. Dabei skizzieren die Leitbilder des Social Investment State, des Aktivierenden Sozialstaates und – eingeschränkt – des Enabling State die aufgezeigten Veränderungen als überwiegend positive Weiterentwicklung des Wohlfahrtsstaates. In Bezug auf die Arbeitsmarktteilhabe werden die befähigenden Elemente der staatlichen Politik gegenüber den Zwangselementen als deutlich stärker hervorgehoben. Allein die Workfare Variante folgt einer gegenteiligen Einschätzung.

Obgleich einzelne Aspekte unterschiedlich akzentuiert und bewertet werden, rekurrieren weitgehend alle Varianten auf folgende zwei Aspekte: Erstens, die Veränderung von Rechten und Pflichten als Wandel der Beziehung zwischen Sozialstaat und Sozialstaatsklienten, die meist anhand einer Rücknahme von sozialstaatlichen Transfers und einer Zunahme der Arbeitsmarktaktivierung festgemacht wird, sowie, zweitens, den Wandel von Staatlichkeit beziehungsweise Steuerungsformen, der sowohl auf eine zunehmende Privatisierung beim Erbringen von Sozialleistungen als auch auf eine Steigerung der Eigenverantwortung der Individuen abzielt und dabei auch eine veränderte Rolle des Staates als Moderator oder Regulator beinhaltet. Darüber hinaus wird die Erweiterung der Bürgerbeteiligung im Leitbild des aktivierenden Sozialstaates sowie eine stärkere Bedeutung von Netzwerken im Entwurf des Workfare State angedeutet – und damit auch auf eine Veränderung der Governance politischer Entscheidungsprozesse verwiesen.

Die Schriften zum Enabling State und zum Workfare State illustrieren anhand empirischer Beispiele den angedeuteten Paradigmenwechsel ohne diesen jedoch systematisch vergleichend zu analysieren oder zu erklären. Fragen, inwiefern die angesprochenen Veränderungen tatsächlich realisiert werden, wie sich die angedeuteten Veränderungen von Staatlichkeit und Steuerungsformen niederschlagen und welche sozialpolitischen Folgen damit verbunden sind, bleiben im Rahmen der normativen Sozialstaatsentwürfe weitgehend unbeantwortet. Entsprechend bleibt auch unklar, inwiefern der angedeutete Paradigmenwechsel mit einer Konvergenz wohlfahrtsstaatlicher Entwicklung einhergeht.

2. Staat, Steuerung und Governance

Die Diskurse zum Wandel von Staatlichkeit, von Steuerung und Governance sind eng verflochten und äußerst komplex. Dabei ist zunächst hervorzuheben, dass Diskurs und Forschung zum Wandel von Staatlichkeit und politischer Steuerung überwiegend deutschsprachig sind, während Diskurs und Forschung zu Governance englischsprachig, international und sehr umfassend sind. Letzteres steht in Zusammenhang damit, dass der Governance-Begriff seinen Ursprung in der Ökonomie hat und von den Sozialwissenschaften zunächst mit Bezug zu den internationalen Beziehungen aufgenommen wurde. Seit einigen Jahren wird der Governance-Begriff auch in der deutschen Diskussion akzeptiert, so dass die verschiedenen Diskursstränge nun zunehmend verschmelzen. Die entsprechenden Schriften bleiben jedoch weiterhin in starkem Maße durch Eigenheiten der nationalen Entstehungskontexte geprägt, also die jeweils deutsche beziehungsweise britische Staatstradition, das jeweilige politische System sowie die bereits realisierten Reformen des öffentlichen Sektors beziehungsweise die diese begleitenden Diskurse.

Als genereller Tenor der Steuerungs- und Governance-Diskussion wird der Bedeutungsverlustes direkter staatlich-hierarchischer Steuerung zu Gunsten von gesellschaftlicher Selbststeuerung – und mehr noch – zu Gunsten verschiedener Formen der Kooperation zwischen staatlichen und gesellschaftlichen Akteuren betont. Dabei werden insbesondere Netzwerke als neue Regelungsmuster beziehungsweise deren wachsende Bedeutung bei politischen Entscheidungsverfahren hervorgehoben. Die im Rahmen der akteurorientierten und institutionalistischen Ansätze entworfenen staatlichen Leitbilder gehen dabei von einer weiterhin übergeordneten Rolle des Staates aus, betonen jedoch den Wandel staatlicher Aufgaben und Interventionsformen.

Für die Diskurse zum Wandel von Staatlichkeit, Steuerung und Governance gilt gleichermaßen, dass sie sowohl aus normativ motivierten Schriften zur Propagierung neuer Leitbilder von Staat, Verwaltung und Steuerungshandeln, als auch aus eher konzeptionell orientierten Beiträgen bestehen, welche die Vielfalt der empirischen Phänomene begrifflich zu fassen und zu systematisieren versuchen. Darüber hinaus gibt es eine schier unüberschaubare Vielfalt empirischer Untersuchungen aus unterschiedlichen Bereichen zum Wandel von staatlichem und gesellschaftlichem Steuerungshandeln beziehungsweise von Entscheidungs- und Verwaltungsstrukturen.

Die Darstellung der entsprechenden Literatur muss daher selektiven Kriterien folgen und konzentriert sich – im Zusammenhang mit der hier behandelten Thematik – auf konzeptionelle Erwägungen zum Wandel von Staatlichkeit sowie auf Analysen zur Veränderung von Steuerung und Governance bei der Erfüllung öffentlicher Aufgaben respektive der Implementation von Policies. Darüber hinaus wird die Veränderung von Governance bei politischen Entscheidungsprozessen diskutiert.

Um den historischen Verlauf der Diskussionen in gewissem Umfang widerzuspiegeln werden zunächst der ältere (überwiegend deutschsprachige) Steuerungsdiskurs sowie die im Zusammenhang mit dem Ansatz des akteurzentrierten Institutionalismus entstandenen wissenschaftlichen Arbeiten dargestellt (Abschnitt 2.1). Diese gelten dabei bereits als Wegbereiter beziehungsweise Teil des Governance-Diskurses. Als »expliziter« Governance-Diskurs werden anschließend die überwiegend englischsprachigen Analysen in den genannten Themenfeldern wiedergegeben, wobei auch jüngste deutschsprachige Veröffentlichungen mit Bezug zum Governance-Begriff Berücksichtigung finden (Abschnitt 2.2). Im Anschluss werden die sowohl durch den Steuerungs- als auch den Governance-Diskurs beeinflussten Leitbilder veränderter Staatlichkeit vorgestellt, wobei insbesondere auf den kooperativen Staat und den Gewährleistungsstaat abgehoben wird (Abschnitt 2.3). Insgesamt lässt sich dabei eine starke Übereinstimmung zwischen den im Steuerungs- und Governance-Diskurs konstatierten Wandel hin zum Gewährleistungsstaat und den bereits dargelegten Vorstellungen einer veränderten Rolle des Staates in den normativen Leitbildentwürfen zum aktivierenden Wohlfahrtsstaat feststellen. Dies legt es nahe, den Forschungsgegenstand anhand der Diskussion im Rahmen der Steuerungs- und Governance-Forschung weiter zu konkretisieren wie auch die hier entwickelten analytischen Konzepte für die Untersuchung des wohlfahrtsstaatlichen Wandels zu nutzen beziehungsweise weiterzuentwickeln (Abschnitt 2.4).

2.1 Zum Wandel von Staatlichkeit und politischer Steuerung

In der Nachkriegszeit dominierte das Leitbild des Interventionsstaates sowohl die auf der bürokratisch-rationalen Analyse Max Webers aufbauende Staatsforschung als auch die sozialdemokratisch/sozialistischen und konservativen Gesellschaftskonzepte in der politischen Sphäre. Von verschiedenen Autoren und Schulen wurde dabei die Vorstellung geteilt, dass der Staat als zentraler Akteur gesellschaftliche Modernisierung erfolgreich steuern konnte und sollte. Idealtypisch erfolgte dies mittels hierarchischer Eingriffe und Politikprogramme – im Sinne von Government – beziehungsweise durch die staatlich vertikale Organisation der gesellschaftlichen Koordination (Braun 2001: 105). Spätestens seit Mitte der 1970er Jahre zeichnete sich jedoch die Krise einer derart verstandenen staatlichen Steuerungsfähigkeit ab. Ursachen waren die anhaltende Wirtschaftskrise, welche die sinkende Steuerungsfähigkeit der Nationalstaaten im Rahmen keynesianischer Wirtschaftssteuerung offenbarte (Scharpf 1987). Darüber hinaus verwies die sich neu etablierende Implementationsforschung in vielen anderen Politikfeldern auf das Planungs- und Steuerungsversagen des Staates, so dass die seit Ende der 1960er Jahre vorherrschende Planungseuphorie stark gedämpft wurde (Mayntz 1997a).

Vor diesem Hintergrund begann – quasi parallel zur Diskussion neuer wohlfahrtsstaatlicher Leitbilder – die Diskussion zum Wandel des staatlichen Interventionsparadigmas. Dabei wurden Forderungen aus den 1970er und 1980er Jahren nach einem uneingeschränkten Rückzug des Staates bald durch differenziertere Vorstellungen hinsichtlich einer neuen Arbeitsteilung zwischen staatlichen und gesellschaftlichen Akteuren beziehungsweise kooperativen Formen der Aufgabenerfüllung abgelöst.

Im Rahmen der Neuen Politischen Ökonomie beziehungsweise neoliberaler Wirtschaftstheorie wurden die Belege des staatlichen Steuerungsversagens zum Anlass genommen, den Markt als überlegenes Steuerungsparadigma zu propagieren. Die Notwendigkeit des Staates wird dabei weitgehend auf dessen regulatives Handeln zur Stützung des Marktgeschehens reduziert, was einen Abbau der bisherigen staatlichen Aufgaben und Leistungen beinhaltet (Hayek 1978). Der Minimalstaat von Nozick kann dabei als normatives Extrem gelten (Nozick 1974). Deutlich weniger radikal und mit stärkerem Praxisbezug wird im Rahmen des internationalen Diskurses zum New Public Management ein schlanker Staat propagiert und auf die Reduzierung der Leistungstiefe des öffentlichen Sektors sowie die Einführung marktbezogener Steuerungsmechanismen in der öffentlichen Verwaltung abgehoben (Schröter/Wollmann 2001; Stöbe-Blossey 2001).

Von Vertretern der Systemtheorie wurden die Anzeichen staatlichen Steuerungsversagens als Folge der Differenzierung und Komplexität der Gesellschaft beziehungsweise der dabei entstandenen Eigendynamik gesellschaftlicher Subsysteme interpretiert. Aus dieser Perspektive heraus wurde von Luhmann das Primat der Politik beziehungsweise die staatliche Steuerung gesellschaftlicher Teilsysteme prinzipiell in Frage gestellt (Luhmann 1984). In einer funktional differenzierten Gesellschaft sei auch das politische System nur noch ein Funktionssystem unter anderen. Die radikale Lesart nach Luhmann geht daher davon aus, dass sich die funktionellen Teilsysteme aufgrund ihrer autopoietischen Geschlossenheit prinzipiell einer externen Steuerung entziehen und Veränderungen lediglich durch gegenseitige Perturbation zu erreichen seien (Luhmann 1984).

Die weniger radikalen Vertreter der Systemtheorie teilen zwar die Vorstellung, dass die Gesellschaft der Moderne kein Zentrum mehr habe – oder anders ausgedrückt – der Staat entzaubert sei (Willke 1987). Gleichwohl sehen sie den Staat in der Rolle eines »Moderators, Erziehers oder Therapeuten«, der versucht, gesellschaftliche Selbststeuerung zu ermöglichen beziehungsweise Gelegenheitsstrukturen für die Reflexivität des eigendynamischen Handelns im Hinblick auf die Folgen für die Gesellschaft zu schaffen (Willke 1987; 1995).

Weitgehend im Einklang mit diesen Vorstellungen wurde im Rahmen der Policy-Forschung seit Anfang der 1980er Jahre die zunehmende Bedeutung von neo-korporatistischen Entscheidungsstrukturen (Héritier 1993; Lehmbruch 1996; Schmidt 1988; Schmitter/ Lehmbruch 1979) hervorgehoben und seit Beginn der 1990er Jahre das Entstehen von Politiknetzwerken auf nationaler und internationaler Ebene betont (Lehmbruch 1991; Marin/Mayntz 1991; Schneider/ Kenis 1996 sowie zusammenfassend Mayntz 2005). Darüber hinaus wurden »Private Interest Governments« (Streeck/Schmitter 1985a) als Formen gesellschaftlicher Selbststeuerung sowie die Relevanz der Selbstverwaltung und des Dritten Sektors (wieder) entdeckt (Schuppert 1989: 13). Die zunehmenden Verflechtungen zwischen staatlichen und gesellschaftlichen Akteuren und die aufgezeigten Formen der Selbststeuerung wurden nicht nur als Restriktion für staatliches Handeln, sondern durchaus auch als Chance für die Steigerung der gesellschaftlichen Steuerungsfähigkeit wahrgenommen.

Gleichzeitig wurde an der Vorstellung einer übergeordneten Rolle staatlicher Akteure bei der Steuerung festgehalten, da – so die Argumentation – die staatliche Seite (Legislative und Exekutive) gegenüber den gesellschaftlichen Akteuren weiterhin über spezifische Interventionsmöglichkeiten verfügt: Staatliche Akteure können die Spielregeln und damit das Kräfteverhältnis zwischen den verhandelnden Parteien modifizieren und damit die Verhandlungsergebnisse mittelbar beeinflussen (Fürst 1987: 261ff; Mayntz 1997b: 279). Sie behalten bei der Produktion allgemeinverbindlicher Entscheidungen eine Führungsrolle, welche sowohl die Orientierungs-, Organisations- und Vermittlungsfunktion wie auch die Kompetenz der rechtlichen Ratifizierung einmal getroffener Entscheidungen beziehungsweise der Letztentscheidung beinhaltet (Ritter 1990: 105). Gesellschaftliche Selbstregelung entsteht demnach »im Schatten des Rechts« (Scharpf 1993; Schuppert 1990: 238) beziehungsweise ist sogar maßgeblich auf den »Schatten der Hierarchie« angewiesen (Börzel 2008: 128 sowie partiell kritisch Töller 2008). Damit wird auf die Kombination beziehungsweise das Neben- und Miteinander verschiedener Arten kollektiver Regelung gesellschaftlicher Sachverhalte verwiesen (Mayntz 2008: 45) – und damit auf den Kern des Governance-Begriffs (siehe unten).

Diese Erkenntnisse werden im Rahmen des akteurzentrierten Institutionalismus, der zunächst als heuristisches Konzept entworfen wurde, analytisch gewendet, indem unterschiedliche Policies beziehungsweise Policy-Outputs durch die umfassende Analyse der Steuerungs- beziehungsweise Entscheidungsprozesse erklärt werden (Mayntz/Scharpf 1995; Scharpf 2000a). Im Rahmen dessen werden jedoch nicht nur staatliche Akteure, sondern auch die relevanten gesellschaftlichen Akteure, ihre Handlungsorientierungen und Machtressourcen, die jeweiligen Interaktionsformen sowie der institutionelle Kontext untersucht. Als Beispiele unterschiedlicher institutioneller Arrangements gelten neben dem Staat auch anarchisches Feld, Netzwerke und Regime oder Verband und Organisation. Relevante Interaktionsformen sind, neben hierarchischer Steuerung, Mehrheitsentscheidungen, einseitiges Handeln und wechselseitige Anpassung sowie insbesondere Verhandlungen (Scharpf 2000a: 91).

Im Rahmen des New Institutionalism beziehungsweise mit Hilfe spieltheoretischer Annahmen können dabei spezifische Steuerungsprobleme beziehungsweise Reformblockaden simuliert und die Problemlösungsfähigkeit unterschiedlicher Interaktionssysteme aufgezeigt werden. Vor allem Fritz Scharpf hat im Rahmen dieses Ansatzes zahlreiche vergleichende

Analysen zur Arbeitsmarkt- und Beschäftigungspolitik realisiert. Auf der analytischen Ebene sind die jeweils identifizierten Formen der Governance der Entscheidungsfindung damit Teil der Erklärung für die unterschiedliche Leistungsfähigkeit beziehungsweise Reformfähigkeit politischer Ökonomien. Obgleich die genannten Arbeiten damit nicht auf den Wandel des Wohlfahrtsstaates per se fokussieren, können sie als Brücke zwischen Steuerungstheorie und Wohlfahrtsstaatsforschung gelten und werden daher im Zusammenhang mit den Erklärungen für wohlfahrtsstaatlichen Wandel ausführlicher diskutiert (siehe Abschnitt 3.3.3.).

Im Rahmen der Staats- und Steuerungsdiskussion werden die Ergebnisse zudem als Bestandteil eines Formwandels staatlicher Machtausübung interpretiert, durch den sich das Spektrum der nebeneinander existierenden Regelungsformen verbreitert hat[8] (Mayntz 1997b: 279, 284). National wie international wird der akteurzentrierte Institutionalismus daher auch als Ansatz der Governance Theorie wahrgenommen (Rhodes 2000c: 62f.; Schuppert 2003: 410). Seine maßgeblichen Protagonisten Fritz Scharpf und vor allem Renate Mayntz sind mit ihren Arbeiten als Wegbereiter für den Übergang zum Governance-Diskurs in der Bundesrepublik zu sehen.

2.2 Governance-Diskurs

Der aufgezeigte Wandel des steuerungspolitischen Paradigmas wird in der Governance Theorie weitgehend geteilt. Mit dem Übergang vom Steuerungs- zum Governance-Diskurs wird – so Renate Mayntz – daher kein erneuter Paradigmenwechsel beschrieben, sondern ein Perspektivenwechsel vollzogen[9]: Die Steuerungstheorie kann demnach als weitgehend

8 In verschiedenen Beiträgen wird dabei gleichwohl kritisch angemerkt, dass die Koordination durch Netzwerke beziehungsweise Verhandlungen durchaus voraussetzungsvoll ist und die dabei zu erzielenden Ergebnisse – im Sinne des Gemeinwohls – auch suboptimal sein können (Kenis/Raab 2008; Mayntz 1997c; Pierre/Peters 2000: 20; Scharpf 1988a; 1993; 1994).

9 Als Ursachen für den Perspektivenwechsel gilt die Öffnung der Steuerungsperspektive für gesellschaftliche Akteure, womit die klare Differenzierung zwischen Steuerungssubjekt und –objekt entfällt. Desweiteren wird die Entwicklung auf transnationaler Ebene angeführt, wo ein »Steuerungssubjekt« nur noch in generalisierter und zugleich fragmentierter Form erscheint (Mayntz 2005: 16). Im Widerspruch dazu wird in neueren Arbeiten der Wechsel vom Steuerungs- zum Governance-Begriff vor allem mit Blick auf die internationale Ebene von Renate Mayntz durchaus als Paradigmenwechsel bezeichnet

akteurzentriert gelten, während die Governance-Theorie die verschiedenen Regelungsstrukturen beziehungsweise deren Wirkung auf Akteure und deren Handlungen in den Vordergrund stellt und daher als institutionalistisch kategorisiert wird. Die Steuerungs- und Governance-Perspektive schließen sich damit nicht gegenseitig aus, sondern können sich ergänzen (Mayntz 2005: 16f.).

Der ursprünglich in der Ökonomie geprägte Governance-Begriff (Williamson 1979) wurde in vielfältigen Kontexten angewandt und weiterentwickelt (als Überblick siehe Benz 2004a: 21f.; Kooiman 1999: 68; Pierre 2000; Schuppert 2003: 395ff.). Mit Renate Mayntz lassen sich dabei zwei grundlegende Verwendungen unterscheiden: Erstens »Governance« als Oberbegriff für verschiedene Modi sozialer Handlungskoordination (Hierarchie, Markt, Gemeinschaft, Organisationen), womit jedoch primär die Regelungsstrukturen (und nicht der Regelungs- oder Steuerungsprozess) bezeichnet wurden. Zweitens überwiegend im Kontext internationaler Beziehungen entwickelt, »Governance« als expliziter Gegenbegriff zu Formen nationalstaatlicher beziehungsweise hierarchischer Formen des Regierens[10], womit primär auf den Prozess der Regelung abgehoben wird. Mit Bezug zu der Diskussion im deutschen Sprachraum schlägt Renate Mayntz vor, beide Begriffsverwendungen zu verbinden und »Governance« als Oberbegriff für rein staatliche bis hin zu rein zivilgesellschaftlichen Regelungsformen zu nutzen (Mayntz 2005: 14; siehe Definition von Governance in Fußnote 3).

Um die verschiedenen Regelungsformen erfassen beziehungsweise systematisieren zu können, wurden im Rahmen entsprechender Governance-Typologien[11] Hierarchie, Markt und Gemeinschaft um Netzwerke als neue Grundform erweitert (Pierre/Peters 2000: 14) oder auch Gemein-

---

(Mayntz 2008: 45). In Bezug auf nationalstaatliche Regulierungs- und Entscheidungsprozesse wird im Folgenden jedoch die Interpretation im Sinne eines Perspektivwechsels vorgezogen.

10 Darüber hinaus lassen sich weitere spezifische Anwendungen des Begriffs in der Literatur zu den internationalen Beziehungen unter Global Governance, in der politischen Ökonomie unter Corporate Governance oder dem eher normativen Begriff der Good Governance finden, die hier jedoch nicht weiter berücksichtigt werden (für einen Überblick siehe unter anderem Mayntz (2008) und van Kersbergen/van Waarden (2004).

11 Früher wurden entsprechende Typologien als »Modelle sozialer Ordnung« (Streeck/Schmitter 1985a; 1985b) oder als »Typen der Institutionalisierung von Handlungskoordination« (Kaufmann u.a. 1986; Kaufmann 2002a: 190) bezeichnet.

schaft gänzlich durch Netzwerke ersetzt[12] (Kenis/Raab 2008: 133). In einzelnen Typologie-Varianten werden jedoch – wie bereits bei früheren Typologien – sowohl die Grundformen als auch weitere Regulierungstypen in Abhängigkeit von den jeweils untersuchten Politik- beziehungsweise Regulierungsfeldern ergänzt (zum Beispiel Bevir/Rhodes 2003; Lütz 2004). Ferner wird auf Varianten der Grundformen verwiesen, zum Beispiel verschiedene Typen von Netzwerken (Rhodes 1997: 38[13]; zusammenfassend Nullmeier 2007).

Da alle diese Typologien, die einzelnen Regelungsstrukturen beziehungsweise deren jeweilige zentrale Charakteristika wie Steuerungs- oder Governance-Modi zumeist als »reine« Formen beschreiben, wird kritisiert, dass sie nicht ausreichend in der Lage sind, Kombinationen von Governance-Typen sowie hieraus entstehende Probleme der Institutionenpolitik zu charakterisieren (Benz 2004a: 25). Eben diese Mischung zwischen verschiedenen institutionalisierten Regelsystemen beziehungsweise das Überschreiten der Grenzen von Staat und Gesellschaft wird jedoch in der empirischen Forschung – im Einklang mit dem Leitbild des kooperativen Staates oder des Gewährleistungsstaates – als zentral angesehen (Benz 2004a: 25; Stoker 1998: 17).

Im Rahmen der konzeptionellen Arbeiten muss daher das von dem Niederländer Jan Kooiman im Rahmen eines 1990 gestarteten Forschungsprogramms an der Erasmus Universität in Rotterdam entwickelte Konzept der »Social-Political Governance« als besonders elaboriert angesehen werden, um das Nebeneinander verschiedener Regelungsstrukturen sowie die Veränderung staatlicher Interventionsformen systematisch erfassen zu können. Da auch in diesem Konzept die Interaktionsformen zwischen den verschiedenen Akteuren in den Vordergrund gestellt werden, zeigen sich starke Parallelen zu dem von Scharpf und Mayntz entwickelten Ansatz des akteurzentrierten Institutionalismus beziehungsweise zur Steuerungstheorie.

So wird von Kooiman der Wechsel von einer unilateralen Betrachtungsweise von »Government or Society separately« zu einer interaktionistischen Steuerungsperspektive »Government with Society« vorgeschlagen

12 Die Analyse von Netzwerken als Governance Form geht damit in der weiteren Governance-Perspektive auf (Kenis/Raab 2008: 144).

13 Dabei erscheint insbesondere auch die Unterscheidung zwischen Policy Networks als Interest Intermediation beziehungsweise Policy Community relevant (Bevir/Rhodes 2003: 49f.; Börzel 1998).

(Kooiman 1993: 35ff.). Die drei als grundlegend identifizierten Governance-Modi können einzeln oder als Mix vorkommen. Dabei wird Self-Governance als ausschließlich gesellschaftliche Selbstregelung definiert – und damit von Formen konzidierter Selbst-Regelung abgegrenzt[14]. Co-Governance wird als Sektor übergreifende »Collaboration« und »Co-Operation« zwischen staatlichen und gesellschaftlichen Akteuren definiert, die ihren Ausdruck im Rahmen von (Public-Private) Netzwerken, Public-Private-Partnerships oder Formen des Co-Managements findet (Kooiman 2005: 156ff.).

Obgleich durchaus eine Verlagerung zu Self-Governance und Co-Governance konzidiert wird, gilt Hierarchical-Governance – im Sinne von Steuerung (stärker politisch) und Kontrolle (eher Bürokratie) – weiterhin als zentraler Governance-Modus des Staates. Dabei wird mit Stichworten wie »from comand to regulation«, »from procuring to enabling« und »from benevolence to activation« jedoch auch auf einen Wandel von Zielen und Instrumenten des Staates selbst verwiesen (Kooiman 2003: 120).

Mit der Unterscheidung von drei verschiedenen Orders of Governance beinhaltet Kooimans Konzept darüber hinaus eine Systematisierung des »Gegenstandes« von Governance beziehungsweise der durch Steuerungshandeln angestrebten Veränderungen, welche im Hinblick auf die Beschreibung sich verändernder Staatstätigkeit ebenfalls zentral erscheinen. Demnach zielt First-Order-Governance auf direkte Problemlösung beziehungsweise das Schaffen von Gelegenheitsstrukturen (Opportunities); Second-Order-Governance versucht auf die Strukturbedingungen, also primär die Institutionen, einzuwirken, die den Governance-Prozess erster Ordnung beeinflussen; Third-Order-Governance oder Meta-Governance bezieht sich dagegen auf Normen und Bewertungen von Governance selbst (Kooiman 2000; 2005: 167f.).

Entsprechend wird die »neue« Rolle des Staates auch hier im Sinne eines Enabler, Catalytic Agent oder Commissioner gesehen, dessen Aufgaben gleichsam anspruchsvoll definiert werden als »decomposition and coordination; collibration and steering; integration and regulation« (Kooi-

14 Self-Governance kann in gesellschaftlichen Netzwerken (ohne staatliche Beteiligung) zum tragen kommen. Die in zahlreichen Deregulierungsprozessen konzidierte Selbstregulierung wird von Kooiman dagegen als interventionistische Form des Regierens bezeichnet (Kooiman 2003: 91). »Self-Governance is an inherent capacity of societal entities at the actor level of governing interactions, and not to be mixed up with de- or re-regulation« (Kooiman 2003: 91).

man/Van Vliet 1993; zit. nach Stoker 1998: 24). Ersteres verweist auf die Aufgabe der Situationsdefinition, wodurch relevante Akteure (Stakeholder) identifiziert und zusammengebracht werden. Die zweite Aufgabe bezieht sich auf die Gestaltung beziehungsweise Regulierung von Einfluss- und Steuerungsbeziehung, zum Beispiel Netzwerkbeziehungen, um die gewünschten Resultate zu erzielen. Die dritte Aufgabe beinhaltet eine Art Systemmanagement, welches sich auf die Konzeption und Steuerung jenseits der Grenzen einzelner Teilsysteme bezieht, um unerwünschte Nebeneffekte zu vermeiden und effektive Koordinationsmechanismen zu etablieren (Stoker 1998: 24). Die entsprechenden Vorstellungen können dabei als weitgehend kongruente, mit der im Zuge der jüngeren Steuerungsdiskussion beziehungsweise im Rahmen des Leitbildes des Gewährleistungsstaates formulierten, »neuen« Rolle des Staates als einer Art Meta-Akteur zusammengefasst werden. Sie verweisen unter anderem auf die dort angedeutete Notwendigkeit reflexiver Formen der Steuerung im Sinne einer Re-Regulierung von bestehenden Institutionen, Programmen und Entscheidungsprozessen sowie bereichsübergreifender Koordinationsaufgaben.

Die empirische Governance-Forschung hat bislang die Komplexität dieser konzeptionellen Studien nur bedingt reflektiert. Gegenstand der empirischen Arbeiten sind vor allem die seit den 1980er Jahren vollzogenen Reformen des öffentlichen Sektors in den verschiedenen Ländern, wobei letztlich die Analyse der Governance bei der Implementation von Policies dominiert.

Die britische Governance-Forschung wird sehr stark durch die Arbeiten von Rhodes beziehungsweise der im Rahmen des Forschungsprogramms zu »Local Governance and Whitehall«[15] seit Anfang der 1990er Jahre realisierten Studien dominiert. Der primäre Fokus ist dabei auf das Entstehen von Netzwerken als neuer Governance-Struktur im Zusammenhang mit dem Erbringen von Dienstleistungen auf lokaler Ebene ausgerichtet (Stoker 1999) und wird als Wandel des gesamten Westminster Modells interpretiert (Bevir/Rhodes 2003: 52; Rhodes 2000b).

Im Rahmen von akteurtheoretisch-institutionalistischen Ansätzen wird das Argument entwickelt, dass der Staat die selbst organisierenden Netzwerke nicht mehr direkt beziehungsweise über Hierarchie steuern, sondern nur noch indirekt beeinflussen kann (Rhodes 2000c: 61). Die stark inter-

15 Für Informationen zu diesem vom Economic and Social Research Council in Großbritannien geförderten Forschungsprogramm siehe Rhodes (2000e).

aktionistisch geprägte Variante innerhalb dieses Ansatzes geht von der gegenseitigen Abhängigkeit der Netzwerkakteure aus, womit Zielsetzung und Strategieentwicklung sowie kollektives Handeln von gegenseitigem Lernen und Kooperation abhängen (Rhodes 2000c). Dagegen räumt die stärker institutionalistisch geprägte Variante die Beeinflussung von Netzwerken durch indirektes Management in Form von Cultural Persuasion (Werben für Partnerschaft), Communication und Monitoring sowie direktes Management in Form finanzieller Anreize und struktureller Reformen ein (Schaffen von neuen Agencies) (Stoker 2000).

Die im Zuge der Politikberatung entwickelte instrumentalistische Variante nimmt demgegenüber weiterhin die Möglichkeit strategischer Steuerung von Netzwerken an, wobei sich die Formen des Regierens im Sinne von »Watchwords, Holistic, Preventive, Culture-Changing, and Outcome Oriented Government« ändern (6 1997: 10). Dabei wird gleichwohl die Notwendigkeit hervorgehoben, die Staatsorganisation selbst zu verändern und reflexiv zu steuern. Die Komplexität sozialer Probleme erfordere die Notwendigkeit von Holistic Governance, also Formen der ganzheitlichen Intervention, die wiederum einer zunehmenden Aufhebung der funktionalen Verwaltungsdifferenzierung beziehungsweise einer Zunahme von Koordination über traditionelle Ressortgrenzen hinweg sowie der Strategien des politischen Lernens beziehungsweise der institutionalisierten Evaluation von Policy-Outcomes bedürfen[16] (6 u.a. 2002: 33).

Darüber hinaus dokumentieren zahlreiche empirische Arbeiten aus verschiedenen europäischen Ländern zu den Reformen des öffentlichen Sektors – quasi als Bestätigung der Umsetzung der Theorien des New Public Management – eine zunehmende, konkurrierende Vergabe öffentlicher Aufgaben an Dritte sowie die Ökonomisierung der Steuerungsformen innerhalb des öffentlichen Sektors (Jann/Wegerich 2004; Klenk/Nullmeier 2003; Rhodes 2000b; 2000d). Dabei wird unter anderem bestätigt, dass Prozesse der Privatisierung von bislang öffentlichen Unternehmen und Dienstleistungen vielfach mit neuen (staatlichen) Re-Regulierungsprozessen verbunden sind (König/Benz 1997). Ferner wird im Rahmen der Go-

16 Zu etablierende integrative Organisationsformen sind interministerielle oder auch ressortübergreifende Arbeitsgruppen, Policy koordinierende Einheiten und so weiter. Dabei sind verschiedene Stufen der Koordination beziehungsweise Integration vorgesehen, die von der Berücksichtigung der Folgen strategischer Entscheidungen für Andere, zum Beispiel auch andere Ressorts, bis zur Verschmelzung verschiedener Verwaltungseinheiten reichen (6 u.a. 2002: 50f.).

vernance-Forschung auch die territoriale Kompetenzverschiebung thematisiert. Zu nennen ist hier die Dezentralisierung von Kompetenzen und Aufgaben im Zuge der Reformen des öffentlichen Sektors (Bogason 2000; Schneider 2003). Ferner führen Prozesse der Internationalisierung beziehungsweise der Verlagerung von Kompetenzen auf die Europäische Union (Leibfried 2000) zu neuen Regelungsmustern und Interaktionsformen im Sinne von Multilevel-Governance (Benz 2004b; Enderlein u.a. 2010).

Die Betrachtung des Wandels von Governance in der Sozialpolitik wurde in der empirisch-analytischen Forschung dagegen eher vernachlässigt[17] (Ausnahme siehe Dingeldey/Rothgang 2009). Nennenswerte Forschungsaktivität in diesem Bereich ist allein hinsichtlich der Analyse der Einflussnahme internationaler Akteure auf nationalstaatliche Entscheidungsprozesse zu verbuchen, wobei die von der EU initiierte offene Methode der Koordinierung als neue Governance Form sich eines besonderen analytischen Interesses erfreut (beispielhaft de la Porte/Pochert 2001; Heidenreich/Zeitlin 2009; Schmid/Kull 2004). Auch die Einflussnahme der OECD auf nationale Sozial- beziehungsweise Bildungspolitik wurde untersucht (siehe Martens/Jakobi 2009). Darüber hinaus dürfte die Governance-Perspektive am stärksten hinsichtlich der Re-Regulierung von Gesundheitssystemen entwickelt sein (Cacace u.a. 2008; Rothgang 2006; Rothgang u.a. 2007; Wendt u.a. 2005). Ferner liegen einzelne Untersuchungen zur Governance von Bildungssystemen (Baggesen Klitgaard 2009; Weil 2004; Windzio u.a. 2005) und zur Regulierung privatisierter Alterssicherung vor (Hippe 2009; Leisering 2006).

In den jüngst erschienenen Studien zur Governance der Arbeitsmarktpolitik (für einen Überblick siehe Van Berkel/Borghi 2008) werden vor allem die Veränderungen der Organisationsstrukturen bei der Leistungserbringung hervorgehoben, wobei sowohl Prozesse der Privatisierung und Dezentralisierung (Borghi/van Berkel 2007; Bredgaard/ Larsen 2008b; van Berkel u.a. 2011) als auch eine kontinuierliche (Damgaard/Torfing 2010) oder zunehmende Bedeutung von Netzwerken bei der Umsetzung (Schridde 2003) beobachtet werden. Bislang weitgehend fragmentarisch

---

17 Ein früher Überblick von Daly bestätigt, dass bis Anfang der 2000er Jahre »Governance und Sozialpolitik« kaum im Rahmen empirisch analytischer Arbeiten untersucht wurden (Daly 2003: 118f.). Sie verweist daher primär auf die Arbeiten der Regulationstheorie (zum Beispiel Jessop (1991a). Später entstand in diesem Zusammenhang auch ein partiell regulationstheoretisch orientierter Sammelband (Zeitlin/Trubek 2003). Ferner sind auch konstruktivistische Ansätze von Relevanz (Clarke 2004; Newman 2001).

bleibt dagegen die Governance orientierte Analyse der veränderten staatlichen Interventions- und Koordinationsformen, welche mit dem Ziel der Förderung von Beschäftigungsfähigkeit impliziert werden (Dingeldey 2009; Schmid 2004; van Berkel 2009).

Als Tenor aller sozialpolitischen Analysen kann dabei soweit festgehalten werden, dass sie Aufgabenverlagerungen »weg vom Staat« beobachten, gleichzeitig jedoch auch verbleibende (national-) staatliche Regulierungs- und Gewährleistungsaufgaben konstatieren. Damit wird der Einschätzung von Rhodes widersprochen, der die zunehmende Regulierung im Rahmen von Netzwerken – in Verbindung mit der zunehmenden Internationalisierung und Privatisierung von Regelungskompetenzen – als »Hollowing-out of the State« kommentiert (Rhodes 1994). Bestätigt werden demgegenüber die Befunde der stärker institutionalistisch und instrumentalistisch geprägten Ansätze, welche die Veränderung der Rolle des Staates beziehungsweise dessen Interventionsformen herausstellen. So betont Taylor, dass die entsprechenden Entwicklungen eine Zunahme strategischer Koordinationsleistungen und Kontrolle durch den Zentralstaat erfordern und die sich daraus ergebende Komplexität von Governance eher als Prozess des »Filling-In« denn als »Hollowing-Out« bezeichnet werden muss (Taylor 2000).

Diese Einschätzung wird letztlich auch in den Veröffentlichungen des Bremer Sonderforschungsbereichs »Staatlichkeit im Wandel« geteilt, wo verschiedene der zitierten sozialpolitischen Studien entstanden. Dort wird einerseits eine »Zerfaserung des Staates« in Form einer Kompetenzverlagerung »weg« vom Nationalstaat konstatiert (Hurrelmann u.a. 2008; Zürn 2005) und gleichzeitig die Aufrechterhaltung komplementärer Funktionen in Form der Regulierungsverantwortung beziehungsweise der Kompetenz zur Letztentscheidung durch den Nationalstaat betont (Genschel/Zangl 2007: 14f.; 2008). Neben den vielen positiven Einschätzungen zum zunehmenden Einfluss gesellschaftlicher oder auch internationaler Akteure auf sozialpolitische Entscheidungen, zum Beispiel im Rahmen von Netzwerken, erscheint der Verweis auf die damit einhergehende Deparlamentarisierung respektive die Gefahr der Delegitimation sozialstaatlicher Demokratie relevant (Hurrelmann u.a. 2005).

Insgesamt hat die Governance-Forschung zu einer Systematisierung der verschiedenen Regelungsmuster beigetragen und sowohl die zunehmende Internationalisierung der Entscheidungsfindung beziehungsweise die Entscheidungsfindung in Netzwerken als auch die Tendenzen der Privatisierung beim Erbringen von Leistungen vielfach empirisch belegt. Dies gilt auch für die institutionalistisch dominierten Analysen der Sozialpolitik zum Wandel der staatlichen Interventionsformen und Koordinationsaufgaben. Entsprechende Befunde motivieren beziehungsweise begründen die Entwicklung neuer normativer Staats- und Steuerungsvorstellungen.

2.3 Neue Staatsvorstellungen

Die mit den zitierten Arbeiten im Bereich der Steuerungs- und Governance-Forschung verbundenen empirischen Ergebnisse unterstützten einen im normativ-theoretischen Diskurs angenommenen Paradigmenwechsel vom Interventionsstaat zum kooperativen Staat beziehungsweise zum Gewährleistungsstaat. Der Begriff kooperativer Staat stellt dabei auf die veränderte strukturelle Konfiguration (Akteure und ihre Beziehungen) ab, während im Konzept des Gewährleistungsstaates primär die veränderte Funktion des Staates angesprochen wird (Mayntz 2008: 44). Bei beiden Konzepten fließen sowohl Erkenntnisse der Steuerungs- als auch der Governance-Forschung ein, so dass diese letztlich als Governance verwandte Konzepte charakterisiert werden können

Die Variante des kooperativen Staates (Benz 1994; 1997; Ritter 1979; Voigt 1996) reflektiert in starkem Maße die – in der empirischen Forschung nachgewiesene – Praxis der zunehmenden Beteiligung gesellschaftlicher Akteure sowohl bei der Entscheidungsfindung als auch bei der Implementation von Politik. Entsprechend wird einerseits hervorgehoben, dass der Staat selbst kein monolithischer, sondern ein funktional differenzierter, multizentrischer Akteur ist. Andererseits wird betont, dass sowohl bei der Entscheidungsfindung als auch bei der Implementation von Politik der Staat nicht mehr der einzig relevante Akteure ist, der hoheitlich Recht setzt, sondern entsprechende Entscheidungen über Verhandlungen mit gesellschaftlichen Akteuren zu Stande kommen und deren Umsetzung über die Kooperation von staatlichen und nichtstaatlichen Akteuren erfolgt (Fürst 1987; Ritter 1990: 106).

Anhand des Leitbildes des Gewährleistungsstaates werden verschiedene Elemente, die bei den bereits skizzierten wohlfahrtsstaatlichen Leitbildern thematisiert wurden, wie auch Ergebnisse der Verwaltungsforschung und Regulierungspraxis im Entwurf eines Konzepts der Verantwortungsstufung beziehungsweise -teilung bei der Umsetzung staatlicher Politik integriert (Hoffmann-Riem 2000; Schuppert 2003; 2005). Der Wandel der Staatsaufgaben wird dabei unter anderem als Reaktion auf neue gesellschaftliche Herausforderungen gesehen, die zum Beispiel im Rahmen der »Risikogesellschaft« thematisiert werden (Beck 1986). Die damit einhergehenden eher zunehmenden Steuerungsanforderungen werden dahingehend »gelöst«, dass der Staat die Erfüllungsverantwortung weitgehend abgibt beziehungsweise in Kooperation mit Privaten ausübt, aber die Gewährleistungsverantwortung beibehält: »Er belässt es bei einer öffentlichen Aufgabe, konzentriert sich in vielen Bereichen aber darauf, lediglich einen Rahmen und strukturierende Vorgaben für Problemlösungen durch andere, insbesondere Private, bereitzustellen, ohne die Verfolgung und Erreichung gemeinwohlorientierter Ziele in einer bestimmten Weise zu garantieren […]. Es geht also […] um die Art und Weise der Verantwortungsteilung zwischen staatlichen und nicht staatlichen Verantwortungsträgern« (Hoffmann-Riem 2000: 15).

Die Rücknahme der unmittelbaren Erfüllungsverantwortung ist dabei – so Schuppert – mit der Übernahme neuer organisatorischer und regulativer Aufgaben durch den Staat verbunden, um zu garantieren, dass die Leistungserbringung durch beziehungsweise unter Einbeziehung privater Anbieter den festgelegten Gemeinwohlstandards entspricht (Schuppert 2005). Der zentrale Koordinationsmodus des Gewährleistungsstaates, der letztlich auf das Ziel der Freisetzung der Selbststeuerungspotentiale der Gesellschaft gerichtet ist, wird damit in der Struktursteuerung gesehen. Diese wird betrieben, »indem er – im Unterschied zum erfüllenden Interventionsstaat – darauf verzichtet, bestimmte Gemeinwohlziele und den Weg zu ihrer Verwirklichung detailliert vorzuschreiben, sondern statt dessen Organisations-, Verfahrens- und Regelungsstrukturen bereitstellt (Bereitstellungsfunktion des Rechts), um auf diese Weise staatliche und nicht staatliche Handlungsbeiträge als Gemeinwohlbeiträge miteinander zu verkoppeln« (Schuppert 2005: 34).

Der vergleichsweise umfassende Entwurf des Gewährleistungsstaates geht damit über ältere Konzepte wie den Entwurf des Regulatory State hinaus (Grande 1997; Majone 1994). Vor dem Hintergrund der partiellen Abgabe von nationalstaatlichen Kompetenzen an die europäische Union, der Privatisierung staatlicher Unternehmen sowie der Liberalisierung von Märkten (Deregulierung) betonte dieser die zunehmende Bedeutung staatlicher (Re-) Regulierung in Bezug auf Dritte anstelle direkter Leistungserbringung durch öffentliche Unternehmen oder Leistungsverwaltungen (Majone 1997).

Der von Kaufmann entworfene Steuerungsstaat konkretisiert dagegen die zukünftig zu erwartenden staatlichen Steuerungsaufgaben. Die bereits betonte Rolle des Staates als Moderator (Fürst 1987) wird dahingehend interpretiert, dass dieser als eine Art Meta-Akteur, die Interdependenzen zwischen verschiedenen Teilsystemen wie auch die Interessen der betroffenen Akteure als notwendige Wirkungsbedingungen der eigenen Intervention reflektieren muss, um erfolgreich intervenieren zu können (Kaufmann 1994a: 31). Ferner wird auf eine Veränderung der Interventionsformen auf der Instrumentenebene verwiesen, indem – wie bereits bei der von Schuppert im Entwurf des Gewährleistungsstaates thematisierten Struktursteuerung – die Zunahme von eher indirekten Steuerungsinstrumenten genannt wird, wie Anreizprogramme, Überzeugungsprogramme, die Konstituierung von Verhandlungssystemen, der Einsatz prozeduralen beziehungsweise reflexiven Rechtes oder der Kontextsteuerung (Kaufmann 1994a: 32).

Mit konkretem Blick auf die Sozialpolitik besteht demnach die wesentliche Rolle des Staates in der »Gewährleistung sozialer Rechte und der Schaffung funktionsfähiger Strukturen der Leistungserbringung, deren Eigendynamik zur Schaffung von Selbststeuerungspotentialen nutzbar gemacht werden kann« (Kaufmann 1994b: 377). In diesem Zusammenhang wird eine Verschiebung von rechtlichen und ökonomischen (Transfers) zu ökologischen (Angebot von Dienstleistungen) und pädagogischen Interventionsformen prognostiziert (Kaufmann 1982).

Die soweit skizzierte Diskussion konstatiert damit im »Ergebnis« einen Wandel des steuerungspolitischen Interventionsparadigmas, das – gestützt auf einzelne empirische Arbeiten – bislang vor allem in konzeptionellen Arbeiten konkretisiert wurde. Dabei wird die im Paradigma des Interventionsstaates noch präsente Vorstellung des Staates als souveränem, über Hierarchie steuernden Akteur aufgeben und die Kooperation beziehungsweise Aufgabenteilung mit nicht staatlichen Akteuren beim Erbringen gemeinwohlorientierter Leistungen hervorgehoben. Der Staat wird dabei weiterhin als dominanter Akteur wahrgenommen, gleichzeitig aber ein Wandel staatlicher Aufgaben und Interventionsformen betont. Besonders voraussetzungsvoll beziehungsweise komplex erscheinen dabei die angesprochene Struktursteuerung und die Reflexion der Wirkungsbedingungen staatlichen Handelns wie sie im Leitbild des Gewährleistungsstaates und des Steuerungsstaates als Voraussetzung für erfolgreiche Intervention angesprochen werden.

2.4 Zwischenresümee

Die in der Debatte um neue wohlfahrtsstaatliche Leitbilder propagierten Vorstellungen hinsichtlich einer Veränderung der Arbeitsteilung zwischen staatlichen und gesellschaftlichen Akteuren beziehungsweise die Einführung neuer Steuerungs- und Governance-Formen werden im Rahmen der Diskurse zum Wandel von Staatlichkeit, Steuerung und Governance beziehungsweise der bereits realisierten empirischen Analysen vielfach widergespiegelt. Ein entsprechender Wandel von Governance wird sowohl in Bezug auf die Implementation von Policies als auch auf die Prozesse der politischen Entscheidungsfindung (Politics) konstatiert. Mit Blick auf die Governance der Sozialpolitik und insbesondere die Arbeitsmarktpolitik wurden diese Veränderungen bislang nur selektiv reflektiert. Es erscheint daher sinnvoll, die im Rahmen der sich partiell überlappenden Steuerungs- und Governance-Forschung entwickelten konzeptionellen Ansätze zu nutzen, um den mit der Umsetzung der neuen wohlfahrtsstaatlichen Leitbilder zu erwartenden Wandel von Steuerungsformen auch in diesen Politikfeldern umfassend konkretisieren und operationalisieren zu können.

In Anlehnung an den Entwurf des Gewährleistungsstaates, der im Hinblick auf das propagierte Staatsverständnis weitgehend den Ideen des aktivierenden Wohlfahrtsstaates entspricht (Jann 2003: 111; Schmid 2004), sollte insbesondere der Wandel des Staates selbst sowie seine Interventionsformen zum Gegenstand der Untersuchung gemacht werden. Denn gerade im Zusammenhang mit veränderten Zielsetzungen wie Aktivierung oder Befähigung erscheinen die in der Steuerungs- und Governance-Forschung angesprochene Rolle des Staates als Meta-Akteur beziehungsweise seine Fähigkeiten in Bezug auf die skizzierte Struktursteuerung als Voraussetzung für erfolgreiche sozialstaatliche Intervention.

Dabei können auch verschiedene »blinde Flecke« der Staats- und Steuerungsdiskussion adressiert werden: In den konzeptionellen Ansätzen werden fast ausschließlich die Regelungs- beziehungsweise Interaktionsmuster zwischen Staat und kollektiven Akteuren thematisiert beziehungsweise analysiert. Bei der Umsetzung von Sozialpolitik ist darüber hinaus auch das

Verhältnis von Staat und Individuum von zentraler Bedeutung. Eben die Veränderung dieses Verhältnisses wird durch die neuen sozialpolitischen Leitbilder angestrebt. Es bedarf daher einer Erweiterung beziehungsweise Präzisierung der Kategorien innerhalb der Steuerungs- und Governance-Diskussion, um auch veränderte Interaktionsmuster zwischen Staat und Individuum darstellen beziehungsweise die Interventionsintensität veränderter Leistungen fassen zu können.

Um schließlich unterschiedliche Policies beziehungsweise deren Outcomes zu erklären, sind ferner die im Leitbild des kooperativen Staates angesprochenen Veränderungen hinsichtlich der Strukturen der Entscheidungsfindung beziehungsweise der Kooperation zwischen staatlichen und nicht staatlichen Akteuren relevant und müssen als erklärende Variablen gefasst werden.

3. Forschungsstand zum Wandel des Wohlfahrtsstaates und der Arbeitsmarktpolitik

Bis zu den 1970er und 1980er Jahren ist die Entwicklung in den westlichen Industrieländern durch die Expansion wohlfahrtsstaatlicher Leistungen und Ausgaben gekennzeichnet. Besondere Wachstumsphasen der Sozialleistungen entfielen dabei auf die Prosperitätsperiode Mitte der 1950er bis Anfang der 1970er Jahre, in denen die Wirtschaft im historischen Vergleich stark wuchs und Vollbeschäftigung erreicht wurde. Dies wurde nicht zuletzt als Bestätigung der These einer stetigen Expansion des Sozialstaats als Folge der Modernisierung verstanden, die unter anderem im Wagnerschen Gesetz der wachsenden Staatstätigkeit prognostiziert worden war (Wagner 1993: 888). Zahlreiche historische und international vergleichende sozialwissenschaftliche Publikationen dokumentieren daher die Wohlfahrtsentwicklung bis in die 1980er Jahre hinein als Geschichte der Expansion (Alber 1983; Cameron 1978; Flora/Heidenheimer 1981).

Spätestens seit den 1970er Jahren aber gilt das Wachstum und der zunehmende Wohlstand der Nachkriegsperiode wie auch das Erreichen von Vollbeschäftigung als »kurzer Traum immerwährender Prosperität« (Lutz 1984). Schwere und wiederkehrende wirtschaftliche Krisen stellen nunmehr das ungebremste Wachstum des Sozialsektors in Frage. Die Steuerungs- und Problemlösungskapazität der Wohlfahrtsstaaten wird nicht zuletzt durch die steigende und strukturbedingte Arbeitslosigkeit herausgefordert. Spätestens seit Anfang der 1990er Jahre dominiert daher das Stichwort Rückbau beziehungsweise Retrenchment die Forschung zur Entwicklung des Wohlfahrtsstaates. Der Forschungsstand zum Wandel des Wohlfahrtsstaates wird im Folgenden mit besonderem Fokus auf diesen Perspektivenwechsel der empirisch analytischen Forschung diskutiert, wobei auch verschiedene damit verbundene Probleme thematisiert werden.

Zunächst werden die unterschiedlichen Operationalisierungen von Wandel vorgestellt und problematisiert (Abschnitt 3.1). Im Anschluss daran werden das »Dependent Variable Problem«, also die Auswahl und

Definition der abhängigen Variable, anhand derer wohlfahrtsstaatliche oder arbeitsmarktpolitische Entwicklung beurteilt wird, und die damit einhergehenden unterschiedlichen Befunde zum Wandel des Wohlfahrtsstaates beziehungsweise der Arbeitsmarktpolitik[18] erörtert (Abschnitt 3.2). Schließlich werden die verschiedenen wissenschaftlichen Ansätze dargestellt, mit denen wohlfahrtsstaatlicher Wandel oder auch dessen Ausbleiben erklärt werden (Abschnitt 3.3). Vor dem Hintergrund einer großen Vielfalt von Untersuchungsperspektiven, Ansätzen und Befunden wird versucht, einige allgemeine Trends sowohl in Bezug auf die Forschungspraxis als auch in Bezug auf die Wohlfahrtsstaatsentwicklung zu identifizieren. Mit Bezug zur Frage nach einem wohlfahrtsstaatlichen Paradigmenwechsel »hin zum aktivierenden Sozialstaat« lassen sich schließlich verschiedene Probleme und Lücken der vergleichenden Wohlfahrtsstaats- und Arbeitsmarktforschung aufzeigen (Abschnitt 3.4).

3.1 Verschiedene Konzeptionen des Wandels von Wohlfahrtsstaatlichkeit

Die Untersuchungen zum Wandel von Wohlfahrtsstaatlichkeit basieren auf unterschiedlichen Perspektiven beziehungsweise legen verschiedene Bezugspunkte zu Grunde anhand derer »Wandel« beurteilt wird. Dabei sticht die nicht explizit gemachte Differenzierung von Paradigmenwechsel und Regimewechsel besonders hervor. Ferner differieren Operationalisierungen hinsichtlich des Grades von Veränderungen, die als Wandel verortet werden.

Die *erste Perspektive* zielt weitgehend auf die Beschreibung und Erklärung der Veränderung des Wohlfahrtsstaates per se – verstanden als »eigenständiger moderner Vergesellschaftungstypus« (Kaufmann 2002a). Entsprechend wird Wandel als Veränderung einer spezifischen historischen Ausprägung des Wohlfahrtsstaates respektive eines *wohlfahrtsstaatlichen Paradigmas* verstanden, zum Beispiel in Form des fürsorgenden oder keynesianischen Wohlfahrtsstaates. Vor diesem Hintergrund werden letzt-

18 Die Vielzahl der Studien, die sich dem Vergleich einzelner Maßnahmen oder Instrumente der Arbeitsmarktpolitik (de Koning/Mosley 2001; de Koning 2007) oder aber den Folgen von Arbeitslosigkeit widmen (Gallie/Paugam 2000), werden im folgenden Literaturüberblick nicht berücksichtigt.

lich länderübergreifend ähnliche Veränderungen u.a als Folge neuer ökonomischer und sozialstruktureller Voraussetzungen betrachtet sowie im Hinblick auf ihre Problemlösungsfähigkeit beziehungsweise Steuerungswirkung hin beurteilt.

Im Rahmen dieser Perspektive dominiert die von Hall entwickelte Definition von »Wandel«. Dabei wird ursprünglich allerdings nicht auf den Wohlfahrtsstaat, sondern auf die Veränderung beziehungsweise Anpassung von Policies Bezug genommen. Entsprechend wird der Wandel von Policies als Policy-Learning in drei Stufen konzeptionalisiert. Um entstehende Probleme zu bekämpfen, findet auf der ersten Stufe des Wandels eine inkrementelle Anpassung existierender Instrumente und Programme statt. Die zweite Stufe beinhaltet eine substantielle Veränderung von Programmen und Instrumenten, während an den ursprünglich verfolgten Zielen beziehungsweise den bewährten Problemlösungsstrategien noch festgehalten wird. Auf der dritten Stufe des Wandels werden sowohl Problemperzeption als auch Problemlösungsstrategien verändert, indem der Wandel der Instrumente und die Anpassung von Programmen auch mit veränderten Zielen verbunden werden (Hall 1993). Diese Stufe wird von Hall mit einem Paradigmenwechsel gleich gesetzt.

Obgleich oft darauf rekurriert wird, ist dieses Modell des Wandels nach Hall nicht unumstritten. Dabei wird vor allem der idealtypisch skizzierte sequenzielle Ablauf des Veränderungsprozesses kritisiert. So wird betont, dass die Infragestellung eines Paradigmas nicht zwangsläufig zu dessen Auflösung führt (Oliver/Pemberton 2004). Vielmehr können neue Ideen in das alte Paradigma Eingang finden und zu dessen Evolution und Stabilisierung beitragen. Ein Paradigmenwechsel wird jedoch auch hier nur dann konstatiert, wenn das komplette Policy-Framework erfolgreich institutionalisiert wird (Oliver/Pemberton 2004: 420, 421).

Cox bemerkt demgegenüber, dass die von Hall beschriebenen Stufen des Wandels oftmals parallel verlaufen und die Durchsetzung eines neuen Paradigmas daher nicht als linearer Prozess zu verstehen sei. Vielmehr könne der Wandel der Zielvorstellungen zu unterschiedlichen Zeitpunkten auf unterschiedlichen Implementationsebenen stattfinden. Dabei hänge die Durchsetzung des gesamten Paradigmas vom Erfolg der partiell implementierten neuen Politikmuster ab (Cox 1998b: 410).

Auch an anderer Stelle wird kontrovers diskutiert, welches Ausmaß beziehungsweise welcher Grad der Veränderung als Wandel zu beurteilen ist. So betrachtete Pierson zunächst ausschließlich radikale Veränderungen von

Leistungsniveau und wohlfahrtsstaatlichen Institutionen als substantiellen Wandel (Pierson 1996), so dass die akkumulierten Effekte inkrementeller Reformen wie auch die Veränderung von politischen Zielen beziehungsweise Policy-Paradigmen gleichermaßen unberücksichtigt bleiben. Cox weist entsprechend darauf hin, dass vor allem kleinere inkrementelle Reformen seit den 1970er Jahren in ihrem Ergebnis zu einer fundamentalen Transformation des Wohlfahrtsstaates und der Konzeption sozialer Rechte führten (Cox 1998a). Um die Reichweite inkrementellen Wandels beurteilen zu können, schlägt er daher vor, zunächst eine umfassende Konzeption des Wohlfahrtsstaates im Hinblick auf Ziele und sozialstaatliche Prinzipien, Programme, Organisations- und Interventions-formen[19] sozusagen als Fixpunkt beziehungsweise Ausgangspunkt der Analyse von Wandel zu entwickeln. Dies ermöglicht es dann, Abweichungen über einen längeren Zeitraum hinweg als Wandel zu beobachten.

Diesen Vorschlag unterstützend, verweist van Kersbergen darauf, dass selbst radikale institutionelle Reformen wie die Privatisierung bei der Leistungserbringung – sofern sie mit umfassenden Regulierungen einhergehen – unter Unständen kaum Effekte im Hinblick auf sozialpolitische Outcomes zeigen. Im Gegensatz dazu können inkrementelle institutionelle Reformen innerhalb bestehender Programme und Institutionen durchaus große Veränderungen bewirken: »Gradual retrenchment policies through salamitactics produce dramatic results in terms of a decreasing level of social protection and rising poverty among specific groups« (van Kersbergen 2000: 29, 30). In Anerkennung dieser konzeptionellen Kritik passt sich Pierson in seinen jüngeren Studien der nunmehr weitgehend dominanten Konzeption von Wandel als Folge inkrementeller Veränderungen an (Pierson 2001b: 432f.).

In diesem Zusammenhang bleibt anzumerken, dass Outcomes meist nicht allein durch wohlfahrtsstaatliche Politik, sondern auch durch andere, zum Beispiel wirtschaftliche Faktoren, beeinflusst werden – und damit nur bedingt als Indikator für den Wandel des Wohlfahrtsstaates zu interpretieren sind (Green-Pedersen 2004: 6). Entsprechend sind die verschiedenen institutionalistisch beziehungsweise steuerungspolitisch orientierten Analysen, welche nach der Anpassungsfähigkeit der Wohlfahrtsstaaten an neue Herausforderungen (Scharpf/Schmidt 2000a; 2000b; ähnlich auch Hall/ Soskice 2001a; Soskice 1999) fragen, als nicht besonders aussagekräftig in

19 Ein Vorgehen, das auch weitgehend von der Literatur zum Workfare State im Rahmen der Regulationstheorien angewandt wird (vgl. oben sowie Jessop 1991a).

Bezug auf wohlfahrtsstaatlichen Wandels zu betrachten, sofern sie diesen beispielsweise ausschließlich an der erfolgreichen Bekämpfung der Arbeitslosigkeit festmachen (Scharpf 1987; Schmidt 1993).

Um entsprechend diffuse Effekte von Veränderungsprozessen wahrnehmen zu können, empfiehlt Goul Andersen eine differenzierte Untersuchung verschiedener Ebenen, nämlich 1. Wandel des Diskurses, 2. Wandel von Institutionen, 3. Veränderungen von Output und 4. Veränderungen von Outcomes (Goul Andersen 2007a). Obgleich dieser Vorschlag sehr elaboriert erscheint, muss auch dabei die Operationalisierung der einzelnen Indikatoren kritisch reflektiert werden. Streeck und Thelen differenzieren fünf Typen des institutionellen Wandels: 1. (vollständiges) Ersetzen bestehender Institutionen durch neue (Displacement), 2. Schaffen neuer Institutionen, während die »alten« fortbestehen, aber gleichwohl allmählich an Bedeutung verlieren (Layering), 3. fehlende Weiterentwicklung beziehungsweise Anpassung bestehender Institutionen, zum Beispiel in Form von Nichtentscheidungen (Drift), 4. Umwidmen beziehungsweise Umfunktionieren bestehender Institutionen zur Verwirklichung neuer Zielsetzungen (Conversion) und 5. Zusammenbruch aufgrund eigener Entwicklungsdynamik unter veränderten Umweltbedingungen (Exhaustion). Zen-trale Unterscheidungskriterien sind dabei unter anderem, ob Veränderungen durch Akteure aktiv betrieben werden, indem beispielsweise spezifische Normen oder Funktionen reinterpretiert oder gar alternative Institutionen etabliert werden. Alternativ können Veränderung des Kontextes beziehungsweise die Evolution der Institutionen selbst zum Wandel führen (Streeck/Thelen 2005: 18ff.).

Die *zweite Perspektive* auf Wandel wird überwiegend durch die *wohlfahrtsstaatliche Regimeforschung* vertreten und betont die unterschiedliche wohlfahrtsstaatliche Entwicklung in verschiedenen Ländern. Im Vordergrund steht die ausführliche Beschreibung unterschiedlicher wohlfahrtsstaatlicher Typen beziehungsweise Regime anhand verschiedener Variablen und/oder die Erklärung dieser Divergenz (Esping-Andersen 1990). Wandel wird dabei als Abweichung pfadspezifischer Entwicklung konzipiert (Bonoli/Palier 2000; Esping-Andersen 1996c: 267). Wenn Esping-Andersen die Reaktionen der verschiedenen Länder auf die Herausforderungen der Globalisierung und der gesellschaftlichen Modernisierung bis Anfang der 1990er Jahre als »Politics of the Status Quo« bezeichnet (Esping-Andersen 1996c: 267), charakterisiert er diese als ausschließlich pfadabhängige beziehungsweise regimetypische Entwicklungen. Jüngst werden sowohl der entsprechende Befund als auch die mit diesem verbundenen Erklärungen in Frage gestellt. Relevant bleiben jedoch die im Rahmen der Regimeforschung hervorgehobenen unterschiedliche Ausgangspunkte und Entwicklungsdynamiken in den verschiedenen Ländern.

Eine *dritte Perspektive* verbindet die soeben skizzierten Perspektiven auf wohlfahrtsstaatlichen Wandel mit der Frage nach einer zunehmenden *Konvergenz* der Entwicklung verschiedener nationaler Regime beziehungsweise Policies. Ausgangspunkt der entsprechenden, im Rahmen der Transfer- und Diffusionsforschung verankerten Untersuchungen, ist die Annahme, dass die Varianz verschiedener nationaler Policies abnimmt aufgrund der Ähnlichkeit von Policy-Problemen, dem Aufoktruieren von Policies im Rahmen asymmetrischer ökonomischer oder politischer Machtverhältnisse, der Harmonisierung durch internationales Recht, des regulativen Wettbewerbs oder der internationalen Kommunikation (zum Beispiel Policy-Learning oder international Policy-Promotion) (Knill 2005: 769f.; Obinger/Starke 2009). Dabei werden gleichwohl verschiedene Formen der Konvergenz unterschieden: σ-convergence beschreibt generell die abnehmende Varianz von Policies. Dagegen zeigt sich β-convergence im spezifischen Aufholprozess von Nachzüglern. γ-convergence misst die Veränderung des Länderrankings in Bezug auf eine spezifische Policy. δ-convergence wird schließlich operationalisiert als die Veränderung des Abstandes der Länder in Bezug auf ein exemplarisches Modell. Diese kann jedoch durch parallele Veränderungen erreicht werden und beinhalten damit nicht notwendigerweise eine Verringerung der Länderdifferenzen im Sinne von σ-convergence (Heichel u.a. 2005).

Die im Rahmen dieser Forschungsperspektive erzielten Ergebnisse weisen partielle Widersprüchlichkeiten auf, die bislang nicht ausreichend erklärt werden. So wird einerseits die Verengung des Korridors wohlfahrtsstaatlicher Varianz hervorgehoben, indem die Auflösung regimespezifischer Regulierungsmuster als »Blurring of Regimes« konstatiert wird (Goodin 2001; Rothgang u.a. 2006). Andererseits werden trotz der Konvergenz von Zielen und der Verringerung der institutionellen Regimedifferenzen weiterhin starke Varianzen bei den Policy-Outcomes anhand des gemessenen Niveaus sozialstaatlicher Intervention nachgewiesen, so dass ein konvergenter Wandel im Sinne eines umfassenden und länderübergreifenden Rückbaus des Wohlfahrtsstaates verneint wird (Obinger/Starke 2009; ähnlich auch Knijn u.a. 2007).

Eine salomonische Lösung dieser Diskrepanzen wird von Cox vorgeschlagen: »any set of changes exhibits elements of convergence and divergence«[20] (Cox 1998a: 13), ohne jedoch mit einer Erklärung verbunden zu werden. Von anderer Seite wird mit der Parallelität von pfadabhängigen und pfadbrechenden Entwicklungen ein Hinweis geliefert: »The holistic perspective may provide evidence for dynamic continuity and the robustness of crucial differences between several countries, while a more detailed perspective, which also takes programmatic dynamics into account, may provide evidence for path departures« (Jochem 2007: 277)[21].

Alles in allem kann damit konstatiert werden, dass Wandel in der vergleichenden Wohlfahrtsstaatsforschung zunehmend als inkrementeller Wandel erwartet wird, der gleichwohl massive Veränderungen bewirken kann. Darüber hinaus sind unterschiedliche Perspektiven auf wohlfahrtsstaatlichen Wandel zu differenzieren: Erstens die Veränderung des wohlfahrtsstaatlichen Paradigmas, die letztlich als länderübergreifend ähnliche Entwicklung wahrzunehmen wäre; zweitens als Veränderung wohlfahrtsstaatlicher Regime, die sich in Form pfadbrechender Entwicklungen in einzelnen Ländern niederschlägt und mit einer zunehmenden Konvergenz wohlfahrtsstaatlicher Entwicklung einhergehen würde. Zahlreiche Studien zeigen drittens eine gewisse Integration der beiden Perspektiven. Dabei werden allerdings Fragen, ob beziehungsweise wie der angenommene Paradigmenwechsel hinsichtlich der Veränderung von Zielen, Institutionen, Outputs und Outcomes, in verschiedenen Regimen umgesetzt wird, oder welche Wechselwirkung zwischen Paradigmenwechsel, Regime bzw. Pfadwechsel und Pfadabhängigkeit besteht, nicht explizit formuliert oder gar systematisch beantwortet.

3.2 Das »Dependent Variable Problem«

Die Entwicklung des Wohlfahrtsstaates wird traditionell anhand verschiedener Indikatoren zu den Sozialausgaben gemessen. Doch bereits für die Phase wohlfahrtsstaatlicher Expansion wurde dies von Esping-Andersen

20 Ähnlich argumentieren Hinrichs und Kangas (2003) in Bezug auf Rentenreformen in Deutschland und Finnland.

21 Ähnlich argumentieren auch (Bonoli/Palier 2000; Eichhorst/Konle-Seidl 2008; Seeleib-Kaiser 2001:345ff).

kritisiert. Vor allem im Zusammenhang mit der Erklärung durch macht- und interessentheoretische Ansätze erschien ihm das Ausgabenniveau als inadäquate Konzeptionalisierung für die Verwirklichung der Ziele wohlfahrtsstaatlicher Politik: »It is difficult to imaging anyone struggled for spending per se« (Esping-Andersen 1990: 14). Bekannterweise hat er selbst unter anderem den Grad der Dekommodifizierung zur Messung wohlfahrtsstaatlicher Entwicklung hervorgehoben – und damit die theoretische Konsistenz des interessentheoretischen Ansatzes deutlich erhöht. Zudem hat die von ihm ausgelöste Kontroverse um die Typologisierung verschiedener wohlfahrtsstaatlicher Regime beziehungsweise deren Charakterisierung eine Flut der Definition verschiedener »abhängiger Variablen« zur Beschreibung (divergenter) wohlfahrtsstaatlicher Entwicklungen produziert (Clasen/Siegel 2007b; Pierson 2001b: 420).

Das Dependent Variable Problem setzte sich in der aktuellen Diskussion zur Wohlfahrtsstaatsentwicklung beziehungsweise zum Welfare State Retrenchment fort (Clasen/Siegel 2007a; Green-Pedersen 2004; Starke 2006; van Kersbergen 2002). Es beeinflusst die weitgehend kontroverse Debatte zur Einschätzung der wohlfahrtsstaatlichen Entwicklung als Konsolidierung beziehungsweise sogar Ausbau (Resilience/Expansion), als Rückbau oder radikalem Abbau (Retrenchment/Dismantling) oder als Umbau (Recasting/Restructuring) maßgeblich.

Esping-Andersen wählte zunächst drei Indikatoren zur Beschreibung und Analyse wohlfahrtsstaatlicher Entwicklungen: das Verhältnis von Staat und Markt, den Grad der Dekommodifizierung (Minderung des »Zwangs« zur Arbeitsmarktteilhabe) und die Logik der Stratifizierung (Esping-Andersen 1990). In Anlehnung an Titmuss werden mit Hilfe dieser Indikatoren drei unterschiedliche Wohlfahrtsstaatsregime[22] identifiziert (Titmuss 1974), die idealtypisch das Entstehen unterschiedlicher Institutionen sowie die unterschiedliche Verwirklichung sozialer Rechte und das Erreichen sozialer Gerechtigkeit in verschiedenen Ländern widerspiegeln sollen: der sozialdemokratische, der liberale und der konservativ-korporatistische Wohlfahrtsstaat.

22 Nach Esping-Andersen (1990: 2) wird ein Welfare (State) Regime dahingehend definiert, »that in the relation between state and economy a complex of legal and organizational features are systematically interwoven«. Dabei wird letztlich die Governance der Wohlfahrtsproduktion hervorgehoben: »the ways in which welfare production is allocated between state, market, and households« (Esping-Andersen 1999: 73).

Die verschiedenen Wohlfahrtsstaatstypen werden somit nicht nur anhand der Systeme sozialer Sicherung, sondern insbesondere auch anhand der damit einhergehenden Regulierung von Erwerbsarbeit unterschieden. Entsprechend werden die verschiedenen Wohlfahrtsstaatsregime auch mit unterschiedlichen Beschäftigungsregimen beziehungsweise der Entwicklung von unterschiedlichen Arbeitsmärkten und Arbeitsmarkt-Outcomes identifiziert (Aust/Bieling 1996; Kolberg/Esping-Andersen 1991). Esping-Andersen (1991; 1996c) selbst verweist dabei insbesondere auf die im sozialdemokratischen, liberalen und konservativ-korporatistischen Modell unterschiedliche Struktur sowie das unterschiedliche Niveau der Erwerbsbeteiligung in Bezug auf Frauen und ältere Arbeitnehmer, die Größe des Dienstleistungssektors beziehungsweise die Bedeutung der Beschäftigung im öffentlichen Sektor.

Die Wohlfahrtsstaatstypologie nach Esping-Andersen wird – trotz ihrer vielfältigen Anwendung – auch stark kritisiert. So wurde insbesondere dem Konzept der Dekommodifizierung von feministischer Seite vorgeworfen, dass es die durch den Wohlfahrtsstaat produzierten Muster geschlechtsspezifischer Ungleichheit im Hinblick auf Arbeitsmarktpartizipation und (daraus abgeleiteter) sozialer Sicherung nicht adäquat wiedergibt (Lewis/Ostner 1994; Orloff 1993: 314; Sainsbury 1994). Im Rahmen der feministischen Typologien werden daher Wohlfahrtsstaaten je nach Ausmaß der wohlfahrtsstaatlichen Unterstützung der Erwerbsteilhabe von (Ehe-) Frauen beziehungsweise Müttern und dem Grad individueller sozialer Sicherung als starke oder schwache Ernährermodelle klassifiziert (Lewis/Ostner 1994). Andere unterscheiden das »Male Breadwinner Model« vom »Individual Adult Worker Model« beziehungsweise einem »Egalitarian Model«. Im letztgenannten Modell sind sozialpolitische Leistungen individualisiert, sowohl Männer als auch Frauen erwerbstätig und Familien- beziehungsweise Pflegeaufgaben werden partnerschaftlich übernommen und in erheblichem Umfang durch den Staat finanziert und erbracht (Sainsbury 1994; 1999)[23].

23 Um weitere Variationen wohlfahrtsstaatlicher Arrangements zwischen diesen als Extreme zu bezeichnenden Idealtypen eines traditionellen und modernisierten Geschlechterarrangements zu beschreiben, wurden diverse Subtypen differenziert: Neben dem Male Breadwinner/Female Caregiver, das Male Breadwinner/Female Part-Time Earner, das Dual Earner/State Caregiver beziehungsweise das Dual Earner/Marketised Cargiver und schließlich das Dual Earner/Dual Caregiver Model (Crompton 2001; ähnlich Pfau-Effinger 1999). Für einen umfassenden Überblick zur Diskussion um Gender Regimes siehe Betzelt (2007b).

Die Veränderung der »abhängigen Variable«, das heißt in diesem Falle die Charakterisierung der verschiedenen Wohlfahrtsstaatsregime anhand alternativer Kriterien, führt dazu, dass die Zuordnung einzelner Länder zu den jeweiligen Typen nur bedingt den von Esping-Andersen aufgezeigten Länderclustern entspricht (bestätigend Gustafsson 1994; eher widersprechend Anttonen/Sipilä 1996; Daly 2002).

Von Esping-Andersen selbst wurde die feministische Kritik insofern aufgenommen, als dass er an seiner ursprünglichen Regime-Clusterung weitgehend festhielt, der Charakterisierung der verschiedenen Wohlfahrtsstaatsregime jedoch ein weiteres Kriterium hinzufügte, nämlich den Grad der Defamiliarisierung. Dieser bezieht sich auf Art und Umfang des Angebots sozialer Dienstleistungen, welche Familien bzw. Frauen und Mütter beim Erbringen derselben entlasten (Esping-Andersen 1999)[24].

Auch jenseits des feministischen Diskurses ist die Kritik an Esping-Andersens Typenbildung sowie der Entwurf neuer beziehungsweise veränderter Wohlfahrtsstaatstypologien (zusammenfassend siehe Arts/Gelissen 2002; Kohl 2000; Scruggs/Allan 2006)[25] zu einem bedeutenden Produktionszweig der vergleichenden Wohlfahrtsstaatsforschung geworden, der bereits als »Welfare Modelling Business« bezeichnet wurde (Abrahamson 1999). Die entsprechende Kontroverse um die Typenbildung muss an dieser Stelle nicht nachvollzogen werden, kann aber allgemein als Bestätigung der These einer divergenten wohlfahrtsstaatlichen Entwicklung gewertet werden (ähnlich Myles/Quadagno 2002), der im Rahmen der Analysen zum Wandel des Wohlfahrtsstaates beziehungsweise der Arbeitsmarktpolitik Rechung getragen werden sollte.

Eine explizite Belebung des »Welfare Modelling Business« fand im Rahmen der empirischen Studien zu den Reformen aktivierender Arbeits-

---

24 Im feministischen Diskurs wird dies jedoch als unzureichend betrachtet und dafür plädiert, soziale Dienstleistungen (social care) beziehungsweise die damit einhergehenden Verschiebungen zwischen Staat, Markt und Familie als zentrale Analysekategorien der vergleichenden Wohlfahrtsstaatsforschung zu etablieren (Daly/Lewis 2000; Scott 1998; Tester 1999; Ungerson 2000). Viele dieser Studien unterstreichen dabei generell den unterschiedlichen Ausbau sozialer Dienstleistungen (Fargion 2000; Fix 2000; Gornick u.a. 1997). Andere differenzieren stärker hinsichtlich der Organisation von care work, das heißt inwiefern diese durch den Staat, den Markt, durch Dritter-Sektor-Organisationen oder die Familie beziehungsweise als bezahlte oder unbezahlte, formelle oder informelle Leistung erbracht wird (Cantillon u.a. 2001; Daly/Rake 2003; Huber/Stephens 2000; Knijn/Kremer 1997; Morgan/Zippel 2003).

25 Zu alternativen Typologisierungen beziehungsweise Länderzuordnungen in Bezug auf Beschäftigungsregime siehe Schmid (2002c) und Wood (2001a).

marktpolitik statt. Dabei wurden nicht nur unterschiedliche Reformwege und Erfolgsbilanzen bestätigt (Clasen/van Oorschot 2002b; Clasen/Clegg 2006; Häusermann/Palier 2008), sondern auch verschiedene Typen der Aktivierungsstrategien identifiziert. Dominant ist dabei die Vorstellung, dass das neue Ziel der »Employability« jeweils alternativ primär durch Workfare, im Sinne eines verstärkten Arbeitszwangs und einer Ausweitung von Niedriglohnbeschäftigung, oder durch »Enabling«, also die Befähigung der Arbeitslosen durch Ausbildung, umgesetzt wird. Ersteres gilt als typisch für das liberale und letzteres als typisch für das sozialdemokratische Wohlfahrtsstaatsregime (Barbier/Ludwig-Mayerhofer 2004; Barbier 2005; Torfing 1999b; Van Berkel/Hornemann Møller 2002).

Ob es einen dritten Typus gibt, wird insbesondere von Barbier als durchaus offen angesehen, da die Entwicklung in Frankreich, Italien und Deutschland bis Ende der 1990er Jahre zeige, dass hier jeweils Elemente des liberalen und des universalistischen Typus in unterschiedlichem Maße kombiniert werden. Dies wird partiell auch als Annäherung der deutschen Arbeitsmarktpolitik an das liberale Modell interpretiert (Seeleib-Kaiser/Fleckenstein 2007). Andere Autoren verweisen dagegen auf generelle Re_formrestriktionen hinsichtlich der Umsetzung der Aktivierungspolitik in Frankreich und Deutschland (Clasen/Clegg 2006) beziehungsweise im »Bismarckian Welfare State« (Clegg 2007). Jüngst wird für letztgenannten Typus eine institutionelle Dualisierung als spezifischer Entwicklungsweg hervorgehoben (Palier 2010a; Palier/Thelen 2010).

Darüber hinaus wird der dichotomen Typenbildung entlang der Elemente von »Workfare« und »Enabling« widersprochen, da eine generelle Zunahme beider Elemente im Rahmen der Aktivierungspolitik einzelner Länder bereits konstatiert und letztlich der spezifische Mix der entsprechenden Elemente als charakteristisch für die verschiedenen Wohlfahrtsstaaten aufgezeigt wird (Dingeldey 2007a).

Eine alternativ entwickelte Typologisierung der Aktivierungsregime erscheint analytisch weder ausgreift noch trennscharf. Bei der Charakterisierung der verschiedenen Typen als »Economic Springboard (UK), Civic Contractualism (Niederlande), Autonomous Citizens (Schweden), Fragmented Provision (Spanien, Tschechische Republik) sowie Minimalistic Disciplinary« (Serrano Pascual 2007a) werden verschiedene Ebenen der Ziele, der Regulierung und der Outcomes in der Charakterisierung vermischt und trotz der Vielfalt der skizzierten Typen Frankreich und Portugal (Deutschland fehlt) als Mischtypen bezeichnet. Die Diskussion zur Typologisierung verschiedener wohlfahrtsstaatlicher Regime mit Bezug zur aktivierenden Arbeitsmarktpolitik spiegelt damit weiteren Bedarf sowohl an konzeptionellen Vorschlägen als auch an empirischen Untersuchungen zu unterschiedlichen Reformwegen wider.

Der Beginn der Retrenchment-Diskussion wird im Allgemeinen mit dem Erscheinen der Arbeiten Piersons Anfang der 1990er Jahre datiert (Hinrichs/Kangas 2003), die das Ausbleiben des angekündigten radikalen Rückbaus des Wohlfahrtsstaates anhand qualitativer Fallstudien zu den Reformen von Reagan und Thatcher während der 1980er Jahre aufzeigten (Pierson 1994; 1996). Die dabei vertretene These wohlfahrtsstaatlicher Konsolidierung sowie partieller Expansion wird vor allem durch Untersuchungen zur Entwicklung der Sozialausgaben gestützt. So zeigt unter anderem Castles anhand des Vergleichs von 19 respektive 21 OECD Ländern zwischen 1984–1997 beziehungsweise 1980–1998 einen deutlichen Anstieg der durchschnittlichen Sozialausgaben in Relation zum Bruttoinlandsprodukt (BIP), aber auch in Relation zu den Staatsausgaben insgesamt (Castles 2001; 2004): »Despite cutbacks in a number of countries, our analysis demonstrates unequivocally that OECD average levels of social expenditure, whether measured as percentages of GDP, as generosity ratios, or in real terms, either increased or remained constant between 1980 and 1998« (Castles 2004: 45). Dies Ergebnis wird unter anderem dadurch begründet, dass zahlreiche wohlfahrtsstaatliche Nachzügler ihre Sozialausgaben erhöhten, während die Vorreiter durchaus Kürzungen vornahmen. Insgesamt leitet Castles daraus die These ab, dass ein »Steady State« Welfare State entstanden ist, das heißt ein maximales Niveau der Sozialausgaben als Anteil des GDP in vielen Ländern bereits erreicht wurde. Eine Zunahme der absoluten Ausgaben pro Kopf ist gleichwohl auch dort weiterhin möglich, sofern dies mit wirtschaftlichen Wachstum einhergeht (Castles 2004:169; ähnlich für den Zeitraum bis 2001 Castles 2007).

Die These steht im Gegensatz zum Befund des wohlfahrtsstaatlichen Rückbaus, der überwiegend durch die Analyse der Entwicklung wohlfahrtsstaatlicher Leistungen gestützt wird. Der von (Korpi/Palme 2003) für 18 OECD-Länder in Bezug auf die Entwicklung der (Netto-) Lohnersatzleistungen bei Krankheit, Unfall und Arbeitslosigkeit zwischen 1975 und 1995 durchgeführte Vergleich betont eine deutliche Tendenz von Leistungskürzungen. Dabei werden jedoch Differenzen in Bezug auf die unterschiedlichen Wohlfahrtsstaaten beziehungsweise die dort dominanten Prinzipien sozialer Sicherung betont: »the highest risk for cuts are associated with basic security institutions, followed by encompassing institutions, with state corporatist institutions having the lowest risks for cuts« (Korpi/ Palme 2003: 436)[26].

Gleichwohl gibt es auch Studien, die in Bezug auf wohlfahrtsstaatliche Leistungen die These des Abbaus verneinen: So kommt Swank auf der Basis eines ähnlich umfassenden Ländervergleichs zu dem Ergebnis, dass Rentenleistungen weitgehend stabil seien und lediglich geringe Leistungskürzungen bei Arbeitslosigkeit stattfanden. Für soziale Dienstleistungen (unter anderem für Ältere, Familien und Langzeitarbeitslose) wird in sozialdemokratischen und korporatistischen Wohlfahrtsstaaten sogar eine klare Expansion aufgezeigt. In der Bilanz werden daher Thesen des wohlfahrtsstaatlichen Abbaus wie auch der Konvergenz negiert: »... there is no evidence of systematic dismantling of national systems of social protection, nor is there evidence of significant convergence across welfare regimes« (Swank 2005: 184). Die unterschiedliche Dynamik der verschiedenen Indikatoren wird zum expliziten Untersuchungsgegenstand in einer Studie, die schließlich den Anstieg der Gesamtsozialleistungsquote in den OECD Staaten bis 1993 bestätigt, gleichzeitig aber anhand von Fallstudien zu Deutschland, Australien und den USA auf programm- und länderspezifische Rückbautendenzen verweist (Siegel 2002).

Die soweit zitierten Arbeiten müssen sich alle der Kritik stellen, die Definition der abhängigen Variablen sei unterkomplex, um den Wandel des Wohlfahrtsstaates zu beschreiben (Green-Pedersen 2004: 9), da sich Wandel insbesondere in Bezug auf wohlfahrtsstaatliche Institutionen vollziehe (Palier 2001). So wird betont, dass sich der Wandel letztlich nur bedingt in Ausgabenniveaus widerspiegele, sondern viel zentraler auf eine Veränderung des Verhältnisses zwischen Staat und Bürger abziele »The discourse hits at the core of state-society relations, and in a sphere of debate marginally bounded by spending levels« (Cox 1998a: 13). In einer Reihe weiterer Studien wird daher – zum Teil in Kombination mit Variablen zu Ausgaben und Leistungen – primär der institutionelle Wandel und/oder der Wandel wohlfahrtsstaatlicher Ziele und Prinzipien fokussiert.

Die Kritik aufnehmend untermauerte Pierson zunächst auch mit einem entsprechend erweiterten Untersuchungsdesign seine These der wohl-

26 Ähnlich in Bezug auf die Lohnersatzleistungen der Arbeitslosenversicherung und beim Krankengeld argumentieren (Allan/Scruggs 2004; Scruggs/Allan 2006), wobei aber eine Konvergenz aufgrund der Kürzungen betont beziehungsweise generell die von Esping-Andersen vorgeschlagene Typeneinteilung in Frage gestellt wird.

fahrtsstaatlichen Konsolidierung, indem die Dynamik der Sozialausgaben als stabil und der institutionelle Wandel in Schweden, Großbritannien, den USA und der Bundesrepublik zwischen 1974 und 1990 als weitgehend inkrementell klassifiziert wurden (Pierson 1996: 174). Eine ähnlich angelegte Untersuchung auf der Basis von Daten bis Mitte der 1990er Jahre stellte diesen Befund jedoch explizit infrage, da anhand der Unterscheidung zwischen sozialpolitischen Transfers und Dienstleistungen ein klarer Rückbau der Dienstleistungen gezeigt werden konnte: »... governments have preferred cutting the public sector to cutting entitlement programs, and it is first and foremost the service components of welfare states that have been reformed according to market principles« (Clayton/Pontusson 1998: 96). Auch diese These ist nicht unumstritten, da unter anderem (Levy 1999) betonte, dass vor allem die Reformen in den konservativen Regimen weder als Rückbau von Transfers noch als Rückbau von Dienstleistungen zu beschreiben sind, sondern eher als struktureller Umbau.

Erst Piersons Vorschlag, die Untersuchung wohlfahrtsstaatlicher Entwicklung anhand eines simplen Kontinuums in der Dichotomie von »mehr oder weniger« durch die Analyse von Restructuring zu ersetzen (Pierson 2001b: 421ff.), brachte eine neue Dynamik in die vergleichende Forschung. Demnach wird Restructuring anhand von drei Dimensionen, nämlich Recommodification, Cost Containment und Recalibration operationalisiert und anhand des Vergleichs der Reformpolitiken verschiedener Wohlfahrtsregime in jeweils unterschiedlichen Ausprägungen beziehungsweise Kombinationen nachgewiesen. Recommodification gilt dabei als Umkehrung des Prozesses der Dekommodifizierung im Sinne Esping-Andersens, das heißt als (erneute) Einschränkung der Freistellung vom Zwang zur Arbeitsmarktpartizipation. Cost-Containment wird als eigenständiges sozialpolitisches Ziel gesehen. Recalibration steht für die Anpassung wohlfahrtsstaatlicher Programme, die sich in Form von Rationalization im Hinblick auf eine effizientere Zielerreichung, und/oder als Updating, im Sinne einer Anpassung an neue soziale Herausforderungen und Normen, niederschlagen kann. Die Umsetzung entsprechender Transformationsstrategien wird für die verschiedenen Wohlfahrtsregime als weitgehend unterschiedlich skizziert.

Sainsbury konnotiert positiv die implizit angenommene Konzeption von Wandel als »inkrementell«, kritisiert jedoch, dass Retrenchment und Radical Restructuring gleichgesetzt werden (Sainsbury 2001: 260, 264). Um unterschiedliche Ausprägungen wohlfahrtsstaatlicher Entwicklung charakterisieren zu können, sei es zentral zwischen Retrenchment und Restructuring konzeptionell stärker zu unterscheiden.

Im Rahmen eines deutsch-britischen Vergleichs zur Arbeitsmarkt-, Renten- und Familienpolitik seit den 1980er Jahren wurde diese Forderung weitgehend eingelöst (Clasen 2005). Dabei wird die »Richtung« sozialpolitischer Reformen im Hinblick auf Retrenchement beziehungsweise Expansion (Scale, Scope, Pace) anhand primär quantitativer Indikatoren wie Sozialausgaben und sozialer Rechte (Benefit Value, Eligibility und Entitlement) analysiert. Restructuring wird dagegen mit Hilfe qualitativer Analysen anhand von Policy-Profiles nachgezeichnet, die insbesondere die Betroffenheit von Kürzungen, die Veränderung des Public-Private Mix, Arbeitsmarktaktivierung, Innovation und Veränderungen beim Mix der grundlegenden Zugangsvoraussetzungen der Programme (Bedürftigkeit, Reziprozität und Universalität)[27] hervorheben (Clasen 2005: 23f.). Als Ergebnis wird die unterschiedliche Entwicklungsdynamik in verschiedenen Ländern, aber auch in verschiedenen Politikfeldern bestätigt. So zeigt der Vergleich der Arbeitsmarktpolitik deutliche Kürzungen und – bis Anfang des neuen Jahrtausends ausschließlich für Großbritannien – auch enorme Restrukturierungen, während für die Familienpolitik in beiden Ländern expansive Tendenzen ausgemacht werden (Clasen 2005). Bonoli und andere erklären die auch von ihnen wahrgenommen Entwicklungsdynamiken von Retrenchement und Expansion, indem die Parallelität der Finanzierungsprobleme beziehungsweise der Zwang zur Kosteneinsparung und die steigende Nachfrage nach sozialen Dienstleistungen, insbesondere in den Bereichen Bildung, Gesundheit und Pflege, aufgezeigt werden (Bonoli u.a. 2000: 119–138).

Während damit in der vergleichenden Wohlfahrtsstaatsforschung erst seit Kurzem ein primär qualitativer Umbau des Wohlfahrtsstaates konzeptionell gefasst und wahrgenommen wird, konstatieren einzelne Länderana-

27 Clasen und van Oorschot analysieren den Wandel der normativen Prinzipien sozialer Gerechtigkeit (Bedürftigkeit, Gleichheit beziehungsweise Universalismus und Versicherung beziehungsweise Reziprozität) in Form rechtlicher Veränderung der Zugangs- und Leistungskriterien sowie als Umfang der durch die jeweiligen Prinzipien regulierten Leistungsprogramme (Clasen/van Oorschot 2002a). Dabei werden durchaus unterschiedliche beziehungsweise heterogene Entwicklungstrends in den unterschiedlichen Wohlfahrtsstaatstypen seit den 1980er Jahren konstatiert. Stark verallgemeinernd zeichnet sich dabei eine Ausdehnung des Bedürftigkeitsprinzips, eine tendenzielle Abnahme des universalistischen Prinzips und eine weitgehende Kontinuität des Sozialversicherungsprinzips ab.

lysen, aber auch verschiedene vergleichende Studien zur Arbeitsmarktpolitik, bereits seit längerem einen umfassenden strukturellen beziehungsweise qualitativen Wandel. Wie bereits oben im Zusammenhang mit der neu entfachten Diskussion um die Typenbildung angedeutet, wird in Anlehnung an die spätestens seit Mitte der 1990er Jahre propagierten neuen Ziele in der Arbeitsmarktpolitik und der im Zusammenhang damit beobachteten Reformtätigkeit in einzelnen Ländern ein tiefgreifender Policy-Wandel aufgezeigt. Dieser wird charakterisiert als Übergang von einer passiven, eher transferorientierten Arbeitsmarktpolitik hin zu einer aktivierenden, welche auf Beschäftigungsfähigkeit abzielt (Compston 1997; Cox 1998b; Drøpping u.a. 1999; Eichhorst u.a. 2008; Lødemel/ Trickey 2000). Festgemacht wird dies sowohl an der Kürzung von Leistungen, an der Redefinition der Leistungsvoraussetzungen (Clasen 1999; Clasen/van Oorschot 2002a) als auch an der Veränderung der Instrumente beziehungsweise des Maßnahmenmix (aktiv/passiv) (Hvinden 2003).

Dabei wird unter anderem die Konditionalisierung sozialer Rechte als Anlass genommen, den Wandel von Citizenship[28] als abhängige Variable zu untersuchen (Goul Andersen u.a. 2002; Goul Andersen/Jensen 2002b; Goul Andersen u.a. 2005). Als Ergebnis betonen diese Studien, dass die volle Inanspruchnahme von Bürgerrechten beziehungsweise die soziale und politische Integration zunehmend abhängig ist von der Arbeitsmarktpartizipation (Goul Andersen 2002). Im Rahmen der Citizenship-Debatte werden daher auch die verschiedenen »Care Arrangements« und damit einhergehende gender-spezifische Muster der Arbeitsmarktteilhabe besonders betont (Lister 2002; Pfau-Effinger 2005).

Die soweit aufgezeigten Entwicklungen in der Arbeitsmarktpolitik interpretiert Cox unter Bezug auf weitere Sozialpolitiken (verschiedene Sparmaßnahmen, die Folgen von Rentenreformen, die Dezentralisierung

28 Diese wird definiert anhand der Dimensionen soziale Rechte, Partizipation und Identität (Goul Andersen/Halvorsen 2002). In diesem Zusammenhang wird die von den Feministinnen (O'Connor 1993; Sainsbury 1994) bereits früher aufgestellte Forderung erneuert, dass die Gewährleistung von Citizenship für unterschiedliche Personengruppen, wie zum Beispiel für Frauen oder auch für Migranten, durchaus spezifische Maßnahmen erfordert, um auch diesen Personengruppen die Teilhabe, zum Beispiel am Arbeitsmarkt, zu ermöglichen. Einzelne Indikatoren für einen entsprechenden Wandel sind Umfang und Zugang zu sozialen Leistungen, Balance von universellen und bedürftigkeitsgeprüften Leistungen beziehungsweise Konditionalisierung von Zugängen, Redefinition von Rechten und Pflichten, Gleich oder Ungleichbehandlung von Beschäftigten und Arbeitslosen, Stigmatisierung sowie Situation von schwer in den Arbeitsmarkt integrierbaren Personengruppen (Goul Andersen/Halvorsen 2002).

und die Revision der Bürgerpflichten) am umfassendsten, indem er einen wohlfahrtsstaatlichen Paradigmenwechsel konstatiert: »... the postwar idea of the welfare state, based on the principle of universal entitlement derived from citizenship, is given way to a less formal, more discursive notion of social entitlement« (Cox 1998a: 3)[29].

Damit kann festgehalten werden, dass die verschiedenen Konzeptionen der abhängigen Variable(n) in der vergleichenden Regimeforschung zum Wohlfahrtsstaat und zur Arbeitsmarktpolitik bereits Anfang bis Mitte der 1990er Jahre eine hohe Komplexität erreichten, das heißt vor allem institutionelle Eigenheiten und deren spezifische soziale Folgen in hohem Maße widerspiegelten. Bemerkenswert ist dabei, dass die Anfang der 1990er Jahre beginnende Retrenchment-Debatte in der Konzeptionalisierung der abhängigen Variable zum Teil hinter den bereits erreichten Diskussionsstand der Regime-Debatte zurückfiel, indem wohlfahrtsstaatliche Entwicklung zunächst wiederum primär anhand von Ausgaben beziehungsweise quantitativen Indikatoren gefasst wurde und erst seit den 2000er Jahren qualitative Indikatoren beziehungsweise Variablenkombinationen (wieder) stärker an Bedeutung gewinnen. Ferner wurde auch der in der Regimedebatte konstatierten Divergenz als Hintergrund für den seit den 1980er Jahren diskutierten Wandel zunächst nur sehr bedingt Rechnung getragen.

Als Ergebnis dieser Diskussion kann festgehalten werden, dass sich in Bezug auf den »Umfang« des Wohlfahrtsstaates, das heißt vor allem hinsichtlich der Sozialstaatsausgaben, in den vergangenen Jahren nur wenig verändert hat. Wandel scheint sich dagegen seit Mitte der 1990er Jahre zunehmend in Bezug auf wohlfahrtsstaatliche Institutionen und Prinzipien beziehungsweise die Gestaltung von sozialen Rechten zu vollziehen. Die aufgezeigte Tendenz eines qualitativen und eher Normen und Institutionen bezogenen Wandels wird insbesondere durch die Entwicklung der Arbeitsmarktpolitik beziehungsweise die diese beschreibende vergleichende arbeitsmarktpolitische Forschung gestützt. Die bisherigen Ergebnisse deuten dabei einerseits auf einen Paradigmenwechsel in diesem Policy-Feld hin – womit die Annahme einer konvergenten Entwicklung verbunden ist.

29 Wie eingangs erklärt, wird diese These auch in den bereits zitierten primär normativ orientierten Arbeiten vertreten, wie zum Beispiel im Rahmen neo-marxistischer beziehungsweise regulationstheoretischer Ansätze in Form des Wandels vom Keynesian Welfare State zum Schumpeterian Workfare State (Jessop 1991a) oder aber als Wandel zum Enabling Welfare State (Gilbert/Gilbert 1989).

Andererseits wird jedoch die Divergenz des Wandels in verschiedenen Wohlfahrtsstaaten unter anderem durch die vergleichende (Regime-) Forschung betont. Eine systematische Verbindung der beiden Perspektiven steht jedoch noch aus. Ebenso fehlt eine explizite Verknüpfung der Fragen zum Wandel respektive zum Rückbau oder Umbau des Wohlfahrtsstaates mit Fragen zum Wandel von Steuerungs- und Governance-Formen, die auch Phänomene jenseits der Privatisierung und Vermarktlichung erfassen (siehe Abschnitt 2.2). Die systematische Untersuchung des Wandels von Governance in der Arbeitsmarktpolitik als Ausdruck beziehungsweise Bestandteil wohlfahrtsstaatlichen Wandels muss daher als Forschungsdesiderat betrachtet werden. Der bislang konstatierte Befund wohlfahrtsstaatlichen Wandels – ebenso wie die angedeuteten Divergenzen der Transformation – werfen auch Fragen nach den Ursachen beziehungsweise der Erklärung von Wandel im Rahmen der vergleichenden Wohlfahrtsstaatsforschung auf.

3.3 Erklärungsansätze zur Entwicklung des Wohlfahrtsstaates und zum Erfolg von Arbeitsmarkt- und Beschäftigungspolitik

Zur Erklärung wohlfahrtsstaatlicher Entwicklung werden funktionalistische, interessen- und konflikttheoretische sowie institutionalistische Ansätze unterschieden[30] (Lessenich 2000). Die beiden letztgenannten Ansätze spielen auch bei der Erklärung des Erfolges von Arbeitsmarkt- und Beschäftigungspolitik eine zentrale Rolle. Der so genannte Mainstream in der vergleichenden Forschung wird dabei mittlerweile eindeutig durch institutionalistische Ansätze bestimmt. Diese finden im Rahmen des Ideational Turn jüngst eine Erweiterung, indem die Bedeutung von Diskursen beziehungsweise Ideen hervorgehoben wird (Béland 2005; Schmidt 2002c).

In der Darstellung der verschiedenen Arbeiten zu den jeweiligen Ansätzen erfolgt die kritische Auseinandersetzung mit einem spezifischen An-

30 Vor allem in der englischsprachigen Literatur werden für die beiden erstgenannten Ansätze jeweils die Begriffe »Structural Theory« und »Power Resource Approach« genutzt. Letztere schließen auch marxistische und neo-marxistische Ansätze ein (Green-Pedersen/Haverland 2002: 44).

satz aus der Perspektive der jeweils anderen Ansätze beziehungsweise unter Verweis auf die dort zentralen Erklärungsvariablen. Dabei lässt sich insgesamt ein Trend weg von deterministischen oder mono-kausalen Erklärungen zu Gunsten von komplexeren Erklärungsmodellen nachzeichnen. Überschneidungen beziehungsweise Unschärfen bei der Zuordnung der verschiedenen Arbeiten zu den einzelnen Abschnitten lassen sich nicht vermeiden, insbesondere da der dialogische Charakter bei der Darstellung erhalten bleiben soll.

Funktionalistische Ansätze

Im Rahmen funktionalistischer Argumentationsweisen werden das Entstehen moderner Wohlfahrtsstaaten und ihre Expansion zumeist als Folge gesellschaftlicher Modernisierung verstanden und eine mittelfristig konvergente Entwicklung erwartet. Dabei werden insbesondere sozioökonomische Faktoren wie der Prozess der Industrialisierung, die Entwicklung des Wirtschaftswachstums, aber auch demographische Faktoren betont (Wilensky 1975). Als spezifische Variante dieses Ansatzes sind neomarxistische Argumentationslinien zu betrachten, welche die wohlfahrtsstaatliche Entwicklung als Folge der spezifischen Funktionsbedingungen kapitalistischer Ökonomien erklären (zusammenfassend Lessenich 2000: 52; Skocpol/Amenta 1986: 133).

In der vergleichenden empirischen Forschung wurde jedoch nachgewiesen, dass die Einführung wohlfahrtsstaatlicher Programme nicht durch den Grad der Industrialisierung zu erklären ist (Flora/Heidenheimer 1981). Ferner ließ sich bis Ende der 1970er Jahre keine Konvergenz wohlfahrtsstaatlicher Ausgaben nachweisen, noch waren diese eindeutig durch den Grad der ökonomischen Entwicklung oder das Wirtschaftswachstum zu erklären (Castles 1982a). Positive Zusammenhänge wurden dagegen zwischen der Offenheit von nationalen Volkswirtschaften und der Größe des Wohlfahrtsstaates beziehungsweise der Höhe wohlfahrtsstaatlicher Ausgaben konstruiert, da staatliches Handeln die durch die internationale Einbindung entstehenden Risken kompensierte (Cameron 1978; Katzenstein 1985).

Die jüngere neo-funktionalistische Argumentation betont die im Zuge der Prozesse der Globalisierung entstehenden externen Veränderungen: die Zunahme des Welthandels (Scharpf/Schmidt 2000a) und der Kapitalmobilität (Garrett 1995) sowie die Verschärfung der Konkurrenz, die unter anderem über die Gestaltung des Preis- (Crotty 2003), Lohn- (Esping-Andersen 1996d) oder Steuerniveaus (Tanzi/Schuknecht 2000) ausgetragen wird. Die mit diesen Aspekten der Globalisierung verbundenen Folgen für den Wohlfahrtsstaat und die nationalen Arbeitsmärkte (zusammenfassend jeweils Schwartz (2001b) und Häusermann/Palier (2008)) werden jedoch äußerst kontrovers diskutiert.

Die Mehrheit der empirischen Studien widerlegt den negativen Einfluss der Globalisierung auf die Entwicklung nationaler Wohlfahrtsstaaten (Fligstein 2000; Iversen/Cusack 2000; Schwartz 2001b; Swank 2005) beziehungsweise negiert explizit das Race to the Bottom Szenario (Castles 2001; 2004). Einige Autoren weisen sogar auf den umgekehrten Zusammenhang der Offenheit von Volkswirtschaften und ausgedehntem Staatshandeln hin (Garett 1998; Rodrik 1998). Dieser These wird jedoch ebenfalls widersprochen (Iversen/Cusack 2000: 324). Entsprechend schränkt Crepaz den positiven Zusammenhang zwischen Globalisierungseffekten beziehungsweise der Offenheit von Volkswirtschaften und der Umverteilungsleistung von Wohlfahrtsstaaten dahingehend ein, dass institutionelle Faktoren Unterschiede bewirken: So sei die Umverteilung in Systemen mit kollektiven Veto-Points, das heißt informellen Machtkoalitionen in Mehrparteienkoalitionen beziehungsweise korporatistischen Arrangements, deutlich höher als beispielsweise in föderalen Systemen (Crepaz 2001).

Neben Globalisierung werden jedoch auch verschiedene interne Faktoren genannt, die funktionale Notwendigkeiten für einen Wandel des Wohlfahrtsstaates erzeugen, wie zum Beispiel Prozesse der Deindustrialisierung beziehungsweise Tertiarisierung und das damit verbundene geringe Produktivitätswachstum, das Versagen der nationalen Wirtschaftssteuerung sowie die Überalterung der Gesellschaft (zusammenfassend wiederum Häusermann/Palier (2008); Schwartz (2001b)). Pierson führt zudem die Reife wohlfahrtsstaatlicher Programme, den Wandel der Familien- und Haushaltsstrukturen (als Folge von Individualisierung und einer veränderten geschlechtsspezifischen Arbeitsteilung) sowie allgemein die demographische Entwicklung als Gründe an, um sowohl den Wandel der sozialen Risiken und der Muster der Erwerbsteilhabe als auch der darauf bezogenen wohlfahrtsstaatlichen Programme zu erklären (Pierson 2001a).

Verschiedene Autoren verweisen auch in Bezug auf diese Faktoren auf die unterschiedliche »Bearbeitung« der veränderten Problemlagen in verschiedenen Wohlfahrtsstaaten: Iversen und Cusack heben die Restrukturierung von Arbeitsmärkten in Folge der Deindustrialisierung zunächst als

Grund für die Ausweitung des Wohlfahrtsstaates hervor, verweisen dabei jedoch auf starke nationale Varianzen entlang der von Esping-Andersen skizzierten Wohlfahrtsstaatsregime (Iversen/Cusack 2000: 346; siehe auch 3.3.3). Häusermann und Palier interpretieren im Sinne einer partiell funktionalen Logik die Einführung von »Employment Friendly Policy Reforms« als Reaktion auf das Entstehen der Post Industrial Economies (Häusermann/Palier 2008). Diese beinhalten eine Rekalibrierung des Flexibility-Security-Nexus sowie eine zunehmende Arbeitsmarktaktivierung, wobei der Ausbau von Betreuungseinrichtungen zur Steigerung der Erwerbsteilhabe von Frauen besonders hervorgehoben wird.

In den jüngeren Untersuchungen von Castles werden der Einfluss der Deindustrialisierung auf das agregierte Ausgabenniveau der Wohlfahrtsstaaten bestätigt und die Reife wohlfahrtsstaatlicher Programme und das Wirtschaftswachstum als wesentliche Einflussfaktoren hervorgehoben (Castles 2004). Dies wird jedoch nicht durch ausschließlich funktionalistische Argumente begründet, da beispielsweise die Ausgabenvariationen bei den Leistungsprogrammen für Ältere letztlich weniger von der spezifischen Altersstruktur der Bevölkerung als vielmehr vom Leistungsniveau in den jeweiligen Programmen abhängen. Ähnlich betonen Huber und Stephens, dass die Quote der Sozialleistungsempfänger nicht nur durch die (Alters-) Strukturierung der Bevölkerung, sondern auch durch die Erwerbsquote beeinflusst wird (Huber/Stephens 2001a: 335).

Insgesamt kann damit festgehalten werden, dass im Rahmen funktionalistischer Ansätze nicht nur der Einfluss der Globalisierung, sondern auch der gesellschaftlichen Modernisierung, insbesondere in Form eines Wandels der Arbeitsgesellschaft sowie der Familien- und Haushaltsstrukturen, als zentrale Einflüsse auf die wohlfahrtsstaatliche und arbeitsmarktpolitische Entwicklung betrachtet werden. Ob die dadurch ausgelöste wohlfahrtsstaatliche Entwicklungsdynamik in einem Rückbau, einem partiellen Ausbau oder einem Umbau mündet und sich die verschiedenen Regime in dieser Dynamik eher angleichen oder nicht, ist dabei durchaus umstritten.

Viele empirische Studien beschränken sich daher nicht auf rein funktionalistische Argumentationen, sondern verstehen die genannten Faktoren als Herausforderungen für wohlfahrtsstaatliches Handeln im Sinne von »Problemdruck«, der aufgrund unterschiedlicher machtpolitischer Voraussetzungen und ideologischer Orientierungen der Regierungen und/oder verschiedener institutioneller Arrangements zu unterschiedlichen Reformpolitiken beziehungsweise wohlfahrtsstaatlich divergenten Entwicklungen führt.

Interessen- und konflikttheoretische Ansätze

Interessen- und konflikttheoretische Ansätze negieren die Vorstellung, Policies quasi ausschließlich als Funktion sozioökonomischer Entwicklung zu betrachten, und betonen gesellschaftliche Interessenkonflikte beziehungsweise politische Kräfteverhältnisse und Einflussfaktoren. Vor allem im Rahmen der konflikttheoretischen beziehungsweise klassenpolitischen Ansätze wurde zunächst davon ausgegangen, dass Entstehen und Ausbau des Wohlfahrtsstaates beziehungsweise die Umverteilungswirkung wohlfahrtsstaatlicher Politik maßgeblich durch die Mobilisierung der Arbeiterklasse in Form der Stärke sozialdemokratischer Parteien und Gewerkschaften beeinflusst wurde (Korpi 1983). Andere Autoren betonten demgegenüber, dass auch starke katholische beziehungsweise christ-demokratische Parteien (Wilensky 1981) oder aber die Zustimmung und Einbindung der Mittelklassen (Baldwin 1990) den Ausbau von Wohlfahrtsstaaten mit vorantrieben. Esping-Andersen entwickelte daher die Klassenkoalitionsthese, die das Entstehen umfassender beziehungsweise sozialdemokratischer Wohlfahrtsstaaten durch die Koalition starker sozialdemokratischer Parteien und der Bauernschaft erklärt (Esping-Andersen 1985). Macht- beziehungsweise interessenpolitischen Ansätzen ist damit gemeinsam, dass sie von divergenten wohlfahrtsstaatlichen Entwicklungen ausgehen.

In den 1980er und 1990er Jahren stützte ferner ein vielfach nachgewiesener positiver Zusammenhang zwischen der Stärke linker beziehungsweise sozialdemokratischer Regierungsparteien und wohlfahrtsstaatlicher Ausgaben das »Politics Matter« Argument (Castles 1982a; 1982b). Quasi ergänzend wurde die Bedeutung starker christ-demokratischer Parteien für den Ausbau der Wohlfahrtsstaaten hervorgehoben, wobei deren Präferenz hinsichtlich des Ausbaus von Transferzahlungen gegenüber dem Ausbau von Dienstleistungen betont wurde (van Kersbergen 1995; ähnlich auch Iversen 2001: 77).

Darüber hinaus erklärte die Forschung zur ökonomischen Makrosteuerung den unterschiedlichen Erfolg verschiedener Länder bei der Bekämpfung der Arbeitslosigkeit und/oder dem Erhalt der Preisstabilität seit Mitte der 1970er und 1980er Jahre durch die jeweilige Stärke sozialdemokratischer Parteien und korporatistischer Arrangements (Scharpf 1987; Schmidt 1982a; 1982b).

Die jüngere Debatte um den Einfluss von Parteien beziehungsweise Interessenkoalitionen auf die wohlfahrtsstaatliche Entwicklungen entstand aufgrund Piersons These der New Politics of the Welfare State, die unter den Bedingungen permanenten Sparzwangs den als positiv angenommenen Zusammenhang zwischen der wohlfahrtsstaatlichen Entwicklung und der Stärke sozialdemokratischer Parteien und Gewerkschaften weitgehend verneint (Pierson 1996). Demnach unterliegen die Policies des Welfare State Retrenchment anderen politischen Logiken als der frühere wohlfahrtsstaatliche Ausbau. Im Rahmen der New Politics of the Welfare State wird betont, dass die Strategien politischer Akteure nicht mehr auf Credit Claiming, sondern auf Blame Avoidance ausgerichtet seien. Entsprechend versuchten Politiker die klare Zurechnung von Reformeffekten zu vermeiden beziehungsweise suchten einen möglichst breiten Konsensus für die angestrebten Reformen. Dies gilt jedoch für die verschiedenen politischen Lager gleichermaßen. Der Machtverlust linker Parteien oder der Gewerkschaften spiegele sich daher nicht – wie entsprechend der »Old Politics« anzunehmen – im Rückbau des Wohlfahrtsstaates wider. Vielmehr stellten die durch die wohlfahrtsstaatliche Entwicklung selbst entstandenen neuen Interessengruppen von Konsumenten und Dienstleistungsanbietern eine massive Barriere für radikalen Wandel dar, da sie die entsprechenden wohlfahrtsstaatlichen Leistungsangebote verteidigten. Damit werden Rückkopplungseffekte – also letztlich institutionalistische Argumente – zur Erklärung des ausgebliebenen radikalen wohlfahrtsstaatlichen Rückbaus zwischen den 1980er und 1990er Jahren in den Vordergrund gestellt.

Die aufgezeigte Position ist jedoch durchaus umstritten, so dass eine heftige Kontroverse um Old und New Politics beziehungsweise den Einfluss der Parteien auf die spezifische Ausgestaltung wohlfahrtsstaatlicher Politik entfachte. Generell sind dabei fünf Positionen zu unterscheiden:

1. Die »Parties Do Matter« These wird weiterhin bestätigt, zum Beispiel im Hinblick auf die Gestaltung der Social Citizenship Rights, das heißt die Höhe wohlfahrtsstaatlicher Leistungen: »The risk for major cuts has been significantly lower with left party representation in cabinets, while the opposite holds true for secular conservative-centrist governments. [...][Confessional parties] form an intermediate category, in Europe, having risks for cuts between those of the left and those of the secular center-right« (Korpi/Palme 2003:441; ähnlich Allan/Scruggs 2004).

2. Die »Parties Do Matter« These wird eingeschränkt bestätigt, da die Stärke des parteipolitischen Einflusses in Abhängigkeit von institutionellen Faktoren gesehen wird. Dabei wird von einigen singulär die spezifische Konfiguration des Parteiensystems beziehungsweise die darin angelegte parteipolitische Konkurrenz betont (Kitschelt 2001), während andere allgemein auf die Institutionen des politischen Systems rekurrieren (Schmidt 1996a): »A particular large potential for party-driven policy changes can be expected in sovereign democracies, i.e. majoritarian democracies with few veto players. Much more muted is the potential for policy change [...] in non majoritarian democracies, above all where many veto players are de facto co-governing ...« (Schmidt 2002a: 183). Ähnlich argumentiert auch Swank, allerdings mit Bezug zur Koordination des Wirtschaftssystems (Swank 2005).
3. Die »Parties Do Matter« These wird weitgehend zurückgewiesen, indem ein abnehmender Einfluss von Klassen, Parteien und Gewerkschaften in Bezug auf die Entwicklung wohlfahrtsstaatlicher Ausgaben in den 1980er und 1990er Jahren aufgezeigt wird (Castles 2004; Huber/ Stephens 2001b; Kittel/Obinger 2001; Stephens u.a. 1999).
4. Ein »paradoxer« Einfluss der Parteien wird angenommen im Zusammenhang mit den »New Politics of the Welfare State«, da nunmehr linken Regierungen die Fähigkeit zugeschrieben wird, einen Rückbau des Wohlfahrtsstaates erfolgreich betreiben zu können. Als Grund wird das Zusammenwirken spezifischer institutioneller Bedingungen sowie parteipolitischer Ressourcen und Strategien mit dem Ziel der Blame Avoidance genannt »Partisan issue-associations, in interaction with institutions, condition both their capacity to hide and their need to do so« (Ross 2000; ähnlich Green-Pedersen 2002b).
5. Darüber hinaus wird jüngst auf die letztlich selektive Vertretung von Interessen in Bezug auf die tradierte Parteiklientel am Beispiel der Sozialdemokratie verwiesen. So zeigt Rueda, dass sozialdemokratische Parteien primär Politiken zum Schutz von Insidern am Arbeitsmarkt verfolgen, wie zum Beispiel Kündigungsschutzregelungen. Dagegen werde aktive Arbeitsmarktpolitik zur Unterstützung von Outsidern durch sozialdemokratische Regierungen nicht prioritär ausgebaut (Rueda 2008).

Ferner wird in der jüngeren Forschung auch die Rolle (der Interessenorganisationen) von Kapital und Arbeit im Hinblick auf die Entwicklung der Sozialpolitik als nicht von vornherein determiniert verstanden. Die Analysen des Varieties of Capitalism Ansatzes können als Fortführung der Neo-

Korporatismusforschung gesehen werden. Nun steht allerdings die Fähigkeit der Unternehmer sich zu koordinieren im Zentrum (Hall/Soskice 2001b: 4; Mares 2001: 211). Im Hinblick auf die Entwicklung des Wohlfahrtsstaates (Ebbinghaus/Manow 2001; Mares 2001; Swenson 2002) wie auch der Arbeitsmarktpolitik (Wood 2001a; 2001b) wird auf die durchaus positive Rolle der Unternehmer – im Rahmen spezifischer institutioneller Arrangements (siehe unten) – verwiesen.

Die Rolle der Gewerkschaften wird vor allem in Bezug auf die Umsetzung aktivierender Arbeitsmarktpolitik unterschiedlich eingeschätzt. Während einige Studien hervorheben, dass sie entsprechende Reformen eher verhindern (Ebbinghaus/Hassel 2000; Rhodes 2001), betonen andere ihre positive Rolle (Visser/Hemerijck 1997).

Manow konstatiert daher generell, dass Unternehmer nicht immer Befürworter eines Rückbaus des Wohlfahrtsstaates seien, während Gewerkschaften – in verschiedenen klassenübergreifenden Koalitionen – wohlfahrtsstaatlichen Wandel mit dem Ziel der Kürzung von Ausgaben, der Reform der Verwaltung oder der Senkung der Steuerbelastung durchaus unterstützen (Manow 2001: 148f.). Die sich offensichtlich verändernde Rolle der Gewerkschaften im Hinblick auf die Beteiligung an Reformkompromissen wird dabei auf verschiedene Faktoren zurückgeführt: Die sich verändernde Beziehung zu den sozialdemokratischen Parteien (Trampusch 2004), die in einigen Ländern zunehmend selektive Repräsentation der Erwerbstätigen durch die Gewerkschaften oder auch die Stärke des Staates beziehungsweise dessen Glaubwürdigkeit, unilaterale Entscheidungen im Falle des Scheiterns von Verhandlungslösungen durchzusetzen (Ebbinghaus/Hassel 2000). Gleichzeitig wird die Bedeutung der Tarifparteien hinsichtlich der Ausgestaltung »alternativer« Sozialleistungen im Rahmen der Tarifpolitik hervorgehoben, die spezifische Kürzungen staatlicher Leistungen »kompensieren« und zu einem komplexen Mix aus privaten und staatlichen Leistungen führen können (Trampusch 2007).

Insgesamt muss damit die Diskussion innerhalb der interessen- und konflikttheoretischen Erklärungsansätze wie auch die dazu formulierte Kritik als hochgradig kontrovers charakterisiert werden. Dabei bestätigt sich auch hinsichtlich der Thesen zum Einfluss der Parteien, dass diese sehr stark in Abhängigkeit der jeweils untersuchten abhängigen Variable variieren: So wird der Einfluss von Parteien auf wohlfahrtsstaatliche Ausgaben zunehmend negiert, während er im Hinblick auf die Leistungen weiterhin bestätigt wird. Zentral erscheinen ferner zwei neue Entwicklungen hinsichtlich der theoretischen Konzeptionalisierung des Einflusses politischer Akteure: Erstens gelten die Politikpräferenzen der kollektiven Akteure nicht mehr als von vornherein ideologisch determiniert, sondern als Bestandteil politischer Strategien – und damit situativ variabel. Zweitens wird der Einfluss interessenpolitischer Akteure zunehmend in Abhängigkeit beziehungsweise in Verbindung mit spezifischen institutionellen Konfigurationen gesehen. Ansätze, welche den Einfluss sowohl von Akteuren als auch Institutionen auf wohlfahrtsstaatliche Entwicklung hervorheben, werden daher im Folgenden Abschnitt ausführlich besprochen.

Institutionalistische Ansätze

Die vergleichende Staatstätigkeitsforschung fokussierte seit Mitte der 1980er Jahre zunehmend auf den Staat selbst beziehungsweise den Einfluss von Institutionen. Dabei sind drei unterschiedliche institutionalistische Strömungen zu unterscheiden: Rational Choice beziehungsweise Spieltheorie, Organisationstheorie beziehungsweise soziologischer Institutionalismus und Historischer Institutionalismus (Hall/Taylor 1996; Immergut 1998; Liebermann 2002). Trotz unterschiedlicher methodischer und disziplinärer Herangehensweisen ist diesen Ansätzen gemeinsam, dass Institutionen als Regeln und prozessuale Abläufe sowohl in formalen politischen Institutionen als auch in anderen Organisationen oder in Netzwerken verstanden werden. Als Institutionen gelten darüber hinaus auch Normen und kulturelle Skripts, welche die Aggregation von individuellen Präferenzen und deren Umsetzung in kollektive Entscheidungen beeinflussen (Immergut 1998: 25).

Im internationalen Diskurs zur vergleichenden Wohlfahrtsstaatsforschung haben institutionalistische Ansätze dazu beigetragen, die in den meisten empirischen Untersuchungen bis Anfang der 1990er Jahre aufgezeigte Stabilität beziehungsweise das Ausbleiben fundamentaler wohlfahrtsstaatlicher Reformen zu erklären. Damit wurde den Analysen, welche aufgrund der ökonomischen, sozialen und machtpolitischen Entwicklungen eine Bedrohung des Wohlfahrtsstaates konstatierten, weitgehend widersprochen.

Viele institutionalistische Erklärungsmuster gehen dabei auf die dem Historischen Institutionalismus zuzurechnenden Arbeiten zurück. Unter dem Titel »Bringing the State Back In« (Evans u.a. 1985) wurde der Staat als partiell autonomer Akteur und als »beeinflussende Struktur« rekonzeptualisiert. Dabei wird davon ausgegangen, dass insbesondere durch Staatshandeln konstituierte strukturelle Restriktionen für individuelles Handeln, wichtige Erklärungen für politische Reformen darstellen (Thelen u.a. 1992). Für die vergleichende Wohlfahrtsstaatsforschung kann dabei zwischen dem Einfluss politischer Institutionen im Sinne unterschiedlicher Regierungssysteme und der damit verbundenen Regulierung politischer Organisationen und Entscheidungsprozesse und dem Einfluss wohlfahrtsstaatlicher Institutionen, im Sinne der für die unterschiedlichen wohlfahrtsstaatlichen Regime typischen Regulierungen sozialpolitischer Leistungen beziehungsweise »Sets of Social Policies« unterschieden werden (Pierson 1993: 596; Starke 2006: 109).

Im Rahmen der erstgenannten Forschungsperspektive, also mit Fokus auf die politischen Institutionen, wird betont, dass bei kontroversen Reformvorhaben – wie der Veränderung wohlfahrtsstaatlicher Arrangements – die generellen Regeln und Institutionen des politischen Systems relevant sind, welche den Politikprozess strukturieren (Weaver/Rockman 1993a). Als spezifische Variante dieses Ansatzes ist die seit Mitte der 1990er Jahre von Tsebelis entwickelte Veto-Spieler-Theorie zu sehen (Tsebelis 1995; 2002). Demnach ist die Fähigkeit zum Politikwechsel beziehungsweise das Ausmaß der zu erreichenden Veränderungen um so geringer, je mehr institutionell geschaffene Veto-Spieler vorhanden sind beziehungsweise je größer die Anzahl und die ideologische Distanz der institutionellen oder parteipolitischen Akteure ist, deren Zustimmung zur Veränderung des Status Quo erforderlich ist.

Die Veto-Spieler-Theorie erfreut sich daher äußerster Beliebtheit, wenn das Ausbleiben wohlfahrtsstaatlicher Reformen erklärt werden soll (unter anderen Bonoli 2001; Siegel 2002). Gleichzeitig werden konzeptionelle Ungenauigkeiten wie auch die Gefahr der Überdeterminierung der Erklärungsfähigkeit der Veto-Spieler-Theorie in Bezug auf politische Reformunfähigkeit ohne Berücksichtigung der innerhalb dieser Strukturen möglichen Akteursstrategien kritisiert (Merkel 2003a). Im Zusammenhang mit der Erklärung zum Rückbau des Wohlfahrtsstaates wird der Effekt entsprechender institutioneller Arrangements zudem als nicht eindeutig interpretiert, da einerseits erwartet werden kann, dass reformwillige Regierungen in Systemen mit wenigen institutionell bedingten Veto-Spielern (zum Beispiel im Westminster-Modell Großbritanniens oder in den Einkammersystemen in Skandinavien) Kürzungen erfolgreicher umsetzen können als Regierungen in fragmentierten Regierungssystemen (zum Beispiel aufgrund föderaler Strukturen). Andererseits wird die Zurechenbarkeit von Politikeffekten in Systemen mit hoher Machtkonzentration der Regierungen aufgrund des hohen Risikos wahlpolitischer Sanktionen als Reformrestriktion gesehen (Weaver/Rockman 1993b: 15f.).

Ob beziehungsweise wie die Regierungen ihre Machtressourcen beziehungsweise die institutionellen Chancen und Restriktionen tatsächlich nutzen, um (unpopuläre) Reformen zu verwirklichen, muss daher als durchaus offen angesehen werden (Schmidt 2002b) beziehungsweise hängt von weiteren Faktoren ab. Mit Blick auf die seit Mitte der 1990er Jahren zunehmenden länderübergreifenden Reformaktivitäten in der Arbeitsmarktpolitik wie auch in anderen wohlfahrtsstaatlichen Politikfeldern wurde daher unter anderem auf spezifische »Regierungstechniken« verwiesen: Demnach wird die Durchsetzung des wohlfahrtsstaatlichen Rückbaus dann ermöglicht, wenn spezifische Gruppen aus strategischen Gründen ausgenommen (Bonoli/Palier 2007), oder wenn (im Sinne umfassender Kompromisse) umfassende Reformpakete geschnürt werden, mit denen potentielle Reformgegner mit selektiven Kompensationen bedacht werden (Bonoli 2001). In diesem Sinne wird generell auf die spezifische Machtverteilung zwischen den Parteien und/oder die Reformstrategie und das Policy-Framing der Regierungsparteien, also die normative und strategische Vermittlung der jeweiligen Ziele verwiesen (Bonoli u.a. 2000: 152).

Die zweite institutionalistische Forschungsperspektive hebt die Bedeutung wohlfahrtsstaatlicher Institutionen sowie die damit verbundenen und bereits erwähnten Mechanismen pfadabhängiger Entwicklung besonders hervor (Mahoney 2000; Pierson 1993). Demnach üben »vergangene« Politiken über Rückkopplungseffekte Einfluss auf politische Verteilungskämpfe aus – und tragen damit wiederum zur Gestaltung zukünftiger Policies bei. Darüber hinaus ergibt sich Pfadabhängigkeit durch die sich selbst verstärkenden Effekte einmal etablierter Institutionen, welche Vorteile (Increasing Returns) versprechen (Pierson 2000a). Negativ gesehen, entstehen dadurch so genannte Lock-in-Effekte, da die Transaktionskosten für substantielle Abweichungen von institutionalisierten Lösungen steigen, wodurch die Einführung alternativer Modelle verhindert wird (Pierson 1993: 608)[31]. Die entsprechende Verflechtung von institutionellen, organisa-

31 Als beispielhaft gelten in diesem Zusammenhang die für die aktive Alterskohorte »doppelten Belastungen«, die bei der Umstellung eines beitragsfinanzierten zu einem kapitalfinanzierten Alterssicherungssystem entstehen. Für eine kritische Zusammenfassung der Diskussion siehe Crouch/Farell (2004).

torischen und machtpolitischen Entwicklungen zur Erklärung von Pfadabhängigkeit wird insbesondere in der wohlfahrtsstaatlichen Regimeforschung betont (Pierson 2000b).

So erweiterte Esping-Andersen seinen ursprünglichen klassen beziehungsweise interessenpolitischen Ansatz um das institutionalistische Argument der Pfadabhängigkeit und betont nunmehr »... the nature of class mobilization (especially of the working class); class-political coalition structures; and the historical legacy of regime institutionalization« (Esping-Andersen 1990: 29) als interdependent zu betrachtende Einflussfaktoren im Hinblick auf divergente wohlfahrtsstaatliche Entwicklungen. Entsprechend geht er davon aus, dass Rückbautendenzen in den liberalen Wohlfahrtsstaaten am stärksten sind, da hier nur eine vergleichsweise kleine und eher als residual zu betrachtende soziale Schicht von den Leistungen profitiert. Im Rahmen der umfassend gestalteten Leistungssysteme der universalistischen und auch der konservativ-korporatistischen Wohlfahrtsstaaten wird dagegen die Loyalität der Mittelklasse sichergestellt. »In this sense, the class coalitions in which the three welfare-state regime-types were founded, explain not only their past evolution but also their future prospects« (Esping-Andersen 1990: 33).

Ihren Ausdruck findet die pfadabhängige Entwicklung nach Esping-Andersen insbesondere im Umgang mit der Beschäftigungsproblematik beziehungsweise dem Übergang zur Dienstleistungsgesellschaft und der zunehmenden Integration von Frauen in den Arbeitsmarkt (Esping-Andersen 1996c: 267; 1999: 56f.). Demnach werden das sozialdemokratische Modell respektive die skandinavischen Länder, weiterhin durch ein hohes Steuerniveau charakterisiert, das öffentliche Beschäftigung bereitstellt, um an der Vollbeschäftigungsstrategie festzuhalten. Das liberale Modell wird durch anhaltende Einkommensungleichheit beziehungsweise ein wachsendes Niedriglohnsegment vor allem im Dienstleistungssektor charakterisiert und sieht sich mit der doppelten Problematik konfrontiert, dass einerseits höhere Einkommenstransfers notwendig werden, diese aber gleichzeitig Armutsfallen generieren. Als »Welfare States without Work« wird demgegenüber die Entwicklungsdynamik konservativ-korporatistischer Wohlfahrtsstaaten bezeichnet, in denen die geringe Erwerbsbeteiligung vor allem von Müttern und Älteren beziehungsweise die fortdauernd hohe Arbeitslosigkeit und die damit einhergehende hohe Belastung der Beschäftigten beziehungsweise des Faktors Arbeit die größten Probleme darstellen[32] (Esping-Andersen 1996b).

Ähnlich konstatieren auch andere unter Annahme eines Dienstleistungstrilemmas, das heißt der Unmöglichkeit des Erreichens von Haushaltskonsolidierung, Lohngleichheit und Beschäftigungswachstum, unterschiedliche Interventionsstrategien in sozialdemokratischen, liberalen und konservativen Wohlfahrtsstaatsregimen (Iversen/Wren 1998; Iversen/Cusack 2000). Wiederum von anderer Seite wird dagegen hervorgehoben, dass diese Entwicklung primär über unterschiedliche Muster der Frauenerwerbstätigkeit bedingt ist (Myles/Quadagno 2002: 48). Sie stellen deren Regulierung im Rahmen verschiedener Gender-Policy-Modelle in den Vordergrund, um die in verschiedenen Ländern divergente Entwicklung sozialer Ungleichheit nach Klasse und Geschlecht zu erklären[33] (Korpi 2000).

Nach Pierson werden auch die New Politics of Welfare *State Reform* weitgehend pfadabhängig entwickelt (Pierson 2001b). In den sozialdemokratischen Wohlfahrtsstaaten fand bis zur Jahrtausendwende ein insgesamt geringer Wandel statt. Einsparungen (Cost Containment) und Anpassungen in Form von Rationalisierungen dominierten. Konservative Wohlfahrtsstaaten kombinierten Einsparungen mit Anpassungen in Form von Modernisierung. In den liberalen Wohlfahrtsstaaten stand demgegenüber Recommodification/Cost Containment im Vordergrund (Pierson 2001b: 432f.).

Die Varieties of Capitalism Forschung hebt ebenfalls die unterschiedlichen institutionellen Bedingungen hervor, allerdings mit Fokus auf die verschiedenen Produktionsregime. Länder wie Deutschland, Dänemark, Schweden, die Schweiz, aber auch Japan werden dabei als koordinierte Marktökonomien typisiert, da nicht-marktförmige Koordinationsformen zwischen Unternehmen bestehen, der Staat Rahmenregelungen bereitstellt

32 Alber widerspricht der These einer konvergenten Beschäftigungsentwicklung in Bezug auf die kontinentaleuropäischen Staaten und betont, dass nationalspezifische Konstellationen beziehungsweise die Geldpolitik der Notenbanken und die unterschiedlichen Produktions- und Absatzstrategien der Unternehmer wesentliche Erklärungsfaktoren seien (Alber 2000).

33 Esping-Andersen und Regini erklären die Höhe der Arbeitslosigkeit u. a. durch die Muster der Frauenerwerbstätigkeit, womit sie gängigen Theorien zum Zusammenhang von Arbeitsangebot und Arbeitslosigkeit widersprichen: »The less women work, and the more restrictive macro-economic policy is, the more unemployment. labour market regulations just do not matter for unemployment levels« (Esping-Andersen/Regini 2000: 107).

und auch die Arbeitnehmerseite inkorporiert ist. Als nicht-koordinierte oder liberale Marktökonomien gelten demgegenüber die angelsächsischen Länder, da die entsprechenden Institutionen hier fehlen (Soskice 1999: 103). Als besonders relevant wird die Kongruenz verschiedener Institutionen beziehungsweise Teilsysteme betrachtet, das heißt zwischen Berufsbildungs-, Tarifverhandlungs- und Wohlfahrtssystem (Estevez-Abe u.a. 2001: 183; Hall/Soskice 2001b: 17f.). Entsprechend werden regimespezifische Wettbewerbs- und Reformstrategien, wie zum Beispiel die Deregulierungsanstrengungen zwischen den 1980er bis Mitte der 1990er Jahre sowie die damit einhergehende stark unterschiedliche Verteilung von Einkommen und Erwerbstätigkeit, letztlich durch die in den koordinierten respektive den liberalen Marktwirtschaften deutlich unterschiedlichen Interessen und Präferenzen der Unternehmer erklärt (Hall/Soskice 2001b; Soskice 1999; Thelen 2001; Wood 2001b)[34]. Jüngere Untersuchungen betonen ferner, dass innerhalb der koordinierten Marktökonomien makrokorporatistische und unternehmensbezogene Formen der Kooperation zu unterscheiden sind und diese durch die Stärke des Staates und die Größe des öffentlichen Sektors beeinflusst werden. Dabei wird der makroökonomischen Koordination, wie sie in Dänemark dominiert, im Vergleich zu Deutschland letztlich die höhere ökonomische Anpassungsfähigkeit vor allem hinsichtlich der Bekämpfung der Arbeitslosigkeit zugeschrieben (Martin/Thelen 2007).

Die generelle Kritik an der Pfadabhängigkeitsthese lautet, dass Wandel nur sehr selten konstatiert (Cox 1998a; Streeck/Thelen 2004) und ausschließlich auf inkrementelle Veränderungen oder auf externe Schocks zurückgeführt wird (Pierson 2000a;2001b). Damit aber – so die Kritiker – liege die Erklärung von »Bounded Innovation« außerhalb dieses Ansatzes (Thelen 2003). In diesem Zusammenhang gilt die Entwicklung der Niederlande in den 1990er Jahren als Beispiel für einen vollzogenen Regimewechsel (Cox 2001; Hemerijck u.a. 2000; Visser/Hemerijck 1997). Jüngste Analysen der konservativen Wohlfahrtsstaaten zeigen, dass nunmehr auch in diesen, im Rahmen der Pfadabhängigkeitstheorie bislang als reformfeind-

34 Wood schwächt in Bezug auf die Entwicklung der Arbeitsmarktpolitik das oben erläuterte lockin Argument ab, indem er unter anderem betont, dass in Ländern wie Deutschland, die ihre Beschäftigungsregime bis Mitte der 1990er Jahre nur wenig veränderten, letztlich auch wenig Wandel angestrebt wurde: »One of the most interesting features of retrenchment politics in the sphere of labour market policy in Sweden and Germany is how little reform has been initiated« (Wood 2001a: 407).

lich eingeschätzten Systemen, massive Veränderungen stattfinden (Palier/ Martin 2008; Palier 2010b).

Mit den entsprechenden Argumenten wird die Vernachlässigung von Akteurshandeln beziehungsweise interessen- und machtpolitischen Einflüssen im Rahmen der institutionalistischen Ansätze kritisch hinterfragt: »Institutionalist analyses are very well capable of explaining institutional resilience, but have much more difficulties with understanding institutional and policy change. For a large part, this problem is caused by an exaggerated emphasis on institutions as rules of the game that seem to affect the political process of reform semi-autonomously and as if power does not matter« (van Kersbergen 2002: 14). Ferner wird jüngst die zu geringe Gewichtung politischer Ideen bemängelt: »Because historical institutionalist researchers tend to downplay the influence of ideas on policy making, mainstream historical institutionalism is excellent for explaining how institutions create obstacles and opportunities for reform; however, it cannot shine a satisfactory light on the policy ideas that influence legislative decisions« (Béland 2005: 4).

Die geäußerte Kritik trifft jedoch nur bedingt auf die jüngsten Analysen der Arbeitsmarkt- und Beschäftigungspolitik zu, da hier vielfach explizit die Wechselwirkung von Institutionen und Akteurstrategien thematisiert wird. In diesem Sinne betonen die im Rahmen des bereits erwähnten akteurzentrierten Institutionalismus (Abschnitt 2.1) realisierten Analysen – zum Teil unter Anwendung von Rational Choice beziehungsweise Spieltheorie – insbesondere die Fähigkeit der Koordination zwischen Gewerkschaften, Unternehmern und Regierung als Voraussetzung für die Erfolge bei der Inflationsbekämpfung und dem Erreichen von Vollbeschäftigung in den 1970er und 1980er Jahren (Scharpf 1987;1988b). Im Rahmen vergleichender Analysen der Entwicklung von zwölf Wohlfahrtsstaaten seit den 1970er bis Anfang der 1990er Jahren (Scharpf/Schmidt 2000a; 2000b) werden sowohl die für die verschiedenen Länder unterschiedlichen Ausgangsbedingungen beziehungsweise Problemkonstellationen als auch die unterschiedlichen Ziele und Strategien politischer Akteure vor dem Hintergrund unterschiedlicher institutioneller Restriktionen und Chancen berücksichtigt (Scharpf 2000b), um wohlfahrtsstaatlichen Wandel im Sinne einer erfolgreichen Anpassung an veränderte Herausforderungen zu erklären. Relevant sind demnach »... the simultaneous influence of at least three distinct sets of complex factors: relevant policy challenges resulting from the interaction of changes in the international economic environment with conditions of the domestic economy and national policy legacies, institutional rules defining actor constellations and their modes of interaction, and the orientations – perceptions and preferences – of the policy actors involved« (Scharpf/Schmidt 2000c: 17f.). Als Ergebnis werden unterschiedliche Erfolge verschiedener Länder betont[35], die jeweils demselben Regimetyp zugeordnet werden. Dabei gelten für den liberalen, den sozialdemokratischen und den konservativen Typus jeweils Australien, Dänemark und die Niederlande als die erfolgreichsten Reformer der 1990er Jahre (Scharpf/Schmidt 2000d: 335)[36].

Die mit Hilfe des akteurzentrierten Institutionalismus erzielten Ergebnisse verweisen implizit auf die Relevanz der verschiedenen Formen der Governance, indem einerseits die Politikkoordination und andererseits die Akteurkonstellationen und ihre Interaktionsmodi als Erklärungsfaktoren für wirtschaftliche Leistungsfähigkeit und politische Reformfähigkeit hervorgehoben werden.

Im Rahmen einer Studie zur Reformfähigkeit der Sozialdemokratie beziehungsweise zur sozialdemokratischen Regierungspolitik in den 1990er Jahren mit Bezug zur Fiskal-, Beschäftigungs- und Sozialpolitik in sechs verschiedenen europäischen Ländern zeigte sich der Ansatz des akteurzentrierten Institutionalismus ebenfalls als äußerst ertragreich (Merkel u.a. 2006: 95). Zudem wurde die Anschlussfähigkeit an den »Ideational Turn« erprobt, indem die Erklärung zu den weitgehend divergent eingestuften Reformpolitiken sowie deren unterschiedlicher Erfolgsbilanz – neben den institutionellen Bedingungen der jeweiligen politischen Systeme – insbesondere auf die Wahl der politischen Strategie beziehungsweise die pro-

35 Die Höhe der Arbeitslosigkeit in Deutschland wird insbesondere auf die geringe Reformfähigkeit beziehungsweise das geringe Wachstum von (niedrig bezahlter) Dienstleistungsbeschäftigung zurückgeführt (Manow/Seils 2000). Die Reformfähigkeit Großbritanniens wird weitaus höher eingeschätzt, gleichzeitig aber auf das Fortbestehen hoher Armutsquoten und eines hohen Anteils nur gering qualifizierter Arbeitnehmer verwiesen (Rhodes 2000a). Dänemarks Erfolg bei der Bekämpfung der Arbeitslosigkeit wird durch die hohe Steuerbelastung und die Beschränkung der Staatsausgaben als fortbestehende Herausforderungen »relativiert« (Benner 2003).

36 Diese Ergebnisse werden im Rahmen der im Wissenschaftszentrum Berlin entstandenen vergleichenden Analysen zur Arbeitsmarktpolitik bestätigt (Schmid 2002b; Schmid/Grazier 2002), indem auch hier jeweils innerhalb der Liberal, State and Social Market Regimes erfolgreiche (Liberal: USA, UK; State: die Niederlande und Japan sowie Social Market: Dänemark) und weniger erfolgreiche Länder identifiziert werden (State: Frankreich und bedingt auch Österreich sowie Social Market: Deutschland).

grammatische und organisatorische Erneuerung der jeweiligen sozialdemokratischen Parteien zurück geführt wurde (Merkel u.a. 2006: 95: 404). Damit wird nicht nur die unterschiedliche Bedeutung von politischen Akteuren, sondern auch deren »Wollen und Können« in Bezug auf die Verwirklichung von Reformen hervorgehoben.

Vor diesem Hintergrund erscheint die zunehmende Betonung von Diskurs beziehungsweise politischen Ideen (Schmidt 2000) sowie Policy-Learning (Hemerijck/Schludi 2000) zur Erklärung politischer Reformfähigkeit verschiedener Wohlfahrtsstaaten – wie sie in den zitierten Bänden von Scharpf und Schmidt in weitgehend separaten Beiträgen angeführt wird – als konsequente Weiterentwicklung des akteurzentrierten Institutionalismus.

»Ideational Turn« als Erweiterung des Institutionalismus

Als Erweiterungen zum Institutionalismus werden im Folgenden insbesondere der so genannte Ideational Turn (Blyth 1997)[37] respektive die Bedeutung von Akteurstrategien in Bezug auf Agenda Setting sowie zur Legitimation von Reformvorhaben betont, um das Zustandekommen von Wandel zu erklären. Die einzelnen Beiträge variieren dabei jedoch sehr stark danach, ob sie die jeweiligen Elemente weitgehend durch institutionelle Bedingungen determiniert verstehen – womit der explikative Mehrwert vergleichsweise gering ist – oder aber im Zusammenhang mit den Fähigkeiten und Strategien von Akteuren als eigenständige Erklärungsfaktoren betrachten, womit gegebenenfalls die Überwindung institutioneller Restriktionen erklärt werden kann.

Zur ersten Gruppe zählt Vivien Schmidt, da sie Gestaltung beziehungsweise Funktion des politischen Diskurses[38] weitgehend durch das jeweilige politische Institutionensystem beeinflusst versteht (Schmidt 2000). In Single-Actor Systemen werden politische Programme demnach

37 Zur Relevanz von Diskursen und Ideen in der deutschen Politikwissenschaft siehe (Nullmeier 2001).

38 Die Verbindung von Diskurs und Ideen wird folgendermaßen definiert: »...discourse is differentiated not only in terms of ideas, both cognitive and normative, but also in terms of interactive contexts, including not only discussions among relevant policy actors in the process of policy coordination but also the deliberations among political actors and the public in the process of political communication about a given policy« (Schmidt 2002d: 130).

weitgehend durch eine von der Regierung dominierten Elite entschieden. Entsprechend dient ein Communicative Discourse dazu, die getroffenen Entscheidungen in der breiten Öffentlichkeit zu vermitteln. In Multi-Actor Systemen bedarf es dagegen eines Coordinative Discourse, um die Gestaltung der Policies zwischen einer weiteren, durchaus gespaltenen politischen Elite abzustimmen (Schmidt 2002c: 232f.). Der Erfolg von Reformen beziehungsweise die Lösung länderspezifischer Probleme wird in Abhängigkeit von der Kohärenz sowohl des Coordinative als auch des Communicative Discourse gesehen (Schmidt 2002c: 306f.).

Die zweite Gruppe hebt in ihrer Adaption der Theorie des Policy-Learning von Hall (1993) stärker die instrumentelle Funktion des Diskurses hervor (Hemerijck/van Kersbergen 1999; Hemerijck/Schludi 2000:228). Sie betonen die darin zum Ausdruck kommende Fähigkeit der relevanten politischen Akteure, (Politikfeld übergreifende) horizontale und vertikale Koordination von Policy-Reformen zu erreichen. Substantieller Wandel beziehungsweise der damit verbundene Erfolg von Reformpolitik wird demnach weitgehend als Folge sequentiellen und problemorientierten Lernens verstanden:

> »If welfare states wish to adjust to ongoing changes in the foreign and domestic policy environments, they not only need to change their policy structures; perhaps more importantly, they must also raise their general capacity to adapt, that is, their institutional learning capacities. The more successful countries stand out because they have been able to inaugurate innovative policy mixes attempting somehow to synchronize horizontal coordination across policy areas with vertical coordination among macro-, meso and micro-levels of decision-making in a positive-sum game. This form of flexible coordination requires an elaborated software for issue linkage, information sharing, communication, and trust-building among different actors, something possibly even more important than the institutional hardware itself« (Hemerijck/Schludi 2000: 228).

Zur zweiten Gruppe gehören auch Autoren, die (neue) politische Ideen[39] beziehungsweise die Fähigkeit politischer Akteure, diese durch Policy-Framing zu vermitteln, in den Vordergrund stellen. Bezugspunkt ist dabei vielfach Kingdons Analyse, wonach die Wahrscheinlichkeit, dass Reform-

39 Campbell unterscheidet verschiedene Formen von Ideen und deren Bedeutung für den Politikprozess in Bezug auf die Durchsetzung der angebotsorientierten Wirtschaftspolitik, indem er Programme und Paradigmen beziehungsweise Frames und Öffentliche Stimmungen (Public Sentiments), als jeweils kognitive respektive normative Konzepte klassifiziert (Campbell 1998: 385; 2002).

initiativen die politische Entscheidungsagenda erreichen, dann am höchsten ist, wenn drei prinzipiell unabhängige Strömungen gekoppelt werden (Kingdon 1995). Diese sind Problemwahrnehmung, Ideen im Sinne von Policy-Alternativen beziehungsweise Lösungen und Veränderungen von Politics, das heißt Machtverschiebungen zwischen verschiedenen Agenda-Settern.

Beland modifiziert diesen Ansatz dahingehend, dass er sowohl die Problemdefinition als auch deren Lösungen im Rahmen von Policy-Paradigmen durch soziale Lernprozesse konstruiert versteht (Béland 2005). Die nicht nur kognitiv, sondern vielmehr auch normativ und programmatisch verstandenen Policy-Paradigmen stellen demnach den Politikern weitgehend kohärente Annahmen über ökonomische, politische und soziale Institutionen im Sinne einer Art »Road Map« zur Verfügung. Die Durchsetzung entsprechender Policy-Alternativen wird dabei auch hier weitgehend in Abhängigkeit vom Policy-Framing verstanden, das heißt der Mobilisierung politischer Symbole und dem Rekurs auf etablierte Normen und Werte. »The ability to frame a policy programme in a politically – and culturally – acceptable and desirable manner is a key factor that can help explain why some policy alternatives triumph over others and why elected officials decide to ›do something‹ in the first place« (Béland 2005: 12). Wichtig ist dabei nicht zuletzt auch die Einfachheit programmatischer Ideen sowie die ökonomische, administrative und politische Umsetzungsfähigkeit im jeweiligen nationalen Kontext als Voraussetzungen für einen entsprechenden Wandel (Béland 2005; Campbell 2002).

Cox hebt entsprechend die Bedeutung von Human Agency hervor, da er den Willen zur Reform und die Strategien der Akteure in ihrer Bedeutung für die (Re-) Konstruktion spezifischer sozialer Werte und Ideen unterstreicht:

»Because welfare states do not need to reform, people must want them to reform. [...] In a political environment the advocates of reform need to employ strategies to overcome the skepticism of others and persuade them of the importance of reform. In other words, they must create a discourse that changes the collective understanding of the welfare state, because doing so ›shapes the path‹ necessary to enact reform« (Cox 2001: 475).

Für einen Wandel des Diskurses als zentral gilt daher auch ihm das Reframing von Issues, das dann als besonders erfolgreich angesehen wird, wenn die Legitimation geplanter Reformen im Rekurs auf traditionelle Werte des jeweiligen Wohlfahrtssystems begründet ist. Entsprechend wird das Zustandekommen grundlegender Reformen in Dänemark und den Niederlanden sowie deren Fehlen in Deutschland erklärt durch die unterschiedliche Fähigkeit der Politiker, einen Reformdiskurs zu konstruieren, der es ermöglicht, die institutionellen Restriktionen, die pfadabhängige Entwicklung begünstigen, zu überwinden (Cox 2001: 476f.). Campbell betont in Bezug auf den ökonomischen Paradigmenwechsel hin zum neoliberalen Modell, dass der »Aufstieg und Fall« von politischen Ideen ein durchaus konfliktiver Prozess sei, bei dem letztlich die Interaktion von Ideen und Interessen ausschlaggebend ist (Campbell 1998: 400). In Bezug auf die deutschen Arbeitsmarktreformen wird von anderer Seite ähnlich argumentiert (Seeleib-Kaiser/Fleckenstein 2007).

Damit heben die »Erweiterungen« des institutionalistischen Ansatzes letztlich allesamt auf die Gestaltung des politischen Reformprozesses beziehungsweise den diesen begleitenden Reformdiskurs und die dabei propagierten Ideen durch die relevanten politischen Akteure ab. Zentral erscheinen dabei das Agenda-Setting und das Policy-Framing, als Voraussetzung für die Durchsetzung von neuen Ideen und Reformvorschlägen sowohl in Bezug auf die Zustimmung der relevanten kollektiven Akteure als auch in Bezug auf die Legitimation in der Öffentlichkeit. In diesem Sinne können Diskurs und Reformprozess als weitgehend eingebettet in jeweils länderspezifische institutionelle, aber auch machtpolitische Bedingungen verstanden werden[40].

3.4 Zwischenresümee

Die empirisch vergleichende Wohlfahrtsstaatsforschung hat – jenseits der expliziten Analysen zur Arbeitsmarktpolitik – bislang die Impulse der normativen Debatte zum Wandel des Wohlfahrtsstaates wie auch die Ergebnisse der Steuerungs- und Governance-Forschung weitgehend selektiv reflektiert. Da wohlfahrtsstaatlicher Wandel bis vor Kurzem primär an-

40 In diesem Zusammenhang kann erneut auch auf die konstruktivistisch-diskursiven Ansätze zur Beschreibung von Wohlfahrtsstaaten und ihrer Entwicklung verwiesen und insbesondere die Diskussion des Wandels von Welfare und State hervorgehoben werden (Clarke 2004). Der entsprechende Forschungsstrang wird hier jedoch nicht weiter diskutiert, da in der vorliegenden Arbeit der empirisch-analytische Vergleich im Vordergrund steht.

hand quantitativer Entwicklungen der Sozialausgaben gemessen beziehungsweise ausschließlich in der Extremform pfadabweichender Veränderungen und Regimewechsel konzeptionalisiert und wahrgenommen wurde, haben die vergleichenden Analysen bis Anfang der 1990er Jahre weitgehend die Resilience-These unterstützt. Die Veränderung wohlfahrtsstaatlicher Ziele sowie der damit einhergehende Wandel, sozialer Rechte, Normen und Institutionen werden dagegen erst seit kurzem als »Gegenstand« wohlfahrtsstaatlichen Wandels beziehungsweise als »abhängige« Variablen analysiert.

Entsprechende Untersuchungen unterstützen nunmehr die These des Wandels, indem für verschiedene Länder und in verschiedenen Politikbereichen in jeweils unterschiedlichem Umfang Veränderungen aufgezeigt werden. Dies schließt letztlich an die bereits seit längerem vorliegenden Befunde der vergleichenden Arbeitsmarktpolitikforschung an, die einen grundlegenden Policy-Wandel aufzeigen, der in den verschiedenen Wohlfahrtsstaatsregimen jedoch durchaus unterschiedliche Formen annimmt und sich im Hinblick auf die Bekämpfung der Arbeitslosigkeit unterschiedlich erfolgreich zeigt. Insbesondere im Rahmen der Citizenship-Rights-Debatte wird dies als grundlegender Wandel der sozialen Bürgerrechte im Rahmen eines wohlfahrtsstaatlichen Paradigmenwechsels gedeutet.

Die Angebote zur Erklärung des Wandels beziehungsweise der Kontinuität wohlfahrtsstaatlicher und arbeitsmarktpolitischer Entwicklung sind vielfältig, da sie funktionalistische, interessen- und konflikttheoretische als auch institutionalistische Ansätze umfassen. Spätestens mit der Retrenchement-Debatte lässt sich anhand des Forschungsstandes jedoch ein zunehmender Bias zu Gunsten der institutionalistischen Erklärungsansätze wahrnehmen. Als zentrale Kritik an diesen Ansätzen wird das Überbetonen von Kontinuität beziehungsweise pfadabhängiger Entwicklung hervorgehoben und eine mangelnde Wahrnehmungs- und Erklärungsfähigkeit im Hinblick auf Wandel konstatiert. Nicht zuletzt als Reaktion auf diese Kritik werden nunmehr sowohl in der Wohlfahrtsstaats- als auch in der Arbeitsmarktpolitikforschung verstärkt Interdependenzen zwischen institutionellen Bedingungen und Akteurshandeln hervorgehoben.

Besonders positiv hervorzuheben sind dabei die im Rahmen des akteurzentrierten Institutionalismus realisierten Arbeiten, die einerseits die Bedeutung und Relevanz nicht staatlicher Akteure im politischen Entscheidungsprozess reflektieren – und damit die Veränderung der Governance der Entscheidungsfindung analytisch abbilden. Andererseits vermeiden sie

Kurzschlüsse monokausaler Erklärungen, indem sie verschiedene Variablen, wie die sozioökonomischen Bedingungen, den institutionellen Kontext und die politischen Akteure und ihre Strategien sowie deren Interdependenzen berücksichtigen. Darüber hinaus wird die Bedeutung von Ideen und Diskursen beziehungsweise von Policy-Learning betont, um den sich in verschiedenen Ländern in unterschiedlichem Umfang vollziehenden wohlfahrtsstaatlichen und arbeitsmarktpolitischen Wandel beziehungsweise Steuerungserfolg zu erklären.

In Bezug auf die hier zu beantwortenden Fragestellungen sind gleichwohl folgende Lücken der vergleichenden Wohlfahrtsstaatsforschung zu betonen: Erstens, trotz der Vielzahl der untersuchten abhängigen Variablen wurde bislang die explizite und systematische Analyse des Wandels von Staatlichkeit beziehungsweise von Steuerungs- und Governance-Formen weitgehend vernachlässigt – obwohl diese unter anderem bei Esping-Andersen als zentrale Dimension zur Charakterisierung von Wohlfahrtsstaaten genannt werden. Zweitens, es gibt relativ wenige systematische Analysen dazu, wie ein möglicher wohlfahrtsstaatlicher Paradigmenwechsel in unterschiedlichen wohlfahrtsstaatlichen Regimen umgesetzt und inwiefern dadurch wohlfahrtsstaatliche Konvergenz beziehungsweise Divergenz ausgelöst wird. Drittens, wurde bislang kein Versuch unternommen, neben situativen Bedingungen, Institutionen und Akteuren auch diskursive Erklärungen systematisch im Rahmen eines Ansatzes zu integrieren, um den Einfluss neuer Ideen auf den wohlfahrtsstaatlichen Wandel in verschiedenen Ländern beziehungsweise über verschiedene Regime hinweg zu untersuchen.

4. Fazit zur Reflexion der wissenschaftlichen Literatur

Die soweit dargestellten drei Diskurse beziehungsweise Forschungsstränge, nämlich erstens die normative Debatte eines wohlfahrtsstaatlichen Paradigmenwechsels hin zum aktivierenden Wohlfahrtsstaat, zweitens Diskurs und Forschung zum Wandel von Staatlichkeit, Steuerung und Governance sowie drittens die vergleichende Arbeitsmarkt- und Wohlfahrtsstaatsforschung verlaufen bislang weitgehend unverbunden nebeneinander her. Die aufgezeigten Gemeinsamkeiten und Überlappungen der jeweiligen Diskurse beziehungsweise Forschungsstränge lassen eine explizite Verknüpfung ertragreich erscheinen, um die hier aufgeworfene Frage nach einem wohlfahrtsstaatlichen Paradigmenwechsel unter besonderer Berücksichtigung eines Wandels von Staatlichkeit und Governance zu analysieren.

Die dargestellten Entwürfe neuer wohlfahrtsstaatlicher Leitbilder dokumentieren, dass in verschiedenen nationalen Kontexten Vorlagen für einen wohlfahrtsstaatlichen Paradigmenwechsel entwickelt wurden beziehungsweise verweisen mit jeweils unterschiedlichen normativen Konnotationen auf deren punktuelle Umsetzung. Den verschiedenen Varianten eines veränderten wohlfahrtsstaatlichen Leitbildes beziehungsweise Paradigmas ist dabei gemeinsam, dass die Arbeitsmarktpolitik als zentrales »Instrument« gilt, den angestrebten Wandel des Wohlfahrtsstaates voranzubringen, womit sich die entsprechenden Veränderungen hier am ehesten niederschlagen dürften. Ferner erscheint wesentlich, dass alle Entwürfe eine Reformulierung bislang geltender wohlfahrtsstaatlicher Ziele und Normen beinhalten, die sich sowohl auf die Veränderung von *Welfare* als auch auf die Veränderung von *State* beziehen. Dabei wird sowohl auf den institutionellen Umbau bei der Leistungserbringung verwiesen als auch auf die Veränderung von Rechten und Pflichten zwischen Sozialstaat und Sozialstaatsklienten. Partiell werden sogar veränderte Beteiligungsmuster für Prozesse der Entscheidungsfindung angerissen.

Mit den formulierten Zielsetzungen markieren die neuen normativen Leitbilder des Wohlfahrtsstaates die Spannbereite wohlfahrtsstaatlicher Reformen. Dies kann als Orientierung genutzt werden, den wohlfahrtsstaatlichen Wandel als Forschungsgegenstand zu bestimmen und in seinen verschiedenen Dimensionen zu analysieren. Defizite der aufgezeigten normativen Diskussion bestehen gleichwohl darin, dass der Wandel von Governance und Staatlichkeit als Teilelement wohlfahrtsstaatlicher Reformen zwar angedeutet wird, ohne jedoch in seiner Umsetzung näher konkretisiert zu werden. Ähnlich bleibt auch offen, wie sich der Wandel entlang des neuen wohlfahrtsstaatlichen Paradigmas vor dem Hintergrund der in der Regimeforschung ausführlich skizzierten divergenten politischen und wohlfahrtsstaatlichen institutionellen Kontexte der verschiedenen Länder vollzieht. Diese Kritik gilt gleichermaßen für die reformkritischen normativen Ansätze, welche die sozialen Folgen der Reformpolitiken weitgehend pauschal skizzieren, ohne die verschiedenen nationalen Kontexte zu differenzieren.

Diskurs und Forschungsstand zu Staat, Steuerung und Governance bestätigen einen Wandel von Staatlichkeit beziehungsweise Steuerung und Governance. Dabei wird eine Veränderung des politischen Steuerungsprozesses im Sinne veränderter Interaktionsmuster des Staates mit anderen kollektiven Akteuren angezeigt, die im Sinne eines kooperativen Staates interpretiert werden. Darüber hinaus wird auf eine Veränderung staatlicher Funktionen hinsichtlich Regulierung und Leistungserbringung verwiesen und als Wandel zum Gewährleistungsstaat diskutiert.

Das dabei entwickelte, neue Staatsverständnis korrespondiert weitgehend mit dem, welches dem normativen Entwurf des aktivierenden Wohlfahrtsstaates zu Grunde liegt. Gleichzeitig werden jedoch die dort nur angedeuteten steuerungspolitischen Entwürfe konkretisiert, indem neben der zunehmenden Bedeutung von Markt beziehungsweise Wettbewerb, Netzwerken und Eigenverantwortung, insbesondere auch der Wandel der Staatsorganisation selbst sowie die Zunahme der Struktursteuerung als Voraussetzung für die erfolgreiche (sozial-) staatliche Intervention skizziert werden. Der normative Steuerungs- und Governance-Diskurs ergänzt damit die Bestimmung des zu untersuchenden Spektrums von Wandel im Zuge wohlfahrtsstaatlicher Reformen.

Die empirische Steuerungs- und Governance-Forschung war bislang primär auf die Governance der Beziehungen zwischen kollektiven oder korporativen Akteuren bei der Entscheidungsfindung und der Leistungserbringung konzentriert. Ferner ist ein starker Bias der Analyse der Reformen des öffentlichen Sektors vor dem Hintergrund der Theorien des New Public Management zu erkennen. Entsprechend wurde auch die Governance der Sozialpolitik bislang nur in Bezug auf diese Aspekte – und damit stark selektiv analysiert. Der im Rahmen der Sozialpolitik vielfach entstehende Mix aus verschiedenen staatlichen Steuerungsformen und Instrumenten wurde daher bislang noch kaum umfassend abgebildet oder gar systematisiert. Die Governance der Beziehung zwischen Sozialstaat und Individuum wurde gänzlich ausgeblendet. Bei der Umsetzung der neuen wohlfahrtsstaatlichen Zielsetzungen erscheinen jedoch beide Phänomene von großer Relevanz.

In der vergleichenden Wohlfahrtsstaats- und Arbeitsmarktpolitikforschung wurden wiederum die in der normativen Debatte zum wohlfahrtsstaatlichen Paradigmenwechsel wie auch die in der Steuerungs- und Governance-Forschung thematisierten Aspekte des Wandels bislang nur sehr bedingt aufgenommen und analysiert. Trotz der Vielzahl der bislang untersuchten »abhängigen Variablen« dominieren als Indikatoren für den Wandel von *Welfare* weiterhin überwiegend quantitativ zu erfassende Variablen zu Ausgaben beziehungsweise Leistungen der Wohlfahrtsstaaten. Die Analyse des Wandels von Staatlichkeit und Steuerungsformen entwickelt sich erst seit kurzem und überwiegend mit Bezug zu Privatisierungen in einzelnen Politikfeldern wie Gesundheit oder Rente. Der Wandel des Verhältnisses von Staat und Individuum wird auch hier sehr selektiv untersucht. Allein arbeitsmarktpolitische Analysen beziehungsweise Untersuchungen zur Veränderung von Citizenship und sozialen Rechten thematisieren diesen Aspekt explizit.

Als weitere Schwäche der vergleichenden Wohlfahrtsstaatsforschung ist zu sehen, dass der Begriff von Wandel nur unzulänglich spezifiziert beziehungsweise bislang in seinen Bezugspunkten äußerst divergent ist. Dabei erscheint als Forschungsdesiderat, Interdependenzen zwischen wohlfahrtsstaatlichem Paradigmenwechsel und pfadabhängiger beziehungsweise pfadbrechender Entwicklungen in den verschiedenen Wohlfahrtsregimen zu klären.

Positiv ist dagegen hervorzuheben, dass die vergleichende Wohlfahrtsstaatsforschung ein vielfältiges Angebot an unterschiedlichen Erklärungsansätzen sowohl für konvergente als auch für divergente wohlfahrtsstaatliche Entwicklungen hervorgebracht hat. Dabei kann der akteurzentrierte Institutionalismus als einer der bislang umfassendsten beziehungsweise elaboriertesten Ansätze betrachtet werden, da er sowohl die internationale und nationale sozioökonomische Entwicklung, als auch Institutionen und Akteure sowie deren Präferenzen und Interaktionsformen systematisch als erklärende Variablen verbindet.

Für die hier aufgeworfene Fragestellung erscheint dabei insbesondere relevant, dass nicht nur staatliche Akteure und Institutionen, sondern auch nicht staatliche Akteure und deren Interaktionsformen berücksichtigt werden – und damit neue Formen der Governance bei der Entscheidungsfindung beziehungsweise ein verändertes Staatsverständnis im Sinne eines kooperativen Staates quasi auf die analytische Ebene »übersetzt« wird. In diesem Sinne schlagen die im Rahmen des akteurzentrierten Institutionalismus entstandenen Arbeiten zu politischen Entscheidungsprozessen und deren Konsequenzen für sozialpolitische Steuerungs- und Reformmöglichkeiten auch eine Brücke zwischen der vergleichenden Wohlfahrtsstaatsforschung und der Governance-Forschung. Ferner verspricht der skizzierte Ideational Turn der vergleichenden Wohlfahrtsstaatsforschung insbesondere im Hinblick auf die Erklärung des hier thematisierten wohlfahrtsstaatlichen Paradigmenwechsels zusätzlichen Erkenntnisgewinn, sofern Elemente wie Diskurs beziehungsweise Ideen systematisch in einen entsprechenden Erklärungszusammenhang integriert werden.

Als Ergebnis der Literaturdiskussion kann festgehalten werden, dass in keinem der drei hier besprochenen Diskurse beziehungsweise Forschungsstränge bislang eine vergleichende empirisch-analytische Untersuchung zum wohlfahrtsstaatlichen Paradigmenwechsel und der damit einhergehenden Veränderungen in den verschiedenen Wohlfahrtsstaatsregimen unter besonderer Berücksichtigung des Wandels von Staatlichkeit und Governance realisiert wurde. Gleichwohl zeigt sich ein diesbezüglicher Forschungsbedarf nicht zuletzt darin, dass diese Elemente in den normativen Schriften angesprochen werden und in zahlreichen Studien jeweils auf einzelne Elemente eines entsprechenden Wandels hingewiesen wird.

Die Verbindung der skizzierten Diskussions- beziehungsweise Forschungsstränge ermöglicht dabei den Entwurf eines umfassenden Forschungsdesigns, das den Blick auf den Wandel von Wohlfahrtsstaatlichkeit grundlegend erweitert, indem es sowohl *Welfare* als auch *State* beziehungsweise Governance im Rahmen der »abhängigen Variablen« aufnimmt. Die verfolgte Forschungsperspektive verspricht damit empirisch fundierte Erkenntnisse, die sowohl für die Diskussion um den Ab-, Aus- oder Umbau (wohlfahrts-) staatlicher Leistungen als auch für die Diskussion zum

Wandel von Staatlichkeit im Sinne eines Gewährleistungsstaates relevant sein dürften. Dies trifft umso mehr zu, als die hier verfolgte doppelte Perspektive auf Governance bei der Implementation von Policies und der Entscheidungsfindung bislang einmalig ist.

Die mit der Betrachtung des wohlfahrtsstaatlichen Paradigmenwechsels verbundene Berücksichtigung politischer »Ideen« und Diskurse beinhaltet eine Erweiterung der üblicherweise im Rahmen der vergleichenden Wohlfahrtsstaatsforschung untersuchten »unabhängigen« Variablen. In Kombination mit dem Ansatz des akteurzentrierten Institutionalismus sind dadurch neue Erkenntnisse hinsichtlich der Reformfähigkeit der verschiedenen Wohlfahrtsstaaten sowie differenzierte Erklärungen konvergenter und divergenter Entwicklungen zu erwarten.

Voraussetzung für das Gelingen eines solchen Vorhabens ist gleichwohl die systematische Verbindung und Integration der einzelnen Elemente. Dies bedingt sowohl umfassende Redefinitionen in Bezug auf das Verständnis von Wohlfahrtsstaatlichkeit und Wandel als auch eine Anpassung der Systematisierung verschiedener Formen der Governance. Dies muss verbunden werden mit einer klaren Konturierung des Forschungsdesigns wie auch einer umfassenden Operationalisierung der einzelnen Variablen.

II. Theoretisch konzeptionelle Entwicklung eines vergleichenden Forschungsdesigns

Die vorangegangene Darstellung des Forschungsstandes hat gezeigt, dass die empirisch vergleichende Analyse eines wohlfahrtsstaatlichen Paradigmenwechsels unter besonderer Berücksichtigung des Wandels von Staatlichkeit und Governance ein bislang weitgehend unbearbeitetes – und damit innovatives Forschungsfeld darstellt. Indem die vorliegende Untersuchung eben diesen Fokus verfolgt und die hier exemplarisch ausgewählte Arbeitsmarktpolitik in den Kontext eines sich verändernden Verständnisses von *Welfare* und *State* einbettet, wird ein spezifischer Zugang zur Sozialpolitikanalyse gewählt. Damit kommt der Bestimmung und kategoriegeleiteten Deskription des »Erklärungsgegenstandes«, das heißt des sich vollziehenden Wandels wohlfahrtsstaatlicher Politiken ebenso wie deren »Folgen« (also den Outcomes) eine zentrale Bedeutung zu. Die vorliegende Arbeit zielt daher sowohl auf die systematisierende Darstellung der entsprechenden Veränderungen wohlfahrtsstaatlicher Politik beziehungsweise die dadurch ausgelöste konvergente oder divergente wohlfahrtsstaatliche Entwicklungsdynamik als auch auf die Erklärung derselben.

Ausgehend von den Erkenntnissen des Forschungsstandes bedarf es daher zunächst weiterer Überlegungen zu allgemeinen Definitionen und idealtypischen Rekonstruktionen von Wohlfahrtsstaatlichkeit und wohlfahrtsstaatlichen Paradigmen, um den Ausgangspunkt sowie die Dimensionen des Wandels näher bestimmen zu können. Dies wird verbunden beziehungsweise ergänzt mit einer erweiterten Systematisierung zu verschiedenen Formen der Governance, welche den spezifischen (Interventions-) Bedingungen von Sozialpolitik Rechnung trägt. Ziel des zweiten Teils des Buches ist es, in einem ersten Schritt anhand der erweiterten Definitionen und Kategorien, die sich vollziehenden Veränderungen systematisch abbilden und darauf aufbauend eine Operationalisierung des Sets »abhängiger Variablen« vornehmen zu können (Kapitel 5). Im nächsten Schritt wird die hier verfolgte »doppelte« Perspektive auf »Wandel« anhand der

Differenzierung der Begriffe des Paradigmenwechsels, des Regimewechsels und des Pfadwechsels näher erläutert. Dabei werden auch unterschiedliche Konzepte hinsichtlich der Beurteilung konvergenter oder divergenten Entwicklungen diskutiert (Kapitel 6).

Die angestrebte Erklärung des wohlfahrtsstaatlichen Wandels in der Arbeitsmarktpolitik konzentriert sich auf die länderspezifische Umsetzung des neuen Paradigmas. In Anlehnung an den Ansatz des akteurzentrierten Institutionalismus wird daher ein Modell der erklärenden Variablen entwickelt, das sowohl den Einfluss der verschiedenen wohlfahrtsstaatlichen und politischen Institutionen, der relevanten Akteure als auch der sozioökonomischen Rahmenbedingungen berücksichtigt. Als spezifische Erweiterung dieses Ansatzes wird ferner die Entwicklung des nationalen Reformdiskurses hervorgehoben, um die länderspezifische Rezeption der im internationalen Diskurs formulierten Ideen erfassen und wohlfahrtsstaatlichen Wandel besser erklären zu können (Kapitel 7). Am Ende dieser Kapitel werden jeweils die eingangs gestellte Frage präzisiert und entsprechende Forschungshypothesen formuliert.

Desweiteren wird das Forschungsdesign für die empirische Studie vorgestellt. Dazu werden sowohl die Auswahl des Untersuchungsfeldes als auch der Länder begründet. Es wird das weitere methodische Vorgehen und die Datengrundlage sowie die Darstellungsform für die empirischen Ergebnisse skizziert (Kapitel 8).

5. Der Wohlfahrtsstaat: Eine steuerungstheoretisch orientierte Rekonstruktion verschiedener Paradigmen

Nach Cox setzt eine Untersuchung zum Wandel des Wohlfahrtsstaates eine »Bestimmung« des Wohlfahrtsstaates selbst voraus (Cox 1998a). Für die hier zu bearbeitende Fragestellung erscheint dabei ein mehrstufiges Vorgehen sinnvoll. In einem ersten Schritt erfolgt eine generische Bestimmung des Wohlfahrtsstaates als eigenständigem modernen Vergesellschaftungstypus (Kaufmann), indem verschiedene Dimensionen wohlfahrtsstaatlichen Handelns identifiziert und die ihnen jeweils eigenen Spannungsverhältnisse aufgezeigt werden (Abschnitt 5.1). Die Ausgestaltung dieser Spannungsverhältnisse wird dabei maßgeblich durch die verschiedenen Formen der Governance bestimmt. Im Einklang mit einer entsprechenden akteur- beziehungsweise handlungsorientierten Definition des Wohlfahrtsstaates wird auch ein akteurorientiertes beziehungsweise interaktionistisches Verständnis von Governance respektive wohlfahrtsstaatlicher Steuerung entwickelt. Ziel ist es dabei zunächst, eine Systematisierung zu erarbeiten, die es ermöglicht, den Wandel verschiedener Governance- und Steuerungsformen möglichst detailliert darzustellen, um im Anschluss deren Spezifik im Rahmen aktivierender Politik erfassen zu können. Zentral ist dabei, dass nicht nur Verlagerungen »weg« vom Staat, sondern auch Veränderungen des staatlichen Handelns selbst respektive neue staatliche Aufgaben berücksichtigt werden (Abschnitt 5.2).

Der nächste Schritt besteht darin, im Rahmen der identifizierten Dimensionen wohlfahrtsstaatlichen Handelns eine idealtypische Rekonstruktion des so genannten fürsorgenden Wohlfahrtsstaates[41] zu erstellen, der

41 In der deutschsprachigen Literatur wird sowohl vom fürsorgenden (Schmid 1996) als auch vom versorgenden (Heinelt 2003) Wohlfahrtsstaat im Hinblick auf die Bezeichnung des geltenden wohlfahrtsstaatlichen Nachkriegsparadigmas gesprochen. In der englischsprachigen Literatur dominiert dagegen die Bezeichnung als Keynesian Welfare

als dominantes wohlfahrtsstaatliches Paradigma der Nachkriegszeit – und damit als idealtypischer Ausgangspunkt des hier zu untersuchenden Wandels gilt. Um die Richtung des angenommenen Wandels beziehungsweise den idealtypischen Zielpunkt des zu beobachtenden Paradigmenwechsels zu bestimmen, wird dem fürsorgenden Wohlfahrtsstaat eine idealtypische Rekonstruktion des aktivierenden Wohlfahrtsstaates gegenübergestellt. Als zentrale Unterscheidungskriterien können dabei einerseits der jeweils unterschiedliche Umgang mit den aufgezeigten Spannungsverhältnissen im Rahmen der bereits identifizierten Dimensionen wohlfahrtsstaatlichen Handelns sowie andererseits die damit einhergehenden Veränderungen wohlfahrtsstaatlicher Steuerung beziehungsweise Steuerungsanforderungen identifiziert werden (Abschnitt 5.3). Abschließend erfolgt eine Konkretisierung der Fragestellung zur Verwirklichung des Paradigmenwechsels, dem Wandel von Governance und der Entwicklung von Staatlichkeit sowie den damit verbundenen sozialen Folgen. Desweiteren werden die für diesen Teil relevanten Forschungshypothesen formuliert (Abschnitt 5.4).

5.1 Der Wohlfahrtsstaat als eigenständiger moderner Vergesellschaftungstypus

Historisch betrachtet, beginnt die Entwicklung moderner Wohlfahrtsstaatlichkeit in den meisten Ländern im ausgehenden 19. Jahrhundert als Reaktion auf die Folgeprobleme der Industrialisierung und Verstädterung respektive die Verallgemeinerung des Typus abhängiger Erwerbsarbeit und der damit einhergehenden strukturellen Trennung von Arbeit und Leben. Der programmatisch legitimierte Ausbau des Wohlfahrtsstaates beziehungsweise dessen Goldenes Zeitalter wird jedoch erst in der Ära nach dem zweiten Weltkrieg verortet. Als allgemeine Zielsetzungen wohlfahrtsstaatlicher Politik gelten die Armutsbekämpfung und die Sicherung eines menschenwürdigen Existenzminimums für jedermann, mehr Gleichheit durch den Abbau von Wohlfahrtsdifferenzen und Kontrolle von Abhängigkeitsverhältnissen, die Sicherung gegen die »Wechselfälle des Lebens« sowie schließlich Hebung und Ausbreitung des Wohlstandes (vergleiche

---

State (Jessop 1999). Im Folgenden wird der Kürze wegen ausschließlich die Bezeichnung des fürsorgenden Wohlfahrtsstaates gewählt.

Zacher 1987:1045 f.; zit. nach Kaufmann 1997: 22). Ergänzend muss hervorgehoben werden, dass die Motivation erster sozialstaatlicher Interventionen die Regulierung von Lohnarbeit selbst war, zum Beispiel durch die Etablierung des Arbeitsschutzes, womit die sozialverträgliche Gestaltung von Erwerbsarbeit als wesentliches Element wohlfahrtsstaatlichen Handelns gelten kann (Lampert 1996).

Der Ausbau der sozialen Sicherungssysteme erfolgte in den verschiedenen Ländern meist in ähnlicher Reihenfolge: zunächst wurde die Unfallversicherung errichtet, anschließend der Sozialschutz gegen Risiken des Alters, der Krankheit und Invalidität sowie – mit erheblicher Zeitverzögerung – der Arbeitslosigkeit. Meist in noch größerem zeitlichem Abstand wurde sodann die Sozialpolitik für Familien eingeführt. Der Aufbau einer Pflegeversicherung hat bislang nur in einigen Ländern im letzten Viertel des 20. Jahrhunderts stattgefunden (Schmidt 2005).

Jenseits historischer Beschreibung fällt eine Definition des Wohlfahrtsstaates jedoch schwer, da bislang keine umfassende Theorie des Sozialstaates entwickelt wurde (Kaufmann 2002b). Die Frage »What is the Welfare State?« wird nur selten gestellt beziehungsweise vielfach allein in Bezug auf den Umfang seiner Leistungen anhand der Ausgabenniveaus beantwortet (siehe Abschnitt 3.2). Entsprechend gibt es nur wenige umfassende Definitionsversuche des Wohlfahrtsstaates. Die folgende Argumentation nimmt daher die von Esping-Andersen entwickelten Kategorien zur Beschreibung wohlfahrtsstaatlichen Handelns zum Ausgangspunkt. Da diese primär angelegt sind, um regimespezifische Ausprägungen vergleichsweise prägnant darzustellen, liegt ihnen eine eindimensionale Operationalisierung der verschiedenen Dimensionen wohlfahrtsstaatlichen Handelns zu Grunde. Diese wird im Folgenden mit Rekurs sowohl auf klassentheoretische beziehungsweise kapitalismuskritische als auch auf differenzierungstheoretisch-institutionalistische Definitionen des Wohlfahrtsstaates sowie unter Einbezug der feministischen Kritik an Esping-Andersen erweitert. Die im Anschluss formulierte Definition des Wohlfahrtsstaates betont die dem wohlfahrtsstaatlichen Handeln zu Grunde liegenden Ambivalenzen beziehungsweise Spannungsverhältnisse.

Die von Esping-Andersen vorgeschlagene Definition des Wohlfahrtsstaates wie auch die damit verbundene Operationalisierung der verschiedenen Elemente sind unbestritten als Meilenstein in der vergleichenden Wohlfahrtsstaatsforschung anzusehen. Er thematisiert nicht nur die Gewährung sozialer Rechte, sondern auch die damit einhergehende Regulierung des Verhältnisses von Staat, Markt und Familie. »The welfare state cannot be understood just in terms of the rights it grants. We must also take into account how state activities are interlocked with the market's and the family's role in social provision« (Esping-Andersen 1990: 21). Entsprechend »operationalisiert« Esping-Andersen den Wohlfahrtsstaat beziehungsweise wohlfahrtsstaatliche Politik anhand von drei Kriterien: Erstens die Gewährung sozialer Rechte in Form von Dekommodifizierung, also die Befreiung vom Arbeitszwang, zweitens das Ausmaß sozialer Umverteilung, das heißt der wohlfahrtsstaatliche Ausgleich der vom Markt produzierten Ungleichheit (Stratifizierung), sowie drittens die unterschiedliche Dominanz von Staat, Markt, oder Familie bei der Wohlfahrtsproduktion. Dabei bestimmen letztlich die unterschiedlichen Ausprägungen dieser Kriterien die verschiedenen wohlfahrtsstaatlichen Regimetypen (Esping-Andersen 1990: 26f.).

Die entsprechende Definition beinhaltet gleichwohl einen gewissen Kurzschluss: Mit der weitgehend eindimensionalen Operationalisierung der verschiedenen Eigenschaften des Wohlfahrtsstaates entlang eines »mehr oder weniger« bei den verschiedenen Kriterien geht das Verständnis vom »Doppelwesen« der Sozialpolitik verloren, das – so die frühen Einsichten der kapitalismuskritischen beziehungsweise klassen- und konflikttheoretischen Analysen – sowohl eine Einschränkung als auch eine Absicherung der kapitalistischen Produktionsweise beinhaltet (Heimann 1980: 171). Im Rahmen dieser Doppelfunktion von Sozialpolitik stellt daher nicht nur die Dekommodifizierung, also die Einschränkung der Vermarktlichung der Arbeitskraft, sondern auch die Kommodifizierung, verstanden als lohnarbeitsförmige Vergesellschaftung der Arbeitskraft, ein zentrales Element wohlfahrtsstaatlichen Handelns dar. So heben Lenhardt und Offe hervor, dass staatliche Politik maßgeblich an der Eingliederung der Arbeitskraft in den Arbeitsmarkt beteiligt war und ist (Lenhardt/Offe 1977: 103ff.). Teil dieser Politik sind einerseits repressions-, sozialisations- und sicherungspolitische Maßnahmen, welche die Vermarktlichung der Arbeitskraft befördern. Andererseits hat diese Politik die politische Institutionalisierung diverser Kategorien von Nicht-Lohnarbeitern zur Voraussetzung und beinhaltet damit auch Maßnahmen, welche eine Freistellung vom Arbeitszwang für bestimmte Gruppen beziehungsweise zu bestimmten Zwecken gewährleisten[42].

42 Gründe für diese Freistellung sind ebenfalls sozialstaatlich definiert und reguliert. Zu nennen sind hier einerseits Freistellungen zum Zweck der Aus- und Weiterbildung oder

Auf dieses Spannungsverhältnis verweisen zu Recht auch die feministischen Kritikerinnen Esping-Andersens, wenn sie hervorheben, dass Dekommodifizierung letztlich Kommodifizierung voraussetzt. Frauen beziehungsweise Mütter erfahren demnach meist spezifische Benachteiligungen im Hinblick auf die Inanspruchnahme wohlfahrtsstaatlicher Leistungen, weil sie nicht oder nur eingeschränkt in den Arbeitsmarkt integriert – also kommodifiziert – sind (Orloff 1993), wobei auch diesbezüglich starke Differenzen zwischen verschiedenen Wohlfahrtsstaaten bestehen (Sainsbury 1999).

Nehmen wir die soweit dargestellten Einwände ernst, muss also die Dialektik von Kommodifizierung und Dekommodifizierung als integraler Bestandteil von Wohlfahrtsstaatlichkeit verstanden werden (Borchert/Lessenich 2004: 577; Knijn/Ostner 2002: 145). Entsprechend ist die Ausgestaltung des Spannungsverhältnisses zwischen Kommodifizierung und Dekommodifizierung – über verschiedene Formen der Governance – als zentrales Element zur Definition von Wohlfahrtsstaatlichkeit zu analysieren, anstatt einseitig den Grad der Dekommodifizierung hervorzuheben (Dingeldey 2007a; 2007b).

In diesem Sinne ist auch das Gewähren sozialer Rechte letztlich dialektisch beziehungsweise als Spannungsverhältnis zwischen der Gewährung von Rechten und der Einforderung von Pflichten zu fassen. Dies lässt sich unter anderem mit Bezug zu Marshall begründen, der darauf verwies, dass eines der zentralen sozialen Rechte, nämlich das auf Bildung, mit der Einführung der Schulpflicht gekoppelt war (Marshall 1992: 51).

Die primär differenzierungstheoretisch-institutionalistische Definition des Wohlfahrtsstaates nach Kaufmann bestätigt die Ambivalenzen beziehungsweise Spannungsverhältnisse wohlfahrtsstaatlichen Handelns wie auch die Bedeutung von Governance – und zwar sowohl im Hinblick auf die Vermarktlichung von Arbeitskraft, die Regulierung der Wohlfahrtsproduktion als auch im Hinblick auf die soziale Umverteilung. Als generische »Eigenschaft« des Wohlfahrtsstaates gilt Kaufmann dessen Vermittlungsfunktion im Hinblick auf die Widersprüche der Funktionsbedingungen der

zur Regeneration, zum Beispiel aufgrund von Krankheit oder Alter. Darüber hinaus wurden gesonderte Institutionen und Regulierungen in Bezug auf die Familie geschaffen, um elementare Reproduktionsfunktionen (beispielsweise durch Hausfrauen) zu gewährleisten. Alle diese Institutionen werden gleichwohl entlang der jeweiligen Erfordernisse des Arbeitsmarktes nach Regulierung von Arbeitsangebot und -nachfrage als disponibel verstanden (Lenhardt/Offe 1977: 103ff.).

verschiedenen Gesellschaftsbereiche beziehungsweise Subsysteme von Staat, Markt und Familie beziehungsweise zwischen marktgesellschaftlicher Privatsphäre und rechtsstaatlicher Öffentlichkeit. Dabei erscheinen folgende Aufgaben zentral:

»In der Produktionssphäre werden das Privateigentum und die unternehmerische Dispositionsfreiheit grundsätzlich gewährleistet. Sie werden jedoch einschränkenden Bedingungen unterworfen, um den Schutz und anerkannte Rechte der Arbeitnehmer zu ermöglichen. [...].

In der Verteilungssphäre wird die nach marktwirtschaftlichen Prinzipien ausschließlich am Entgelt für Produktionsfaktoren orientierte primäre Einkommensverteilung durch eine auf staatlicher Gesetzgebung beruhende sekundäre Einkommensverteilung korrigiert, welche auch denjenigen, die kein Faktoreinkommen beziehen, direkt oder indirekt ein Existenzminimum sichert. [...].

In der Reproduktionssphäre werden die Leistungen der privaten Haushalte durch öffentliche subventionierte oder voll finanzierte Dienstleistungen des Bildungs-, Gesundheits-, und Sozialwesens ergänzt und unterstützt. [...]« (Kaufmann 2002b: 278).

Das Erfüllen dieser Aufgaben wird auch hier als äußerst spannungsreich gesehen, wenn die gleichzeitige Steigerbarkeit individueller Freiheit und kollektiver Vorsorge beziehungsweise die Möglichkeit eines synergetischen Verhältnisses zwischen Staatsintervention und gesellschaftlicher Selbststeuerungsfähigkeit angestrebt wird (Kaufmann 2002b: 280). Entsprechend kann auch die Governance der Wohlfahrtsproduktion als Spannungsverhältnis zwischen staatlicher Steuerung und gesellschaftlicher Selbststeuerung verstanden werden, die sich unter anderem durch einen je spezifischen Mix zwischen Staat, Markt, Verbänden, Familie und Individuen ausdrückt. Ferner ist die staatliche Umverteilungspolitik – in Anlehnung an Marshall – als Vermittlung des Spannungsverhältnisses zwischen der durch den Markt produzierten Ungleichheit und dem im demokratischen Staatswesen formulierten Anspruch politischer Gleichheit zu interpretieren. Die je spezifische Gestaltung der entsprechenden wohlfahrtsstaatlichen Politiken beeinflusst die Muster sozialer Ungleichheit.

Auf der Basis der genannten Präzisierungen lassen sich demnach drei zentrale Dimensionen wohlfahrtsstaatlichen Handelns identifizieren (siehe Übersicht 1), denen je spezifische Spannungsverhältnisse eigen sind und die über verschiedene Formen der Governance ausgestaltet werden: Erstens die Gestaltung von Leistungen und Leistungsprinzipien und die dabei zum Ausdruck gebrachte Akzentuierung sozialstaatlich gewährter Rechte und damit verbundener Pflichten. Das entsprechende Spannungsverhältnis wird letztlich über die mit der konkreten wohlfahrtsstaatlichen Politik verbundene Governance im Sinne der Förderung von beziehungsweise der Pflicht zur Kommodifizierung respektive der gleichzeitig gewährten Optionen auf Dekommodifizierung der Arbeitskraft ausgestaltet; zweitens die Organisation der Wohlfahrtsproduktion beziehungsweise das Spannungsverhältnis zwischen staatlicher Steuerung und gesellschaftlicher Selbststeuerung und die damit einhergehende Arbeitsteilung zwischen Staat, Marktakteuren, Verbänden und Familie beziehungsweise Individuum; und drittens die soziale Umverteilung beziehungsweise die Ausgestaltung des Spannungsverhältnisses zwischen der durch den Markt produzierten Ungleichheit und dem demokratischen Gleichheitsgebot. In Anlehnung an (Esping-Andersen 1990) wird diese Dimension vor allem anhand des dadurch produzierten Outputs dargestellt, nämlich den je spezifischen Mustern sozialer Ungleichheit.

Übersicht 1: Drei Dimensionen wohlfahrtsstaatlichen Handelns und die ihnen eigenen Spannungsverhältnisse

1. Gestaltung der Leistungen und Leistungsprinzipien		
Rechte	<>	Pflichten
Dekommodifizierung	<>	Kommodifizierung
2. Organisation der Wohlfahrtsproduktion		
Staatliche Steuerung	<>	Gesellschaftliche Selbststeuerung
Staat	<>	Markt, Verbände/Dritter Sektor, Familie/Individuum
3. Soziale Umverteilung		
vom Markt produzierte Ungleichheit	<>	staatlich/demokratisches Gleichheitsgebot

Quelle: Eigene Darstellung.

Die soweit aufgezeigten Dimensionen wohlfahrtsstaatlichen Handelns beziehungsweise die diese kennzeichnenden Spannungsverhältnisse erscheinen zentral, um den Wohlfahrtsstaat als modernen Gesellschaftstypus zu definieren. Varianten von Wohlfahrtsstaatlichkeit wie zum Beispiel unterschiedliche wohlfahrtsstaatliche Paradigmen, aber auch länder- beziehungsweise regimespezifische Entwicklungen, lassen sich dementsprechend als unterschiedliche Ausgestaltung dieser Spannungsverhältnisse im Rahmen sozialpolitischer Maßnahmen sowie der diesen zu Grunde liegenden Governance charakterisieren. Da im Rahmen der hier zu beantwortenden Fragestellung die Ausgestaltung dieser Spannungsverhältnisse mit besonderem Fokus auf die Governance- und Steuerungsformen untersucht wird, erfolgt im nächsten Abschnitt eine Systematisierung derselben mit explizitem Bezug zur Sozialpolitik. Diese stellt eine Voraussetzung dar, den entsprechenden Wandel von Staatlichkeit beziehungsweise staatlichen Handelns im Rahmen eines möglichen wohlfahrtsstaatlichen Paradigmenwechsels sowie in verschiedenen wohlfahrtsstaatlichen Regimen exakt zu bestimmen.

5.2. Akteurbezogene Systematisierung von Governance und Steuerungsformen

Bei der Systematisierung von Governance-Formen wird im Allgemeinen nicht unterschieden, ob diese sich auf die gesellschaftliche Aufgabenerfüllung, also die Implementation von Policies, oder aber den politischen Entscheidungsprozess beziehungsweise die Politikentwicklung (Politics), das heißt die Vorbereitung von exekutiven oder legislativen Entscheidungen beziehen. Da in der vorliegenden Untersuchung die Governance der sozialpolitischen Aufgabenerfüllung (als abhängige Variable) und die Governance der Entscheidungsfindung (als unabhängige Variable) betrachtet werden, wird bei der Systematisierung der entsprechenden Governance-Formen explizit auf beide Bereiche rekurriert. Die Bedeutung der verschiedenen Formen der Governance in den Prozessen der politischen Entscheidungsfindung wird dann weiter unten bei der Vorstellung des akteurzentrierten Institutionalismus als Erklärungsansatz (siehe Abschnitt 7.1) erneut aufgenommen und weiter diskutiert.

Die bisherige Diskussion zur Steuerung im Wohlfahrtsstaat bezieht sich primär auf die Organisation der Wohlfahrtsproduktion – und damit die Implementation von Policies. Dabei wird im Allgemeinen von einem Welfaremix beziehungsweise Wohlfahrtspluralismus ausgegangen (Evers/ Olk 1996). Das bedeutet, dass bei der Produktion sozialpolitischer Leistungen im allgemeinen Akteure und Steuerungsformen beteiligt sind beziehungsweise eingesetzt werden, die – unter anderem entsprechend der Unterscheidung von (Pierre/Peters 2000: 14) – verschiedenen Governance Typen zuzurechnen sind. Ein Wandel von Governance bei der Umsetzung von Sozialpolitik muss daher als Wandel eines bereits bestehenden Governance-Mix analysiert werden. Dabei erscheint es nicht ausreichend – wie in der Governance-Perspektive oftmals üblich – lediglich staatliche und nicht staatliche Formen zu differenzieren, um vor allem Verlagerungen »vom Staat weg« aufzuzeigen. Privatisierung ist in der Sozialpolitik nicht ausschließlich mit der Verlagerung zu Marktakteuren wie Unternehmen gleichzusetzen, sondern schließt auch die Aufgabenverlagerung zu Akteuren des Dritten-Sektors, zu Netwerken oder zu Familien und Individuen mit ein. Ferner verändern sich nicht nur die Arbeitsteilung zwischen staatlichen und den verschiedenen gesellschaftlichen Akteuren, sondern auch die verschiedene Interventions- beziehungsweise Steuerungsformen des Staates selbst. Die Analyse des Wandels von Governance muss daher offen sein, die Komplexität der bestehenden wie auch der entstehenden Interventionsformen bei der Umsetzung von Policies näher bestimmen zu können.

Das Spektrum der Governance der Entscheidungsfindung reicht ebenfalls von rein staatlichen bis zu rein gesellschaftlichen Formen. Die Bedeutung der entsprechenden Governance-Formen variiert auch hier je nach politischem System. So werden beispielsweise Abstimmungs- und damit auch Verhandlungsprozesse in föderalen Staaten wesentlich häufiger beobachtet als in unitaristischen Staaten. Ferner ist das Einbeziehen kollektiver zivilgesellschaftlicher Akteure in politische Entscheidungsprozesse in unterschiedlichem Maße entwickelt beziehungsweise institutionalisiert, was unter anderem durch die unterschiedliche »Stärke« neo-korporatistischer Arrangements ausgedrückt wird. Ähnliches gilt für die Etablierung umfassender Verhandlungssysteme und Netzwerke in anderen Politikfeldern, wie zum Beispiel der Gesundheitspolitik. Darüber hinaus sind jedoch auch Institutionen gesellschaftlicher Selbstregelung in den verschiedenen Ländern sowohl in Bezug auf ihre Kompetenzen als auch in Bezug auf die Regelung der Entscheidungsfindung unterschiedlich entwickelt, wie sich zum Beispiel an den Differenzen der Tarifverhandlungssysteme zeigt (Mayntz 2004: 69f.).

Um diesen oftmals äußerst komplexen Mix zu erfassen, ist eine Systematisierung von Governance- und Steuerungsformen im Rahmen einer akteurbezogenen-interaktionistischen Perspektive sinnvoll in Anlehnung an Kooiman (2003) und Scharpf (2000a). Dabei werden allerdings Modifizierungen und Differenzierungen vorgenommen, um die spezifischen Formen der Interaktion mit Blick auf die Sozialpolitik beschreiben zu können.

Die Systematisierung von Steuerungs- und Governance-Formen erfolgt zunächst entlang der folgenden drei Kategorien (siehe auch Rothgang/ Dingeldey 2009: 8): (1) Gegenstand von Governance, (2) Go-vernance-Akteure, und (3) Governance-Modi (Übersicht 2). Im Anschluss (4) werden dann verschiedene Formen sozial*staatlicher* Intervention differenziert, wobei insbesondere auf die Gestaltung der Beziehung zwischen Sozialstaat und Sozialstaatsklienten sowie reflexiver staatlicher Steuerung im Hinblick auf die Umgestaltung des Staates selbst eingegangen wird.

(1) Der Gegenstand von Governance

Als Gegenstand von Governance ist prinzipiell zu unterscheiden, ob auf die Implementation von Policies oder die politischen Entscheidungsprozesse Bezug genommen wird. Als Ergänzung der Diskussion zur Governance von Policies ist zunächst eine stärkere Differenzierung der Aufgaben relevant, die vom Staat abgegeben beziehungsweise ausgelagert werden können. Dies erscheint mit Bezug zur Sozialpolitik zentral, da es hier faktisch sehr selten zu vollen Privatisierungen staatlicher Aufgaben, also dem vollkommenen Verzicht staatlicher Einflussnahme kommt. Dominant ist hier vielmehr eine arbeitsteilige und kooperative Aufgabenerfüllung, die auf der Verantwortungsteilung zwischen Staat und gesellschaftlichen Akteuren sowie der Zuweisung unterschiedlicher Teilaufgaben an verschiedene Instanzen zur Erfüllung öffentlicher beziehungsweise gemeinwohlorientierter Aufgaben beruht (Schuppert 2003: 335).

In Anlehnung an Schuppert beziehungsweise Reichard wird daher eine Unterscheidung der Gewährleistungsverantwortung, der Finanzierungs- und der Vollzugsverantwortung (Leistungserbringung) vorgeschlagen[43]. Die Gewährleistungsverantwortung bezeichnet im Sinne einer Überwachungs- und Regulierungsverantwortung den klassischen Bereich der staatlichen Aufsicht. Dabei kann davon ausgegangen werden, dass die Zuweisung von Regulierungskompetenzen bisher ausschließlich über den Staat entsprechend der jeweils national demokratisch legitimierten Verfahrens-

43 Faktisch wird so zwischen staatlichen Kernaufgaben (alle drei Verantwortungsbereiche), staatlichen Gewährleistungs- und Ergänzungsaufgaben mit und ohne Finanzverantwortung sowie rein privaten Aufgaben differenziert (Schuppert 1997:551).

weisen erfolgt. Das heißt die Regulierungskompetenz liegt generell bei den (zentral-) staatlichen Instanzen, die jedoch spezifische (Teil-) Aspekte der Regulierung an untergeordnete staatliche oder parastaatliche Regulierungsinstanzen wie auch an private Akteure abgeben können. Eine Umkehrung entsprechender Prozesse ist dabei auch möglich. Die Finanzierungs- und Vollzugsverantwortung werden dagegen vergleichsweise häufig von Dritten beziehungsweise in Kooperation mit Dritten ausgeübt (Schuppert 1997: 551). Dabei steht die Aufgabenverteilung beziehungsweise die Kombinationen der dafür zuständigen Akteure in starker Abhängigkeit zur jeweiligen (Sozial-) Staatstradition (siehe Esping-Andersen 1990).

Die Unterscheidung der genannten drei Verantwortungsbereiche ist relevant, um die durchaus unterschiedlichen Ausgangspunkte in verschiedenen Ländern im Hinblick auf den »Anteil« staatlicher Verantwortung in diesen Bereichen bestimmen zu können. Ferner müssen die Verlagerung von Zuständigkeiten zwischen verschiedenen Akteuren beziehungsweise das Ausmaß von Entstaatlichung, aber auch Rückverlagerungen zum Staat hin, jeweils differenziert für die unterschiedlichen Bereiche bestimmt werden, da hier durchaus unterschiedliche Entwicklungsdynamiken greifen können.

Darüber hinaus werden Zielsetzung und Ausgestaltung der Policies weiterhin im Rahmen der demokratisch legitimierten Prozesse der politischen Entscheidungsfindung festgelegt. Dabei wird davon ausgegangen, dass die von den Parlamenten qua Mehrheitsentscheidungen ratifizierten Gesetze jeweils in unterschiedlichem Maße durch »unilaterale« Entscheidungen der Regierungen und/ oder durch Verhandlungen unter Beteiligung von verschiedenen staatlichen und nicht staatlichen Akteuren zu Stande kommen. Entsprechend sind auch im Zusammenhang mit der Governance von Politics die verschiedenen beteiligten Akteure und deren Interaktionsformen genau zu bestimmen.

(2) Governance-Akteure

Um nun einen Wandel von Governance in Bezug auf die verschiedenen Verantwortungsbereiche beziehungsweise die dabei geltende Verantwortungsteilung exakt beobachten zu können, ist eine Differenzierung hinsichtlich der Akteure beziehungsweise Akteurkonstellationen wichtig, die mit Regulierungs-, Finanzierungs- oder Durchführungsverantwortung ausgestattet beziehungsweise in die Entscheidungsfindung einbezogen werden. Dabei liegt ein Schwerpunkt darin, einerseits den in der Steuerungs- und Governance-Diskussion bislang weitgehend monolithisch verstandenen »Staat« in seiner Binnenstruktur zu erfassen sowie andererseits auch verschiedene (nationale) nicht staatliche Akteure beziehungsweise internationale und transnationale Akteure stärker zu unterscheiden als in gängigen Typologien üblich.

Demnach kann innerhalb des *Akteurtyps Staat* vertikal zwischen zentralstaatlichen Akteuren, föderalen und kommunalen Akteuren differenziert werden. Horizontal erscheint darüber hinaus die Differenzierung der Zuständigkeit verschiedener Ministerien, Ressorts oder Leistungsabteilungen relevant. Ferner können innerhalb des Staatssektors zum Beispiel Parafiski als besondere Akteure unterschieden werden (Mayntz 2004: 69).

Im Bereich des Privaten sind *kollektive marktbezogene Akteure* zu nennen, das heißt primär Unternehmen, die beim Erbringen sozialer Leistungen der Logik der Gewinnmaximierung folgen. Der Akteurtypus *Dritter-Sektor-Organisation oder Verband* ist nicht profitorientiert, sondern kollektiv-gemeinschaftlichen Zielen verpflichtet. Dabei können Spezialisierungen auf die Interessenvertretung oder das Erbringen sozialer Dienstleistungen vorliegen, aber auch beide Bereiche kombiniert werden, wie dies einige Wohlfahrtsverbände tun. Diese Vielfalt der Akteure spiegelt sich letztlich auch auf *internationaler beziehungsweise transnationaler Ebene* wider.

Im Zusammenhang mit Wohlfahrtsproduktion sind darüber hinaus *Familien* als zentrale Akteure zu nennen. Sie sind ferner vom Akteur *Individuum* zu differenzieren, um Spezifika im Verhältnis zwischen Sozialstaat und Sozialstaatsklientel verdeutlichen zu können. So lassen sich beispielsweise bedürftigkeitsgeprüfte Leistungen in ihrer Wirkung danach differenzieren, ob sie voll individualisiert sind, oder aber familiale Solidarität beziehungsweise Wirtschaftsgemeinschaften voraussetzen.

Übersicht 2: Akteurbezogene Systematik von Governance-Formen

(1) Gegenstand von Governance

- ► Prozesse der Entscheidungsfindung/Politikentwicklung
- ► Wohlfahrtsproduktion/Umsetzung von Policies
  - Gewährleistung
  - Vollzug (Leistungserbringung)
  - Finanzierung

(2) Governance-Akteure bzw. Netzwerke

- Transnationale/Internationale Organisationen*)
- Staat { Zentralstaat, Länder, Kommunen; Ministerien, Ressorts; Parafiski }
- Kollektive marktbezogene Akteure
- Dritter Sektor/Verbände
- Familien
- Individuen

...

} Netzwerke

(3) Governance-Modi

- Hierarchie
- Wettbewerb/Konkurrenz
- Solidarität
- Koproduktion
- Verhandlungen

} unter Beteiligung staatlicher Akteure als Co-Governance; ohne Beteiligung staatlicher Akteure als Selbstregelung

- Argumentieren

*) Diese sind wiederum zu unterscheiden als transnationale Akteure mit Regulierungskompetenz, wie z.B. die EU, als marktbezogene Akteure (transnationale Unternehmen) oder als Quasi-Non-Governmental-Organisations (Quangos) in Form transnationaler Verbände, die gleichwohl öffentliche Aufgaben wahrnehmen et cetera.

Quelle: Eigene Darstellung.

Die institutionalisierte Kooperation von verschiedenen Akteuren in Form von *Netzwerken* kann als besondere Form der Governance betrachtet werden: »Als typisch gelten eine relative Gleichrangigkeit und Autonomie der Akteure, eher horizontale als vertikale Beziehungen und die vertrauensvolle Kooperation der Akteure« (Wald/Jansen 2007: 97). Wie bereits betont (Abschnitte 2.1/2.2) sind für eine Differenzierung verschiedener Netzwerke, die jeweilige Akteurzusammensetzung beziehungsweise die dominanten Interaktionsmodi anzugeben, um zu bestimmen, ob es sich um Unternehmensnetzwerke, um Netzwerke Dritter-Sektor-Organisationen oder um Pflegenetzwerke unter familialer Beteiligung etc. handelt. Wichtig ist ferner, ob es »gemischte« Netzwerke sind und inwiefern staatliche Akteure beteiligt sind. Daran lässt sich letztlich feststellen, ob es sich um eine Form zunehmender Verflechtung zwischen staatlichen und gesellschaftlichen Akteuren handelt oder aber um Formen der gesellschaftlichen Selbststeuerung.

Desweiteren erscheint insbesondere bei der Governance der Entscheidungsfindung relevant, ob es um Verhandlungsnetzwerke oder Expertennetzwerke beziehungsweise um Mischungen daraus geht. Dabei ist festzuhalten, dass insbesondere Expertennetzwerke als eigenständige Akteure zu betrachten sind, die gleichwohl im Rahmen von Symbolpolitik auch instrumentalisiert werden können (vergleiche Bevir/Rhodes 2003: 49f.; Börzel 1998; Siefken 2007: 65, 110).

(3) Governance-Modi

In Abgrenzung zu den gängigen Governance Typologien ist für diese Untersuchung zentral, dass einzelne Akteure nicht zwangsläufig mit einem spezifischen Governance Modus (Handlungs- und Kommunikationsmuster) gekoppelt gesehen werden. Vielmehr wird davon ausgegangen, dass es für einzelne Akteure zwar einen spezifischen oder dominanten Governance Modus gibt, zum Beispiel Wettbewerb bei marktbezogenen Akteuren, generell aber alle Akteure über eine Vielfalt von Handlungs- beziehungsweise Kommunikationsmuster verfügen (Benz 2001: 168). Die Governance-Modi werden mit Bezug zu verschiedenen Governance Gegenständen beziehungsweise in Bezug auf unterschiedliche Akteure jeweils verschieden eingesetzt: So kann das Erbringen sozialer Dienstleistungen über Wettbewerb gesteuert werden, indem private und öffentliche Anbieter um die Auftragsvergabe konkurrieren, während die Finanzierung entsprechender Maßnahmen weiterhin ausschließlich durch den Zentralstaat über Steuern (Hierarchie, Zwang) erfolgt. Ähnlich kann auch die Beziehung zwischen Individuen und Leistungsanbietern stärker marktförmig gestaltet werden, indem zum Beispiel Gutscheine für Leistungen ausgegeben werden, so dass die Anbieter in einen Wettbewerb um die Sozialstaatsklienten als »Kunden« eintreten. Als allgemeine Governance-Modi, die allen Akteuren zur Verfügung stehen, sind Hierarchie, Wettbewerb, Solidarität und Verhandlungen sowie Formen der Kooperation und Koproduktion[44] zu identifizieren. Darüber hinaus werden Handlungs- und Kooperationsformen ohne Beteiligung staatlicher Akteure als gesellschaftliche Selbstregelung bezeichnet.

Bei der politischen Entscheidungsfindung dominieren »formal« Mehrheitsentscheidungen im Parlament – idealtypisch als Ergebnis des politischen Wettbewerbs zu verstehen. Gleichwohl können von der über eine parlamentarische Mehrheit verfügenden Regierung eingebrachte Gesetzesinitiativen, die nicht mit gesellschaftlichen Akteuren (andere Parteien, Tarifpartner etc.) abgestimmt oder verhandelt wurden, als unilaterale, hierarchische Entscheidungen verstanden werden. Entsprechend gelten politische Entscheidungsprozesse, die im Vorfeld durch bilaterale oder in Netwerken stattfindende Verhandlungen zwischen staatlichen und nicht staatlichen Akteuren dominiert werden, als Form der Co-Governance.

Beschränkt sich der Governance Modus, zum Beispiel bei Expertennetzwerken auf das »Argumentieren«, gilt dies nicht als Form der Co-Governance, sondern kann als Teil der Legitimationsstrategien der dominanten Akteure, wie der Regierung, zur Legitimationsbeschaffung oder zum Agenda-Setting durch »Ideen« in Form von Expertisen bezeichnet werden (Siefken 2007: 110). Ist der Staat nicht an Verhandlungen beteiligt, sondern hat lediglich den regulativen Rahmen für die Verhandlungen gestaltet, wird dies als gesellschaftliche Selbstregelung verstanden[45].

---

44 Das Erreichen von Bildungszielen basiert auf Formen der Co-Governance, da »Lernen« die Kooperation der Individuen und Vertretern von Bildungsinstitutionen voraussetzt.

45 Als Beispiel gilt die deutsche Tarifpolitik, die auf autonomen Verhandlungen zwischen Arbeitgeber- und Arbeitnehmerorganisationen beruht. Die staatliche Aktivität bleibt hier weitgehend auf die prozedurale Regelung der entsprechenden Verhandlungen beziehungsweise des Arbeitskampfes und der Konfliktschlichtung beschränkt (Mayntz 2004: 70).

(4) Formen staatlicher Intervention

Da die staatliche Rechtsetzungskompetenz eine Form hierarchischer Steuerung ist, die exklusiv dem Staat vorbehalten ist und auch staatliche Sanktionsgewalt im Falle der Nichterfüllung begründet, kommt ihr weiterhin eine besondere Bedeutung zu. Für eine Analyse sozialpolitischen Handelns erscheint daher eine weitere Differenzierung verschiedener staatlich-hierarchischer Interventionsformen sinnvoll, um Veränderungen staatlichen Steuerungshandeln bei der Implementation von Sozialpolitik wahrnehmen zu können. Dabei sind vor allem staatliche Interventionsformen zur Gestaltung der Beziehung zwischen Sozialstaat und Sozialstaatsklienten sowie reflexive Formen staatlicher Steuerung im Hinblick auf die Umgestaltung des Staates selbst näher zu bestimmen.

(a) Formen staatlicher Steuerung in Bezug auf das Individuum

In Anlehnung an Kaufmann sind vier sozialpolitische Interventionsformen zu unterscheiden: erstens rechtliche (reguliert rechtlichen Status), zweitens ökonomische (beeinflusst Einkommensverhältnisse), drittens ökologische (zur Gestaltung der materiellen und sozialen Umwelt beziehungsweise Infrastruktur) und viertens pädagogische (beeinflusst individuelle Handlungskompetenzen, zum Beispiel durch erzieherische oder qualifizierende Maßnahmen) (Kaufmann 1982). Die Akzentverschiebungen in der Beziehung zwischen Sozialstaat und Individuum zeigen sich anhand der Ausgestaltung von Rechten und Pflichten respektive der Kombination der verschiedenen Interventionsformen.

In der Sozialpolitik beinhaltet die Kombination von rechtlicher und ökonomischer Intervention zumeist die Gewährung sozialer Rechte in Form von staatlichen Transfers zur Kompensation sozialer Risiken, die sich faktisch im Grad der Dekommodifizierung ausdrücken. »Leistungskürzungen« stellen entsprechend eine Rücknahme beziehungsweise Einschränkung von entsprechenden Rechten dar. Wie bereits erörtert gestaltet der Sozialstaat jedoch auch den Grad der Kommodifizierung, indem die Arbeitsmarktaktivierung verschiedener Gruppen unterstützt wird. Dazu interveniert der Sozialstaat in Form ökologischer oder pädagogischer Leistungen (Ausbau sozialer Dienstleistungen beziehungsweise Infrastruktur unter anderem in den Bereichen Bildung, Ausbildung, Betreuung oder Pflege) mit dem Ziel, die soziale Befähigung[46] (Enablement) allgemein oder auch konkret die Beschäftigungsfähigkeit (Employability) der Individuen zu erhöhen.

Darüber hinaus kann auch Kommodifizierung durch die Kombination rechtlicher und ökonomischer Intervention gefördert werden. Dazu gehört die Schaffung finanzieller Erwerbsanreize durch die Gewährleistung von Mindesteinkommen, zum Beispiel durch Mindestlohnregelungen, oder das »Aufstocken« geringer Einkommen durch Transfers (In-Work-Benefits). In diesem Zusammenhang ist ferner die Abschaffung bestehender, negativer Erwerbsanreize, zum Beispiel in Form des Ehegattensplittings, zu nennen.

Soll Kommodifizierung noch umfassender, in Form einer Art Recht auf Arbeit gewährleistet werden, ist auch das Angebot von staatlich geförderten Beschäftigungsmaßnahmen erforderlich, um als »Employer of last Resort« auch denjenigen Individuen beziehungsweise Gruppen ein Arbeitsangebot zu machen, die am Markt nicht (unmittelbar) nachgefragt werden. Entsprechende Maßnahmen sollen dabei vor allem als Übergangsarbeitsmärkte fungieren (Leschke u.a. 2006; Schmid/Grazier 2002).

Die Gewährleistung einer Art Recht auf Arbeit wird darüber hinaus indirekt auch durch weitere Maßnahmen zur Erhöhung der Arbeitskräftenachfrage, wie zum Beispiel die Ausweitung der öffentlichen Beschäftigung, erreicht. Eher am Rande kann ferner die Regulierung flexibler Beschäftigungsverhältnisse als Teil einer Strategie der Kommodifizierung gesehen werden. Die Funktion individueller Beschäftigungsförderung erfüllen sie jedoch nur dann, wenn die entsprechende Flexibilität dieser Arbeitsformen (explizit oder implizit) definierten Gruppen gegenüber anderen Arbeitnehmern »Wettbewerbsvorteile« verschafft. Auch diese Instrumente können – müssen aber nicht – im Sinne von Übergangsarbeitsmärken in reguläre und stabile Beschäftigung wirken.

Viel stärker als bei Maßnahmen der Dekommodifzierung hängt der Erfolg der Maßnahmen der Kommodifizierung davon ab, dass die adressierten Wohlfahrtsstaatsklienten bei der Inanspruchnahme der Leistungen kooperieren. Dies gilt insbesondere für Maßnahmen der sozialen Befähigung. Um wiederum »Kooperation« zu gewährleisten, werden Maßnahmen der sozialen Befähigung wie auch finanzielle Anreize vielfach mit der Regulierung von Arbeitspflicht beziehungsweise des Arbeitszwangs verbun-

46 Der deutsche Begriff der »sozialen Befähigung« wurde von Leisering und Hilkert (2000) eingeführt.

den, die damit als weitere, wichtige Element sozialstaatlicher Intervention zu nennen sind.

Übersicht 3: Varianten staatlich-hierarchischer Steuerung im Bereich der Sozial beziehungsweise Arbeitsmarktpolitik in Bezug auf das Individuum

Gewährung von Rechten in Bezug auf Dekommodifizierung durch	Transferleistungen als finanzielle Kompensation sozialer Risiken
Förderung von Kommodifizierung bis hin zur Gewährung von Rechten in Bezug auf	soziale Befähigung zur Arbeitsmarktteilhabe durch das Schaffen von Opportunitätsstrukturen in Form von Dienstleistungsangeboten / Infrastrukturangeboten, insbesondere im Bereich Bildung, Ausbildung, Arbeitsvermittlung und (Kinder-)Betreuung bzw. Pflege; Lohn bzw. Gewinn durch Arbeit über das Schaffen von (finanziellen) Erwerbsanreizen, z.B. über Regulierung des Steuersystems bzw. Kombilöhne, oder durch staatlich regulierte Mindestlöhne Arbeit /Beschäftigung direkt über staatlich geförderte Beschäftigungsmaßnahmen, durch die Ausweitung der Arbeitskräftenachfrage u.a. im Rahmen der Expansion der Beschäftigung im öffentlichen Sektor sowie indirekt durch die Regulierung flexibler Beschäftigungsformen
Regulierung von Pflichten in Bezug auf Kommodifizierung in Form	einer Konditionalisierung von Leistungen Gegenleistungen, z.B. über individuelle Verträge) direkten Zwangs (Kontrolle/Sanktionen)

Quelle: Eigene Darstellung.

Im Einzelnen handelt es sich um rechtlich/regulative Interventionen in Form von Geboten oder Verboten, zum Beispiel hinsichtlich der Verpflichtung zur Arbeitssuche und Arbeitsaufnahme. Formuliert werden die entsprechenden »Gebote« zumeist, indem vor allem finanzielle Leistungen an die Erfüllung spezifischer Konditionen gebunden werden. Um die Erfüllung der so formulierten »Pflichten« von Seiten des Staates gewährleisten zu können, erfolgen Kontrollen. Die Nicht-Erfüllung entsprechender Bedingungen wird meist über die Reduzierung oder Aberkennung der finanziellen Leistungen sanktioniert.

Vergleichsweise neu ist in diesem Zusammenhang der Abschluss von Verträgen zwischen Sozialstaatsrepräsentanten und Sozialstaatsklienten, welche die Einhaltung von Reziprozitätsnormen – und damit eigentlich von Kooperation beziehungsweise Co-Governance – befördern sollen. Da der Abschluss entsprechender Verträge jedoch nicht auf Freiwilligkeit von Seiten der Sozialstaatsklienten beruht, erscheint es zulässig, diese Interventionsform primär im Sinne einer Regulierung von Pflichten zu verstehen. Damit verbunden ist gleichwohl ein Wandel von »Status to Contract« (Streeck 1988), da die Gewährung von Leistungen individualisiert und der universelle Zugang beziehungsweise der allgemeine Rechtsanspruch eingeschränkt werden (siehe Übersicht 3).

Insbesondere die Einlösung eines Rechts auf Arbeitsmarktteilhabe für bislang arbeitsmarktferne Gruppen, also beispielsweise Mütter mit betreuungsbedürftigen Kindern, gering Qualifizierte, Erwerbseingeschränkte oder ältere Personen, setzt das Schaffen entsprechender Opportunitätsstrukturen in verschiedenen Gesellschaftsbereichen voraus. Ein derart umfassendes Maßnahmenpaket von Dienstleistungs- und Infrastrukturangeboten, finanziellen Anreizen und Sanktionsmaßnahmen sowie deren Ausrichtung auf individuelle Bedürfnislagen bedarf der umfassenden Koordination über verschiedene Politikfelder hinweg. Das Ziel der Gewährleistung universeller Arbeitsmarktteilhabe beziehungsweise einer Art Recht auf Arbeit erscheint damit deutlich komplexer als die Gewährleistung eines Rechts auf Dekommodifizierung und setzt eine umfassende Umgestaltung des Staates selbst voraus.

(b) Reflexive Steuerung oder das Verhältnis des Staates zu sich selbst

Die Differenzierung wohlfahrtsstaatlicher Interventionen als »direkt« im Gegensatz zu »reflexiv« thematisiert auf einer Meta-Ebene die Art und

Weise der staatlichen Intervention selbst. Dabei unterscheidet (Kaufmann 1998) eine Sozialpolitik erster und zweiter Ordnung. Während erstere als direkte, problembezogene sozialstaatliche Intervention in soziale Verhältnisse verstanden wird, ergibt sich die zweite im Zuge der Ausdifferenzierung des Wohlfahrtssektors beziehungsweise als Folgeproblem der Sozialpolitik erster Ordnung und bezieht sich auf die Steuerung der geschaffenen Interventionsapparaturen selbst (ähnlich Kooiman 2000; 2005).

Diesen auch als reflexiv zu bezeichnenden Formen staatlicher Intervention gilt im Folgenden unsere Aufmerksamkeit. Kaufmann betont, dass wohlfahrtsstaatliche Intervention zunehmend die Wirkungsbedingungen der Intervention reflektieren muss. Das bedeutet, dass der Staat nicht allein über direkte Interventionen, das heißt Gebote, Verbote und Anreize steuern kann, sondern das Verhalten der Steuerungsadressaten zunehmend über die Steuerung der Kontextbedingungen beziehungsweise der Ermöglichungsstrukturen beeinflusst.

»Das Neuartige der Zumutung an die Art der staatlichen Aufgabenerfüllung besteht also darin, daß diese nicht einfach und allein von der ihr durch das traditionelle Staatsverständnis zugesprochenen hoheitlichen Position in die ›gesellschaftlichen‹ Verhältnisse interveniert, sondern die spezifischen Eigenarten des jeweiligen Interventionsfeldes und die Interessen der betroffenen Akteure als notwendige Wirkungsbedingungen der eigenen Intervention reflektiert« (Kaufmann 1994a: 31).

Eine erfolgreiche Steuerung von Kontextbedingungen beziehungsweise Ermöglichungsstrukturen setzt jedoch voraus, dass letztlich gänzlich unterschiedliche staatliche Interventionen aus verschiedenen Politikbereichen im Hinblick auf das zu erreichende Ziel umfassend koordiniert werden.

Eng damit verbunden ist daher eine Veränderung von Verfahrensregeln und Interaktionsbeziehungen wie sie im Konzept des Gewährleistungsstaates als Struktursteuerung skizziert wurde (siehe Abschnitt 2.3). Im Zusammenhang mit der aktivierenden Reformpolitik heben daher unter anderem die normativen und implementationsbezogenen Konzepte des Joined-Up-Government beziehungsweise der Holistic Governance[47] die Formulierung ganzheitlicher Zielsetzungen und Problemlösungen sowie Formen

47 Dieses Konzept wurde als normativ-politikpragmatischer Ansatz entwickelt und spiegelt sich unter anderem im White Paper Modernising Governance wider. Es hat sowohl die Programmatik als auch die Politik der Labour Regierung maßgeblich geprägt (Rhodes 2000b: 155). Ähnlich wird von deutschen Verwaltungswissenschaftlern darauf hingewiesen, dass horizontale Integration, Kohärenz und Holistic Mapping Voraussetzungen des Steuerungserfolges sind (Jann/Wegerich 2004: 206).

horizontaler, politikfeldübergreifender Koordination als neue Formen des Regierens hervor. Die dabei benannten Koordinationsmechanismen beziehungsweise Restrukturierungserfordernisse in Bezug auf den Wohlfahrtssektor selbst reichen von »die Belange anderer Ressorts bei der Entscheidungsfindung zu berücksichtigen« bis zur Verschmelzung von Verwaltungseinheiten oder Maßnahmen. Weitere Bestandteile des veränderten Staatshandelns sind die kontinuierliche Evaluierung der Maßnahmen sowie eine daraus gegebenenfalls abgeleitete Korrektur beziehungsweise Anpassung an neue Erfordernisse (6 1997; 1998; 6 u.a. 2002).

In der Policy-Forschung wurden entsprechende Koordinationsleistungen bislang eher rudimentär im Rahmen der sektoralen Politikverflechtung thematisiert (Bönker 2008). Insbesondere Scharpf und Mayntz unterschieden dabei im Zuge der Analysen der Planungs- und Reforminitiativen in den 1970er Jahren vor dem Hintergrund der Abstimmungsprozesse zwischen verschiedenen Ministerien, Formen der positiven und negativen Koordination. Während sich letztere auf die Berücksichtigung tatsächlicher oder antizipierter Einsprüche anderer Akteure beschränkt, wird erstere als simultane Problemverarbeitung für übergreifende Problemzusammenhänge verstanden (Scharpf 1973)[48].

Im Folgenden wird von reflexiver Steuerung gesprochen, wenn die staatliche Intervention die Komplexität der gesellschaftlichen Verhältnisse reflektiert und versucht, Maßnahmen im Sinne holistischer Steuerung zu koordinieren. Damit verbunden ist zumeist eine Veränderung von Verfahrensregeln und Interaktionsbeziehungen. Neben der ganzheitlichen Steuerung von Kontextbedingungen und Interaktionsbeziehungen ist daher auch die Intervention des Staates in Bezug auf sich selbst, das heißt die Umgestaltung staatlicher Strukturen und Interventionsprozesse, ein wesentlicher Aspekt reflexiver Steuerung (siehe Übersicht 4).

Damit lässt sich festhalten, dass sich anhand der hier entwickelten Systematiken nicht nur die »reinen« Typen von Governance, also zum Beispiel innerhalb staatlicher Bürokratien erbrachte und finanzierte Leistungen, oder unter Wettbewerbsbedingungen von Marktakteuren produzierte und verkaufte Waren oder Dienstleistungen, sondern auch die für die Sozialpolitik letztlich typischen Public Private Mixes äußerst flexibel und klar

48 Als Bedingung für entsprechende erfolgreiche Koordinationsprozesse wird beispielsweise das Überlappen der Policy Communities der verschiedenen abzustimmenden Politikfelder oder aber ein hoher Problemdruck im Sinne eines übergreifendes Problems angesehen (Bönker 2008: 320).

bestimmen lassen. Dies ist eine zentrale Voraussetzung, um die im Rahmen des Konzepts des Gewährleistungsstaates in den verschiedenen Aufgabenbereichen angedeutete Veränderung der komplexen Arbeitsteilung und der Interaktionsbeziehungen (Governance-Modi) zwischen verschiedenen Akteuren in der Sozial- beziehungsweise Arbeitsmarktpolitik zu analysieren. Sie dient ferner dazu, verschiedene Formen der Governance der Entscheidungsfindung – wie sie unter anderem im Rahmen des Konzeptes des kooperativen Staates skizziert wurden (Abschnitt 2.3) – zu differenzieren, indem verschiedene Formen von Netzwerken via Akteursbeteiligung und Governance-Modus unterschieden werden[49].

Übersicht 4: Aspekte reflexiver Steuerung oder das Verhältnis des Staates zu sich selbst

Intervention des Staates als Steuerung von Kontextbedingungen und Interaktionsbeziehungen
Politikfeld übergreifende Koordination bzw. Holistic Governance als Gestaltung sozialstaatlicher Intervention auf Basis der Reflexion ihrer Wirkungsbedingungen
Intervention des Staates in Bezug auf sich selbst
(Re-)Regulierung bzw. Veränderung von Interaktionsbeziehungen und Verfahrensregeln, die vom Staat vorgegeben werden

Quelle: Eigene Darstellung.

Ob und inwiefern die neuen sozialstaatlichen Zielsetzungen beziehungsweise die damit verbundene sozialstaatliche Gewährleistungsverantwortung eingelöst wird, lässt sich nicht zuletzt anhand der hier erarbeiteten Definitionen reflexiver Steuerung im Sinne positiver Koordination überprüfen. Dabei sollte berücksichtigt werden, dass mit entsprechend komplexen sozialstaatlichen Interventionen durchaus eine Ausweitung staatlicher Einflussnahme einhergehen kann, die nicht ausschließlich positive Effekte bewirken muss. So werden durch den Erfolg von Holistic Governance letztlich auch solche Bereiche der privaten Lebensführung zum Gegenstand so-

49 Dabei ist die Aufzählung der Governance-Akteure wie auch der Governance-Modi als prinzipiell offen anzusehen und kann entsprechend der Gegebenheiten in unterschiedlichen Politikfeldern erweitert werden.

zialstaatlicher Regulierung gemacht, die bislang weitgehend individuellen beziehungsweise familialen Entscheidungen oblagen. Als Beispiel sind sozialstaatlich definierte Normen in Bezug auf den Umfang beziehungsweise die Opportunität familialer Erziehungs- und Pflegeleistungen zu nennen, die letztlich der Definition der Erwerbsfähigkeit von Müttern respektive Eltern, oder Pflegenden im Sozialleistungsbezug zugrunde liegen.

Wie beziehungsweise in welcher Form sich ein Wandel von Governance beziehungsweise sozialstaatlicher Intervention vollziehen könnte, wird im Folgenden mit spezifischem Fokus auf die Arbeitsmarktpolitik anhand der idealtypischen Gegenüberstellung des fürsorgenden und des aktivierenden Wohlfahrtsstaates aufgezeigt. Im Anschluss an diese Darstellung kann dann die eingangs formulierte Fragestellung präzisiert werden.

5.3 Idealtypische Rekonstruktion des fürsorgenden und des aktivierenden Wohlfahrtsstaates

Wohlfahrtsstaatliche Paradigmen sind als spezifische Varianten des genuinen Typus des Wohlfahrtsstaates zu verstehen. Entsprechend lassen sich auch die unterschiedlichen Paradigmen des fürsorgenden und des aktivierenden Wohlfahrtsstaates unter besonderer Berücksichtigung der Arbeitsmarkt- und Beschäftigungspolitik idealtypisch durch die jeweils spezifische Lösungen beziehungsweise unterschiedliche Akzentuierungen der in den verschiedenen Dimensionen jeweils explizierten Spannungsverhältnisse charakterisieren. Mit Weber sei an dieser Stelle jedoch nochmals darauf verwiesen, dass die so definierten Idealtypen nicht mit der historischen Realität gleichzusetzen sind. Vielmehr wird der Idealtypus

»... gewonnen durch einseitige Steigerung eines oder einiger Gesichtspunkte und durch Zusammenschluss einer Fülle von diffus und diskret, hier mehr, dort weniger, stellenweise gar nicht, vorhandenen Einzelerscheinungen, die sich jenen einseitig herausgehobenen Gesichtspunkten fügen, zu einem in sich einheitlichen Gedankengebilde. In seiner begrifflichen Reinheit ist dieses Gedankenbild nirgends in der Wirklichkeit empirisch vorfindbar, es ist eine Utopie, und für die historische Arbeit erwächst die Aufgabe in jedem einzelnen Falle festzustellen, wie nahe oder wie fern die Wirklichkeit jenem Idealbilde steht, ...« (Weber 1988: 191).

Bei der Definition der verschiedenen Idealtypen des fürsorgenden und des aktivierenden Wohlfahrtsstaates wird – entsprechend der drei Dimensionen wohlfahrtsstaatlichen Handelns – die je spezifische Ausgestaltung des jeweiligen Spannungsverhältnisses näher bestimmt, also (1) von sozialen Rechten und Pflichten beziehungsweise von Kommodifizierung und Dekommodifizierung im Rahmen der Gestaltung wohlfahrtsstaatlicher Leistungen und Leistungsprinzipien sowie (2) von staatlicher Steuerung und gesellschaftlicher Selbstregelung beziehungsweise der Aufgabenverteilung zwischen Staat, Markt, Verbänden und Familie als jeweils unterschiedliche Governance der Wohlfahrtsproduktion. Des Weiteren werden (3) die Ausgestaltung des staatlich/demokratischen Gleichheitsgebots beziehungsweise die damit verbundene Korrektur der vom Markt produzierten Ungleichheit skizziert sowie damit einhergehende Muster sozialer Ungleichheit näher bestimmt.

Die jeweiligen Charakterisierungen in den verschiedenen Dimensionen erfolgen anhand der gängigen Einschätzungen in der Literatur zu den Zielen, Prinzipien und den Instrumenten des fürsorgenden Wohlfahrtsstaates beziehungsweise werden anhand der in den eingangs (Kapitel 1) bereits ausführlich dargestellten Leitbildern skizzierten Eigenschaften eines aktivierenden Wohlfahrtsstaates rekonstruiert (zusammenfassend siehe Übersicht 5).

(1) Leistungen und Leistungsprinzipien: Ambivalenz von sozialen Rechten und Pflichten

Im *fürsorgenden Wohlfahrtsstaat* wird Sozialpolitik primär als reaktive Politik mit dem Ziel der Versorgung der Sozialbürger charakterisiert (Heinelt 2003). Im Vordergrund steht die Kompensation der finanziellen Risiken in Folge von Invalidität, Krankheit und schließlich auch Arbeitslosigkeit. Dazu werden den Individuen qua Status (Mitgliedschaft, Bedürftigkeit, Staatsbürgerstatus) Rechtsansprüche auf standardisierte beziehungsweise universalisierte (Transfer-) Leistungen gewährt. Darüber hinaus werden weitgehend individuelle Schutzrechte (Arbeitsschutz, Arbeitszeitverordnungen usw.) sowie kollektive Vertretungsrechte (zum Beispiel für gewerkschaftliche Organisation oder bei Tarifverhandlungen) in der Produktionssphäre eingeräumt. Dies stärkt vor allem die Position der abhängigen Arbeitnehmer und verhindert eine Überausbeutung durch das Kapital, wobei umgekehrt die Dispositionsfreiheit des Kapitals vor allem in Bezug auf die

Arbeitskräfte eingeschränkt wird. Freiheit wird weitgehend als »Freiheit von materieller Not« verstanden. Höchste Ausprägung findet die Freiheit jedoch in der Dekommodifizierung, also in der Freiheit vom Erwerbszwang. Damit wird die Teilhabe an den sozialen Sicherungssystemen quasi in den Bürgerstatus integriert (Marshall 1963) und der »Sozialbürger« geschaffen.

Obgleich der fürsorgende Wohlfahrtsstaat überwiegend mit Maßnahmen der Dekommodifizierung identifiziert wird, wird auch im Rahmen dieses Paradigmas die Kommodifizierung von Arbeitskraft sozialstaatlich gesteuert. Dies drückt sich u.a durch die Formulierung des Vollbeschäftigungsziels beziehungsweise der zum Erreichen dieses Ziels angestrebten staatlich induzierten Markosteuerung aus, welche »allen« Erwerbsbürgern die Teilhabe am Arbeitsmarkt ermöglichen soll. In Verbindung mit der Norm beziehungsweise der aktiven Förderung des männlichen Ernährermodells ist das Ziel der »Kommodifizierung« damit gleichwohl geschlechtsspezifisch selektiv definiert (Dingeldey/Gottschall 2001).

Die im Zuge des sozioökonomischen Wandels wachsende Kommodifizierung von Arbeitskraft im fürsorgenden Wohlfahrtsstaat wurde nur bedingt »aktiv« durch staatliche Intervention gefördert. Die seit Ende der 1960er Jahren eingeführte »aktive« Arbeitsmarktpolitik zielte – sofern ein entsprechendes Instrumentarium überhaupt in nennenswertem Umfang ausgebaut wurde – primär auf die Vermeidung des Mismatch am Arbeitsmarkt beziehungsweise der Senkung von Arbeitslosigkeit. Die Förderung der individuellen Beschäftigungsfähigkeit, zum Beispiel durch Vermittlung, Ausbildungs- und Weiterbildungsmaßnahmen, war dabei quasi ein Nebenprodukt.

Ferner wurde entlang des Leitbildes des männlichen Ernährermodells auch in der Arbeitsmarktpolitik respektive der Familienpolitik, die Förderung der Beschäftigungsfähigkeit von Frauen durch den Ausbau von Dienstleistungsangeboten nur bedingt angestrebt. Das der Kommodifizierung eigene Spannungsverhältnis von »Zwang und Befähigung« blieb damit letztlich latent. So konnten beispielsweise Arbeitslosengeldbezieher aufgrund des Berufsschutzes beziehungsweise entsprechend geringer Zumutbarkeitsregelungen nur bedingt aktiviert werden. Aber auch die für Bezieher bedürftigkeitsgeprüfter Leistungen formulierte Pflicht zur Erwerbstätigkeit wurde nur eingeschränkt implementiert[50].

50 So geschen in der deutschen Sozialhilfe bis Anfang der 1980er Jahre (Voges u.a. 2000).

Im Gegensatz dazu erscheint im *aktivierenden Wohlfahrtsstaat* die universelle (Re-) Kommodifizierung aller Bürger als zentrales wohlfahrtsstaatliches Ziel. Der (Sozial-) Bürgerstatus wird zunehmend an die individuelle Arbeitsmarktteilhabe geknüpft und damit letztlich ein Arbeitsmarktbürger geschaffen (Gilbert 2002: 86; Torfing 1999a). In diesem Kontext wird die Eigenverantwortung des Individuums hervorgehoben und entsprechend Freiheit als Unabhängigkeit vom Sozialstaat beziehungsweise der Wohlfahrtsbürokratie verstanden – und nicht als Unabhängigkeit vom Arbeitsmarkt (Giddens 1998b). Das männliche Ernährermodell wird durch das (indirekt) verfolgte Leitbild des Individual Adult Worker Model abgelöst. Aufgrund der genannten Ziele avanciert die Arbeitsmarktpolitik zu einem zentralen Interventionsfeld. Neben den »klassischen« Maßnahmen in der Arbeitsmarktpolitik, das sind die Arbeitsvermittlung, die Aus- und Weiterbildungsmaßnahmen, usw., wird nun auch der Ausbau von weiteren Dienstleistungsangeboten wie Kinderbetreuung angestrebt. Weitere Maßnahmen beziehen sich auf die Förderung von in ihrer Erwerbsfähigkeit aus gesundheitlichen Gründen eingeschränkten Personen. Darüber hinaus gewinnt die Sicherstellung finanzieller Erwerbsanreize an Bedeutung.

Quasi spiegelbildlich zur Erweiterung der Chancen der Arbeitsmarktteilhabe wird eine Verschärfung des Zwangs zur Erwerbstätigkeit eingeführt, die sich durch die Reduktion beziehungsweise Konditionalisierung von Transferleistungen beziehungsweise die Androhung von Sanktionen in Form von Leistungsentzug ausdrückt. Entsprechend tritt die unmittelbare materielle Sicherung, das heißt Schutzrechte sowie Leistungsniveaus bei den passiven, versorgenden Transfers zurück beziehungsweise wird nur noch in Form einer Mindestsicherung staatlich garantiert (Rücknahme des Rechts auf Dekommodifizierung) (Gilbert 2002; Torfing 1999a). Die Arbeitspflicht wird nunmehr auch auf bislang arbeitsmarktferne Gruppen wie (allein erziehende) Mütter, ältere oder in ihrer Erwerbsfähigkeit eingeschränkte Personen im erwerbsfähigen Alter ausgeweitet.

(2) Staatsverständnis und Organisation der Wohlfahrtsproduktion: Staatliche Steuerung versus gesellschaftliche Selbstregelung

Im Rahmen des *fürsorgenden Wohlfahrtsstaates* gelten weit reichende staatliche Interventionen in Wirtschaft und Gesellschaft als legitim. Der Staat wird als übergeordneter Akteur verstanden, der in der Lage ist, die anderen gesellschaftlichen Teilsysteme direkt über hierarchische Interventionen zu beeinflussen. Spätestens seit Mitte der 1970er Jahre bestimmt das Leitbild des kooperativen Staates zunehmend die Vorstellungen staatlicher Gesellschaftssteuerung. Demnach verhandelt und kooperiert der Staat mit kollektiven korporativen Akteuren, behält sich jedoch die Letztentscheidung vor (Ritter 1990: 109) beziehungsweise kann die Verhandlungen durch das Anbieten spezifischer Incentives und Constrains maßgeblich beeinflussen (Mayntz 1997b: 279.). Als Beispiel für entsprechende Formen der Co-Governance können die Versuche korporatistischer Makrosteuerung mit dem Ziel der Sicherung von Vollbeschäftigung interpretiert werden, welche auf der Koordination von Geld-, Fiskal- und Lohnpolitik beziehungsweise der dafür notwendigen Kooperation der Tarifpartner basierte (Scharpf 1987).

Der als Interventionsstaat konzipierte fürsorgende Wohlfahrtsstaat ist verantwortlich sowohl für die Regulierung der Wohlfahrtsproduktion als auch für die Leistungserbringung. Demnach werden wohlfahrtsstaatliche Leistungen primär durch zentralisierte, funktional differenzierte staatliche und parastaatliche Organisationen erbracht. Die Beteiligung von beziehungsweise Kooperation mit korporatistischen Akteuren, Formen der Selbstverwaltung oder auch kommunale Leistungserbringung wird dadurch jedoch nicht ausgeschlossen, sondern in Abhängigkeit der jeweiligen (Sozial-) Staatstradition praktiziert. Die Finanzierung der Leistungen erfolgt primär über Steuern beziehungsweise Pflichtbeiträge (im Rahmen von Zwangsmitgliedschaften). Weitgehend unhinterfragt in diesem System der Wohlfahrtsproduktion ist letztlich auch die sozialstaatlich induzierte und geförderte geschlechtsspezifische Arbeitsteilung im Rahmen des männlichen Ernährermodells. Auf dieser Basis werden durch die nicht oder nur eingeschränkt erwerbstätigen Frauen und Mütter umfangreiche Leistungen in Bezug auf Erziehung und Pflege im Familienkontext erbracht.

Die Idee des *aktivierenden Wohlfahrtsstaates* gilt als Reaktion beziehungsweise Kritik an einem unter anderem als zu umfassend und einschränkend empfundenen Staatsinterventionismus. Entsprechend bestimmen Ideen der Deregulierung und Reregulierung mit dem Ziel der Beseitigung von Wettbewerbshindernissen das veränderte Verhältnis von Staat und Wirtschaft. Darüber hinaus wird jedoch im Sinne des New Public Management auch eine Dezentralisierung staatlicher Verantwortung beziehungsweise eine wettbewerbsorientierte Organisation öffentlicher Verwaltung propagiert (Bandemer 2001; Blanke 2001). Dies impliziert einen weitgehenden Rückzug des Zentralstaates vor allem bei der Leistungserbringung (Blanke 2001) sowie partiell bei der Finanzierung wohlfahrtsstaatlicher Leistungen.

Der aktivierende Wohlfahrtsstaat regt gleichwohl die Selbstregelung wie auch die Kooperation und Koproduktion mit dezentralen staatlichen, marktlichen und Dritte-Sektor-Akteuren beziehungsweise das Entstehen von Netzwerken an, reguliert das Erbringen sozialstaatlicher Leistungen und fördert die soziale Befähigung der Bürger (Giddens 2000: 53). Die Rolle der Familie wird dabei ambivalent definiert. Einerseits erscheint ihr Beitrag zur Wohlfahrtsproduktion durch die angestrebte Universalisierung der Arbeitsmarktteilhabe und die implizite Auflösung des männlichen Ernährermodells zu Gunsten eines stärker egalitären, Individual Adult Worker Models eingeschränkt und die Defamiliarisierung von Erziehungs- und Pflegeleistungen als mehr oder weniger explizites Ziel aktivierender Sozialpolitik. Andererseits wird familiale Verantwortung weiterhin eingefordert beziehungsweise im Rahmen der Bezugnahme auf gegenseitige finanzielle Unterstützung sogar ausgeweitet.

Der aktivierende Wohlfahrtsstaat wird als Gewährleistungsstaat (Schuppert 2005) verstanden, der das Selbststeuerungspotential der verschiedenen staatlichen und nicht staatlichen Akteure fördert und bestimmte Standards gewährleistet. Der (Zentral-) Staat behält damit eine herausragende Rolle, wird nunmehr aber als Moderator und Enabler (Gilbert/Gilbert 1989; Gilbert 2002) definiert, der primär indirekt interveniert beziehungsweise über Diskurs, Verhandlungen und Vertrag steuert (Blanke 2001).

Dabei erscheint insbesondere die Umsetzung des Ziels der Beschäftigungsfähigkeit aller Bürger durchaus eine Ausweitung staatlicher Intervention zu beinhalten, sofern die staatliche Gewährleistungsverantwortung in diesem Zusammenhang tatsächlich umgesetzt wird (Schmid 2004). Die Beeinflussung der verschiedenen gesellschaftlichen Akteure erfordert unter anderem eine umfassende Koordination von Maßnahmen im Sinne von Struktursteuerung, die wiederum eine Re-Regulierung wohlfahrtsstaatlicher Institutionen und Interventionen im Sinne reflexiver Steuerung voraussetzt.

(3) Soziale Umverteilung: Muster sozialer Integration und Exklusion

Der *fürsorgende Wohlfahrtsstaat* versucht die durch den Markt generierte Ungleichheit durch staatliche Umverteilungspolitik zu verringern. Die Umverteilungspolitik des Staates zielt qua Steuerpolitik und die Gewährung von Transferleistungen – zum Teil unabhängig vom Marktwert der Betroffenen – primär auf die Angleichung der Einkommensverhältnisse und wird damit als outputorientiert verstanden. Durch die weitgehende Generalisierung des Normalarbeitsverhältnisses werden die Muster der Arbeitsmarktteilhabe für Männer unter den Bedingungen der Vollbeschäftigung weitgehend egalisiert. Aufgrund der geschlechtsspezifischen Arbeitsteilung dominieren dagegen bei Frauen diskontinuierliche Erwerbsverläufe sowie Phasen der Teilzeiterwerbstätigkeit in Folge von Erziehungs- und Pflegeaufgaben in der Familie.

Im *aktivierenden Wohlfahrtsstaat* impliziert das Ziel einer universellen Arbeitsmarktteilhabe letztlich die Norm einer uneingeschränkten und kontinuierlichen Arbeitsmarktteilhabe aller. Entsprechend wird Gleichheit zunehmend Input orientiert verstanden und beinhaltet den Ausgleich von unterschiedlichen Teilhabemöglichkeiten, vor allem mit Bezug zur Arbeitsmarktpartizipation (Giddens 1998a). Die Spreizung der Markteinkommen wird im Sinne finanzieller Erwerbsanreize positiv interpretiert. Sozialstaatliche Umverteilungspolitiken zielen daher primär auf die Egalisierung der Chancen, zum Beispiel auf Arbeitsmarktteilhabe, womit idealtypisch auch eine Egalisierung familialer Arbeitsteilung und Erwerbsmuster angestrebt wird.

Die Ausweitung prekärer Arbeitsformen im Rahmen der Deregulierungs- und Flexibilisierungspolitik sowie die Verallgemeinerung diskontinuierlicher Erwerbsverläufe durch steigende Arbeitslosigkeit konterkariert dieses Ziel. Da insbesondere bei der Ausweitung der Teilzeitarbeit überproportional Frauen betroffen sind, kommt es zu neuen geschlechtsspezifischen Ungleichheitslagen. Insgesamt sind jedoch auch zunehmend Männer von der Ausweitung prekärer Erwerbsformen betroffen. Entsprechend können geringe Erwerbschancen im Haushalts- beziehungsweise Familienkontext durchaus kumulieren. Vor diesem Hintergrund erscheint nunmehr nicht mehr (nur) die Einkommensungleichheit, sondern auch die nach Haushalten in Bezug auf Umfang und Kontinuität ungleiche Einbindung in den Arbeitsmarkt als relevantes Muster sozialer Ungleichheit.

Die soweit als Idealtypen rekonstruierten Paradigmen des fürsorgenden und des aktivierenden Wohlfahrtsstaates (Übersicht 5) betonen bei den Spannungsverhältnissen in den verschiedenen Dimensionen wohlfahrtsstaatlichen Handelns jeweils einander entgegen gesetzte Pole. Die damit einhergehenden Veränderungen von Steuerungs- und Governance-Formen sowie der Charakteristika sozialer Ungleichheit lassen sich daher folgendermaßen skizzieren:

Erstens bei der Gestaltung wohlfahrtsstaatlicher Leistungen sind einerseits eine Rücknahme sozialer Rechte auf Dekommodifizierung und andererseits eine Zunahme sozialstaatlicher Interventionen im Sinne sozialer Befähigung wie auch von Zwang zu erwarten. Zweitens bei der Wohlfahrtsproduktion ist ein Rückzug des Zentralstaates vor allem im Hinblick auf die Leistungserbringung und Finanzierung zu Gunsten der Verantwortungsübernahme durch dezentrale staatliche (Länder, Kommunen) sowie durch gesellschaftliche Akteure (Markt, Staat, Familie/Individuum) beziehungsweise Netzwerke zu erwarten. Gleichzeitig deutet sich eine Ausweitung staatlicher Gewährleistungsverantwortung an, die sich unter anderem anhand der Rechte auf Kommodifizierung und die darauf bezogenen Formen reflexiver Steuerung ausdrückt. Drittens wird der Ausgleich einkommensbezogener sozialer Ungleichheit zunehmend ergänzt durch den Ausgleich von Teilhabechancen – primär mit Bezug zum Arbeitsmarkt. Entsprechend muss sich der Erfolg einer solchen Politik nicht zuletzt anhand der Erwerbsmuster/Erwerbsbiographien und darin zum Ausdruck kommender Ungleichheiten beurteilen lassen.

Die hier idealtypisch angedeuteten Veränderungen im Zuge eines Paradigmenwechsels vom fürsorgenden zum aktivierenden Wohlfahrtsstaat sind damit nicht alleine als wohlfahrtsstaatlicher Rückbau zu charakterisieren, sondern beinhalten auch eine Expansion spezifischer wohlfahrtsstaatlicher Leistungen sowie der Staatstätigkeit generell. Ein umfassend implementierter Wandel hin zur aktivierenden Politik wäre demnach als Umbau beziehungsweise Welfare State Restructuring zu verstehen (siehe Bonoli u.a. 2000; Clasen 2005; Pierson 2001b).

Übersicht 5: Idealtypische Rekonstruktion des fürsorgenden und des aktivierenden Wohlfahrtsstaates mit besonderem Fokus auf die Arbeitsmarktpolitik

	fürsorgender Wohlfahrtsstaat	aktivierender Wohlfahrtsstaat
1. Gestaltung der Leistungen und Leistungsprinzipien		
Dekommodifizierung <> Kommodifizierung	Ausbau des Rechts auf Dekommodifizierung, Kommodifizierung als Folge ökonomischer Entwicklung Vollbeschäftigungsziel via Makropolitik	universelle Kommodifizierung als Ziel; Beschränkung von Dekommodifizierung auf Mindestsicherung
Rechte/Befähigung <> Pflichten/Zwang	aktive Arbeitsmarktpolitik auf Beseitigung von Mismatch ausgerichtet Pflicht zur Arbeitmarktteilhabe schwach/selektiv	Erreichen universeller Beschäftigungsfähigkeit durch Angebot sozialer Dienstleistungen, finanzielle Erwerbsanreize, Flexibilisierung von Arbeitsformen Pflicht zur Arbeitsmarktteilhabe universell
2. Staatsverständnis und Organisation der Wohlfahrtsproduktion		
Rolle des Staates	Staat als übergeordneter Akteur zentralisierte, bürokratische Verwaltung	Staat als Regulierer, Moderator und Enabler dezentrale u. wettbewerbsorientierte Verwaltung
Staatliche Steuerung <> Gesellschaftliche Selbstregelung	Vollzugs-, Finanzierungs- und Gewährleistungsverantwortung beim (Zentral-) Staat	Gewährleistungsverantwortung beim (Zentral-)Staat Gewährleistung erfordert vermehrt reflexive Formen staatlicher Steuerung: Re-Regulierung und Holistische Governance Abgabe der Vollzugsverantwortung
Staat <> Marktakteure, Verbände, Familie, Individuum	primär direkte hoheitliche Intervention plus Co-Governance z.B. durch neo-korporatistiche Arrangements zur Sicherung von Vollbeschäftigung Familiarisierung soz. DL im Ernährermodells	Entstaatlichung/Privatisierung; Wettbewerb; Co-Governance Defamiliarisierung soz. DL → Individual Adult Worker Model
3. Soziale Umverteilung		
Vom Markt produzierte Ungleichheit <> demokratisches Gleichheitsgebot Teilhabe am Arbeitsmarkt als spezifische Muster sozialer In- und Exklusion	Output orientiert: Universelle Einkommensumverteilung Arbeitsmarktregulierung in Form von Normalarbeitsverhältnis Ungleichheit primär im Rahmen geschlechtsspezifischer Arbeitsteilung	Input orientiert: Teilhabechancen garantiertes Mindesteinkommen Außerdem: Deregulierung und Einkommensdifferenz als Erwerbsanreiz Verallgemeinerung ungleicher Erwerbsmuster durch flexible und prekäre Arbeitsformen

Quelle: Eigene Darstellung.

5.4 Konkretisierung der Fragestellung und der Forschungshypothesen

Die formulierten Präzisierungen zur Definition des Wohlfahrtsstaates, die Erweiterungen zur Typologisierung verschiedener Governance- und Steuerungsformen mit spezifischem Blick auf sozialpolitische Interventionen sowie der idealtypisch skizzierte Übergang vom fürsorgenden zum aktivierenden Wohlfahrtsstaat machen deutlich, in welchen wohlfahrtsstaatlichen Dimensionen respektive in Bezug auf welche Governance-Formen Veränderungen zu erwarten sind.

Vor diesem Hintergrund lässt sich die erste der zu bearbeitenden Forschungsfragen »Findet in den einzelnen Ländern tatsächlich ein Wandel der Arbeitsmarktpolitik in Anlehnung an das skizzierte Paradigma des aktivierenden Wohlfahrtsstaates statt und wird der dabei implizierte Wandel von Governance-Formen vollzogen?« quasi spiegelbildlich zu den eingangs definierten Dimensionen wohlfahrtsstaatlichen Handelns präzisieren:

1a. *Wie wird das Verhältnis zwischen Dekommodifizierung und Kommodifizierung respektive das Verhältnis sozialer Befähigung und Arbeitszwang, im Rahmen der Governance individueller Arbeitsmarktteilhabe rejustiert?*
1b. *Wie verändert sich Staatlichkeit und wie wandeln sich die verschiedenen Governance-Formen im Hinblick auf die Gewährleistung, den Vollzug und die Finanzierung wohlfahrtsstaatlicher Leistungen?*
1c. *Wie verändern sich die Muster der (familialen) Erwerbsbeteiligung?*

Aufgrund der vorangegangenen Erörterungen zu idealtypischen Veränderungen im Rahmen des angenommenen wohlfahrtsstaatlichen Paradigmenwechsels kann die eingangs formulierte Hypothese

1. *Die Arbeitsmarktpolitik in den verschiedenen Ländern wird in Anlehnung an das Paradigma des aktivierenden Wohlfahrtsstaates umgebaut (Restructuring). Dies geht mit einem Wandel von Governance im Sinne eines Gewährleistungsstaates einher.*

durch weitere Teilhypothesen konkretisiert werden:

1a. *Die Governance individueller Erwerbsteilhabe verändert sich in Form einer Rücknahme des Rechts auf Dekommodifizierung und einer Ausweitung des Rechts auf Arbeitsmarktteilhabe, was dialektisch mit einer Ausweitung der Pflicht zur Kommodifizierung verbunden ist.*

1b. *Der (Zentral-) Staat zieht sich beim Erbringen wohlfahrtsstaatlicher Leistungen (Vollzug) zurück und hierarchische Interventionen werden vielfach durch Wettbewerb und Co-Governance ersetzt. Dies geht einher mit einer Ausweitung staatlicher Gewährleistungsverantwortung, die unter anderem über die Zunahme regulativer und reflexiver Formen der Governance umgesetzt wird.*

1c. *Es kommt zu einer Ausweitung der Erwerbsbeteiligung, die jedoch mit unterschiedlichen Mustern der Arbeitsmarktteilhabe unter anderem nach Geschlecht beziehungsweise Elternschaft einhergeht.*

Jenseits der vergleichsweise simplen Qualifizierung wohlfahrtsstaatlichen Wandels als Umbau aufgrund der Parallelität von Einschränkung und Ausweitung sozialstaatlicher Leistungen sowie der Staatstätigkeit insgesamt, bedarf es weiterer Differenzierungen hinsichtlich der Qualität und der Formen des zu beobachtenden Wandels.

6. Zur näheren Bestimmung von Wandel, Konvergenz und Divergenz

Als Grundlage der vergleichenden Untersuchung zum angenommenen wohlfahrtsstaatlichen Paradigmenwechsel muss zunächst eine systematische Differenzierung der drei in der Literatur bearbeiteten Perspektiven auf Wandel (Abschnitt 3.1) sowie einer Klärung der Interdependenzen zwischen diesen Perspektiven erfolgen: Um einen Paradigmenwechsel des Wohlfahrtsstaats konstatieren zu können, muss dieser anhand allgemeingültiger Kriterien definiert und in Bezug auf ein spezifisches Paradigma hin operationalisiert werden (Abschnitt 6.1). Die Charakterisierung wohlfahrtsstaatlichen Wandels im Sinne einer pfadbrechenden oder pfadabhängigen Entwicklung bedarf ebenfalls einer klaren Definition und muss unter Bezugnahme auf die verschiedenen Wohlfahrtsstaatsregime operationalisiert werden (Abschnitt 6.2). Die Untersuchung eines wohlfahrtsstaatlichen Paradigmenwechsels in verschiedenen Wohlfahrtsstaatsregimen muss ferner eine komplexe Perspektive bezüglich der Beurteilung von Konvergenz oder Divergenz entwickeln. Entsprechend sollen auch mögliche Varianten der Anpassung einzelner Regime an das neue Paradigma idealtypisch skizziert werden (Abschnitt 6.3). Vor dem Hintergrund dieser Erörterungen lassen sich die entsprechende Fragestellung in Bezug auf die Beurteilung wohlfahrtsstaatlichen Wandels weiter konkretisieren sowie die für diesen Teil relevanten Forschungshypothesen spezifizieren (Abschnitt 6.4).

6.1 Wandel als Paradigmenwechsel

Wohlfahrtsstaatliche Paradigmen lassen sich als weitgehend abstrakte Interpretationen des Wohlfahrtsstaates verstehen, die sich im Zuge der ökonomischen und gesellschaftlichen Entwicklung verändern. Die im Folgenden zu konkretisierende Definition eines wohlfahrtsstaatlichen Paradigmenwechsels bezieht sich auf die bereits in Abschnitt 3.1 dargestellte Diskussion. Ziel ist es die nunmehr klassische, aber auch stark kritisierte Definition von Hall (1993: 278), der die Veränderung von Zielprioritäten (einschließlich Problemperzeption und Problemlösungsstrategien), von Instrumenten sowie von Programmen nennt, zu erweitern. Dazu wird der Vorschlag von Andersen (2007a), verschiedene Ebenen der Veränderung zu untersuchen, also Ziele und Diskurse, Institutionen, Output und Outcomes, aufgenommen, um auch diffuse Veränderungsprozesse wahrnehmen zu können.

Diese beiden Definitionen beziehungsweise konzeptionellen Anregungen zusammenführend[51], wird im Folgenden dann von einem Paradigmenwechsel ausgegangen, wenn sich Veränderungen im Sinne des »neuen« Paradigmas nachweisen lassen bei

1. Zielprioritäten und Diskursen,
2. Institutionen und Instrumenten (Output) sowie
3. Outcomes.

In Abgrenzung zu Hall wird ferner weder von einem linear verlaufenden Prozess hinsichtlich der Veränderung der verschiedenen Elemente ausgegangen, noch steht der Prozess des Wandels im Vordergrund. Vielmehr wird generell ein inkrementeller Wandel angenommen, der im Zuge sukzessiver beziehungsweise aufeinander bezogener Reformen und Gesetzesänderungen stattfindet.

Im Sinne einer Operationalisierung des Paradigmenwechsels zum aktivierenden Wohlfahrtsstaat sind dabei folgende Veränderungen entlang der genannten Ebenen nachzuweisen:

1. Zielprioritäten und Diskurse:

- Förderung von Beschäftigungsfähigkeit; Aktivierung bislang arbeitsmarktferner Gruppen im Sinne einer Gewährleistung von Chancengleichheit
- Verstärkung der Eigenverantwortung

51 Die von Hall eingeführte Trennung zwischen der inkrementellen Anpassung bestehender Instrumente beziehungsweise Programme und dem Wandel der Institutionen und Programme selbst erscheint nicht unbedingt trennscharf und wird daher in einer Analyseebene verschmolzen. Darin geht ferner das von Goul Andersen als »Output« bezeichnete Kriterium ein, da davon auszugehen ist, dass institutionelle Veränderungen durch Output im Sinne von Reformgesetzen erfolgen.

- Rückzug des Staates beim Erbringen sozialer (Dienst-) Leistungen

2. Institutionen und Instrumente:

- Rücknahme beziehungsweise Konditionalisierung von bislang weitgehend bedingungslos gewährten sozialen Rechten der Dekommodifizierung, i.e Rücknahme von sozialen Transfers
- Ausweitung der (Rechte auf) Maßnahmen sozialer Befähigung (zum Beispiel Weiterbildungs-, Infrastruktur- und Dienstleistungsangebote) beziehungsweise Steigerung finanzieller Anreize mit Bezug zur Arbeitsmarktteilhabe
- Ausweitung der Elemente des Zwangs zur Arbeitsmarktteilhabe beziehungsweise der staatlich garantierten Aktivierungsoptionen
- zunehmende Privatisierung der Wohlfahrtsproduktion
- zunehmende staatliche Gewährleistungsfunktion, die sich unter anderem durch reflexive Formen der Steuerung beziehungsweise einer Reorganisation des Staates selbst manifestiert

3. Outcomes:

- Zielorientierte Anpassung der Zahl der Leistungsempfänger, der Teilnehmer beziehungsweise der Ausgaben in den entsprechenden Programmen
- Ausweitung der Arbeitsmarktteilhabe beziehungsweise Veränderung der entsprechenden Teilhabemuster, insbesondere für spezifische Personengruppen[52].

In vergleichender Perspektive gilt der Paradigmenwechsel als vollzogen, wenn in mehreren Wohlfahrtsstaatstypen die Mehrzahl der angesprochenen Veränderungen als gleichgerichteter Wandel nachweisbar ist. Ergo wäre eine nur partielle Verwirklichung der neuen Ziele in einem einzelnen Land kein Grund, den Paradigmenwechsel zu negieren. Dies deutet gleichwohl an, dass es erforderlich ist, auch die unterschiedlichen »Ausgangspunkte« in den verschiedenen Ländern zu berücksichtigen, um wohlfahrtsstaatlichen Wandel in seiner ganzen Komplexität zu erfassen.

---

52 Dabei muss einschränkend hervorgehoben werden, dass sich Outcomes im Hinblick auf die Veränderung der Arbeitsmarktteilhabe, die sich als Veränderung der Erwerbsbeteiligung und Beschäftigung beziehungsweise der Arbeitslosigkeit niederschlagen, letztlich nur bedingt als direkte Folgen der aktivierenden Arbeitsmarktpolitik interpretieren lassen, sondern in starkem Umfang mit säkularen Trends variieren beziehungsweise primär auf wirtschaftliche Entwicklungen zurück zu führen sind.

6.2 Regimewechsel, Pfadwechsel oder pfadabhängige Entwicklung

Wohlfahrtsstaatliche Paradigmen werden nicht nur im Zuge des historischen Prozesses abgelöst, sondern aufgrund der unterschiedlichen ökonomischen, institutionellen und interessen- beziehungsweise machtpolitischen Konstellationen in verschiedenen Ländern auch in durchaus unterschiedlichen Varianten verwirklicht. Es bedarf daher zunächst einer näheren Bestimmung der Varianten des fürsorgenden Wohlfahrtsstaates beziehungsweise deren Ausgestaltung in verschiedenen Wohlfahrtsstaatsregimen, um Umfang und Ausmaß des sich ereignenden Wandels im Zuge des Paradigmenwechsels in den einzelnen Ländern erfassen zu können.

Da Esping-Andersen (1990; 1991) im Wesentlichen die unterschiedliche Ausgestaltung des Wohlfahrtsstaates in der Nachkriegszeit bis Ende der 1980er Jahre interpretiert, kann seine idealtypische Charakterisierung der verschiedenen Wohlfahrtsstaatsregime als exemplarisch für die Varianten des fürsorgenden Wohlfahrtsstaates gelten[53]. Die grundlegende These Esping-Andersens ist, dass die Variationen zwischen den verschiedenen Wohlfahrtsstaaten nicht linear verteilt sind, sondern gemäß verschiedener Regime »Clustern«, indem die jeweils unterschiedlichen sozialpolitischen Traditionen und Institutionen systematisch unterschiedliche Outcomes hinsichtlich Beschäftigung und Sozialstruktur beeinflussen. »To talk of ›a regime‹ is to denote the fact that in the relation between state and economy a complex of legal and organizational features are systematically interwoven« (Esping-Andersen 1990: 2). Später werden nicht welfare *state* regimes, sondern *welfare regimes* definiert als »the ways in which welfare production is allocated between state, market, and households« (Esping-Andersen 1999: 73). Der jeweilige Regimetypus lässt sich damit gemäß der Definition von Esping-Andersen nicht anhand der Institutionen in einzelnen Politikfeldern oder aber dem Ernährermodell festmachen, sondern bezieht sich auf die allgemeinen Prinzipien der Wohlfahrtsproduktion.

Für die hier zu beantwortenden Forschungsfragen müssen zunächst die bereits oben in Anlehnung an Esping-Andersens Definition des Wohlfahrtsstaates erfolgten Ergänzung hinsichtlich der verschiedenen Dimensionen wohlfahrtsstaatlichen Handelns beziehungsweise die Ausgestaltung der genannten Spannungsverhältnisse (Abschnitt 5.1) auf die Charakterisie-

53 Er selbst bezieht sich auf den Keynesian Welfare State (Esping-Andersen 1990: 2).

rung der einzelnen Regimetypen übertragen beziehungsweise reinterpretiert werden.

Dabei sind insbesondere die durch die feministische Forschung hervorgehobenen Elemente wohlfahrtsstaatlicher Politik zu betonen (Ostner 1995; Sainsbury 1994), die – jenseits des bei Esping-Andersen ausgewiesenen Dekommodifizierungsgrades – das spezifische Spannungsverhältnis zwischen Dekommodifizierung und Kommodifizierung charakterisieren beziehungsweise die Förderung der Arbeitsmarktteilhabe aufzeigen. Als zentrale Unterscheidungskriterien verschiedener Regime sind hier weitgehend im Einklang mit dem von Esping-Andersen später ergänzten Kriterium der Defamiliarisierung (Esping-Andersen 1999) die unterschiedliche Entwicklung sozialer Dienstleistungen (Daly/Lewis 1998; 2000; Daly/Rake 2003) und die Anreizfunktion von finanziellen Transfers beziehungsweise Steuersystemen (Dingeldey 2001) zu nennen. Ferner ist die unterschiedliche Entwicklung des Instrumentariums aktiver Arbeitsmarktpolitik im Hinblick auf die bestehenden Möglichkeiten zur sozialen Befähigung zu berücksichtigen (Van Berkel/Hornemann Møller 2002).

In Bezug auf das »Staats- und Steuerungsverständnis« kann dabei über die Koordination von Dienstleistungen und Anreizsystemen auf den Grad der Entwicklung reflexiver Steuerung im Sinne der Entwicklung politikfeldübergreifender Koordination beziehungsweise Holistic Governance geschlossen werden. Diese wird exemplarisch mit Blick auf die Verwirklichung des Ziels der Förderung der Arbeitsmarktteilhabe beurteilt. Dabei wird insbesondere auf die Arbeitsmarktteilhabe von Frauen respektive Müttern mit betreuungsbedürftigen Kindern fokussiert, da das Erreichen des Ziels der Beschäftigungsfähigkeit respektive der Umfang der Arbeitsmarktteilhabe für diese Gruppe – wie bereits eingangs begründet – in hohem Maße abhängig ist vom Umfang und der Struktur des Kinderbetreuungsangebots, des Steuersystems etc. – und damit von der Koordination der Arbeitsmarktpolitik mit den im Rahmen der Familienpolitik gestalteten sozialen Dienstleistungen und finanziellen Erwerbsanreizen. Entsprechend müssen in der Dimension sozialer Umverteilung nicht nur Einkommensdifferenzen, sondern auch jeweils spezifische Muster der Arbeitsmarktteilhabe als Outcome der jeweils regimespezifischen Sozialpolitik betrachtet werden.

Eine derart ergänzte und auf die Ausgestaltung der jeweiligen Spannungsverhältnisse in den verschiedenen Dimensionen von Wohlfahrtsstaatlichkeit ausgerichtete idealtypische Charakterisierung verschiedener

Wohlfahrtsstaatsregime, die in ihrer Politik gleichwohl allesamt dem Paradigma des fürsorgenden Wohlfahrtsstaates folgten, stellt sich wie folgt dar (siehe Übersicht 6).

Die von Esping-Andersen als *sozialdemokratisch-universelles* Wohlfahrtsstaatsregime bezeichnete Variante kann sicherlich – im Sinne der Definition des fürsorgenden Wohlfahrtsstaates – am ehesten als staatszentriert im Hinblick auf Regulierung, Vollzug und Finanzierung wohlfahrtsstaatlicher Leistungen bezeichnet werden: Sozialpolitische Leistungen werden überwiegend steuerfinanziert und von staatlichen beziehungsweise kommunalen Trägern erbracht. Gleichwohl spielen auch Formen von *Co-Governance*, in Form des Einbeziehens der Tarifpartner zum Beispiel im Rahmen makroökonomischer Steuerung zum Erreichen des Vollbeschäftigungsziels, aber auch bei der arbeitsmarktpolitischen Regulierung eine zentrale Rolle. Der Ausbau des Instrumentariums aktiver Arbeitsmarktpolitik war innerhalb dieses Regimetyps sehr unterschiedlich ausgebaut: Während Schweden als Prototyp für die aktive Politik galt, dominierte in Dänemark eine primär passive Arbeitsmarktpolitik (Cox 2004). Gleichwohl war in den sozialdemokratisch universellen Regimen generell ein sehr hohes Niveau der Dekommodifizierung (Dauer und Leistungsniveau) gekoppelt mit einem sehr hohen Niveau der Kommodifizierung (Erwerbsbeteiligung) auf der Basis einer geringen Stratifizierung.

Die hohe Erwerbsbeteiligung ist dabei wesentlich auf die umfassende Erwerbsintegration der Frauen zurückzuführen. Diese basiert unter anderem auf der seit den 1960er Jahren praktizierten Ausrichtung der verschiedenen sozialpolitischen Transfers und (Dienst-) Leistungen am Individual Adult Worker Model. Die im Rahmen von Querschnittpolitiken etablierte Koordination verschiedener Politikfelder beziehungsweise sozialpolitischer (Dienst-) Leistungsangebote können entsprechend als bereits hoch entwickelte Formen reflexiver oder holistischer Governance mit dem Ziel der Förderung der Arbeitsmarktintegration interpretiert werden.

Als Vertreter des *konservativ-korporatistischen* Wohlfahrtsstaatsregimes steht insbesondere der deutsche Wohlfahrtsstaat exemplarisch für die Organisation als Sozialversicherungsstaat (Schaffung von Parafiski, Finanzierung der Leistungen durch Pflichtabgaben von Arbeitgebern und Arbeitnehmern plus partielle Steuerfinanzierung) sowie für die Abgabe der Vollzugsverantwortung beim Erbringen sozialer (Dienst-) Leistungen an Organisationen des Dritten Sektors sowie an die Familie. Auch in diesem Modell wird auf Formen von Co-Governance im Sinne einer Einbeziehung der Tarifpartner zurückgegriffen. Hier sind einerseits die Mitbestimmungsformen im Rahmen der Sozialversicherungen (Parafiski) zu nennen sowie andererseits die neo-korporatistischen Steuerungsversuche zur Sicherung von Vollbeschäftigung. Zur Bekämpfung von Arbeitslosigkeit wurde darüber hinaus ein durchaus nennenswerter Ausbau des Instrumentariums aktiver Arbeitsmarktpolitik betrieben, der letztlich für einen Ausbau sozialer Befähigung als anschlussfähig gelten kann.

Vor diesem Hintergrund entwickelte sich ein mittleres bis hohes Dekommodifizierungsniveau in Abhängigkeit vom Status der Individuen am Arbeitsmarkt. Die soziale Umverteilung war deutlich geringer als im sozialdemokratischen Typus. Dies ging einher mit einem vergleichsweise geringen Umfang von Kommodifizierung. Zentral war dabei die Unterstützung des Ernährermodells im Rahmen wohlfahrtsstaatlicher Politiken (insbesondere durch Steuern und Transfers), was durch ein hohes Maß an Koordination beziehungsweise reflexiver Steuerung abgesichert wurde. In diesem Fall wirkte dies jedoch negativ auf die Erwerbsbeteiligung der Frauen beziehungsweise Mütter.

Das *liberale Regime* wird durch die geringste staatliche Regulierung beziehungsweise Einschränkung des Marktes charakterisiert. Dabei gelten ein geringes Engagement des Staates und ein hoher Anteil des Marktes beziehungsweise der Familie oder aber des Dritten Sektors beim Erbringen und Finanzieren wohlfahrtsstaatlicher Leistungen als typisch. Formen von Co-Governance im Sinne neo-korporatistischer Steuerung werden als eher gering ausgeprägt skizziert. Vor diesem Hintergrund gilt der Dekommodifizierungsgrad als gering, da der Zugang zu staatlichen Sozialleistungen überwiegend am Bedürftigkeitsprinzip und das Leistungsniveau primär an der Mindestsicherung orientiert ist.

Die hohe Einkommensungleichheit erscheint dabei als Folge eines vergleichsweise geringen sozialstaatlichen Engagements. Das Kommodifizierungsniveau in liberalen Regimen hat sich unterschiedlich entwickelt, je nachdem ob in den vergangenen Jahrzehnten ein relevantes Ausmaß an sozialen Dienstleistungen (vor allem in Bezug auf Care) durch den Markt (USA) oder überwiegend von den Familien im Rahmen einer am Ernährermodell orientierten geschlechtsspezifischen Arbeitsteilung (zum Beispiel UK) erbracht wurde. Das Instrumentarium aktiver Arbeitsmarktpolitik wurde in diesem Regimetyp kaum ausgebaut wie auch von einer nur geringen Entwicklung reflexiver Formen der Steuerung im Bereich der Arbeitsmarktpolitik auszugehen ist.

Übersicht 6: Wohlfahrtsstaatsregime als Varianten des fürsorgenden Wohlfahrtsstaates

	Sozialdemokratisch-universell	Konservativ-Korporatistisch	Liberal
1. Gestaltung der Leistungen und Leistungsprinzipien			
Dekommodifizierung <> Kommodifizierung	hoch hoch	mittel selektiv	gering selektiv bis hoch
Rechte/Befähigung <> Pflichten/Zwang	universell Rechte auf Transfers u. soz. DL	Status bezogene Rechte bei Transfers, wenige soz. DL	überwiegend bedürftigkeitsgeprüfte Transfers, wenige soz.DL
	hoher Ausbau aktiver AMP geringe Arbeitspflicht	mittlerer Ausbau aktiver AMP, geringe Arbeitspflicht	geringer Ausbau aktiver AMP, marktinduzierter Arbeitszwang
2. Staatsverständnis und Organisation der Wohlfahrtsproduktion			
Staats- und Steuerungsverständnis	umfassende Gewährleistung/Koordination	Selektive Gewähleistung/Koordination	geringe Gewährleistung; wenig Koordination
Staat <> Markt, Verbände, Familie, Individuum	primär staatlich; z.T. Verbände hohe Defamiliarisierung via Staat	primär Dritter/Sektor; z.T. Verbände hohe Familiarisierung	primär Markt hohe Familiarisierung od. Defamiliarisierung via Markt
3. Soziale Umverteilung			
Markt produzierte Ungleichheit <> demokratisches Gleichheitsgebot	geringe Einkommensungleichheit	mittlere Einkommensungleichheit (entlang Erwerbsstatus)	hohe Einkommensungleichheit
Teilhabe am Arbeitsmarkt als Muster sozialer In- und Exklusion	nahezu universell, tendenziell egalitär	u.a. geschlechtsspezifisch selektiv	u.a. geschlechtsspezifisch selektiv

Quelle: Eigene Darstellung.

Die soweit aufgezeigten idealtypischen regimespezifischen Differenzen unterstreichen die Annahme, dass die empirische Analyse eines wohlfahrtsstaatlichen Paradigmenwechsels im Rahmen eines Ländervergleichs keinesfalls von einem »einheitlichen« Ausgangspunkt des Wandels ausgehen kann. Gleichzeitig wird die Frage aufgeworfen, ob beziehungsweise wie der skizzierte Paradigmenwechsel die verschiedenen Regime verändert beziehungsweise inwiefern diese Veränderung als pfadbrechende oder pfadabhängige Entwicklung erfolgt.

Eine gewisse Verwirrung besteht dabei insofern als die Begriffe des Regime- und Pfadwechsels zum Teil gleichgesetzt und zum Teil als unterschiedliche Formen von Wandel interpretiert werden. Eine weitgehende Gleichsetzung der Begriffe erfolgt beispielsweise bei Torfing, der letztlich ähnlich wie bei der oben skizzierten Definition des Regimes auch den »Pfad« als umfassende Verflechtung verschiedener Akteure und die Kohärenz der Institutionensysteme in Bezug auf die Wohlfahrtsproduktion hervorhebt:

»A stable path is characterized by a high degree of sedimentation and taken-for-grantedness with regard to the structural couplings between intra-societal spheres; the institutional forms of state, economy and civil society; the interrelations between the main political, economic and social organizations; and the socioeconomic frame of meaning that defines the horizon for political, economic and social orientation and action. [...] Over time, deliberate design, institutional learning and chance discoveries have together produced a relatively coherent set of structured conditions for the reproduction of a particular way of living and a particular economic growth model« (Torfing 1999a: 389).

Entsprechend dieser Definitionen sind sowohl Regime- wie auch Pfadwechsel nur dann zu konstatieren, wenn ein umfassender und übergreifender Wandel der Prinzipien und der Organisation der Wohlfahrtsproduktion stattfindet. Dieser wird als eher unwahrscheinlich betrachtet, da der im Sinne der Etablierung eines Regimes eingeschlagene Entwicklungspfad auch vor dem Hintergrund neuer ökonomischer Herausforderungen den jeweiligen Anpassungs- und Reformprozess maßgeblich beeinflusst:

»The former path contains structural, institutional, organizational and discoursive forms that will affect the path-shaping strategies in an asymmetrical manner as some strategies with particular time-horizons will be advanced while others will be blocked [...]. Some strategic options are ruled out completely while others are modified under the impression of the structural, institutional, organizational and discursive legacies. The various selectivities also affect the balance of forces between the hegemonic agents and thereby also affect the choice of the strategy for societal reorganization« (Torfing 1999a: 392)

Im Gegensatz dazu definiert (Csigó 2006: 146) einen Pfadwechsel als eine Art niederschwelligen Wandel im Hinblick auf die Veränderung *einzelner* Institutionen und Prinzipien. Im Einklang mit (Deeg 2001: 14) wird ein Pfadwechsel demnach dann konstatiert, »... wenn Institutionen einer neuen Logik folgen, das heißt wenn sich die Anreizstrukturen für die zentralen Akteure sowie die Muster ihrer strategischen Interaktionen innerhalb des (Teil-) Systems grundlegend verändern ...«.

Da die bereits skizzierte wissenschaftliche Diskussion wohlfahrtsstaatlichen Wandel primär als inkrementell versteht, ist davon auszugehen, dass Pfadwechsel im Sinne umfassender Regimewechsel äußerst selten stattfinden beziehungsweise nicht im Rahmen einzelner Reformen verwirklicht werden können. Entsprechend ist anzunehmen, dass einzelne institutionelle Brüche letztlich dominieren – und gegebenenfalls im Sinne eines Regimewechsels akkumulieren. Um die Bedeutung der singulären »institutionellen« Brüche hervorzuheben und von Regimewechseln zu unterscheiden, werden diese im Folgenden als partielle Pfadwechsel bezeichnet.

Folgt man diesen Ausführungen, lässt sich das Profil der Reformpolitik in einzelnen Wohlfahrtsregimen anhand der Kombination pfadabhängiger und partiell pfadbrechender Reformen charakterisieren. Die Akkumulation entsprechender Reformen wird dann als Regimewechsel qualifiziert, wenn sie – in Anlehnung an Torfing – erneut entlang einer veränderten Regimelogik aufeinander abgestimmt werden.

Der Vergleich der für den aktivierenden Wohlfahrtsstaat charakteristischen Ziele beziehungsweise Eigenschaften (siehe Abschnitt 5.3) mit den hier dargestellten Ausprägungen in den verschiedenen Wohlfahrtsstaatsregimen (Übersicht 6) zeigt zunächst, dass – in jeweils unterschiedlichen Dimensionen – für jedes Regime sowohl starke Übereinstimmungen als auch starke Diskrepanzen zu dem neuen Paradigma bestehen. Entsprechend ist bei einer Verwirklichung des neuen Paradigmas in den verschiedenen Regimen eine jeweils unterschiedliche Kombination aus partiell pfadabhängigen und partiell pfadbrechenden Veränderungen zu erwarten.

Wie in Abschnitt 3.2 bereits erörtert, unterstützen die vorliegenden Typologien zum aktivierenden Wohlfahrtsstaat diese Annahme insofern, als sie auf verschiedene Varianten desselben verweisen (Barbier 2004; Barbier/Ludwig-Mayerhofer 2004; Serrano Pascual 2007b; Torfing 1999a; Van Berkel/Hornemann Møller 2002). Zu kritisieren ist hier jedoch, dass sie die

Dialektik von Zwang und Befähigung (siehe Abschnitt 5.1 sowie Dingeldey 2007b) nicht ausreichend reflektieren, so dass auch die Unterscheidungskriterien der verschiedenen Varianten nicht trennscharf erscheinen. Dies gilt auch für Ansätze, welche die Ausrichtung des arbeitsmarktpolitischen Instrumentariums auf das Ziel der unmittelbaren Arbeitsmarktintegration im Sinne eines Work-First-Ansatzes als spezifische Variante charakterisieren (Bruttel/Sol 2006; Lindsay u.a. 2007).

Die hier zu entwickelnden zwei idealtypischen Varianten des aktivierenden Wohlfahrtsstaates respektive aktivierender Arbeitsmarktpolitik werden deduktiv aus den im Aktivierungsparadigma thematisierten Zielen abgeleitet. Dabei erscheint die erste Dimensionen wohlfahrtsstaatlichen Handelns prägend für die Charaktersierung der jeweiligen Variante. Die erste Variante zeichnet sich durch *umfassende soziale Befähigung* in Bezug auf die Governance individueller Erwerbsteilhabe aus (siehe Übersicht 7). Hier besteht ein umfassendes Angebot sozialer Dienstleistungen sowohl in der Arbeitsmarktpolitik (Vermittlung, Aus- und Weiterbildung usw.) als auch in den familienbezogenen Bereichen (zum Beispiel Kinderbetreuung), welches die Arbeitsmarktteilhabe *aller* Bürger (quasi als Recht) gewährleistet. Damit geht einher, dass Familien in hohem Maße vom Erbringen der Wohlfahrtsproduktion entlastet werden. Gemäß der angenommenen Dialektik von Befähigung und Zwang bedingt der umfassende Ausbau der Befähigungsstruktur in dieser Variante auch die umfassende Regelung der Arbeitspflicht (für alle Leistungsempfänger) im Rahmen der Arbeitsmarktpolitik. Dagegen muss der ökonomische Arbeitszwang – im Sinne von Leistungskürzungen – nur bedingt erhöht werden, so dass diese Variante durchaus mit einem (weiterhin) hohen Niveau der Dekommodifizierung kompatibel ist. Voraussetzung für die erfolgreiche Implementation einer derart umfassenden sozialstaatlichen Gewährleistungsverantwortung ist ein hoher Grad holistischer Steuerung sowie eine weiterhin starke staatliche (Re-) Regulierungskompetenz. Der Erfolg einer solchen Politik dürfte sich in vergleichsweise universellen und (geschlechtsspezifisch) egalitären Mustern der Arbeitsmarktteilhabe niederschlagen.

In der alternativen Variante der Aktivierungspolitik ist die Governance individueller Erwerbsteilhabe durch finanzielle Erwerbsanreize im Sinne von *Making Work Pay* charakterisiert. Hier wird das Erreichen eines Einkommens oberhalb der Armutsgrenze von der (partiellen) Teilhabe am Arbeitsmarkt abhängig gemacht. Dies setzt ein niedriges Niveau der Dekommodifizierung voraus. Der auch hier stattfindende Ausbau spezifischer Maßnahmen zur sozialen Befähigung ist eher zögerlich und an der kurzfristigen Arbeitsmarktintegration orientiert. Die reflexive Steuerung in dieser Variante bezieht sich prioritär auf die Koordination staatlicher Regulierungen der finanziellen Anreizstrukturen vor allem für Geringverdiener – und bleibt damit eher selektiv. Ein universeller Arbeitsmarktzugang, zum Beispiel für Mütter oder gering Qualifizierte, ist damit nicht unmittelbar gewährleistet. Entsprechend kann auch die formelle Regulierung der Arbeitspflicht im Rahmen arbeitsmarktpolitischer Aktivierung nicht universell, sondern nur selektiv gestaltet werden. Als Konsequenz dieser Politik ergibt sich ebenfalls eine Steigerung der Arbeitsmarktteilhabe, die jedoch durch ein hohes Maß an Polarisierung der (familialen) Erwerbsmuster und Erwerbsverläufe gekennzeichnet sein dürfte.

Die Gewährleistung einer Art Recht auf Arbeit im Rahmen öffentlich geförderter Beschäftigungsmaßnahmen ist genuin für das neue Paradigma – und damit in beiden Varianten angelegt. Die Flexibilisierung von Arbeitsformen erscheint demgegenüber für die Verwirklichung der Ziele im Sinne des Aktivierungsparadigmas als nicht zwangsläufig notwendig, ist aber prinzipiell ebenfalls mit beiden Varianten kompatibel.

Da im neuen Paradigma für die Dimension »Organisation der Wohlfahrtsproduktion« idealtypisch eine Zunahme marktlicher und Dritter-Sektor-Akteure angestrebt wird, ist zu erwarten, dass sich ein zunehmender Mix verschiedener Governance-Formen im aktivierenden Staat herausbildet – und daher einzelne Formen nicht mehr charakteristisch für einen spezifischen Typ sind.

Vor dem Hintergrund der soweit skizzierten idealtypischen Varianten des fürsorgenden Wohlfahrtsstaates wie auch des aktivierenden Wohlfahrtsstaates erhärtet sich die Annahme, dass der wohlfahrtsstaatliche Paradigmenwechsel weitgehend unter Aufrechterhaltung der verschiedenen Regime, das heißt pfadabhängig, umgesetzt werden kann, wenn Aktivierungsvarianten gewählt werden, die dem bereits etablierten Wohlfahrtssystemen weitgehend entsprechen. Gleichwohl beinhaltet die Umsetzung des Paradigmenwechsels selbst dann in jedem Land auch partielle Pfadbrüche[54].

54 Dabei dürften unterschiedliche Formen des institutionellen Wandels kombiniert werden, die von Conversion (Umwidmen), Drift (fehlende Weiterentwicklung) bis hin zu Layering (Schaffen neuer Institutionen, während alte Fortbestehen) und Displacement (Ersetzen bestehender Institutionen) reichen (Streeck/Thelen 2005).

Übersicht 7: Idealtypische Varianten aktivierender Wohlfahrtsstaatspolitik mit besonderem Fokus auf aktivierende Arbeitsmarktpolitik

	Umfassende soziale Befähigung	Making Work Pay
1. Gestaltung der Leistungen und Leistungsprinzipien		
Dekommodifizierung <> Kommodifizierung	hoch hoch	gering mittel bis hoch
Rechte/Befähigung <> Pflichten/Zwang	Recht auf universelle soziale Befähigung	hohe finanzielle Erwerbsanreize
	hoher Erwerbszwang/geringe finanzielle Anreize	selektive soziale Befähigung/selektiver Arbeitszwang
2. Staatsverständnis und Organisation der Wohlfahrtsproduktion		
Staats- und Steuerungsverständnis	Umfang staatlicher Gewährleistungsverantwortung und Entwicklung der Formen reflexiver Steuerung umfassend ↔ selektiv	
Staat <> Markt, Verbände, Familie, Individuum	starke staatliche Regulierung Umfassende Defamiliarisierung	geringe staatliche Regulierung, selektive Defamilarisierung
3. Soziale Umverteilung		
Vom Markt produzierte Ungleichheit <> demokratisches Gleichheitsgebot	geringe Einkommensungleichheit	hohe Einkommensungleichheit
Teilhabe am Arbeitsmarkt als spezifische Muster sozialer In- und Exklusion	universell und egalitär ↔ polarisiert	

Quelle: Eigene Darstellung.

Im *sozialdemokratisch-universalistischen Wohlfahrtsstaatstypus* sind bereits vor dem Paradigmenwechsel, das heißt vor Beginn der Aktivierungspolitik, viele der im Rahmen der Variante *umfassende soziale Befähigung* skizzierten Ausprägungen wohlfahrtsstaatlicher Politik vorhanden beziehungsweise können durch überwiegend pfadabhängige Entwicklungen weiter ausgebaut werden. Dies trifft sowohl auf Interventionsformen zur sozialen Befähigung als auch auf reflexive Steuerungsformen zu, die eine hohe und stark egalitäre Erwerbsbeteiligung gewährleisten. Ferner ist im Rahmen dieser Variante nur bedingt eine Reduzierung des Niveaus der Dekommodifizierung erforderlich. Entsprechend sind allein im Hinblick auf die Ausweitung der Arbeitspflicht beziehungsweise des Arbeitszwangs sowie die Privatisierung bei der Leistungserbringung partielle Pfadbrüche zu erwarten.

Für den *liberalen Wohlfahrtsstaatstypus* ergibt sich eine gewisse Affinität zur *Variante der Förderung finanzieller Erwerbsanreize*. Dies erscheint insofern regimekonform als es die Fortsetzung einer primär durch Armutspolitik charakterisierten Wohlfahrtspolitik mit anderen Mitteln darstellt. Die Voraussetzungen im Sinne eines geringen Dekommodifizierungsniveaus sind weitgehend erfüllt, wie auch ein hohes Maß an marktinduziertem Druck zur Arbeitsmarktteilhabe bereits besteht. Eine formelle Ausweitung der Arbeitspflicht wie auch eine weitere Privatisierung von sozialen Dienstleistungen können als durchaus pfadabhängige Entwicklung angesehen werden. Dagegen erscheinen für den liberalern Wohlfahrtsstaatstypus die auch bei dieser Variante notwendige Ausweitung der Formen reflexiver Steuerung beziehungsweise der staatlichen Gewährleistungsverantwortung sowohl im Hinblick auf die (staatlich finanzierten und koordinierten) finanziellen Erwerbsanreize, als auch im Hinblick auf den Ausbau der Maßnahmen sozialer Befähigung als partielle Pfadbrüche. Dies schließt auch die mit der Übernahme des neuen Paradigmas unweigerlich verbundene Orientierung am Individual Adult Worker Model ein.

Für das *konservativ-korporatistische Wohlfahrtsstaatsregime* ist der »Reformbedarf« im Hinblick auf die Etablierung eines aktivierenden Wohlfahrtsstaates am größten beziehungsweise eine Affinität zu einer der beiden skizzierten Reformoptionen am geringsten ausgeprägt. Generell entspricht allein die bereits bestehende Privatisierung respektive Korporatisierung beim Erbringen sozialer Dienstleistungen dem neuen Wohlfahrtsstaatsparadigma. Darüber hinaus legt einerseits das gut ausgebaute Instrumentarium aktiver Arbeitsmarktpolitik eine Strategie der sozialen Befähigung nahe. Gegen die Umsetzung aktivierender Politik im Rahmen dieser Option spricht jedoch, dass bislang die Formen reflexiver Steuerung genutzt wurden, um das Ernährermodell zu stützen und die Erwerbsbeteiligung von Frauen vor dem Hintergrund hoher Arbeitslosigkeit eher gering zu halten. Die Auflösung der bestehenden Koordination von Maßnahmen und Instrumenten und die Unterstützung eines Individual Adult Worker Models erscheinen entsprechend als massiver Pfadbruch. Aber auch die für die zweite Option notwendige Reduzierung des Dekommodifizierungs-niveaus beinhaltet in der Tendenz einen Pfadwechsel in Bezug auf die in diesem Modell stark verankerten Traditionen des Berufs- und Status-schutzes. Die Umsetzung des Paradigmenwechsels ist damit in diesem Regime unabhängig von der zu wählenden Variante aktivierender Politik letztlich nur sehr bedingt im Rahmen pfadabhängiger Reformen zu vollziehen. Entsprechend sind hier sowohl die stärksten Widerstände als auch die meisten Veränderungen auf Regime-Ebene im Zuge aktivierender Reformen zu erwarten. Eine für diesen Wohlfahrtsstaatstypus nahe liegende Entwicklung ist daher die institutionelle Dualisierung (Palier 2010a; Palier/Thelen 2010).

6.3 Konvergenz oder Divergenz

Die soweit skizzierten Möglichkeiten und Differenzierungen verschiedener Formen des wohlfahrtsstaatlichen Wandels lassen bezüglich der Einschätzung der Regime übergreifenden Entwicklungstendenzen im Sinne von Konvergenz oder Divergenz zunächst keine klaren Schlüsse zu. Generell kann jedoch davon ausgegangen werden, dass die entsprechende Entwicklung im Zuge des Paradigmenwandels zum aktivierenden Wohlfahrtsstaat kaum in Form von »Mittelwerten« adäquat wiedergegeben werden kann, wie dies mit den eingangs (Abschnitt 3.1) zitierten Konvergenzmaßen nahe gelegt wird (Heichel u.a. 2005). Die Gründe hierfür sind, dass erstens nicht einzelne quantitative Indikatoren – wie zum Beispiel Wohlfahrtsstaatsausgaben – gemessen werden, sondern wohlfahrtsstaatlicher Wandel primär als Veränderung von Zielen, Normen, Institutionen und Governance-Formen in verschiedenen Dimensionen wohlfahrtsstaatlichen Handelns untersucht werden. Ferner ist anzunehmen, dass durchaus unterschiedliche Entwicklungen bezüglich der verschiedenen Indikatoren auftreten können.

Auch gängige »qualitative« Beschreibungen zu Konvergenz oder Divergenz sind nur bedingt brauchbar, da sie jeweils auf Regimeebene angesiedelt sind und damit das Gesamtarrangement der Wohlfahrtsproduktion in den Blick nehmen. So wird beispielsweise Regimeassimilation als Form der Konvergenz definiert, bei der alle spezifischen Regimeeigenschaften innerhalb eines neuen Typs »assimiliert«, das heißt aufgehoben werden. Demgegenüber wird ein »Blurring of Regimes« angenommen, wenn jeweils regimefremde Elemente »importiert« werden – und somit die klare Abgrenzung beziehungsweise »Reinheit« der verschiedenen Typen aufgehoben wird – ohne dass jedoch die relative Ausprägungen der Regimedifferenzen unmittelbar aufgelöst wird (Rothgang u.a. 2006). Als Sonderfall der »Konvergenz« wird ein paralleler Entwicklungstrend verstanden, das heißt wenn in den verschiedenen Ländern eine gleichgerichtete Entwicklung stattfindet, die nicht zu einer wesentlichen Annäherung führt (Seeleib-Kaiser 2001: 346).

In Bezug auf die soweit genannten Charakterisierungen bleibt zunächst kritisch festzuhalten, dass diesen implizit unterschiedliche Betrachtungsweisen zu Grunde liegen. Einerseits wird »Konvergenz« bezogen auf das Ergebnis einer Entwicklung, und damit die (zunehmend) »gleiche« Ausprägung spezifischer Indikatoren. Eine entsprechende Konvergenz »im Ergebnis« kann gleichwohl als sehr »hartes« Kriterium angesehen werden, da hierbei unterschiedliche Ausgangsbedingungen in der jeweiligen Entwicklung »nivelliert« werden müssten. Andererseits werden konvergente Entwicklungs*dynamiken* hervorgehoben, die jedoch nicht notwendigerweise zu »ähnlichen« Ergebnissen führen. Dies wird noch dadurch verkompliziert, dass die entsprechenden Ergebnisse je nach gewählten und/oder Politikfeldern deutlich unterschiedlich ausfallen (Bonoli/Palier 2000; Obinger/Starke 2009; Seeleib-Kaiser 2001: 345ff.).

Diese Ungenauigkeiten vermeidend, differenziert die hier vorzunehmende Beurteilung wohlfahrtsstaatlichen Wandels verschiedene Aspekte: Ausgehend von den Differenzen in verschiedenen Wohlfahrtsstaatsregimen zum Zeitpunkt t_1 soll erstens der Befund der Konvergenz beziehungsweise Divergenz auf die Entwicklungsdynamik bezogen werden. Zweitens wird in Bezug auf den Wandel in den einzelnen Regimen untersucht werden, inwiefern (wiederum ausgehend vom Zeitpunkt t_1) die entsprechenden Veränderungen in den verschiedenen Dimensionen wohlfahrtsstaatlichen Handelns jeweils als Fortsetzung des bereits eingeschlagenen Entwicklungspfades (also pfadabhängig) oder aber als partielle Pfadwechsel verwirklicht werden. Drittens wird analysiert, wie über die verschiedenen Dimensionen hinweg Ähnlichkeiten und Differenzen zum Zeitpunkt t_2 gestaltet sind und damit das Fortbestehen von alten und/oder neuen Regimedifferenzen oder Konvergenzen im Hinblick auf das Ergebnis zu konstatieren sind.

6.4 Konkretisierung der Fragestellung und der Forschungshypothesen

Die vorangegangenen Erörterungen zum wohlfahrtsstaatlichen Paradigmenwechsel und dessen möglichen Varianten in den jeweiligen Wohlfahrtsstaatsregimen stellen weitgehend idealtypische Erwägungen dar. Es ist daher als durchaus offen beziehungsweise als Gegenstand der empirischen Untersuchung anzusehen, ob entsprechende Veränderungen tatsächlich stattfanden.

Entlang der soweit skizzierten Darlegungen kann die zweite der zu bearbeitenden Forschungsfragen »Führt der Paradigmenwechsel zu einer Konvergenz der Regime und/oder entwickeln sich verschiedene Varianten aktivierender Politik?« folgendermaßen konkretisiert werden:

2a. *Führt die Realisierung des Aktivierungsparadigmas in den verschiedenen Wohlfahrtsstaatsregimen zu einem ähnlichen Entwicklungstrend und/oder unterscheiden sich die jeweiligen Reformstrategien?*

2b. *Inwiefern werden die verschiedenen Reformprofile in den einzelnen Ländern durch Pfadabhängigkeit oder partielle Pfadbrüche bestimmt?*

2c. *Wie können die im Zuge der Reformprozesse entstandenen wohlfahrtsstaatlichen Aktivierungsvarianten charakterisiert werden?*

Aufbauend auf die formulierten Erwartungen zur Herausbildung idealtypischer Varianten der Aktivierungspolitik in Anlehnung an die bestehenden Unterschiede der verschiedenen wohlfahrtsstaatlichen Regime sowie die Präzisierungen zu den verschiedenen Arten des wohlfahrtsstaatlichen Wandels lässt sich auch die eingangs formulierte Hypothese

2. *Veränderungen entlang des neuen Paradigmas gehen mit einer Parallelität konvergenter und divergenter Entwicklungen einher, die in der Herausbildung unterschiedlicher Varianten der Aktivierungspolitik münden.*

weiter konkretisieren:

2a. *Durch das Aktivierungsparadigma werden in den verschiedenen Wohlfahrtsstaatsregimen »gleichgerichtete« Entwicklungen (Konvergenz der Entwicklungsdynamik) ausgelöst, dabei aber unterschiedliche »Wege« über unterschiedliche Prioritäten bei der Instrumentenwahl verfolgt (Divergenz der Outputs und Outcomes).*

2b. *Die länderspezifischen Reformprofile zeigen eine Kombination aus inkrementellen und pfadabhängigen Reformen in Kombination mit partiell pfadbrechenden Veränderungen.*

2c. *Die entstehenden Aktivierungsvarianten unterscheiden sich durch unterschiedliche Varianten der Governance der individuellen Erwerbsteilhabe, das Ausmaß reflexiver Steuerung und dadurch beeinflusste Erwerbsmuster.*

Nachdem soweit eine Präzisierung der zu untersuchenden Veränderungen im Zuge der Verwirklichung der Ziele einer aktivierenden Sozialpolitik und die Klassifizierung entsprechender Wandlungstendenzen stattgefunden hat, werden im Folgenden Erklärungen beziehungsweise Erklärungsvariablen für die konkrete Wahl der jeweiligen Umsetzungs- und Anpassungsstrategien in einzelnen Ländern gesucht.

7. Diskursorientierte Erweiterung des akteurzentrierten Institutionalismus als Erklärungsansatz

Nachdem in den vorangegangenen Abschnitten primär der Gegenstand und die Bezugspunkte wohlfahrtsstaatlichen Wandels näher bestimmt wurden, wenden wir uns nun der Frage nach der Erklärung für die im Länderkontext gegebenenfalls entstehenden spezifischen Varianten und Profile wohlfahrtsstaatlicher Reformpolitik zu. Bereits bei der Diskussion des Forschungsstandes wurde dabei die Erklärungsfähigkeit des akteurzentrierten Institutionalismus im Hinblick auf die Reformfähigkeit beziehungsweise die Reformerfolge von Wohlfahrtsstaaten hervorgehoben, die sich unter anderem auf die Berücksichtigung der Wechselwirkung von institutionellem Kontext und Akteurshandeln gründet. Ferner ermöglicht die im Rahmen dieses Ansatzes integrierte Berücksichtigung der Beteiligung nicht staatlicher Akteure eine Governance-Perspektive bei der Analyse der Prozesse der politischen Entscheidungsfindung. Im Rahmen dieses Erklärungsansatzes können daher verschiedene Formen der Governance der Entscheidungsfindung unterschieden und der Zusammenhang zwischen den verschiedenen Governance-Formen und der jeweils realisierten Reformpolitik hergestellt werden. Für die hier thematisierte Perspektive auf wohlfahrtsstaatlichen Wandel in Form eines Paradigmenwechsels erscheint darüber hinaus jedoch eine spezifische Erweiterung dieses Ansatzes unter Einbeziehung sich verändernder »Ideen« beziehungsweise diskursiver Elemente sinnvoll.

An dieser Stelle sei jedoch hervorgehoben, dass in der hier intendierten Analyse des wohlfahrtsstaatlichen Paradigmenwechsels weder Prozesse des Policy-Transfers noch der Policy-Diffusion (zusammenfassend Knill 2005) im Vordergrund stehen beziehungsweise beschrieben und analysiert werden sollen. Die hier formulierte Fragestellung beziehungsweise die intendierte Erklärung in Bezug auf den wohlfahrtsstaatlichen Wandel hebt vielmehr auf die Analyse nationaler Reformprozesse als Erklärung für die jeweiligen Reformprofile wohlfahrtsstaatlichen Wandels ab. In diesem Zusammenhang werden der internationale Diskurs zu den neuen sozioökonomischen Herausforderungen beziehungsweise zur Globalisierung ähnlich wie der internationale Diskurs zum wohlfahrtsstaatlichen Paradigmenwechsel, zum Beispiel in Form der diesbezüglichen Empfehlungen der EU und der OECD, als allgemeine, das heißt für alle (EU-) Länder ähnliche, Kontextvariablen verstanden. Implizit werden damit Prozesse des Policy-Transfer und der Policy-Diffusion vorausgesetzt, so dass die Kenntnis bzw. Verbreitung der mit dem neuen Paradigma verbundenen Ideen als gemeinsamer Einflussfaktor in den verschiedenen Ländern gilt. Gleichwohl kann angenommen werden, dass die Ideen jeweils länderspezifisch »übersetzt« werden. Die eigentliche Analyse setzt daher einerseits bei den nationalen Reformdiskursen sowie andererseits bei den länderspezifischen Ausprägungen der veränderten sozioökonomischen Rahmenbedingungen an, das heißt es werden ausschließlich die Perzeption der nationalen sozioökonomischen Problemlagen und die darauf bezogenen Reformvorschläge analysiert. Dabei wird davon ausgegangen, dass die neuen »Ideen« eines aktivierenden Wohlfahrtsstaates durchaus unterschiedlich rezipiert beziehungsweise in verschiedenen Varianten adaptiert werden[55].

Im Folgenden werden daher die im Rahmen des akteurzentrierten Institutionalismus (Mayntz/Scharpf 1995; Scharpf 2000a) genannten Variablen unter Anwendung einer Governance-Perspektive im Hinblick auf die Erklärung wohlfahrtsstaatlichen Wandels konkretisiert (Abschnitt 7.1). Ergänzend werden sowohl Struktur als auch Inhalt der jeweiligen nationalen Diskurse beziehungsweise der dabei thematisierten Ideen im Hinblick auf die Verwirklichung eines Paradigmenwechsels als erklärende Variable skizziert (Abschnitt 7.2). Am Ende dieses Abschnitts steht die Entwicklung eines Variablenmodells auf der Basis eines diskursiv erweiterten akteurzentrierten Institutionalismus, die Konkretisierung der eingangs formulierten Fragestellung sowie die Formulierung der für diesen Teil relevanten Forschungshypothesen (Abschnitt 7.3).

---

55 Möglich ist prinzipiell auch, dass das neue Paradigma im Reformdiskurs keine oder eine nur untergeordnete Rolle spielt.

7.1 Der Ansatz des akteurzentrierten Institutionalismus und die Analyse wohlfahrtsstaatlichen Wandels

Das dem akteurzentrierten Institutionalismus zu Grunde liegende Verständnis von Institutionen bezieht sich sowohl auf deren Ausformung als politische Institutionen (Gebilde) als auch auf deren Regelungsaspekte. Insbesondere letzteres hebt dabei hervor, dass der institutionelle Kontext Handeln zwar ermöglicht und restringiert, aber nicht determiniert. Institutionen fungieren als unabhängige beziehungsweise erklärende Variablen, können jedoch gleichermaßen abhängige Variablen sein, da sie absichtsvoll gestaltbar beziehungsweise durch das Handeln von Akteuren veränderbar sind (Mayntz/Scharpf 1995: 45).

Im Zusammenhang mit der Analyse des Wandels des Wohlfahrtsstaates ist der Institutionenbegriff des akteurzentrierten Institutionalismus dahingehend zu füllen, dass hier einerseits politische Institutionen beziehungsweise Regelungsaspekte wie sie in der vergleichenden Staatstätigkeitsforschung thematisiert werden, relevant sind, um geringe oder starke institutionelle Widerstände bei der Durchsetzung von Reformpolitik zu analysieren. Andererseits ist aber auch auf den Einfluss wohlfahrtsstaatlicher Institutionen in Form spezifischer Normen, Regulierungen und Instrumente zu verweisen, die quasi als Politikerbe (Merkel u.a. 2006: 115) spezifische Formen des Wandels begünstigen oder erschweren. Entsprechend wird angenommen, dass einmal etablierte wohlfahrtsstaatliche Institutionen durch sich selbst verstärkende Effekte – im Sinne der Erwartung wachsender Erträge beziehungsweise hoher Transaktionskosten für substantielle Veränderungen – zu so genannten lock-in Effekten führen beziehungsweise eine Reformträgheit präjudizieren (Mahoney 2000; Pierson 1993; 2000a).

Grundlegend für die Charakterisierung der jeweils unterschiedlichen Handlungsspielräume von Regierungen sind daher die im Rahmen der Veto-Spieler Theorie genannten Charakteristika der politischen Systeme, die sich unter anderem durch spezifische Systemmerkmale ausdrücken wie Föderalismus, zweite Kammer oder aber richterliche Kontrolle (Lijphart 1999; Tsebelis 1995; 2002; Weaver/Rockman 1993b). In diesem Zusammenhang können ferner die – durch institutionelle Regelungen zum Beispiel im Wahlrecht – beeinflussten Zusammensetzungen der Regierungen (zum Beispiel als Koalitionsregierungen) oder aber der periodisch erhöhte Legitimationsdruck im Rahmen kurzer Wahlzyklen im Zusammenhang mit der föderalen Verfassung relevant sein. Entsprechend der Annahmen des akteurzentrierten Institutionalismus sind spezifische Akteurkonstellationen beziehungsweise das Schaffen von Arenen unter anderem durch institutionelle Regelungen beeinflusst (Mayntz/Scharpf 1995: 48). Dies erscheint besonders relevant hinsichtlich der Macht- und Einflussressourcen korporativer Akteure, so dass zum Beispiel auch die spezifische Form der Einbindung der Sozialpartner berücksichtigt werden muss, um die unterschiedlichen Formen der Governance der Entscheidungsfindung bestimmen zu können.

Als *Akteure* gelten im Rahmen des akteurzentrierten Institutionalismus sowohl individuelle als auch korporative Akteure (Organisationen). Dabei ist wiederum von Bedeutung, dass alle in den jeweiligen Politikfeldern relevanten Akteure, das heißt neben der Regierung und den spezifischen Verwaltungseinheiten (Ministerien, Ämter, Parafiski) auch die verschiedenen Parteien, die Sozialpartner, spezifische Interessen- beziehungsweise Lobby-Gruppen, einzelne Trägerorganisationen oder Experten- und Berater- (Gruppen) sowie Kommissionen usw. Berücksichtigung finden und damit die »enge« Gesetzgebungsperspektive traditioneller politikwissenschaftlicher Analysen vermieden wird. Entsprechend können die Beteiligung der verschiedenen staatlichen und nicht staatlichen Akteure an der Entscheidungsfindung in der Sozialpolitik beziehungsweise die auf dieser Basis zu differenzierenden Formen der Governance, wie insbesondere Hierarchie (als unilaterale Entscheidungen der Regierung) in Abgrenzung zu Formen der Co-Governance (zum Beispiel Verhandlungen zwischen verschiedenen staatlichen und gesellschaftlichen Akteuren in Netzwerken oder auch als Verhandlungen zwischen Regierung und oppositionellen Parteien beziehungsweise Länderregierungen) analysiert werden. Dies ermöglicht es, einen möglichen Zusammenhang zwischen der Beteiligung unterschiedlicher Akteure beziehungsweise den jeweiligen Governance-Formen und der Durchsetzung einzelner Ziele im Zusammenhang mit aktivierenden Reformen zu untersuchen. Wesentlich erscheint dabei auch auf die den verschiedenen Governance-Formen jeweils eigene »Reformfähigkeit« einzugehen.

In Anlehnung an die Neo-Korporatismusforschung kann dabei angenommen werden, dass Formen der Co-Governance bei der politischer Entscheidungsfindung wie soziale Pakte beziehungsweise Verhandlungen den Erfolg Politikfeld übergreifender Koordination im Sinne reflexiver Steuerung positiv beeinflussen (Hassel 2000; Schmidt 1986). Ferner hat nicht zuletzt die Varieties of Capitalism Forschung gezeigt, dass Formen der Co-Governance unter Beteiligung der Tarifpartner und eine damit einhergehende Koordination von Wirtschaft und Bildungsinstitutionen positive Qualifikations- und Beschäftigungseffekte hervorruft (Estevez-Abe u.a. 2001; Hall/Soskice 2001a). Wiederum in der Neo-Korporatismusforschung wurde jedoch auch darauf verwiesen, dass diese Formen der Entscheidungsfindung Lösungen zu Lasten Dritter »begünstigen«, so dass beispielsweise Leistungskürzungen primär »auf Kosten« schwacher Arbeitsmarktgruppen umgesetzt würden (Offe 1984). Entsprechend ist anzunehmen, dass allgemeine Leistungskürzungen letztlich einfacher durch hierarchische Formen der Governance der Entscheidungsfindung beeinflusst werden. Mit hierarchischen Formen der Governance kann ebenfalls eine hohe Koordinationsfunktion erreicht werden, die sich dann allerdings eher selektiv auf Bereiche des öffentlichen Sektors beziehungsweise staatliche Akteure erstreckt.

Die einzelnen kollektiven Akteure werden sowohl durch ihre jeweilige Handlungsorientierung als auch durch ihre Handlungsressourcen beschrieben. Handlungsorientierungen werden wiederum sowohl durch Wahrnehmungen und Präferenzen bestimmt (Scharpf 2000a) und haben damit eine institutionell geprägte (Aufgaben und Handlungszwecke sind im Sinne der Bestandsicherung der Organisation oder normativer Rollenerwartungen vorgegeben), eine kontextunabhängige (Ziele sind durch sozialisationsbedingte oder historische Identität geprägt), aber auch eine situative Komponente (Strategie wird im Laufe der Verhandlungen beziehungsweise aufgrund der Position in der Akteurkonstellation entwickelt) (Mayntz/Scharpf 1995: 52ff.; Scharpf 2000a: 110ff.). Die Ausgestaltung dieser Komponenten wird dabei in Abhängigkeit von den jeweiligen Handlungssituationen als partiell variabel verstanden. Entsprechend wird zwar von gegebenen Präferenzen kollektiver Akteure ausgegangen, deren konkrete Ausprägung in spezifischen Kontexten jedoch empirisch ermittelt (Scharpf 2000a: 120).

Die Handlungsrelevanz von Situationen liegt demnach einerseits in ihrem Stimuluscharakter, indem je spezifische Betroffenheitsprofile zum Handeln herausfordern. Andererseits bietet eine Situation auch spezifische Handlungsoptionen, die teilweise institutionell, aber auch durch die faktisch verfügbaren Ressourcen bestimmt werden. Dabei sind insbesondere die wahrgenommenen Umweltaspekte handlungsrelevant, wogegen Erfolg oder Misserfolg des Handelnden überwiegend durch die »reale« Situation beeinflusst werden (ebd.).

In Bezug auf den wohlfahrtsstaatlichen Wandel gelten die sozioökonomischen Rahmenbedingungen, das heißt die jeweilige (Wettbewerbs-) Situation der Nationalökonomie (zum Beispiel ausgedrückt über das Wachstum des Bruttoinlandsprodukts), die Situation öffentlicher Haushalte respektive Kosten und Finanzierungsstrukturen des Wohlfahrtsstaates, hohe Arbeitslosigkeit oder aber neue Herausforderung wie zum Beispiel die demographische Entwicklung, beziehungsweise das Entstehen »neuer« sozialer Risiken in Bezug auf spezifische Gruppen, wie zum Beispiel Alleinerziehende oder Langzeitarbeitslose, als ausschlaggebend (vergleiche Pierson 2001a).

7.2 Länderspezifischer Reformdiskurs: Struktur und Inhalt

Die hier vorgeschlagene diskursorientierte Erweiterung des Ansatzes des akteurzentrierten Institutionalismus wird damit begründet, dass die Umsetzung von Reformen nicht nur von den jeweiligen institutionellen Restriktionen und den Machtressourcen der verschiedenen Akteure beziehungsweise der sich vor diesem Hintergrund entwickelnden Handlungsstrategien abhängt. Ausgangspunkt für Reformen erscheinen vielmehr neue Ideen beziehungsweise Ziele, die von den verschiedenen Akteuren aufgenommen beziehungsweise formuliert werden, und entlang derer eine Neugestaltung bestehender (wohlfahrtsstaatlicher) Institutionen und Leistungen stattfindet. Dabei wird in Anlehnung an Béland angenommen, dass der internationale Diskurs zu neuen Policy-Paradigmen eine Art »Road Map« im Sinne kohärenter Annahmen zur Lösung aktueller Probleme beziehungsweise zur Gestaltung ökonomischer, politischer und sozialer Institutionen zur Verfügung stellt (Béland 2005). Die jeweiligen politischen Akteure nutzen diese ideellen Angebote für die Entwicklung von Reformstrategien, modifizieren diese jedoch – vor dem Hintergrund nationaler Problemkontexte, institutioneller Bedingungen und normativer Orientierungen beziehungsweise Interessen.

Gleichwohl kann die Veränderung von Zielen und Diskurs quasi als eine erste Stufe des Wandels in Bezug auf das neue Paradigma betrachtet werden (siehe Abschnitt 6.1) – jedenfalls sofern dies mit einem konkreten »Willen zur Reform« von Seiten der relevanten Akteure verknüpft ist (Cox 2001). Ausgangspunkt für die Analyse von Reformen und Reformfähigkeit erscheint demnach, ob die neuen Ideen aufgenommen werden beziehungsweise welche konkreten Ziele und Reformstrategien die verschiedenen politischen Akteure und insbesondere die Regierungen vor diesem Hintergrund entwickeln und in den politischen Diskurs einbringen. Ausschlaggebend für die Beurteilung von Reformfähigkeit ist dann, in welchem Umfang die eingangs formulierten Ziele umgesetzt werden können.

In diesem Zusammenhang bedarf die Analyse des Agenda-Setting und des jeweiligen Policy-Framing besonderer Beachtung. Demnach gilt es (für jedes Land in verschiedenen Reformphasen) zu überprüfen, welche Reformziele beziehungsweise Reformaspekte hervorgehoben werden, und wie der Reformbedarf begründet beziehungsweise legitimiert wird. Dabei wird vielfach betont, dass eine im Diskurs konstruktiv hergestellte Kontinuität der in den verschiedenen Wohlfahrtsstaaten traditionell vertretenen Werte beziehungsweise den darauf gegründeten Institutionen eine Voraussetzung für die Akzeptanz neuer Ideen und darauf aufbauender Reformen darstellt (Béland 2005; Cox 2001; Schmidt 2002c: 306). Mit Bezug auf die spezifischen Ziele des aktivierenden Wohlfahrtsstaates erscheint relevant, ob komplexe Probleme umfassend thematisiert und entsprechende Reformen im Rahmen von kohärenten beziehungsweise Politikfeld übergreifenden Reformvorschlägen skizziert und damit Formen reflexiver Steuerung vorbereitet werden.

In Abhängigkeit der jeweils national spezifischen Akteurkonstellationen sind ferner die Struktur beziehungsweise der Verlauf des politischen Diskurses wichtig. Vivien Schmidt sieht Reformfähigkeit unter anderem in Abhängigkeit davon, ob die Regierung ihre Reformideen in der politischen Öffentlichkeit hegemonial verbreiten kann, das heißt weitgehend ohne Gegenvorschläge beziehungsweise modifizierende Kritik (im Sinne eines Communicative Discourse), oder eine kooperative oder konsensuale Diskussion (Coordinative Discourse) zur Modifizierung der jeweiligen Vorschläge auf der Basis weitgehend geteilter Problem- und Wertvorstellungen zwischen verschiedenen Akteuren stattfindet (Schmidt 2002c). Alternativ dazu muss jedoch auch die Möglichkeit erwogen werden, dass die vorgestellte Problemperzeption sowie die daran anknüpfenden Ziele und Reformstrategien bei anderen Akteuren auf starken Widerstand stoßen, durch Gegenvorschläge konterkariert und möglicherweise schließlich aufgegeben werden. Dies soll im Folgenden als Antagonistic Discourse bezeichnet werden. Das Entstehen eines solchen Diskurses dürfte in hohem Maße kontingent sein mit der spezifischen Struktur der Akteurkonstellation – und für die Durchsetzung der entsprechenden Reformen eher hinderlich.

Entlang dieses Verständnisses entscheiden damit sowohl die jeweils formulierten Ziele beziehungsweise Ideen (und ihre zu konstruierende »Anlehnung« an etablierte wohlfahrtsstaatliche Normen und Institutionen) als auch die Struktur von Reformdiskursen, ob beziehungsweise wie sich die jeweiligen Regierungsstrategien entwickeln, und welche Reformvorhaben in den politischen Entscheidungsprozess im engeren Sinne eingebracht werden. Innerhalb desselben können dann wiederum institutionelle Hindernisse oder spezifische Machtkonstellationen zum Scheitern beziehungsweise zur Modifikation des jeweiligen Reformvorhabens beitragen.

7.3 Entwicklung eines Variablenmodells, Konkretisierung der Fragestellung und der Forschungshypothesen

Bei der hier verfolgten Erklärung wohlfahrtsstaatlichen Wandels gelten die neuen sozioökonomischen Herausforderungen und die Globalisierung ebenso wie der internationale Diskurs zum wohlfahrtsstaatlichen Paradigmenwechsel als allgemeine Rahmenbedingungen. Die Erklärung des spezifischen Aktivierungsvarianten und der Profile wohlfahrtsstaatlicher Reformpolitik oder anders ausgedrückt – die je spezifische Verwirklichung des neuen wohlfahrtsstaatlichen Paradigmas in den einzelnen Ländern – setzt jedoch primär bei den nationalen Bedingungen an.

Mit Hilfe des skizzierten Ansatzes des akteurzentrierten Institutionalismus beziehungsweise der dabei vorgeschlagenen diskursiven Erweiterung werden letztlich fünf Variablensets beziehungsweise deren Interdependenzen als erklärende Variablen verstanden: Erstens sozioökonomische Rahmenbedingungen als länderspezifischer Problemdruck, zweitens der länderspezifische Reformdiskurs (Struktur und Inhalt), drittens die spezifische Akteurkonstellation (einschließlich der Machtressourcen und Handlungsorientierungen der relevanten Akteure) sowie viertens die politischen und die wohlfahrtsstaatlichen Institutionen (Normen, Regulierungen und Instrumente). Den institutionellen Bedingungen wird eine gewisse Filterfunktion zugeschrieben, da sie sowohl die Akteurkonstellationen und die Machtressourcen einzelner Akteure als auch die formalen Entscheidungsverfahren beeinflussen und gleichzeitig in Form eines politischen Erbes einerseits die spezifischen Problemkonstellationen bedingen (vor allem am Arbeitsmarkt) und andererseits die Optionen für die Weiterentwicklung des Wohlfahrtsstaates beeinflussen. Fünftens werden die je spezifischen Formen der Governance der Entscheidungsfindung identifiziert – unter Berücksichtigung der an den konkreten politischen Entscheidungsprozessen mitwirkenden Akteure und deren Interaktionsmodi. Diese Variable ist in hohem Maße beeinflusst durch die allgemeine Akteurkonstellation, die institutionellen Regulierungen wie auch die Strategien der jeweiligen Regierung hinsichtlich der Gestaltung und der Legitimation des Entscheidungsprozesses (zum Beispiel durch das Einberufen von Kommissionen, die Gestaltung von Netzwerken usw.).

Die soweit skizzierten unabhängigen Variablen werden in ihren Ausprägungen für verschiedene Reformphasen beziehungsweise Reformprozesse untersucht, um schließlich in der Kumulation der verschiedenen Prozesse die jeweilige Aktivierungsvariante beziehungsweise das jeweilige Profil der Reformpolitik zum Ende des Untersuchungszeitraums zu erklären. Da davon auszugehen ist, dass der hier zu untersuchende Paradigmenwechsel wohlfahrtsstaatlicher Politik sich nicht unmittelbar beziehungsweise im Rahmen eines einzigen Reformprojektes vollzieht, muss letztlich von einer Sequenz aufeinander folgender Einzelreformen ausgegangen werden. Bei einer entsprechend sequenz- oder phasenbezogenen Analyse von Reformpolitik muss berücksichtigt werden, dass sich im Zuge der sozioökonomischen Entwicklung die entsprechenden Kontextbedingungen maßgeblich verändern beziehungsweise im Zuge von Wahlzyklen regierungspolitische Akteure wechseln, sich aber (zum Teil in Abhängigkeit davon) auch Ziele und Handlungsressourcen anderer Akteure verändern können. So können die sich verändernden sozioökonomischen Rahmenbedingungen als Erfolge oder Misserfolge der eingeleiteten Reformpolitik interpretiert werden und die Fortsetzung oder auch die Modifikation eingeleiteter Strategievarianten beeinflussen. Entsprechend fungieren die in frühen Reformphasen als »abhängig« kategorisierte Variablen in späteren Reformsequenzen unter Umständen als »unabhängige« Variablen. Die phasenorientierte Analyse ermöglicht es, die einzelnen Variablen zu verschiedenen Zeitpunkten in ihren verschiedenen Ausprägungen zu betrachten.

Vor diesem Hintergrund ist die dritte Frage »Wie lassen sich mögliche Unterschiede der arbeitsmarktpolitischen Reformen entlang des Aktivierungsparadigmas erklären, und welchen Einfluss haben dabei verschiedene

Formen der Governance der Entscheidungsfindung?« folgendermaßen zu konkretisieren:

3a. *Wie wird das neue wohlfahrtsstaatliche Paradigma in den verschiedenen nationalen Wohlfahrtsregimen seit Anfang der 1990er Jahre diskursiv rezipiert und wie werden konkrete Ziele und Strategien gewählt?*
3b. *Unter welchen Bedingungen kommt es zur Verwirklichung der formulierten Ziele?*
3c. *Wie beeinflussen Institutionen und Governance-Formen die Reformfähigkeit der einzelnen Regime respektive die Herausbildung der konkreten Aktivierungsvarianten?*

Entlang der vorangegangenen Erörterungen lässt sich entsprechend auch die bereits formulierte Hypothese

3. *Unterschiede bei den Reformen entlang des Aktivierungsparadigmas sind durch das Zusammenspiel verschiedener Variablen zu erklären. Konkrete Reformziele der Aktivierungspolitik werden im politischen Diskurs der einzelnen Länder in Abhängigkeit spezifischer sozioökonomischer Problemlagen und bestehender wohlfahrtsstaatlicher Institutionen formuliert. Die jeweils dominante Form der Governance der Entscheidungsfindung beeinflusst, welche pfadbrechenden Reformziele dabei verwirklicht werden können.*

weiter konkretisieren:

3a. *Die Ideen des Aktivierungsparadigmas werden in allen nationalen Reformdiskursen aufgenommen, aber bereits im Diskurs in regimespezifische Reformstrategien »übersetzt«. Konkrete Reformziele und Strategien werden meist als Reaktion auf spezifische sozioökonomische Problemlagen und deren Veränderungen und/oder Veränderungen der Parteiendominanz in der Regierung entwickelt.*
3b. *Die Verwirklichung konkreter Aktivierungsziele setzt eine dominante Regierung und/oder einen weitgehenden Reformkonsenses zwischen zentralen kollektiven Akteuren sowie die erfolgreiche Vermittlung der entsprechenden Ziele im öffentlichen Diskurs voraus.*
3c. *Die verschiedenen Aktivierungsvarianten ergeben sich durch die präferierte Adaption von weitgehend pfadkonformen Aktivierungselementen sowie die selektive Reformfähigkeit der verschiedenen dominanten Formen der Governance der Entscheidungsfindung hinsichtlich pfadbrechender Reformen.*

Die soweit formulierten Fragen und Forschungshypothesen erfordern eine Überprüfung im Rahmen einer vergleichenden Analyse der jüngeren Sozialpolitik in verschiedenen wohlfahrtsstaatlichen Regimen. Dazu werden im

Folgenden sowohl die Auswahl der zu untersuchenden Politikfelder als auch der zu analysierenden Länder im Rahmen eines umfassenden vergleichenden Forschungsdesigns näher begründet.

Abbildung 1: Variablenmodell auf der Basis einer diskursorientierten Erweiterung des akteurzentrierten Institutionalismus

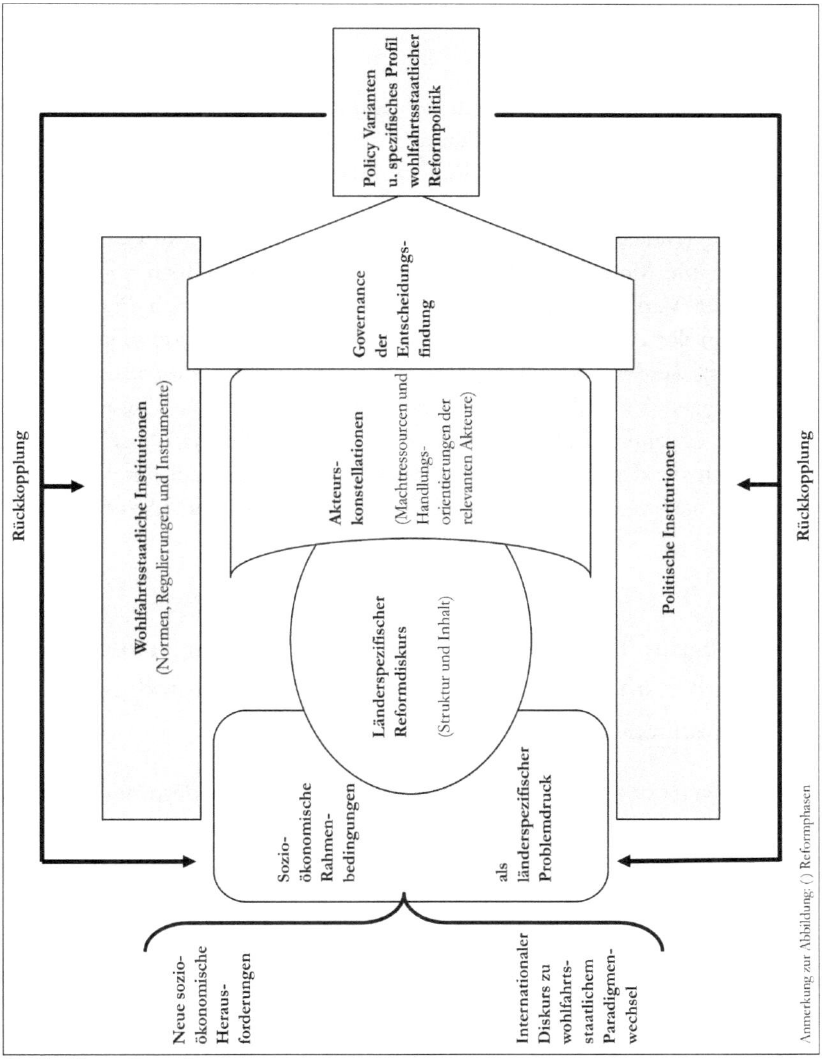

Quelle: Eigene Darstellung.

8. Anlage des vergleichenden Forschungsdesigns

Analog zu der im vorangegangenen Kapitel schrittweise konkretisierten Fragestellung und der Formulierung der Forschungshypothesen erfolgt nun die Begründung des gewählten empirischen Untersuchungsfeldes, also der Arbeitsmarktpolitik und ihrer Koordination mit der Steuer- und Familienpolitik (Abschnitt 8.1). Danach werden die Länderauswahl und die vergleichende Methode erläutert (Abschnitt 8.2). Schließlich wird das Set abhängiger Variablen näher definiert, indem die für einen Paradigmenwechsel in der Arbeitsmarktpolitik angenommenen Veränderungen operationalisiert werden (Abschnitt 8.3). Es folgt die Operationalisierung der unabhängigen Variablen entlang des bereits vorgestellten Ansatzes eines diskursiv erweiterten akteurzentrierten Institutionalismus (Abschnitt 8.4). Schließlich werden Erhebungsmethoden und Datengrundlagen vorgestellt sowie die Darstellung der empirischen Ergebnisse skizziert (Abschnitt 8.5).

8.1 Begründung des empirischen Untersuchungsfeldes: Arbeitsmarktpolitik und ihre Koordination mit der Familien- und Steuerpolitik

Den eingangs dargestellten wohlfahrtsstaatlichen Leitbildern und Paradigmen zum aktivierenden Wohlfahrtsstaat ist gemeinsam, dass sie im Zuge der propagierten Eigenverantwortung der Individuen implizit eine universelle Arbeitsmarktteilhabe als vorrangiges sozialpolitisches Ziel betrachten. Entsprechend nimmt in allen Entwürfen die (staatliche) Steuerung der individuellen Arbeitsmarktteilhabe einen zentralen Raum ein. Die Arbeitsmarktpolitik erscheint daher zentral für den zu untersuchenden wohlfahrtsstaatlichen Paradigmenwechsel.

Bislang werden Veränderungen dahingehend dokumentiert, dass die eher quantitativ orientierten Analysen im Bereich der Arbeitsmarktpolitik eine Verringerung der Transferleistungen und die eher qualitativen Studien zu Social Citizenship einen Wandel sozialer Rechte aufzeigen. Bisher nicht systematisch untersucht wurde die zuvor erläuterte Governance der Spannungsverhältnisse von Kommodifizierung und Dekommodifizierung beziehungweise die der Sozialpolitik allgemein zugewiesene Vermittlerrolle zwischen Staat, Markt und Familie. Diese schägt sich jedoch in der Arbeitsmarktpolitik sowie flankierenden Politikfeldern in besonderem Maße nieder.

Der Aktivierungsgedanke spielt auch in anderen Politikfeldern eine zunehmende Rolle. Beispielsweise steht in der Bildungspolitik die Erweiterung von Teilhabechancen durch die Ausbildung von »Capabilities« im Vordergrund und in der Gesundheitspolitik gewinnen Prävention und die Förderung von Eigenverantwortung an Relevanz. Ein Wandel der Governance-Formen im Bereich der Arbeitsmarktpolitik kann daher durchaus Aufschluss über allgemeine Veränderungen des Wohlfahrtsstaates geben.

Aus den dargelegten Gründen wird das Policy-Feld der Arbeitsmarktpolitik exemplarisch als Gegenstand und Ausgangspunkt der empirisch vergleichenden Analyse des wohlfahrtsstaatlichen Wandels gewählt. Gegenstand von Steuerung und Governance sind hier jedoch nicht nur die Finanzierung und das Erbringen wohlfahrtsstaatlicher Leistungen im Rahmen der Arbeitsverwaltung beziehungsweise in Form von beruflichen Aus- und Weiterbildungsangeboten usw., sondern auch die Regulierung des Verhältnisses zwischen Sozialstaat und Individuum respektive die Gewährleistung der Arbeitsmarktteilhabe aller Bürger.

Mit dem Ziel der Förderung von Beschäftigungsfähigkeit für alle stellt das neue Paradigma die traditionelle Norm des männlichen Ernährermodells in Frage, die in den verschiedenen Wohlfahrtsstaaten unterschiedlich dominant ist. Die verschiedenen Regime blicken auf unterschiedliche Traditionen zurück, soziale Leistungen für Frauen primäre auf ihre Rolle als »Worker, Mother or Wife« auszurichten (Jordan 2006). In den verschiedenen Regimen gilt die Gruppe der Frauen beziehungsweise Mütter mit betreuungsbedürftigen Kindern daher – in unterschiedlichem Umfang – als arbeitsmarktferne Zielgruppe, womit ein noch entsprechend großes Aktivierungspotential besteht.. Gleichzeitig ist bei dieser Gruppe unmittelbar klar, dass die Gewährleistung der Arbeitsmarktteilhabe nicht allein über Maßnahmen der Arbeitsmarktpolitik erreicht werden kann, sondern einer Koordination mit weiteren Maßnahmen aus anderen relevanten Politikfeldern, wie der Familienpolitik und der Steuerpolitik bedarf.

Die Forschung hat gezeigt, dass die Maßnahmen der Familienpolitik wie der Umfang des Kinderbetreuungsangebots, die Regulierung von Mutterschutz- und Elternzeiten sowie die in der Familien- und Steuerpolitik gestalteten finanziellen Erwerbsanreize den Umfang und die Struktur der Frauenerwerbtätigkeit maßgeblich beeinflussen (Crompton 1999; Rubery u.a. 1998). Während individualisierte Steuersysteme aufgrund einer vergleichsweise hohen Belastung von Familien mit nur einem Ernährer einen impliziten »Anreiz« für ein zweites Erwerbseinkommen setzen, verhält es sich bei Steuersplittingsystemen oder Systemen mit hohen Freibeträgen für nicht erwerbstätige Ehepartner genau umgekehrt. Entsprechende Systeme beinhalten einen sehr hohen Grenzsteuersatz für ein zweites Einkommen und wirken als negative Anreize für die Aufnahme einer zweiten Erwerbstätigkeit beziehungsweise die Ausübung von zwei Vollzeittätigkeiten bei Ehepaaren. Entsprechende Effekte können durch den Eintritt der Sozialversicherungspflicht im Rahmen der Erwerbstätigkeit des zweiten Ehepartner bei Überschreiten einer Geringfügigkeitsgrenze verstärkt werden (Daly 2000; de Henau u.a. 2006; Dingeldey 2001). Darüber hinaus sind finanzielle Anreize in Form einer negativen Einkommensteuer beziehungsweise so genannte In-Work-Benefits oder Kombilohnmodelle als auch die Möglichkeiten einer Verknüpfung von Erwerbseinkommen und Sozialhilfe, zum Beispiel für viele Alleinerziehende, von Bedeutung. Dies gilt auch für weitere Einzelaspekte in anderen Politikfeldern wie zum Beispiel die Formulierung von Arbeitsanreizen in der Sozialhilfepolitik, die Einrichtung von Ganztagsschulen im Rahmen der Bildungspolitik oder die Regulierung von Mindestlöhnen.

Damit lässt sich anhand des spezifizierten Untersuchungsfeldes nicht nur die Verwirklichung des wohlfahrtsstaatlichen Paradigmenwechsels, sondern auch die angenommene Veränderung von Steuerungs- und Governance-Formen, sowohl im Bereich der Arbeitsmarktpolitik selbst als auch im Hinblick auf deren Koordination mit der Familien- und Steuerpolitik untersuchen. Vor allem in den Ländern, deren Institutionen noch vorrangig am männlichen Ernährermodell orientiert waren, stellt eine umfassende institutionelle Re-Orientierung zu Gunsten des Individual Adult Worker Model, einen Indikator für gelungene reflexive Steuerung dar. Umgekehrt dürfte sich das etwaige Scheitern entsprechender reflexiver

Steuerung in Form widersprüchlicher Erwerbsanreize in den verschiedenen Politikfeldern widerspiegeln. Ferner ist zu erwarten, dass sich Steuerungserfolg beziehungsweise -mißerfolg unmittelbar an der Entwicklung der Erwerbsmuster ablesen lassen, indem allein eine holistische Umgestaltung der Ermöglichungs- und Anreizstrukturen zu egalitären Erwerbsmustern führt, während selektive Ermöglichungsstrukturen beziehungsweise widersprüchliche Anreizstrukturen zu einer Polarisierung der Erwerbsteilhabe führen dürften, die insbesondere für Mütter mit eher prekären Erwerbsverläufen einhergeht.

Der Untersuchungszeitraums beginnt mit dem Entstehen des internationalen Diskurses Ende der 1980er Jahre zur aktivierenden Arbeitsmarktpolitik beziehungsweise zur aktivierenden Gesellschaft im Rahmen der Veröffentlichungen der Organisation for Economic Cooperation and Development (OECD 1990; 1994a) und der Europäischen Union (European Commission 1993; 1997) zu diesen Themen beziehungsweise dem dort neu propagierten Ziel der Förderung der Beschäftigungsfähigkeit. Die länderspezifische Analyse setzt jedoch jeweils für jedes Land spezifisch mit dem Beginn einer als aktivierend bezeichneten Arbeitsmarktpolitik ein. Da die relevanten Daten und Informationsquellen bis zum Ende des Jahres 2005 vollständig vergleichend zugänglich sind, und sich danach sowohl eine veränderte Konjunkturlage ergibt als auch Neuwahlen stattfinden und damit partiell veränderte Zusammensetzungen der Regierungen in den Untersuchungsländern entstehen, wird das Ende des Untersuchungszeitraums für die Fallstudien mit diesem Jahr beschlossen. Die seitdem erfolgten Reformen werden im Sinne eines Ausblicks dargestellt und im Hinblick auf die Fortsetzung oder Abkehr der bis dahin eingeschlagenen Strategie klassifiziert, aber nicht mehr systematisch in die Analyse einbezogen.

Da die Arbeitsmarktpolitik sowie die hier untersuchten, flankierenden Politikfelder letztlich nur einen spezifischen Ausschnitt wohlfahrtsstaatlicher Politik darstellen, müssen die darauf aufbauenden Aussagen zum Wandel des Wohlfahrtsstaates als Teilergebnisse und in ihrer empirisch belegten Gültigkeit auf die hier untersuchten Politikfelder beschränkt verstanden werden. Gleichwohl können die zu erzielenden Ergebnisse beispielhaft interpretiert werden, um die mit einem umfassenden Wandel hin zum aktivierenden Wohlfahrtsstaat eventuell verbundenen Möglichkeiten und Probleme zu skizzieren.

8.2 Begründung der Länderauswahl und vergleichende Methode

Die besondere Komplexität der hier formulierte Problem- beziehungsweise Fragestellung liegt darin, dass einerseits eine konvergente Entwicklung in Form des Paradigmenwechsels und andererseits Varianz beziehungsweise Divergenz innerhalb dieser Entwicklung in Form der Herausbildung unterschiedlicher Varianten erwartet wird. Da die Hypothesen in Bezug auf die Konvergenz beziehungsweise Divergenz abhängiger Variablen in einem idealtypischen Forschungsdesign jeweils unterschiedliche Vorgehensweisen im Sinne der Konkordanz- beziehungsweise der Differenzmethode mit entsprechenden Konsequenzen für die Fallauswahl implizieren, muss die Kombination entsprechender Hypothesen zwangsläufig Kompromisse beim Forschungsdesign beziehungsweise der gewählten vergleichenden Methode nach sich ziehen.

Das hier primär verfolgte Ziel liegt zunächst in der Analyse einer angenommenen konvergenten Entwicklung, indem der wohlfahrtsstaatliche Wandel im Sinne des oben skizzierten Paradigmenwechsels zum aktivierenden Wohlfahrtsstaat in unterschiedlichen Wohlfahrtsstaaten der westlichen Welt untersucht werden soll. Die entsprechende Fallauswahl begründet sich zunächst entlang eines Most-Similar-Systems Design (Jahn 2006: 234; Przeworski/Teune 1970). Die Fälle werden daher im Rahmen einer weitgehend homogenen Ländergruppe gesucht, das heißt innerhalb der westlichen Mitgliedsländer der Europäischen Union (EU). Innerhalb dieser Auswahl wird der Konkordanzmethode gefolgt, indem eine ähnliche Ausprägung in der abhängigen Variable weitgehend durch die ähnliche oder identische Ausprägung einer beziehungsweise weniger unabhängiger Variablen bei ansonsten hoher Varianz der unabhängigen Variablen erklärt werden soll (Jahn 2006: 236/7; Mill 1872; Rohlfing 2008).

Für die mit Dänemark, Großbritannien und Deutschland getroffene Auswahl der Untersuchungsländer besteht eine Gemeinsamkeit darin, dass die Ideen des Aktivierungsparadigmas seit Ende der 1980er Jahre durch internationale und transnationale Organisationen wie die OECD und die Europäische Gemeinschaft Eingang in die nationalen Diskurse fanden. Das neue Paradigma beinhaltete eine Re-Interpretation der bestehenden Problemlagen und bot neue Lösungsansätze. Gleichzeitig bestanden im Hinblick auf die Entwicklung der sozioökonomischen Rahmenbedingungen Ähnlichkeiten, die sich unter anderem in einem extremen Anstieg der Arbeitslosigkeit im Laufe der 1990er Jahre in allen drei Ländern niederschlugen.

Die angestrebte Varianz bei den unabhängigen Variablen ergibt sich dadurch, dass sie Anfang der 1990er Jahre jeweils unterschiedliche Wohlfahrtsstaatsregime nach Esping-Andersen (1990; 1999) repräsentierten, die auch hinsichtlich der geschlechtsspezifischen Wirkung wohlfahrtsstaatlicher Arrangements – insbesondere im Hinblick auf die familialen Erwerbsmuster – extrem stark variieren (Crompton 2001; Sainsbury 1994; 1999). Darüber hinaus weisen die politischen Institutionen[56] und die politischen Akteurkonstellationen in Großbritannien geringe Restriktionen für Reformen auf, da die Fragmentierung des Parteiensystems gering ist, Einparteienregierungen dominieren und auch die Relevanz und Einbindung der Tarifpartner gering ist. Dagegen ist das politische System in Deutschland durch viele Reformrestriktionen charakterisiert. Zu nennen sind das föderale System, der Einfluss des Bundesverfassungsgerichtes, aber auch die Dominanz von Koalitionsregierungen und die weiterhin einflussreichen Tarifpartner sowie deren vielfältige institutionelle Einbindung. In Dänemark ist die Fragmentierung des Parteiensystems stark, es dominieren Minderheitsregierungen und es gibt eine starke Einbindung der Sozialpartner im Rahmen neo-korporatistischer Arrangements[57] (siehe Tabelle 1).

Es gilt daher zu überprüfen, inwiefern in entsprechend unterschiedlich konfigurierten wohlfahrtsstaatlichen und politischen Systemen die angenommene konvergente Entwicklung eines arbeitsmarktpolitischen Paradigmenwechsels auf die Verbreitung neuer Ideen und den steigenden sozioökonomischen Problemdruck in Form hoher Arbeitslosigkeit zurück zu führen ist.

---

56 Die Reformfähigkeit politischer Institutionensysteme wird unter anderem im Anschluss an Tsebelis danach beurteilt, ob der spezifische institutionelle Kontext eines Landes die von einer Regierung intendierte Politik ermöglicht oder erschwert (Tsebelis 1995; 2002). Entsprechende Differenzen politischer Systeme werden durch additive Institutionen-indices ausgedrückt (Lijphart 1999; Schmidt 2002a). In den hier zitierten Index gehen die Fragmentierung des Parteiensystems, die Bedeutung eines Zweikammersystems, das Bestehen eines Präsidialsystems sowie der Grad der Dezentralisierung (gemessen am Anteil der Staatsausgaben durch regionale Regierungen) in den 1980er und 1990er Jahren ein (Colomer 1996: 13).

57 Da in verschiedenen vergleichenden Studien bis Ende der 1980er Jahre der positive Einfluss starker neo-korporatistischer Systeme auf Arbeitslosigkeit und Inflation (Crepaz 2001) beziehungsweise auf distributive/redistributive Politiken nachgewiesen wurde (Hicks/Kenworthy 1998), ist ferner eine gewisse Varianz bei der Stärke neo-korporatistischer Arrangements, die sich ebenfalls anhand von Indices ausdrücken lässt (Crepaz 1992), grundlegend für die Länderauswahl.

Tabelle 1: Handlungskontext der Regierungen in Dänemark, Großbritannien und Deutschland Anfang der 1990er Jahre

	Wohlfahrts-staatsregime	Geschlechter-regime[1)]	Institutionen-index[2)]	Fraktionierung Parteiensystem/ Regierungstyp[3)]	Stärke Korpora-tismus[4)]	Arbeits-losigkeit[5)]
DK	Universa-listisch	Dual (full-time) earner/state caregiver	2	mittel/ Minderheits-regierungen	0,518	Anfang der 1990er Jahre bis zu 11 Prozent
GB	Liberal	1Male/ ½ female earner/care giver marketised or family care	1	gering/ Mehrheits-regierungen	-0,862	Anfang der 1990er Jahre bis zu 10 Prozent
BRD	Konservativ-korporatistisch	1Male/ ½ female earner/care giver state, third sector or family care	4	moderat/ Koalitions-regierungen	0,48	Mitte der 1990er Jahre bis zu 10 Prozent

Quelle: 1) modifiziert in Anlehnung an Crompton (2001); 2) nach Colomer (1996) entspricht ein hoher Wert einer Vielzahl von institutionellen Restriktionen; 3) Lane/Ersson (1996); 4) Crepaz (1992) berechnet die Werte als Mittelwert von 12 verschiedenen Korporatismusindices für jeweils 18 Länder; der errechnete Index hat einen Mittelwert von 0 und eine Standardabweichung von 1; 5) OECD (2008b).

Um die innerhalb der erwarteten konvergenten Entwicklung angenommene Varianz der abhängigen Variable in Form verschiedener Aktivierungsvarianten erklären zu können[58], erscheint die Anwendung der Methode des Process-Tracing im Rahmen der einzelnen Länderfallstudien sinnvoll:

58 Idealerweise wird eine divergente Entwicklung mit Hilfe der Divergenzmethode analysiert, die über die Fallauswahl das Vorhandensein oder das Fehlen spezifischer Erklärungsvariablen kontrolliert und so die unterschiedlichen Entwicklungen »eindeutig« über die unterschiedliche Ausprägung einer spezifischen Variable erklärt, i.e des Wohlfahrtsregimes. Aufgrund des angestrebten Nachweises der Parallelität von Konvergenz und Divergenz und der Entscheidung für die Konkordanzmethode kann das entsprechende Design hier jedoch nicht verwirklicht werden.

»When it is not possible to find cases similar in every respect but one – the basic requirement of controlled comparisons – one or more of the several independent variables identified may have causal impact. Process-tracing can help to assess whether each of the potential causes can, or cannot, be ruled out as having causal significance« (George/Bennett 2005: 214ff.).

Mit Hilfe des Process-Tracing werden die Reformprozesse in den einzelnen Ländern anhand der Variablen analysiert, die zuvor im Rahmen des oben skizzierten Ansatzes einer diskursorientierten Erweiterung des akteurzentrierten Institutionalismus identifiziert wurden. Das heißt es werden der Einfluss der sozioökonomischen Rahmenbedingungen, des Reformdiskurses, der institutionellen Bedingungen und der Akteurkonstellationen respektive der Formen der Governance der Entscheidungsfindung, in ihrer jeweils länderspezifischen Ausprägung im Hinblick auf die Ausgestaltung der Aktivierungspolitik untersucht. Ziel ist es dabei nicht, einzelne Reform- und Entscheidungsprozesse minutiös nachzuvollziehen, sondern eine eher generelle Erklärung für das Entstehen unterschiedlicher Aktivierungsvarianten und die Profile wohlfahrtsstaatlichen Wandels zu geben.

Anhand der genannten Variablen soll sowohl nachvollzogen werden, wie sich pfadabhängige Reformprozesse entwickeln, als auch wann und unter welchen Umständen es zu partiellen Pfadwechseln kommt. Dabei muss überprüft werden, ob in den verschiedenen Wohlfahrtsregimen tatsächlich jeweils diejenige (idealtypisch konstruierte) Aktivierungsvariante umgesetzt wird, welche die Notwendigkeit von Pfadwechseln letztlich minimiert. Eine wichtige Voraussetzung für eine entsprechende Analyse ist, dass im Rahmen des Process-Tracing die Präferenz für spezifische Reformvarianten wie auch das Scheitern von Reformalternativen aufgezeigt werden kann: »Process-tracing can assess to what extent and how possible outcomes of a case were restricted by the choices made at decision points along the way. Assessments of this kind may be facilitated by counterfactual analysis« (George/Bennett 2005: 213). Die anhand des Vergleichs der mit Hilfe des Process-Tracing für die einzelnen Länder erzielten Ergebnisse können dazu beitragen, bestehende Theorien mittlerer Reichweite wie die Veto-Spieler-Theorie oder die Pfadabhängigkeitsthese zu überprüfen beziehungsweise weiter zu entwickeln.

Da in der vorliegenden Untersuchung die Charakterisierung des wohlfahrtsstaatlichen Wandels insgesamt eine genauso hohe Bedeutung einnimmt wie dessen Erklärung, werden die Länderstudien jeweils in zwei Teilen dargestellt. Ziel des ersten Teils der Länderstudien ist es, Fragen zur

Verwirklichung des neuen Paradigmas als auch zur wohlfahrtsstaatlichen Konvergenz und Divergenz zu beantworten. Um sowohl die Ausgangsbedingungen als auch die im Zuge der Aktivierungspolitik realisierten, für die einzelnen Regime in unterschiedlichem Ausmaß pfadabhängigen und pfadbrechenden Veränderungen detailliert analysieren zu können, bedarf es der Operationalisierung entsprechender Variablenbündel.

Da ein weiteres Ziel der Arbeit darin besteht, sowohl die Verwirklichung des Paradigmenwechsels als auch die dabei gegebenenfalls zu beobachtenden Varianten zu erklären, stellen die bis 2005 entstandenen Aktivierungsvarianten in Verbindung mit den spezifischen Reformprofilen wohlfahrtsstaatlicher Politik die verschiedenen Ausprägungen der »abhängigen« Variable dar. Diese sollen entlang des oben skizzierten Variablenmodells auf der Basis des diskursorientiert erweiterten akteurzentrierten Institutionalismus erklärt werden. Entsprechend werden im jeweils zweiten Teil der Länderstudien die verschiedenen Reformprozesse unter Berücksichtigung der in diesem Modell identifizierten unabhängigen Variablen analysiert. Nicht zuletzt um die Vergleichbarkeit zu gewährleisten, bedürfen daher auch diese Variablen der Operationalisierung.

8.3 Operationalisierung der Aktivierungsvarianten und Reformprofile als »abhängige Variable«

Um die Fragen nach der Verwirklichung des wohlfahrtsstaatlichen Paradigmenwechsels, der Realisierung verschiedener Aktivierungsvarianten sowie der Konvergenz oder Divergenz wohlfahrtsstaatlicher Entwicklung systematisch beantworten zu können, werden im Folgenden die drei Dimensionen wohlfahrtsstaatlichen Handelns und die ihnen zugrunde liegenden Spannungsverhältnisse jeweils anhand eines Sets von Einzelvariablen operationalisiert. Dabei wird der Übergang von einer fürsorgenden zu einer stärker aktivierenden Politik anhand der Verschiebung der entsprechenden Spannungsverhältnisse dokumentiert. Demnach bedarf es eines Sets von Einzelvariablen, um die Varianten der Arbeitsmarktpolitik in den verschiedenen Ländern zu charakterisieren (1).

Anhand der damit aufzuzeigenden Muster der Veränderung lassen sich die hier untersuchten Formen wohlfahrtsstaatlichen Wandels operationalisieren und differenzieren als Paradigmenwechsel, pfadabhängige oder partiell pfadbrechende Entwicklung beziehungsweise als Veränderung wohlfahrtsstaatlicher Divergenz beziehungsweise Konvergenz (2).

(1) Operationalisierung der drei Dimensionen von Wohlfahrtsstaatlichkeit mit spezifischem Bezug zur Arbeitsmarktpolitik

Die *erste Dimension*, Leistungen und Leistungsprinzipien, wird in Bezug auf die Arbeitsmarktpolitik beziehungsweise die Förderung individueller Arbeitsmarktteilhabe bestimmt durch

- die Regulierung des Rechtes auf Dekommodifizierung, operationalisiert anhand
  - der Entwicklung von Zugangsbedingungen zu Transferleistungen im Fall der Arbeitslosigkeit, Höhe und Dauer derselben sowie substitutiver Transfers für Personen im erwerbsfähigen Alter;

- die Regulierung der Arbeitspflicht, operationalisiert anhand
  - des Umfangs und der Dauer von Berufsschutz beziehungsweise Einkommenssicherung mit Bezug zur vorherigen Beschäftigung und/oder Mobilitätsanforderungen im Zusammenhang mit der Definition zumutbarer Beschäftigungen;
  - des Umfangs von Pflichten und Optionen bei der Teilnahme an arbeitsmarktpolitischen Maßnahmen (Bildung, Arbeitsgelegenheiten) sowie der Kontrolle in Bezug auf »Vollzug« beziehungsweise Sanktionen bei »Verweigerung«;

- Umfang und Qualität der Förderung der Kommodifizierung, operationalisiert anhand
  - der Qualität der Arbeitsvermittlung und Beratung gemessen unter anderem anhand der Organisation der Betreuungsprozesse und der Relation der Zahl von Klienten pro Berater;
  - der Teilnehmerzahlen und der Qualität der verschiedenen Maßnahmen bei der beruflichen Aus- und Weiterbildung. gemessen anhand der Dauer der jeweiligen Programme beziehungsweise den damit erreichten Qualifizierungen beziehungsweise beruflichen Qualifikationsniveaus;

- der Beschäftigungsmaßnahmen, aber auch der Regulierung flexibler Arbeitsverhältnisse (Befristungen, Förderung von Selbständigkeit usw.) mit dem Ziel der Schaffung von Übergängen (Übergangsarbeitsmarkt) in reguläre Beschäftigung (für spezifische Gruppen);
- des Umfangs und der Bedingungen von finanziellen Anreizen beziehungsweise Restriktionen im Hinblick auf die Erwerbsteilhabe, gestaltet in Form von Mindestlohnregelungen, In-Work-Benefits oder negativer Einkommensteuer, dem System der Familienbesteuerung sowie über Elternurlaubs- und Elterngeldregelungen;
- der Verfügbarkeit von Kinderbetreuungseinrichtungen, gemessen an den zur Verfügung stehenden Plätzen in Relation zur Zahl der Kinder in den jeweiligen Altersgruppen und den Öffnungszeiten.

Als Anhaltspunkt für das Verhältnis von Dekommodifizierung und Kommodifizierung kann ferner die Entwicklung der Ausgaben für aktive und passive Arbeitsmarktpolitik beziehungsweise deren jeweiliges Verhältnis (auch mit Bezug zur Zahl der Arbeitslosen) herangezogen werden, wobei festgehalten werden muss, dass damit das hier induzierte politikfeldübergreifende Spektrum sozialer Befähigung wie auch die Arbeitspflicht nur eingeschränkt abgebildet werden.

Die *zweite Dimension*, das Staatsverständnis und die Organisation der Wohlfahrtsproduktion, drückt sich in Bezug auf die Gewährleistung, die Finanzierung und das Erbringen arbeitsmarktpolitischer (Dienst-) Leistungen (wie Arbeitsverwaltung, Arbeitsvermittlung, Aus- und Weiterbildung) aus durch

- eine spezifischen Arbeitsteilung zwischen verschiedenen Akteuren, operationalisiert als
  - Zentralstaat,
  - dezentrale staatliche Akteure
  - marktliche Akteure
  - Verbände/Dritter-Sektor

- den Einsatzes je spezifischer Governance-Modi, operationalisiert als
  - Hierarchie
  - Wettbewerb/Konkurrenz
  - Solidarität
  - Co-Governance in Form der Koproduktion

- Reflexive Formen der Steuerung, operationalisiert als
  - Politikfeld übergreifende Koordination von arbeitsmarktpolitischen Instrumenten mit denen der Steuer- und Familienpolitik. Berücksichtigt werden also finanzielle Anreize für Erwerbsbeteiligung und Bereitstellung von Kinderbetreuung mit dem Ziel der Gewährleistung von Beschäftigungsfähigkeit für spezifische arbeitsmarktferne Gruppen respektive für alle;
  - (Re-) Regulierung bestehender sozialstaatlicher Interventionsformen, wie zum Beispiel von Programmen und Organisation beziehungsweise Organisationseinheiten etc., mit dem Ziel der Schaffung effizienter sowie qualitativ hochwertiger Leistungsangebote und/ oder einheitlicher beziehungsweise ganzheitlicher Anreiz- und Förderungsstrukturen (zeigt sich im Ergebnis anhand der Konsistenz oder Inkonsistenz der Ausrichtung verschiedener Fördermaßnahmen auf ein spezifisches Ziel).

Die *dritte Dimension,* die Muster sozialer Ungleichheit, werden hier primär abgebildet in Form der Muster der Erwerbsteilhabe, die sich ausdrücken durch

- Umfang und Kontinuität der individuellen und haushaltsbezogenen Erwerbsteilhabe, operationalisiert anhand
  - der Erwerbsquote (differenziert für die verschiedenen Zielgruppen der Arbeitsmarktpolitik)
  - der Beschäftigungsquote und dem Umfang der Beschäftigung (Vollzeit- und Teilzeitquote, einschließlich Differenzierungen entlang des Status versicherungspflichtig, nicht versicherungspflichtig (soweit ausgewiesen) beziehungsweise nach Umfang der Wochenarbeitszeit)
  - der Arbeitslosenquote sowie der Entwicklung des Anteils der Langzeitarbeitslosen (> 1 Jahr arbeitslos)
  - der (familialen) Erwerbsmuster: Vollzeit-, Teilzeitanteile beziehungsweise relative Anteile des Male Breadwinner Models, Male Full-Time Earner/Female Part-Time Earner oder Dual Full-Time Earner oder der Non-Earner in Bezug auf Haushalte mit und ohne Kinder (jünger als 16 Jahre).

Dabei kann angenommen werden, dass die in der Arbeitsmarkt- und Familienpolitik gestalteten Anreize für verschiedene Beschäftigungs- und Arbeitszeitformen maßgeblichen Einfluss auf die Entwicklung der Erwerbsmuster haben. Die Zunahme der Erwerbsteilhabe und der Beschäftigung sowie die Reduzierung der Arbeitslosigkeit kann dagegen nur bedingt als »direkte« Folge der Aktivierungspolitik betrachtete werden, da hier unter anderem die allgemeine wirtschaftliche Entwicklung eine starke, vielleicht sogar bedeutendere Einflussgröße darstellt.

Ferner muss auf begriffliche Unschärfen beim Begriff der Kommodifizierung hingewiesen werden. Erstens: Die Ausweitung der Regulierungen zur Arbeitsmarktteilhabe (Pflicht und Befähigung) wird hier als Ausweitung der Kommodifizierung auf Maßnahmenebene behandelt. Ob beziehungsweise wie dies die effektive Arbeitsmarktteilhabe beeinflusst, ist dabei als offen anzusehen.

Zweitens: In Bezug auf die Erwerbsmuster wird im allgemeinen dann von Kommodifizierung gesprochen, wenn eine Arbeitsmarktteilhabe erfolgt, so dass im Prinzip alle Erwerbspersonen, also die Beschäftigten und die Arbeitslosen, als kommodifiziert »klassifiziert« werden. Drittens: Arbeitslose im Transferleistungsbezug gelten gleichzeitig als dekommodifiziert, da die Transferleistungen sie vom unmittelbaren Zwang des Verkaufs ihrer Arbeitskraft entheben. Entsprechend findet eine »doppelte« Vereinnahmung der Gruppe der Arbeitslosen im Rahmen der Begrifflichkeiten Kommodifizierung und Dekommodifizierung statt, die nicht aufzulösen ist, sondern durch die jeweilige Differenzierung zwischen Erwerbsbeteiligung, Beschäftigung und Arbeitslosigkeit verdeutlicht werden muss. Allein Personen im erwerbsfähigen Alter, die keine Transferleistungen beziehen und explizit nicht am Arbeitsmarkt teilhaben, wie zum Beispiel Hausfrauen, können vergleichsweise klar als nicht kommodifiziert identi-fiziert werden.

Mit Hilfe der soweit operationalisierten Variablen wird entsprechend des hier verfolgten Verständnisses von Wohlfahrtsstaatlichkeit die jeweilige Ausgestaltung der dem wohlfahrtsstaatlichen Handeln zu Grunde liegenden Spannungsverhältnisse im Rahmen der Arbeitsmarktpolitik sowie flankierender Politikfelder dokumentiert. Die spezifische Kombination der Ausprägung der verschiedenen Variablen zu einem bestimmten Zeitpunkt »charakterisiert« dann die jeweilige nationale Politikvariante. Da jeweils zwei Zeitpunkte gegenübergestellt werden (Anfang der 1990er Jahre und 2005), wird die Beobachtung der Entwicklung der Varianz von Wohlfahrtsstaatlichkeit sowohl im Querschnitt- als auch im Längsschnittvergleich erreicht.

(2) Operationalisierung der verschiedenen Formen wohlfahrtsstaatlichen Wandels

In Abschnitt 6.1 wurden bereits Kriterien zur Definition eines wohlfahrtsstaatlichen Paradigmenwechsels genannt. In Bezug auf die Arbeitsmarktpolitik sind die einzelnen Kriterien für einen *Paradigmenwechsel zum aktivierenden Wohlfahrtsstaat* folgendermaßen zu konkretisieren, nämlich als Veränderung

- der Zielsetzungen,
  - die Nennung der Arbeitsmarktaktivierung beziehungsweise
  - die Nennung und Förderung von Beschäftigungsfähigkeit im Rahmen arbeitsmarkt- oder steuer- und familienpolitischer Reformgesetze

- der Institutionen und Instrumente
  - eine Rücknahme des Rechtes auf Dekommodifizierung, eine Ausweitung der Arbeitspflicht und eine Ausweitung des Umfangs der Maßnahmen zur Förderung von Kommodifizierung
  - eine generelle Zunahme staatlicher Gewährleistungsverantwortung im Einklang mit einer Zunahme beziehungsweise Neuausrichtung der Formen reflexiver Steuerung sowie
  - eine Verlagerung der Aufgaben beim Vollzug, aber auch bei der Finanzierung wohlfahrtsstaatlicher Leistungen hin zu nicht staatlichen Akteuren und/oder eine Zunahme nicht-hierarchischer Formen der Governance

- der Outcomes,
  - eine Zunahme der Ausgaben aktiver Maßnahmen der Arbeitsmarktpolitik und/oder
  - eine Erhöhung der Teilnehmerzahlen/Plätze bei den Maßnahmen der sozialen Befähigung, einschließlich der Kinderbetreuung
  - eine Zunahme der Arbeitsmarktteilhabe und gegebenenfalls der Beschäftigung.

Wie in Abschnitt 6.2 bereits erläutert, ist anzunehmen, dass die Umsetzung des neuen Paradigmas für keinen Wohlfahrtsstaatstypus einen kompletten Regimebruch (grundlegender Wandel in allen Dimensionen) beinhaltet, da jedes Regime hinsichtlich einzelner Elemente in den verschiedenen Dimensionen Übereinstimmungen mit den im Rahmen des aktivierenden

Wohlfahrtsstaat skizzierten Zielen aufweist. Gleichwohl ist davon auszugehen, dass in allen Ländern partielle Pfadwechsel im Zuge der Umsetzung des neuen Paradigmas erfolgen.

Die Veränderungen werden daher anhand eines expliziten diachronen Vergleichs der Politikvarianten der einzelnen Untersuchungsländer zu Beginn der Reformen (t_1) und zum Ende des Untersuchungszeitraums (t_2) ermittelt, und zwar wiederum entlang der drei Dimensionen wohlfahrtsstaatlichen Handelns. Da die jeweils gewährten Rechte und Leistungen beziehungsweise die institutionellen und steuerungspolitischen Bedingungen bei der Leistungserbringung nur bedingt quantifizierbar sind, können dabei keine exakten Schwellenwerte, sondern nur relationale Veränderungen angegeben werden.

Entsprechend werden partielle Pfadabweichungen dann konstatiert, wenn in den verschiedenen wohlfahrtsstaatlichen Handlungsdimensionen massive Veränderungen erfolgen, die der bis dahin jeweils regimespezifischen Ausprägung widersprechen. Umgekehrt gilt als pfadabhängige Umsetzung des Paradigmenwechsels, wenn lediglich marginale Veränderungen der einzelnen Ausprägungen nach oben oder unten erfolgen, oder auch ein massiver Ausbau/Rückbau entlang der regimetypischen Prinzipien beziehungsweise Eigenschaften stattfindet.

Die in Abschnitt 6.3 skizzierten Kriterien für wohlfahrtsstaatliche Konvergenz beziehungsweise Divergenz werden in Bezug auf die ermittelten Muster des Wandels so interpretiert, dass die Verwirklichung des Aktivierungsparadigmas im Sinne eines gleichgerichteten Wandels als wohlfahrtsstaatliche Konvergenz gilt. Wird dazu eine Vielzahl partiell pfadabweichender Veränderungen realisiert, muss untersucht werden, ob eine (einseitige) Annäherung der verschiedenen Regimetypen stattfindet oder gar – im Extremfall – Regimewechsel vollzogen werden. Dominiert dagegen eine pfadabhängige Entwicklung, indem primär die Komponenten des neuen Paradigmas implementiert werden, welche sich im Rahmen pfadabhängiger Veränderungen einführen lassen, kann dies als divergente Entwicklung interpretiert werden. Entsprechend wäre dann die Verwirklichung des Paradigmenwechsels in regimetypischen Varianten als Parallelität der Konvergenz und Divergenz wohlfahrtsstaatlicher Entwicklung zu charakterisieren.

Um die entsprechenden Veränderungen dokumentieren zu können, werden in den nachfolgenden Länderstudien anhand der genannten Variablen die jeweiligen Varianten der Arbeitsmarktpolitik sowohl zu Beginn

(t_1) als auch zum Ende des Untersuchungszeitraums (t_2) dargestellt. Der diachrone Vergleich der Arbeitsmarktpolitik in den einzelnen Ländern dient dazu, die unterschiedlichen Reformprofile im Sinne einer Kombination der pfadabhängigen und pfadbrechenden Entwicklungen zu identifizieren. Der länderübergreifende Vergleich sowohl im Querschnitt als auch im Längsschnitt dokumentiert schließlich, ob sich »gleichgerichtete« Veränderungen im Sinne des Paradigmenwechsels ergeben beziehungsweise inwiefern sich bis 2005 dabei verschiedene Varianten der Aktivierungspolitik entwickeln oder nicht. Entsprechend lässt sich dann eine Konvergenz oder Divergenz wohlfahrtsstaatlicher Entwicklung beziehungsweise eine Kombination derselben konstatieren.

Dabei ist zu erwarten, dass die bis 2005 zu dokumentierende Entwicklung der aktivierenden Arbeitsmarktpolitik noch in starkem Maße durch das politische Erbe beziehungsweise die Anfang der 1990er Jahre bestehenden Ausgangsbedingungen dominiert ist. Die im engeren Sinne zu erklärende Ausprägung der abhängigen Variable ist daher die Wahl der jeweiligen Aktiverungsvariante in Kombination mit dem länderspezifischen Reformprofil. Diese ergibt sich durch die Kombination der je spezifischen Aktivierungskomponenten sowie die damit einhergehende Mischung aus pfadabhängigen und partiell pfadbrechenden Veränderungen in Folge der Kumulation verschiedener Einzelreformen.

8.4 Operationalisierung der unabhängigen Variablen

Im Rahmen des Ansatzes eines diskursiv erweiterten akteurzentrierten Institutionalismus (siehe Kapitel 7) wurden die verschiedenen unabhängigen Variablen zur Erklärung der länderspezifischen Reformprofile bereits genannt: (1) die sozioökonomischen Ausgangsbedingungen als länderspezifischer Problemdruck, (2) Reformdiskurs (Struktur und Inhalt), (3) Akteurkonstellationen (Machtressourcen und Handlungsorientierungen einzelner Akteure), (4) politische Institutionen und wohlfahrtsstaatliche Institutionen (Normen, Regulierungen und Instrumente) sowie (5) die Governance der Entscheidungsfindung. Da sich auch diese jeweils nicht im Rahmen einzelner Messgrößen darstellen lassen, werden sie im Folgenden detailliert operationalisiert.

(1) die sozioökonomischen Rahmenbedingungen als länderspezifischer Problemdruck

Die im Zuge der Globalisierungsdiskussion genannten sozioökonomischen Herausforderungen werden für die einzelnen Länder anhand von vier für die aktivierende Arbeitsmarktpolitik als besonders relevant erachteten Problemkontexten festgemacht:

- die spezifische Lage der nationalen Ökonomie im internationalen Kontext operationalisiert anhand von Inflationsrate, Wirtschaftswachstum sowie Einbindung in die Weltwirtschaft (Abhängigkeit von europäischer Währungspolitik, Offenheit der Volkswirtschaft beziehungsweise Handelsbilanz)
- die Finanzierungs- und Belastungssituation des (Sozial-) Staates operationalisiert anhand von Haushaltsbilanz, Staatsverschuldung sowie Sozialleistungsquote (Sozialstaatsausgaben/BIP)
- die Arbeitsmarkt- und Beschäftigungssituation operationalisiert anhand von Arbeitslosenquote und Beschäftigungsstruktur (zum Beispiel Qualifikationsstruktur, Beschäftigung im öffentlichen Dienst, Anteil der Dienstleistungsbeschäftigung).
- die Ausprägung »neuer« Risikostrukturen operationalisiert anhand des Anteils der Haushalte von Alleinerziehenden beziehungsweise »armer« Haushalte (unter 60 Prozent des durchschnittlichen Äquivalenz-einkommens).

(2) Reformdiskurs (Struktur und Inhalt)

In Anlehnung an die in Abschnitt 7.2 bereits vorgestellte Bedeutung und Wirkung von Ideen wird der Einfluss des Aktivierungsparadigmas im Rahmen der Reformdiskurse sowie deren Einfluss auf die Reformpolitik anhand folgender Elemente analysiert:

- *Übernahme des Aktivierungsparadigmas im nationalen Diskurs,* operationalisiert anhand der Thematisierung spezifischer Problemlagen sowie spezifischer Lösungsstrategien mit Bezugnahme zu den idealtypisch skizzierten Elemente des Aktivierungsparadigmas
- *Policy-Framing,* operationalisiert anhand der Legitimation der Reformen über eine argumentative Herstellung von Kontinuität beziehungsweise Nähe zu den in den jeweiligen Regimen etablierten Werten oder wohl-

fahrtsstaatlichen Normen,
der in diesem Zusammenhang selektiven Bevorzugung spezifischer Elemente des Aktivierungsparadigmas und/oder alternativer Legitimationsstrategien, wie zum Beispiel der Bezugnahme auf wissenschaftliche Expertise

- *Struktur des Diskurses*, wobei das hegemoniale Verbreiten der neuen Ideen und Reformvorhaben durch die Regierung als *Communicative Discourse*, die Modifizierung von Vorschlägen auf der Basis weitgehend geteilter Problem- und Wertvorstellungen als *Cooperative oder Consensual Discourse* sowie destruktive Kritik oder Diffamierung der Regierungsziele und das Entwickeln von Gegenentwürfen durch Nicht-Regierungsakteure als *Antagonistic Discourse* identifiziert werden.

(3) Akteurkonstellationen (Machtressourcen und Handlungsorientierungen einzelner Akteure)

In Anlehnung an die in Abschnitt 7.1 bereits vorgestellten Definitionen der im Zuge politischer Reformprozesse relevanten Akteure, werden die jeweiligen nationalen Akteurkonstellationen skizziert anhand

- der *parteipolitischen Zusammensetzung der Regierung und ihrer Machtressourcen* operationalisiert anhand der Stärke (parlamentarische Mehrheit) und ideellen Orientierung sowie gegebenenfalls der Kräfteverhältnisse innerhalb der Koalitionsregierung beziehungsweise der Mehrheitsverhältnisse in der zweiten Kammer;
- der *relevanten oppositionellen Parteien beziehungsweise Parteienkonstellationen* operationalisiert anhand der Wählerstimmen beziehungsweise parlamentarischen Stärke sowie gegebenenfalls deren ideeller und programmatischer Ausrichtung beziehungsweise Fragmentierung;
- der *Tarifpartner* operationalisiert anhand der Organisation der Arbeitnehmer- und der Arbeitgebervertreter (Mitgliederzahlen, Fragmentierungs- und Zentralisierungsgrad);
- *weiterer im Zuge des arbeitsmarktpolitischen Reformprozess relevanter Akteure*, wie zum Beispiel die staatliche Arbeitsorganisation, die Kommunen, Trägerorganisationen, Experten- oder Beratergruppen, Kommissionen usw..

(4) Politische und wohlfahrtsstaatliche Institutionen (Normen, Regulierungen und Instrumente)

Die Wirkung politischer Institutionen wurde bereits in Abschnitt 7.1 ausführlich diskutiert. Die Reformfähigkeit der einzelnen Länder wurde in Abschnitt 8.2 im Zusammenhang mit der Begründung der Länderauswahl anhand von Indexwerten dargestellt. Entsprechend der gängigen Klassifizierungen wird im Folgenden davon ausgegangen, dass die Reformfähigkeit von Regierungen durch nachfolgende Charakteristika von Regierungssystemen restringiert wird:

– die Dominanz von Koalitions- oder Minderheitsregierungen
– Föderalismus beziehungsweise den Einfluss einer zweiten Kammer (oder gegebenenfalls Autonomie von Gebietskörperschaften wie Kommunen)
– institutionalisierte Mitbestimmung der Tarifpartner (Korporatismus)
– richterliche Kontrolle in Form eines Verfassungsgerichtes.

Ob beziehungsweise unter welchen Umständen die jeweiligen institutionellen Bedingungen sich tatsächlich restriktiv auf das Regierungshandeln ausgewirkt haben, muss für einzelne relevante Gesetzesinitiativen überprüft werden.

Um den Einfluss der Tarifpartner näher zu umreißen und gegebenenfalls deren Veto-Position besser zu verstehen, finden auch die Arbeitsbeziehungen Berücksichtigung, operationalisiert anhand der Regulierung

– der kollektiven Arbeitsbeziehungen (Zentralisierungsgrad des Tarifverhandlungssystems, institutionell garantierter Einfluss von Arbeitnehmervertretern);

Wie bereits mehrfach betont (siehe Abschnitt 7.1), wird auch den institutionellen Charakteristika der verschiedenen Wohlfahrtsstaaten eine Art Filterfunktion für die Umsetzung der Reformpolitik zugeschrieben. »Restriktive« Wirkungen für Reformen sind vor allem dann zu erwarten, wenn die Diskrepanz zwischen den bestehenden Institutionen des Wohlfahrtsregimes beziehungsweise der traditionellen Arbeitsmarktpolitik und dem neuen Paradigma groß ist, so dass die Verwirklichung der Ziele aktivierender Arbeitsmarktpolitik partielle Pfadwechsel erfordert. Entsprechende Effekte müssen jedoch im Zusammenhang mit konkreten Reforminitiativen überprüft werden.

(5) Governance der Entscheidungsfindung

Diese Variable ist (wie in Abschnitt 7.3 bereits erläutert) in hohem Maße beeinflusst durch die allgemeine Akteurkonstellation, die institutionellen Regulierungen und die Strategie der jeweiligen Regierungen hinsichtlich der Legitimation des Entscheidungsprozesses. Entlang der in Abschnitt 5.2 vorgestellten akteurbezogenen Systematisierung von Governance und Steuerungsform werden mit Bezug zu den verschiedenen, konkreten Entscheidungsprozessen im Wesentlichen folgende Formen der Governance der Entscheidungsfindung unterschieden:

- hierarchische Formen der Governance operationalisiert als primär unilateral durch die Regierung dominierte Entscheidungsprozesse[59];
- Co-Governance operationalisiert als Beteiligung weiterer politischer Akteure, wie zum Beispiel der Oppositionsparteien oder der Tarifpartner, im Rahmen von Verhandlungen in bilateralen Konstellationen wie auch in Netzwerken.

8.5 Erhebungsmethoden, Datengrundlagen und Erläuterung der Darstellung der empirischen Ergebnisse

In der vorliegenden Untersuchung wird der Wandel des Wohlfahrtsstaates und seiner Governance exemplarisch anhand der aktivierenden Arbeitsmarktpolitik sowie deren Koordination mit der Steuer- und Familienpolitik untersucht. Wiederum exemplarisch für die verschiedenen Wohlfahrtsregime werden Fallstudien zu Dänemark, Großbritannien und Deutschland erstellt, anhand derer sowohl die spezifischen Ausprägungen als auch die Ursachen dieses Wandels analysiert werden (ausführliche Begründungen zur entsprechenden Auswahl siehe Abschnitt 8.1 sowie 8.2). Eine Besonderheit stellt dabei der hier verfolgte Fokus auf *Welfare* und *State* dar sowie insbesondere die damit zu analysierenden Zusammenhänge zwischen der Governance der Wohlfahrtsproduktion einerseits und der Governance der Entscheidungsfindung andererseits.

---

59 Sofern Kommissionen eingesetzt werden, um Argumentationshilfen für die Regierung bereitzustellen beziehungsweise die Legitimation deren Entscheidungen zu erhöhen, ohne dass die beteiligten Akteure effektiv in Entscheidungen eingebunden werden, gilt dies als Teil hierarchischer Governance.

Ziel dieses Designs ist es, anhand der kategoriegeleiteten, vergleichenden Analyse eines exemplarischen Politikfeldes und dessen Koordination, gleichzeitig grundlegende Veränderungen im wohlfahrtsstaatlichen Handeln aufdecken und spezifische Varianten der Ausprägung von *Welfare* und *State* im Zeitverlauf identifizieren zu können. Dabei können die erzielten Ergebnisse zur Veränderung der Arbeitsmarktpolitik entlang der drei Dimensionen wohlfahrtsstaatlichen Handelns keinesfalls ungebrochen auf andere wohlfahrtstaatliche Politikfelder übertragen werden. Dagegen lassen die aufzuzeigenden Muster des Wandels durchaus verallgemeinerbare Rückschlüsse zu, so dass auch generelle Tendenzen der konvergenten oder divergenten Wohlfahrtsentwicklung aufgezeigt werden können.

Entsprechend zielt auch die Analyse der Ursachen des Wandels nicht darauf ab, einzelne Entscheidungsprozesse detailliert nachzuvollziehen, sondern eher generelle Erklärungen für wohlfahrtsstaatlichen Wandel auf der Basis einer Theorie mittlerer Reichweite zu finden. Aus diesem Grunde wird die Methode des Process-Tracing kombiniert mit dem Ansatz eines diskursorientiert erweiterten akteurzentrierten Institutionalismus, um den Einfluss der darin identifizierten Variablen auf den wohlfahrtsstaatlichen Paradigmenwechsel und das Entstehen der jeweiligen Reformprofile zu analysieren. Ziel ist es dabei, sowohl allgemeine und spezifische »Antriebskräfte« des Wandels wie auch regimespezifische Reformrestriktionen und -optionen näher bestimmen zu können.

Die im Rahmen dieses Designs erarbeiteten Fallstudien bedienen sich verschiedener Erhebungsmethoden. Hinsichtlich des verwendeten statistischen Materials wird – soweit wie möglich – auf international vergleichende Daten, zum Beispiel Wirtschafts- und Arbeitsmarktstatistiken der OECD, der ILO, von Eurostat oder auch auf Sonderauswertungen im Rahmen vergleichender Studien zurückgegriffen. Sofern jedoch die Outcomes einzelner Instrumente in Form von Teilnehmerzahlen analysiert werden, oder aber Muster der Erwerbsteilhabe für die einzelnen Länder im Detail wiedergegeben werden sollen, muss meist auf nationale (amtliche) statistische Quellen zurückgegriffen werden[60]. In diesen Fällen ist die Vergleichbarkeit der jeweiligen Daten deutlich eingeschränkt. Gleichwohl

60 Bei dänischen Quellen dominiert Denmark Statistics; für UK werden verschiedene Quellen herangezogen: National Statistics, Veröffentlichungen des HMRC (britisches Finanzministerium), Statistics of Education des DfES (Bildungsministerium); für Deutschland gibt es ebenfalls verschiedene Quellen wie die Statistiken der Bundesagentur für Arbeit, Veröffentlichungen des Familienministeriums.

erscheinen die detaillierten nationalen Quellen relevant, um die Entwicklung der länderspezifischen Aktivierungsvarianten zu charakterisieren beziehungsweise auf Ausbau oder Abbau spezifischer Instrumente zu verweisen.

Ferner werden im Rahmen der Dokumentenanalyse Regierungsverlautbarungen, Parteiprogramme, Verbandsveröffentlichungen, Kommissionsberichte usf., die sich auf die Gestaltung des Wohlfahrtsstaates sowie die Reformen der Arbeitsmarktpolitik und dabei tangierter Themen im Rahmen der Familien- und Steuerpolitik beziehen, berücksichtigt. Dies gilt auch für Reden und Verlautbarungen führender Politiker oder Verbandsvertreter zu entsprechenden Themen, die gesteigerte Medienaufmerksamkeit erreichten.

Darüber hinaus erfolgen umfassende sekundäranalytische Auswertungen vorliegender Untersuchungen zur Implementation und den Policy-Outcomes (zum Beispiel Teilnehmerzahlen von Maßnahmen) wie auch zu arbeitsmarktpolitischen Reformdiskursen beziehungsweise dem Agenda-Setting, den Akteurstrategien und Entscheidungsprozessen. Die ausführliche Nutzung der Sekundäranalyse auch in Bezug auf die Entscheidungsprozesse lässt sich nicht zuletzt damit begründen, dass für die jeweiligen Untersuchungsländer zu den Entscheidungsprozessen in der Arbeitsmarktpolitik sowie den damit verbundenen Reformen der Steuer und Familienpolitik im Untersuchungszeitraum umfassende und detaillierte, auf extensiven Dokumentenanalysen oder/und Interviews basierende Untersuchungen vorliegen. Diese werden ergänzt durch Analysen und Berichte der wissenschaftlichen Mitglieder entscheidender Netzwerke[61]. Die ent-

61 Für Dänemark werden insbesondere eine Studie zur Etablierung von Netzwerkstrukturen bei der Entscheidungsfindung in der dänischen Arbeitsmarktpolitik (Torfing 2007) sowie weitere zentrale Untersuchungen zum Verlauf des Reformdiskurses ausgewertet (Goul Andersen/Pedersen 2006; 2007; Larsen 2004; Larsen/Mailand 2007). Für Großbritannien werden die britische Länderstudie (2001 und 2003) des vergleichenden EU Projektes »Welfare Reform and Management of Societal Change«, koordiniert von Peter Taylor-Gooby, beziehungsweise die dabei entstandenen Veröffentlichungen re-evaluiert (Larsen u.a. 2002/3; Larsen u.a. 2006). Die Ergebnisse zu den verschiedenen untersuchten Politikbereichen, also der Arbeitsmarktpolitik, basieren unter anderem auf insgesamt sechs bis acht Interviews mit Parteienvertretern, Tarifpartnern, Beamten und Anbietern von Wohlfahrtsdienstleistungen sowie bis zu sechs Interviews mit Medienvertretern, Mitarbeitern in Think Tanks und Lobbby-Gruppen (Taylor-Gooby 2005). Für die Analyse der Reformprozesse in Deutschland kann ebenfalls auf zahlreiche empirische Untersuchungen und Berichte wissenschaftlicher Experten zurückgegriffen werden (Hassel/Schiller 2010; Streeck/Trampusch 2005b) Ferner liegen Analysen beziehungsweise Berichte von Wissenschaftlern vor, die selbst Mitglieder in relevanten Kommissionen waren. Zu nennen sind die Berichte der Professoren Wolfgang Streeck

sprechenden Analysen bilden damit eine solide Grundlage für eine Re-Evaluation der Diskussions- und Entscheidungsprozesse anhand des hier erarbeiteten Variablenmodells.

Die Darstellung der empirischen Ergebnisse sowie die Beantwortung der vielschichtigen Fragestellung beinhalten einige Besonderheiten, die hier nochmals erwähnt werden sollen: Erstens werden die Ergebnisse der Fallstudien zu Dänemark, Großbritannien und Deutschland in jeweils zwei Teilen vorgestellt, um einerseits den Policy-Wandel dokumentieren und andererseits dessen Erklärung im Ländervergleich darstellen zu können. Entsprechend werden die jeweils ersten Teile der Länderstudien in Teil III »Auf dem Weg zum aktivierenden Wohlfahrtsstaat? Varianten nationaler Policy-Profile und Erwerbsmuster« dargestellt. Gegenstand der einzelnen Kapitel ist die im Untersuchungszeitraum anhand eines diachronen Vergleichs in den einzelnen Ländern zu beobachtende Veränderung der Arbeitsmarktpolitik und der Arbeitsmarktstrukturen. Im Rahmen eines an die drei Länderkapitel anschließenden Zwischenresümees werden Fragen nach der Verwirklichung des Paradigmenwechsels sowie zur Konvergenz oder Divergenz anhand eines länderübergreifenden Querschnittvergleichs beantwortet. Die Herausbildung der wohlfahrtsstaatlichen Aktivierungsvarianten bis 2005 sowie insbesondere die diesen zugrunde liegenden Reformprofile werden gleichzeitig als »Konstruktion« der abhängigen Variable in ihrer je spezifischen nationalen Ausprägung verstanden.

Die jeweils zweiten Teile der Länderstudien werden in Teil IV »Governance der Entscheidungsprozesse« vorgestellt. In den hier subsumierten Kapiteln werden nun die Ursachen des allgemeinen Paradigmenwechsel sowie das Entstehen nationaler Varianten der Aktivierungspolitik anhand der oben ausgewiesenen »unabhängigen Variablen« analysiert.

Da die zu analysierende Reformperiode bis zu 15 Jahre umfassen kann, werden bei der »Erklärung« der 2005 erreichten wohlfahrtsstaatlichen Aktivierungsvariante und des entsprechenden Reformprofils systematisch unterschiedliche Reformsequenzen berücksichtigt. Die entsprechenden Phasen werden primär an Ziel- beziehungsweise Diskurswechseln festgemacht. Diese ergeben sich überwiegend im Vorfeld von Wahlen beziehungsweise Regierungswechseln und/oder aufgrund sich verändernder ökonomischer

und Rolf G. Heinze (Heinze 2003; Streeck/Hassel 2004; Streeck/Trampusch 2005b) als Mitglieder der Benchmarking Gruppe im Rahmen des Bündnis für Arbeit sowie von Professor Günther Schmid (2003), der als Nachrücker an der Benchmarking Gruppe teilnahm. Gemeinsam mit Prof. Werner Jann war er auch Mitglied der Hartz-Kommission (Jann/Schmid 2004b).

Rahmenbedingungen. Im Rahmen des Process-Tracing können dabei auch »gegenläufige«, das heißt an unterschiedlichen Aktivierungsvarianten orientierte Reforminitiativen im Zeitverlauf verfolgt werden.

Die Berücksichtigung von Rückkopplungseffekten bedingt, dass verschiedene Indikatoren, wie Arbeitsmarktperformanz und die Ausgestaltung wohlfahrtsstaatlicher Institutionen, sowohl als abhängige als auch als unabhängige Variablen betrachtet werden: Zum Zeitpunkt t_1 gehen sie als Teil der unabhängigen Variablen in den Reformprozess ein und beeinflussen die Reformziele. Da die Reformpolitik auf die Veränderung eben dieser Indikatoren abzielt, werden die Ausprägungen der Variable der Arbeitsmarktperformanz für die nachfolgende Reformphase auch als unabhängie Variabler berücksichtigt – und somit den entstehenden Rückkopplungseffekten Rechnung getragen.

Die an Diskurswechseln festgemachten Phasen sind lediglich ungefähr zu bestimmen und natürlicherweise den konkreten politischen Entscheidungs- und Gesetzgebungsprozessen vorgelagert. Entsprechend sind die im ersten Teil der Fallstudien skizzierten Reformphasen durch den Output entsprechender Diskurse, also die konkreten Gesetzesänderungen, bestimmt und zeitlich nachgelagert. Um Dopplungen im Rahmen der hier gewählten Darstellungslogik zu vermeiden, werden die Entwicklung der Varianten der Arbeitsmarktstrukturen wie auch der wohlfahrtsstaatlichen Institutionen zunächst im jeweils ersten Teil der Länderstudien als Ausgangspunkt der Reformen (t_1) skizziert. Im zweiten Teil der Länderstudien wird dann nur kursorisch darauf verwiesen, gleichwohl aber der Einfluss der entsprechenden Variablen für die Entwicklung der spezifischen Wohlfahrtsstaatsprofile in der Analyse berücksichtigt.

Die länderspezifischen Ergebnisse zu den entandenen Aktivierungsvarianten bzw. deren Erklärung anhand des erweiterten diskursorientierten akteurzentrierten Institutionalismus werden jeweils am Ende von Teil III und Teil IV in einem als Querschnittvergleich angelegten Kapitel zusammengeführt und die eingangs formulierten Hypothesen zu diskutiert. In Teil V wird der Ertrag der hier verfolgten Forschungsperspektive diskutiert. Dabei werden einzelne Besonderheiten der hier verfolgten Forschungsperspektive auch mit Blick auf zukünftige Forschungsvorhaben reflektiert. Ferner wird perspektivisch erörtert, inwiefern der skizzierte aktivierende Wohlfahrtsstaat als Gewährleistungsstaat zu fassen ist, und welche Probleme mit einem entsprechenden Wandel von Staatlichkeit verbunden sind.

III. Auf dem Weg zum aktivierenden Wohlfahrtsstaat? Varianten nationaler Policy-Profile und Erwerbsmuster

Um zu klären, ob beziehungsweise in welcher Form ein Wandel hin zum aktivierenden Wohlfahrtsstaat tatsächlich stattfindet, bedarf es einer dezidierten empirischen Analyse wohlfahrtsstaatlicher Politik. Im Folgenden wird daher beispielhaft die aktivierende Arbeitsmarktpolitik beziehungsweise deren Koordination mit der Steuer- und Familienpolitik analysiert. Die Ergebnisse des ersten Teils der Länderstudien vorwegnehmend, lassen sich die verschiedenen Varianten aktivierender Arbeitsmarktpolitik folgendermaßen charakterisieren: Universelle Kommodifizierung durch umfassende soziale Befähigung in Dänemark (Kapitel 9), gesteigerte Arbeitsmarktteilhabe durch »Making Work Pay« in Großbritannien (Kapitel 10) und »Dualisierug und Flexibilisierung« als residuale Aktivierungspolitik in Deutschland (Kapitel 11).

Die Gliederung dieses ersten Teils der Länderstudien ist für die verschiedenen Länder weitgehend identisch: Am Anfang steht ein kurzer Überblick zu den jeweiligen Phasen der Reformpolitik. Anschließend wird für jedes Untersuchungsland das jeweilige Wohlfahrtsstaats- beziehungsweise Arbeitsmarktregime zu Beginn der 1990er Jahre skizziert. Den Schwerpunkt bildet die Analyse der Arbeitsmarktpolitik unter Berücksichtigung der Steuer- und Familienpolitik sowie komplementärer Maßnahmen der Dekommodifizierung. Entlang der drei Dimensionen von Wohlfahrtsstaatlichkeit werden erstens die (Neu-) Gestaltung der Leistungen und Leistungsprinzipien entlang der Governance der Spannungsverhältnisse von Kommodifizierung und Dekommodifizierung untersucht. Zweitens werden die Organisation der Wohlfahrtsproduktion entlang der Veränderung des Spannungsverhältnisses zwischen staatlicher Steuerung und gesellschaftlicher Selbststeuerung sowie Formen reflexiver Steuerung analysiert. Drittens werden spezifische Aspekte sozialer Ungleichheit mit besonderem Fokus auf die Entwicklung der Erwerbsteilhabe dargestellt. Den Abschluss jedes Länderkapitels bildet ein zusammenfassender, diachroner

Vergleich der Varianten der Arbeitsmarktpolitik vor Reformbeginn und im Jahr 2005 (und kursorsich auch darüber hinaus). Zudem erfolgt eine Beurteilung, inwiefern das Reformprofil primär durch pfadabhängige Veränderungen oder durch (partielle) Pfadwechsel dominiert ist.

Die Ergebnisse dieses ersten Teils der Länderstudien werden in einem vergleichenden Kapitel gebündelt (Kapitel 12), in dem Fragen nach einer länderübergreifenden Realisierung des wohlfahrtsstaatlichen Paradigmenwechsels in der Arbeitsmarktpolitik wie auch hinsichtlich der Varianz wohlfahrtsstaatlicher Regime zum Ende des Untersuchungszeitraums beantwortet werden.

9. Dänemark: Universelle Kommodifizierung durch umfassende soziale Befähigung

Dänemark verbindet ein universalistisches Wohlfahrtsstaatsregime mit einem weitgehend egalitären Geschlechtermodell (Dingeldey 2001; 2005; Esping-Andersen 1990; Sainsbury 1999; Torfing 1999a: 379f.; siehe Abschnitt 6.2, Übersicht 6 und Abschnitt 8.2, Tabelle 1). Im Gegensatz zum Ausbau der sozialen Leistungen, wird bei der Regulierung des Arbeitsmarktes jedoch einem eher liberalen Wohlfahrtsstaatsmodell gefolgt[62]. Im europäischen Ranking der Kündigungsschutzregelungen liegt Dänemark daher direkt hinter Großbritannien, Belgien und Irland (Emmerich 1999: 7f.). Alles in allem ermöglicht die geringe Regulierung des Arbeitsmarktes in Dänemark eine Politik des Hire und Fire oder – positiv ausgedrückt – eine höchst flexible Anpassung des Arbeitsmarktes an Konjunkturschwankungen (Braun 2003). Für Dänemark ist daher das Zusammenwirken hoher sozialstaatlicher Absicherung des Arbeitslosigkeitsrisikos in Verbindung mit einer aktiven Arbeitsmarktpolitik und einer liberalen Arbeitsmarktregulierung typisch, was auch als goldenes Dreieck der *Flexicurity* bezeichnet wird (Kongshøj Madsen 2006).

Die Muster der Erwerbsteilhabe – wie auch das weit entwickelte Instrumentarium einer aktiven Arbeitsmarktpolitik – zeigen bereits zu Beginn der 1990er Jahre starke Übereinstimmungen mit den Zielen einer idealtypischen Aktivierungspolitik. Gleichwohl war auch die Arbeitslosigkeit zu Beginn der 1990er Jahre sehr hoch. Vor diesem Hintergrund leitete Dänemark 1994 unter der damals sozialdemokratisch dominierten Regierungs-

62 Gesetzliche Regulierungen von Arbeitszeit und Kündigungsschutz sind auf ein Minimum beschränkt. Kommt es zu Kündigungen, werden keine Abfindungen gezahlt, sondern lediglich die ersten zwei Tage der Arbeitslosigkeit von den Arbeitgebern finanziert. Die Sozialverträglichkeit wird dabei jedoch – anders als in den liberalen Wohlfahrtsstaaten – durch hohe staatliche Lohnersatzleistungen vor allem für Geringverdiener im Fall der Arbeitslosigkeit abgesichert und die berufliche Mobilität der Arbeitskräfte durch die Aus- und Weiterbildungsmaßnahmen der aktiven Arbeitsmarktpolitik gefördert (Emmerich 1999).

koalition eine Umgestaltung des arbeitsmarktpolitischen Instrumentariums mit dem Ziel der Arbeitsmarktaktivierung ein[63]. Intention der damit verbundenen Politik war es, Transferleistungsempfänger durch aktivierende Maßnahmen wieder in den Arbeitsmarkt zu integrieren. Die Teilnahme an entsprechenden Maßnahmen wurde dabei zunehmend sowohl als Recht als auch als Pflicht verstanden (Larsen 2005; Rosdahl/Weise 2000). Dänemark ist daher als Vorreiter der Aktivierungspolitik zu sehen.

Der Zeitraum von 1994 bis 2005 und danach lässt sich durch drei unterschiedliche Reformphasen charakterisieren (Abschnitt 9.1). Die verschiedenen Einzelreformen akkumulieren zu einem spezifischen Aktivierungsprofil, das sich als Veränderung in allen drei Dimensionen wohlfahrtsstaatlichen Handelns niederschlägt: In der ersten Dimension zeichnet sich ein Ausbau der Kommodifizierung ab, in dem Maßnahmen zur Arbeitsmarktbefähigung ausgebaut und mit einer Erweiterung der Arbeitspflicht gekoppelt werden. Gleichzeitig wird das hohe Niveau der Dekommodifizierung nur bedingt eingeschränkt (Abschnitt 9.2). In der zweiten Dimension zeigt sich eine zunehmende Privatisierung bei der Leistungserbringung, die jedoch nicht nur zur Zunahme von Wettbewerb, sondern insbesondere zu einer Zunahme von Co-Governance führt. Ferner werden etablierte Formen reflexiver Steuerung weiter ausgebaut (Abschnitt 9.3). Vor diesem Hintergrund kommt es zu einer weitgehenden Universalisierung der Erwerbsteilhabe auf der Basis egalitärer Erwerbsmuster (9.4). Die soweit angedeuteten Veränderungen können als weitgehend pfadabhängige Umsetzung des neuen arbeitsmarktpolitischen Paradigmas interpretiert werden (9.5).

63 Einige Autoren verweisen gleichwohl darauf, dass ein »Neuer Kurs« in der Arbeitsmarktpolitik bereits vorher begann, da der Begriff der Aktivierung im Zusammenhang mit der Einführung obligatorischer Aktivierungsmaßnahmen für junge Erwachsene im Sozialhilfebezug im Jahre 1990 durch die damals konservativ dominierte Regierung benutzt wurde (Fromm/Sproß 2008: 66; Rosdahl/Weise 2000: 160). Für die Arbeitsmarktpolitik im engeren Sinne erscheint jedoch das Jahr 1994 ausschlaggebend.

9.1 Reformschwerpunkte dänischer Aktivierungspolitik seit 1994

Die bislang zu differenzierenden drei Phasen der Aktivierungspolitik in Dänemark lassen sich anhand der jeweils unterschiedlichen Gewichtung einzelner Maßnahmen innerhalb des Kanons aktivierender Arbeitsmarktpolitik unterscheiden. Dabei sind – nicht zuletzt in Abhängigkeit vom Konjunkturverlauf beziehungsweise der Erholung am Arbeitsmarkt – verschiedene »Richtungswechsel« auszumachen. Während in der ersten Phase eine Ausweitung der Aktivierung mit einer Erweiterung von Dekommodifizierungsoptionen gekoppelt wurde, zeichnet sich die zweite Phase unter anderem durch die dezidierte Rücknahme letzterer sowie einer zunehmenden Akzentuierung der Förderung direkter Integration in den ersten Arbeitsmarkt aus. Ferner beginnt die Reorganisation der Leistungserbringung. In der nächsten Phase wird auch die Leistungsverwaltung umgebaut. Die bereits sukzessiv ausgebaute Aktivierungspflicht wird nun in Bezug auf selektive Gruppen zum direkten »Arbeitszwang«, indem der Nachweis der Erwerbsintegration zur Voraussetzung für den Leistungsbezug wird (Übersicht 9).

1. Phase 1994–1998: Maßnahmenmix von Aktivierung und Deaktivierung

Die Einführung aktivierender Maßnahmen erfolgte im Rahmen des Arbeitsmarktreformgesetzes 1994 sowie zahlreicher sukzessiver Haushaltsgesetze (1995–98). Als zentrale Reformelemente dieser Phase sind die schrittweise Kürzung bei der Dauer des Arbeitslosengeldbezugs und die Definition einer so genannten Aktivierungsphase für Arbeitslosengeldbezieher zu nennen. Während der Aktivierungsphase haben Transferleistungsbezieher ein Recht auf das Angebot arbeitsmarktpolitischer Maßnahmen wie auch die Pflicht zur Teilnahme (Androhung von Sanktionen) (Braun 2003; Döhrn u.a. 1998: 312). In diesem Zusammenhang wurden Weiterbildungsmaßnahmen massiv ausgebaut (Emmerich 1998), aber auch (subventionierte) Beschäftigungsmaßnahmen auf einem kontinuierlich hohen Niveau gehalten. Das ohnehin bereits gut ausgebaute Kinderbetreuungsangebot wurde erweitert.

Daneben war – quasi im Gegensatz zur offiziellen Rhetorik – eine Politik der De-Aktivierung der Arbeitskräfte charakteristisch für diese Phase. Zu nennen sind hier insbesondere die Einführung und Erweiterung der verschiedenen Job-Rotation Programme (Sabbatical, Bildungs- und Erziehungsurlaub) sowie eine Ausweitung der Frühverrentungsprogramme (Compston/Kongshøj Madsen 2001) bei gleichzeitiger Zunahme der Arbeitsunfähigkeitsrenten. Die Governance der Beziehung zwischen Individuen und Sozialstaat zeichnete sich damit in dieser Phase durch (wieterhin) umfassende Rechte zur Dekommodifizierung und zunehmende Rechte auf Kommodifizierung aus. Dies ging mit einer Ausweitung der Pflichten zur Erwerbsteilhabe einher.

Der arbeitsmarktpolitische Erfolg dieser Phase brachte Dänemark den Ruf eines »Jobwunders« ein (Kongshøj Madsen 1998; Schwartz 2001a), da innerhalb von fünf Jahren die Arbeitslosigkeit halbiert und ein massiver Anstieg des Beschäftigungsniveaus erreicht werden konnte. Sofern dieser Erfolg – neben der positiven konjunkturellen Entwicklung – explizit durch die Arbeitsmarktpolitik erklärt werden kann, dürften die traditionelle Strategie der Reduzierung des Arbeitskräfteangebots über verschiedene Instrumente der Frühverrentung und die Ausweitung der Beschäftigung im öffentlichen Sektor deutlich wichtiger gewesen sein als die »aktivierenden« Maßnahmen (siehe auch Larsen 2002; van Oorschot/Abrahamson 2003).

2. Phase 1999–2004: Rücknahme der Deaktivierung und Organisationsreform

Vor dem Hintergrund der sich verbessernden Arbeitsmarktbilanz beziehungsweise eines in verschiedenen Sektoren sich abzeichnenden Arbeitskräftemangels wurden noch von der sozialdemokratisch dominierten Regierung vor allem solche Instrumente zurückgefahren, welche einen Arbeitsmarktrückzug von Personen im erwerbsfähigen Alter ermöglicht hatten. Charakteristisch war die Reform der Job-Rotation-Programme, wobei die Sabbat-Regelung (Beurlaubung ohne Grund) bereits 1999 nicht mehr gefördert wurde und 2001 ein Auslaufen des Bildungsurlaubs und eine Modifikation des Erziehungsurlaubs beschlossen wurden. 1999 erfolgte ferner eine – letztlich zaghafte – Reform des Vorruhestandes.

Unter der liberal-konservativ dominierten Regierung wurde der eingeleitete Strategiewechsel konsolidiert und neu akzentuiert. Im Rahmen des Programms »Mehr Menschen in Beschäftigung« (»Flere i arbejde«) wurde die Governance der Beziehung zwischen Individuum und Sozialstaat durch eine striktere Fokussierung auf die Arbeitsmarktteilhabe im Sinne einer Ausweitung von Pflichten redefiniert. Bei der Weiterqualifizierung der Arbeitslosen wurden längerfristige Maßnahmen zurückgenommen und kurzfristige Maßnahmen wie Bewerbungstraining und Beratung ausgebaut. Eine allgemeine Senkung der Steuern zielte auf die Erhöhung von Arbeitsanreizen, was durch eine Erhöhung der Freibeträge für Erwerbseinkommen, zum Beispiel beim Sozialhilfebezug, ergänzt wurde (Bredgaard u.a. 2005a: 36). Ferner wurde der Flexibilitätsaspekt über befristete Verträge und Leiharbeit stärker betont (Bredgaard u.a. 2009). Zentral für diese Phase war ferner die Reorganisation der Arbeitsverwaltung im Sinne einer Vermarktlichung beim Erbringen von arbeitsmarktpolitischen Leistungen unter anderem im Bereich der beruflichen Weiterbildung (Ministry of Education 2006).

3. Phase seit 2005: Intensivierung der Aktivierung selektiver Gruppen und Fusion der Arbeits- und Sozialhilfeverwaltung

Unter dem Slogan »Eine neue Chance für alle« fand eine weitere Akzentuierung des bereits zuvor angelegten Work First Approach statt. Um die unmittelbare Integration der Arbeitslosen in den Arbeitsmarkt zu erhöhen, setzt die Aktivierungsphase nunmehr bereits nach neun Monaten ein. Insbesondere für Sozialhilfeempfänger, darunter viele Migranten und Jugendliche, wurde der Arbeitszwang weiter massiv verschärft, indem Leistungen an den Nachweis von Erwerbstätigkeit geknüpft wurden (Kvist u.a. 2008). Dies darf jedoch nicht darüber hinweg täuschen, dass die bereits umfassend ausgebaute Infrastruktur sozialer Dienstleistungen und Maßnahmen sozialer Befähigung in der Arbeitsmarktpolitik auf hohem Niveau angepasst, nicht aber radikal abgebaut wurden.

Charakteristisch für diese Phase ist ferner, dass der Umbau der Arbeitsverwaltung schließlich realisiert wurde, indem die Governance der Leistungserbringung vereinheitlicht und dezentralisiert wurde. Zudem erfolgte im Anschluss an die Kommunalreform die Zusammenlegung von Arbeits- und Sozialämtern, die ebenfalls mit einer Verlagerung von Kompetenzen zu den Kommunen verbunden wurde.

Welche Konsequenzen die verschiedenen Reformen mit Blick auf die Herausbildung einer spezifischen Aktivierungsvariante hatten, wird im Folgenden anhand des detaillierten Vergleichs der Maßnahmen, Regulierungen und Beschäftigungsmuster in den Jahren 1993 und 2005 sowie anhand eines Ausblicks auf die nachfolgende Entwicklung mit Bezug zu den drei Dimensionen wohlfahrtsstaatlichen Handelns erörtert.

Übersicht 8: Gesetzgebung in Dänemark seit 1994

1. Phase (1994-1998): Maßnahmenmix von Aktivierung und Deaktivierung	
1994	Arbeitsmarktreform (I)
	Erste Kürzungen der ALG- Dauer (7 Jahre) und Aktivierung von Zielgruppen (ein Jahr Aktivierung in 4 Jahren); bezahlte Arbeitsmarkturlaube
1995-1998	Arbeitsmarktreform (II) (Haushaltsgesetze)
	Reduzierung der Dauer des Arbeitslosengeldes auf 5 Jahre (1996); Aktivierung nach 2 Jahren (1996); Einführung einer Teilzeitvorruhestandsregelung (1995)
1998	Gesetz zur aktiven Sozialpolitik
	Aktivierung auf alle arbeitslosen SH-Empfänger ausgedehnt; zunehmende Verantwortung der Kommunen
2. Phase (1999-2004): »Mehr Menschen in Beschäftigung« als Rücknahme der Deaktivierung und Organisationsreform	
1999	Arbeitsmarktreform (III) (Haushaltsgesetz)
	Kürzung der Dauer des ALG auf 4 Jahre; Aktivierung nach 1 Jahr; stärkere Zielgruppenorientierung bei Ausbildungsmaßnahmen; Ausweitung von Sprachkursen und Erwachsenenausbildung; Abschaffung der Arbeitsmarkturlaube; Kürzungen bei Frühverrentung
2002	Reformen im Zuge des Programms »Mehr Menschen in Beschäftigung«
	Ausweitung der Arbeitsanreize sowie der Sanktionen (Jüngere); Restrukturierung der Ausbildungs- und Beschäftigungsmaßnahmen; Privatisierung von amp DL; Kürzung der SH für arbeitslose Migranten
2002	Neues Teilzeitgesetz
2003	Gesetz über aktiven Beschäftigungseinsatz
	Verbesserung der Arbeitsvermittlung; flexible und zielorientierte Aktivierung über gesamte Dauer der Arbeitslosigkeit; Verschärfung der Aktivierungspflicht für Sozialhilfeempfänger und junge Arbeitslose
2003	Gesetz über die Verantwortlichkeit für die Steuerung des aktiven Beschäftigungseinsatzes
	Strukturelle Reform der Zuständigkeiten im Arbeitsmarkt
2003	Gesetz zu befristeten Verträgen (schließt Regelungen zu Leiharbeit ein)
2004	Reform der beruflichen Bildungsprogramme
	Ausrichtung der Programme auf Verbesserung der Arbeitsmarktstrukturen; Restrukturierung und Reorganisation der Weiterbildungsträger
2004	Steuerreform
	Senkung der Lohnsteuer für alle, aber insbesondere für mittlere Einkommensgruppen
3. Phase (seit 2005): »Eine Chance für alle« Intensivierung der Aktivierung selektiver Gruppen und Fusion der Arbeits- und Sozialhilfeverwaltung	
2005	Integrationsabkommen
	Verschärfte Aktivierung von Sozialhilfeempfängern; Ersatz von SH für Paare durch geringere »Partner Assistance« (de facto Zielgruppe: Migranten)
2006	Reformen im Zuge des Welfare Reform Agreement
	Aktivierung generell nach 9 Monaten; verlängerter ALG-Bezug für über 55 bis 59-jährige abgeschafft; Aktivierung auch dieser Gruppe; Abschaffung der Partner Assistance
2007	Kommunalreform
	primär räumliche, Zusammenlegung von Arbeitsämtern und Sozialämtern
2009	Reform der Arbeitsverwaltung (Haushaltsgesetz)
	Schaffung gemeinsamer Administration von Arbeitslosengeld und Sozialhilfe
2010	Kürzung der Dauer des ALG auf zwei Jahre

Jahreszahlen beziehen sich auf Beginn der Implementation der Gesetze.
Quelle: Eigene Darstellung.

9.2 Universalisierung von Arbeitsmarktbefähigung und Arbeitspflicht

Im Einklang mit der Charakterisierung Dänemarks als universalistischem Wohlfahrtsstaat ist die Gestaltung der Leistungen und Leistungsprinzipien zu Beginn der 1990er Jahre durch stark ausgeprägte Rechte auf Dekommodifizierung, gekoppelt mit einer eher geringen Arbeitspflicht und einem bereits gut entwickelten Instrumentarium zur sozialen Befähigung, das auf die Teilnahme aller am Arbeitsmarkt zielt. Der Vergleich der Entwicklung der entsprechenden Maßnahmen bis zum Jahr 2005 zeigt, dass die sukzessive Gewährung einer Art Recht auf Arbeit mit der Ausweitung der Pflicht zur Arbeit verknüpft wurde.

Re-Regulierung des Rechts auf Dekommodifizierung

Das Recht auf Dekommodifizierung wird anhand der Regulierung folgender, im dänischen Fall relevanter Leistungen analysiert: Arbeitslosengeld, Sozialhilfe, Frühverrentung beziehungsweise Vorruhestand, Erwerbsunfähigkeitsrente und Mutterschutz beziehungsweise Elterngeld.

In Dänemark existieren *zwei Leistungssysteme für Arbeitslose.* Das erste System, *die Arbeitslosenversicherung,* wird im Rahmen des Genter Modells (Mitgliedschaft in der Arbeitslosenversicherung ist weitgehend gleichbedeutend mit der Mitgliedschaft in der Gewerkschaft) auf der Basis freiwilliger Mitgliedschaft organisiert, gleichwohl aber überwiegend staatlich finanziert (Abschnitt 9.3), Die dänische Arbeitslosenversicherung steht sowohl Arbeitnehmern als auch Selbständigen offen und weist trotz der freiwilligen Mitgliedschaft einen weitgehend konstanten Inklusionsgrad von circa 80 Prozent der dänischen Erwerbsbevölkerung auf. Die Mitgliedschaft (12 Monate Beitragszahlungen) plus 26 Wochen Beschäftigung (binnen drei Jahren vor Eintritt der Arbeitslosigkeit) begründeten 1994 die Anrechte auf Arbeitslosengeld, Teilvorruhestandsgeld und Vorruhestandsgeld (van Oorschot/Abrahamson 2003: 294). Gemäß der 1994 gültigen Regelung konnte *Arbeitslosengeld* für einen Zeitraum zwischen acht und neun Jahren bezogen werden[64] (OECD 2003a). Arbeitslose, die älter als 55 Jahre waren,

64 Formal war im Gesetz lediglich eine Dauer von 2,5 Jahren vorgesehen. Da die Teilnahme an aktiven Maßnahmen beziehungsweise subventionierten Beschäftigungsmaßnahmen jedoch zu einer Erneuerung des Anspruchs auf Arbeitslosengeld führte (26

erhielten das Arbeitslosengeld für eine nicht befristete Dauer (Goul Andersen 2002). Die Höhe des Arbeitslosengeldes lag bei maximal 90 Prozent des vorherigen Netto-Einkommens, wobei die Obergrenzen je nach Familiensituation und Einkommen variierten. Insbesondere die Deckelung der Leistungshöhe bei 51 Prozent des Brutto-Einkommens eines durchschnittlichen Industriearbeiters (Average Production Worker, APW) beinhaltet allerdings, dass die Leistung quasi als Festbetrag reguliert ist – und damit die Einkommensersatzrate für niedrige Einkommen sehr hoch, für höhere Einkommen jedoch eher gering ist (OECD 2006a: 70)[65].

Das zweite System, *die Sozialhilfe,* wird von den Kommunen verwaltet. Hier können Arbeitslose, welche nicht Mitglied einer Arbeitslosenversicherung sind oder deren Anspruch trotz der langen Dauer erschöpft ist, Ansprüche anmelden. Die bedürftigkeitsgeprüfte Leistung berücksichtigt den Familienstand, so dass insbesondere Arbeitslose mit mindestens einem Kind, die ein vormals geringes Einkommen hatten, auch durch die Sozialhilfe Lohnersatzraten von bis zu 99 Prozent erreichen konnten (ohne Kind etwa 77 Prozent) (Nordic Social-Statistical Committee 2004).

Darüber hinaus stellte für ältere Arbeitnehmer *die Erwerbsunfähigkeitsrente* eine wichtige Dekommodifizierungsoption dar. Sie ist immer unbefristet und wird auf Vollzeitbasis bis zum Erreichen des Pensionsalters gezahlt. Die Leistungshöhe ist auf das Maximum des Arbeitslosengeldes beschränkt (falls der Bezieher im Paarhaushalt lebt, ist die maximale Höhe 85 Prozent des Arbeitslosengeldes beziehungsweise wird mit Abschlägen bis zu 30 Prozent in Abhängigkeit vom Partnereinkommen und vom eigenen Vermögen belegt) (OECD 2006b).

Seit 1979 gab es zudem ein (freiwilliges) *Frühverrentungsprogramm (efterløn)* für Arbeitnehmer im Alter von 60 bis 64 Jahren, das eine in Dänemark viel genutzte Form der Dekommodifizierung war. Das Vorruhestandsgeld

Wochen Beschäftigung innerhalb von drei Jahren), ergab sich eine Gesamtdauer des Arbeitslosengeldbezugs (inklusive der Mindestdauer der Maßnahmen) von bis zu neun Jahren. Die Spannbreite der Angaben zur Dauer ergibt sich, da der jeweilige Anspruch durch die Teilnahme an Beschäftigungsmaßnahmen regional unterschiedlich verlängert wurde.

65 Nach Berechnungen der OECD lag 1995 die standardisierte Einkommensersatzrate für das durchschnittliche Netto-Einkommen eines Industriearbeiters (APW) in Dänemark für Alleinstehende bei 65 und für Verheiratete (Alleinverdiener) mit zwei Kindern bei 77 Prozent des vorangegangenen Einkommens. Lag das vorherige Einkommen lediglich bei 66,7 Prozent des APW, waren die Lohnersatzraten mit 90 Prozent respektive 95 Prozent ungleich höher. Insgesamt betrugen Sozialleistungen wie Wohngeld und Kindergeld maximal etwa 30 Prozent der Transferleistungen (OECD 1998b: 30f.).

wurde maximal für 2,5 Jahre in Höhe des Höchstbetrages des Arbeitslosengeldes gezahlt, um bei einer längeren Dauer auf 82 Prozent desselben reduziert zu werden (Dänisches Arbeitsministerium 1996). Dieses Programm sollte ursprünglich gering qualifizierten Arbeitnehmern, die viele Jahre unter harten physischen Bedingungen gearbeitet hatten, den Rückzug vom Arbeitsmarkt ermöglichen. Es stellte sich jedoch als populärer heraus als erwartet, so dass die Inanspruchnahme überwiegend durch den »Freizeitwunsch« motiviert war und weder Arbeitslose noch gesundheitlich eingeschränkte Arbeitnehmer überdurchschnittlich repräsentiert waren (OECD 2006a: 66, 79). Der Rückgang der Erwerbsquote der über 55-jährigen auf 53,7 Prozent 1994 kann als partieller Effekt dieser Leistung gesehen werden (siehe Tabellen 6 und 2).

Der Grad der Dekommodifizierung ist zu Beginn der 1990er Jahre damit als extrem hoch einzuschätzen, und zwar was den Zugang zu Leistungen, deren Dauer und Höhe betraf. Beobachter sprechen daher zu Beginn der 1990er Jahre mit Bezug auf Dänemark auch von der Realisierung eines Citizen-Wage-Models, also einer durch den Bürgerstatus begründeten Grundsicherung auf hohem Niveau (Goul Andersen 2002). Einzelne Berechnungen zeigen, dass 1994 etwa ein Viertel der Bevölkerung im Alter zwischen 15 und 64 Jahren dekommodifiziert war (Lind/Møller 1997: 97). So erhielten 1994 724 Tausend Personen Transferleistungen aufgrund von Arbeitslosigkeit (davon 553 Tausend Arbeitslosengeld und circa 170 Tausend Sozialhilfe). Dazu kamen 267 Tausend Personen im erwerbsfähigen Alter, die Erwerbsunfähigkeitsrente, und 114 Tausend, die Vorruhestandsleistungen bezogen (siehe Tabelle 2).

Mit der Aktivierungspolitik eingeführte Kürzungen der Höhe des *Arbeitslosengeldes* betrafen primär die unter 25-jährigen Arbeitslosen, für die die Leistungen nach sechs Monaten auf 50 Prozent der regulären Leistungshöhe gekürzt wurden (OECD 2006a: 83). Für alle anderen Arbeitslosen wurde die Regulierung in Bezug auf die Höhe der Leistungen im Fall der Arbeitslosigkeit bis 2007 nicht verändert. Gleichwohl sind die effektiven Lohnersatzraten für APW Einkommen aufgrund der Veränderung von Berechnungsgrundlagen und Regulierungen bei den Transfers auch in Dänemark weiter gefallen: Für Singles lagen sie 2005 bei 63 Prozent (2007: 61 Prozent) und für (Alleinverdiener) Paar mit zwei Kindern bei 75 Prozent (2007: 73 Prozent) (OECD 2009b). Aufgrund der Deckelung des Höchstbetrages (bei ca. 195.000 DKK beziehungsweise 26.250 Euro in 2010) ist die Lohnersatzrate für überdurchschnittliche Einkommen deutlich niedriger beziehungsweise für geringere Einkommen klar höher (Goul Andersen 2010)[66].

Die Rücknahme des Rechtes auf Dekommodifizierung macht sich jedoch weniger an dieser marginalen Absenkung der Leistungshöhe fest als vielmehr an der Verschärfung der Zugangsbedingungen zu Arbeitslosengeldleistungen (Verdopplung der notwendigen Beschäftigungsdauer auf 52 Wochen innerhalb der Rahmenfrist von drei Jahren in 1997) (van Oorschot/Abrahamson 2003: 294) sowie der schrittweisen Reduzierung der Bezugsdauer auf durchgängig maximal vier Jahre[67]. Diese wurde in 2010 erneut auf nunmehr zwei Jahre gekürzt. Ferner wurden 2006 auch spezifische Rechte auf Dekommodifizierung für Arbeitslose im Alter von 55 bis 59[68] abgeschafft (Goul Andersen 2010).

Die *Sozialhilfe* wurde im Zuge aktivierender Politik für spezifische Zielgruppen gekürzt: Seit 1996 erhalten die unter 25-jährigen nur noch zwei Drittel der normalen Höhe. Seit 2003 werden ferner nach sechs Monaten Bezugsdauer die Regelleistungen gekürzt. Für Nicht-Dänen (Mindestaufenthalt weniger als sieben Jahre) wurde bereits 2002 die so genannte Starthilfe alternativ zur Sozialhilfe eingeführt, deren Höhe lediglich 45 bis 64 Prozent der Sozialhilfe beträgt (Abrahamson 2006:370). Weitere Kürzungen, vor allem für Paare, wurden im Rahmen des Welfare Agreement 2007 eingeführt (Larsen/Mailand 2007). Gleichzeitig wurde jedoch der Zugang zu Bildungs- und Aktivierungsangeboten, zum Beispiel für 25 bis 29-jährige geöffnet (OECD 2006a: 76). Mit diesen Erweiterungen wurde auch die Konditionalisierung der Leistungen erhöht (siehe unten).

Die unter anderem aufgrund der guten Konjunkturlage und der genannten Reformen erreichte Senkung der Zahl der Arbeitslosengeldbezieher um ein Drittel auf nur noch circa 300 Tausend wie auch der Rückgang der arbeitslosen Sozialhilfeempfänger auf 134 Tausend bis 2005 setzte sich danach weiter fort. 2007 bezogen lediglich 204 Tausend respektive 102 Tausend Personen Arbeitslosengeld beziehungsweise Sozialhilfe (Tabelle 2). Dieser Erfolg wurde zunächst durch die Entwicklung bei den Erwerb-

---

66 Lag das vorherige Einkommen nur bei 67 Prozent APW, waren die entsprechenden Einkommensersatzraten 87 und 91 Prozent in 2007 (OECD 2009b).

67 Die entsprechende Bezugsdauer verlängert sich allein durch die Teilnahme an Flexijobs, nicht jedoch durch andere aktive Maßnahmen (Linke Sonderegger 2007: 188).

68 Arbeitslose dieser Altersgruppe konnten zunächst weiterhin neun Jahre Arbeitslosengeld erhalten (OECD 2006a: 70).

sunfähigkeitsrenten sowie insbesondere den Vorruhestandsleistungen konterkariert (siehe Tabelle 2 sowie Abbildung 2).

Eine *Reform des Frühverrentungsprogramms* im Jahr 1999 verschärfte auch hier die Zugangsbedingungen, indem nicht nur die Mitgliedschaft in einer Arbeitslosenkasse erforderlich war, sondern diese 25 Jahre (in den vergangenen 30 Jahren) bestanden haben musste. Darüber hinaus wurden Anreize geschaffen, welche auf einen längeren Verbleib im Arbeitsmarkt abzielten und das formale Renteneintrittsalter von 67 Jahren, das ohnehin kaum Relevanz besaß, mit Gültigkeit ab 2004 auf 65 Jahre gesenkt (Goul Andersen 2001; OECD 2003a: 65f.). Außerdem wurde ein spezieller Frühverrentungsbeitrag eingeführt (OECD 2006a: 69).

Die weiterhin große Bedeutung dieses Programms lässt sich jedoch nicht zuletzt daran ablesen, dass im Jahr 2004 die Ausgaben für diese ebenfalls von den Arbeitslosenkassen verwaltete Vorruhestandsregelung mit 25 Milliarden DKK (circa 3,4 Milliarden Euro) höher waren als die für das Arbeitslosengeld (22,8 Milliarden DKK; circa 3,1 Milliarden Euro) (Clasen/Viebrock 2006: 362). Die Bündelung der Maßnahmen haben allerdings dazu geführt, dass der tatsächliche Renteneintritt später erfolgt (Knuth u.a. 2004) und – nach einem gebremsten Anstieg – die Zahl der Empfänger von Vorruhestandsleistungen seit 2005 konstant rückläufig war und bis 2007 auf 165 Tausend gesunken ist (Tabelle 2).

Nicht zuletzt aufgrund der Ausweitung des freiwilligen Vorruhestandes nahm seit Mitte der 1990er Jahre die Bedeutung der Erwerbsunfähigkeitsrente leicht ab. Die durchschnittliche Zahl der Bezieher lag bis 1999 zwischen 260 und 270 Tausend, sank dann aber unter 250 Tausend im Jahr 2005 beziehungsweise 2007 (siehe Tabelle 2). Dies ist auf Re-Regulierungen in 1998 und 2003 zurückzuführen. Diese bedingen, dass Maßnahmen der Rehabilitation ausgeschöpft werden müssen und das Konzept der »Arbeitsunfähigkeit« durch »verbleibende Arbeitsfähigkeit« bei der Bewertung der jeweiligen Person verändert wurde. Obgleich die Erwerbsquote der über 55-jährigen bis 2005 auf 62,9 Prozent deutlich anstieg, hat die Welfare Commission 2005 aufgrund des zunehmenden Arbeitskräftemangels empfohlen, vor allem das Frühverrentungsprogramm weiterhin maßgeblich einzuschränken (OECD 2006a: 69).

Abbildung 2: Transferleistungsempfänger im erwerbsfähigen Alter in Dänemark, 1990–2003

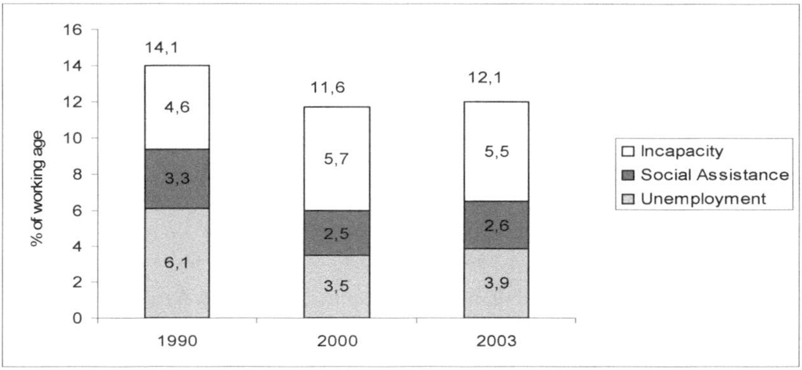

Quelle: Carcillo/Grubb (2006: 55, 69).

Diese in der Summe also weiterhin umfassenden Möglichkeiten der Dekommodifizierung wurden in Dänemark in der ersten Phase der Aktivierungspolitik noch durch eine arbeitsmarktpolitische Innovation, die Jobrotation Programme, erweitert. Dabei wurden Sabbaticals (Beurlaubung ohne Angabe von Gründen), Weiterbildungsurlaub und Erziehungsurlaub[69] für die Dauer von bis zu einem Jahr angeboten. Die finanzielle Kompensation lag mehr oder weniger in Höhe des maximalen Arbeitslosengeldes. Die beiden letztgenannten Optionen konnten auch von Arbeitslosen in Anspruch genommen werden (zu einzelnen Regelungen siehe Compston/Kongshøj Madsen 2001)). Der aktivierende Aspekt lag zunächst darin, dass für die Beschäftigten, die eine Urlaubsoption in Anspruch nahmen, ein Arbeitsloser eingestellt werden sollte. Faktisch wurde diese Forderung nur bei etwa jedem fünften Bildungsurlauber eingelöst (Kruhoffer 2001:20). So trugen die Urlaubsprogramme zwischen 1994 und 1997 zu einer immensen Reduzierung des Arbeitskräfteangebots um 1,5 bis knapp 3 Prozent bei (Compston/Kongshøj Madsen 2001). Positiv ist allerdings zu bewerten, dass die Instrumente sehr flexibel eingesetzt und bereits beim ersten Beschäftigungsanstieg wieder abgebaut wurden (Tabelle 2).

---

69 Dies war eine spezifische Leistung im Rahmen der Arbeitsmarktpolitik, die zusätzlich oder alternativ zu den familienpolitischen Leistungen des Erziehungsurlaubs in Anspruch genommen werden konnte.

Auch *familienpolitische Leistungen* beinhalteten zu Beginn der 1990er Jahre ein vergleichsweise hohes Leistungsniveau: Mutterschutz wurde 4 Wochen vor und 14 Wochen nach der Geburt gewährt. Die finanzielle Kompensation betrug dabei generell 90 Prozent des vorherigen Gehalts, wobei insbesondere im öffentlichen Sektor, aber auch in anderen Sektoren aufgrund tariflicher Vereinbarungen der volle Lohn gezahlt wurde. Andere erhielten eine finanzielle Kompensation äquivalent zum Krankengeldanspruch (Linke Sonderegger 2003). Zudem gab es einen Anspruch auf insgesamt vier Wochen Vaterschaftsurlaub[70]. Im Anschluss an den Mutterschutz konnte im Rahmen der familienpolitischen Leistungen ein – im Vergleich eher kurzer – Elternurlaub von insgesamt zehn Wochen zwischen dem Vater und der Mutter geteilt werden, der in Höhe des Arbeitslosengeldes kompensiert wurde (Wendt 1998: 107).

In Folge der sich Mitte der 1990er Jahre einstellenden Arbeitskräfteknappheit wurde die im Rahmen der Job-Rotation Programme eingeführte Erziehungsurlaubsoption 2002 in eine Neuregelung des Elternurlaubs integriert. Seitdem haben Mutter und Vater einen gemeinsamen Anspruch auf insgesamt 32 Wochen Erziehungsgeld-Urlaub, der ergänzend zum Mutterschutz (18 Wochen) und den maximal zwei Wochen Vaterschaftsurlaub gewährt wird. Die finanzielle Kompensation während der gesamten Dauer ist an das vorherige Einkommen geknüpft und entspricht der Höhe des Arbeitslosengeldes (einschließlich der Deckelung bei hohen Einkommen; siehe oben). Darüber hinaus besteht die Möglichkeit einer weiteren Verlängerung um maximal 14 Wochen, allerdings ohne beziehungsweise mit eingeschränkter finanzieller Kompensation (Linke Sonderegger 2003).

Die damit verbundene Kürzung der maximalen Dauer der Beurlaubung aufgrund der Geburt eines Kindes ging mit einem deutlichen Rückgang der Personen einher, die Erziehungsgeld respektive Elternurlaub beanspruchten[71]. 2007 waren es lediglich noch acht Tausend Personen (siehe Tabelle 2). Der Frauenanteil lag in allen Programmen über die Jahre immer bei über 90 Prozent. Väter machten im Jahr 2007 zu 89 Prozent vom Vaterschaftsurlaub Gebrauch, aber lediglich 26 Prozent nutzten den Erziehungsgeld-Urlaub. Damit bleibt auch in Dänemark die Inanspruchnahme

70 Dieser betrug zwei Wochen in den ersten 14 Wochen und zwei Wochen bis zur 46. Woche nach der Geburt.

71 Bereits vor der Neuregelung blieben in Dänemark etwa 85 Prozent der Mütter lediglich ein halbes Jahr nach der Geburt zu Hause. Nur ca. 8 Prozent verlängerten im Jahr 2000 über die 24. Woche hinaus (Wehner/Abrahamson 2003b: 26).

durch Väter trotz der vergleichsweise hohen finanziellen Kompensation eine Minderheitenoption (OECD 2009e).

Insgesamt bleibt festzuhalten, dass im Rahmen der Aktivierungspolitik in Dänemark der Anteil der Erwerbsbevölkerung im Transferleistungsbezug gesunken ist, aber bis 2008 auf deutlich höherem Niveau verblieb als die vergleichsweise geringe Arbeitslosenquote »suggeriert«. Grund dafür war die nur mäßige Einschränkung »anderer« Dekommodifizierungsoptionen (van Oorschot 2002). Jenseits dieser Entwicklung bezog sich die Rücknahme des Rechts auf Dekommodifizierung im Zuge der Aktivierungspolitik primär auf die Dauer der Arbeitslosengeldleistungen. Massive Einschnitte bei der Leistungshöhe waren selektiv auf Jugendliche und Migranten fokussiert, so dass das Niveau der Transferleistungen im Vergleich, insbesondere für Geringverdiener, als weiterhin hoch gilt.

Tabelle 2: Transferleistungsempfänger im erwerbsfähigen Alter nach Leistungsart in Dänemark seit 1990 (Fälle in Tausend)

	1990	1992	1994	1996	1998	2000	2001	2002	2003	2004	2005	2006	2007
Transfers bei Arbeitslosigkeit	690	783	724	546	475	426	423	418	459	475	434	379	306
- Arbeitslosengeld	484	541	553	413	347	300	295	294	333	333	300	260	204
- Sozialhilfe	206	242	171	133	128	126	128	125	126	142	134	119	102
Frühverrentungs-programme	342	357	381	442	453	445	443	454	458	462	429	405	410
- Erwerbsunfähigkeit	251	258	267	269	272	259	256	260	261	259	249	247	245
- Vorruhestand	92	99	114	173	181	186	187	193	198	203	180	158	165
Beurlaubungs-programme			52	24	22	21	21	5	3			379	306
- Sabbaturlaub	-	-	6	-									
- Erziehungsurlaub	-	k.A.	46	24	22	21	21	5	3				
davon Arbeitslose	-		23	10	8	6	7	2	1				
- Erziehungsgeld								33	10	7	10	8	8

Quelle: Danmarks Statistik (various), SAM11: Empfänger Einkommen substituierender Leistungen nach Gebiet, Leistungsart und Zeit.

Re-Regulierung der Arbeitspflicht

Eine wesentliche Veränderung im Verhältnis zwischen Sozialstaat und Individuum im Zuge der Aktivierungspolitik in Dänemark besteht in der

Universalisierung der Arbeitspflicht. Der im Rahmen der Arbeitslosenversicherung im ersten Jahr der Arbeitslosigkeit gewährte Berufsschutz wurde im Zuge der Aktivierungspolitik abgeschafft sowie die regionalen Mobilitätsanforderungen deutlich erhöht. Nunmehr müssen mit dem ersten Tag der Arbeitslosigkeit unabhängig von der Vorbeschäftigung alle »akzeptablen« Arbeitsangebote angenommen sowie (im Prinzip) Wegzeiten von bis zu vier Stunden täglich in Kauf genommen werden.

Was als akzeptabler Job gilt, ist im so genannten Job-Plan (früher: individueller Handlungsplan) festgelegt, der spätestens vier Wochen nach Beginn der Arbeitslosigkeit erstellt wird (Goul Andersen 2010; Linke 2009: 204). Dieser ist als eine Art Vertrag zwischen dem Klienten und der Arbeitsverwaltung zu verstehen und definiert sowohl Rechte auf Maßnahmen als auch Pflichten bezüglich aktiver Arbeitssuche angepasst an die individuelle Situation (Kvist u.a. 2008: 236). Die Aktivitäten der Arbeitssuche müssen von den Klienten nachgewiesen werden.

Der bestehende, jedoch selten implementierte Sanktionskatalog wurde bereits Anfang der 1990er Jahre und dann vor allem seit 2002 vereinheitlicht und partiell verschärft. Da insbesondere Sanktionen für geringfügiges Fehlverhalten ausgeweitet wurden[72], stieg 2004 die Anzahl der davon Betroffenen auf 4,2 Prozent der Arbeitslosen an. Ein ähnliches Bild zeichnet sich auch in Bezug auf die Sozialhilfe ab (Linke Sonderegger 2007: ff.).

Darüber hinaus wurde eine obligatorische Arbeitsmarktaktivierung eingeführt (Rosdahl/Weise 2000). Seit 2006 beginnt nach neun Monaten Arbeitslosengeldbezug (1/2 Jahr für unter 30-jährige) die so genannte Aktivierungsperiode (Kvist u.a. 2008: 227; List-Jensen 2008), während der sowohl ein Recht als auch die Pflicht besteht, an Weiterbildungs- und Beschäftigungsmaßnahmen teilzunehmen. Entsprechende Aktivierungsangebote beziehungsweise -verpflichtungen erneuern sich halbjährig, sofern keine Verbindung mit dem Arbeitsmarkt aufgenommen wird (Goul Andersen 2002; OECD 2003a). Ausgenommen sind allein Arbeitslose ab dem Alter von 58 Jahren (OECD 2006a: 70).

Es gibt eine vergleichsweise große Auswahl zwischen verschiedenen Aktivierungsoptionen. In frühen Evaluationsstudien wurde betont, dass im Rahmen dieser Verträge die Zwangsaspekte nicht dominierten, sondern die Klienten entsprechend der Tradition des universellen Wohlfahrtsstaates primär als Individuen mit eigenen Rechten behandelt werden (Olesen

72 Dies traf zu, wenn die Verfügbarkeit für den Arbeitsmarkt nicht gewährleistet war, keine Arbeitssuche stattfand oder Arbeitsangebote nicht angenommen wurden.

2001). Die Situation nach 2006 respektive 2008 wird unter anderem in Folge der Organisationsreform gleichwohl anders eingeschätzt. Nunmehr wird die möglichst direkte Re-Integration in den ersten Arbeitsmarkt von der Arbeitsadministration implementiert – trotz des bestehenden Widerspruchs zu Sozialbürgerrechten, die von vielen Sozialarbeitern verteidigt werden (Goul Andersen 2010).

Sozialhilfeempfänger (unter 30 Jahren) können seit 1994 schon nach drei Monaten aktiviert werden, das heißt zu Arbeiten im öffentlichen Interesse herangezogen werden (Döhrn u.a. 1998: 320). Die Arbeitspflicht gilt weitgehend universell, das heißt auch für alle Mütter beziehungsweise Eltern im Transferleistungsbezug und wird – jenseits der Regelungen von Mutterschutz und Elternurlaub – nur in spezifischen Ausnahmesituationen aufgehoben. Diese sind Krankheit, Schwangerschaft, Kind unter sechs Monaten oder fehlender Betreuungsplatz für das Kind (Rosdahl/Weise 2000: 171).

Darüber hinaus wurde insbesondere die Arbeitspflicht für Migranten verschärft. So beinhaltet die 2005 eingeführte Partner Assistance, dass das Recht auf »volle« Sozialhilfeleistungen letztlich von einer realisierten Arbeitsmarktintegration beider Partner im Umfang von mindestens 300 Stunden Erwerbstätigkeit in den vergangenen zwei Jahren (ab 2007 150 pro Jahr) abhängig wurde (Larsen/Mailand 2007: 111). Seit der Welfare Reform 2006 führt der fehlende Arbeitsnachweis zur Streichung der Leistung in Form der Partner Assistance. Hier wird also ein konkreter »Beleg« der Arbeitsbereitschaft unter Androhung der Streichung der Mindestsicherung »erzwungen«.

Vor dem Hintergrund ökonomischer Prosperität und dem seit Ende der 1990er Jahre zunehmendem Arbeitskräftemangel wird die Governance der Beziehung zwischen Individuum und Sozialstaat durch die quasi universell eingeführte Arbeitspflicht für alle Transferleistungsempfänger bestimmt. Diese ist jedoch dialektisch mit vielfältigen »Rechten« zur Kommodifizierung gekoppelt, die in Form von Wahlmöglichkeit in Bezug auf die Aktivierungsoptionen sowie durch weitere flankierende Maßnahmen zur sozialen Befähigung gewährleistet werden.

Umfang und Qualität sozialer Befähigung – Gewährung von Rechtsansprüchen

Eher untypisch für einen sozialdemokratisch universellen Wohlfahrtsstaat ist der in Dänemark vergleichsweise späte Ausbau der aktiven Arbeitsmarktpolitik Ende der 1970er Jahre (Working Group 2000). Maßnahmen der beruflichen Weiterbildung (AMU) gab es bereits seit den 1950er Jahren (Undervisningsministeriet 2006). Diese waren jedoch primär auf Beschäftigte, nicht aber auf Arbeitslose ausgerichtet. Dies änderte sich erst Mitte der 1980er Jahre als Langzeitarbeitslosen anstelle von Arbeitsgelegenheiten zunehmend Weiterbildungsmaßnahmen angeboten wurden (Working Group 2000:26). Die entsprechende Entwicklung wurde nunmehr so schnell vorangetrieben, dass Anfang der 1990er Jahre Dänemarks Ausgaben für aktive Arbeitsmarktpolitik als Anteil am BIP nach Schweden die höchsten der OECD waren (vergleiche Nielsen 1991: 293).

Mit der Arbeitsmarktreform 1994 wurde ein explizites Recht auf Aktivierung formuliert (Linke Sonderegger 2007: 151). Dessen Umsetzung im Sinne einer Befähigung zur Arbeitsmarktteilhabe wird im Folgenden anhand der Entwicklung der Beratungs- und Vermittlungsleistungen, der Aus- und Weiterbildungsmaßnahmen, der subventionierten Beschäftigung sowie der Flexibilisierung von Arbeitsformen dargestellt. Darüber hinaus werden die Entwicklung finanzieller Arbeitsanreize sowie Reformen der Familienpolitik, insbesondere der Ausbau der Kinderbetreuung, im Hinblick auf die Förderung der Beschäftigungsfähigkeit analysiert.

Die *Beratungs- und Vermittlungsleistungen* wurden in Dänemark im Zuge der verschiedenen Arbeitsmarktreformen sukzessive ausgeweitet. Kennzeichen des Vermittlungsprozesses sind dabei verschiedene Phasen, die mit unterschiedlichen Angeboten und Forderungen einhergehen. So wird zunächst davon ausgegangen, dass Arbeitslose über Eigenaktivitäten in Verbindung mit Kontakten zur Arbeitsvermittlung den Weg zurück in den Arbeitsmarkt finden. Es folgt eine Phase, in der intensive Beratung und Kurzzeitprogramme angeboten werden. Führt dies nicht zum Erfolg, beginnt die Aktivierungsphase (je nach Klientel nach drei oder neun Monaten der Arbeitslosigkeit), die sich – wie bereits skizziert – sowohl durch die Pflicht als auch das Recht auf Teilnahme an umfassenden Aktivierungsmaßnahmen (Job Training, Weiterbildung) auszeichnet. Für Sozialhilfeempfänger erfolgt, zum Teil über Profiling, eine Einteilung in verschiedene Gruppen, die verschiedene »Stufen« der Beschäftigungsfähigkeit unterscheidet (Goul Andersen 2008).

Eine besondere Ausweitung und Akzentuierung der Vermittlungsleistungen innerhalb dieses Rahmens fand durch das Gesetz über aktive Beschäftigungspolitik im Jahr 2003 statt. Seitdem ist ein individueller Kontaktverlauf Teil des Job-Plans[73]. Die durchschnittliche Meldepflicht beziehungsweise Gesprächshäufigkeit der Arbeitslosen bei der Arbeitsverwaltung liegt mittlerweile bei etwa drei Monaten. Infolgedessen haben sich die Gespräche zwischen Arbeitslosen und Arbeitsverwaltung pro Jahr um 150 Tausend erhöht (OECD 2007a: 24). Die »Balance« zwischen Rechten und Pflichten scheint in Dänemark partiell durchaus Gegenstand individueller Verhandlungen beziehungsweise Kontrakte zu sein, so dass bis zu einem gewissen Grad tatsächlich auch Formen der Koproduktion und der Co-Governance zugenommen haben.

Im Rahmen des generellen Rechts auf Aktivierung gilt weiterhin ein Rechtsanspruch auf *Qualifizierungsmaßnahmen*, die im Job-Plan aufgeführt sind. Bei der Art der geförderten Maßnahmen spiegelt sich wider, dass zunehmend die Allgemeinbildung gefördert wird. Seit 1995 haben jährlich zwischen 6 und 32 Tausend Arbeitslose an Kursen teilgenommen, welche den Abschluss der Sekundarstufe ermöglichten (subsumiert in Kategorie »Erwachsenenbildung« in Tabelle 3). Mitte der 2000er Jahre dominierte dagegen der Trend, diese hochwertigen Programme zu Gunsten eher kurzzeitiger Maßnahmen, wie zum Beispiel Bewerbungstraining (als Maßnahme der Erwachsenenbildung) zurückzunehmen (List-Jensen 2008). Parallel dazu wurden ab 2007 auch wieder qualitativ hochwertige Programme ausgebaut. 2008 erreichte beispielsweise die 2001 eingeführte Förderung einer Berufsausbildung für Erwachsene (Erwachsenenlehrling) 11 Tausend Personen (Tabelle 3).

Die Angebote für Arbeitslosengeld- und Sozialhilfeempfänger differieren sehr stark. Private oder öffentliche Weiterbildungsmaßnahmen wie auch allgemeine Schulabschlüsse werden überwiegend Arbeitslosengeldempfängern angeboten (Kvist/Pedersen 2007: 105). Obgleich auch nicht versicherte Arbeitslose unter 30 Jahren ohne Berufsausbildung ein Recht auf eine 18 Monate dauernde Ausbildung haben (Linke 2009: 205), werden

73 Innerhalb eines Monats nach Arbeitslosenmeldung erfolgt mit jedem Arbeitslosen ein Gespräch über dessen Lebenslauf, um zu überlegen, wie die Arbeitssuche der entsprechenden Person unterstützt werden kann. Regelungen zum individuellen Kontaktverlauf beinhalten unter anderem die Festlegung von Gesprächen mit der Arbeitsvermittlung zu Versorgungsleistungen, Arbeitssuche und Aktivierungsangeboten, einschließlich der Teilnahme an Bewerbungstrainings, Gesprächen über den Job-Plan usw. (Linke 2009: 204).

Sozialhilfeempfänger insgesamt primär über spezifische Projekte und durch Beschäftigung in den Betrieben (In-Work-Traineeships) gefördert. Da die Beschäftigungsquote von Migranten aus Nicht-EU-Ländern 2002 bei nur 50 Prozent lag, ist diese Gruppe als primäre Zielgruppe der im Jahr 2005 mit dem Reformpaket »Eine Chance für alle« verabschiedeten Maßnahmen zu sehen. Gleichwohl wurde die Förderung von Sprachkursen bis 2006 kurzfristig zurückgenommen, um dann allerdings wieder anzusteigen. Insgesamt kann damit konstatiert werden, dass die Förderung der Aus- und Weiterbildung in Dänemark trotz einer schwankenden Entwicklungen und dem zu beobachtenden Rückgang Mitte der 2000er Jahren erneut eine hohe Relevanz hat.

Nach einer Phase, die sich durch weitgehend stabile Teilnehmerzahlen auszeichnete, weist der Einsatz der *subventionierten Beschäftigung* seit Mitte der 2000er Jahre sehr starke Steigerungsraten auf. Bereits Anfang der 1990er Jahre gab es das so genannte Arbeitsangebot, das auf die Integration von Arbeitslosen in private Unternehmen durch das Zahlen von Lohnzuschüssen zielte. Ferner wurden Lohnkostenzuschüsse für Jugendliche im Rahmen des Jobtrainings gezahlt. Individuelles Jobtraining umfasste Arbeiten, die zu normalen Bedingungen nicht ausgeführt wurden und zielte auf Arbeitslose mit besonderen Vermittlungshemmnissen. Diese erhielten keinen Lohn, sondern lediglich eine Projektvergütung.

Im Zuge der verschiedenen Arbeitsmarktreformen wurden die verschiedenen Optionen der subventionierten Beschäftigung stetig verändert und 2002 zu einer allgemeinen Leistung namens »Anstellung mit Lohnzuschuss« zusammengefasst. Die Form der 1998 eingeführten Flex- und Schonjobs für erwerbsgeminderte Personen (jeweils in Abhängigkeit des Grades der Erwerbsminderung mit der Hälfte bis zu zwei Dritteln der Lohnkosten subventionierte Arbeitsgelegenheiten) bei privaten und öffentlichen Arbeitgebern wurde weiter geführt und im Zuge des Ziels der Aktivierung auch dieser Personengruppen seit 2006 massiv ausgeweitet (Tabelle 3).

Ferner wurden *selbständige Tätigkeiten* durch das Gründungsgeld in Höhe von 50 Prozent des Arbeitslosengeldhöchstsatzes für maximal 3,5 Jahre bezuschusst (Linke Sonderegger 2007: 123f.). Die Subventionierung der haushaltsnahen Dienstleistungen, die über Dänemark hinaus in der Öffentlichkeit stark wahrgenommen wurde, schränkte man erneut ein, indem der jeweilige Zuschuss auf etwa 250 Euro pro Monat reduziert (vorher 50 Prozent des Arbeitslosengeldhöchstsatzes) und an die Bedingung geknüpft wurde, dass eine Person im Rentenalter beziehungsweise mit Erwerbsunfähigkeitsrente im Haushalt lebt (Linke Sonderegger 2007).

Mitte der 2000er Jahre waren etwa zwei Prozent der Erwerbstätigen in Aktivierungsmaßnahmen (Kvist/Pedersen 2007: 105). Dies ging mit einer hohen, aber im Untersuchungszeitraum vor allem ab 2002 leicht sinkenden Arbeitskräftenachfrage beziehungsweise einer Beschäftigung im öffentlichen Sektor einher (siehe Tabelle 3). Die trotz sinkender Arbeitslosigkeit stabilen Teilnehmerzahlen bei den verschiedenen Formen subventionierter Beschäftigung beziehungsweise deren massive Expansion seit 2006 erfüllt damit eine doppelte Funktion: Sie stützt die Arbeitskräftenachfrage durch die öffentliche Hand und trägt zur Aktivierung weiterer, bislang arbeitsmarktferner Gruppen wie Erwerbsgeminderte bei.

Nach 2000 kam es – nicht zuletzt im Zusammenhang mit der Erfüllung von EU-Richtlinien – auch zu einer *Re-Regulierung flexibler Arbeitsformen.* Dabei wurden 2002 die Teilzeitoptionen erweitert, was zur erneuten Erhöhung der Teilzeitquote beitrug (Bredgaard u.a. 2009:33). Dänische Arbeitsmarktexperten betonen jedoch, dass vor allem kurze Teilzeitjobs primär von Schülern und Studierenden wahrgenommen werden (Goul Andersen 2010). Befristungsmöglichkeiten wurden 2003 eher eingeschränkt, indem vor allem die Verlängerungsmöglichkeiten begrenzt wurden (gegen Gefahr der Kettenverträge). Dagegen nahm die Leiharbeit aufgrund der Neuregelung in dem entsprechenden Gesetz auf 0,9 Prozent der Beschäftigung in 2006 zu.

Vor dem Hintergrund eines gering regulierten Kündigungsschutzes in Dänemark wurde keine weitere Flexibilisierung der Arbeitsverhältnisse angestrebt. Zudem genießen alle genannten »atypischen« Beschäftigungsformen einem hohen sozialen Schutz, da sie den in Dänemark umfassenden Regelungen der Tarifverträge unterliegen – und damit auch von den Sicherungsaspekten des Systems dänischer Flexicurity profitieren (Bredgaard u.a. 2009). Die leichte Ausweitung der atypischen Beschäftigungsverhältnisse kann daher weder als zentraler Bestandteil der Aktivierungsstrategie betrachtet werden noch trägt sie zu einer Dualisierung des Arbeitsmarktes bei (siehe auch 9.4).

Tabelle 3: Arbeitsmarktpolitische Maßnahmen sowie öffentliche Beschäftigung in Dänemark seit 1991 (in Tausend)

	1991	1994	1996	1998	1999	2000	2001	2002	2003	2004	2005	2006	2007	2008
Bildungsmaßnahmen	24,0	49,0	67,0	58,0	60,0	51,0	61,0	54,0	43,0	41,0	36,0	33,0	52,0	57,0
- Bildungsurlaub		6,0	36,0	24,0	16,0	8,0	5,0	0,2	0,1	-	0,0	0,0	0,0	0,0
- Beratungs- und Einführungsprogramme[1)]	12,0	16,0	11,0	8,0	4,0	2,0	1,0	4,0	2,0	5,0	6,0	6,0	10,0	10,0
- Erwachsenenbildung[2)]	12,0	27,0	20,0	26,0	40,0	40,0	42,0	39,0	31,0	27,0	22,0	18,0	30,0	33,0
- Erwachsenenlehrling[3)]							9,0	7,0	6,0	6,0	7,0	8,0	10,0	11,0
- Sprachkurse						1,0	4,0	4,0	4,0	3,0	1,0	1,0	2,0	3,0
subvent. Beschäftigung		45,0	34,0	38,0	39,0	35,0	33,0	36,0	33,0	32,0	29,0	63,0	64,0	70,0
Jobtraining (ALG)		29,0	17,0	13,0	14,0	14,0	14,0	14,0	13,0	17,0				
Jobtraining (SH)		9,0	5,0	4,0	3,0	3,0	3,0	3,0	3,0	3,0				
Individ. Jobtraining (ALG)		0,1	0,4	1,0	1,0	0,4	0,1	0,1	0,1	-				
Individ. Jobtraining (SH)		7,0	12,0	14,0	16,0	16,0	15,0	15,0	14,0	8,0				
Pooljob				6,0	5,0	2,0	0,1	-	0,0	0,0				
Servicejob							1,0	4,0	3,0	3,0	2,0	1,0	1,0	0,5
Arbeitspraktikum[4)]							0,1	0,3	0,3	1,0	-	-	7,0	8,0
Lohnzuschuss (ALG)[5)]											14,0	12,0	6,0	5,0
Lohnzuschuss (SH)[6)]											3,0	3,0	24,0	2,0
Flexijob											4,0	41,0	44,0	50,0
Schonarbeitsplatz											6,0	6,0	4,0	5,0
Beschäftigung im öffentlichen Sektor[7)]				935,0	947,0	946,0	939,0	948,0	928,0	928,0	928,0	932,0	938,0	923,0
- in Prozent der Gesamtbeschäftigung[8)]				34,6	36,2	34,1	33,8	33,9	34,2	34,3	34,3	33,8		

Zur Arbeitsförderung: Bestand (Vollzeitäquivalent) jeweils im 2. Quartal des Jahres; gerundet. [1)] Zusammenfassung der Maßnahmen kurzer Beratungsverlauf ALG und SH-Empfänger, Beratungs- und Klärungsverlauf staatlich und kommunal ab 2007; [2)] Hier werden folgende Maßnahmen bis 2005 für ALG und SH Empfänger und ab 2007 von staatlichen und kommunalen Trägern zusammengefasst: Bildung m. Erwachsenenunterstützung, normale Bildung, besonderer Bildungsverlauf, Erwachsenen- und Weiterbildung; [3)] für 2005 und 2006 wurden getrennt ausgewiesene Teilnehmer (aus Erwerbslosigkeit und aus Beschäftigung) zusammen gefasst; [4)] ab 2007 wurden getrennt ausgewiesene Teilnehmer für entsprechende staatliche und kommunale Maßnahmen zusammengefasst; [5)] ab 2007 weitergeführt als Teilnehmer in staatlichen Maßnahmen; [6)] ab 2007 weitergeführt als Teilnehmer in kommunalen Maßnahmen; 7) zur Beschäftigung im öffentlichen Sektor: Alle Beschäftigten in Verwaltung und öffentlichen Unternehmen; eigene Berechnungen.

Quelle: Statistics Denmark various, (AB711, AB 701: AUK02; AB703); 8) ILO (2009) und eigene Berechnungen.

Eine Erhöhung der *finanziellen Arbeitsanreize* wurde im Zuge der dänischen Aktivierungspolitik erst vergleichsweise spät angestrebt. Die 2004 begonnene Steuerreform beinhaltete einerseits bis 2007 eine Ausweitung der mittleren Steuerzone (Steuerrate circa 40 Prozent) auf Monatseinkommen von bis zu 48 Tausend DKK (circa 6.400 Euro, wärhend es vorher circa 1.600 Euro waren). Andererseits wird seitdem eine Steuerrückerstattung

(Earned Income Tax Credit) von 2,5 Prozent für niedrigere Einkommen sowie eine Steuerreduzierung in Höhe von 6.800 DKK (circa 910 Euro in 2007) in dieser Steuerzone gewährt (OECD 2003a: 123). Ferner wurden als »Arbeitsanreize« insbesondere für Sozialhilfeempfänger beziehungsweise Familien, in denen beide Partner Sozialhilfe beziehen, erhöhte Freibeträge für Erwerbseinkommen geschaffen (Goul Andersen/Pedersen 2006).

Mit dem 2008 verabschiedeten »Job-Plan« wurde die Einführung einer negativen Einkommensteuer für über 64-jährige mit dem Ziel implementiert, diese länger im Arbeitsmarkt zu halten. Die entsprechende Leistung kann bis zu 28 Prozent des Vollzeiteinkommens betragen und wird für ein Jahr gewährt (Programmlaufzeit bis 2012). Ferner wurde auch die Kombination von Erwerbarbeit (für bis zu 4000 Euro pro Jahr) und Rentenbezug erweitert (OECD 2008a: 88). Für diese Programme sind die Daten zur Inanspruchnahme leider noch nicht bekannt.

Die Maßnahmen des *dänischen Familienlastenausgleichs* sind seit 1970 weitgehend individualisiert, das heißt Ehegatten werden getrennt besteuert und familiale Transfers sind kinderorientiert. Als Relikt der Unterstützung von Familien als »Wirtschaftseinheit« gibt es gleichwohl einen übertragbaren Steuerfreibetrag für Alleinverdiener, der eine ähnlich hohe Entlastung von Einverdienerhaushalten beinhaltet wie in Deutschland[74]. In Dänemark wird diese Regelung jedoch nicht als Begünstigung von Alleinverdienern wahrgenommen, sondern es werden die Vorteile von zwei mittleren gegenüber einem hohen Einkommen betont (Wroblewski/Leitner 2003: 44). Damit kann im Rahmen des Familienlastenausgleichs eine überwiegende Orientierung am Zweiverdienermodell ausgemacht und die Bedeutung finanzieller Anreize (und Restriktionen) im Rahmen der dänischen Aktivierungspolitik als vergleichsweise unbedeutend eingeschätzt werden.

Trotz der in Dänemark bereits zu Beginn der 1990er Jahre hohen Versorgungsquote bei der *Kinderbetreuung* (etwa die Hälfte der Kommunen garantierte einen Betreuungsplatz für Kinder im Alter zwischen ein und fünf Jahren) (Wendt 1998: 109) kam im Zuge der Aktivierungspolitik das weiterhin bestehende Versorgungsdefizit zum Tragen, das sich in langen Wartelisten für die einzelnen Plätze ausdrückte (OECD 2002b: 113).

74 1996 zahlten Alleinverdiener bei durchschnittlichem Einkommen nur 36,8 Prozent Steuern- und Sozialabgaben, während ein Ehepartner im Zweiverdienerhaushalt für das gleiche Einkommen 44 Prozent Abgaben zahlen mußte (Dingeldey 2000; 2001; ähnlich OECD 2001a).

Mitte der 1990er Jahre wurde daher im Zuge einer von der Zentralregierung angebotenen Co-Finanzierung die Anzahl der kommunalen Betreuungsplätze erweitert beziehungsweise die Einführung von Betreuungsgarantien für Kinder im Alter von sechs Monaten bis sieben Jahre eingeführt (Linke Sonderegger 2003: 14; Wehner/Abrahamson 2003a: 27). Die Versorgungsquote bezogen auf alle Altersgruppen konnte in Folge bis 2005 beziehungsweise danach auf knapp 60 Prozent erhöht werden (Tabelle 4) und gehört damit zu den höchsten in der europäischen Union (OECD 2009e). Gleichzeitig ist die Qualität der Betreuung als außergewöhnlich gut einzuschätzen, da Dänemark sowohl in der Altersgruppe der null bis drei-jährigen mit circa 5:1 und in der Gruppe der drei- bis sechs-jährigen mit circa 8:1 die im OECD-Vergleich beste Relation hinsichtlich Kinderzahl und Personal aufweist (OECD 2007c: 144). Das umfassende, weitgehend ganztägige und für Eltern letztlich kostengünstige Kinderbetreuungsangebot[75] kann damit als wesentliches Element der weiterhin angestiegenen Beschäftigungsfähigkeit von Müttern respektive Eltern, gesehen werden.

Tabelle 4: Kinderbetreuung in Dänemark seit 1990 (Plätze pro 100 Kinder)

	1990	1995	1997	2000	2003	2004	2005	2008
0-2 Jahre	47,2	46	51,2	56,1	56,1	59,3	61,9	66
3-5 Jahre	75,9	83,4	87,6	92,3	94	94,3	95,2	96,6
6-9 Jahre	41,5	63,4	70,9	79	80,9	78,9	80,2	82,6
10-13 Jahre	4,1	7,9	8,5	10,8	12,6	9,6	10,1	11,1
0-13 Jahre insgesamt	38,1	49,1	54,4	59,2	59,3	58	58,8	60,8

Quelle: Statistics Denmark various; Statistics Denmark (various) Statistical Yearbook.

Die dargestellten Maßnahmen insgesamt zeigen, dass sich die Governance der Beziehung zwischen Wohlfahrtsstaat und Individuum stark veränderte. Einerseits wurde das Recht auf Dekommodifizierung partiell zurückge-

75 Der maximale Kostenbeitrag der Eltern wurde 2006 beziehungsweise 2007 für die 0 bis zwei und die der bis sechs-jährigen von 33 auf 25 Prozent der Gesamtkosten gesenkt. Für Kinderhorte (als Betreuungsangebot im Anschluss an die auch in Dänemark dominante Halbtagsschule) ist der Finanzierungsanteil der Eltern etwas höher (Goul Andersen/Johannsen 2006). Maximal liegt dieser jedoch bei 40 Prozent der Kosten (OECD 2007c). Entsprechend wird 2004 die Höhe der Kinderbetreuungskosten für zwei-jährige mit 8,4 Prozent eines durchschnittlichen Einkommens angegeben (OECD 2007c: 151).

nommen, blieb jedoch auf hohem Niveau. Andererseits wurden umfassende Pflichten beziehungsweise sogar ein Zwang zur Arbeitsmarktteilhabe für alle Transferleistungsempfänger mit umfassenden Rechten in Bezug auf die soziale Befähigung zur Arbeitsmarktteilhabe kombiniert. Wenig Relevanz haben dagegen die Flexibilisierung von Arbeitsformen oder der Ausbau finanzieller Arbeitsanreize. Letzteres erklärt sich nicht zuletzt vor dem Hintergrund des spezifisch dänischen Arbeitssystems, das auf einem geringen Kündigungsschutz basiert und gleichzeitig weiterhin durch die umfassende Gültigkeit von Tarifverträgen charakterisiert wird, wodurch ein Absinken der unteren Löhne respektive ein Niedriglohnproblem, nur in sehr geringem Umfang entstehen kann.

9.3 Moderate reorganisation des Staates: Dezentralisierung, partielle Privatisierung plus Konsolidierung holistischer Steuerung

In Dänemark ist das gesamte System der Arbeitsverwaltung stark korporatistisch, das heißt durch die Mitbestimmung der Tarifpartner auf allen organisatorischen Ebenen geprägt. Die dem Beschäftigungsministerium untergeordnete Arbeitsdirektion führt die Aufsicht über die Arbeitslosenkassen. Diese sind seit 1969 vereinheitlicht und staatlich anerkannt, werden jedoch weiterhin von den Gewerkschaften verwaltet (Linke 2009: 92). Die Finanzierung der Arbeitslosenkassen beziehungsweise der von diesen ausgezahlten Lohnersatzleistungen erfolgte zu Anfang der 1990er Jahre überwiegend durch Steuermittel sowie zu einem geringen Teil aus Beiträgen (siehe unten). Die von der Leistungsverwaltung getrennte und dem Ministerium für Arbeit unterstellte Arbeitsmarktbehörde (AMS) ist zuständig für Arbeitsvermittlung und Arbeitsförderung. Sie wurde bereits vor den Reformen auf nationaler wie auch auf regionaler Ebene durch so genannte Arbeitsmarkträte beraten, in denen die Tarifpartner vertreten waren. Die Vermittlung und Aktivierung von Arbeitslosen, welche Sozialhilfe beziehen, oblag den Kommunen (Torfing 1999a: 388).

Die Weiterbildung, die sich historisch primär an die Beschäftigten richtete und erst später für Arbeitslose geöffnet wurde, wurde überwiegend als öffentliche Aufgabe betrachtet. Berufliche Aus- und Weiterbildungsmaßnahmen wurden traditionell ebenfalls vom Arbeitsministerium reguliert und 1990 weitgehend in regionalen Arbeitsmarktausbildungszentren (AMU-Zentren) und Berufsschulen angeboten. Diese waren Teil des öffentlichen Sektors, wobei auch hier die Tarifpartner vor den Reformen in einer Vielzahl korporatistischer Gremien beziehungsweise Bildungsräten weitgehende Beratungsfunktionen hatten (vergleiche Haak 2003: 14). Die Amtskommunen trugen die Verantwortung für die VUC (Zentrum für Erwachsenenbildung), welche Kurse im Bereich der allgemeinen Erwachsenenbildung anbieten. Darüber hinaus gibt es noch eine Reihe unabhängiger Bildungseinrichtung, die insbesondere von den Sozialpartnern oder gemeinnützigen Vereinen und Verbänden getragen werden (Linke Sonderegger 2007: 83).

Im Folgenden wird gezeigt, wie sich die entsprechende Aufgabenteilung in Bezug auf (1) Regulierung beziehungsweise Gewährleistung, (2) Finanzierung und (3) Erbringen arbeitsmarktpolitischer Dienstleistungen veränderte und wie sich (4) Formen reflexiver Steuerung entwickelten:

(1) In den 1970er Jahren wurde ein Nationaler Arbeitsmarktrat (LAN) sowie 14 regionale Arbeitsmarkt Councils (AMN) als korporatistische Organisationen gegründet. Anfang der 1990er Jahre erfolgte deren Umbenennung, mit der auch neue Kompetenzen an die entsprechenden Organisationen delegiert wurden (siehe unten). Auf nationaler Ebene beriet seitdem der Beschäftigungsrat (LAR) (zusammengesetzt aus Kommunalverbänden, Gewerkschaften, Arbeitgebern und Vertretern relevanter Ministerien) das Beschäftigungsministerium bezüglich der Ausgestaltung der Arbeitsmarktpolitik und war partiell für die Evaluation des Beschäftigungseinsatzes verantwortlich. Er fungierte als Schnittstelle zwischen dem Ministerium und den regionalen Arbeitsmarkträten (RAR).

Mit der Dezentralisierung arbeitsmarktpolitischer Kompetenzen beziehungsweise deren Verlagerung zu den regionalen Arbeitsmarkträten, in denen die Kommunen, die Arbeitgeber und die Gewerkschaften in gleichem Umfang repräsentiert sind, ging zunächst eine Steigerung des Einflusses der Tarifpartner einher (Andersen/Etherington 2005; Jørgensen 2002). Besonders hervorgehoben wird dabei, dass einerseits Ziele hinsichtlich der Zielgruppen und Instrumente auf lokaler Ebene festgelegt wurden. Andererseits wurden vor allem auch Entscheidungen hinsichtlich der Privatisierung von spezifischen Dienstleistungsaufgaben und die Gestaltung der entsprechenden Ausschreibungen beziehungsweise Wettbewerbsbedingungen von den regionalen Räten getroffen. Die entsprechenden Verlagerungen der Regulierungsverantwortung sind daher letztlich eng mit der

Privatisierung arbeitsmarktpolitischer Dienstleistungen verknüpft: »... the Danish quasimarket has, so to speak, been handed over wholesale to the decentralised authorities« (Bredgaard u.a. 2005b: 8).

Mit dem 2005 eingeführten erfolgsabhängigen Kostenerstattungssystem für die Maßnahmen wurde auf eine zunehmende Eigenständigkeit externer Provider und deren Kontrolle durch den Zentralstaat abgehoben (Bredgaard/Larsen 2008a: 349). Da die Implementation der Arbeitsmarktpolitik eine enge Kooperation mit lokalen Arbeitgebern, den Kommunen, den Arbeitsämtern und den Weiterbildungsinstitutionen erfordert, entstand letztlich eine Form der Netzwerkkoordination, die sowohl horizontale als auch vertikale Formen einschließt und als Form der Co-Governance betrachtet werden kann (Jørgensen 2002: 181f.).

Im Zuge der Kommunalreform von 2007 wurden schließlich die 14 regionalen Räte zu Gunsten von nur noch fünf Regionen aufgelöst und die Zahl der Kommunen durch Fusionen von 271 auf 98 verringert. Dabei wurden weitere Kompetenzen im Bereich der sozialen Dienste wie auch der Arbeitsmarktpolitik zu den Kommunen verlagert (Andersen 2008: 10). Um die Arbeitsmarktpolitik für Sozialhilfeempfänger zu koordinieren, wurden ferner tripartistisch organisierte lokale Koordinationskommitees (LCC's) eingeführt (Andersen/Etherington 2005:28), die 2009 durch lokale Beschäftigungsräte (LECs) ersetzt wurden (siehe unten).

Die in Folge erwarteten und zum Teil bereits beobachteten regionalen Unterschiede sowie Ungleichbehandlungen von Arbeitslosen werden von einigen Autoren kritisch hinterfragt (Bredgaard/Larsen 2005). Andere bewerten dagegen die zunehmende Verantwortung der Kommunen für die Aktivierungspolitik wie auch die damit verbundene Ausweitung der Kinderbetreuung und den Ausbau des öffentlichen Nahverkehrs eher positiv und sehen nur geringe regionale Disparitäten. Als Grund dafür wird der kommunale Finanzausgleich angeführt (Andersen/Etherington 2005: 27).

(2) Obgleich der dänische Staat weiterhin den größten Teil der arbeitsmarktpolitischen Leistungen finanziert, wuchs die Finanzierungsverantwortung der Tarifpartner respektive der Arbeitnehmer. Die Finanzierung der Leistungen für Arbeitslose erfolgt weiterhin durch allgemeine Steuermittel und seit 1998 leicht gestiegene Beiträge der (freiwilligen) Mitglieder in den Arbeitslosenkassen (etwa 15 bis 20 Prozent der Kosten). Ferner wurden die Steuernachlässe für die gezahlten Beiträge von 56 Prozent 1990 auf nur noch 33 Prozent in Folge der Steuerreform 2009 abgesenkt (Goul Andersen 2010). Durch die Arbeitsmarktreformen 1994 und 1997 wurde

zudem eine so genannte Arbeitsmarktabgabe eingeführt. Diese stieg von zunächst sechs auf seit 1998 acht Prozent des Arbeitnehmereinkommens. Der ohnehin eher symbolische Beitrag der Arbeitgeber mit 0,3 Prozent der Lohnsumme wurde bereits 2000 wieder abgeschafft.

Die genannten Abgaben fließen seit 1999 in einen Arbeitnehmerfonds, der unter anderem für die Finanzierung des Arbeitslosengeldes, der Aktivierung und des Krankengeldes zuständig ist (Knuth u.a. 2004; Linke Sonderegger 2007: 79). Dieser wird durch staatliche Zuschüsse ergänzt, so dass die Finanzierung der Leistungen für Arbeitslose weiterhin überwiegend (etwa zwei Drittel) durch Steuern erfolgt (Döhrn u.a. 1998: 319).

Als Konsequenz der Zusammenlegung der Arbeitsverwaltung für versicherte und nicht versicherte Arbeitslose (Sozialhilfe) verlagert sich ab 2010 die Finanzierungsverantwortung für Arbeitslosigkeit zu den Kommunen. Der Sozialstaat kompensiert entsprechende Ausgaben in Abhängigkeit von den Integrationserfolgen: Kommunen müssen 25 Prozent der Kosten für Arbeitslose in Aktivierung zahlen, 50 Prozent wenn sie passiv sind und 100 Prozent wenn sie nicht aktiviert sind, obgleich das Gesetz dies vorsieht (Goul Andersen 2010). Experten erwarten, dass die Gemeinden durch diese Anreize Aktivierungsinitiativen verstärken und dabei vor allem auch »billige« Lösungen suchen (ebd.).

Seit der Reform von 2001 obliegt den Sozialpartnern durch ihre Mitglieder im neu eingerichteten Rat für die Bildungsfinanzierung auf dem Arbeitsmarkt zudem die Akquise von Drittmitteln (primär Arbeitgeber) zur Finanzierung der Erwachsenenbildung, die sich – wie bereits erläutert – verstärkt an den Bedürfnissen des Arbeitsmarktes beziehungsweise der Unternehmen ausrichten soll. Dabei kann der AUF sowohl die Co-Finanzierung einzelner Maßnahmen durch die Unternehmen als auch die Erhebung von Teilnehmergebühren in Kursen für das Erreichen höherer Qualifizierungen empfehlen (OECD 2001b: 22, 30). Die Teilnehmergebühren für Beschäftigte belaufen sich dabei im Durchschnitt auf 15 Prozent der Kosten. Für Arbeitslose ist die Teilnahme kostenlos (Undervisningsministeriet 2006).

Die seit 1994 sinkende Arbeitslosigkeit wurde im Rückgang der Ausgaben der Arbeitsmarktpolitik reflektiert. Dabei nahmen jedoch insbesondere die Ausgaben für Transfers ab, während die staatlichen Ausgaben für aktive Arbeitsmarktpolitik in Relation zum BIP bis 2005 auf hohem Niveau weitgehend stabil blieben. Letzteres spiegelt seit 2000 einerseits die steigenden Ausgaben für Arbeitsvermittlung wider (siehe Tabelle 5). Der

Rückgang der Ausgaben sowohl für Ausbildung als auch für passive Leistungen in 2008 ist dabei sowohl durch die stärker an einer direkten Arbeitsmarktintegration orientierte Politik (kürzere Programme) als auch durch die vergleichsweise gute Arbeitsmarktsituation zu erklären. Die veränderte Struktur der arbeitsmarktpolitischen Ausgaben bestätigt gleichwohl den Wandel hin zu einer aktivierenden Arbeitsmarktpolitik.

Tabelle 5: Öffentliche Ausgaben für Arbeitsmarktpolitik in Dänemark seit 1991 (in Prozent des BIP)

	1991	1992	1994	1996	1998	2000	2002*)	2003	2004	2005	2008
Öffentliche Arbeitsvermittlung und Verwaltung	0,1	0,11	0,12	0,12	0,12	0,12	0,26	0,29	0,34	0,31	0,37
Training	0,36	0,4	0,72	1,12	0,97	0,86	0,62	0,62	0,54	0,51	0,23
- Arbeitslose	0,24	0,27	0,49	0,82	0,72	0,67	-	-	-		
- Beschäftigte	0,12	0,13	0,23	0,3	0,25	0,18	-	-	-		
Förderung der Berufsausbildung und Ausbildung von Jugendlichen	0,25	0,3	0,19	0,09	0,08	0,1	-	0,02	0,02	0,02	
Aktive AMP insg.	1,46	1,64	1,82	1,93	1,68	1,58	1,68	1,91	1,86	1,74	1,35
Passive AMP	4,73	4,99	5,15	4,35	3,41	3,04	2,35	2,66	2,67	2,51	1,22
Total	6,19	6,64	6,97	6,27	5,09	4,62	4,31	4,57	4,53	4,26	2,56

*) Die OECD Employment Outlook Kategorien zur Erfassung der Sozialausgaben wurden im Outlook 2005 verändert. Die absolute Vergleichbarkeit der Zahlen ist daher nicht gewährleistet. Quelle: für 1991/2 OECD (1996b); für 1994/6 OECD (1998a: 212); für 1998–2000 OECD (2003b); für 2002 OECD (2005b: 329); für 2003–2006 OECD (2007b: 271) (jeweils passive AMP einschließlich Frühverrentung); für 2008 OECD (2010).

(3) Das Erbringen arbeitsmarktpolitischer Dienstleistungen erfolgt noch immer überwiegend durch Organisationen des öffentlichen Sektors, obgleich diese auch in Dänemark in erheblichem Umfang privatisiert wurden. In Folge dieser Verlagerungen zu marktlichen Akteuren und Dritte-Sektor-Akteuren entstand daher zunehmend ein Governance-Mix.

Im öffentlichen Sektor wurde 1994 ein ziel- und ergebnisorientiertes Kontraktmanagement sowie 1995 ein Qualitätsmanagement nach dem EFQM-System eingeführt (Arnkil/Spangar 2004). Das staatliche Vermittlungsmonopol wurde 1990 aufgehoben und seitdem sind private Vermittlungsdienste uneingeschränkt zugelassen (Schmid 1994a: 28). Im Rahmen der neuen Zielsetzungen des Programms »Mehr Menschen in Beschäftigung« erfolgte schließlich 2003 erstmals eine Ausschreibung von Betreuungs- und Vermittlungsdienstleistungen. Motivation war dabei, durch das Schaffen eines Marktes, spezialisierte und effiziente Vermittlungsleistungen für die verschiedenen Problemgruppen des Arbeitsmarktes bereitzustellen. Faktisch wird jedoch vermutet, dass die Auslagerung primär genutzt wurde, um die öffentlichen Arbeitsämter bei der Erfüllung des nunmehr vorgeschriebenen Kontaktverlaufs (siehe oben) zu entlasten (Bredgaard u.a. 2005b: 10). In Folge der Ausschreibung wurden Verträge mit privaten Unternehmen (57 Prozent), Gewerkschaften (25 Prozent) und öffentlichen Institutionen (18 Prozent) abgeschlossen, so dass 2004 im Durchschnitt etwa 30 Prozent der Arbeitslosen durch »andere Dienstleister« betreut wurden (rechtlich ist ein Minimum von 10 Prozent vorgeschrieben) (ebd.). Die Einführung der erfolgsabhängigen Maßnahmenvergütung in 2005 schürt nun allerdings Befürchtungen, dass auch in Dänemark seitdem eine Bevorzugung »Erfolg versprechender« Zielgruppen hinsichtlich der Maßnahmenteilnahme erfolgt (Bredgaard/Larsen 2008a: 343ff.).

Erste Evaluationsstudien stellen in Frage, dass die Ausschreibungen tatsächlichen Wettbewerb garantieren, da 93 Prozent der Anbieter eng mit der Arbeitsverwaltung kooperieren und zudem die Gewerkschaften als Mitglieder der regionalen Arbeitsmarkträte sowohl die Vergabe der Aufträge beeinflussen als auch als Leistungsanbieter auftreten (Bredgaard u.a. 2005b: 8f.). Die neuen Governance-Modi können daher zunächst nicht nur als Steigerung von Wettbewerb beziehungsweise Quasi-Märkten (Bredgaard/Larsen 2008a), sondern auch als Formen der Co-Governance interpretiert werden.

Die Vergabe von Aus- und Weiterbildungsmaßnahmen an Dritte wurde mit der Arbeitsmarktreform 1994 ermöglicht. Dabei wurde 1995 auch der Finanzierungsmodus geändert. Durch das so genannte Taxametersystem wurde die Finanzierung der Bildungsträger bei der Arbeitsmarktausbildung (AMU) direkt mit der Zahl der Kursteilnehmer gekoppelt (OECD 2001b: 22). Die Ausschreibungen zur Durchführung von Weiterbildungsmaßnahmen durch das Bildungsministerium erfolgten im Rahmen der neu erarbeiteten Kompetenzbeschreibungen für verschiedene Berufsfelder, um ein auf regionale Arbeitsmärkte bezogenes Angebot sicher zu stellen. Dabei wird davon ausgegangen, dass die zugelassenen öffentlichen Bildungseinrichtungen wiederum selbst spezifische Unterrichtseinheiten auslagern (Ministry of Education 2006). Damit lassen sich starke Privatisierungstendenzen sowie eine Steigerung von Wettbewerb und Co-Governance auch in Bezug auf die Weiterbildungsangebote feststellen.

(4) Die Reorganisation staatlicher Organisationen zeigt ein hohes Maß an Reflexivität, da die Veränderung der arbeitsmarktpolitischen Ziele durch einen komplementären Organisationswandel auf verschiedenen Ebenen begleitet wurde. Anfang der 1990er Jahre gab es eine Kompetenzteilung zwischen dem Arbeitsministerium, das für die Arbeitsgesetzgebung und die Arbeitsmarktpolitik für die Gruppe der versicherten Arbeitslosen zuständig war, und dem Sozialministerium, das die Maßnahmen für die nicht versicherten Arbeitslosen, also die Sozialhilfeempfänger, regulierte. 2001 wurden die Kompetenzen der beiden Ministerien mit der Gründung des Beschäftigungsministeriums weitgehend gebündelt. Seitdem wird die aktivierende Arbeitsmarktpolitik für alle Personen, die arbeitslos und arbeitsfähig sind, »aus einer Hand« gemacht. Das Sozialministerium ist lediglich noch zuständig für die finanzielle Transferleistung für nicht versicherte Arbeitslose sowie für Maßnahmen, die sich an Personen mit eingeschränkter Erwerbsfähigkeit richten (Linke Sonderegger 2007: 76).

Im Zuge der Kommunalreform in 2007 wurden die Anfang der 1990er Jahre erweiterten Kompetenzen der Regionen erneut eingeschränkt, indem die Rolle der Regional Labour Market Councils auf eine Beratungsfunktion in der Arbeitsmarktpolitik reduziert wurde – womit auch der Einfluss der Tarifpartner abnahm. Neben der Verringerung der Anzahl der kommunalen Verwaltungen auf weniger als die Hälfte wurden die dezentralen arbeitsmarktpolitischen Kompetenzen auf nunmehr vier Regionen verteilt (Hauptstadt und Nachbarregion Zealand wurden verschmolzen). Sie sollen Probleme wie Arbeitskräfteknappheit oder auch Betriebsschließungen (präventiv) betreuen (OECD 2008a).

Eine weitere Organisationsreform bestand in der Zusammenlegung der Arbeitsvermittlungen für versicherte Arbeitslose und Sozialhilfeempfänger im Rahmen von Jobcentern. Während dies zunächst nur eine Zusammenlegung »unter einem Dach« war, wurde eine effektive Verwaltungsverschmelzung ab 2009 wirksam (Goul Andersen 2010). Waren zunächst Staat und Kommunen gemeinsam für die Jobcentern zuständig, erhielten schließlich die Kommunen die alleinige Verantwortung (Damgaard/Torfing 2010).

Seitdem ist eine Struktur mit 91 lokalen Jobcentern, vier Regional Employment Agencies und einer National Employment Agency entstanden, die dem Beschäftigungsministerium unterstehen (Damgaard/Torfing

2010). Da die Institutionen auf den jeweiligen Ebenen weiterhin von einem Rätesystem flankiert sind (Nationaler, regionaler und lokaler Beschäftigungsrat), wird weiterhin von einem Governance Netzwerk gesprochen (Damgaard/Torfing 2010: 249).

Die Jobcenter verfügen nun auch über die Entscheidungsbefugnis hinsichtlich des Einsatzes von arbeitsmarktpolitischen Maßnahmen und der Auswahl von Zielgruppen (Kvist u.a. 2008: 244). Gleichwohl wird die Einrichtung der Jobcenter als »zentralisierte Dezentralisierung« interpretiert, da die Zentralregierung beziehungsweise das Beschäftigungsministerium über zentrale Zielvorgaben, Benchmarking, Output-Measurement usw. eine starke strategische Kontrolle über die Fallbearbeiter in den Kommunen behält (Bredgaard/Larsen 2008b: 9). Befragungen der Angestellten in lokalen Jobcentern zeigen, dass mit der Organisationsreform die Implementation eines stärker an der unmittelbaren Integration in den ersten Arbeitsmarkt orientierten Beratungs- und Vermittlungsprozesses auch gegenüber den Sozialhilfeempfängern erfolgreich umgesetzt wurde (Bredgaard/Larsen 2008b). Es wird daher vermutet, dass die verwirklichte administrative Verschmelzung nicht zuletzt dazu diente, bestehende Widerstände beziehungsweise Kontrollfunktionen durch die Tarifparteien zumindest partiell auszuhebeln (Goul Andersen 2010).

Die Beschränkung der regionalen Räte auf das Monitoring der Arbeitsmarktpolitik bestärkt entsprechende Befürchtungen. Eine erste Studie zur Funktionsweise dieser Institutionen zeigte jedoch, dass die lokalen Akteure, einschließlich der Tarifpartner, innerhalb dieser Netzwerke weiterhin erheblichen Einfluss auf arbeitsmarktpolitische Entscheidungen haben (Damgaard/Torfing 2010: 260).

Mit Bezug zur *beruflichen Bildung* erscheint relevant, dass die entsprechenden Kompetenzen 2001 vom Arbeits- zum Bildungsministerium transferiert wurden, um die Kohärenz von Erstausbildung und beruflicher Weiterbildung zu verbessern. Im Zuge der dreistufigen Reform der beruflichen Weiterbildung wurden schließlich auch die Evaluierung von Maßnahmen und Anbieterinstitutionen im Sinne der Qualitätssicherung angepasst. Ferner wurde eine fortlaufende Evaluierung eingeführt, um zu überprüfen, ob die im Gesetz formulierten Ziele erfüllt werden (Ministry of Education 2006). 2003 wurden dann auch in diesem Bereich die verschiedenen korporatistischen Räte, die als Beratungsorgane fungierten, neu organisiert: Der nationale Arbeitsmarktrat und der soziale Rat fusionierten zum Beschäftigungsrat. Es entstand ein Rat für berufsgerichtete Erwachsenenbildung (REVE). Dieser übernimmt seitdem Beratungsaufgaben hinsichtlich der Anerkennung von Bildungszentren und Weiterbildungszentren sowie zur Finanzierung vor dem Hintergrund der zu erwartenden Bedarfe am Ausbildungsmarkt (Linke Sonderegger 2007: 87f.).

Insgesamt lässt sich damit bestätigen, dass eine enorme politisch institutionelle Anpassung im Bereich der Governance der Arbeitsmarktpolitik stattfand (Ferrera/Hemerijck 2003: 99), dabei aber weiterhin Netzwerkstrukturen dominieren. Deren erfolgreiches Funktionieren wird maßgeblich auf die lange Tradition korporatistischer Inklusion der Sozialpartner zurückgeführt (Damgaard/Torfing 2010: 260).

Die *Koordination von Arbeitsmarkt- und Familienpolitik* ist letztlich als Ausbau bereits bestehender holistischer Steuerung zu interpretieren. Bereits seit den 1960er Jahren sind beide Politikfelder am so genannten Individual Adult Worker Model orientiert. Das einheitliche und moderne familienpolitische Leitbild trägt damit implizit zu einer Koordination der verschiedenen Instrumente mit dem Ziel der Förderung der Erwerbsfähigkeit von Frauen beziehungsweise Müttern bei. Dies beinhaltet im dänischen Fall, dass – außer einem Steuerfreibetrag für nicht erwerbstätige Ehepartner – nahezu alle »Subventionen« für das Ernährermodell abgeschafft wurden. Vor diesem Hintergrund ist die aufgezeigte Einführung des Erziehungsurlaubs im Rahmen der Job-Rotation-Programme Anfang der 1990er Jahre wie auch die derzeit gültige Regelung des Erziehungsgeld-Urlaubs primär als Förderung des Übergangs (Schmid/ Grazier 2002) in den Arbeitsmarkt zu verstehen (Compston/Kongshøj Madsen 2001; Meyers u.a. 1999). Die Erweiterung des Kinderbetreuungsangebots kann als Teil aktivierender Arbeitsmarktpolitik verstanden werden, da sie explizit auf die Förderung der Beschäftigungsfähigkeit von Müttern (Eltern) ausgerichtet war. Die reflexive Koordination von Arbeitsmarkt- und Familienpolitik beinhaltet, dass Eltern noch vor Ablauf der Elternzeit Betreuungsangebote gemacht werden, die überwiegend in Vollzeit organisiert sind (Dingeldey 2003; 2006a). Nicht zuletzt aufgrund des zunehmenden Arbeitskräftemangels wurde daher Eltern beziehungsweise Müttern eine kontinuierliche Arbeitsmarktintegration ermöglicht.

Das Spannungsverhältnis zwischen staatlicher Wohlfahrtssteuerung und gesellschaftlicher Selbststeuerung hat sich damit im Zuge der Aktivierungspolitik in Dänemark maßgeblich verändert. Dabei kann einerseits eine Ausweitung der staatlichen Gewährleistungsverantwortung hinsichtlich einer Universalisierung von Beschäftigungsfähigkeit, unter Einbezug von

Müttern respektive Eltern, wie auch zunehmend von gesundheitlich eingeschränkten Arbeitnehmern konstatiert werden. Ferner tragen auch die im Zuge der Privatisierung und Dezentralisierung weiterhin bestehenden oder gar zunehmenden Regulierungsaufgaben des (Zentral) Staates zu einer Erweiterung staatlicher Gewährleistungsverantwortung bei (ebenso Bredgaard/Larsen 2008a: 351). Andererseits lässt sich eine Rücknahme staatlicher Finanzierungs- beziehungsweise Erfüllungsverantwortung in Bezug auf arbeitsmarktpolitische Leistungen aufzeigen. Diese wird primär von den Tarifpartnern beziehungsweise diesen nahe stehenden Organisationen, aber auch zunehmend von Marktakteuren übernommen. Allein bei der Kinderbetreuung nimmt die Dienstleistungsproduktion durch staatliche Akteure respektive durch die Kommunen, gegenüber den Familien zu. Insgesamt dominiert ein Mix an Governance-Formen die Wohlfahrtsproduktion. Damit ist der folgenden Einschätzung auch weiterhin zuzustimmen:

»... the activation policies are implemented by a multi-level governance structure which is created, sponsored and controlled by the state. Then central labour-market organizations are involved in the implementation process through a system of tripartite representation. The regional governance structures are functioning in accordance with the principle of regulated self-regulation, but the element of central state regulation is much stronger than the element of self-regulation« (Torfing 1999a: 388).

9.4 Hohe und zunehmend egalitäre Arbeitsmarktteilhabe und Beschäftigung

Nimmt man die Erwerbsbeteiligung als Indikator für die Verteilung der Chancen der Arbeitsmarktpartizipation muss zunächst konstatiert werden, dass diese bereits zu Beginn der 1990er Jahre in Dänemark vergleichsweise hoch war, da die dänische Bevölkerung bereits zu diesem Zeitpunkt stark kommodifiziert war. Dies beinhaltete sowohl eine extrem hohe Erwerbsquote der Männer (1990: 87,1 Prozent) als auch eine – im Ländervergleich – bereits sehr hohe Erwerbsquote der Frauen (1990: 77,6 Prozent). Gleichzeitig war der Anteil der erwerbsfähigen Bevölkerung im Transferleistungsbezug vergleichsweise hoch. Dies drückte sich Anfang der 1990er Jahre unter anderem durch die hohe Arbeitslosenquote aus, die mit 10,8

Prozent 1993 ihren Höhepunkt erreichte, um dann massiv zu sinken. Die damit einhergehende Ungleichheit der Beschäftigungschancen wurde im Zuge der Aktivierungspolitik verringert. Gewinner der zunehmend egalitären Beschäftigungsmuster sind vor allem Frauen.

Bei einer Arbeitslosenquote von unter fünf Prozent ab 2000 entwickelte sich in zahlreichen Branchen, wie zum Beispiel im Baugewerbe, ein Arbeitskräftemangel, der zum Teil durch die Anwerbung von Arbeitsmigranten gedeckt wurde (OECD 2008a). Erst im Zuge der Finanzkrise war bis Ende 2009 ein erneutes Ansteigen der Arbeitslosenquote auf sechs Prozent zu verzeichnen (OECD 2009a).

Der Rückgang der Arbeitslosigkeit seit Beginn der Aktivierungspolitik 1994 ging mit einer quasi stabilen Erwerbsquote einher (absolut steigt die Zahl der Erwerbspersonen leicht an). Das extrem hohe Niveau von Anfang der 1990er Jahre wurde jedoch nicht wieder erreicht. Als Erklärung muss einerseits das massive Sinken der Erwerbs- und Beschäftigungsquote der unter 25-jährigen angeführt werden, die durch die sich verlängernde Ausbildungsdauer zu erklären ist. Andererseits ist die oben skizzierte und bis Mitte der 2000er Jahre expansive Entwicklung der Frühverrentungen zu nennen, so dass erst ab 2002 ein sporadisches Ansteigen der Erwerbsquote der über 55-jährigen erreicht wurde (siehe Tabelle 2 sowie Abbildung 2).

Im Hinblick auf die Senkung der Arbeitslosigkeit dürfen daher bis Mitte der 2000er Jahre neben den Effekten der aktivierenden Arbeitsmarktpolitik vor allem die Effekte der deaktivierenden Maßnahmen nicht unterschätzt werden:

»... the increase in Danish activation measures has contributed to the reduction in registered unemployment of some groups of people, but it has not functioned as an employment machine, mostly because the measures have increased the sorting out of the workforce, hence referring substantial numbers of people to early retirement and other positions totally outside of the labour market« (van Oorschot/Abrahamson 2003: 301).

Die Erholung auf dem Arbeitsmarkt schlug sich gleichwohl auch in einer Erhöhung der Beschäftigungsquote nieder, die im europäischen Vergleich das sehr hohe und bislang zunächst stabile Niveau von 75,5 Prozent im Jahr 2005 erreicht, um in den folgenden Jahren bis 2008 schließlich eine Steigerung auf das historisch einzigartige Niveau von 78,4 Prozent zu erfahren (siehe Tabelle 6). Für die Erwerbsmuster beziehungsweise die Verteilung der Erwerbsarbeit in Dänemark ist bezeichnend, dass der Anstieg der Beschäftigung nicht mit einer zunehmenden Prekarisierung der Erwerbsarbeit verbunden war. Während die Teilzeitquote im europäischen Vergleich eher niedrig ist und erst seit kurzem wieder leicht ansteigt (2008: 18 Prozent), ging insbesondere die selbständige Beschäftigung wie auch die befristete Beschäftigung auf jeweils deutlich unter zehn Prozent zurück (siehe Tabelle 6). Die erneute Zunahme des Anteils der Langzeitarbeitslosen auf 25,9 Prozent in 2005 muss dagegen als Rückschlag für den Erfolg der Aktivierungspolitik in Bezug auf die Marginalisierung spezifischer Gruppen gesehen werden. Dies drückt sich nicht zuletzt darin aus, dass der Anteil der Personen (18–59-jährige), die in Haushalten ohne Beschäftigte lebte, zwischen 1998 und 2004 von 6,2 Prozent auf acht Prozent anstieg (APPLICA 2005:105). Mit dem Beschäftigungsboom verbesserten sich jedoch auch diese sozialen Indikatoren, so dass die Langzeitarbeitslosigkeit 2008 erneut auf 16,1 Prozent sank (Tabelle 6).

Exemplarisch und ein Alleinstellungsmerkmal für Dänemark sind eine weitgehend egalitäre Verteilung von Erwerbsarbeit beziehungsweise die geringen Differenzen der geschlechtsspezifischen Arbeitsmarktteilhabe, die sich insbesondere durch die hohe Müttererwerbstätigkeit ergibt. Vor diesem Hintergrund konnte das Anfang der 1990er Jahre ereichte, extrem hohe Niveau der Arbeitsmarktintegration für die Frauen in 2005 mit 75,1 Prozent Erwerbsbeteiligung annähernd und mit 70,8 Prozent Beschäftigung erneut erreicht werden. Dabei ist Dänemark – neben Slowenien – das einzige Land, in dem 2003 die Erwerbsquote von Frauen (im Alter zwischen 20 und 49) mit Kindern unter zwölf Jahren leicht höher ist als die von Frauen ohne Kinder[76]. Die hohe Erwerbintegration von Müttern lässt sich darüber hinaus auch an einer Erwerbstätigenquote von über 70 Prozent bei Frauen mit Kindern unter zwei Jahren ablesen (Aliaga 2005:1)[77]. Entsprechend ist auch der Anteil der Ein-Eltern-Familien ohne Beschäfti-

76 Die niedrigere Erwerbsquote der Frauen ohne Kinder dürfte sich dabei weitgehend durch die Alterszusammensetzung ergeben. Einerseits werden Frauen erfasst, deren Kinder älter als 16 Jahre sind und die in der Erziehungsphase möglicherweise noch traditionellen Modellen gefolgt waren. Andererseits dürften sich Effekte von Frühverrentungsprogrammen niederschlagen.

77 Für 2005 wird von der OECD die Beschäftigungsquote von Frauen, deren jüngstes Kind unter zwei Jahren ist, sogar mit 71,4 Prozent, wenn das jüngste Kind drei und fünf Jahre ist, mit 77,8 Prozent, und wenn das jüngste Kind zwischen 6 und 16 Jahren ist, mit 77,5 Prozent angegeben (OECD 2007c: 46). Entsprechend liegt der Anteil der Paarhaushalte mit Kindern (0–17 Jahre), in denen beide Partner arbeiten, inzwischen bei rund 80 Prozent (1991 72,4).

gung vergleichsweise gering (1991 3,3 Prozent und 1999 5,2 Prozent aller Familienhaushalte) (OECD 2002b: 62; 2007c: 49)[78].

Abbildung 3: Wochenarbeitszeit nach Geschlecht in Dänemark in 2007

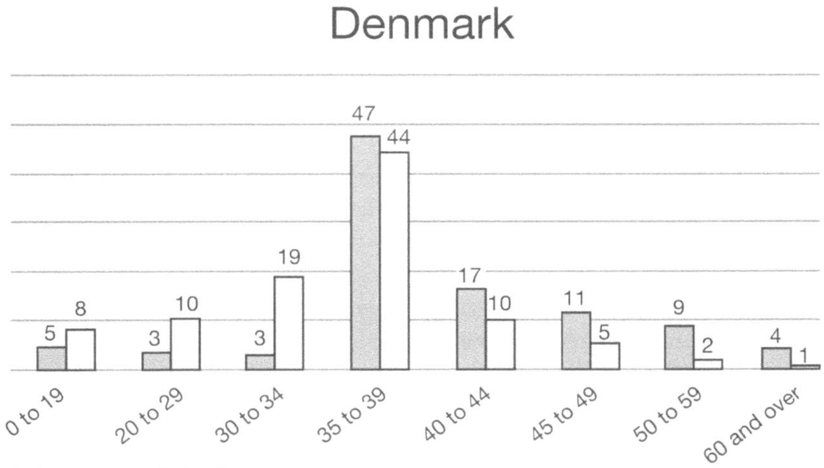

dunkel = Männer; hell = Frauen.
Quelle: OECD (2009c).

Weiterer Indikator für eine weitgehend egalitäre Erwerbsbeteiligung in Dänemark ist, dass sich der Umfang der Beschäftigung beziehungsweise die Arbeitszeiten von Männern und Frauen deutlich annähern: Bezogen auf den Zeitraum zwischen 1990 und 2005 ist eher ein Rückgang der Teilzeitquote insgesamt (Anteil der Beschäftigten, die weniger als 30 Stunden/Woche arbeiten) zu konstatieren. Frauen beziehungsweise Mütter haben zudem überwiegend »lange« Teilzeitarbeitsverhältnisse. So zeigt die Erhebung der OECD, dass 2007 62 Prozent der beschäftigten Frauen mehr als 35 Stunden arbeiten, 29 Prozent der Frauen zwischen 20 und 34 Stunden beschäftigt sind und nur acht Prozent weniger als 19 Stunden arbeiteten[79] (siehe Abbildung 3).

78 Die deutlich ausführlicheren Daten zu den Erwerbsmustern von Familienhaushalten der EU liegen für Dänemark leider nicht vor (vgl. Aliaga 2005).

79 Entsprechend arbeiteten 88 Prozent der Männer Vollzeit, sechs Prozent zwischen 20 bis 34 Stunden und fünf Prozent weniger als 19 Stunden (Abbildung 3). Ferner weist die detailiertere – wenn auch ältere – Analyse der Arbeitszeiten von Männern und Frauen mit Kindern im Haushalt auf letztlich vergleichsweise geringe geschlechtsspezifische Differenzen bezüglich des Umfangs der Erwerbsintegration hin: Im Durchschnitt ar-

Als ein wesentlicher Grund der positiven Arbeitsmarktintegration von Frauen und Müttern ist der Ausbau des Dienstleistungssektors zu nennen, der in Dänemark nahezu 75 Prozent aller Arbeitskräfte nachfragt. Dabei ist auf den starken Anteil des öffentlichen Sektors beziehungsweise den Aufbau sozialstaatlicher Dienstleistungen zu verweisen. Dies beinhaltet einerseits einen nach Geschlecht stark segregierten Arbeitsmarkt, da im Dienstleistungssektor der Frauenanteil extrem hoch ist (2008 55,1 Prozent; Tabelle 6). Andererseits ist gerade der Ausbau des Dienstleistungssektors eine zentrale Voraussetzung für die Nachfrage nach (weiblichen) Arbeitskräften und die Bereitstellung von Dienstleistungen, welche die Vereinbarkeit von Familie und Erwerbstätigkeit auch für Frauen ermöglicht (Bosch/Wagner 2003; Daly 2000). Dies wird auch als zentraler Wettbewerbsfaktor in einer globalisierten Ökonomie gesehen (Goul Andersen 2007b).

Die sich vergleichsweise egalitär entwickelnden Beschäftigungsstrukturen in Dänemark gehen mit einer weitgehend egalitären Einkommensverteilung einher: Gemessen am Verhältnisses des obersten Dezils zum niedrigsten Dezil (P90/P10) ist die Einkommensspreizung Mitte der 2000er Jahre mit 2,72 sehr gering. Entsprechend weist Dänemark im OECD-30-Vergleich mit 0,232 den niedrigsten Wert des Gini-Koeffizienten auf (OECD 2009d). Dies schließt auch eine vergleichsweise geringe geschlechtsspezifische Lohndifferenz ein, die für Dänemark 18 Prozent im Jahr 2006 betrug[80] (Europäische Kommission 2008: 31). Trotz der damit auch hier fortbestehenden Ungleichheiten kann Dänemark vor allem im Vergleich als äußerst egalitäre Gesellschaft betrachtet werden. Dies schließt bewusste Ausgrenzungstendenzen beispielsweise gegenüber Migranten jedoch nicht aus.

---

beiteten dänische Väter 1998 »nur« 40,6 Stunden/Woche und dänische Mütter 35,8 Stunden/Woche (Bielenski u.a. 2001: 58).

80 Berechnet als Differenz zwischen den Brutto-Stundenlöhnen der Männer und der Frauen, dargestellt als Anteil an den Brutto-Stundenlöhnen der Männer.

Tabelle 6: Beschäftigungsstruktur in Dänemark seit 1990

	1990	1993	1994	1996	1998	2000	2001	2002	2003	2004	2005	2006	2007	2008
Erwerbspersonen in Tausend	2.838	2.823	2.741	2.791	2.793	2.823	2.798	2.822	2.819	2.856	2.831	2.862	2.876	2.910
Frauen	1.323	1.331	1.271	1.279	1.307	1.324	1.308	1.328	1.312	1.339	1.327	1.352	1.356	1.378
Männer	1.515	1.492	1.470	1.512	1.487	1.498	1.490	1.493	1.507	1.516	1.503	1.510	1.520	1.532
Arbeitslose in Tausend	240	307	222	192	141	126	118	122	154	150	138	114	105	90
Frauen	119	149	115	107	84	66	63	58	76	73	74	62	55	51
Männer	121	158	107	84	58	60	55	64	78	77	63	52	50	39
Zivile Beschäftigte in Tausend	2.638	2.552	2.508	2.593	2.659	2.692	2.698	2.686	2.665	2.689	2.704	2.759	2.752	2.799
Frauen	1.216	1.193	1.153	1.182	1.228	1.259	1.264	1.262	1.240	1.263	1.274	1.302	1.297	1.324
Männer	1.422	1.359	1.355	1.411	1.431	1.433	1.434	1.424	1.425	1.426	1.431	1.458	1.455	1.475
Erwerbsbeteiligung in Prozent [1]	82,4	81,2	78,8	79,5	79,3	80,0	79,2	79,9	79,4	80,2	79,4	80,1	80,3	80,9
Frauen	77,6	77,4	73,8	73,6	75,1	75,9	75,0	75,9	74,8	76,1	75,1	76,7	76,4	77,3
Männer	87,1	84,9	83,7	85,3	83,5	84,0	83,3	83,8	84,0	84,2	83,6	83,4	84,0	84,6
Erwerbsquote 15 bis 24-jährige	73,5	70,6	69,1	73,8	71,6	71,9	67,2	68,8	65,9	66,4	67,2	69,0	72,6	73,8
Erwerbsquote 55 bis 64-jährige	57,1	56,3	53,7	50,6	53,1	56,9	58,9	60,1	63,1	65,5	62,9	63,2	61,3	59,2
Arbeitslosigkeit in Prozent [2]	8,4	10,8	8,1	7,0	5,5	4,6	4,8	4,8	5,6	5,7	5,0	4,1	4,0	3,4
Frauen	9.0	11,2	9,1	8,3	6,6	5,3	5,3	5,1	6,2	6,2	5,5	4,7	4,3	3,7
Männer	7,8	10,5	7,3	5,9	4,5	4,1	4,4	4,4	5,1	5,3	4,6	3,5	3,6	3,1
Langzeitarbeitslose in Prozent [3]	29,9	25,2	32,1	26,5	26,9	20,0	22,2	19,7	19,9	22,6	25,9	20,4	18,2	16,1

Tabelle 6 (Fortsetzung): Beschäftigungsstruktur in Dänemark seit 1990

	1990	1993	1994	1996	1998	2000	2001	2002	2003	2004	2005	2006	2007	2008
Zivile Beschäftigung in Prozent [1)]	75,4	72,4	72,4	74,0	75,3	76,4	75,9	76,4	75,1	76,0	75,5	76,9	77,3	78,4
Frauen	70,6	68,7	67,1	67,4	70,3	72,1	71,4	72,6	70,5	72,0	70,8	73,2	73,3	74,4
Männer	80,1	75,9	77,6	80,5	80,2	80,7	80,2	80,2	79,7	79,9	80,1	80,6	81,3	82,4
Beschäftigungsquote 15 bis 24-jährige	65,0	60,3	62,1	66,0	66,4	67,1	61,7	64,0	59,4	61,3	62,0	63,7	67,4	68,5
Beschäftigungsquote 55 bis 64-jährige	53,6	51,3	50,2	47,5	50,4	54,6	56,5	57,3	60,7	61,8	59,8	60,9	58,7	57,7
Anteil der Beschäftigung im Industriesektor	27,5	26,3	26,8	27,0	27,0	26,4	25,4	24,5	24,1	23,7	24,1	23,6	23,5	22,9
Frauenanteil				25,5	25,5	25,3	24,9	25,0	23,6	23,7	24,3	23,5	24,9	
Anteil der Beschäftigung im Dienstleistungssektor	66,9	68,5	68,1	68,7	69,2	69,9	71,1	72,0	72,7	72,9	72,6	73,3	73,5	74,7
Frauenanteil				54,9	55,5	56,1	55,8	55,5	55,2	55,6	55,7	55,8	55,1	
Teilzeitquote (<30 Wochenstd.) in Prozent der Beschäftigten	19,2	19,0	17,3	16,6	17,1	16,1	14,7	16,0	15,7	17,3	17,6	18,1	17,7	18,0
Frauen	29,7	28,5	26,2	24,4	25,6	24,0	21,0	22,6	21,8	24,0	24,4	25,6	23,9	23,7
Männer	10,2	10,6	9,8	10,2	9,9	9,3	9,3	10,2	10,4	11,5	11,8	11,4	12,4	12,9
Durchschnittlich realisierte Arbeitszeit pro Jahr	1.518	1.531	1.494	1.495	1.527	1.553	1.561	1.555	1.552	1.558	1.574	1.584	1.571	1.570
Anteil selbstständiger Beschäftigung	11,7	10,8	10,0	9,5	9,4	8,7	8,9	9,0	8,8	8,7	8,7	8,9	8,7	8,4
Anteil befristeter Beschäftigung	10,8	10,7	12,0	11,2	10,1	10,2	9,4	8,9	9,6	9,8	9,9	9,6	9,1	8,6

[1)] der Bevölkerung im erwerbsfähigen Alter; [2)] der zivilen Erwerbspersonen; [3)] Arbeitslose, die länger als zwölf Monate arbeitslos sind, als Anteil and Arbeitslosen insgesamt.

Quelle: OECD (2008c; 2009g).

9.5 Zusammenfassung: Paradigmenwechsel als weitgehend pfadabhängige Entwicklung

Das sozialdemokratisch-universalistische Wohlfahrtsstaatsregime Dänemarks zeigte bereits zu Beginn der 1990er Jahre eine starke Übereinstimmung mit den Zielen eines aktivierenden Wohlfahrtsstaates. Die Förderung der Kommodifizierung durch arbeitsmarktpolitische Maßnahmen und Dienstleistungen war bereits weit ausgebaut. Arbeitsverwaltung und Leistungserbringung waren nicht »rein« staatlich, sondern stark dezentral und korporatistisch organisiert – also durch Formen der Co-Governance geprägt. Ebenso war die Koordination von Arbeitsmarkt- und Familienpolitik im Sinne reflexiver Steuerung bereits seit den 1960er Jahren auf die Unterstützung des Individual Adult Worker Model ausgerichtet. Dies schlug sich trotz hoher Arbeitslosigkeit bereits vor der Aktivierungspolitik in einer extrem hohen Erwerbsteilhabe und auch weitgehend egalitären Erwerbsmustern nieder.

Ausgehend von einem vergleichsweise geringen Anpassungsbedarf kann für Dänemark im Jahr 2005 eine weitgehende Verwirklichung der Ziele des aktivierenden Wohlfahrtsstaates im Hinblick auf die eingesetzten Instrumente, die Institutionen und die Outcomes im Bereich der Arbeitsmarktpolitik und die diese flankierenden Politikfelder bestätigt werden.

Die entsprechende Veränderung der Spannungsverhältnisse in den drei Dimensionen wohlfahrtsstaatlichen Handelns beinhaltete bis 2005 *erstens* einen Ausbau der Kommodifizierung bei gleichzeitigem Aufrechterhalten eines – trotz Kürzungen – weiterhin hohen Dekommodifizierungsniveaus. Ferner erfolgte der Abbau spezifischer Dekommodifizierungsoptionen in Form von Frühverrentung oder Erwerbsunfähigkeitsrenten sehr zögerlich. Spezifisch für die dänische Variante ist gleichwohl, dass die Governance der Beziehung zwischen Individuum und Sozialstaat für alle Arbeitslosen weitgehend ein Recht auf Arbeit beinhaltet, das jedoch dialektisch mit einer nahezu universellen Arbeitspflicht verbunden wurde. Basis für die Universalisierung des Rechtes auf beziehungsweise der Pflicht zur Erwerbsarbeit war – neben der guten konjunkturellen Entwicklung – der Ausbau der Maßnahmen aktivierender Arbeitsmarktpolitik wie auch der sozialen Dienstleistungen, zum Beispiel im Bereich der Kinderbetreuung.

Rechte sind für die Gruppe der Sozialhilfeempfänger, das heißt insbesondere für Migranten und Jugendliche, selektiv eingeschränkt, während Pflichten im Vergleich zu anderen Gruppen strikter gefasst sind. Der Bezug von Sozialhilfe ist mittlerweile explizit an den Beweis der Arbeitswilligkeit geknüpft. Ferner wurden Einschränkungen bei der Höhe der Transferleistungen zunächst ausschließlich auf diese Gruppen beschränkt. Damit deutet sich auch in Dänemark eine gewisse institutionelle Spaltung an.

Zweitens, zeichnete sich eine Zunahme staatlicher Gewährleistungsverantwortung bei gleichzeitiger Rücknahme staatlicher Erfüllungsverantwortung und weitgehender Aufrecherhaltung der Finanzierungsverantwortung ab. Die Rücknahme der Erfüllungsverantwortung zeigte sich bei der Umsetzung der im Rahmen der normativen Theorien des aktivierenden Staates beziehungsweise des New Public Management vorgeschlagenen Reorganisation des Staates beziehungsweise der öffentlichen Verwaltung in Form von Privatisierungen, die sowohl eine Vermarktlichung beinhalten, aber auch die Tarifpartner ansprechen. Dies ging vielfach mit einer Fortsetzung der Formen der Co-Governance einher.

Die Zunahme der Gewährleistungsverantwortung drückte sich in Dänemark durch ein de facto gewährtes Recht auf Arbeit aus, das ggf. mit staatlichem Zwang zur Gewährleistung der Erfüllung der Arbeitspflicht verbunden ist. Voraussetzung für diese Form universeller Kommodifizierung ist nicht zuletzt der Ausbau der Koordination von Arbeitsmarkt- und Familienpolitik im Sinne von Holistic Governance mit dem Ziel der Erwerbsintegration von Müttern. Weiteres Beispiel reflexiver Steuerung war die allerdings erst nach 2005 vollzogene Zusammenlegung der Arbeitsverwaltungen für Arbeitslosengeldbezieher und Sozialhilfeempfänger. Der Erfolg reflexiver Steuerung erscheint als Basis dafür, dass *drittens* eine weitgehend universelle und egalitäre Arbeitsmarktteilhabe verwirklicht wurde (Übersicht 9). Die bis 2005 entstandene spezifische dänische Variante der Aktivierungspolitik entspricht damit weitgehend der mit *»umfassender sozialer Befähigung«* bezeichneten idealtypischen Variante der Aktivierungspolitik (siehe Abschnitt 6.2, Übersicht 7). Inwiefern diese Entwicklung durch die Folgen der Finanzkrise erneut in Frage gestellt wird, bleibt abzuwarten.

Die »Kehrseite« dieser soweit erfolgreichen Politik ist, dass es – zumindest für Bezieher von geringen bis mittleren Einkommen – kaum mehr möglich ist, Nicht-Erwerbsphasen, wie zum Beispiel Familienzeiten, jenseits der gesetzlich regulierten Elternzeiten zu realisieren. Der umfassende Ausbau aktivierender wohlfahrtsstaatlicher Politik trägt damit nicht nur zur Standardisierung der Erwerbsverläufe von Männern und Frauen, sondern auch der Familienphasen bei (ähnlich Goul Andersen/Johannsen 2006).

Indirekt werden damit Möglichkeiten der Selbstbestimmung beziehungsweise die Wahl der Lebensformen maßgeblich restringiert. In diesem Sinne zeigen nicht zuletzt die angewandten Praktiken gegenüber den Outsidern des Arbeitsmarktes (Jugendliche und Migranten) auch einen expliziten Zwangscharakter.

Mit Blick auf den vollzogenen institutionellen Wandel lässt sich die dargestellte Restrukturierung dänischer Arbeitsmarktpolitik zentral durch Recommodification und Recalibration charakterisieren, womit Piersons (2001: 432f.) Einschätzung der Reformen bis 2001 als Recalibration und Cost Containment für den hier betrachteten Zeitraum nur bedingt zu bestätigen sind. Als wesentliche Formen des institutionellen Wandels dominieren Prozesse der Conversion, also das Umfunktionieren bereits bestehender Institutionen zur Verwirklichung neuer Zielsetzungen, die mit Displacement (Ersatz bestehender Institutionen) kombiniert werden (vergleiche Streeck/Thelen 2005).

Das damit verbundene Reformprofil kann als überwiegend inkrementelle Veränderung beziehungsweise als »bounded innovation« im Sinne eines weitgehend pfadabhängigen Wandels bereits etablierter Maßnahmen und Governance-Formen gedeutet werden. Die wenigen partiell pfadbrechenden Veränderungen sind einerseits im Wandel der Governance der Beziehung zwischen Wohlfahrtsstaat und Individuen, unter anderem als Verschiebung von »Status zu Vertrag« und der damit verbundenen Ausweitung der Arbeitspflicht zu sehen. Andererseits erscheinen vor allem die Veränderungen der Governance der Leistungserbringung im Zuge der Privatisierung und der Steigerung von Wettbewerb beim Umbau der Arbeitsverwaltung pfadbrechend. Bei der Erklärung des spezifischen Profils wohlfahrtsstaatlicher Reformen beziehungsweise der dabei zum Ausdruck gebrachten Reformfähigkeit des dänischen Staates sollte daher auf die Re-Interpretation bestehender Institutionen beziehungsweise wohlfahrtsstaatlicher Normen fokussiert werden.

Übersicht 9: Das Profil der dänischen Arbeitsmarktpolitik 1994 und 2005 im Vergleich

	Unmittelbar vor 1994	2005
1. Steuerung individueller Arbeitsmarktteilhabe		
Arbeitslosengeld (Dauer und Lohnersatzquote)	8 Jahre 90 % des vorherigen Lohnes (Deckelung) geringe bis mittlere Inanspruchnahme	4 Jahre (2 Jahre ab 2010) 90 % des vorherigen Lohnes (Deckelung) leicht reduzierte Inanspruchnahme
Arbeitspflicht	Berufsschutz obligatorische Aktivierung nur für Sozialhilfeempfänger	kein Berufsschutz obligatorische Aktivierung für AL nach 9 Monaten (6 Monate für < 30-jährige; 3 Monate für SH-Empfänger)
Befähigung (arbeitsmarkt- und familienpolitische Dienstleistungen, Erwerbsanreize)	hohes Niveau von Vermittlung, Beratung hohes Niveau der Aus- und Weiterbildung geringe finanzielle Erwerbsanreize Kinderbetreuungsquote (Vollzeit) insg. knapp 50 %	Ausbau der Vermittlung u. Beratung Ausbau u. erneuter Rückbau von Weiterbildungsmaßnahmen Ausbau Allgemeinbildung kaum finanzielle Erwerbsanreize für Geringverdiener Kinderbetreuungsquote (Vollzeit) insg. knapp 60 %
2. Reorganisation der Arbeitsverwaltung und Weiterbildung sowie Koordination mit familienpolitischer Intervention		
Governance-Modi	Hierarchie Co-Governance	Hierarchie (++) Co-Governance (+) Wettbewerb
Gewährleistungs-verantwortung	Zentralstaat	Zentralstaat (+) Regionale Arbeitsmarkträte (+/-) Tarifpartner
Finanzierungsverantwortung	Zentralstaat: Steuern Tarifpartner: Beiträge	Zentralstaat: Steuern Tarifpartner: Beiträge (+) Gewerkschaften: Arbeitsmarktabgabe (+) Arbeitgeber: Akquise
Erfüllungsverantwortung	Staatliche Organisationen: AMS; staatliche Weiterbildungsträger Gewerkschaften: AL-Versicherung	Staatliche Organisationen (+/-) Gewerkschaften (+) marktliche Akteure bei Arbeitsvermittlung u. Weiterbildung
Reflexive Steuerung	Koordination von Arbeitsmarkt- und Familienpolitik entlang Individual Adult Worker Model	Ausbau holistischer Steuerung für Individual Adult Worker Model Fusionierung d. Arbeitsverwaltung

Übersicht 9 (Fortsetzung): Das Profil der dänischen Arbeitsmarktpolitik 1994 und 2005 im Vergleich

	Unmittelbar vor 1994	2005
3. Soziale Umverteilung in Bezug auf Muster der Erwerbsteilhabe		
Erwerbsbeteiligung, Arbeitslosigkeit und Beschäftigungsmuster	hohe Erwerbsbeteiligung trotz Arbeitsmarktkrise	Universalisierung der Erwerbsbeteiligung
	hohes Beschäftigungsniveau	Erweiterung der Beschäftigung,
	hohe Arbeitslosigkeit	extrem geringe Arbeitslosigkeit bis 2008
	mittleres Niveau von Teilzeitarbeit	mittlere bis geringe Teilzeitquote
	geringe Differenz geschlechtsspezifischer Erwerbsmuster	zunehmend egalitäre Erwerbsmuster

(+) = zunehmende Bedeutung; (-) = abnehmende Bedeutung.
Quelle: Eigene Darstellung.

10. Großbritannien: Gesteigerte Arbeitsmarktteilhabe durch »Making Work Pay«

Großbritannien ist ein Beispiel für ein liberales Wohlfahrtsstaatsregime, das seine Sozialpolitik primär als Armutspolitik gestaltete, das heißt sozialstaatliche Intervention auf überwiegend bedürftigkeitsgeprüfte Leistungen beschränkte. Dies beinhaltete ferner eine nur geringe rechtliche Regulierung der kollektiven wie auch der individuellen Arbeitsbeziehungen (Dingeldey 1997). Diese Politik war traditionell mit einem am Ernährermodell orientierten Geschlechtermodell gekoppelt. Letzteres zeigte jedoch bereits vor den 1990er Jahren Anzeichen der Modernisierung, da die Erwerbsquote der Frauen anstieg und die Beschäftigung insbesondere in Form von Teilzeit zunahm (Dingeldey 2001; Esping-Andersen 1990; O'Reilly/Fagan 1998; Sainsbury 1999; siehe Abschnitt 6.2, Übersicht 6 und Abschnitt 8.2, Tabelle1).

Bemerkenswert für Großbritannien ist, dass bereits in der Vorphase der Aktivierungspolitik – also in den 1980er bis Mitte der 1990er Jahre – massive Reformen der Arbeitsmarktpolitik stattfanden. Unter der konservativen Regierung von Margret Thatcher wurden zahlreiche Leistungskürzungen für Arbeitslose, insbesondere aber für Jugendliche im Sozialhilfebezug (1988), verwirklicht. Ferner wurden die Regelung der Verfügbarkeit für den Arbeitsmarkt (1986), die Zumutbarkeitskriterien und die Sanktionen bei Arbeitsaufgabe (1989) verschärft. Dies wurde von einem massiven institutionellen Umbau begleitet. Dazu zählte die Auflösung der tripartistischen Manpower Service Commission, die für die berufliche Weiterbildung zuständig war, und der Aufbau der Training and Enterprise Councils (TECs), welche als lokale Netzwerke privater Unternehmer konstituiert wurden (Dingeldey 1997: 250). Ferner wurde in 1987/88 der Employment Service zu einer unmittelbar der Regierung unterstehenden und durch Zielvereinbarungen gesteuerte Agentur umgebaut, welche die Arbeitsvermittlung, die Arbeitsförderung und die Leistungsgewährung unter einem Dach vereinigte (Knuth/Finn 2004:3ff).

Bis Mitte der 1990er Jahre gab es quasi keine aktive Arbeitsmarktpolitik in Großbritannien. Ein entsprechendes Instrumentarium wurde erst danach über Qualifizierungs- und Arbeitsbeschaffungsprogramme für Jugendliche, beispielsweise das Youth Training Scheme (1982) oder Projekt Work (1996) allmählich aufgebaut (Dingeldey 1997). Aufgrund der mit diesen Maßnahmen einhergehenden Verschärfung der Arbeitspflicht wird in diesem Zusammenhang bereits von einem »Workfare Approach« gesprochen (Trickey/Walker 2000: 188). Die entsprechenden Maßnahmen sind damit als Vorläufer der Aktivierungspolitik zu sehen.

Der definitive Startschuss aktivierender Arbeitsmarktpolitik in Großbritannien ist mit der Einführung eines einheitlichen Transfers für alle Arbeitslosen, der Jobseeker's Allowance (JSA), noch unter konservativer Regierung im Jahr 1996 zu datieren. Anhand von jeweils unterschiedlichen Schwerpunktsetzungen lassen sich bis 2005 und danach insgesamt drei Reformphasen unterscheiden, die in ihrer Akkumulation das spezifisch britische Reformprofil ergeben (Abschnitt 10.1). Dabei wurden Reformen im Sinne eines aktivierenden Staates als Veränderungen der Spannungsverhältnisse in allen drei Dimensionen von Wohlfahrtsstaatlichkeit umgesetzt: Das Recht auf Dekommodifizierung wurde eingeschränkt, indem das bereits niedrige Niveau der Transferleistungen für Arbeitslose weiter abgesenkt wurde. Gleichzeitig wurden jedoch andere Dekommodifizierungsoptionen wie die Erwerbsunfähigkeitsrenten zunächst erweitert. Maßnahmen der sozialen Befähigung zur Arbeitsmarktteilhabe wurden eingeführt bzw. ausgebaut und durch flankierende Maßnahmen wie die Erweiterung der staatlich finanzierten Kinderbetreuung unterstützt.

Die zentrale Veränderung bei der Governance der Erwerbsteilhabe stellen in Großbritannien jedoch die Einführung und Ausweitung finanzieller Erwerbsanreize im Rahmen von In-Work-Benefits dar (Abschnitt 10.2). Im Zuge institutioneller Reformen wurden einerseits die staatliche Gewährleistungsverantwortung ausgedehnt und Formen reflexiver Steuerung beziehungsweise zunehmender Policy-Koordination etabliert. Andererseits wurden die Privatisierung der Leistungserbringung und die Steigerung von Wettbewerb weiter ausgebaut (Abschnitt 10.3). Vor diesem Hintergrund zeichnet sich eine Ausweitung der Arbeitsmarktteilhabe und der Beschäftigung ab, die jedoch mit einer Zunahme der Polarisierung der Erwerbsmuster einhergeht (Abschnitt 10.4). In Bezug auf das liberale Wohlfahrtsstaatsmodel Großbritanniens beinhalten die im Sinne des neuen

Paradigmas vollzogenen Veränderungen sowohl pfadabhängige als auch partiell pfadbrechende Entwicklungen (Abschnitt 10.5).

10.1 Reformschwerpunkte britischer Aktivierungspolitik seit 1996

In der britischen Aktivierungspolitik lassen sich bislang drei Phasen unterscheiden. Diese unterschiedlichen Schwerpunktsetzungen ergänzen sich im Hinblick auf die Entwicklung eines kohärenten Aktivierungsprofils ohne klare Brüche oder Strategiewechsel zu beinhalten (ebenso Daguerre 2004). Auf die Kürzungen der Transferleistungen folgte die Etablierung verschiedener Instrumente beziehungsweise Maßnahmen zur Beschäftigungsförderung in Verbindung mit einer Ausweitung des Arbeitszwangs sowie deren anschließender Re-Regulierung und Konsolidierung. Klares Ziel war dabei die Aktivierung von Transferleistungsempfängern sowie eine allgemeine Erhöhung der Erwerbsteilhabe (siehe Übersicht 10).

1. Phase 1996–1997: Einführung der Jobseeker's Allowance

1996, im letzten Jahr der Tory Regierung, wurden im Rahmen der Einführung einer Grundsicherung für Arbeitslose, der Jobseeker's Allowance (JSA), die Arbeitslosenunterstützung und die Sozialhilfe (für Arbeitslose) zusammengeführt und entsprechend der Höhe der letzteren, also des Income Support (IS) festgelegt. Dem wurden auch die spezifischen Unterstützungsleistungen für Alleinerziehende angepasst. Die Reform beinhaltete damit sowohl eine Kürzung der Leistungen für versicherte Arbeitslose als auch eine Ausweitung der Bedürftigkeitsprüfung und des Arbeitszwangs.

2. Phase 1998–2001: Etablierung des New Deal und der negativen Einkommensteuer

Die Arbeitslosigkeit hatte bereits vor dem Regierungsantritt von New Labour begonnen zu sinken. Noch unter dem Eindruck der Verfestigung von Langzeitarbeitslosigkeit beziehungsweise dem Problem der Workless

Households (Haushalte von Personen im erwerbsfähigen Alter ohne Beschäftigte) war das explizite Ziel der neuen Regierung gleichwohl, Arbeitslose wieder in Arbeit zu bringen. New Labour beließ daher die JSA unverändert auf niedrigem Niveau, führte jedoch unter dem Begriff »Welfare to Work« verschiedene arbeitsmarktpolitische Maßnahmen ein. Zentral sind die ersten 1998 gestarteten Programme wie der New Deal for Young People (Jugendlich jünger als 25 Jahre, NDYP), for Long Term Unemployed (Langzeitarbeitslose, NDLTU; ND25+ seit 2001) und for Lone Parents (Alleinerziehende, NDLP). Darauf folgten 1999 der New Deal for Partner of the Unemployed (Partner von Arbeitslosen, NDPU), 2000 der New Deal for 50+ (Arbeitslose älter als 50 Jahre) und schließlich 2001 der New Deal for Disabled People (Bezieher von Transfers aufgrund von Erwerbsunfähigkeit, NDDP) (OECD 2002a:60). Unter dem Motto »Making Work Pay« wurden ferner Maßnahmen zur finanziellen Unterstützung von Geringverdienerhaushalten in Form eines Working Family Tax Credit (WFTC) zu einer negativen Einkommensteuer ausgebaut und mit der Regulierung eines Mindestlohns verbunden.

Seit 2000 wurde die Governance des Erbringens arbeitsmarktpolitischer Dienstleistungen verändert, indem diese Maßnahmen in den so genannten Employment Zones (EZs), die in 15 Regionen mit besonders hoher Arbeitslosigkeit eingerichtet wurden, nunmehr im Rahmen von kompetitiv vergebenen Kontrakten durch öffentliche und private Anbieter erbracht werden. Ferner wurde die Organisation der beruflichen Aus- und Weiterbildung restrukturiert, indem die Training and Enterprise Councils (TECs) durch Learning and Skills Councils (LSCs) substituiert wurden.

3. Phase seit 2002: Konsolidierung und Ausweitung der Aktivierungspolitik durch Vereinheitlichung der Instrumente und der Arbeitsverwaltung

Nach der erfolgreichen Wiederwahl von New Labour 2001 wurden entlang des Slogans »Employment for All« sowohl die Fördermaßnahmen für Alleinerziehende, ältere Arbeitnehmer und gesundheitlich eingeschränkte ausgebaut als auch die Verpflichtungen zu Beratungsgesprächen beziehungsweise die Aktivierung dieser Gruppen sukzessive verschärft. Zudem wurde der Ausbau des Kinderbetreuungsangebots im Rahmen der Child Care Strategy massiv vorangetrieben. Als zentrales Element der Governance von Beschäftigungsfähigkeit in Großbritannien ist auch in dieser

Phase die Steigerung der finanziellen Erwerbsanreize über die Ausweitung der Tax Credits zu sehen.

Die 2003 und 2005 populistisch angekündigte Skills Strategy führte letztlich nicht zu einer tatsächlichen Neuausrichtung der Arbeitsmarktpolitik, da eine maßgebliche Steigerung der Ausgaben für Ausbildung, Weiterbildungsmaßnahmen oder der Teilnehmerzahlen in entsprechenden Programmen ausblieb. Eine instrumentelle Neuerung stellte allein die Einführung des »Train to Gain« in 2006 dar. Diese Maßnahme orientiert sich an der Nachfrage der Arbeitgeber und berät sie bezüglich ihrer Qualifikationsstrategien und finanziert Ausbildungsmaßnahmen (zum Erlangen der Stufe 2 des National Vocational Qualification)[81]. Als Teil institutioneller Reformen wurde die Vermarktlichung beim Erbringen von Dienstleistungen weiter vorangetrieben.

Als Ausbau reflexiver Steuerung kann die Reorganisation der Ministerien und der Arbeitsverwaltung wie auch die Homogenisierung der arbeitsmarktpolitischen Instrumente betrachtet werden. Diese beinhaltete eine Vereinheitlichung der unterschiedlichen New Deal Programme einschließlich der darin formulierten Arbeitsverpflichtungen. Ferner wurden Transferleistungen vereinheitlicht, indem die Erwerbsunfähigkeitsrente durch die Employment and Support Allowance (ESA) ersetzt wurde.

Welche Konsequenzen die verschiedenen Reformen mit Blick auf die Herausbildung einer spezifischen Aktivierungsvariante hatten, wird im Folgenden anhand des detaillierten Vergleichs der Maßnahmen, Regulierungen und Beschäftigungsmuster in den Jahren 1996 und 2005 sowie anhand eines Ausblicks auf die nachfolgende Entwicklung mit Bezug zu den drei Dimensionen wohlfahrtsstaatlichen Handelns erörtert.

---

81 National Vocational Qualifications (NVQ) wurden vom National Qualification Framework entwickelt und bilden bis zu acht Qualifikationsstufen ab. Stufe 2 entspricht einer Qualifikation im Sinne einer Anlerntätigkeit beziehungsweise einer einfachen berufsfachlichen Ausbildung (building knowledge and/or skills in relation to an area of work or a subject area and is appropriate for many job roles); Stufe 3 kann dagegen mit einer berufsfachlichen Ausbildung oder auch Universitätsreife gleichgesetzt werden (knowledge and/or skills to work independently or in some areas supervising and training others in their field of work) (Page/Hillage 2006: 10.).

Übersicht 10: Gesetzgebung in Großbritannien seit 1996

1. Phase (1996-1997): Einführung der Jobseeker's Allowance	
1996	Jobseeker's Allowance Act
	Zusammenführung von Arbeitslosengeld und Sozialhilfe als einheitliche Leistung für alle Arbeitslosen; Verschärfung der Pflichten der Individuen
2. Phase (1998-2001): Etablierung des New Deal und der negativen Einkommensteuer	
1998-2001	Einführung der New Deals
	Spezifische Aktivierungs- und Beschäftigungsprogramme für Jugendliche, Langzeitarbeitslose und Alleinerziehende; verpflichtend für die ersten beiden Gruppen; sukzessive Erweiterung der New Deals auf weiter Zielgruppen in den Folgejahren
1999	Einführung des Working Families Tax Credit (WFTC)
	Aufbesserung niedriger Familieneinkommen (negative Einkommensteuer) als Arbeitsanreiz
1999	Einführung eines gesetzlichen Mindestlohns
2000	Einführung der Employment Zones (EZ)
	Maßnahmen insbesondere für Langzeitarbeitslose in Regionen mit hoher Arbeitslosigkeit durch Privatisierung arbeitsmarktbezogener Dienstleistungen
2000	Erweiterung der New Deals auf gesundheitlich eingeschränkte Erwerbstätige (Bezieher von Krankengeld oder Arbeitsunfähigkeitsrente)
2001	Ersatz der Training and Enterprise Councils (TECs) durch Learning and Skills Councils (LSC)
2001	Gründung des Department for Work and Pensions
	Zusammenführung der Arbeits- und Sozialverwaltung auf zentralstaatlicher Ebene
3. Phase (seit 2002): Konsolidierung und Intensivierung der Aktivierungspolitik durch Vereinheitlichung der Instrumente und der Arbeitsverwaltung	
2002	Einrichtung der Jobcenter Plus (Vollendung 2006)
	Fusion lokaler Arbeitsverwaltung, Verwaltung der Sozialhilfe und Verwaltung der Transfers aufgrund von Arbeitsunfähigkeit
2003	Reregulierung des WFTC in Form des Working Tax Credit (WTC) und des Child Tax Credit (CTC)
2004	National Child Care Strategy
2005-2010	Re-Regulierung der New Deals
2005	New Deal for Skills
2006	National Employer Training Programme (Train to Gain)
2008	Employment and Support Allowance (ESA) ersetzt Incapacity Benefit
2009	Flexible New Deal (fND) ersetzt NDYP und ND25+ durch ›personalised support‹
	Sukzessive Verschärfung der Zumutbarkeitsregeln/Aktivierungspflicht; Ausweitung der Work Focused Interviews für Erwerbsgeminderte und Erwerbspflicht für Alleinerziehende
2010	Einführung eines ›Work for Your Benefit‹ Programm
	nach 24 Monaten müssen Langzeitarbeitslose bis zu sechs Monaten an einem Programm teilnehmen, das die Arbeitsfähigkeit und die Arbeitsgewohnheiten verbessern soll

Jahreszahlen beziehen sich auf Beginn der Implementation, nicht auf Gesetzgebung.
Quelle: Eigene Darstellung.

10.2 Selektiver Arbeitszwang plus finanzielle Arbeitsanreize

Die Typologisierung Großbritanniens als liberales Wohlfahrtsstaatsregime begründet sich im Bereich der Arbeitsmarktpolitik nicht zuletzt darin, dass die Dekommodifizierung (Höhe der Leistungen) bereits Mitte der 1990er Jahre vergleichsweise gering und das Instrumentarium aktiver Arbeitsmarktpolitik relativ schwach ausgeprägt waren. Gleichzeitig gab es eine lange Tradition von Workfare (King 1995). Im Zuge der Aktivierungspolitik kam es zu einer stärkeren Fokussierung einer Art »Recht« auf Arbeit, das auch hier mit einer Ausweitung der Arbeitspflicht gekoppelt wurde.

Re-Regulierung des Rechts auf Dekommodifizierung

Die Entwicklung des Rechtes auf Dekommodifizierung wird im Folgenden anhand der Regulierung des Arbeitslosengeldes analysiert, wobei zudem die Regulierungen des Income Suport (IS; Sozialhilfe einschließlich der Leistungen für Alleinerziehende) und des Incapacity Benefit (IB, Transfer bei vorübergehender Erwerbsunfähigkeit) sowie der Disability Living Allowance (DLA, Transfer bei dauerhafter Erwerbsunfähigkeit) punktuell berücksichtigt werden.

Auch in Großbritannien gab es traditionell ein zweistufiges Leistungssystem für Arbeitslose. Dabei sind die im Rahmen von Pflichtbeiträgen finanzierten beitragsbezogenen *Arbeitslosengeldleistungen* und die bedürftigkeitsgeprüfte *Sozialhilfe* zu unterscheiden. Die »Grenzen« zwischen diesen beiden Systemen verwischten jedoch bereits in den 1980er Jahren, da Familienangehörige schon damals häufig auf bedürftigkeitsgeprüfte Leistungen verwiesen wurden. Ferner wurden beide Leistungen durch weitere, zum Teil kommunale, bedürftigkeitsgeprüfte Leistungen wie Wohngeld oder Hypothekenbeihilfen ergänzt. Das Niveau des Arbeitslosengeldes (mit vorher durchschnittlichem Einkommen) war 1995 mit 52 Prozent für Singles und 67 Prozent des vorherigen Einkommens für (Alleinverdiener-) Paare mit zwei Kindern (OECD 1998b: 30) im internationalen Vergleich leicht unterdurchschnittlich und für geringe Einkommen auf mittlerem Niveau[82].

82 Die jeweiligen Netto-Lohnersatzraten beziehen sich auf den Average Production Worker Income (APW Income) (Durchschnittseinkommen eines Industriearbeiters). Bei niedrigeren Einkommen (66,7 Prozent APW) betrugen diese 75 respektive 80 Prozent. Dabei ist hervorzuheben, dass die reine Kompensation durch Arbeitslosengeld in Groß-

Der Bezug von Transferleistungen für Arbeitslose war schon immer mit der Pflicht verbunden, dem Arbeitsmarkt zur Verfügung zu stehen, aktiv nach Arbeit zu suchen und angemessene Arbeitsangebote anzunehmen (Trickey/Walker 2000: 186). Dies wurde nicht zuletzt durch 14-tägiges Erscheinen bei den Arbeitsämtern kontrolliert. Obgleich damit der Arbeitszwang als bereits relativ hoch einzuschätzen ist, war das Ausmaß der Dekommodifizierung im Hinblick auf den Anteil von Personen im erwerbsfähigen Alter, die staatliche Transferleistungen bezogen, durchaus beachtlich: Mitte der 1990er Jahre war die Zahl der Bezieher des Arbeitslosengeldes mit etwa 2,5 Millionen bereits rückläufig. Zudem bezogen jedoch etwa eine Million Alleinerziehende Sozialhilfe sowie etwa 2,3 Millionen Incapacity Benefit, wobei der Trend zu zunehmenden Fallzahlen noch anhielt (ebenda sowie Abbildung 4). Entsprechend waren Ende 1995 laut Daten des britischen Mikrozensus 3,3 Millionen Haushalte (ohne Rentner) ohne eine Person mit bezahlter Beschäftigung[83].

Wie bereits erwähnt, fand die seitdem bedeutendste Reform des Arbeitslosengeldes 1996 noch unter der konservativen Regierung statt. Mit der Jobseeker's Allowance wurde eine Grundsicherung für Arbeitslose geschaffen, welche das Arbeitslosengeld (Versicherungsleistung) und die Sozialhilfe für Arbeitslose (bedürftigkeitsgeprüfte Leistung) verschmolz, wobei die spezifische Sozialhilfeleistung für Alleinerziehende aufrechterhalten wurde.

Das residuale Versicherungselement beziehungsweise die beitragsbasierte JSA besteht allein darin, dass individuelle Erwerbsperson, sofern sie eine zwei-jährige, beitragspflichtige Beschäftigung unmittelbar vor Eintritt der Arbeitslosigkeit nachweisen, in den ersten sechs Monaten (vorher zwölf) Leistungen ohne Bedürftigkeitsprüfung erhalten. Die Leistungen werden ausschließlich als Festbetrag in gleicher Höhe wie IS gewährt[84]. Leistungen für den/die Partner/Partnerin werden unmittelbar in Form der bedürftigkeitsgeprüften JSA gewährt. (Knuth/Finn 2004: 4; OECD 2007d). Entsprechend lag der Anteil der Arbeitslosen (Bezug zu registrierten Arbeitslosen), die 2005 bedürftigkeitsgeprüfte Leistungen erhielten

---

britannien deutlich geringer war. Bei den hier dargestellten Zahlen werden weitere (bedürftigkeitsgeprüfte) Leistungen wie zum Beispiel Wohngeld oder auch Kindergeld berücksichtigt. In Großbritannien stellt dabei insbesondere das Wohngeld einen hohen Leistungsanteil dar, zum Beispiel über 50 Prozent bei Singles (OECD 1998b: 31ff.).

83 »Flexibility widens Job Divide«, in: »The Guardian«, London und Manchester, 19.3.1997.

84 Alleinerziehende erhalten formell weiterhin Income Support und unterliegen damit nicht der Aktivierungspflicht.

bei 72 Prozent (Clasen 2007: 29). Bis ins Jahr 2009 stieg der entsprechende Anteil sogar auf 77 Prozent (Clasen 2011).

Unter der Labour Regierung wurde die JSA unverändert auf niedrigem Niveau belassen. Im Jahr 2006 erhielt daher eine allein stehende Personen über 25 Jahre 57,45 Pfund/Woche (circa 64,70 Euro) plus Wohngeld. Für weitere nicht erwerbstätige Haushaltsmitglieder werden Zuschläge in Höhe von 56 Prozent für Partner und 76 Prozent pro Kind unter 19 Jahren gezahlt (Clasen 2007: 28). Diese können durch Mehrbedarfszuschläge für Familien, Alleinerziehende oder Behinderte ergänzt werden (Mohr 2007: 156).

Im Vergleich zur Mitte der 1990er Jahre ist damit im Falle der Arbeitslosigkeit eine starke Absenkung der effektiven Lohnersatzrate (für APW) bei Singles auf 41 Prozent sowie für Familien auf 59 Prozent (Alleinverdiener Paar mit zwei Kindern) im Jahr 2005 zu verzeichnen[85] (OECD 2009b). Mit dem Anstieg der Beschäftigung ging jedoch eine massive Abnahme der Zahl der Empfänger von JSA auf nur noch 825 Tausend bis Ende 2005 einher (Tabelle 7). Erst das Einsetzen der Wirtschaftsflaute und schließlich der weltweiten Finanzkrise bedingte ein erneutes Ansteigen auf 1.443 Tausend bis Mai 2009 (National Statistics 2009). Der Rückgang der Zahl der Alleinerziehenden im IS Bezug erklärt sich durch die sukzessive Reduzierung des »Aktivierungsschutzes« sowie die zunehmende Arbeitsmarktintegration. Ende 2005 erhielten weniger als 790 Tausend (siehe Tabelle 7) und im Mai 2009 nur noch 720 Tausend Alleinerziehende IS (National Statistics 2009).

Neben der »offenen« Arbeitslosigkeit entwickelten sich seit den 1980er Jahren jedoch insbesondere der *Incapacity Benefit* (bei ausschließlich befristeter Arbeitsunfähigkeit gewährter Transfer)[86] sowie – in geringerem Umfang – die Disability Living Allowance (bei permanenter oder befristeter Arbeitsunfähigkeit gewährte Transferleistung), als substitutive und in Bezug auf die Leistungshöhe zum Teil deutlich großzügigere Form der Dekommodifizierung[87]. Seit Beginn der 1980er Jahre bis Mitte der 1990er

85 Betrug das vorherige Einkommen lediglich 67 Prozent des APW, lagen die entsprechenden Einkommensersatzraten bei 58 Prozent respektive 70 Prozent (OECD 2009b).

86 Für 2005 wurde angegeben, dass 39 Prozent der Leistungsempfänger diese bereits länger als zwei Jahre und 35 Prozent diese länger als acht Jahre erhalten (Department for Work and Pensions 2006: 26).

87 Mehr als ein Viertel der Bezieher des IB stellte den entsprechenden Antrag unmittelbar im Anschluss an den Bezug von JSA oder IS. Die Leistungshöhe des bedürftigkeitsgeprüften IB (ohne erforderliche Beitragszeiten) ist äquivalent zur JSA. Dagegen lag der

Jahre stieg daher die Zahl der IB Empfänger von circa 0,7 auf 2,6 Millionen. Erst die 2003 gestarteten Maßnahmen der Labour Regierung zur verstärkten Re-Integration der IB-Empfänger in den Arbeitsmarkt, führten nach 2005 zu einem leichten Rückgang der Fallzahlen (Freud 2007: 42). Die 2008 als Ersatz für den IB eingeführte Employment and Support Allowance (ESA) dürfte zu einer weiteren Reduzierung beitragen.

Abbildung 4: Transferleistungsempfänger im erwerbsfähigen Alter

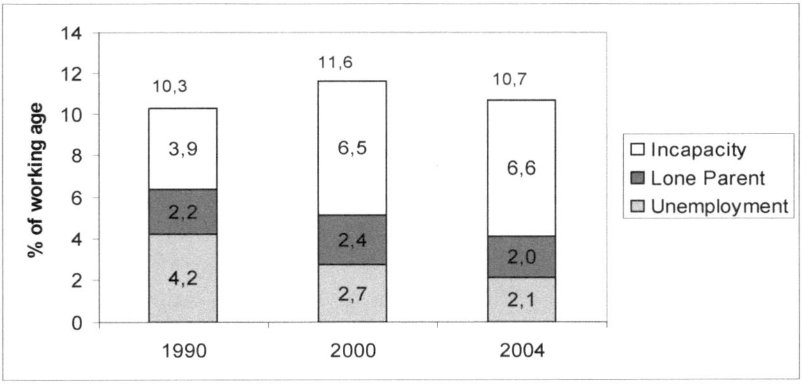

Quelle: Carcillo/Grubb (2006); ähnlich Freud (2007: 42, 72).

Mit der ESA wurde nun auch für Erwerbsgeminderte die vormalige Differenzierung von beitrags- und bedürftigkeitsgeprüften Leistungsansprüchen aufgehoben und die Leistungshöhe weitgehend der JSA angepasst. Dies beinhaltet für die meisten Bezieher – im Vergleich zur Vorgängerregulierung – letztlich Leistungsreduktionen (Clasen 2011). Im Gegensatz zum IB gelten für die ESA deutlich strengere Erwerbsunfähigkeitstests als Voraussetzung für den Leistungsbezug (Piggott/Grover 2009:166). Ferner ist die ESA selbst stärker auf die Reintegration in den Arbeitsmarkt orientiert. So kann beispielsweise auch eine Lohnsubvention für maximal zwölf Monate als Förderung zur Reintegration in den Arbeitsmarkt gewährt werden. Die bis 2013 geplante Integration aller Transferempfänger mit Erwerbsminderung in das System der ESA stellt die Fortführung der Homogenisierung des Leistungssystems für Hilfebe-

beitragsbezogene IB in 2005 mit 314 Pfund im Monat deutlich über dem Niveau der JSA (Department for Work and Pensions 2006: 15).

dürftige im erwerbsfähigen Alter dar, das dann ausschließlich aus JSA und ESA bestehen wird (Clasen 2011).

Tabelle 7: Transferleistungsempfänger im erwerbsfähigen Alter in Großbritannien seit 1997 (in Tausend)

	1997	1998	2000	2002	2003	2004	2005	2006	2007	2008
Job Seeker's Allowance	1.366	1.205	1.016	891	851	769	825	901	788	869
Incapacity Benefit Recipients	2.644	2.640	2.715	2.769	2.777	2.775	2.725	2.683	2.641	2.591
Lone Parents Income Support	1.016	959	920	875	852	818	789	783	763	745

Zahlen beziehen sich jeweils auf August, für 2008 auf Mai.
Quellen: National Statistics (2005; 2008).

Ergänzend bleibt zu bemerken, dass in Großbritannien *die Dekommodifizierung im Rahmen der Familienpolitik* sich erst seit kurzem entwickelt: Jenseits der Sozialhilfeleistungen, die insbesondere Alleinerziehende aufgrund von Mutter- beziehungsweise Elternschaft in Anspruch nehmen, wird die Nicht-Teilnahme am Arbeitsmarkt aufgrund von Erziehungsleistungen kaum finanziell kompensiert. Es gibt einen bezahlten Mutterschutz, der im Rahmen des Employment Act 1999 (für 18 Wochen) eingeführt und 2007 auf 39 Wochen (plus weitere 26 Wochen ohne Bezahlung) verlängert wurde. Zudem wurde ein zweiwöchiger bezahlter Vaterschaftsurlaub geschaffen (Finch 2003b: 24). Ab 2011 gibt es einen zusätzlichen, bezahlten Vaterschaftsurlaub von 26 Wochen, sofern die Mutter erneut erwerbstätig ist. Aufgrund der EU-Richtlinien wurde 1999 zudem ein Elternurlaub von 13 Wochen eingeführt, der jedoch keinerlei finanzielle Kompensation beinhaltet und bis zum fünften Geburtstag des Kindes in Anspruch genommen werden kann (Rake 2001).

Die finanzielle Kompensation während des Mutterschaftsurlaubs beträgt 90 Prozent des vorherigen Einkommens während der ersten sechs Wochen. In 2011 werden für weitere 33 Wochen maximal 128 Pfund (circa 144 Euro) je Woche oder 90 Prozent des vorherigen Einkommens gezahlt. Der Vaterschaftsurlaub wird ebenfalls in Höhe von maximal 128 Pfund (circa 144 Euro) pro Woche oder 90 Prozent des durchschnittlichen Einkommens kompensiert[88] (The National Archives 2011). Bis 2000 wurde von etwa der Hälfte der Mütter (51 Prozent) lediglich der bezahlte Mutterschutz von 18 Wochen oder weniger in Anspruch genommen und nur etwa drei Prozent der Eltern machten vom unbezahlten Elternurlaub Gebrauch (Finch 2003b). Über die Inanspruchnahme des Vaterschaftsurlaubs liegen noch keine Daten vor.

Insgesamt wurde damit in Großbritannien bis Ende 2005 ein Rückgang der Empfänger der JSA und des IS für Alleinerziehende erreicht. Die ohnehin hohe Zahl der IB Empfänger nahm dagegen eher zu beziehungsweise stagnierte auf hohem Niveau, was auf Substitutionseffekte zwischen der JSA und dem IB hindeutet. Die Folgejahre zeigen eine Fortsetzung dieses Trends, einschließlich eines leichten Rückgangs beim IB. Das Einsetzen der Wirtschaftskrise in 2008 war dann mit einer erneuten Erhöhung der JSA-Bezieher aufgrund steigender Arbeitslosigkeit verbunden (Tabelle 7). In der Bilanz kann daher in Großbritannien bis 2005 eine deutliche Einschränkung des Rechts auf Dekommodifizierung im Hinblick auf die Leistungshöhe als Teil der Governance der Beziehung zwischen Sozialstaat und Individuum festgestellt werden. Gleichzeitig blieben jedoch umassende Möglichkeiten der längerfristigen Dekommodifizierung im erwerbsfähigen Alter bestehen.

Reregulierung der Arbeitspflicht

Mit der Einführung der JSA noch unter konservativer Regierung wurde die in Großbritannien bereits bestehende Tradition von Workfare insofern fortgeführt als die Überprüfung der Arbeitsbereitschaft sowie Sanktionen und Kontrolle, insbesondere für junge Arbeitslose, ausgeweitet wurden. Seit 2005 beinhalten die Zumutbarkeitskriterien, dass eine Pendeldauer von bis zu zwei Stunden täglich akzeptabel ist. Nach sechs Monaten wird jeglicher Berufsschutz aufgehoben (OECD 2006c: 21). Jenseits dieser regulativen Regelungen wurde eine obligatorische Aktivierung im Rahmen der New Deals eingeführt.

Die *New Deal* Programme beinhalten eine Orientierungsphase (Gateway Period: maximal vier Monate für junge Arbeitslose), in der ein Individual

---

88 Die finanziellen Kompensationen in der genannten Höhe sind jeweils an eine Erwerbstätigkeit oberhalb der Geringfügigkeitsgrenze in den Sozialversicherungen (Lower Earning Limit) gebunden.

Action Plan abgeschlossen und intensive Unterstützung für die Arbeitssuche angeboten wird. Ist bis zum Ende dieser Phase die Vermittlung in ein nicht subventioniertes Arbeitsverhältnis nicht erfolgreich, werden verschiedene Aktivierungsoptionen für die Dauer von bis zu sechs Monaten angeboten, die sich je nach Zielgruppe unterscheiden. Falls auch danach keine Vermittlung in den ersten Arbeitsmarkt erfolgt, erhalten die Arbeitslosen wiederum intensive Unterstützung bei der Jobsuche.

Die Teilnahme an den arbeitsmarktpolitischen Aktivierungsoptionen des New Deal war zunächst allein für Jugendliche (nach sechs Monaten), für über 25-jährige (nach 18 Monaten beziehungsweise seit 2000 in einigen Employment Zones nach zwölf Monaten) sowie seit 2002 für Partner von Arbeitslosen (< 45 Jahre, keine Kinder) verpflichtend. Seit 2004 setzte die Aktivierungsphase versuchsweise in einigen Regionen bereits nach drei Monaten Arbeitslosigkeit ein (Clasen 2007: 72). Mit dem flexible New Deal (fND) wurden schließlich der NDYP und der ND25+ in zahlreichen Regionen im Jahr 2009 zusammengeführt und die Teilnahme an einer verpflichtenden vierwöchige Arbeitserfahrung eingeführt. Seit 2010 werden Langzeitarbeitslose (nach 24 Monaten) aufgefordert, an einer mindestens sechs Monate dauernden »Work for Your Benefit« Phase teilzunehmen (Clasen 2011).

Alleinerziehende waren bislang – wie ältere Arbeitnehmer und Bezieher von Arbeitsunfähigkeitstransfers – ausschließlich zu Gesprächen beim Arbeitsamt über ihre Beschäftigungssituation verpflichtet (Work Focused Interviews) (Meager 2007). Seit Oktober 2008 ist die Aktivierung nunmehr auch für diese Gruppe in Abhängigkeit des Alters der Kinder obligatorisch. In 2010 lag die entsprechende Altersgrenze der Kinder bei sieben Jahren[89] (HM Treasury 2008: 60). Gleichzeitig wurden auch die Aktivierungsanforderungen für Bezieher von Arbeitsunfähigkeitstransfers zunehmend verschärft.

Grundlage der Vermittlung und Förderung von Arbeitslosen ist auch in Großbritannien mittlerweile eine vertragsförmige Gestaltung der Beziehung zwischen Arbeitsverwaltung und Klienten im Rahmen eines Jobseeker's Agreement. Der neu eingeführte flexible New Deal beinhaltet das Erstellen eines Work Focused Action Plan (Clasen 2011). Die 1996

89 Für Alleinerziehende erlöschen die Anrechte auf Income Support sobald das jüngste Kind sieben Jahre alt ist. Mit dem Übergang in den Bezug der JSA setzt dann auch die Pflicht auf Aktivierung ein. Eine weitere Absenkung des Alters der Kinder als Beginn obligatorischer Aktivierung wird diskutiert (Clasen 2011).

eingeführte Jobseeker's Direction gibt dem Fallmanager jedoch das Recht, die Art und Weise der Arbeitssuche beziehungsweise die Schritte zur Verbesserung der Beschäftigungsfähigkeit maßgeblich zu bestimmen (Trickey/ Walker 2000: 188). Entsprechend scheint die Reziprozität beziehungsweise die Co-Governance der entsprechenden Arrangements letztlich gering ausgeprägt.

Werden getroffene Vereinbarungen nicht eingehalten, erfolgen Sanktionen. Vor dem Hintergrund der entsprechenden Verschärfungen hat sich die Sanktionsquote aufgrund von Fehlverhalten während des Leistungsbezugs in Großbritannien seit 1997 nahezu verdoppelt und betrug 2004 19,3 Prozent (gemessen als Anteil am Bestand der Leistungsbezieher) (OECD 2006c: 23). Seitdem nahm vor allem die gänzliche Aufhebung des Leistungsbezugs (Disallowance) massiv zu (siehe Abbildung 5).

Abbildung 5: Sanktionen für Bezieher von JSA seit 2000

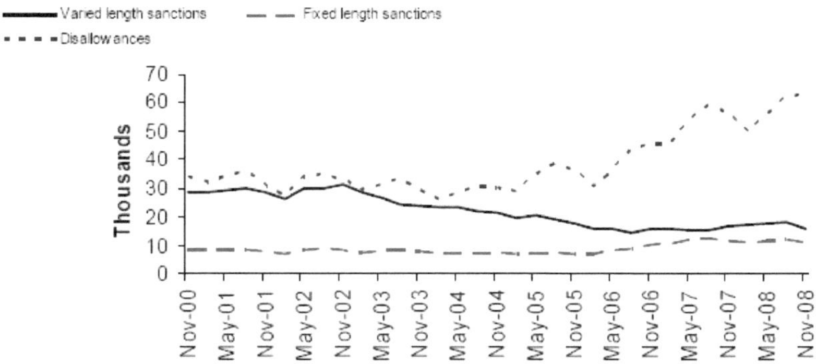

Quelle: National Statistics (2008: 11).

Vor dem Hintergrund des geringen Niveaus dekommodifizierender Leistungen kann der ökonomische Arbeitszwang in Großbritannien als vergleichsweise hoch bewertet werden. Im Zuge aktivierender Reformen wurde die Arbeitsverpflicht beziehungsweise der Arbeitszwangs für Transferleistungsempfänger im Rahmen der Governance der Beziehung zwischen Individuen und Sozialstaat deutlich erhöht und auf immer mehr Gruppen angewandt. Die im flexible New Deal verankerte »Work for Your Benefit« Phase muss dabei als klare Steigerung der Workfare Praxis gesehen werden, da hier nicht die Integration in den Arbeitsmarkt, sondern die Prüfung der Arbeitstbereitschaft im Vordergrund steht. Dennoch bleibt der Arbeitszwang letztlich selektiv, da die Aktivierung für erwachsene Arbeitslose frühestens nach einem Jahr beziehungsweise zum Teil sogar erst nach 18 Monaten einsetzt und beispielsweise Alleinerziehende mit Kindern unter sieben Jahren noch immer ausgenommen sind.

Umfang und Qualität sozialer Befähigung – Arbeitsvermittlung und finanzielle Erwerbsanreize

Im Einklang mit den Prinzipien eines liberalen Wohlfahrtsstaat, war das Instrumentarium aktiver Arbeitsmarktpolitik wie auch die Kinderbetreuung bis Anfang der 1990er Jahre kaum ausgebaut. Trotz rhetorischer Hervorhebung der Maßnahmen öffentlicher Beschäftigung und Weiterbildung wurde die Förderung der Beschäftigungsfähigkeit letztlich maßgeblich über den Ausbau der Arbeitsvermittlung, der finanziellen Arbeitsanreize und der Kinderbetreuung vorangetrieben. Beschäftigungs- und Qualifizierungsmaßnahmen, die unter anderem Teil der New Deals waren, blieben dagegen von geringer quantitativer Bedeutung.

Als zentrales Instrument zur Förderung von Beschäftigungsfähigkeit wurden in Großbritannien als erstes *Beratung und Arbeitsvermittlung* ausgebaut. Dies erfolgte im Rahmen einer zunehmend differenzierten Struktur der Leistungserbringung (siehe Abschnitt 10.3), weshalb zahlreiche Evaluationsstudien auf Performanz- und Effizienzunterschiede zwischen öffentlichen und privaten Agenturen abzielen. Die Qualität, gemessen an der Zahl der Klienten pro Fallmanager, ist dabei vergleichsweise hoch. Bei der Betreuung der Langzeitarbeitslosen wurde eine entsprechende Relation für die öffentlichen Einrichtungen von 45 bis 60 und für die privaten Vermittlungsorganisationen der Employment Zones von 45 bis 80 ermittelt. Ferner zeigten Evaluationsstudien, dass die Mitarbeiter der Employment Zones stärker auf die direkte Arbeitsmarktintegration der Klienten abzielen und auch höhere Eingliederungsquoten erzielen als die Mitarbeiter der Jobcenters (Joyce/Pettigrew 2002; Freud 2007: 55f.).

Die auch über die Grenzen Großbritanniens hinaus bekannten, als *New Deals bezeichneten Arbeitsmarktprogramme* fördern Arbeitslose entlang verschiedener Phasen. In der Gateway Phase wird die direkte Vermittlung in den ersten Arbeitsmarkt angestrebt. Erst wenn diese erfolglos ist, setzt das Angebot von Förderprogrammen ein. Dabei werden verschiedene Optionen angeboten. Für Jugendliche bestanden diese aus subventionierter

Beschäftigung im ersten Arbeitsmarkt, Teilnahme an einer Umwelt Task Force, Beschäftigung im Dritten Sektor oder Ausbildungsmaßnahmen von bis zu zwölf Monaten Dauer (OECD 2002a). Die Langzeitarbeitslosen wurden in subventionierte Beschäftigung sowie in verschiedene Ausbildungsprogramme vermittelt. Im Rahmen der New Deals für Alleinerziehende, ältere Arbeitnehmer und gesundheitlich Eingeschränkte wurden dagegen vorwiegend umfassende Beratungsangebote gemacht und nur partiell Beschäftigungs- und Qualifizierungsmaßnahmen angeboten (Freud 2007: 13).

In fünfzehn ausgewiesenen Regionen mit besonders hoher und dauerhafter Arbeitslosigkeit, den so genannten *Employment Zones*, wurden Langzeitarbeitslose sowie Jugendliche die bereits am New Deal teilnahmen ohne dauerhaft in den Arbeitsmarkt integriert worden zu sein, seit 2000 zur Teilnahme an weiteren Maßnahmen verpflichtet. Sie erhielten Leistungen aus einem »Personal Job Account«, die in der Höhe der jeweiligen Transferansprüche liegen, darüber hinaus jedoch die Arbeitssuche und den Verbleib in Beschäftigung fördern sollten (National Audit Office 2007). In dem neu eingeführten flexible New Deal werden das Erstellen eines Work Focused Action Plan, intensive Beratung und Unterstützung bei der Arbeitssuche mit Maßnahmen der Arbeitserfahrung kombiniert (TNG 2010).

Eine Akzentuierung der Förderung von Alleinerziehenden drückte sich durch die Einführung des New Deal Plus in sieben Modellregionen in 2005 aus. Dieses Programm basiert auf freiwilliger Teilnahme und kombiniert finanzielle Leistungen (über Transferniveau), Kinderbetreuung sowie Beratungsangebote (National Audit Office 2007: Appendix two).

Bezieher von IB werden seit 2002 aktiviert. Gegenstand des Programms Pathways to Work sind die für Neuzugänge zum IB obligatorischen (beziehungsweise für »ältere« Leistungsempfänger freiwilligen) Gespräche in den Jobcenters Plus. Um eine Reintegration in den Arbeitsmarkt zu erreichen, werden dabei kombinierte Unterstützungsleistungen durch Jobcenter Plus, den Gesundheitsdienst und den Dritten beziehungsweise den Privaten Sektor angeboten (HM Treasury 2005: 86ff.). Für die Dauer eines Jahres wird eine finanzielle Unterstützung in Höhe von 160 Pfund (circa 180 Euro) pro Monat gewährt, sofern bei der Rückkehr in den Arbeitsmarkt das Einkommen unter 15.000 Pfund (circa 16.900 Euro) pro Jahr liegt. Ferner kann für die Teilnahme an einem Condition Management Programme (zum Umgang mit der jeweiligen Behinderung) und/oder die Teilnahme am New Deal for Disabled People optiert werden. Die Evaluation des Pathways to Work zeigte, dass acht Prozent mehr Leistungsempfänger nach nur 10,5 Monaten erneut in den Arbeitsmarkt zurückkehren (Blyth 2007). Im Rahmen der seit 2008 eingeführten Employment and Support Allowance wird das Ziel der Reintegration in den Arbeitsmarkt noch stärker betont (Clasen 2011).

Die Teilnehmerzahl im Rahmen der drei wichtigsten *New Deal Programme* (NDYP, ND25+, NDLP) lag nach einer Anlaufphase schließlich im Jahr 2005 jährlich bei insgesamt etwa 250 bis 300 Tausend Personen. Der NDLP wies die meisten Teilnehmer wie auch die höchsten Eingliederungsquoten in den ersten Arbeitsmarkt auf. Für Langzeitarbeitslose beziehungsweise Arbeitslose in Problemregionen waren diese deutlich geringer (Tabelle 8). Seit 2005 ist jedoch eine erneute Zunahme in den New Deals für Jugendliche und Langzeitarbeitslose zu beobachten. Ferner verzeichnen die Programme für Bezieher von Erwerbsunfähigkeitstransfers (NDDP) sowie die Employment Zones, die als eigenständige Förderungsart gesehen werden, in einigen Jahren steigende Teilnehmerzahlen (siehe Tabelle 8).

Tabelle 8: Teilnehmer (starter) in arbeitsmarktpolitischen Maßnahmen sowie öffentliche Beschäftigung in Großbritannien seit 1995 (in Tausend)

	1998	1999	2000	2002	2003	2004	2005	2006	2007	2008	Ings.[2]	davon vermittelt[3]
NDYP	137	128	115	109	118	107	106	132	145	155	1.358	849
ND25+	40	70	59	74	71	66	56	73	123	97	801	384
NDLP	16	102	99	136	142	170	159	126	180	193	1.428	751
NDPU	-	-	-	-	-	2	2	2	2	2	11	6
NDDP	-	-	-	30	37	57	66	67	63	34	362	233
ND50+	-	-	-			36	26	17	13	9	102	92
EZ	-	-	25	28	28	25	34	43	49	38	308	119
Beschäftigung öffentl. Sektor[1]	5.168	5.208	5.289	5.490	5.645	5.762	5.858	5.850	-	-		
Anteil an Beschäftigung insgesamt in Prozent	19,3	19,2	19,2	19,7	20	20,3	20,3	20,2				

Quelle: National Statistics 2009 (verschiedene Ausgaben, gerundet); [1]ILO (2009), eigene Berechnung; [2] Teilnehmer über Zeitverlauf insgesamt; [3]in den ersten Arbeitsmarkt

Ob beziehungsweise in welchem Umfang die im Rahmen der New Deals ermöglichten Maßnahmenoptionen wahrgenommen wurden, wurde bislang kaum publiziert[90]. Anhand von Tabelle 9 wird ersichtlich, dass jeweils die Mehrheit der Teilnehmer bereits nach der Gateway Periode in den Arbeitsmarkt vermittelt wurde oder aus anderen Gründen ausgeschieden ist. Die Gruppe derjenigen, die jenseits der Arbeitsvermittlung aktiv in Beschäftigungsmaßnahmen gefördert wurde, war entsprechend deutlich kleiner. Anhand der Bestandszahlen des NDYP in 2004 wird deutlich, dass nur circa 13,5 Tausend Jugendliche und damit nur ein Fünftel der Teilnehmer (Bestand) insgesamt an Maßnahmen teilnahm. Etwa die Hälfte davon (7 Tausend) wurde in einjährigen Maßnahmen wie Education and Training Opportunities (ETO) mit dem Ziel einer beruflichen Qualifikation gefördert. Im Jahr 2007 nahmen insgesamt 19,2 Tausend Jugendliche an Maßnahmen teil, wovon wiederum nur etwa die Hälfte die Qualifizierungsoption wählte[91]. Bei den anderen Optionen ist in dem genannten Zeitintervall ein klarer Rückgang der geförderten Beschäftigung im ersten Arbeitsmarkt und eine Zunahme der geförderten Beschäftigung im gemeinnützigen Sektor sowie bei der Environment-Task-Force zu beobachten (Tabelle 9).

Nach den Bestandszahlen für den ND25+ partizipierten in 2004 10,5 Tausend Personen an dezidierten Fördermaßnahmen. Das entspricht etwa einem Drittel der Teilnehmer (Bestand) insgesamt. Die Qualifikationsoption nahm etwa die Hälfte der aktiv geförderten wahr. Die Mehrheit dieser Gruppe nahm an kurzen Programmen teil, in denen Basisqualifikationen vermittelt wurden beziehungsweise Bewerbungstraining erfolgte (Bivand 2005). In 2007 partizipierte immerhin mehr als die Hälfte der Teilnehmer des ND+ 25 an Fördermaßnahmen. Die Mehrheit dieser Gruppe wurde jedoch weiterhin durch „niederschwellige" Programmen gefördert wie beispielsweise durch Bewerbungstraining (IAP-Training; 4,3 Tausend),

---

90 Im Folgenden wird auf zwei Quellen verwiesen: für 2004 (Bivand 2005) und für 2007 (Fromm/Sproß 2008). Die direkte Vergleichbarkeit ist eingeschränkt, da unterschiedliche kategoriale Zusammenfassungen vorgenommen wurden. Ferner differieren die Angaben für die einzelnen Jahre, da in Tabelle 8 auf Teilnehmerzahlen und in Tabelle 9 auf Bestandszahlen Bezug genommen wird.

91 Hinsichtlich der Langzeitintegration in den ersten Arbeitsmarkt wurde die Employment Option, also die direkten Förderung der Beschäftigung im ersten Arbeitsmarkt, als am erfolgreichsten evaluiert (Langzeitstudie zum Verbleib der bis im Jahr 2000 geförderten Jugendlichen) (Beale u.a. 2008: 38f.). Dabei wird allerdings von anderer Seite betont, dass bevorzugt Arbeitslose mit guten Voraussetzungen (geringe Risiken) in die Employment Option gingen (Fromm/Sproß 2008: 102, 104). Nach Tabelle 9 blieb etwa ein Drittel der Teilnehmer insgesamt bis zum Ende der Maßnahme ohne Vermittlung (Follow Through).

durch Praktika (Work Experience; 5,4 Tausend), oder die Vermittlugn von Basisqualifikationen (BET; 2,3 Tausend) [92]. An berufsqualifizierenden Maßnahmen (ETO) nahmen lediglich 400 Teilnehmer teil. Darüber hinaus nahm die Förderung der Beschäftigung im ersten Arbeitsmarkt stark ab (0,2 Tausend), während die Förderung der Selbständigkeit nur leicht zurückging (1,1 Tausend; Tabelle 9). Die Teilnehmerzahlen der New Deals in Großbritannien wie auch deren Anstieg bis 2008 sind damit keinesfalls mit der Fördrung im Rahmen von Aus- und Weiterbildungsmaßnahmen oder Arbeitsbeschaffungsmaßnahmen gleichzusetzen. An einer entsprechend nachhaltigen Beschäftigungsförderung partizipierte letztlich nur eine Minderheit der New Deal Teilnehmer.

Tabelle 9: Gewählte Optionen in den New Deals in 2004 und 2007(Bestand in Tausend)

Teilnehmer am NDYP									
	Gateway	Options Insg.	Employment Option	Education and Training Option (ETO)	Voluntary Sector		Environment Task Force		Follow Through
2004	48,5	13,5	1,6	7	3		1,8		
2007[1)]	58,5	19,2	0,6	10,2	5,6		2,8		14,4
Teilnehmer am ND+ 25									
	Gateway	Options Insg.	Employment	Self employment	Work experience/ Placements	IAP Training	BET	ETO	Follow Through
2004	32,1	10,5	3,1	1,5	3,1	2,2	2,8	0,7	
2007[1)]	37,2	23,7	0,2	1,1	5,4	4,3	2,3	0,4	8,3

Quelle: 2004: Bivand (2005); 2007: Department for Work and Pensions, Information Directorate, eigene Berechnungen; zit. nach Fromm/Sproß (2008).

Die im Rahmen der Skill Strategy geforderte Ausweitung der Maßnahmen der *beruflichen Aus- und Weiterbildung* ist in ihrer Ausgestaltung und Wirkung ähnlich zu beurteilen. Zwar wurde 2005 von bis zu 250 Tausend Jugendlichen pro Jahr eine staatlich geförderte Berufsausbildung in den Betrieben (Apprenticeship) begonnen, aber von weniger als der Hälfte der Teilnehmer beendet (Page/Hillage 2006: 11, 34). Zudem strebte die Mehrzahl nur

92 Für die Zielgruppe der Alleinerziehenden wird ein ähnliches Angebotsprofil angenommen (Fromm/Sproß 2008). Andere Evaluationsstudien betonen dagegen, dass vor allem Mitte der 2000er Jahre die Ausbildungsangebote für Alleinerziehende kaum mehr zur Verfügung standen (Thomas 2007: 38).

ein äußerst geringes Ausbildungsniveau an (2004/5 zielten über 200 Tausend auf Abschlüsse unterhalb NVQ-Level 3 ab).

Im Bereich der Erwachsenenbildungsprogramme waren die Teilnehmerzahlen ebenfalls hoch (zwischen 2000 und 2006 nahmen 4,7 Mill. Teilnehmer an Basic Skills Provision teil). Es wurden allerdings primär Basisqualifikationen vermittelt oder lediglich das Erreichen des NVQ-Level 2 ermöglicht (1,1 Mill. Teilnehmer zwischen 2001 und 2006 bei First Full Level 2 Qualification) (National Audit Office 2007: Appendix 2).

Von den seit 2005 eingeführten Maßnahmen zur Förderung der beruflichen Qualifizierung zielt der New Deal for Skills als freiwilliges Programm primär auf ein Coaching der Individuen ab, indem ein Skill Passport ausgestellt wird. In fünf Pilot-Regionen wurde darüber hinaus eine Vollzeitausbildung bis NVQ-Level 2 gefördert (etwa 100 Personen zwischen 2005 und 2007) (National Audit Office 2007: Appendix 2).

Als Teil eines Strategiewechsels hin zu einer »Demand led Skill Strategy« ist ferner das 2006 landesweit entwickelte Programm »Train to Gain« zu nennen (Leitch Review of Skills 2006). Dieses vom Learning and Skills Council finanzierte Programm ist darauf ausgerichtet, Arbeitgebern zu helfen, ihre Qualifizierungsbedürfnisse zu erkennen. Zudem werden Qualifizierungsmaßnahmen in den Unternehmen, zum Beispiel für gering Qualifizierte, subventioniert, was bei Unternehmen mit weniger als 50 Angestellten auch die Lohnkosten für die Dauer der Maßnahmen einschließt. Zwischen April 2006 und July 2007 wurden damit 229 Tausend Teilnehmer gefördert (National Audit Office 2007: Appendix 2).

Insgesamt ist damit eine Vielzahl von Instrumenten in Bezug auf berufliche Qualifizierung entstanden. Die Anzahl der Teilnehmer, die Dauer der Maßnahmen wie auch das angestrebte Ausbildungsniveau deuten jedoch an, dass nur selten eine umfassende Qualifizierung erreicht wird. Die in Großbritannien weiterhin geringe Bedeutung der Qualifizierung wird nicht zuletzt auch anhand der Ausgaben deutlich. Diese blieben im Rahmen der aktivierenden Arbeitsmarktpolitik auf einem vergleichsweise sehr geringem Niveau (siehe Tabelle 12).

Investitionen von Seiten der Arbeitgeber und der Arbeitnehmer kompensieren dieses »Defizit« nicht (Leitch Review of Skills 2006: 50). Entsprechend wurden im Rahmen des Leitch Reviews weiterhin große Defizite hinsichtlich des »mittleren« Qualifikationsniveaus bei den britischen Arbeitnehmern konstatiert (ebenso Page/Hillage 2006: 34). In Anlehnung an OECD Statistiken wurde dargelegt, dass der Anteil der erwachsenen

Bevölkerung (25–65 Jahre) mit einem nur geringen Qualifikationsniveau in Großbritannien noch im Jahr 2005 bei 35 Prozent lag und damit im europäischen Vergleich sehr hoch war, was mit einem relativ geringen Anteil von 37 Prozent derjenigen mit mittlerer Qualifikation korrelierte. Ein Anteil von 28 Prozent der Bevölkerung mit hohen Bildungsabschlüssen spiegelt dagegen im Vergleich eher eine gute Position wider (Leitch Review of Skills 2005: 6).

Die Einschätzung, die veränderte Rhetorik in der britischen Arbeitsmarktpolitik, spiegele sich nicht in den »realen« Policies wieder (Dostal 2008: 35), ist damit für die weitgehend fehlende Ausweitung der beruflichen Qualifizierung im Rahmen der Aktivierungspolitik zutreffend. In Bezug auf das gesamte Spektrum der Aktivierungsmaßnahmen und ihrer Governance in Großbritannien ist diese Einschätzung jedoch nicht zu teilen.

Kernpunkt der britischen Aktivierungspolitik sind Maßnahmen zur Schaffung von *finanziellen Erwerbsanreizen*. Die unter dem Slogan »Making Work Pay« propagierten Maßnahmen verbinden arbeitsmarkt-, sozial- und familienpolitische Ziele, indem die Bekämpfung von Kinderarmut in so genannten Work-Poor Haushalten (ohne Erwerbstätige) über finanzielle Anreize zur Integration der Eltern in den Arbeitsmarkt angegangen wurde.

Konkrete Maßnahmen bestanden unter anderem in der Individualisierung der Familienbesteuerung über die schrittweise Abschaffung der Married Couple's Allowance bis zum Jahr 2000, womit negative finanzielle Erwerbsanreize für verheiratete Frauen ausgeräumt wurden (Dingeldey 2000). Zentral für die aktivierende Arbeitsmarktpolitik war jedoch die sukzessive Re-Regulierung des 1999 als Working Family Tax Credits (WFTC) bezeichneten Instruments. Dieses wurde bis 2003 zum Working Tax Credit (WTC) für alle Erwerbstätigen ausgebaut und durch einen Child Tax Credit (CTC) ergänzt. Entsprechend kann der WTC nunmehr von allen Geringverdienern über 25 Jahren (mit einer Erwerbstätigkeit von individuell mindestens 30 Stunden pro Woche), von Alleinerziehenden oder Behinderten über 16 Jahren sowie von über 50-jährigen (mit einer Beschäftigung von jeweils mindestens 16 Stunden pro Woche) als Ergänzung des Erwerbseinkommens in Anspruch genommen werden.

Der CTC wurde als getrennte Leistung gestaltet, der nun auch erwerbslosen Eltern zugute kommt, und beinhaltet quasi die Einführung eines degressiv-einkommensabhängigen Kindergeldes[93]. Der Anspruch auf den CTC bleibt abhängig von der Höhe des Erwerbseinkommen, ist aber im engeren Sinne nicht mehr bedürftigkeitsgeprüft, da Sparguthaben, Geldanlagen, Wohneigentum usw. oder auch elterliche Unterhaltszahlungen für Kinder nicht berücksichtigt werden. Damit erreicht die Förderung durch die Child Tax Credits eine vergleichsweise breite Bevölkerungsschicht, das heißt begünstigt letztlich auch die untere Mittelschicht (siehe Tabelle 10). Verwaltet und berechnet werden die Ansprüche im Rahmen der Tax Credits weiterhin vom Finanzamt.

Faktisch zielen die so genannten In-Work-Benefits darauf ab, »Armutsfallen« für Transferleistungsempfänger zu beseitigen und das verfügbare Einkommen entsprechender Haushalte zu erhöhen, indem finanzielle Anreize für die Arbeitsmarktintegration geschaffen beziehungsweise das erzielte Markteinkommen durch Transferzahlungen ergänzt wird[94] (HM Treasury 1998). Die effektive Höhe der im Rahmen der In-Work-Benefits gewährten Transferleistung wird berechnet, indem vom erzielten Einkommen jährlich ein Einkommensfreibetrag von 5.220 Pfund (circa 5.875 Euro) subtrahiert wird. Das Einkommen, das diesen Betrag übersteigt, wird zu 37 Prozent (die so genannte Entzugsrate) von den Tax Credit Ansprüchen abgezogen. Die Differenz stellt die Steuergutschrift beziehungsweise den monatlich gezahlten Transferbetrag dar, der seit 2006 direkt (vorher über Arbeitgeber) an den Arbeitnehmer ausgezahlt wird.

---

93 Zudem wird an alle Familien ein nicht einkommensabhängiges Kindergeld (Child Benefit) in Höhe von ca. 100 Euro für das erste Kind und ca. 60 Euro pro Monat für weitere Kinder gezahlt (Dingeldey 2006a).

94 Im Detail setzen sich die finanziellen Ansprüche im Rahmen der Tax Credits derzeit aus verschiedenen Elementen zusammen, die je nach Familien- und Arbeitsmarktsituation unterschiedlich kombiniert werden: Der Grundbetrag des WTC betrug im Steuerjahr 2005–06 1.620 Pfund (ca. 1.823 Euro) pro Person oder Paar. Pro Haushalt erhielten Paare (Verheiratete und eheähnliche Gemeinschaften) gleichermaßen wie Alleinerziehende einen zusätzlichen Betrag von 1.595 Pfund (ca. 1.795 Euro). Beschäftigte mit Kindern, die pro Haushalt mindestens 30 Stunden/Woche erwerbstätig waren, hatten zudem Anspruch auf eine Summe in Höhe von 660 Pfund (ca. 742 Euro).
Mit dem Childcare-Element wurden 70 Prozent (seit 2006 80 Prozent) der Kinderbetreuungskosten übernommen, so dass die Betreuung eines Kindes durch maximal 122,5 Pfund (ca. 138 Euro) beziehungsweise 140 Pfund (ca. 158 Euro) pro Woche ab 2006 und von zwei Kinder durch maximal 210 Pfund (ca. 236 Euro) respektive 300 Pfund (ca. 338 Euro) gefördert wurde. Die realen Kosten, die in vielen Regionen bis zu 225 Pfund (ca. 253 Euro) pro Kind/Woche betrugen, konnten damit allerdings nicht gedeckt werden (Daycare Trust, 2006) (siehe unten). Dies wurde ergänzt durch den Grundbetrag des CTC von jährlich 545 Pfund (ca. 613 Euro) pro Familie plus 1.690 Pfund (ca. 1902 Euro) pro Kind. Kinder unter einem Jahr erhielten einen einmaligen Zuschlag in Höhe von 545 Pfund (ca. 613 Euro) (HM Revenue & Customs 2006).

Der (Höchst-) Betrag der Ansprüche aufgrund der Tax Credits, der in Bezug auf das erzielte Einkommen berechnet wird, variiert mit der Familien- aber auch der Erwerbssituation der Anspruchsberechtigten. Alleinerziehende oder ein Paar mit zwei Kindern, die 2005 ein Einkommen von 10 500 Pfund im Jahr (circa 11.200 Euro) mit einer Arbeitszeit von mehr als 30 Stunden pro Woche erzielen, erhielten einen jährlichen Tax Credit Betrag von 5.855 Pfund (circa 6 590 Euro). Bei Einkommen von etwa 20.000 (circa 22.500 Euro) Pfund jährlich erlosch die Förderung im Rahmen des WTC für entsprechende Haushalte. Die Förderung durch den CTC lief dagegen erst bei einem jährlichen Einkommen von 55 bis 60.000 Pfund (circa 62 bis 67.000 Euro) aus (HM Revenue & Customs 2006).

Wie sich der WTC auf das wöchentliche Netto-Einkommen auswirkt, veranschaulicht Abbildung 6. Grundlage ist hier der wöchentliche Netto-Verdienst einer Alleinerziehenden mit zwei Kindern in Abhängigkeit vom Brutto-Verdienst auf der Basis der Regelsätze von 2003.

Abbildung 6: Aufstocken des Netto-Einkommens durch den WTC in 2003 (Alleinerziehende mit zwei Kindern)

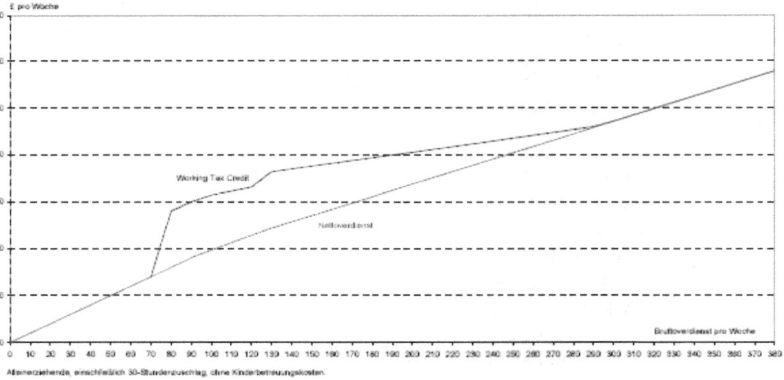

Quelle: Child Poverty Action Group zit. nach Peter (2006: 16).

Die verschiedenen Reformen haben dazu beigetragen, dass die Zahl der Leistungsempfänger kontinuierlich gestiegen ist und bis 2005 knapp 1,7 Millionen von WTC und mehr als 5,6 Millionen vom CTC profitierten – bei weiterhin steigender Tendenz[95] (Tabelle 10).

95 Dabei wurden und werden insbesondere Alleinerziehende begünstigt. Anhand der statistischen Daten nicht klar in Erfahrung zu bringen ist, wie viele Familien ausschließlich

Vor diesem Hintergrund sind aufgrund der Erhöhung der Leistungen, aber auch aufgrund der Ausweitung des Kreises der Anspruchsberechtigten, die Kosten der Tax Credits in den vergangenen Jahren stetig gestiegen. Die Kosten für den WTC und den CTC betrugen im Jahr 2005–06 15 Milliarden Pfund (circa 16,9 Milliarden Euro) (siehe Tabelle 10), was etwa 0,4 Prozent des BIP entspricht. Die Steigerung der Arbeitsanreize durch die Einführung einer negativen Einkommensteuer kann damit hinsichtlich der Zahl der Geförderten wie auch der Kosten als bedeutendstes Element der britischen Aktivierungsstrategie bezeichnet werden und signalisiert eine massive Ausweitung staatlicher Leistungen.

Tabelle 10: Tax Credits in Großbritannien: Fälle (in Tausend) und Ausgaben seit 2001

	2001	2002	2003	2004	2005	2007
WFTC	989	1.137	1.156			
WTC (Kinderlose)				160	230	310
WTC + CTC				1.600	1.680	1.610
CTC				5.570	5.670	5.650
- davon Alleinerziehende	545	623	658	990	1.020	2.130
Kosten in Prozent des BIP		0,2	0,3	0,4	0,4	
Kosten in Milliarden Pfund	1,2	8,7	10,0	14,8	15,0	31,3

Zahlen für WTC und CTC sind nicht additiv, da viele CTC-Empfänger auch WTC erhalten; Für 2004–05 bis 2006–07 ist auch die Child Allowance des Income Support und der Jobseeker's Allowance bei den Kosten der Tax Credits berücksichtigt, da diese von 2003–04 als Teil des Child Tax Credit gezahlt wurden.
Quelle:HM Revenue & Customs Analysis Team 2009 und vorangegangene Jahre.

Dabei muss jedoch kritisch reflektiert werden, dass die Tax Credits zweifelsohne vor allem für Menschen mit geringen Einkommenserwartungen

vom CTC profitieren und wie viele darüber hinaus auf WTC angewiesen sind, zumal bei den Zahlen für WTC auch Kinderlose gezählt werden. Gleichwohl ist festzustellen, dass der CTC (in Abhängigkeit von der jeweiligen Kinderzahl) eine nennenswerte Verbreitung bis in mittlere Einkommensbereiche hat.

am Arbeitsmarkt starke Anreize beinhalteten, die Erwerbsintegration und das damit zu erzielende Kombi-Einkommen zu optimieren. So beinhaltet das System insbesondere für Alleinerziehende Anreize, »nur« (geringfügige) Teilzeitjobs anzunehmen, um weiterhin Zeit zur Kinderbetreuung zu haben, ohne eine zum Beispiel mit Vollzeittätigkeiten verbundene Unabhängigkeit von staatlichen Transfers anzustreben. In Paarhaushalten kann sich die gemeinsame Veranlagung für die Tax Credits gegebenenfalls aus ähnlichen Gründen als negativer Anreiz für die Aufnahme eines »zweiten« Arbeitsverhältnis im Haushalt auswirken. Umgekehrt gehen für Arbeitgeber die Anreize verloren, Löhne im Niedrigeinkommensbereich anzupassen, da sich dies nur bedingt als Steigerung der Haushaltseinkommen von Tax Credit Beziehern niederschlägt – womit eine indirekte staatliche Subvention der Niedriglohnbeschäftigung entsteht. Inwieweit das System langfristig aufrecht zu erhalten ist, muss sich in der Zukunft zeigen.

Die dieser Maßnahme zu Grunde liegende Logik der Förderung der »trotz Arbeit Armen« stellt eine modernisierte Form der sozialpolitischen Tradition des liberalen Wohlfahrtsmodells dar, das bevorzugt die »Deserving Poor« unterstützt. Weitere, für diese Strategie komplementäre Elemente, stehen dagegen im Widerspruch zur Tradition der staatlichen Nichtintervention im liberalen Wohlfahrtsmodell. So kann die Regulierung von Mindesteinkommen für Großbritannien als Novum betrachtet werden.

Um die Gefahr der staatlichen Subvention von Niedriglöhnen zu begrenzen, bedarf es – quasi als Fundament für die In-Work-Benefits – der Festsetzung eines *Mindestlohns* (Finn 2005a: 25). Dieser wurde gemeinsam mit den Tax Credits 1999 eingeführt und seitdem aufgrund der Empfehlungen der Low Pay Commission mehrmals erhöht. Der Mindeststundenlohn für über 25-jährige stieg von 3,60 (circa 4,10 Euro) auf 5,05 Pfund (circa 5,70 Euro) in 2005 und schließlich auf 5,80 Pfund (rund 9 Euro) bis Oktober 2009 (für 18 bis 21-jährige betrug dieser 4,83 Pfund; circa 6,50 Euro) (Business Link 2009; Schulz 2007). 2004 profitierten von dem festgesetzten Anstieg mehr als 1,1 Millionen Geringverdiener (Finn 2005a: 9f.).

Ferner setzt die Inanspruchnahme der In-Work-Benefits genauso wie die Inanspruchnahme der Maßnahmen der Arbeitsförderung – vor allem in Bezug auf die Förderung der Erwerbstätigkeit von Müttern beziehungsweise Alleinerziehenden – zunächst die Herstellung von Beschäftigungsfähigkeit über die Defamiliarisierung der Kinderbetreuung voraus. Diese wurde in Großbritannien überwiegend im Rahmen der *National Childcare Strategy* ausgebaut. Die unter New Labour forcierte Politik trug dazu bei, dass die Kinderbetreuungsquote von weniger als 11 Prozent für die unter fünf-jährigen in den 1990er Jahren auf 100 Prozent für die drei- und vierjährigen anstieg. Der gesetzlich garantierte Anspruch erstreckt sich trotz eines weiteren Ausbaus ab September 2010 jedoch nur auf 15 Stunden pro Woche in 38 Wochen des Jahres (Schuljahr). Bemerkenswert ist jedoch, dass diese Plätze überwiegend kostenfrei angeboten werden[96] (Department for Education and Skills 2010; sowie Tabelle 11).

Die Qualität der Vorschulbetreuung wird in einer von der Regierung in Auftrag gegebenen Evaluationsstudie im Durchschnitt für etwa die Hälfte der Plätze mit »gut« und lediglich für circa sieben Prozent mit »inadäquat« angegeben, ohne dass jedoch die Evaluationskriterien allzu klar sind (Daycare Trust 2006: 13). Entlang des von der OECD genutzten Kriteriums Personal/Kinder Verhältnisses liegt Großbritannien in 2007 mit 6:1 bei den unter drei-jährigen sowie mit 15:1 bei den drei- bis sechs-jährigen weitgehend im europäischen Mittel (OECD 2007c: 144). Damit bieten vor allem das offenbar weiterhin geringe Angebot für unter drei-jährige sowie der geringe zeitliche Umfang der Betreuungsgarantie weiterhin Anlass für Kritik mit Blick auf die Gewährleistung einer umfassenden Beschäftigungsfähigkeit von Müttern respektive Eltern. Gleichwohl muss die bislang erreichte Ausweitung der vorschulischen Kinderbetreuung auch als enorme Ausweitung staatlicher Leistungsgarantien beziehungsweise Rechte im Bereich der Kinderbetreuung »gewürdigt« werden[97].

96 Jenseits dieses Angebots sind die Kosten für Kinderbetreuung in den vergangenen Jahren enorm angestiegen und werden im Durchschnitt mit 141 Pfund pro Woche für einen Vollzeitplatz angegeben. Die Betreuungskosten im Großraum London beziehungsweise im Südwesten Englands liegen jedoch deutlich darüber (225 Pfund) (Daycare Trust 2006). Im OECD-Vergleich rangiert Großbritannien in 2004 mit den Kosten für einen Kinderbetreuungsplatz für zwei-jährige mit 24,7 Prozent des durchschnittlichen Einkommens im oberen Drittel (OECD 2007c).

97 Entsprechend OECD-Daten gab Großbritannien in 2003 mit je ca. 0,3 Prozent des BIP bereits deutlich mehr für die Tagespflege und die Vorschulerziehung aus als Deutschland (OECD 2007c: 135).

Tabelle 11: Kinderbetreuungsangebot in England seit 1997

Einrichtung/ Alter der Kinder	Zahl der Plätze in Tausend		In Prozent der Altersgruppe	Alter der Kinder			
	1997	2001	2001	für drei-jährige	2003	2005	2010
Day Nurseries (0-4)	194	285	9,5	Zahl der Plätze in Tausend	569	568	621
Play Groups (0-4)	384	330	11,0	in Prozent der Altersgruppe	98	102	97
Nursery School/ Reception Classes (>3)	714	710	90,0	in Prozent ohne Gebühren	87	96	94
Childminders (0-7)	365	305	6,3	für vier-jährige	2003	2005	2010
				Zahl der Plätze in Tausend	611	585	638
Out of School Clubs	79	153	8,2	in Prozent der Altersgruppe	103	104	104
Holiday Schemes	209	598	12,0	in Prozent ohne Gebühren	101	101	99
				Zahl der Plätze insgesamt (in Tausend)	1.210	1.152	1.258

Da für die 2000er Jahre die Erhebungsbasis verändert wurde (jetzt steht die Art der Träger, also privat, Dritter-Sektor oder unabhängige Schulen im Vordergrund beziehungsweise das Alter der Kinder und nicht mehr der spezifische Einrichtungstyp), ist ein direkter Vergleich hinsichtlich der Deckungsquoten nicht möglich.
Quelle: Department for Education and Skills (2001; 2007), Finch (2003a), Finn (2004).

Insgesamt wird die Governance der Beziehung zwischen Individuum und Sozialstaat in Großbritannien durch eine zunehmende Einschränkung der verschiedenen Optionen der Dekommodifizierung, ein geringes und zunehmend vereinheitlichtes Niveau der Transferleistungen in Kombination mit der Gewährleistung eines »Gewinns durch Arbeit« oberhalb des Niveaus der Mindestsicherung bestimmt. Jenseits des Ausbaus der Arbeitsvermittlung und der Kinderbetreuung haben Maßnahmen zur Förderung der sozialen Befähigung sowohl hinsichtlich der dafür aufgewendeten Ausgaben als auch der Zahl der geförderten Personen weiterhin eine geringe Bedeutung. Auch diese britische Variante der Förderung von Beschäftigungsfähigkeit ist eng mit einer Ausweitung der Arbeitspflicht gekoppelt, die gleichwohl (noch) nicht universell ist.

10.3 Starke staatliche Re-Regulierung: marktförmige Leistungserbringung plus Ausbau von Policy-Koordination

In Großbritannien sind die Leistungen der Arbeitsverwaltung traditionell Teil der nationalen Dienste und werden in lokalen Filialen administriert und ausgezahlt. Wie bereits erwähnt, wurde bereits unter Thatcher der Employment Service (ES) neu konstituiert, durch Zielvereinbarungen gesteuert und dem Ministerium für Education and Employment unterstellt. Dabei stand insbesondere die Auflösung der Manpower Service Commission in den 1980er Jahren für eine weitgehende Abschaffung der gleichberechtigten Mitbestimmung der Tarifpartner beziehungsweise der Gewerkschaften (Dingeldey 1996; Knuth u.a. 2004). In Anlehnung an die Theorien des NPM wurden umfassende Privatisierungen eingeleitet, welche die Durchführung arbeitsmarktpolitischer Förderung im Rahmen von Netzwerken beziehungsweise als Vergabe an for-profit Organisationen beinhaltete. Seit 1987 fand die Implementation der Weiterbildungsmaßnahmen durch ein in wenigen Jahren neu geschaffenes Netzwerk privater Unternehmen statt, die Training and Enterprise Councils (TECs), in denen Arbeitgeber die Aufsichtsratsfunktion übernahmen. Die TECs wurden durch Budgetzuweisungen und leistungsbezogene Kontrakte gesteuert. TECs führten Trainingsmaßnahmen jedoch nicht selbst durch, so dass die Leistungserbringung überwiegend durch private Organisationen erfolgte.

In Großbritannien zahlen sowohl Arbeitgeber als auch Arbeitnehmer jeweils leicht unterschiedliche, insgesamt jedoch vergleichsweise niedrige lohnbezogene Beiträge in den National Insurance Fund (NIF). Im Rahmen des NIF werden verschiedene Risken wie Alter und Erwerbsunfähigkeit abgedeckt. Einen separaten Fonds für Arbeitslosengeldleistungen gibt es nicht. Das Äquivalenzprinzip von Beitragszahlungen und Leistungen ist daher nur schwach entwickelt. Der NIF wird ausschließlich von der Regierung respektive der Inland Revenue (Finanzbehörde) kontrolliert und sieht keine Mitbestimmung der Beitragszahler (Arbeitgeber und Arbeitnehmer) vor. Faktisch ist damit die »Nähe« des NIF zu steuerfinanzierten Sozialleistungen groß (Clasen 2005; 2007).

Im Folgenden wird dargelegt, wie sich das Spannungsverhältnis zwischen staatlicher Steuerung und gesellschaftlicher Selbststeuerung seit 1996 veränderte und zwar (1) bei Regulierung beziehungsweise Gewährleistung, (2) Finanzierung und (3) beim Erbringen arbeitsmarktpolitischer Dienstleistungen. Ferner wird analysiert, inwiefern dabei (4) Formen reflexiver Steuerung genutzt werden:

(1) Unter New Labour wurde der eingeschlagene Reformkurs im Sinne einer Reduzierung staatlicher Regulierungs- und Vollzugsverantwortung prinzipiell beibehalten, aber durch punktuelle Rückverlagerungen von Steuerungs- und Kontrollaufgaben in den öffentlichen Sektor begleitet:

Die seit 2002 gegründeten Jobcenter Plus haben weitgehende Autonomie, bleiben als ausführende Agenturen des Department of Work und Pensions (DWP) aber weisungsgebunden und werden im Rahmen von Zielvereinbarungen gesteuert. Im DWP wurde zudem ein »unabhängiges« National Employment Panel (NEP) mit beratender Funktion für die Entwicklung der Arbeitsmarkt- und Weiterbildungspolitik gegründet. Von den 25 Repräsentanten sind 60 Prozent Vertreter großer Unternehmen. Allein drei Personen (12 Prozent) werden von den Gewerkschaften benannt. Die Arbeitsverwaltung betont, dass die Rolle der Tarifpartner ausschließlich konsultativ sei. Beobachter konstatieren, dass das NEP die Arbeitsmarktpolitik im Sinne der Arbeitgeber entwickele. Als Beleg wird das von den Jobcenter erbrachte Angebot von Dienstleistungen für Arbeitgeber beziehungsweise das zunehmend auf deren Interessen abgestimmte Ausbildungsangebot angeführt (Finn 2004: 9; 2005b).

Reformen in der Organisation der Weiterbildung wurden angestrebt, da die TECs bereits 1997 unter politischem Druck waren. Verschiedene Organisationen hatten im Rahmen des leistungsbezogenen Kontraktmanagements für die Langzeitarbeitslosen erhebliche Kapitalstöcke angesammelt, aber nur mäßige Vermittlungserfolge aufzuweisen. Die Labour Regierung ersetzte daher die TECs durch Learning and Skills Councils (LSCs), die seit 2001 auf lokaler Ebene für die Verteilung der Mittel in Bezug auf alle Ausbildungen jenseits der Allgemeinbildung verantwortlich sind. Die LSCs sind im Gegensatz zu den TECs formal im öffentlichen Sektor verankert und stärker rechenschaftspflichtig. Im Aufsichtsrat der LSCs dominiert weiterhin die Gruppe der Arbeitgeber (Page/Hillage 2006). Insgesamt bedeutet dies für diesen Bereich, dass eine partielle Rückverlagerung der Gewährleistungsverantwortung »zum Staat hin« stattfand, die zudem als Re-Regulierung im Sinne reflexiver Steuerung interpretiert werden kann.

(2) Hinsichtlich der Finanzierung der Arbeitsmarktpolitik ist in Großbritannien eine Erhöhung der Beitragszahlungen zum NIF um jeweils einen Prozentpunkt zu verzeichnen, so dass seit 2003 die Arbeitnehmerbeiträge bei 11,0 und die Arbeitgeberbeiträge bei 12,6 Prozent liegen. Der

NIF wird jedoch nur für die Ausgaben der beitragsfinanzierte JSA genutzt, die sich 2004/5 auf lediglich 0,5 Milliarden Pfund (circa 563 Millionen Euro) beliefen. Die über Steuern finanzierten Leistungen der bedürftigkeitsgeprüften JSA betrugen dagegen rund 1,7 Milliarden Pfund (circa 1,9 Milliarden Euro) (Clasen 2007: 36). Ferner muss berücksichtigt werden, dass die Ausgaben für die New Deals während der ersten fünf Jahre durch die Windfall Tax, eine Art Sondersteuer auf Gewinne privatisierter Versorgungsunternehmen, finanziert wurden (Petring 2006: 127).

Vor dem Hintergrund sinkender Arbeitslosigkeit war insgesamt ein Rückgang der Ausgaben für die arbeitsmarktpolitischen Transfers zu verzeichnen, wobei sich die Aufwendungen für aktive Arbeitsmarktpolitik auf insgesamt niedrigem Niveau erneut stabilisierten. Der Löwenanteil der Ausgaben für Aktivierung entfiel in Großbritannien auf die Arbeitsvermittlung, während der Aufwand für die berufliche Weiterbildung verschwindend gering blieb (Tabelle 12).

Am Beispiel Großbritanniens zeigt sich überdeutlich, dass die Betrachtung arbeitsmarktpolitischer Ausgaben in einem engen Sinn zu Fehlschlüssen führt. Die klar arbeitsmarktpolitisch orientierten Ausgaben für den WTC und den CTC bleiben in den bisherigen Berechnungsverfahren unberücksichtigt, da sie als »Steuergutschriften« gewährt und im Finanzressort verbucht werden. Würde man sie jedoch als arbeitsmarktpolitisch relevanten Ausgaben berücksichtigen, wären Großbritanniens Ausgaben für »aktive Arbeitsmarktpolitik« annähernd so hoch wie die anderer Länder oder würden diese gar übersteigen.

(3) Die bereits in hohem Umfang bestehende Vermarktlichung der Vollzugsverantwortung wurde unter New Labour fortgesetzt. Innerhalb der Arbeitsverwaltung gelten die Prinzipien des New Public Management: Das Department for Work and Pensions legt im Public Service Agreement jährlich Zielvereinbarungen fest. Um dabei die operativen Unterziele auf die regionale und lokale Ebene herunterbrechen zu können, werden zwischen DWP und Jobcenter Plus Leistungsvereinbarungen getroffen (Knuth u.a. 2004:19f). Qualitätsmanagement und Kundenzufriedenheit dominieren die Leistungsprinzipien der Arbeitsverwaltung. Die gesetzlich festgelegte Evaluation der Arbeitsmarktpolitik erfolgt dabei sowohl im Hinblick auf die Performanz einzelner Verwaltungseinheiten als auch hinsichtlich der gesamtgesellschaftlich gesetzten Ziele (con_sens 2002). Entsprechend dieser Prinzipien wurde auch die Durchführung der New Deals

von Anfang an durch Verträge mit einer Reihe von öffentlichen, privatkommerziellen und Dritte-Sektor-Organisationen sichergestellt.

Tabelle 12: Öffentliche Ausgaben für Arbeitsmarktpolitik in Großbritannien seit 1991 (in Prozentz des BIP)

	1993	1995	1998	2000	2001	2002	2003	2004	2007
Öffentliche Arbeitsvermittlung und Verwaltung	0,24	0,19	0,13	0,13	0,37	0,38	0,38	0,38	0,28
Berufliche Weiterbildung	0,15	0,1	0,05	0,04	0,12	0,13	0,13	0,09	0,02
- Arbeitslose	0,14	0,09	0,04	0,04	-	-	-		
- Beschäftigte	0,01	0,01	0,01	0,01	-	-			
Berufsausbildung und Ausbildung von Jugendliche	0,14	0,12	0,14	0,15	-	-	-		
Aktive AMP	0,57	0,45	0,34	0,37	0,55	0,54	0,54	0,49	0,32
Passive AMP[1)]	1,6	1,24	0,63	0,44	0,42	0,23	0,19	0,19	0,16
Total	2,17	1,7	0,97	0,81	0,97	0,77	0,73	0,68	0,49

Anmerkung zur Tabelle: 1) ohne Frühverrentung; Die Zahlen zu den einzelnen Ausgaben des OECD Employment Outlook sind nicht strikt vergleichbar, da die Kategorien in den verschiedenen Jahren verändert wurden.

Quelle: 1993: OECD (1998a: 218); 1995: OECD (2000: 230); 1998–2001: OECD (2003b: 336); 2002-4: OECD (2007b: 276); 2007: OECD (2010).

Neben dem staatlichen Employment Service (ES) gab es in Großbritannien schon immer auch kommerzielle Arbeitsvermittlungen, deren Vermittlungsanteil Ende der 90er Jahre bei circa sechs Prozent lag (Konle-Seidl/Walwei 2001: 43). Ferner wurde der Einfluss der privaten Leiharbeitsfirmen und deren Rolle bei der Vermittlung von Arbeitslosen in Beschäftigung als durchaus relevant eingeschätzt. Davon ausgehend hat New Labour in erheblichem Umfang in Modellversuchen die Privatisierung arbeitsmarktpolitischer Programme für spezifische Zielgruppen erweitert (bis zu zehn Prozent des Budgets des New Deal). Seit 2000 wurden in den fünfzehn Employment Zones die Durchführung arbeitsmarktpolitischer Programme (Vermittlung, Training usw.) für Langzeitarbeitslose, Jugendliche und Alleinerziehende sukzessive ausgeschrieben und privatisiert. Öffentliche Anbieter blieben dabei insofern beteiligt als der ES eine strategische Partnerschaft mit der weltweit operierenden, privaten Arbeitsvermittlung Manpower einging. Dies führte zur Gründung von Working

Links, einem Public-Private-Joint-Venture Unternehmen, das in acht von fünfzehn EZs erfolgreich konkurrierte (Finn 2004). Die ent-sprechende Form der Governance wird kommentiert als »a combination of pluralistic governance and local partnerships, galvanized by inter-locallity competition and national performance targets« (Haughton u. a. 2000; zit nach Jessop 2004).

Mit der Einführung der Employment Support Allowance 2008 sowie des flexible New Deal in 2009 wurde die Vergabe der Arbeitsvermittlung und der Eingliederungsleistungen an Dritte weiter verstärkt. Die Jobvermittlung für ESA-Bezieher wird ausschließlich an Private vergeben, wobei kommerzielle Dienstleister dominieren dürften (Piggott/Grover 2009). Im Rahmen des flexible New Deal werden Arbeitssuchende nunmehr nach zwölf Monaten von den Jobcenters zu Anbietern transferiert, die öffentliche, gewinnorientierte oder Dritte-Sektor-Organisationen sein können. Diese werden entsprechend ihrer Resultate hinsichtlich der Arbeitsmarktintegration bezahlt (Clasen 2011). Die Provider für die einzelnen Regionen werden über Ausschreibungen respektive Wettbewerb bestimmt (Mulheirn/Menne 2008).

(4) Die Restrukturierung öffentlicher Ministerien und Verwaltungen kann im Sinne reflexiver Steuerung beziehungsweise als Zunahme von Holistic Governance interpretiert werden, die gleichwohl nicht durchgängig erfolgreich ist. Zunächst wurden 2001 im Zuge der Zusammenführung der Arbeits- und Sozialverwaltung auf zentralstaatlicher Ebene Teile des ehemaligen Department for Education and Employment und des Department for Social Security im neu gegründeten Department for Work and Pensions fusioniert. Im Anschluss daran wurde zwischen 2002 und 2006 die Struktur der Arbeitsverwaltung weitgehend erfolgreich reformiert und vereinheitlicht.

Nunmehr sind die Zuständigkeiten der Benefit Agencies für das Arbeitslosengeld, die Sozialhilfe, die Arbeitsunfähigkeitstransfers (jetzt: Employment und Support Allowance, ESA) sowie die arbeitsmarktbezogenen Dienstleistungen im Rahmen von Jobcentern Plus zusammengelegt (Knuth/Finn 2004: 7). Mit der Integration der verschiedenen Verwaltungsstrukturen war allerdings auch eine Reduzierung der Filialen und des Personals verbunden (Finn 2004: 10). 2005 gab es 1100 lokale Arbeitsagenturen, die jedoch weiter reduziert werden sollten (OECD 2006c).

Die Jobcenter Plus verfügen über operationale Autonomie, sind formal aber dem Secretary of State und dem DWP zugeordnet. Ziel war es, eine einzige Anlaufstelle für alle Personen im erwerbsfähigen Alter sowie für Arbeitgeber zu schaffen. Die hier zu Recht als »One-Stop-Shop« Agenturen bezeichneten Centers sind entsprechend für die Arbeitsvermittlung, die Angebote arbeitsmarktpolitischer Maßnahmen und die Gewährung von Transfers für alle Leistungsempfänger im erwerbsfähigen Alter zuständig. »Jobcenter Plus thus has a dual function – to help working age people find employment and receive social security support« (Clasen 2007: 43). In diesem Sinne wird als zentrale Neuerung der Aktivierungspolitik hervorgehoben, »[unemployment support] has also become more tightly linked to active labour market policy as part of an increasingly coherent ›welfare-to-work‹ approach« (Clasen 2007: 49). Damit kann im Bereich der Arbeitsverwaltung und der Arbeitsförderung insgesamt eine deutliche Vereinfachung der Leistungsstruktur im Sinne reflexiver Steuerung beziehungsweise Holistic Governance konstatiert werden, obgleich weitere Dienstleistungsangebote wie zum Beispiel psychosoziale Dienstleistungen, Drogen- und Schuldnerberatung, aber auch die Verwaltung des Wohngeldes in der Kompetenz der Kommunen blieben (OECD 2006c: 9).

Darüber hinaus wurden die Zuständigkeiten für die Verbesserung des Qualifikationsniveaus und für lebenslanges Lernen sowie für die frühkindliche Erziehung und Kinderbetreuung im Rahmen der Gründung einer Unterabteilung, Minister of State for Children (als quasi Familienministerium) im Department for Education and Skills (DfES) zusammengeführt. Zwischen 2007 und 2010 wurden die entsprechenden Aufgaben für Schulen und Kinder bis zum Alter von 19 Jahren an das Department for Children, Schools and Families (DCSF) transferiert. Die konservativ-liberale Regierung änderte die Zuschnitte der Ministerien in 2010 erneut, und ersetzte das DCSF durch das Department for Education (DfE). Die in Bezug zur ersten Organisationsreform geäußerte Kritik, dass die neue funktionale Arbeitsteilung zwischen DWP und DfES suboptimal sei, da vorher bestehende Verbindungen zwischen der Arbeitsverwaltung und der Qualifikationsentwicklung gekappt wurden (Finn 2004: 9), bleibt damit auch in Bezug auf die Arbeitsteilung zwischen dem Department for Work and Pension und dem Department for Education bestehen.

In diesem Zusammenhang wird auch das Fortbestehen der Fragmentierung der Verantwortlichkeiten beziehungsweise das Fehlen einer einheitlichen Strategie in der Berufsbildungspolitik beklagt. Dabei ist zunächst anzumerken, dass die so genannte Devolution, also die Föderalisierung des UK, dazu führte, dass in Schottland, Wales und England jeweils partiell unterschiedliche Institutionenstrukturen im Bereich der Berufsbildung gegründet wurden (Page/Hillage 2006: 8). Ferner wird das Kompetenzsplitting zwischen verschiedenen Akteuren beziehungsweise Organisationen auf den einzelnen Ebenen wie auch zwischen den Ebenen kritisiert. So verfügten 2003 auf nationaler Ebene neben dem DfES und der diesem zugeordneten LSC im Zusammenhang mit der Politik sozialer Inklusion und der Produktivitätsagenda weitere Ministerien (DTI, DWP, HM Treasury) über Kompetenzen in der Weiterbildungspolitik (siehe Abbildung 7).

Abbildung 7: Departments und Durchführungsorganisationen für (berufliche) (Aus-) Bildung in England in 2005

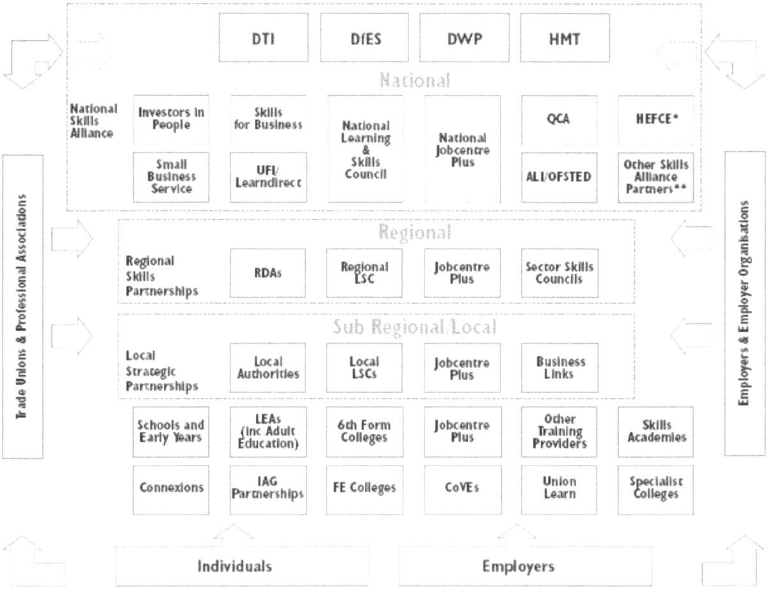

* HEFCE is also a part of Regional Skills Partnerships.
** The Skills Alliance also includes the Small Business Council, Connexions, TUC, CBI, National Institute of Adult & Continuing Education (NIACE), the Association of Colleges (AoC) and the Association of Learning Providers (ALP).

(NB some institutions have been omitted in order to focus on those responsible for engaging adults and employers in developing skills)

Quelle: Leitch Review of Skills (2006: 72).

Auf regionaler Ebene agierten sowohl LSC Regional Directors als auch Institutionen wie die Regional Development Agencies (RDA), die regionale Aus- und Weiterbildungs-programme entwickeln (Page/Hillage 2006: 7). Mit der Übernahme der Regierungsverantwortung durch die konservativ-liberale Regierung kam es erneut zu massiven Reorganisationen. Die Aufgaben der Learning and Skills Councils werden seit 2010 durch die Skills Funding Agency und die Young People`s Learning Agency erfüllt.

Eine Ausweitung reflexiver Formen der Steuerung kann für Großbritannien in Bezug auf das Formulieren holistischer Zielsetzungen wie die Bekämpfung der Kinderarmut gesehen werden, die über die Erwerbsintegration der Eltern betrieben wurde. In diesem Zusammenhang fand eine zunehmende – und für Großbritannien weitgehend innovative – Koordination arbeitsmarktpolitischer Maßnahmen mit dem Ausbau der Kinderbetreuung und der Gestaltung von Arbeitsanreizen im Zuge der In-Work-Benefits bis hin zur Gestaltung eines Mindestlohns statt. Ähnliches gilt für die Koordination von Transfer- und Beratungsleistungen zur Förderung der Beschäftigungsfähigkeit erwerbsgeminderter Personen.

Bei der Implementation kommen gleichwohl noch deutliche Defizite zum tragen, wie zum Beispiel die fehlende Abstimmung zwischen den »garantierten« Kinderbetreuungszeiten und den für die im Rahmen des WTC voraus gesetzte Mindestarbeitszeit, die Diskrepanz zwischen geförderten und realen Kinderbetreuungskosten oder die – damit einhergehende – Eingliederung vieler Frauen allein über geringfügige Teilzeitarbeitsverhältnisse in den Arbeitsmarkt.

Insgesamt steht die Ausweitung reflexiver Formen der Steuerung im Hinblick auf die Förderung der Beschäftigungsfähigkeit und die Vermeidung von Armut für eine Expansion staatlicher Gewährleistungsverantwortung, die für das liberale britische Wohlfahrtsmodell als klar pfadabweichend charakterisiert werden kann.

10.4 Ausweitung der Beschäftigung, aber Polarisierung der Erwerbsmuster und Arbeitszeiten

Großbritannien hatte Anfang der 1990er Jahre ein mittleres Kommodifizierungsniveau erreicht. Dies beinhaltete eine durchaus ungleiche Verteilung der Chancen der Arbeitsmarktpartizipation, wie es für Länder typisch ist, die traditionell dem Ernährermodell folgten. Ferner trug die Beschäftigungskrise dazu bei, dass sowohl die Erwerbsbeteiligung mit 75,9 Prozent als auch die Beschäftigungsquote mit 69,7 Prozent zu Beginn der Aktivierungspolitik im Jahr 1996 relativ niedrig waren. Mit 8,1 Prozent war die

Arbeitslosigkeit sehr hoch, aber bereits rückläufig (Tabelle 13). Vor diesem Hintergrund bewirkte die Aktivierungspolitik einerseits Inklusionseffekte, welche die Chancen auf Arbeitsmarktteilhabe, insbesondere für (Langzeit-) Arbeitslose und Mütter, erhöhten. Andererseits trugen die spezifischen Maßnahmen dazu bei, dass starke Ungleichheiten bei der Verteilung des Arbeitsvolumens bestehen blieben beziehungsweise sich sogar erhöhten.

Die Aktivierungspolitik ging zunächst mit einem massiven Rückgang der Arbeitslosigkeit auf ein weitgehend stabiles Niveau von unter 5 Prozent in 2005 einher. Besonders bemerkenswert ist dabei, dass der Anteil von Langzeitarbeitslosen im Zuge der Aktivierungspolitik um circa 18 Prozentpunkte seit 1996 auf 22,3 Prozent in 2005 reduziert werden konnte[98] und bis 2008 nur mäßig anstieg auf 25,5 Prozent. Gleichzeitig kam es zu einer Zunahme der Erwerbspersonen (in absoluten Zahlen), die jedoch mit einer weitgehend konstanten Erwerbsquote von 76 Prozent einherging (Tabelle 13). Gründe dafür sind gegenläufige Entwicklungen: Die Zunahme der Erwerbspersonen erklärt sich insbesondere durch die zunehmende Erwerbsbeteiligung von Frauen beziehungsweise den Rückgang des männlichen Ernährermodells. Die Beschäftigungsquote der Alleinerziehenden stieg bis 2007 auf 55,7 Prozent, womit sich die Differenz zur Beschäftigungsquote von Müttern in Paarhaushalten von 24 auf 15 Prozentpunkte reduzierte (HM Treasury 2007: 91).

Ältere Arbeitnehmer werden ebenfalls wieder stärker in den Arbeitsmarkt und in Beschäftigung integriert (Erwerbsbeteiligung in 2005 58,4 Prozent respektive 59,9 in 2008; Beschäftigungsquote 56,7 Prozent respektive 58,2 in 2008). Insgesamt bleibt jedoch die Nichterwerbstätigkeit dieser Gruppe – trotz Aktivierungspolitik – weiterhin hoch. Ein definitiver Rückgang der Erwerbsbeteiligung ist darüber hinaus bei den unter 25-jährigen zu verzeichnen. Dieser erklärt sich einerseits durch die Verlängerung von Ausbildungszeiten sowie andererseits durch die abnehmende, aber gleichwohl weiterhin hohe Jugendarbeitslosigkeit. Der Anteil der Personen (im Alter von 18 bis 59 Jahren), die in Haushalten ohne Beschäftigte lebte, ging zurück, lag aber auch 2004 immerhin noch bei 10,8 Prozent (APPLICA 2005: 106).

In Großbritannien war der Rückgang der Arbeitslosigkeit klar mit einer Ausweitung der Beschäftigung verbunden (über 70 Prozent der Erwerbstätigen Mitte der 2000er Jahre). Das Beschäftigungswachstum vollzog sich

98 Ein wesentliches Element stellt dabei der Rückgang der Langzeitarbeitslosigkeit bei Jugendlichen dar (HM Treasury 2007).

überwiegend als Wachstum der Dienstleistungsbeschäftigung und beschleunigt damit den Wandel der Beschäftigungsstruktur (Anteil des Dienstleistungssektors an Gesamtbeschäftigung 78,1 Prozent in 2005 und 2007). Ein erheblicher Teil des Beschäftigungswachstums wurde in Form von Teilzeitarbeit realisiert. Während die Teilzeitquote der Männer leicht anstieg, blieb die der Frauen bis 2005 weitgehend konstant, aber auf extrem hohem Niveau bei etwa 40 Prozent. Dies beinhaltete auch einen steigenden Anteil (geringfügiger) Teilzeitbeschäftigungen. Andere flexible Erwerbsformen wie die Selbständigkeit (Gottschall/Kroos 2003) und die befristete Beschäftigung stiegen nur leicht an oder gingen sogar zurück.

In Bezug auf die geschlechtsspezifische Arbeitsmarktperformanz beinhaltete die soweit aufgezeigte Gesamtentwicklung daher durchaus unterschiedliche Trends. Das Gender Gap in Bezug auf die Erwerbsbeteiligung und die Beschäftigung nahm ab, da Frauen stärker vom Beschäftigungswachstum profitieren als Männer (massiver Anstieg der Beschäftigungsquote der Frauen; der für Männer geringere Anstieg reichte nicht aus, um das Niveau von 1990 erneut zu erreichen). Gleichzeitig setzte sich die bereits bestehende geschlechtsspezifische Polarisierung der Arbeitszeiten fort. In 2007 lag der Anteil der Frauen, die mehr als 35 Stunden arbeiteten bei 57 Prozent; 25 Prozent arbeiteten weiterhin zwischen 20–34 Stunden. Der Anteil von Frauen mit weniger als 19 Wochenstunden betrug 17 Prozent[99]. Demgegenüber blieb der Anteil der Männer mit überlangen Arbeitszeiten (45 und mehr Wochenstunden) mit 37 Prozent weiterhin extrem hoch (Abbildung 8).

Die aufgezeigte Entwicklung spiegelt sich bei den familialen Erwerbsmustern als Konsolidierung des so genannten modernisierten Ernährermodells wieder (Crompton 2001; Pfau-Effinger 1999), bei dem Frauen beziehungsweise Mütter zwar zunehmend in den Arbeitsmarkt integriert sind, aber in deutlich geringerem Umfang als Männer, und eher prekäre Beschäftigungsformen haben (Gottschall/Kroos 2003). Obgleich die Nichterwerbstätigkeit von Frauen stark zurückging, bleibt »Mutterschaft« ein wesentlicher Einflussfaktor auf die Reduzierung der Erwerbsbeteiligung beziehungsweise deren Umfang. Für 2005 wird die Erwerbsquote von Frauen, deren jüngstes Kind unter zwei Jahren ist, mit 52,6 Pro-

99 Es ist anzunehmen, dass die spezifische Förderung durch den WTC und das zeitlich begrenzte Kinderbetreuungsangebot die Arbeitsmarktintegration von Müttern via (kurze) Teilzeitarbeitsverhältnisse begünstigt.

zent angegeben[100]. Entsprechend lag der Anteil der Einverdienerfamilien[101] in Großbritannien 2003 noch bei knapp 30 Prozent. Gleichzeitig waren in knapp 30 Prozent der Paarhaushalte mit Kindern beide Vollzeit beschäftigt. Dominant war also tatsächlich das modernisierte Ernährermodell (Mann Vollzeit/Frau Teilzeit) mit knapp 40 Prozent.

Abbildung 8: Wochenarbeitszeit nach Geschlecht in Großbritannien in 2007

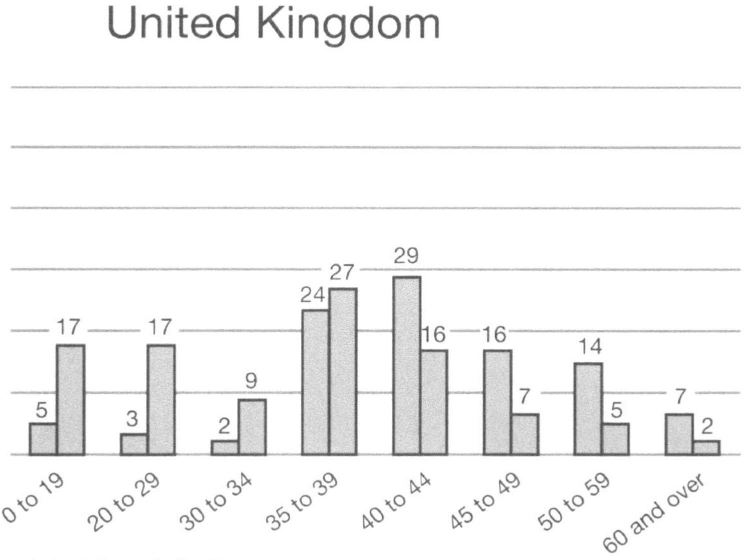

dunkel = Männer; hell = Frauen.
Quelle: OECD (2009c).

Die Polarisierte Beschäftigungsstruktur in Großbritannien ist weiterhin mit einer durchaus hohen Einkommensungleichheit verknüpft. Die Einkommensspreizung gemessen entlang des Verhältnisses der Einkommen des obersten Dezils zum niedrigsten Dezil (P90/P10) ist Mitte der 2000er Jahre mit 6,05 eine der höchsten im OECD-30-Vergleich. Aufgrund der Einführung des Mindestlohns und der Tax Credits wurde ein weiteres Abgleiten vor allem der unteren Einkommensgruppen verhindert. Gemessen am Gini-Koeffizienten ist ein Sinken der Einkommensungleichheit bei

100 Wenn das jüngste Kind zwischen drei und fünf Jahre ist steigt der Anteil auf 58,3 Prozent und wenn das jüngste Kind zwischen 6 und 16 Jahren ist, sind 67,7 Prozent erwerbstätig (OECD 2007c: 46).

101 Bei Paarhaushalten im Alter von 20 bis 49 Jahren mit Kindern unter zwölf Jahren.

weiterhin hohem Niveau (von 0,373 in 1990 auf 0,335 Mitte der 2000er Jahre) zu verzeichnen (OECD 2009d). Dies schließt auch eine vergleichsweise große Lohndifferenz zwischen Männern und Frauen ein, die im Jahr 2006 mit 20 Prozent angegeben wird[102] (Europäische Kommission 2008:31).

Als Quintessenz zur Entwicklung am britischen Arbeitsmarkt kann damit festgehalten werden, dass eine Verbesserung der sozialen Teilhabechancen in Bezug auf Arbeitsmarktintegration und das Erzielen von Erwerbseinkommen zu beobachten ist. Dies geht jedoch einher mit anhaltend starken strukturellen Ungleichheiten zwischen den Geschlechtern beziehungsweise zwischen Vätern und Müttern, die sich in Form einer Polarisierung der Arbeitszeiten sowie einer zum Teil abnehmenden aber gleichwohl hohen Einkommensdispersion niederschlagen.

102 Berechnet als Differenz zwischen den Brutto-Stundenlöhnen der Männer und den Frauen und dargestellt als Anteil an den Brutto-Stundenlöhnen der Männer

Tabelle 13: Beschäftigungsstruktur in Großbritannien seit 1990

	1990	1993	1994	1996	1998	2000	2001	2002	2003	2004	2005	2006	2007	2008
Erwerbspersonen in Tausend	28.325	27.658	27.613	27.701	27.765	28.273	28.346	28.539	28.698	28.817	28.966	29.308	29.356	30.409
Frauen	12.220	12.238	12.278	12.438	12.595	12.925	13.008	13.161	13.205	13.340	13.444	13.656	13.641	13.996
Männer	16.105	15.420	15.335	15.263	15.170	15.348	15.338	15.378	15.493	15.477	15.522	15.652	15.715	16.414
Arbeitslose in Tausend	1.940	2.868	2.671	2.263	1.710	1.565	1.355	1.457	1.402	1.349	1.352	1.589	1.555	1.630
Frauen	803	940	906	786	673	625	543	582	545	572	568	676	674	672
Männer	1.137	1.928	1.765	1.477	1.037	940	812	875	857	777	784	913	881	958
Zivile Beschäftigte in Tausend	26.818	25.088	25.253	25.727	26.395	27.058	27.316	27.472	27.693	27.845	28.504	28.787	28.965	29.308
Frauen	11.611	11.462	11.527	11.796	12.089	12.461	12.613	12.757	12.832	12.944	13.167	13.327	13.331	13.547
Männer	15.207	13.626	13.726	13.931	14.306	14.597	14.703	14.715	14.861	14.901	15.337	15.459	15.634	15.761
Erwerbsbeteiligung in Prozent [1)]	77,8	76,1	76	75,9	75,7	76,4	76,1	76,2	76,3	76,2	76,2	76,7	76,3	76,8
Frauen	67,3	66,9	67,1	67,5	67,9	68,9	68,9	69,3	69,2	69,6	69,6	70,3	69,8	70,2
Männer	88,3	85,5	85,1	84,5	83,7	84,1	83,5	83,3	83,6	83,1	83	83,2	83,1	83,4
Erwerbsquote 15 bis 24-jährige	78.0	71.1	70.1	70.5	69.3	69.7	68.2	68.5	67.4	67.4	66.7	66.6	65.3	65.6
Erwerbsquote 55 bis 64-jährige	53.0	51.7	52.1	51.4	51.0	52.7	53.9	55.0	57.3	58.0	58.2	59.1	59.3	59.9
Arbeitslosigkeit in Prozent [2)]	6,9	10,3	9,6	8,1	6,1	5,5	4,8	5,1	4,9	4,7	4,7	5,4	5,3	5,3
Frauen	6,5	7,6	7,3	6,3	5,3	4,8	4,1	4,4	4,1	4,2	4,2	4,9	4,9	4,7
Männer	7,1	12,5	11,4	9,7	6,8	6,1	5,3	5,7	5,5	5	5,1	5,8	5,6	5,8
Anteil Langzeitarbeitslose[3)]	34,4	42,5	45,4	39,8	32,7	28	27,8	22,9	22,8	21,4	22,3	22,1	24,5	25,5

Tabelle 13 (Fortsetzung): Beschäftigungsstruktur in Großbritannien seit 1990

	1990	1993	1994	1996	1998	2000	2001	2002	2003	2004	2005	2006	2007	2008
Zivile Beschäftigung in Prozent [1]	72,5	68,2	68,7	69,7	71	72,2	72,5	72,3	72,6	72,7	72,6	72,5	72,3	72,7
Frauen	62,8	61,8	62,1	63,3	64,2	65,6	66	66,3	66,4	66,6	66,7	66,8	66,3	66,9
Männer	82,1	74,8	75,3	76,3	78	78,9	79,1	78,6	78,9	78,9	78,8	78,4	78,4	78,5
Beschäftigungsquote 15 bis 24-jährige	70,1	58,8	58,8	60,2	60,8	61,5	61	60,9	59,7	60,1	58,6	57,3	55,9	56,4
Beschäftigungsquote 55 bis 64-jährige	49,2	46,6	47,4	47,8	48,3	50,4	52,1	53,1	55,4	56,2	56,7	57,4	57,4	58,2
Anteil der Beschäftigung im Industriesektor	32,4	29,3	27,2	26,8	26,2	25	24,3	23,3	22,5	21,3	21,1	20,9	21	
Frauenanteil	25,8	26,9	26	25,8	24,4	23,6	23,2	23	22,6	22,4	22,5	22,7	22,3	
Anteil der Beschäftigung im Dienstleistungssektor	66,3	69,5	71,7	72,1	72,8	74	74,8	75,9	76,8	78	78,1	78,2	78,1	
Frauenanteil	56,9	58,3	57,8	57,7	57,4	57,1	57,4	57,3	57	56,9	57	57	56,9	
Teilzeitquote (<30 Wochenstd.) in Prozent der Beschäftigten	20,1	22,1	22,4	22,9	23	23	22,7	23,3	23,7	24	23,4	23,3	23	22,9
Frauen	39,5	41	41,2	41,4	41,2	40,8	40,3	39,9	40	40,3	39,1	38,7	38,4	37,7
Männer	5,3	6,7	7	7,8	8,2	8,6	8,3	8,9	9,7	9,7	9,8	9,9	9,8	10,2
Durchschnittlich realisierte Arbeitszeit pro Jahr	1.771	1.726	1.740	1.742	1.734	1.711	1.714	1.696	1.677	1.672	1.676	1.669	1.670	1.662
Anteil selbstständiger Beschäftigung	15,1	15,6	15,7	14,9	13,7	12,8	12,8	12,7	13,2	13,6	13,4	13,5	13,8	
Anteil befristeter Beschäftigung	5,2	5,9	6,5	7,1	7,1	6,8	6,7	6,2	5,9	5,7	5,5	5,6	5,8	5,3

[1] der Bevölkerung im erwerbsfähigen Alter; [2] der zivilen Erwerbspersonen; [3] Arbeitslose, die länger als zwölf Monate arbeitslos sind, als Anteil an Arbeitslosen insgesamt.

Quelle: OECD (2008c; 2009g).

10.5 Zusammenfassung: Aktivierung als Kombination pfadabhängiger und pfadbrechender Veränderungen

Im liberalen britischen Wohlfahrtsstaatsmodell waren zu Beginn der 1990er Jahre lediglich einzelne Elemente der Aktivierungspolitik bereits »vorhanden«. Zu nennen sind das geringe Niveau arbeitsmarktpolitischer Transfers oder die überwiegend durch nicht staatliche Akteure erbrachten arbeitsmarktpolitischen Dienstleistungen. Als abweichend von den Merkmalen des aktivierenden Wohlfahrtsstaates muss dagegen der nur geringe Ausbau arbeitsmarktpolitischer und sozialer Dienstleistungen gesehen werden, wobei letzteres auch eine Orientierung des britischen Wohlfahrtsstaates am männlichen Ernährermodell widerspiegelt. Auch im liberalen Wohlfahrtsstaatsmodell gab es eine hohe Zahl von Transferleistungsempfängern im erwerbsfähigen Alter, unter anderem aufgrund von Arbeitslosigkeit, Erwerbsunfähigkeit und Ein-Elternschaft. Dies schlug sich insgesamt in einer im Vergleich mittleren Beschäftigungsquote nieder

Bis 2005 wurde eine klare Ausrichtung der Ziele und Instrumente im Bereich der Arbeitsmarktpolitik und flankierender Politikfelder entlang des idealtypisch skizzierten Paradigmas des aktivierenden Wohlfahrtsstaates verwirklicht. Die mit diesem Wandel einhergehende Veränderung der Spannungsverhältnisse in den drei Dimensionen wohlfahrtsstaatlichen Handelns beinhaltete bis 2005 *erstens* eine selektive Verstärkung der Kommodifizierung, während das traditionell geringe Niveau bei dekommodifizierenden Transfers erhalten blieb. Gleichzeitig wurde die hohe Inanspruchnahme der Transfers erst Anfang/Mitte der 2000er Jahre dezidiert abgebaut. Spezifisch für die britische Variante ist, dass Kommodifizierung primär durch finanzielle Erwerbsanreize für Bezieher geringer bis mittlerer Einkommen gefördert wird. Dies wird über die Kombination von negativer Einkommensteuer beziehungsweise In-Work-Benefits und Mindestlohns erreicht. Obgleich die Förderung von Beschäftigungsfähigkeit damit generell auf die unmittelbare Integration in den Arbeitsmarkt abzielt, wurde keine universelle Arbeitspflicht verwirklicht. Vor allem für Erwerbsgeminderte und Alleinerziehende gilt im Vergleich zu anderen Gruppen weiterhin eine »geringe« Arbeitspflicht. Die ambitionierten Ziele sozialer Befähigung durch den Ausbau beruflicher Aus- und Weiterbildung wurden nicht erreicht.

Zweitens zeichnet sich eine deutliche Erhöhung der staatlichen Gewährleistungsverantwortung wie auch der Finanzierungsverantwortung ab, während parallel dazu eine Rücknahme staatlicher Erfüllungsverantwortung zu erkennen ist. Erstere zeigt sich vor allem in den nunmehr staatlich gewährten Rechten auf Mindesteinkommen für Erwerbstätige und die Förderung der Erwerbsteilhabe von Müttern durch den Ausbau der Kinderbetreuung. Beides beinhaltet auch eine Erweiterung staatlicher Finanzierungsverantwortung. Insgesamt hat die Koordination von Arbeitsmarkt, Familien-, Steuer- und Lohnpolitik mit dem Ziele der Aktivierung von Transferleistungsempfängern deutlich zugenomen.

Die umfassende Umsetzung der Theorien des NPM bei den Reformen des öffentlichen Sektors schlug sich parallel dazu in einer Dezentralisierung und Privatisierung der Erfüllungsverantwortung nieder. Einst bestehende Formen der Co-Governance, welche eine gleichberechtigte Beteiligung der Sozialpartner beinhalteten, wurden überwiegend durch neu etablierte, unternehmensdominierte Netzwerke ersetzt. Diese scheinen jedoch insbesondere im Bereich der beruflichen Qualifizierung bislang wenig erfolgreich, um das geringe Qualifikationsniveau britischer Arbeitnehmer – jenseits der universitären Ausbildung – anzuheben.

Die Outcomes dieser Politik sind in Bezug auf die *dritte* Dimension wohlfahrtsstaatlichen Handelns als durchaus ambivalent zu qualifizieren, da sich einerseits die Chancen auf Erwerbsteilhabe anglichen, andererseits aber die »Ungleichheiten in Arbeit« zunahmen. Dies drückt sich in einer Polarisierung von Arbeitszeit und Einkommen der Beschäftigten in Abhängigkeit von Geschlecht und Elternschaft aus (Übersicht 11). Die entstandene Variante der britischen Aktivierungspolitik entspricht weitgehend der idealtypischen Variante des »*Making Work Pay*« (siehe Kapitel 6.2, Übersicht 7).

Betrachtet man den Umbau britischer Arbeitsmarktpolitik einschließlich flankierender Politikfelder und berücksichtigt die Ausgaben für die Tax Credits – oder gar den Ausbau der Kinderbetreuung – handelt es sich um eine Stabilisierung, wenn nicht gar Expansion wohlfahrtsstaatlicher Leistungen in dem hier untersuchten Zeitraum bis 2005. Piersons Charakterisierung der britischen Reformpolitik bis 2000 als Cost-Containment und Re-Commodification (Pierson 2001b: 432f.) ist entsprechend nur bedingt zu bestätigen.

Das damit verbundene Reformprofil kann als weitgehend pfadabhängige Weiterentwicklung einer auf Armutsvermeidung ausgerichteten Arbeitsmarkt- und Familienpolitik charakterisiert werden. Allein die massive Ausdehnung sozialstaatlicher Intervention im Hinblick auf die Finanzierung der In-Work-Benefits, die Regulierung eines Mindestlohns, der Ausbau der Kinderbetreuung (als Abkehr vom männlichen Ernährermodell) sowie die damit einhergehende reflexive Steuerung sind als wesentliche »Brüche« mit dem auf geringer staatlicher Intervention basierenden liberalen Wohlfahrtsmodell zu sehen.

Der vollzogene institutionelle Wandel manifestiert sich primär durch Prozesse des Displacement (Ersatz bestehender Institutionen) (vergleiche Streeck/Thelen 2005). Bei der Erklärung des spezifischen Profils wohlfahrtsstaatlicher Reformen beziehungsweise der dabei zum Ausdruck gebrachten Reformfähigkeit des britischen Wohlfahrtsstaates wird daher auf die Begründung und Durchsetzung neuer institutioneller Arrangements fokussiert werden.

Übersicht 11: Das Profil der britischen Arbeitsmarktpolitik 1996 und 2005 im Vergleich

	unmittelbar vor 1996	2005
1. Steuerung individueller Arbeitsmarktteilhabe		
Arbeitslosengeld (Dauer und Lohnersatzquote)	1 Jahr, einkommensbezogen, aber niedrige Lohnersatzrate	6 Monate; Niveau = Mindestsicherung
Sozialhilfe	bedürftigkeitsgeprüfte Sozialhilfe	Übergang zu bedürftigkeitsgeprüfter Sozialhilfe/Mindestsicherung fließend
Arbeitspflicht	Berufsschutz Möglichkeit der obligatorischen Aktivierung von Sozialhilfeempfängern	6 Monate Berufsschutz obligatorische Aktivierung >25 bis 49-jährige nach 18 Monaten (1 Jahr in einigen EZs); < 30-jährige nach 6 Monaten
Befähigung (arbeitsmarkt- und familienpolitische Dienstleistungen, Erwerbsanreize)	hohes Niveau von Vermittlung, Beratung Umfang und Niveau der Weiterbildung gering Geringe finanzielle Erwerbsanreize Geringe Kinderbetreuungsquote	Ausbau von Vermittlung u. Beratung Ausbau der Weiterbildung (geringer Umfang und Qualität) massiver Ausbau finanzieller Arbeitsanreize durch negative Einkommensteuer Kinderbetreuung ausgebaut; knapp 100 % (Teilzeit) für 3- und 4-jährige

Übersicht 11 (Fortsetzung): Das Profil der britischen Arbeitsmarktpolitik 1996 und 2005 im Vergleich

	unmittelbar vor 1996	2005
2. Reorganisation der Arbeitsverwaltung und Weiterbildung sowie Koordination mit familienpolitischer Intervention		
Governance-Modi	Hierarchie Wettbewerb	(+) Hierarchie (+) Wettbewerb
Gewährleistungs-verantwortung	Zentralstaat Lokal: TECs für Weiterbildung (Unternehmer dominiert)	Zentralstaat (+) Regional Lokal: LSCs für Weiterbildung (Unternehmer dominiert)
Finanzierungs-verantwortung	Zentralstaat: Steuern Beiträge	(+) Zentralstaat: Steuern Beiträge
Erfüllungs-verantwortung	Überwiegend staatliche Arbeitsverwaltung und -vermittlung privat/marktliche Anbieter von Weiterbildung	(-) Staatliche Organisationen (+) marktliche Akteure bei Arbeitsverwaltung und –vermittlung (EZ) (+) private Akteure bei Weiterbildung
Reflexive Steuerung	kaum entwickelt mit Ziel Arbeitsmarktteilhabe	(++) Koordination von Arbeitsmarkt-, Familien- Steuer-, und Mindestlohnpolitik mit Ziel der Armutsbekämpfung durch Aktivierung
3. Soziale Umverteilung in Bezug auf Muster der Erwerbsbeteiligung		
Erwerbsbeteiligung, Arbeitslosigkeit und Beschäftigungsmuster	Mittlere Erwerbsbeteiligung MittleresBeschäftigungsniveau Hohe Arbeitslosigkeit mittleres Niveau von Teilzeitarbeit hohe geschlechtsspezifische Erwerbsdifferenz	gestiegenes, gleichwohl mittleres Niveau bei Erwerbsbeteiligung und Beschäftigung Sinkende Arbeitslosigkeit bis 2008 Zunahme von Teilzeitarbeit Gender Differenzen bei Erwerbsbeteiligung, weiterhin starke Polarisierung bei Erwerbsumfang

(+) = zunehmende Bedeutung; (-) = abnehmende Bedeutung.
Quelle: Eigene Darstellung.

11. Deutschland: Dualisierung und Flexibilisierung als residuale Aktivierungspolitik

Westdeutschland gilt als konservatives Wohlfahrtsstaatsregime, das im Rahmen von Sozialversicherungen auf den Statusschutz der Arbeitnehmer abzielt und mit der Institutionalisierung eines starken männlichen Ernährermodells gekoppelt ist (Esping-Andersen 1990; Sainsbury 1999; siehe Abschnitt 6.2, Übersicht 6 und Abschnitt 8.2, Tabelle1). Entsprechend war die Erwerbsquote Anfang der 1990er Jahre hier vergleichsweise gering. Im Zuge der deutschen Wiedervereinigung wurden die entsprechenden sozialpolitischen Institutionen auf das frühere Staatsgebiet der DDR übertragen. Da jedoch in der frühren DDR unter anderem die (Vollzeit) Erwerbsbeteiligung von Müttern in Anlehnung an das individualisierte Adult Worker Model gefördert und normativ positiv bewertet wurde, ähnelten die Erwerbsmuster der Frauen und Mütter in Ostdeutschland tendenziell eher denen der skandinavischen Länder als denen Westdeutschlands (Dingeldey 2001). Insgesamt war die beschäftigungs- und sozialpolitische Situation Gesamtdeutschlands nach 1990 damit stark durch die deutsche Wiedervereinigung geprägt. Auch die hohe Arbeitslosigkeit und deren spezifische Ausprägung in Ostdeutschland waren partiell als Folgen des System- und Strukturwandels im Osten zu betrachten (Ganßmann 2004: 169).

Für Westdeutschland charakteristisch war der spätestens mit dem Arbeitsförderungsgesetz von 1969 erfolgte Ausbau einer aktiven Arbeitsmarktpolitik (Schmid 1990). Zur Bewältigung der deutschen Wiedervereinigung wurde diese extensiv genutzt, unter anderem um die fehlende Nachfrage nach Arbeitskräften im Osten im Zuge des wirtschaftlichen Umbaus zu kompensieren (Heinelt/Weck 1998). Grundlegende Reformen unter neuen Zielsetzungen wurden daher zunächst nicht vorangetrieben. Der Beginn aktivierender Arbeitsmarktpolitik erfolgte in Deutschland mit dem noch von der konservativ-liberalen Regierung erarbeiteten Arbeitsförderungsreformgesetz von 1998 vergleichsweise spät. Seitdem sind drei

Phasen mit sich verändernden Schwerpunktsetzung zu beobachten Abschnitt 11.1).

Insgesamt zeigt sich dabei eine nur partielle Umsetzung der Ziele des neuen Paradigmas in den drei Dimensionen wohlfahrtsstaatlichen Handelns. Die Governance der Beziehung zwischen Wohlfahrtsstaat und Individuum ist für unterschiedliche Gruppen in unterschiedlichem Umfang durch Leistungskürzungen geprägt. Die Förderung der Beschäftigungsfähigkeit wird nur bedingt ausgebaut und auch die Arbeitspflicht bleibt weitgehend selektiv. Ein »Recht auf Aktivierung« wird nicht verwirklicht (Abschnitt 11.2). Es findet ein moderater Wandel der Organisationsstrukturen und der Steuerungsformen in Richtung mehr Wettbewerb und weniger Co-Governance statt. Reflexive Formen der Steuerung mit dem Ziel der Aktivierung bleiben schwach (Abschnitt 11.3). Entsprechend war die Zunahme von Kommodifizierung bis 2005 im Sinne einer Erhöhung der Erwerbsteilhabe und der Beschäftigung nur gering, zumal die Arbeitslosigkeit bis 2005 auf konstant hohem Niveau blieb. Erst danach kam es zu einer Zunahme des Beschäftigungsniveaus, das lediglich vorübergehend von der 2008 einsetzenden Wirtschaftskrise gebremst wurde. Die Arbeitsmarktstrukturen zeigen auch hier eine zunehmende Polarisierung der Erwerbsteilhabe (Abschnitt 11.4). Die Entwicklung im konservativ-korporatistischen Wohlfahrtsstaat verbindet demnach Kontinuität und partielle Pfadwechsel (Abschnitt 11.5).

11.1 Reformschwerpunkte deutscher Aktivierungspolitik seit 1998

Der Übergang zu einer aktivierenden Arbeitsmarktpolitik ist in Deutschland durch einen eher schleppenden beziehungsweise diskontinuierlichen Reformprozess gekennzeichnet. Bis 2005 lassen sich zwei Phasen mit durchaus unterschiedlichen Schwerpunktsetzungen unterscheiden, die dann in eine dritte Phase der Konsolidierung münden (Übersicht 12).

1. Phase 1998–2002: Neuformulierung arbeitsmarktpolitischer Ziele im Sinne einer aktivierenden Politik

Das noch unter konservativer Regierung ausgearbeitete Arbeitsförderungsreformgesetz von 1998 integriert die Arbeitsmarktpolitik als Drittes Kapitel in das Sozialgesetzbuch (SGB III) und stellt gleichzeitig den Beginn der Aktivierungspolitik dar. Es nennt die Förderung der individuellen Beschäftigungsfähigkeit als Ziel und verweist auf die Eigenverantwortung der Individuen bei der Arbeitssuche. Es finden punktuelle Re-Regulierungen im Sinne einer Verschärfung der Arbeitspflicht beziehungsweise der Sanktionen statt. Ferner sind erste Elemente einer Reform der Arbeitsverwaltung enthalten. Beispielsweise können die einzelnen Arbeitsämter nunmehr über zehn Prozent der Mittel für die aktive Arbeitsförderung frei entscheiden.

Die 1998 gewählte rot-grüne Regierungskoalition verabschiedete in ihrer ersten Legislaturperiode nicht weniger als 35 arbeitsmarktpolitische Gesetzesänderungen (Jann/Schmid 2004a). Alles in allem handelte es sich dabei jedoch um lediglich kleinere Änderungen oder aber um weitgehend isolierte Reformwerke. Hervorzuheben sind die einschränkende Re-Regulierung der geringfügigen Beschäftigungsverhältnisse (1999) sowie die Ausweitung der Altersteilzeit (2000). Eine effektive Weiterentwicklung der aktivierenden Arbeitsmarktpolitik, die eine explizite Veränderung der Governance der Beziehung zwischen Sozialstaat und Individuum beinhaltete, erfolgte erst durch das 2002 in Kraft getretene Job-Aqtiv-Gesetz, das die (präventive) Förderung der Beschäftigungsfähigkeit von Arbeitslosen in den Vordergrund stellte[103].

103 Der Einsatz von Maßnahmen der Arbeitsförderung konnte ohne »Wartezeiten« erfolgen, womit Langzeitarbeitslosigkeit vermieden werden sollte. Betriebe erhielten erstmals einen Arbeitsentgeltzuschuss, wenn sie ihren Mitarbeitern eine berufliche Weiterbildung ermöglichten und Arbeitslose als Stellvertreter einstellten (Job-Rotation). Außerdem wurde die Arbeitsförderung von Frauen verbessert, indem Zeiten des Bezugs von Mutterschaftsgeld oder Erziehungsurlaub als Beitragszeiten betrachtet wurden, womit unter anderem der Zugang zu Maßnahmen der Arbeitsförderung eröffnet wurde. Zudem sollte der Frauenanteil bei den Maßnahmen der Arbeitsförderung entsprechend des Anteils an Arbeitslosigkeit erhöht werden.

2. Phase 2003–2005: Moderne Dienstleistungen am Arbeitsmarkt (Hartz I-IV)

Unmittelbar nach Inkrafttreten des Job-Aqtiv-Gesetzes wurde die Bundesanstalt für Arbeit aufgrund der Beschönigung der Vermittlungsstatistik im Rahmen des so genannten Vermittlungsskandals diskreditiert. Dies nahm die rot-grüne Regierung zum Anlass eine Kommission zur »Modernisierung der Dienstleistungen am Arbeitsmarkt« einzusetzen, die nach dem Namen ihres Vorsitzenden auch als »Hartz-Kommission« bekannt wurde (siehe Abschnitt 16.3). Die von der Kommission erarbeiteten Vorschläge (Hartz 2002) wurden in der zweiten Legislaturperiode der rot-grünen Regierungskoalition zwischen 2003 bis 2005 im Rahmen des ersten bis vierten Gesetzes für moderne Dienstleistungen am Arbeitsmarkt (Hartz I–IV) weitgehend umgesetzt. Im Zentrum der Reformen stand die Veränderung der Governance der Leistungserbringung im Sinne einer Reorganisation der Bundesanstalt für Arbeit als »Agentur«, einschließlich der Umwandlung der lokalen Arbeitsämter zu Jobcentern. Diese sollten – unter anderem nach dem Vorbild der Reformen in Großbritannien – Leistungen für alle Arbeitslosen »aus einer Hand« anbieten. Ferner erfolgte die Zusammenlegung der bislang von den Arbeitsämtern administrierten Arbeitslosenhilfe (ALH) und der von den Kommunen verwalteten Sozialhilfe (für Erwerbsfähige) zur Grundsicherung für Arbeitssuchende, dem Arbeitslosengeld II (ALG II). Dies veränderte die Governance der Beziehung zwischen Individuum und Sozialstaat insofern, als der neue Transfer vor allem für spezifische Gruppen der Langzeitarbeitslosen eine Rücknahme von Dekommodifizierung in Form von Leistungskürzungen sowie eine Verschärfung der Arbeitspflicht beinhaltete.

Der Ausbau der Maßnahmen zur Förderung der Beschäftigungsfähigkeit war in dieser Phase weitgehend ambivalent: Im Widerspruch mit den idealtypischen Zielen der Aktivierungspolitik wurden die beruflichen Bildungsmaßnahmen eingeschränkt und der Ausbau der Kinderbetreuung erfolgte sehr zurückhaltend. Mit dem Ziel der Schaffung von Übergangsarbeitsmärkten wurde primär die Flexibilisierung von Arbeitsverhältnissen in Form der geringfügigen Beschäftigung, der Leiharbeit und der selbständigen Beschäftigung vorangetrieben (Hartz I und II).

3. Phase seit 2006: Konsolidierung und Ausbau der Familienpolitik

Die Arbeitsmarktpolitik der Großen Koalition (2005–2009) ist weitgehend als Konsolidierung der eingeschlagenen Aktivierungsstrategie zu sehen. Dies beinhaltete weitere Kürzungen bei der beruflichen Weiterbildung – obgleich dies die idealtypischen Ziele der Aktivierungspolitik konterkarierte. Maßnahmen für ältere Arbeitslose waren ambivalent, weil einerseits deren Aktivierung gefördert und andererseits ihre Transferansprüche ausgeweitet wurden. Die größten »Fortschritte« hinsichtlich eines weiteren Ausbaus von Aktivierung lagen letztlich im Bereich der Familienpolitik, da der hier vorangetriebene Ausbau der Kinderbetreuung und auch die Einführung des Elterngeldes als Ausweitung der Beschäftigungsfähigkeit für Frauen respektive Eltern bewertet werden kann. Ferner sind insbesondere die Einführung branchenweiter Mindestlöhne sowie die Initiativen im Zusammenhang mit der Neuberechnung der Bedarfssätze des ALG II als Erweiterung finanzieller Erwerbsanreize zu nennen.

Unter der nachfolgenden konservativ-liberalen Regierung wurde die neu eingeführte Organisation der Arbeitsverwaltung weitgehend konsolidiert, indem mit einer Verfassungsänderung auf die Kritik des Verfassungsgerichts reagiert wurde. Die erneute Instrumentenreform beziehungsweise die weitere Beschneidung der Maßnahmen der Arbeitsförderung könnte eine definitive Abkehr von einer Strategie sozialer Befähigung einleiten. Welche Folgen die verschiedenen arbeitsmarktpolitischen Reformen für das Profil der Arbeitsmarktpolitik im konservativ-korporatistischen deutschen Wohlfahrtsstaat hatten, wird im Folgenden entlang der drei Dimensionen wohlfahrtsstaatlichen Handelns anhand des detaillierten Vergleichs der Maßnahmen, Regulierungen und Beschäftigungsmuster in 1998 und 2005 beziehungswiese danach erörtert.

Übersicht 12: Gesetzgebung in Deutschland seit 1998

1. Phase (1998- 2002): Neuformulierung arbeitsmarktpolitischer Ziele im Sinne einer aktivierenden Politik	
1998	Arbeitsförderungs-Reformgesetz (SGB III)
1999	Neuregelung der geringfügigen Beschäftigungsverhältnisse
2000	Fortentwicklung der Altersteilzeit
2002	JobAqtiv Gesetz
	u.a. Steigerung der Frauenquote bei arbeitsmarktpolitischen Maßnahmen
2. Phase (2003-2005): Moderne Dienstleistungen am Arbeitsmarkt (Hartz I-IV)	
2003	Erstes und Zweites Gesetz für moderne Dienstleistungen am Arbeitsmarkt
	Verschärfung der Arbeitspflicht; Einrichtung von JobCentern; Einführung von Personal-Service-Agenturen (Leiharbeit), Ausweitung geringfügiger Teilzeitarbeit, Förderung selbständiger Beschäftigung; Einführung von Bildungsgutscheinen, aber Einschränkung der Weiterbildung
2004	Gesetz zur Reform am Arbeitsmarkt
	Kürzung der Dauer des ALG I für ältere Arbeitnehmer auf max. 18 Monate
2004	Drittes Gesetz für moderne Dienstleistungen am Arbeitsmarkt
	Reform der Organisation und der Selbstverwaltung der Bundesanstalt für Arbeit ; Re-Regulierung verschiedener arbeitsmarktpolitischer Maßnahmen
2005	Viertes Gesetz für moderne Dienstleistungen am Arbeitsmarkt (SGB II)
	Einführung der Grundsicherung für Arbeitslose (Arbeitslosengeld II) als pauschale, bedürftigkeitsgeprüfte Leistung für alle erwerbsfähigen Personen; Zusammenführung der Arbeitsvermittlung für Arbeitslose
2005	Tagesbetreuungsausbaugesetz
3. Phase (seit 2006): Konsolidierung der AMP und Ausbau der Familienpolitik	
2006-2008	Änderungsgesetze zum SGB II und III
	Angleichung der Regelleistung bei ALG II für Ost- und Westdeutschland Verschärfung der Sanktionen (Leistungskürzungen) bei Pflichtverletzungen von ALG II-Beziehern Verkürzung der Rahmenfrist auf 2 Jahre; Verschärfung der Sperrzeitregelung
2007	Initiative 50 plus (Förderung der Beschäftigungsfähigkeit älterer Arbeitnehmer)
2007	Einführung des Elterngeldes
2008	Verlängerung des ALG I-Bezugs für ältere Arbeitnehmer
2008	Kinderförderungsgesetz
2009	Neuausrichtung arbeitsmarktpolitischer Instrumente
	Rechtsanspruch auf Förderung v. Hauptschulabschluss; Ausweitung der Sanktionsmöglichkeiten; Einführung individueller Vermittlungsbudgets; Einschränkung der Förderung beruflicher Weiterbildung; Abschaffung der ABM für ALG-Bezieher
2009	Reform des Arbeitnehmer-Entsendegesetzes
	Einführung von Mindestlohnregelungen in verschiedenen Branchen
2009/2010	Befristete Verlängerung der Bezugsdauer des Kurzarbeitergeldes
2010	Sparpaket

Jahreszahlen beziehen sich auf Beginn der Implementation, nicht auf Gesetzgebung. Quelle: Eigene Darstellung.

11.2 Leistungskürzungen, punktueller Arbeitszwang und Ausweitung flexibler Erwerbsformen

Charakteristisch für den konservativen Wohlfahrtsstaat waren Versicherungsleistungen, die qua Mitgliedschaft gewährt wurden und den am Arbeitsmarkt erreichten Status durch die Äquivalenz von einkommensbezogenen Beiträgen und Leistungen widerspiegelten. Dementsprechend waren in Deutschland vor 1998 die Transferleistungen bei Arbeitslosigkeit für Versicherte vergleichsweise hoch, während die Arbeitspflicht gering ausgeprägt war. Allein Sozialhilfeempfänger waren zur Annahme jeglicher Arbeitsangebote beziehungsweise zur Übernahme gemeinnütziger Tätigkeiten verpflichtet, was im Rahmen der kommunalen Beschäftigungsförderung »Hilfe zur Arbeit« jedoch weitgehend selektiv implementiert wurde (Voges u.a. 2000). Die Aktivierungspolitik beinhaltete auch in Deutschland eine Re-Regulierung von Rechten und Pflichten, die jedoch für verschiedene Gruppen der Leistungsbezieher sehr unterschiedlich war.

Re-Regulierung des Rechts auf Dekommodifizierung

Die Entwicklung des Rechtes auf Dekommodifizierung wird im Folgenden anhand der Regulierungen des ALG und der ALH beziehungsweise der Zusammenlegung der ALH mit der Sozialhilfe zum ALG II analysiert. Zudem finden Maßnahmen des Vorruhestandes beziehungsweise der Altersteilzeit wie auch die Reformen des Erziehungs- beziehungsweise Elterngeldes Berücksichtigung.

Das deutsche System zur Sicherung des Arbeitslosigkeitsrisiko war zu Beginn der 1990er Jahre dreistufig organisiert (Knuth 2006). Zunächst wurde *Arbeitslosengeld* (ALG I) als Versicherungsleistung für ein Jahr gewährt. Allein ältere Arbeitslose (über 55 Jahre) hatten seit den 1980er Jahren Anspruch auf bis zu 32 Monate Arbeitslosengeldbezug (für 52-jährige betrug die Leistungsdauer bis zu 26 Monate)[104] (Knuth 2006: 8). Voraussetzung für den Leistungsbezug waren Beitragszahlungen für die Dauer eines Jahres in den vorangegangenen drei Jahren. Die Leistungshöhe war

104 Die Ausdehnung der Leistungsdauer wurde im Zusammenhang mit den Frühverrentungsprogrammen für langjährige Beitragszahler eingeführt (Knuth 2006: 8). Jüngere Arbeitslose konnten die Leistungsdauer durch die Teilnahme an Weiterbildungsmaßnahmen verlängern.

abhängig von dem vorherigen Einkommen sowie dem Familienstand. Eine erste Welle der Kürzungen von Transferleistungen für Arbeitslose fand 1993 statt, also lange vor dem Beginn einer Aktivierungspolitik. Seitdem beträgt das ALG I 60 Prozent des vorherigen Netto-Einkommens bei Singles und 67 Prozent bei Personen mit mindestens einem Kind (Bäcker u.a. 2008).

Bis Ende 2004 wurde nach dem Ausschöpfen des Anspruchs auf ALG zeitlich unbefristet *Arbeitslosenhilfe* gewährt. Diese war bedürftigkeitsgeprüft und steuerfinanziert, gleichwohl aber weiterhin am vorherigen Einkommen und damit am Statuserhalt orientiert (Leistungshöhe beinhaltete 53 Prozent des vorherigen Netto-Einkommens bei Singles und 57 Prozent bei Personen mit mindestens einem Kind). Im Übergang von ALG zur bedürftigkeitsgeprüften ALH verloren insbesondere verheiratete Personen mit erwerbstätigem Partner die Leistungsansprüche. Für (Allein-) Verdiener mit vormals hohen Einkommen blieben die Leistungen jedoch weiterhin vergleichsweise hoch (und nicht erwerbstätige Partner von Arbeitslosenhilfebeziehern unterlagen nicht der Arbeitspflicht).

Sozialhilfe stellte die dritte Stufe sozialer Sicherung dar und wurde allen Personen ohne (ausreichende) das Existenzminimum sichernde Einkommen gewährt[105]. Als steuerfinanzierte, bedürftigkeitsgeprüfte Mindestsicherung war diese in Form eines Festbetrages plus familienbezogener Leistungen und Wohnkosten reguliert (Bäcker u.a. 2008).

Als Element der Dekommodifizierung muss ferner die so genannte 58er Regelung erwähnt werden (seit 1998 nach § 428 SGB III reguliert und Ende 2007 ausgelaufen), die als Vorruhestand ähnliche Regulierung in den 1980er Jahren befristet eingeführt und immer wieder verlängert wurde. Sie beinhaltete »Leistungsbezug unter erleichterten Voraussetzungen«, wodurch Arbeitslose, die älter als 58 Jahre waren, dem Arbeitsmarkt nicht zur Verfügung stehen mussten (und in der Statistik dann auch nicht mehr als Arbeitslose gezählt wurden), sondern verpflichtet wurden, zum frühest möglichen Zeitpunkt eine abschlagsfreie Rente zu beantragen (Brussig/ Knuth 2006). Weitere Möglichkeiten des Transferleistungsbezugs für ältere Arbeitnehmer beziehungsweise Arbeitslose wurden durch die 1996 eingeführte und seitdem mehrfach reformierte *Altersteilzeitregelung* eröffnet[106].

---

105 Sozialhilfe wurde auch gewährt, sofern die Leistungen des ALG oder der ALH (im Haushaltskontext) nicht Subsistenz sichernd waren.

106 Entsprechende Maßnahmen wurden sogar durch die BA gefördert, sofern ein/e Arbeitslose/r als Substitut eingestellt wurde. Spezifische Regelung zum Vorruhestand (zum Bei-

Die *familienpolitischen Regulierungen* und Maßnahmen waren in Deutschland auch 1997 noch weitgehend am Ernährermodell orientiert und unterstützen vor allem durch die mit dem Ehegattensplitting verbundenen, negativen Arbeitsanreize (siehe unten) eher einen Zustand der Prekommodifizierung, also der Nicht-Integration von verheirateten Frauen beziehungsweise Müttern in den Arbeitsmarkt. Beispielhaft ist die vergleichsweise lange Dauer des Elternurlaubs bis zum dritten Lebensjahr des Kindes (in Form eines gesetzlich garantierten Rückkehrrechtes auf den vorherigen Arbeitsplatz). Das Erziehungsgeld wurde für maximal 24 Monate gewährt und als Festbetrag in Höhe von maximal 307 Euro pro Monat ausgezahlt. Der Bezug war an haushaltsbezogene Einkommensgrenzen geknüpft, die nach der Dauer variierten, so dass die Mehrheit der Eltern das Erziehungsgeld (in voller Höhe) für lediglich sechs Monate erhielt (Dingeldey 2006a).

Durch die Zusammenführung von ALH und Sozialhilfe zum ALG II, das als bedürftigkeitsgeprüfte Grundsicherungsleistung seit 2005 im SGB II geregelt ist, entstand in Deutschland ein nunmehr *zweistufiges Sicherungssystem für Arbeitslose.* Das Arbeitslosengeld I, geregelt nach SGB III, wird weiterhin als Versicherungsleistung gewährt. Die Höhe des ALG I wurde gar nicht, Zugang und Dauer wuden nur bedingt verändert. Beispielsweise fand eine Verkürzung der Rahmenfrist statt, so dass die für den Anspruchserwerb notwendigen zwölf Monate versicherungspflichtiger Beschäftigung nicht mehr in drei, sondern in zwei Jahren erfolgen müssen (Drittes Gesetz für moderne Dienstleistungen). Ferner wurde die außerordentliche Leistungsdauer des ALG I für die über 55-jährigen von 32 auf 18 Monate verkürzt und eine Verlängerung der Leistungsdauer durch die Teilnahme an Qualifizierungsmaßnahmen abgeschafft. Die große Koalition nahm die Kürzung der Dauer für ältere Arbeitslose in 2008 erneut zurück, so dass der ALG I-Bezug (sofern festgelegte Vorversicherungszeiten erfüllt wurden) für 50–54-jährige erneut 15 Monate, für 55-jährige 18 Monate und für Arbeitslose ab dem Alter von 58 Jahren 24 Monate andauert (Steffen fortlaufend).

Im internationalen Vergleich blieben die effektiven Leistungen für ALG I-Empfänger (mit vorherigem Einkommen in Höhe des APW) aus-

---

spiel Altersübergangsgeld) wurden darüber hinaus massiv eingesetzt, um insbesondere die Strukturanpassungen des Arbeitsmarktes in Ostdeutschland »sozialverträglich« zu verwirklichen (Trampusch 2002). Diese werden jedoch im Folgenden nicht weiter berücksichtigt.

gesprochen hoch, da in 2005 arbeitslose Singles 60 Prozent und Familien (Alleinverdiener Paare mit zwei Kindern) unter Berücksichtigung weiterer familienbezogener Leistungen 73 Prozent des vorherigen Einkommens erhielten[107]. Das Leistungsniveau blieb auch danach weitgehend konstant, da die entsprechenden, effektiven Lohnersatzraten in 2007 mit 59 Prozent respektive 72 Prozent errechnet wurden (OECD 2009b).

In der neu geschaffenen Grundsicherung für erwerbsfähige Hilfebedürftige respektive dem ALG II, wurden die ALH-Bezieher sowie alle anderen als »erwerbsfähig« eingestuften Personen, die zuvor im Sozialhilfebezug waren, zusammengefasst. Seitdem gelten alle erwerbsfähigen Erwachsenen in einem Haushalt mit SGB II Bezug als arbeitslos, sofern keine Betreuungspflichten oder andere Gründe für die fehlende Verfügbarkeit am Arbeitsmarkt vorliegen.

Im Zuge dieser Redefinition stieg die Zahl der als arbeitslos registrierten Personen an. Zusammen mit der Verschärfung der Zugangsbedingungen zum ALG I führte das dazu, dass nunmehr nur noch eine Minderheit der registrierten Arbeitslosen (17 Prozent) (Bundesagentur für Arbeit 2008) respektive weniger als eine Million in 2008 ALG I erhielt (Tabelle 14). Gleichzeitig ist die Gruppe der Leistungsbezieher nach SGB II mit über fünf Millionen in 2008 deutlich umfassender als die Gruppe der Arbeitslosen. Obgleich die Mehrheit der als arbeitslos registrierten Personen ALG II erhält, stellten diese innerhalb der ALG II-Bezieher 2008 wiederum nur eine Minderheit von 43 Prozent dar. Der Rest der ALG II-Beziehenden sind Personen, die dem Arbeitsmarkt temporär nicht zur Verfügung stehen, also Erziehende mit Kindern unter drei Jahren, Pflegende usw. (36 Prozent), Teilnehmer in arbeitsmarktpolitischen Maßnahmen (10 Prozent) oder aber Erwerbstätige mit Erwerbseinkommen, die in Bezug auf die Bedarfsgemeinschaft unterhalb der Bedürftigkeitsgrenze liegen (aber über der Geringfügigkeitsgrenze von 400 Euro) (11 Prozent)[108] (Bundesagentur für Arbeit 2010a).

Die Höhe der Leistungen der Grundsicherung für Arbeitssuchende beinhaltet seit 2006 einen für Ost- und Westdeutschland einheitlichen Regelbetrag, der in 2011 bei 364 Euro pro Monat lag[109]. Partner erhalten

107 Betrug das vorherige Einkommen lediglich 67 Prozent des APW, lagen die entsprechenden Einkommensersatzraten bei 60 Prozent respektive 78 Prozent (OECD 2009b).

108 Zur Kombination von Erwerbstätigkeit und Transferbezug siehe unten sowie Tabelle 16.

109 Der Betrag wird jährlich in Anlehnung an die Rentenerhöhungen angepasst.

328 Euro (90 Prozent des Regelbetrages). Dies wird ergänzt durch Sozialgeld für nicht Erwerbsfähige. Kinder unter 6 Jahren erhalten in 2011 215 Euro, unter 14-jährige 251 Euro und unter 18-jährige 287 Euro. Ferner werden Kosten für (angemessene) Unterkunft und Heizung entsprechend der regionalen Regelsätze erstattet[110].

Im internationalen Vergleich ergeben sich damit für Langzeitarbeitslose eher niedrige Lohnersatzraten: In 2007 betrugen diese für arbeitslose Singles 34 Prozent und für Familien 64 Prozent des vorherigen Einkommens (Alleinverdiener, zwei Kinder) (OECD 2009b).

Die entsprechende Transformation bedeutete vor allem für viele vormalige ALH-Bezieher eine maßgebliche Einschränkung des Rechts auf Dekommodifizierung. Simulationsstudien zeigen, dass aufgrund der Verschärfung der Bedürftigkeitsprüfungen etwa ein sechstel der vormaligen ALH-Empfänger ihren Leistungsanspruch verloren und 53 Prozent der verbleibenden Leistungsempfänger geringere Leistungen erhielten (Becker/Hauser 2006; Blos/Rudolph 2005). Diese Ergebnisse werden anhand einer SOEP-Studie zur Entwicklung der Einkommenssituation in den Jahren 2004 und 2005 von ALH und Sozialhilfebeziehern respektive ALG II-Beziehern dahingehend konkretisiert, dass für mehr als die Hälfte der Personen, Einkommenseinbußen festgestellt wurden, wobei Single-Haushalte und kinderlose Paare besonders betroffen waren. Etwa ein Drittel der Leistungsbezieher wurde durch die Reform besser gestellt, wobei sich bei Alleinerziehenden »Gewinner« und »Verlierer« die Waage hielten. Bei vormaligen ALH-Beziehern lagen die Verluste bezogen auf das Jahreseinkommen im Durchschnitt bei 2.352 Euro. Entsprechend stieg der Anteil der von der Reform Betroffenen, die nach internationalen Maßstäben als einkommensarm gelten, durch die Reform von gut der Hälfte auf zwei Drittel an (Goebel 2007). Ein Vergleich der Leistungsbezieher nach Geschlecht zeigte, dass in Relation zur Betroffenheit von (Langzeit-) Arbeitslosigkeit 2006 deutlich weniger Frauen als Männer Leistungen des ALG II bezogen, da etwa 1/5 der arbeitslosen Frauen keinerlei Leistungen erhielt (Betzelt 2007a).

Mittlerweile hat sich auch das Bundesverfassungsgericht mit der Höhe der Leistungen befasst. Dabei wurde insbesondere die Berechnungsart der Regelsätze für Kinder aber auch für Erwachsene als nicht verfassungskonform beurteilt. Im Anschluss an das Urteil vom Januar 2010 wurden die

110 Für eine Übergangsfrist wurden Zuschläge zu diesen Regelsätzen für vormalige ALH Empfänger gezahlt.

Regelsätze für Erwachsene jedoch nur marginal erhöht. Allein für Kinder wurde ein viel diskutiertes Bildungspaket verabschiedet, das Sonderleistungen für Nachhilfe, Musikstunden oder Mitgliedschaft in Sportvereinbarungen beinhaltet, die jedoch insgesamt ebenfalls sehr bescheiden sind. Es bleibt damit festzuhalten, dass in Deutschland ein einheitliches System der bedürftigkeitsgeprüften Mindestsicherung das dominante Leistungssystem für erwerbsfähige Personen darstellt, die keinen Zugang zu dem – im Vergleich dazu privilegierten – Versicherungssystem haben.

Die soweit aufgezeigten Veränderungen der Zugangsberechtigungen und Leistungskürzungen bei den Transfers für Arbeitslose gingen in Deutschland – anders als in Dänemark oder Großbritannien – im beobachteten Zeitraum nicht mit einer bedeutenden Ausweitung alternativer Dekommodifizierungsoptionen einher. Vielmehr zeigte die Beschneidung der außerordentlichen Bezugsdauer des ALG I für ältere Arbeitnehmer (58er-Regelung) unmittelbar Wirkung, so dass in 2008 die Zahl der geförderten auf 129 Tausend sank[111] (Bundesagentur für Arbeit 2007b). Allein in der Altersteilzeit stieg seit 2006 durch die Verlängerung der Förderungshöchstdauer von fünf auf sechs Jahre die Zahl der Transferempfänger auf über 100 Tausend jährlich[112] (Tabelle 14). Um eine weitere Expansion zu verhindern wurde das Instrument für Neuzugänge ab 2010 geschlossen (Brussig/Knuth 2006:311; Büttner u.a. 2005–03). Ferner nahm auch die Zahl der Bezieher von Erwerbsunfähigkeitsrenten aufgrund zunehmend restriktiver Regelungen seit 1990 beständig ab.

Insgesamt erfolgte damit in Deutschland – anders als in Großbritannien und Dänemark – keine »Verschiebung« der Empfänger von Arbeitslosentransfers hin zu Transfers für »Erwerbsunfähigkeit oder Vorruhestand«. Obgleich ältere Arbeitslose nur bedingt als arbeitslos registriert wurden, erhielten (Abbildung 9) sie primär Transfers für Arbeitslose. Durch die Einführung des ALG II in 2005 wird nunmehr auch mit ande-

---

111 Für 2003 wird angegeben, dass 70 Prozent aller ALG- und ALH-Bezieher, älter als 58 Jahre, Transferleistungen unter »erleichterten Voraussetzungen« erhielten und entsprechend nicht als arbeitslos gezählt wurden (Büttner u.a. 2005–03). Die Zahlen ab 2005 beziehen sich nunmehr allein auf ALG I-Bezieher, da für ALG II-Bezieher die entsprechende Regelung deutlich weniger attraktiv ist und keine Daten über die Inanspruchnahme zur Verfügung stehen (Brussig/Knuth 2006: 311).

112 Die eingeführten Tarifvorbehalte nahmen dabei die Tarifpartner in die Pflicht, den Abschlag beim vorzeitigen Rentenzugang durch Tarifverträge über Altersteilzeit und Altersvorsorge auszugleichen (Trampusch 2002). Dadurch hat sich eine tarifliche Vielfalt der Bedingungen für Altersteilzeit entwickelt (Wagner 2009).

ren Personengruppen, die dem Arbeitsmarkt temporär nicht zur Verfügung stehen, ähnlich verfahren.

Tabelle 14: Transferleistungsempfänger im erwerbsfähigen Alter in Deutschland seit 1994 (in Tausend)

	1994	1996	1998	2000	2001	2002	2003	2004	2005	2006	2007	2008
insgesamt	2.997	3.217	3.491	3.151	3.202	3.591	3.930	4.051	6.563	6.701	6.247	5.822
- ALG I	1.913	1.989	1.987	1.695	1.725	1.899	1.919	1.845	1.728	1.445	1.080	917
- ALH/ALG II ab 2005[1]	950	1.104	1.504	1.457	1.477	1.692	1.994	2.194	4.982	5.392	5.277	5.008
Vorruhestands ähnliche Regulierung insg.				226	275	353	440	475	325	358	327	230
58 Regelung (§ 428 SGB III)				192	225	292	371	395	233	256	223	129
Altersteilzeit				33	50	61	70	80	92	102	104	101

[1] Die Zahl der Leistungsempfänger von ALG II schließt auch nicht arbeitslose Personen ein, welche den Transfer aufgrund zu niedriger Einkommen erhalten.
Quelle: Bundesagentur für Arbeit (2007d); ab 2006: Bundesagentur für Arbeit (2009c).

Das verfolgte Modell geschlechtsspezifischer Arbeitsteilung, das den aufgezeigten Re-Regulierungen zu Grunde liegt, erscheint dabei in hohem Maße inkonsistent: Sofern keine Bedürftigkeit der Haushaltsgemeinschaft vorliegt, werden individuelle Ansprüche auf sozialstaatliche Leistungen nach Ende des ALG I-Bezugs verneint und auf den Versorgungsanspruch in der Ehe beziehungsweise Partnerschaft entlang des Ernährermodells durch das Einkommen des erwerbstätigen Partners verwiesen. Tritt jedoch Bedürftigkeit der Hausgemeinschaft ein, zum Beispiel weil der vormalige (Allein-) Ernährer dauerhaft arbeitslos ist, gelten beide Partner als arbeitslos und müssen sich aktiv um Arbeit bemühen, sofern sie die vollen Ansprüche der Leistungen im Rahmen des ALG II geltend machen wollen (siehe unten). Letzteres wird kommentiert als »an ›emancipation‹ of women forced upon them through the benefit system, while the former breadwinner status of the man has been abrogated« (Knuth 2006: 14).

Abbildung 9: Transferleistungsempfänger im erwerbsfähigen Alter in Deutschland, 1990–2004

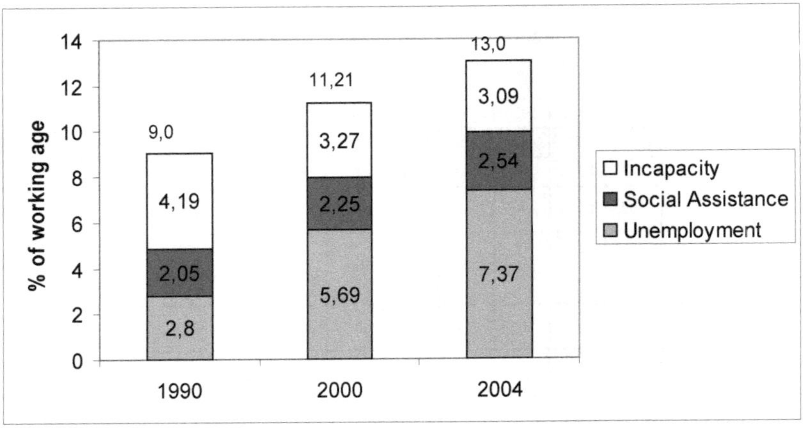

Quelle: Carcillo/Grubb (2006).

Die mit der Unterstützung unterschiedlicher Geschlechtermodelle einhergehenden Inkonsistenzen prägen auch die *Regulierungen in der Familienpolitik*. Hier wurde mit den Reformen von Erziehungsurlaub und Erziehungsgeld ab 2001 auf eine zunehmende Kontinuität der Erwerbstätigkeit von Müttern im Rahmen eines Doppelversorgermodells beziehungsweise partnerschaftlichen Familienmodells abgezielt. Beleg dafür ist, dass Teilzeitbeschäftigungen von bis zu 30 Stunden für beide Partner während der Elternzeit ermöglicht wurden beziehungsweise die nunmehr wieder abgeschaffte Budget-Option im Rahmen der Neugestaltung des Erziehungsgeldes (monatlich bis zu 460 Euro für nur ein Jahr anstatt max. 307 Euro für zwei Jahre) einen Anreiz zur Verkürzung des Elternurlaubs bot (Koch 2001). Die Neuregelung des Elterngeldes 2007 führte schließlich erstmals eine auf das vorherigen Einkommen bezogene Transferleistung ein, die bei einer aufgrund der Geburt eines Kindes bedingten Erwerbspause beziehungsweise einer Reduzierung der Erwerbstätigkeit (Teilzeitoption) gezahlt wurde. Die Höhe betrug zunächst 67 Prozent und seit 2011 65 Prozent des vorherigen Netto-Einkommens. Der Höchstbetrag liegt bei 1800 Euro pro Monat für maximal zwölf Monate plus zwei Monate für den anderen Elternteil. Vorher nicht erwerbstätige Mütter erhalten dagegen lediglich 300 Euro pro Monat (Bundesministerium für Familie 2007).

Die Reform des Elterngeldes kann damit als Stärkung der Verbindung von Kommodifizierung (Arbeitsmarktintegration) und Dekommodifizierung (Erhöhung der Transferleistung) interpretiert werden, die jedoch letztlich dem Leitbild einer permanenten Erwerbsintegration beider Eltern folgt. Für gering verdienende oder nicht-erwerbstätige Frauen stellt die Neuregelung faktisch eine Kürzung des Transfers dar (Henninger u.a. 2008). ALG II-Empfänger profitieren davon quasi nicht, da das Elterngeld nunmehr auf die bedürftigkeitsgeprüfte Leistung angerechnet wird (Dingeldey 2010). Positiv ist dabei allerdings zu verbuchen, dass die Inanspruchnahme durch Väter deutlich gestiegen ist, nämlich auf 14,3 Prozent Anfang 2008 (OECD 2009e).

Das am Individual Adult Model orientierte Elterngeld steht jedoch in deutlichem Kontrast zu den anderen, weiterhin in Anlehnung an das männliche Ernährermodell regulierten Leistungen der Familienpolitik. Zu nennen sind hier die weiterhin bis zu drei Jahren auszudehnende Elternurlaubsregelung, welche eine extrem lange Erwerbspause induziert oder das Ehegattensplitting (siehe unten). Erste Evaluationen zeigen, dass in 2009 ein Jahr nach der Geburt faßt jede dritte Mutter wieder erwerbstätig war. Wurde das Kind zwei Jahre alt, waren es 42 Prozent. Mehr als die Hälfte dieser Gruppe arbeitete jedoch weniger als 22 Stunden pro Woche (Bundesministerium für Familien 2009).

Insgesamt sind damit in Deutschland ambivalente Entwicklung in Bezug auf das Recht auf Dekommodifizierung zu konstatieren: Kürzungen bei der Leistungshöhe wurden vor allem zu Lasten der vormaligen ALH-Bezieher wie auch einigen anderen eher arbeitsmarktfernen Gruppen realisiert. Die verschärfte Bedürftigkeitsprüfung schließt vor allem Frauen überproportional häufig vom weiteren Leistungsbezug aus. Darüber hinaus sind vor allem für Ältere Einschränkungen bezüglich der verschiedenen Optionen des Vorruhestandes beziehungsweise Frühverrentung verwirklicht worden. Gleichzeitig wurden dekommodifizierende Leistungen im Rahmen der Familienpolitik in Form des einkommensbezogenen Elterngeldes für vormals Erwerbstätige und gut Verdienende deutlich ausgeweitet.

Re-Regulierung der Arbeitspflicht

Im Zuge aktivierender Politik wurden schrittweise die Regelungen der Zumutbarkeit und der Arbeitsmarktverfügbarkeit deutlich restriktiver gefasst und die Arbeitspflicht erhöht. Dabei bestehen jedoch starke Unterschiede entlang der verschiedenen Rechtskreise des SGB III und des SGB II:

Bereits 1998 wurde der Berufsschutz im SGB III aufgehoben. Arbeitslose müssen seitdem unmittelbar Beschäftigungen annehmen, auch wenn die Bezahlung bis zu 20 Prozent unter dem vorherigen Lohn liegt. Dauert die Arbeitslosigkeit sechs Monate an, definiert die Höhe der Transferleistung die Zumutbarkeit der Lohneinbußen (Knuth 2006: 15). Pendelzeiten von bis zu 2,5 Stunden/Tag (für Ledige) gelten als zumutbar. Die Einführung einer Eingliederungsvereinbarung (EinV) zielte unter anderem darauf ab, die Eigenbemühungen der Arbeitslosen zu erhöhen beziehungsweise deren Ausbleiben sanktionsfähig zu machen[113]. Darüber hinaus wurden auch die Kriterien für Eigenbemühungen, zum Beispiel im Rahmen der Umsetzung der EinV, schärfer gefasst, so dass Arbeitslose ihre Anstrengungen bei der Arbeitssuche etwa alle zwei bis drei Monate beim Vermittler darlegen müssen (OECD 2006c: 17; 2007a: 16).

Ob die verschärften Regulierungen tatsächlich zu einer Erhöhung von Sanktionen geführt haben, ist im deutschen Fall nur bedingt nachzuvollziehen, da die statistische Erhebung der Sperrzeitenregelung ab 2004 verändert wurde (bis dahin einschließlich Sperrzeiten für Arbeitslosenhilfebezieher). Wirkungsanalysen zur Sperrzeitenpraxis bis 2004 zeigen jedoch, dass die Sanktionspolitik in der Folgezeit des ersten Hartz-Gesetzes rigider wurde, was sich unter anderem in einem deutlichen Niveauanstieg der Sperrzeitenquoten wegen Ablehnung eines Jobangebots ausdrückte. Gleichwohl wird dabei auf starke regionale Differenzen bei der Implementation verwiesen (Müller/Oschmiansky 2006: 31). In den amtlichen Nachrichten der Bundesagentur für Arbeit wird dagegen hervorgehoben, dass – auf der Basis der neu erhobenen Daten – 2004 und 2005 die Zahl der Sperrzeitenfälle gesunken sei. Entsprechend wird von einer lediglich noch zehn prozentigen Sperrzeitquote (in Bezug zu allen Fällen nach SGB III) im Jahr 2005 ausgegangen. Der Großteil der Sperrzeiten (76 Prozent 2005) wird – wie vorher auch – aufgrund der Kündigung des Arbeitsverhältnisses durch den Arbeitnehmer verhängt. Die Ablehnung von zu-

113 Seit 2003 besteht eine frühzeitige Meldepflicht für Arbeitslosigkeit beim Arbeitsamt (drei Monate vor Eintreten der Arbeitslosigkeit beziehungsweise innerhalb von drei Tagen nach Kenntnisnahme der Beendigung eines Arbeitsverhältnisses). Als Sanktion wird seit 2006 eine Sperrzeit von einer Woche verhängt (vorher Kürzung der Höhe der Arbeitslosengeldleistungen).

mutbarer Arbeit begründet zwanzig Prozent der Sperrzeitverhängungen, was jedoch eine relative Steigerung seit Mitte der 1990er Jahre darstellt (Bundesagentur für Arbeit 2006: 102).

2007 betrug die Sperrzeitenquote insgesamt 25 Prozent. Die Mehrzahl wurde weiterhin über verspätete Arbeitssuchmeldungen bedingt. Sperrzeiten wegen Arbeitsaufgabe hatten sich verringert und die Ablehnung einer zumutbaren Arbeit betraf nur noch vier Prozent aller Fälle (Bundesagentur für Arbeit 2007c: 57, 58). Insgesamt wird damit auch die »Arbeitsbereitschaft« von ALG I-Empfängern mit Hilfe der Steigerung von Sanktionen forciert eingefordert.

Für ALG II-Empfänger gelten – wie zuvor bei Sozialhilfeempfängern – generell alle Arbeiten als zumutbar, selbst wenn der Lohn unter dem ortsüblichen Tariflohn liegt. Bei Verstößen sowohl in Bezug auf die Meldung von Arbeitslosigkeit wie auch im Hinblick auf die Akzeptanz von Arbeitsangeboten werden jedoch keine Sperrzeiten verhängt, sondern die Regelleistungen (in unterschiedlicher Höhe) gekürzt. Eine regulative Ausweitung der Arbeitspflicht besteht darin, dass alle erwerbsfähigen Mitglieder von Bedarfsgemeinschaften zugewiesene Arbeit annehmen müssen, so dass auch Menschen, die zum Beispiel aufgrund der Praxis des männlichen Ernährermodells gegebenenfalls noch nie oder seit vielen Jahre nicht mehr am Arbeitsmarkt teilnahmen, (zwangs-) aktiviert werden könnten (siehe oben). Von der allgemeinen Arbeitspflicht ausgenommen, sind nur einige dezidiert bezeichnete Personengruppen: Mütter mit Kindern unter drei Jahren beziehungsweise mit Kindern unter zwölf Jahren, sofern keine ausreichende Betreuung zur Verfügung steht, und Personen, welche ältere Angehörige pflegen. Des Weiteren ist hier die oben bereits skizzierte 58er Regelung zu nennen, womit ältere Arbeitslose von der Arbeitspflicht freigestellt werden können.

Zudem wurde in Deutschland – anders als in Dänemark und Großbritannien – kein konkreter Zeitpunkt für eine obligatorische Aktivierung definiert, noch wurden Aktivierungsoptionen konkretisiert. Gleichwohl können ALG II-Empfänger – nach Ermessen des Sachbearbeiters – zur Arbeitsmaßnahme im gemeinwohlorientierten Sektor verpflichtet werden. Dazu wurden im Rahmen der Hartz-Reformen unter anderem die zuvor für Sozialhilfeempfänger entwickelten Maßnahmen der »Hilfe zur Arbeit« durch die »Arbeitsgelegenheiten« oder »Ein-Euro-Jobs« (§16 SGB II) ersetzt (siehe unten). 2005 wurden 6,7 Prozent aller Langzeitarbeitslosen über Arbeitsgelegenheit in Form eines so genannten Ein-Euro-Jobs aktiviert (Bundesagentur für Arbeit 2006). Dabei kann jedoch nicht davon ausgegangen werden, dass alle Arbeitsgelegenheiten als Test der Arbeitsbereitschaft eingesetzt werden, da viele Langzeitarbeitslose eine entsprechende Förderung nachfragen, die jedoch nicht allen »gewährt« wird (Schröder 2009). Für ALG II-Empfänger kann damit eine Aktivierung über Sanktionen »erzwungen« werden, was in der Praxis jedoch weitgehend selektiv implementiert wird. Insgesamt bleibt festzuhalten, dass in Deutschland auch der Arbeitszwangs entlang der verschiedenen Rechtskreise des SGB III und des SGB II zweistufig reguliert ist.

Abbau beziehungsweise mäßiger Ausbau sozialer Befähigung und Flexibilisierung der Erwerbsformen

Ausgehend von der Ausweitung der Arbeitsförderung im Zuge der deutschen Wiedervereinigung erfolgte mit der Aktivierungspolitik ein erneuter massiver Abbau der Maßnahmen zur Förderung der Beschäftigungsfähigkeit. Dem stand ein zwar bedeutender, aber keinesfalls umfassender Ausbau der Kinderbetreuung gegenüber. Als zentrale Strategie zur Förderung von Beschäftigungsfähigkeit ist daher die Ausweitung flexibler Beschäftigungsformen zu sehen, die als »Brücke« in reguläre Beschäftigung dienen sollten.

Mit dem Umbau der lokalen Arbeitsämter zu Kundenzentren war in Deutschland die Intention einer Verbesserung der *(Vermittlungs-) Dienstleitungen für Arbeitslose* verbunden. Implementationsstudien zeigen jedoch eine nur geringe Verbesserung der im internationalen Vergleich noch immer immens hohen Fallzahl pro Fallmanager. Die entsprechenden Fallzahlen pro Fallmanager im Bereich SGB III werden in einigen Studien mit 575 in 2002 beziehungsweise 546 in 2005 angegeben (Bundesregierung 2006: 54, 124f.). Andere nennen deutlich niedrigere, aber gleichwohl ebenfalls hohe Zahlen: 409 bis 256 Klienten pro Fallmanager in 2005 (WZB/Infas 2006).

Neu eingeführte Verfahren im Beratungs- und Vermittlungsprozess wie die auf dem Profiling aufbauende Kundendifferenzierung entlang der Kategorien »Marktkunden«, »Beratungskunden aktivieren«, »Beratungskunden fördern« und »Betreuungskunden« (potentielle Langzeitarbeitslose) werden dahingehend kritisiert, dass »schlechte Risiken« aussortiert und insbesondere Betreuungskunden nicht gefördert, sondern in die Langzeitarbeitslosigkeit beziehungsweise den ALG II-Bezug »verschoben« werden (Eichhorst u.a. 2006: 385; Oschmiansky u.a. 2007: 294; wie auch Abschnitt 11.2).

Die 2002 eingeführten Gutscheine für die Inanspruchnahme einer privaten Arbeitsvermittlung, die nunmehr nach nur sechs Wochen Arbeitslosigkeit in Anspruch genommen werden können, sollten die Eigenverantwortung der Klienten und den Wettbewerb bei den Vermittlungen steigern. Bislang bescheinigt die Evaluation den privaten Vermittlern jedoch keine höhere Qualität als den öffentlichen (Bundesregierung 2006: 54, 124f.). Die entsprechende Regelung wurde schließlich 2009 aufgehoben (Bundesagentur für Arbeit 2009a) und gleichzeitig ein individuelles Vermittlungsbudget für alle Arbeitslosen eingeführt. Damit wurde ein weiterer Schritt in Richtung Individualisierung der Leistungen gegangen, um individuelle Vermittlungshemmnisse besser beseitigen zu können. Es wird jedoch befürchtet, dass mit der Bindung an Erfolgsaussichten, arbeitsmarktferne Personen eher benachteiligt werden (Oschmiansky 2010: 18).

Die Palette der weiteren Instrumente zur Förderung von Beschäftigungsfähigkeit ist in Deutschland relativ breit. Äquivalent zum Rechtsanspruch in Bezug auf den Vermittlungsgutschein wurde 2003 auch ein Rechtsanspruch für einen Bildungsgutschein eingeführt, der die Teilnahme an *Weiterbildungsmaßnahmen* ermöglichen soll. Die Gewährung einer damit beantragten Maßnahme hängt jedoch von der lokalen Arbeitsmarktsituation und den individuellen Bedingungen des Arbeitslosen ab. Anbieter von Weiterbildung werden gemäß der Re-Regulierung in Hartz I und II nur noch dann gefördert, wenn eine 70-prozentige Wiedereingliederungsquote der Arbeitslosen innerhalb von sechs Monaten nach der Maßnahme zu erwarten ist. Auch Dauer und Höhe der Transferleistungen während und nach den Programmen wurden deutlich restriktiver gestaltet (Kühnlein/Klein 2003). Die Anwendung der neuen Steuerungsprinzipien innerhalb der BA wurde im Hinblick auf die damit induzierten Qualitätseffekt der Maßnahmen auf der Basis der Evaluationsstudien als durchaus ambivalent angesehen (Baethge-Kinsky 2007).

Im Zusammenhang damit steht ein massiver Rückgang der Zahl der Teilnehmer in der Weiterbildung auf 114 Tausend im Jahr 2005, der auch durch den leichten Anstieg in den Folgejahren nicht substantiell korrigiert wurde. Seit 2009 werden die entsprechenden Maßnahmen erneut zurückgefahren, so dass im Mai 2011 mit 171 Tausend Personen in der Weiterbildung zwölf Prozent weniger gefördert wurden als im vorangegangenen

Jahr (Bundesagentur für Arbeit 2011: 32). Dagegen war bei der Teilnehmerzahl in Kurzzeitmaßnahmen, wie Bewerbungstraining und Programmen, welche primär auf die jungen Arbeitslosen abzielen, ein starker Anstieg zu verzeichnen (Abbildung 10, Tabelle 15). Seit 2009 ist jedoch selbst hier ein erneuter Abbau zu konstatieren (Bundesagentur für Arbeit 2011:31)

Der soweit aufgezeigte Rückbau wird primär auf Mittelkürzungen zurückgeführt und bereits vor 2005 als »irrationaler Absturz des Niveaus der Weiterbildungsförderung« qualifiziert (Schmid 2004: 497). Die aufgezeigte Entwicklung hat sich in Folge des »Gesetzes zur Neuausrichtung der arbeitsmarktpolitischen Instrumente« weiter fortgesetzt, so dass im November 2009 insgesamt drei Prozent weniger Arbeitnehmer in einer vom Bund geförderten Maßnahme waren als im Vorjahr (Bundesagentur für Arbeit 2009a).

Eine starke Reduktion der Teilnehmerzahlen haben ferner die Maßnahmen zur Erhöhung der Arbeitskräftenachfrage erfahren, also die *Arbeitsbeschaffungsmaßnahmen* (ABM) beziehungsweise die Strukturanpassungsmaßnahmen (SAM). Im Jahr 2005 wurden nur noch 48 Tausend Teilnehmer in ABMs und 13 Tausend Teilnehmer in SAM gezählt (seit 2004 laufen SAMs bereits aus). Zusammen mit der massiven Reduzierung der Beschäftigtenzahl im öffentlichen Sektor um mehr als eine Million zwischen 1995 und 2003 beinhaltet die Einschränkung der Arbeitskräftenachfrage im Rahmen des Instrumentariums aktiver Arbeitsmarktpolitik damit eine einschneidende Reduzierung der durch den Staat direkt angebotenen und finanzierten Beschäftigungsmöglichkeiten (Abbildung 10, Tabelle 15), die weder in Dänemark noch in Großbritannien vollzogen wurde. Die Neuordnung arbeitsmarktpolitischer Instrumente seit 2009 verschärfte diese Tendenz, unter anderem da zunächst nur noch Arbeitslose aus dem Rechtskreis SGB III Zugang zu ABMs hatten (Bundesagentur für Arbeit 2009a) und diese nun ganz abgeschafft wurden.

Jenseits des abnehmenden Volumens der Arbeitförderung insgesamt wird auch die ursprüngliche Intention eines verbesserten Maßnahmenzugangs für ALG II-Empfänger faktisch äußerst mangelhaft umgesetzt: Trotz der deutlich höheren Zahl von Langzeitarbeitslosen – für die mit der Neuregelung des SGB II der Zugang zu den entsprechenden Maßnahmen erstmalig geöffnet wurde – lag ihr Anteil bei den Maßnahmen der beruflichen Weiterbildung oder SAM 2005 unter 20 Prozent[114](Bundesagentur für Arbeit 2006: 191). Dieser Trend setzt sich insbesondere nach den jüngsten Kürzungen fort: 2011 betrug der Anteil von Weiterbildungs und Qualifizierungsmaßnahmen an der Arbeitsförderung im Rahmen des SGB III insgesamt knapp über 60 Prozent, während der im Rahmen des SGB II lediglich circa 21 Prozent ausmachte (Bundesagentur für Arbeit 2011: 32).

Allein bei Arbeitsbeschaffungsmaßnahmen lag der Anteil der ALG II Empfänger bei circa 40 Prozent in 2005 (Bundesagentur für Arbeit 2006:191). Ab 2009 wurden ALG II-Empfänger dann allerdings nicht mehr mit dieser Maßnahme gefördert. Ein gewisser »Ersatz« besteht in der kurzfristigen Ausweitung der Förderung im Rahmen der Arbeitsgelegenheiten in der Entgeltvariante (Bundesagentur für Arbeit 2009a) oder durch die zwischen 2008 und 2010 geförderte KommunalKombi (Oschmiansky 2010: 20). Im Mai 2011 befanden sich 197 Tausend Personen in einer Arbeitsgelegenheit, davon jedoch nur zehn Prozent in einer Entgeltvariante (Bundesagentur für Arbeit 2011: 35).

Die primäre Form des »Förderns« von ALG II-Empfängern bestand und besteht damit in der Aktivierung durch Arbeitsgelegenheiten, den so genannten Ein-Euro-Jobs[115], deren Vergabe exponentiell anstieg (siehe Tabelle 15, Abbildung 10). Evaluationsstudien haben gezeigt, dass diese Maßnahmen partiell als Test der Arbeitsbereitschaft eingesetzt (siehe oben), überwiegend jedoch auf freiwilliger Basis wahrgenommen werden. Im Vordergrund steht dabei eher die soziale Integration, denn die unmittelbare Reintegration in den ersten Arbeitsmarkt (Wolff/Hohmeyer 2006). Als Kritik wird formuliert, dass die Maßnahmen wenig zielgruppenorientiert sind, bei der Hälfte aller Jobs die Einrichtungen die gesetzlichen Voraussetzungen nicht erfüllen, reguläre Arbeit substituiert wird und für die Geförderten letztlich keine »Brücke« in den regulären Arbeitsmarkt entsteht (Wagner 2007a).

114 Entgegen der Erwartungen, die mit den spezifischen Regulierung von Hartz IV verbunden waren, gilt dabei auch die Gruppe der Alleinerziehenden weiterhin als benachteiligt (Betzelt 2007a).

115 Ein-Euro-Jobs sind Arbeitsgelegenheiten nach § 16 SGB. Die entsprechend geförderten Arbeiten müssen im öffentlichen Interesse liegen, für die Dauer von 6–9 Monaten und für mindestens 30 Stunden/Woche vergeben werden. Mit der Förderung wird jedoch kein versicherungspflichtiges Arbeitsverhältnis begründet, sondern die Transferleistungen lediglich um eine Art Aufwandsentschädigung von 1–2 Euro pro Arbeitsstunde erhöht (Bundesagentur für Arbeit 2007a; Koch/Walwei 2005). Alternativ ist auch eine so genannte Entgeltvariante (Förderung sozialversicherungspflichtiger Beschäftigung) förderungsfähig.

Abbildung 10: Entwicklung arbeitsmarktpolitischer Instrumente in Deutschland seit 2000

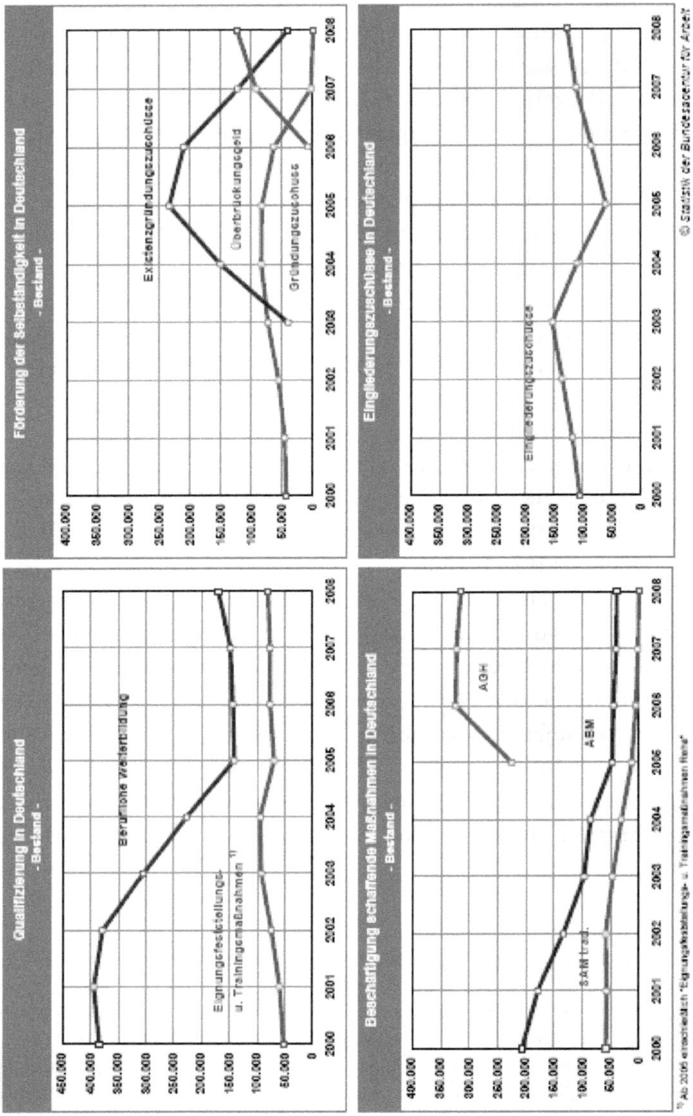

Quelle:Bundesagentur für Arbeit (2009c).

Die Einführung der jüngsten arbeitsmarktpolitischen Regulierungen wie auch insbesondere die differenzierte Förderung der Arbeitslosen insgesamt stelle damit – so (Oschmiansky u.a. 2007: 294) – letztlich einen Bruch einerseits mit der bereits jahrelang in der deutschen Arbeitsmarktpolitik praktizierten Stärkung der Chancengleichheit ausgegrenzter Gruppen und andererseits mit dem Konzept aktivierender Arbeitsmarktpolitik selbst dar. Mit dem Sparpaket 2010 (Bundesregierung 2010) wie auch den nachfolgenden Reformen wird sowohl die Dualisierung der Arbeitsförderung als auch der Abbau der Maßnahmen zur Arbeitsförderung insgesamt fortgesetzt (Bundesagentur für Arbeit 2011: 31).

Tabelle 15: Arbeitsmarktpolitische Maßnahmen sowie öffentliche Beschäftigung in Deutschland seit 1995 (Bestand in Tausend)

	1995	1998	2000	2001	2002	2004	2005	2006	2007	2008
Qualifizierung										
Weiterbildung[1]	553	345	343	352	340	184	114	144	149	171
Trainingsmaßnahmen		34	52	60	74	95	69	76	77	79
Förderung von Selbständigkeit										
Überbrückungsgeld			43	46	58	84	83	63	3	-
Existenzgründungszuschuss						151	234	210	122	41
Gründungszuschuss								8	92	123
Beschäftigung schaffende Maßnahmen										
ABM	276	210	207	179	134	86	48	45	41	40
SAM trad	108	57	59	57	59	32	13	6	2	0,7
Arbeitsgelegenheiten §16-SGB II						16	225	324	323	315
Eingliederungszuschüsse			105	118	136	110	60	85	112	128
Öffentlicher Sektor										
Beschäftigung öff. Sektor[2]	7.116	6.726	6.534	6.185	6.107	5.920	5.624	5.721	5.699	
Anteil an Beschäftigung insg. in Prozent	19,0	17,9	16,9	16,0	16,0					

[1] Bestand ab 2005 einschl. berufliche Weiterbildung für behinderte Menschen; [2] Alle Beschäftigten in Verwaltung und öffentlichen Unternehmen; Beschäftigung im öffentlichen Sektor. Quelle: bis 2005: Bundesagentur für Arbeit (2005); ab 2006: Bundesagentur für Arbeit (2009c); öff.Sektor: ILO (2009).

Bei der Gestaltung *finanzieller Anreize* kann gleichfalls auf eine Dualisierung des Leistungssystems im Hinblick auf die Kombination von Erwerbs- und Transfereinkommen verwiesen werden:

- In Deutschland ist seit langem das saisonale Kurzarbeitergeld etabliert, das dazu dient vor allem witterungsbedingte Arbeitsausfälle finanziell zu kompensieren und die entsprechenden Beschäftigungsverhältnisse aufrecht zu erhalten. Im Zuge der Wirtschaftskrise wurde dieses Instrument massiv ausgeweitet und die Bezugsdauer auf 24 Monate seit Dezember 2009 respektive 18 Monate bis Dezember 2010 verlängert. Entsprechend erhielten im Juni 2008 1,4 Tausend Arbeitnehmer diese Leistung, wobei der durchschnittliche Arbeitsausfall bei circa 31 Prozent der Arbeitszeit lag (Bundesagentur für Arbeit 2009b). Faktisch bedeutet dies ein hohes Engagement der BA beziehungsweise des Bundes, um sowohl Status- als auch Einkommensschutz für Beschäftigte mit Versicherungsansprüchen zu gewährleisten und bestätigt die privilegierte Förderung der Arbeitsmarktinsider.
- Mit dem 2005 eingeführten Kinderzuschlag[116] in Höhe von maximal 140 Euro pro Kind/Monat wurde mit Blick auf Geringverdiener und Alleinerziehende das Ziel verfolgt, das Abrutschen in den ALG II-Bezug (sowie die damit einhergehenden Bedürftigkeitsprüfungen) allein aufgrund des Bedarfs von Kindern zu vermeiden. Der Kinderzuschlag ergänzt das im Hinblick auf Erwerbsanreize weitgehend neutrale Kindergeld[117] um eine Art einkommensbezogene, degressive Komponente, um das Erwerbseinkommen von Familien mit Kindern nicht unter die Bedürftigkeitsgrenze absinken zu lassen. Insgesamt erscheint der Kinderzuschlag jedoch zu gering, um das anvisierte Ziel zu erreichen. 2006 wurde der Zuschlag lediglich für 124 Tausend Kinder in 49 Tausend Haushalten, und in 2007 sogar nur noch für 100 Tausend Kinder in 36 Tausend Haushalten gewährt (Prognos AG 2008: 10).
- Für ALG I-Bezieher wurde 2004 die Nebeneinkommensregelung verschärft, indem der relative Freibetrag von bis zu 20 Prozent des Arbeitslosengeldes gestrichen und ein absoluter Freibetrag von monatlich 165 Euro eingeführt wurde. Diese ist gleichwohl höher als für ALG II-Empfänger.

---

116 Dieser kann bei den Familienkassen der Arbeitsagenturen von Eltern beantragt werden, die zwar über ausreichend Einkommen verfügen, um ihren eigenen Lebensunterhalt damit zu decken, aber nicht denjenigen ihrer unter 25 Jahre alten, unverheirateten Kinder. Er wird maximal für drei Jahre gewährt. Bei steigendem Einkommen wird dieser Kinderzuschlag mit einer 70 Prozent-Quote zurückgenommen.

117 Kindergeld beträgt seit 2010 184 Euro pro Monat für das erste und zweite Kind. Alternativ werden für »Besserverdienende« jährliche kinderbezogene Steuerfreibeträge von maximal 7.008 Euro pro Kind im Jahr gewährt.

- Für ALG II-Bezieher wurden die Regeln zur Bemessung des zu berücksichtigenden Einkommens sowie die Freibetragsregelungen[118] mit dem Ziel einer Erhöhung der Erwerbsanreize umgestaltet. Vor diesem Hintergrund stieg die Zahl der erwerbstätigen Hilfeempfänger im ALG II Bezug zwischen 2005 und 2007 um 15 Prozent auf 1093 Tausend Personen (Wagner 2007b: 11). In 2006 wurde bei knapp 20 Prozent der Bezieher von ALG II das Einkommen aufgrund von Erwerbsarbeit lediglich »aufgestockt«. Etwa neun Prozent aller Aufstocker verbanden den Bezug von ALG II mit einer geringfügigen Beschäftigung. Von den circa 500.000 sozialversicherungspflichtig beschäftigten Aufstockern gingen über 70 Prozent einer Vollzeittätigkeit nach – offenbar jedoch ohne ein für sie und ihre Angehörigen Existenz sicherndes Einkommen zu erzielen (siehe Tabelle 16).
- Das Einstiegsgeld (ESG) wurde als Eingliederungsleistung nach § 16 SGB II eingeführt. Demnach kann bei der Aufnahme einer sozialversicherungspflichtigen oder selbständigen Erwerbstätigkeit ein zeitlich befristeter Zuschuss zum ALG II in Höhe von maximal 50 Prozent der Regelleistung (plus weitere 10 Prozent für jedes weitere Mitglied der Bedarfsgemeinschaft) bezahlt werden[119] .
- Das Zusammenwirken fallender Markteinkommen und die Erweiterung der anrechnungsfreien Einkommen beim ALG II – wie auch indirekt die Einführung des Einstiegsgeldes und des Kinderzuschlags – bewirkten, dass in Deutschland die Kombination von Transferleistungsbezug (insbesondere ALG II, aber auch Kinderzuschlag) und (geringfügiger) Beschäftigung zunimmt – und damit eine Art implizites Kombilohnmodell an Bedeutung gewinnt (Bundesagentur für Arbeit 2007d; Knuth/Isfort 2007).

---

118 Mit der Reform des ALG II bemessen sich die Einkommensfreibeträge ab 1. Juli 2011wie folgt: 100 Prozent bis zu einem Einkommen von 100Euro; 20 Prozent bei einem Brutto-Lohn zwischen 100 und 800 Euro; sowie 10 Prozent für einen Brutto-Lohn von 900 bis 1.200 Euro (1.500 Euro mit mindestens einem minderjährigen Kind). Der maximale Freibetrag beträgt folglich für Alleinstehende 280 Euro und wird mit einem Brutto-Erwerbseinkommen von 1.200 Euro erreicht (320 bei Brutto-Einkommen von 1.500 Euro mit mindestens einem minderjährigen Kind). Einkommen oberhalb dieser Grenzen werden vollständig auf die Leistung angerechnet. Das Gesamte Netto-Einkommen der Bedarfsgemeinschaft lässt sich in diesem Fall nur dann steigern, wenn die Hilfsbedürftigkeit überwunden wird (Knuth/Isfort 2007).

119 Wesentlich erscheint dabei, dass die Summe der Regelleistung und des Einstiegsgeld nicht höher ist als das Einkommen, das ein nicht hilfebedürftiger Beschäftigter bei vergleichbarer Tätigkeit erhält (Knuth/Isfort 2007).

Die mit den verschiedenen Regulierungen einhergehenden Erwerbsanreize sind deutlich geringer beziehungsweise auf einen wesentlich limitierteren Personenkreis ausgerichtet als beispielsweise in Großbritannien. Darüber hinaus wird moniert, dass die in Deutschland fehlende allgemeine Mindestlohnregelung, einen Lohndrift nach unten ermögliche (Knuth/Isfort 2007). Dem wurde mit einer Re-Regulierung des Arbeitnehmer-Entsendegesetzes in 2009 versucht entgegen zu wirken, da es nun möglich ist, auch jenseits des Bausektors branchenspezfische Mindestlöhne (nach Tarifgebieten) festzulegen. Dies wurden bis März 2010 bereits für acht Branchen eingeführt[120].

Tabelle 16: Struktur erwerbsfähiger Hilfebedürftiger (Mai 2006)

		Anteil Erwerbstätiger an allen eHb (in Prozent)				
		sozialversicherungspflichtig und ausschließlich geringfügig beschäftigt				
		Insgesamt	davon sozialversicherungspflichtig			davon ausschließlich geringfügig beschäftigt
			Insgesamt	Vollzeit	Teilzeit	
erwerbsfähige Hilfebedürftige (eHb)	eHb insgesamt Sp. 1	(in Prozent von SP. 1) SP. 2	(in Prozent von SP. 1) SP. 3	(in Prozent von SP. 3) SP. 4	(in Prozent von SP. 3) SP. 5	(in Prozent von SP. 1) SP. 6
Insgesamt darunter	5.477.231	19,3	10,0	73,0	26,9	9,3
- Frauen	2.784.302	19,5	9,6	58,0	41,9	10,0
- Männer	2.692.794	19,1	10,5	81,2	12,8	8,6
- Ausländer	1.016.128	14,6	7,2	70,5	29,4	7,4
- unter 25 Jahren	1.168.206	12,2	8,0	84,3	15,6	4,2
- über 50 Jahren	1.103.271	16,7	6,2	64,0	35,9	10,5

Quelle: Bundesagentur für Arbeit (2007d: 21).

Insgesamt ergibt sich damit jedoch eine eher unübersichtliche Vielfalt wie auch eine gewisse »Zufälligkeit« bei der Ausweitung der finanziellen Erwerbsanreize. Letztere wird nicht zuletzt dadurch unterstrichen, dass die im Rahmen der Familienbesteuerung regulierten negativen Anreize für die Erwerbsteilhabe beider Ehepartner, das heißt faktisch überwiegend für die verheirateten Frauen beziehungsweise Mütter, unverändert fort bestehen.

120 Zu nennen sind Mindestlohnregelungen für die Abfallwirtschaft (8,02 Euro), das Baugewerbe (12,75–13,00 Euro), Bergbauspezialarbeiten (11,41 Euro), Briefdienstleistungen (8,40 Euro), Elektrohandwerk (8,05–9,25 Euro), Gebäudereinigung (6,83–11,50), Maler- und Lackiererhandwerk (9,50–11,75 Euro), Wäschereidienstleistungen (6,36–7,51 Euro) (Bundesministerium für Arbeit und Soziales 2010a). Geplant ist die Einführung eines Mindestlohns in der Pflege.

So wirkt das Steuersplittingsystem in Verbindung mit den abgeleiteten Rechten von Ehepartnern (beitragsfreie Mitversicherung in der Kranken- und Pflegeversicherung, abgeleitete Absicherungen für Hinterbliebene in der Unfall- und Rentenversicherung) dahingehend, dass die Abgabenlast eines Alleinverdieners (im Vergleich zu Ledigen mit gleichem Einkommen) extrem gesenkt und somit die Nichterwerbstätigkeit eines Partners steuerlich teilweise kompensiert wird (Dingeldey 2000).

Vor diesem Hintergrund erscheint eine Familienpause für die gesamte Dauer von drei Jahren, welche die Elternzeitregelung vorsieht äußerst attraktiv und wurde von etwa 52 Prozent aller jungen Mütter in 2009 genutzt (Bundesministerium für Familien 2009: 17). Im Fall des Wiedereintritts in Beschäftigung stellt der »Wegfall« dieser Begünstigungen eine extreme Schwelle in Form eines hohen Grenzsteuersatzes für den (Wieder-) Eintritt in den Arbeitsmarkt dar (Dingeldey 2001). Die Optimierung der Steuervorteile im Hinblick auf das Haushaltseinkommen und die Erwerbsarbeitszeit ergibt sich dabei durch die Verbindung einer Vollzeittätigkeit mit einer (geringfügigen) Teilzeitarbeit eines Partners. Entsprechend ist in Deutschland die Steigerung des verfügbaren Haushaltseinkommens durch ein zweites (Vollzeit-) Einkommen von Ehepartnern gegenüber anderen Ländern weiterhin extrem gering (Anxo u.a. 2000).

Insgesamt kann damit eine starke Inkonsistenz bei der Setzung der Erwerbsanreize in Deutschland konstatiert werden: Für Transferempfänger und Geringverdiener wurden die finanziellen Erwerbsanreize begrenzt ausgeweitet und vor allem im Rahmen der Arbeitspflicht die Orientierung am Zweiverdienermodell eingefordert. Bei der Bedürftigkeitsprüfung im ALG II und bei verschiedenen Maßnahmen der Familienpolitik wurde gleichwohl am männlichen Ernährermodell festgehalten.

Ausgehend von im Ländervergleich relativ stark regulierten Arbeitsbeziehungen inklusive eines strikt regulierten Kündigungsschutzes (OECD 2004) ist die Schwerpunktsetzung der deutschen Aktivierungspolitik demnach in der Ausweitung der *flexiblen oder auch als prekär bezeichneten Beschäftigungsformen* zu sehen. Änderungen der befristeten Beschäftigung trugen dazu bei, dass ihr Anteil an der Gesamtbeschäftigung auf 13,7 Prozent im Jahr 2005 anstieg und 2008 bereits 14,7 Prozent betrug[121] (Tabelle 18). Die

121 Als Förderung der Eingliederung älterer Arbeitnehmer wurde im Jahr 2001 die Möglichkeit befristeter Arbeitsverträge für diese Gruppe ohne Angabe von Gründen, ohne zeitliche Höchstgrenze und mit beliebig häufigen »Verlängerungen« eingeführt. 2003 wurde diese Regelung auf Personen ab dem Alter von 52 Jahren (vorher 58) erweitert. Die ent-

Einführung der PersonalServiceAgenturen (PSA) als Leiharbeitsunternehmen in 2003 zielte auf die Vermittlung von Arbeitslosen in reguläre Beschäftigungen via befristeter Beschäftigung beziehungsweise Leiharbeit[122]. Insgesamt blieb dieses Instrument jedoch deutlich hinter den Erwartungen zurück. Die Zahl der geförderten Teilnehmer ist rückläufig und betrug in 2007 im Jahresdurchschnitt nur noch 3,6 Tausend Personen. Zudem gelten die Maßnahmen aufgrund des starken »Klebeeffekts«, also dem Verbleib der Arbeitslosen bei der Leiharbeitsfirma, als nicht erfolgreich. Nur etwa 30 Prozent gingen in den regulären Arbeitsmarkt über (Bundesregierung 2006: 103).

Die Förderung der selbständigen Erwerbstätigkeit von Arbeitslosen durch die Bundesagentur für Arbeit hat stark zugenommen. Dabei erfolgte eine Substitution des bereits 1986 eingeführten und mittlerweile auslaufenden Überbrückungsgeldes (83 Tausend 2005 und 63 Tausend 2006) durch den Existenzgründungszuschuss (Ich-AG) [123]. Hier stieg die Zahl der Geförderten auf über 230 Tausend in 2005 an[124] (Abbildung 10, Tabelle 15).

Die Ich-AG war im Gegensatz zum Überbrückungsgeld für Arbeitslose mit nur geringen Leistungsansprüchen attraktiv und wurde zudem insbesondere von Arbeitslosen mit nur geringem Qualifikationsniveau in Anspruch genommen. Beide Instrumente bewirkten, dass bis zu 7,5 Prozent aller Selbständigen (plus mithelfende Familienangehörige) durch die BA gefördert wurden beziehungsweise die Selbständigenquote von 9,8 Prozent im Jahr 1991 auf 12,4 Prozent 2005 anstieg (Tabelle 18). Dabei wurde

---

sprechende Regelung wurde jedoch vom Europäischen Gerichtshof im November 2005 für unzulässig erklärt, da sie gegen die Antidiskriminierungsrichtlinie und den allgemeinen Gleichheitsgrundsatz verstieß. Die Wirkung dieser Maßnahme ist ohnehin umstritten, da die Zahl der 55 bis 65-jährigen versicherungspflichtig Beschäftigten mit befristeten Arbeitsverträgen seit dem Jahr 2000 konstant bei etwa 4,5 Prozent der jeweiligen Alterskohorte lag (Aust/Kremer 2007: 118ff.).

122 Die Einstellung von Arbeitslosen in den PSAs wird mit Aufwandspauschalen bezuschusst. Gegebenenfalls wird durch die BA auch die erfolgreiche Vermittlung in den ersten Arbeitsmarkt honoriert.

123 Das Überbrückungsgeld wurde in den ersten sechs Monaten der Selbständigkeit in Höhe der zuletzt bezogenen Lohnersatzleistung gezahlt (plus pauschalisiertem Sozialversicherungsbeitrag). Für die soziale Absicherung waren die Bezieher jedoch selbst verantwortlich. Dagegen beinhaltete der Existenzgründungszuschuss beziehungsweise die so genannte »Ich-AG«-Förderung einen monatlichen Zuschuss der BA über drei Jahre. Die Höhe der Förderung verringerte sich im Zeitverlauf: Im ersten Jahr maximal 600, und im dritten 240 Euro. Zur sozialen Absicherung war die Mitgliedschaft in der gesetzlichen Rentenversicherung verpflichtend (Schulze Buschoff 2005: 76).

124 Die nachfolgende Abnahme ist durch das Auslaufen des Instruments begründet.

festgestellt, dass Ich-AGs oft von Frauen genutzt wurden, um die Zeitflexibilität in Form von Teilzeitarbeit mit Familienarbeit verbinden zu können. Gleichwohl muss auch das mit dieser Förderung einhergehende Prekaritätsrisiko erwähnt werden: 2003 reichte bei 17,3 Prozent der Ich-AGs das erzielte Einkommen nicht zur Deckung des Lebensunterhalts (Schulze Buschoff 2005:78f). Ein nicht unerheblicher Anteil von 18 Prozent der Ich-AGs ist bis 2004 gescheitert (48 Tausend), so dass circa 54 Prozent der Geförderten erneut arbeitslos wurden und 34 Prozent in reguläre, versicherungspflichtige Beschäftigung übergingen (Leschke u.a. 2006:9).

Die Neugestaltung der Förderung der Selbständigkeit durch den Gründungszuschuss in 2006 orientierte sich am ehemaligen Überbrückungsgeld und beinhaltet maßgebliche Kürzungen der gewährten Unterstützung[125]. Trotz der damit verbundenen verschlechterten Konditionen zeigen die Fallzahlen bis 2008 eine ebenfalls hohe Inanspruchnahme von über 120 Tausend (Tabelle 15). Der Erfolg dieser Maßnahmen im Sinne der Schaffung existenzsichernder Erwerbsarbeit wird jedoch dadurch in Frage gestellt, dass Selbständige im SGB II-Bezug die am stärksten wachsende Gruppe bilden (Oschmiansky 2010: 19).

Ferner bedingte die Re-Regulierung geringfügiger Beschäftigungen in 2003[126], dass die Zahl ausschließlich geringfügiger Beschäftigungsverhältnisse von circa 4,2 Millionen auf 4,7 Millionen in 2005 beziehungsweise 4,9 in 2008 anstieg (Bundesagentur für Arbeit 2009c: 20). 2005 wurden nahezu 3,2 Millionen dieser Arbeitsverhältnisse von Frauen wahrgenommen (jeweils Stand im Juni; Bundesagentur für Arbeit 2006: 42, 50). Die beabsichtigte Funktion der Minijobs als »Brücke« zu regulärer Beschäf-

---

125 Nunmehr erhalten Existenzgründer in den ersten neun Monaten nur noch einen Zuschuss in Höhe des Arbeitslosengeldes sowie eine Pauschale von 300 Euro für Ausgaben der sozialen Sicherung. Diese wird dann in der zweiten Phase für weiter sechs Monate gezahlt.

126 Die Geringfügigkeitsgrenze wurde von bislang 325 auf 400 Euro monatlich angehoben. Einkommen unter der Geringfügigkeitsgrenze werden nicht mit den vollen Sozialabgaben, sondern lediglich mit einer Pauschalsteuer für Arbeitgeber in Höhe von 25 Prozent (zwölf Prozent für Arbeitgeber in Privathaushalten) des Arbeitsentgeltes belastet. Bis zum Einkommen von 800 Euro wurde eine so genannte Gleitzone geschaffen (linearer Anstieg der Arbeitnehmeranteile zur Sozialversicherung von rund vier Prozent). Mit diesen Beschäftigungsverhältnissen werden keine Anrechte auf Sozialversicherungsleistungen für die Beschäftigten begründen (Ausnahme freiwilliger Beitrag zur Rentenversicherung, der aber aufgrund des geringen Einkommens nur geringe Leistungsansprüche ermöglicht.

tigung, ist vergleichsweise schwach. Nur neun Prozent der Minijobber nahmen im Anschluss eine sozialversicherungspflichtige Beschäftigung an (Leschke u.a. 2006: 15).

Die skizzierte Maßnahmen der Flexibilisierung von Arbeitsverhältnissen haben maßgeblich zu einer Ausweitung so genannter atypischer Beschäftigungsformen geführt (Brehmer/Seifert 2008). 2011 sind nur noch circa zwei Drittel der Erwerbstätigen sozialversicherungspflichtig beschäftigt (Bundesagentur für Arbeit 2011: 7).

Familienpolitische Reformen orientierten sich partiell am Aktivierungsziel, indem vor allem die Kinderbetreuung als *Maßnahme zur Förderung der Vereinbarkeit von Erwerbstätigkeit und Familie* ausgeweitet wurde. Das seit den 1990er Jahren gewährte Recht auf einen Kindergartenplatz ist über eine kontinuierlich hohe Betreuungsquote für die drei- bis sechs-jährigen (95 Prozent im Osten, 92 Prozent im Westen im Jahr 2009) als weitgehend eingelöst zu betrachten. Das Tagesbetreuungsausbaugesetz von 2005 zielte ergänzend auf die Einrichtung von 230 Tausend zusätzlichen Plätzen bis 2010 speziell für die unter drei-jährigen. Bis 2009 ergab sich dadurch für diese Altersgruppe eine starke Ausweitung des Angebots in Westdeutschland, womit dort eine Betreuungsquote von immerhin 15 Prozent erreicht wurde (siehe Tabelle 17). Aufgrund des Fortbestehens einer deutlich besseren Betreuungsinfrastruktur in Ostdeutschland wird die Betreuungsquote für Gesamtdeutschland in der Altersgruppe der null bis drei-jährigen entsprechend in 2009 mit 20,4 Prozent angegeben (Autorengruppe Bildungsberichterstattung 2010). Gemäß des Kinderförderungsgesetzes von 2008 wird der Ausbau der Betreuungsplätze weiter vorangetrieben, um bis 2013 auch ein Recht auf Betreuung der Kinder im Alter von ein bis drei Jahren gewährleisten zu können.

Die bisherige Entwicklung (Tabelle 17) zeigt jedoch, dass der Ausbau der Plätze für die unter drei-jährigen zunächst auf Kosten des Ganztagsangebots sowohl für diese Altersgruppe als auch für die drei- bis sechs-jährigen ging. 2009 waren in Westdeutschland nur ein Drittel der Krippen- und ein Viertel der Kindergärtenplätze ganztags verfügbar. Ferner waren auch die Hortplätze – als Nachmittagsangebot ergänzend zur Halbtagsschule – vor allem in West-Deutschland sehr gering ausgebaut (5 Prozent im Westen und 41 Prozent im Osten in 2002) (Statistisches Bundesamt 2004). Der vom Bund und den Ländern gemeinsam finanzierte Ausbau der Ganztagsschulen, der gleichwohl als Folge der schlechten Evaluierung des deutschen Bildungssystems im Rahmen der Pisa-Studie initiiert wurde, dürfte diesbezüglich erst mittelfristig die Situation entschärfen (Gottschall/ Hagemann 2002).

Die von den Eltern zu zahlenden Kosten waren in 2004 im OECD-Vergleich leicht unterdurchschnittlich, wobei allein die Kosten für die Plätze der unter drei-jährigen dargestellt und mit 9,1 Prozent eines Durchschnittseinkommens beziffert wurden (OECD 2007c: 151). Laut OECD-Daten war ferner die Qualität der Kinderbetreuung gemessen am Verhältnis von circa 14:1 Kinder/Beschäftigte bei den drei- bis sechs-jährigen in 2007 leicht überdurchschnittlich (OECD 2007c: 144, 135). Alles in allem kann aus der Entwicklung der Kinderbetreuungssituation geschlossen werden, dass sich die Beschäftigungsfähigkeit von Müttern beziehungsweise Eltern, aufgrund der Ausweitung des Betreuungsangebotes leicht verbessert hat, wobei die Vereinbarkeit von Familie und Beruf aufgrund der Teilzeitorientierung vor allem in Westdeutschland primär auf der Basis des modernisierten Ernährermodells (Vollzeit/(kurze) Teilzeit) gewährleistet wird.

Tabelle 17: Kinderbetreuung in Deutschland seit 1994

	Westdeutschland					Ostdeutschland				
In Prozent aller Kinder im entsprechenden Alter[1)]	1994	2000	2002	2006	2009	1994	2000*	2002	2006	2009
Kinder unter 3	2,0	4,0	3,0	8,0	15,0	41,0	14,0	37,0	39,0	45,0
Kinder zwischen 3 und 6,5	73,0	77,0	88,0	87,0	92,0	96,0	85,0	105,0	92,0	95,0
Hortbetreuung für Kinder zwischen 6 und 12	3,0	3,0	5,0			23,0	15,8	41,0		
Anteile der Ganztagsplätze in Prozent[2)]	1995	1999	2002	2005	2009	1995	1999	2002	2005	2009
Kinder unter 3	1*	1*	72,0	34,0	35,0	14**	15**	98,0	63,0	67,0
4 bis 6-jährige	15,0	20,0	24,0	18,0	25,0	60,0	56,0	98,0	62,0	67,0

Quelle: 1) ohne Kinder bei Tagesmutter: Bäcker u.a. (2000); Deutsches Jugendinstitut/Dortmunder Arbeitsstelle Kinder- und Jugendhilfestatistik (2008); Engster/Menning (2003); Spieß u.a. (2002); 2) Ganztags >7 Stunden nur ab 2009; 2006 Anzahl der Plätze sowie Ganztagsbetreuung ab 2009: Autorengruppe Bildungsberichterstattung (2010: 49ff.).

Insgesamt wurde im Rahmen der deutschen Aktivierungspolitik die Governance der Beziehung zwischen Wohlfahrtsstaat und Individuum nur sehr bedingt durch eine Ausweitung des Rechtes auf Kommodifizierung via Maßnahmen zur Förderung der Beschäftigungsfähigkeit verändert. Eine Rücknahme des »Förderns« durch Weiterbildung muss sogar als effektiver Widerspruch zu den idealtypischen Zielen der Aktivierungspolitik gesehen werden, was auch nicht über die alternative Strategie umfassender finanzieller Erwerbsanreize kompensiert wird. Als zentrales Element der Aktivierungspolitik in Deutschland fungiert die Ausweitung flexibler und damit vielfach auch prekärer Beschäftigungsverhältnisse (ebenso Eichhorst/Marx 2009: 14). Wesentlich erscheint ferner, dass sowohl die eingeschränkten Rechte auf Dekommodifizierung im Sinne bedürftigkeitsgeprüfter Leistungen als auch die prekäre Kommodifizierung durch flexible Beschäftigungsformen bei spezifischen Gruppen des Arbeitsmarktes kumulieren. Die entsprechenden Rechte bei den Insidern, also der so genannten Kernarbeiterschaft, wurden dagegen kaum eingeschränkt. Aus einer geschlechterpolitischen Perspektive betrachtet, geht die staatlich gestützte Modernisierung des männlichen Ernährermodells für viele Frauen respektive Mütter mit einer nur reduzierten beziehungsweise prekären Integration in den Arbeitsmarkt einher. Daraus resultierte insgesamt eine Dualisierung der Governance der Arbeitsmarktteilhabe.

11.3 Moderate Vermarktlichung und geringe Policy-Koordination

In der Vergangenheit wurden in Deutschland die in Folge von Beitragszahlungen erworbenen Leistungsansprüche für Arbeitslose (Arbeitslosenunterstützung und Arbeitsförderung) von der Bundesanstalt für Arbeit (BA) organisiert. Die Bundesanstalt für Arbeit beziehungsweise die Arbeitslosenversicherung ist als Parafiskus selbstverwaltet, wobei Gewerkschaften und Arbeitgeberverbänden weitgehende Mitbestimmungsrechte im Rahmen der Drittelparität eingeräumt wurden. Obgleich Ausgaben und Einnahmen politisch festgelegt beziehungsweise konditional programmiert waren, verfügte die BA in ihren Durchführungsanordnungen über weitgehende Autonomie. Die eigentliche Maßnahmenförderung fand dabei schon immer im Auftrag der BA durch »Dritte« statt, das heißt durch nicht staatliche, sondern überwiegend gemeinnützige, aber auch privat-kommerzielle Träger. Auf lokaler Ebene wurden zur Planung von Bedarfen, zur Koordination von Aktivitäten sowie zur Sicherung von Qualitätsstandards beziehungsweise zur Förderung von Problemgruppen vereinzelt arbeitsmarktpolitische Netzwerke eingerichtet (Schmid 1994a; Schridde 2003). Für arbeitsfähige Sozialhilfeempfänger wurde die Arbeitsförderung von den

Kommunen organisiert und finanziert. Sie beinhaltete überwiegend die Bereitstellung subventionierter Beschäftigung beziehungsweise »geschützter« Beschäftigungsgelegenheiten. Für diese Gruppe waren Qualifizierungsmaßnahmen nicht Teil des offiziellen Integrationsinstrumentariums, wurden von einzelnen Kommunen jedoch ebenfalls angeboten (Voges u.a. 2000: 83).

Die *Finanzierung der Leistungen* der BA erfolgte durch Arbeitnehmer- und Arbeitgeberbeiträge, wobei der Bund verpflichtet war, Haushaltsdefizite der BA auszugleichen. Dagegen wurde die ALH direkt aus dem Bundeshaushalt – und damit durch Steuern – finanziert. Die Leistungen für Sozialhilfeempfänger waren ebenfalls steuerfinanziert, wurden jedoch aus den Haushalten von Ländern und Kommunen bezahlt. Bedingt durch die Fragmentierung der Finanzierungsverantwortung beinhaltete das deutsche System hohe Anreize für die verschiedenen Akteure, Leistungsempfänger in den Zuständigkeitsbereich anderer öffentlicher Haushalte zu »transferieren«, anstatt nachhaltig in den Arbeitsmarkt zu integrieren (Schmid u.a. 1987; Trampusch 2002). Ferner bedingte die spezifische Finanzierung der deutschen Vereinigung mit starker Inanspruchnahme der Sozialversicherungen eine merkliche Erhöhung der Beitragssätze zu den verschiedenen Sozialversicherungen in den 1990er Jahren, wodurch in den darauf folgenden Jahren wiederum der Druck einer Politik der Kostensenkung wuchs (Ganßmann 2004).

Wie sich die skizzierte Arbeitsteilung veränderte, wird auch für Deutschland anhand der Neugestaltung der (1) Regulierung beziehungsweise Gewährleistung, der (2) Finanzierung, und des (3) Erbringens arbeitsmarktpolitischer Dienstleistungen gezeigt. Ferner wird ausführlich auf (4) reflexive Formen der Steuerung eingegangen.

(1) Mit den Reformen der aktivierenden Arbeitsmarktpolitik wurde eine Ausweitung staatlicher Verantwortung über die Einschränkung des Selbstverwaltungs- beziehungsweise Mitbestimmungsprinzips der BA verwirklicht, die zur Bundes*agentur* für Arbeit umbenannten wurde: Der Vorstand der BA wird seit 2002 nicht mehr paritätisch unter Beteiligung der Tarifpartner besetzt, sondern (befristet) hauptamtlich ernannt. Die Bundesregierung hat das Letztentscheidungsrecht bei der Benennung und Entlassung der Mitglieder. Der weiterhin drittelparitätisch zusammengesetzte Verwaltungsrat hat nur noch Beratungs- und Kontrollfunktionen (Kannengießer/Gundel 2003; Konle-Seidl 2003). Die Mitgliederzahl wurde von 51 auf 21 reduziert (Klenk 2009: 37).

Darüber hinaus wird darauf verwiesen, dass letztlich über das SGB II beziehungsweise die dort geregelte Betreuung der (Mehrheit der) Arbeitslosen durch Arbeitsgemeinschaften (ARGEN) der Bundesagentur für Arbeit und der Kommunen, eine Aushöhlung der drittelparitätischen Selbstverwaltung stattfand. So genannte Beiräte sind erst mit der Neufassung des SGB II (§18d) in 2011 obligatorisch durch die SGB II-Träger einzurichten. Vertreten sind darin jedoch nicht nur Sozialpartner, sondern auch Repräsentanten der Sozial- und Wohlfahrtsverbände sowie der Kammern und der berufständischen Organisationen (Deutscher Bundestag 2008a). Die so entstandenen unterschiedlichen Verwaltungs- und Mitbestimmungsstrukturen sind als weiteres Indiz einer Dualisierung der Arbeitsmarktpolitik zu verstehen: Während die in den Selbstverwaltungsgremien im SGB III noch immer fest verankerten Mitbestimmungsrechte den Gewerkschaften die Möglichkeit bieten, die Interessen der Arbeitsmarkt-Insider zu vertreten, sind die Mitbestimmungsmöglichkeiten im Rahmen des SGB II deutlich geringer. Gleichzeitig ist die Verbandsstruktur weniger auf eine Interessenvertretung der Hartz IV-Empfänger ausgerichtet, da die Gewerkschaften diese nicht als ihre primäre Klientel betrachten und die Sozial- und Wohlfahrtsverbände auch Interessen als Leistungsanbieter und Arbeitgeber vertreten (Klenk 2009: 38, 39).

(2) Die Komplexität der Finanzierungsverflechtung wurde im Rahmen der Reformen eher erhöht, denn verringert, so dass negative Anreizeffekte hinsichtlich des »Verschiebebahnhofs« von Arbeitslosen zwischen verschiedenen Leistungssystemen und Kostenträgern nur bedingt aufgehoben wurden: Da es im Interesse der Kommunen lag, möglichst viele (potentielle) Sozialhilfeempfänger in den ALG II-Bezug zu transferieren, wurden bei dessen Einführung 90 Prozent der vormaligen Sozialhilfeempfänger als arbeitsfähig und damit als ALG II-Bezieher eingestuft (Eichhorst u.a. 2006: 385; Konle-Seidl u.a. 2007: 43)[127].

Umgekehrt lag es zunächst nicht im Interesse der BA, welche die Lohnersatzleistungen sowie die Arbeitsförderung der ALG I-Bezieher bezahlt, potentielle Langzeitarbeitslose in Maßnahmen zu fördern. Es sollte vermieden werden, dass Kosten für die Maßnahme und einen zu zahlenden Aussteuerungsbetrag im Falle des Übergangs vom ALG I in den

---

127 Die Kommunen wurden damit einerseits von den Unterhaltskosten der erwerbsfähigen, vormaligen Sozialhilfeempfänger entlastet, müssen andererseits nun aber Kosten für Unterkunft und Heizung auch für die früheren ALH-Bezieher finanzieren (Knuth 2006: 19).

ALG II-Bezug anfielen (Konle-Seidl u.a. 2007: 42). Um diese negative »Anreizstruktur« zu beseitigen, wurde mit dem sechsten Änderungsgesetz des SGB III der Aussteuerungsbetrag abgeschafft und die BA verpflichtet, sich mit 50 Prozent an den Eingliederungs- und Verwaltungskosten auch für die Langzeitarbeitslosen im SGB II Bezug zu beteiligen (Ein-gliederungsbeitrag). Somit erfolgt die Beschäftigungsförderung der ALG II-Empfänger partiell über Beitragsleistungen, was vor allem von Arbeitgebern kritisiert wurde (Spiegel online 5.09.2008).

Die Leistungen für ALG II-Empfänger werden damit insgesamt im Rahmen einer komplexen Struktur der Co-Finanzierung durch Kommunen, Bund und BA erbracht: Aus dem Bundeshaushalt werden die Regelleistungen für Langzeitarbeitslose in Form des ALG II, circa 1/3 der zusätzlich gewährten Unterkunfts- und Heizungskosten sowie nunmehr 50 Prozent der Kosten für die Arbeitsförderung finanziert. Das Sozialgeld (Unterhaltsleistungen für nicht erwerbsfähige Mitglieder der Bedarfsgemeinschaften, zum Beispiel Kinder), 2/3 der Unterkunfts- und Heizungskosten wie auch gesundheitliche Beratungsdienste werden von den Kommunen bezahlt (Eichhorst u.a. 2006 ; Konle-Seidl u.a. 2007: 43).

Die aufgezeigten Veränderungen der Finanzierungsverantwortung, die striktere Vergabepraxis bei den aktiven Maßnahmen wie auch der Rückgang der Arbeitslosigkeit insgesamt haben zu einer finanziellen Entlastung der Bundesagentur für Arbeit beigetragen. Dies spiegelte sich nicht zuletzt im Rekordüberschuss der BA im Jahr 2006 wider, die schließlich in einer massiven Senkung der Beiträge zur Arbeitslosenversicherung auf lediglich 2,8 Prozent in 2008 mündete (Konle-Seidl u.a. 2007: 41). Gleichzeitig ergab sich ein gesteigerter Finanzierungsanteil des Bundes sowohl in Bezug auf die passiven Leistungen als auch die Eingliederungsleistungen für Langzeitarbeitslose und andere, neu in den ALG II-Bezug integrierte Gruppen von Leistungsempfängern (Arbeitslose ohne ausreichende Versicherungszeiten beziehungsweise Ansprüche und eher arbeitsmarktferne, vormalige Sozialhilfeempfänger) (Oschmiansky u.a. 2007: 292). Insgesamt kann damit eine relative Verlagerung der Finanzierungsverantwortung für Arbeitslosigkeit »weg« von beitragsfinanzierten Versicherungsleitungen und hin zur steuerfinanzierten Grundsicherung festgestellt werden.

In der Literatur wird dieser Wandel als durchaus intendiert beziehungsweise als Folge eines säkularen Trends interpretiert, da Sozialversicherungssysteme immer weniger kompatibel seien mit der Zunahme der Lohnspreizung sowie der Ausweitung prekärer, nicht versicherungspflichtiger Arbeitsverhältnisse: »Growing proportions of tax-based funding of social security seem inevitable, and this is actually being introduced in Germany, although in a haphazard and non-strategic manner. Hartz IV is an example for this« (Knuth 2006: 17).

Der Erfolg bei der Senkung der Lohnnebenkosten in Form einer Reduzierung des Beitrags zur Arbeitslosenversicherung ging einher mit einer Ausweitung der steuerfinanzierten Transfers und massiven Kürzungen vor allem bei der aktiven Arbeitsmarktpolitik. Die bis 2005 weitgehend stabilen Ausgaben für Transfers aufgrund von Arbeitslosigkeit müssen vor dem Hintergrund der fortbestehenden Arbeitsmarktkrise gesehen werden beziehungsweise der oben skizzierten Praxis, alternative Dekommodifizierungsoptionen wie Erwerbsunfähigkeitsrenten nicht mehr auszuweiten. Entsprechend spiegelt jedoch der von der OECD dokumentierte, massive »Rückgang« der Ausgaben für passive Transfers bei Arbeitslosigkeit in 2008 primär die fehlende Berücksichtigung der ALG II-Empfänger, die als nicht arbeitslos registriert sind, wider (Tabelle 18). Die damit einhergehende Verbesserung der Relation aktiv/passiv sollte nicht darüber hinweg täuschen, dass die kontinuierliche Reduzierung der Ausgaben für aktive arbeitsmarktpolitische Maßnahmen als Kontrast zur Aktivierungsrhetorik bestehen bleibt. Anders als beispielsweise in Großbritannien wird dies auch nicht durch Ausgaben in anderen Politikfeldern mit dem Ziel der Förderung von Beschäftigungsfähigkeit »kompensiert«. Von der damit dokumentierten Politik des Cost-Containment wurde allein aufgrund der internationalen Wirtschaftskrise kurzfristig abgewichen, als durch die Ausweitung des Kurzarbeitergeldes massive Ausgabensteigerungen der BA durch Zuschüsse des Bundes gedeckt wurden – und damit eine weitere Ausweitung der Steuerfinanzierung der Leistungen stattfand.

(3) Da die Leistungstiefe des öffentlichen Sektors im Hinblick auf die Durchführung von Maßnahmen der Weiterbildung beziehungsweise der Arbeitsförderung in Deutschland traditionell eher gering war (Trampusch 2002), spielten Privatisierungen keine zentrale Rolle. Gleichwohl sind die Steigerung des Wettbewerbs für öffentliche wie private Leistungserbringer, die Förderung spezifischer privater Träger sowie Dezentralisierungstendenzen zu beobachten: Das bereits 1994 aufgehobene staatliche Arbeitsvermittlungsmonopol führte bis Ende der 1990er Jahre lediglich zu einem Privatisierungsanteil von insgesamt fünf Prozent der registrierten Vermittlungen (davon weniger als die Hälfte von kommerziellen Agenturen) (Konle-Seidl 2003). Die Bundesagentur für Arbeit und die Träger der

Grundsicherung haben in 2007 in insgesamt knapp 55 Tausend Fällen »Dritte« mit der Vermittlung von Arbeitslosen beauftragt (Bundesagentur für Arbeit 2008). Die seit 2002 eingeführten Vermittlungsgutscheine wurden von insgesamt 74,3 Tausend Arbeitslosen nachgefragt (Bundesagentur für Arbeit 2007c).

Tabelle 18: Öffentliche Ausgaben für Arbeitsmarktpolitik in Deutschland seit 1991 (in Prozent des BIP)

	1992	1994	1996	1998	2000	2001	2002	2003	2004	2005	2008
Öffentliche Arbeitsvermittlung und Verwaltung	0,24	0,24	0,23	0,22	0,23	0,23	0,23	0,3	0,29	0,35	0,29
Berufliche Weiterbildung	0,65	0,42	0,45	0,34	0,34	0,34	0,32	0,46	0,36	0,25	0,29
- Arbeitslose	0,62	0,4	0,45	0,34	0,34	0,34	0,32	-	-		
- Beschäftigte	0,03	0,02	-	-	-		-	-	-		
Förderung der Berufsausbildung und Ausbildung von Jugendliche	0,05	0,06	0,07	0,07	0,08	0,09	0,1	-	-		0,02
Aktive AMP	1,69	1,35	1,43	1,26	1,25	1,21	1,2	1,25	1,15	0,97	0,81
Passive AMP [1)]	1,96	2,31	2,49	2,28	1,89	1,92	2,13	2,28	2,32	2,35	1,1
Total	3,65	3,66	3,92	3,54	3,14	3,12	3,33	3,53	3,47	3,32	1,91

[1)] einschließlich Frühverrentung; in 2008 wurden nicht als arbeitslos registrierte ALG II-Empfänger nicht berücksichtigt; Die Daten der verschiedenen Ausgaben des OECD Employment Outlook variieren, so dass eine strikte Vergleichbarkeit nicht gegeben ist.
Quellen: 1992–4; OECD (1996b: 207); 1996–8: OECD (2000: 225); 2000–2: OECD (2003b: 330); 2003–5: OECD (2007b: 272); 2008: OECD (2010).

Das Gutscheinsystem sollte die Wahlmöglichkeiten und die Eigenverantwortung bei den Klienten wie auch den Wettbewerb zwischen den Anbietern fördern. Durch die Vergabe von Weiterbildungsgutscheinen sollten zudem die Leistungs- und Qualitätskontrollen der Träger via Wettbewerb verbessert werden. Im Einklang mit den geforderten Vermittlungsquoten von Maßnahmenteilnehmern hat dies dazu beigetragen, dass sich die Bildungsräger mehr und mehr auf Standardangebote beschränken, um ihr unternehmerisches Risiko zu minimieren. Die Folgen dieser Form der Vermarktlichung werden im Hinblick auf die Innovationsfähigkeit und Qualität der Maßnahmenentwicklung eher negativ beurteilt (Oschmiansky 2010: 18). Ferner wurden die mit Hartz II neu eingeführten Personal-ServiceAgenturen an private Trägerorganisationen im Rahmen von Ausschreibungen vergeben und über Kontrakte reguliert (Bundesregierung 2006: 103).

Prinzipien des New Public Management wurden im Rahmen der Reform der öffentlichen Verwaltung umgesetzt, indem unter anderem ein modernes Führungs- und Controllingsystem, sowie Zielvereinbarungen zwischen Zentrale, Regionaldirektionen und Arbeitsagenturen eingeführt wurden. Die dominante Position der Regionaldirektionen beziehungsweise der geringe Handlungsspielraum der lokalen Arbeitsagenturen wurde dabei von einigen Beobachtern als problematisch angesehen, da letztere für die Ergebnisse verantwortlich sind, jedoch keine substantiellen Entscheidungskompetenzen bei Entscheidungen zu Strategie und Ressourceneinsatz haben (Eichhorst u.a. 2006: 381). In diesem Zusammenhang wurde beispielsweise auch die Zentralisierung der Einkaufsfunktion in der BA über die regionalen Einkaufszentren kritisiert, da die entsprechenden Vergaben bei den Trainings- und Berufsbildungsmaßnahmen langwierige und bürokratische Prozesse beinhalten, bei denen insbesondere die billigsten Anbieter zum Zuge kommen, die häufig aber regional nicht verwurzelt seien (Oschmiansky 2010: 17).

Im Kontrast dazu gilt die so genannte freie Förderung (§ 10 SGB III) als wichtiger Schritt in Richtung Dezentralisierung beziehungsweise Regionalisierung aktiver Arbeitsmarktpolitik, mit dem den Arbeitsagenturen die Möglichkeit gegeben wurde, bis zu zehn Prozent ihres Eingliederungstitels für Neuansätze, Modellversuche und das Schließen von Regelungslücken zu verwenden (Müntnich/Wießner 2002). Im Jahr 2007 profitierten 93 Tausend Personen von Maßnahmen der freien Förderung im Rahmen des SGB III, beispielsweise von konkreten Hilfen zur Arbeits- und Ausbildungsplatzaufnahme (Bundesagentur für Arbeit 2008: 81). Weitere Schritte in diese Richtung wurden mit der Neuordnung der arbeitsmarktpolitischen Instrumente ab 2009 eingeleitet, indem den Arbeitsagenturen ein begrenztes Budget zur Erprobung innovativer arbeitsmarktpolitischer Maßnahmen im Bereich der Versicherungsleistungen zugestanden und auch für Träger der Grundsicherung die Möglichkeit der freien Förderung eingeräumt wurde.

(4) Die Umsetzung aktivierender Arbeitsmarktpolitik beinhaltete auch in Deutschland eine Zunahme der Bedeutung reflexiver Formen der Steuerung, die jedoch in Bezug auf die Reorganisation bestehender Organisationen und Zuständigkeiten nicht langfristig aufrechterhalten oder zielkonform verwirklicht werden konnten. Die 2002 erfolgte Zusammenlegung

des Bundesministeriums für Arbeit und Sozialordnung und des Bundesministeriums für Wirtschaft und Technologie zu einem neuen Bundesministerium für Wirtschaft und Arbeit spiegelte das Ziel einer stärkeren Koordination von Wirtschafts- und Arbeitsmarktpolitik[128] wider. Bereits 2005 wurde diese Form reflexiver Steuerung von der großen Koalition rückgängig gemacht und der vorherige Ressortzuschnitt wieder hergestellt.

Auf das Fehlen einer politikfeldübergreifenden Koordination und Vernetzung der Arbeitsmarktpolitik mit der Familienpolitik wurde bereits mehrfach hingewiesen. Folge ist eine mittlerweile inkonsistente beziehungsweise widersprüchliche (finanzielle) Anreizstruktur für die Erwerbsintegration von Ehepartnern respektive Eltern (Dingeldey 2006a). Während das Ehegattensplitting wie auch der Verweis auf die Unterhaltspflichten in der Ehe beziehungsweise Partnerschaft (zum Beispiel in Bezug auf die Bedarfsgemeinschaften im ALG II-Bezug) weiterhin am (männlichen) Ernährermodell orientiert sind, zielen die Teilzeitoption des Elternurlaubs, die Neuregelung des Elterngeldes und vor allem die Formulierung einer Arbeitspflicht für beide Partner in Bedarfsgemeinschaften im Rahmen des ALG II-Bezugs auf eine zunehmend universelle Arbeitsmarktintegration. Gleichzeitig wird die Attraktivität einer weiterhin ungleichen Verteilung der Erwerbsintegration der Partner insofern aufrechterhalten, als starke Anreize vor allem für die geringfügigen Beschäftigungen bestehen beziehungsweise Kinderbetreuung überwiegend in Teilzeit angeboten wird. Faktisch realisiert sich damit auch bei der Erwerbsunterstützung von Müttern ein duales Modell: Während vor allem für Hochqualifizierte die Bedingungen für eine kontinuierliche Erwerbsintegration (im Rahmen vollzeitnaher Erwerbstätigkeit) verbessert werden, erfolgt für viele geringer qualifizierte Mütter eine zunehmende Kanalisierung in (geringfügige) Teilzeitarbeit (Dingeldey 2010).

Defizite reflexiver Steuerung zeigen sich nicht zuletzt darin, dass das ursprünglich formulierte Ziel einer gemeinsamen Administration der beiden Transferleistungen für Arbeitslose (also ALG I und ALG II) durch die Bundesagentur für Arbeit wie auch die Gestaltung von Jobcentern als einzige Anlaufstelle für alle Arbeitslosen nicht verwirklicht wurde (Konle-Seidl u.a. 2007). Da eine entsprechende Reform, die Abgabe der Kompetenzen für die Betreuung und Vermittlung der arbeitslosen Sozialhilfeemp-

128 Das Bundesministerium für Gesundheit übernahm den Bereich Sozialordnung und hieß seitdem Bundesministerium für Gesundheit und Soziale Sicherung. Nach 2005 wurde dieser Bereich jedoch wieder dem Arbeitsministerium zugeschlagen.

fänger durch die Kommunen bedeutet hätte, scheiterte diese am Widerstand der Länder und führte zu einem inkonsequenten Kompromiss (Knuth 2006: 19): Während ALG I-Empfänger durch 178 lokale Arbeitsagenturen betreut wurden, wurden zur Administration des ALG II zunächst 356 Arbeitsgemeinschaften (ARGEn) gebildet[129] (Konle-Seidl u.a. 2007: 38). Mit der Neufassung des SGB II von 2011 wurden diese in gemeinsame Einrichtungen (gE) umbenannt. Darüber hinaus verblieb in 69 so genannter Optionskommunen die Administration von ALG II gänzlich in kommunaler Hand (Knuth 2006: 18). Diese Zulassungen wurden im Rahmen der Neufassung des SGB II von 2011 unbefristet verlängert sowie weitere 41 kommunale Träger zugelassen, die ab dem 01.01.2012 die Aufgaben der Grundsicherung wahrnehmen.

Ferner hat der Gesetzgeber unter anderem die Evaluation der verschiedenen Elemente vorgeschrieben. Die entsprechenden Studien (für eine Zusammenfassung siehe Sachverständigenrat zur Begutachtung der gesamtwirtschaftlichen Entwicklung 2007; sowie Die Bundesregierung 2008) fanden unter anderem Eingang bei der Formulierung des ab 2009 gültigen Gesetzes zur Neuausrichtung der arbeitsmarktpolitischen Instrumente, das verschiedene arbeitsmarktpolitische Instrumente abschaffte beziehungsweise neu konfigurierte.

Die Governance des Spannungsverhältnises staatlicher Wohlfahrtssteuerung und gesellschaftlicher Selbststeuerung hat sich im Zuge der deutschen Aktivierungspolitik nur bedingt verändert. Privatisierungs- und Dezentralisierungstendenzen wurden nur in geringem Umfang vorangetrieben. Als Bruch mit dem etablierten konservativ-korporatistischen Wohlfahrtsstaatsmodell ist jedoch die Dominanz der Steuerfinanzierung der Leistungen für Arbeitslose nach SGB II zu sehen, obgleich die Beitragsfinanzierung der Leistungen nach SGB III nicht abgeschafft wurde. Ferner ist die Aushöhlung der Mitbestimmung durch die Tarifpartner zu nennen, ohne dass diese Form der Co-Governance gänzlich aufgegeben wurde. Eine Ausweitung staatlicher Gewährleistungsverantwortung und reflexiver Formen der Steuerung fand jedoch nur punktuell und mit geringem Erfolg statt. Die Förderung der Beschäftigungsfähigkeit – wie auch die Arbeitspflicht – bleibt selektiv, weshalb in Deutschland die Rücknahme

129 Da die Mitarbeiter der ARGEn aus den lokalen Arbeitsagenturen und der Kommunen zusammengesetzt wurden, haben sie unterschiedliche professionelle Hintergründe, kommen aus verschiedenen Verwaltungstraditionen und sind auch weiterhin bei verschiedenen Arbeitgebern in unterschiedlichen Gehaltssystemen beschäftigt.

sozialer Rechte auf Dekommodifizierung als »Retrenchment« beziehungsweise residuale Verwirklichung des Aktivierungsparadigmas erscheint.

11.4 Geringes Beschäftigungsniveau, Polarisierung der Erwerbsmuster und Arbeitszeiten

Für Deutschland bislang typisch war ein eher geringes bis mittleres Niveau der Erwerbsbeteiligung, da aufgrund der wohlfahrtsstaatlichen Orientierung am männlichen Ernährermodell die Frauenerwerbsbeteiligung vergleichsweise niedrig war, wenn auch mit steigender Tendenz (allgemeine Erwerbsquote Mitte der 1990er Jahre bei circa 65 Prozent; Frauenerwerbsquote bei circa 55 Prozent; siehe Tabelle 19). Dies ging einher mit einem vergleichsweise geringen und weitgehend stagnierenden Beschäftigungsniveau (circa 64 Prozent). In Verbindung mit dem beschäftigungsstrukturellen Wandel im Zusammenhang mit der deutschen Wiedervereinigung blieb – quasi konträr zum Trend in den anderen westeuropäischen Ländern – auch Mitte der 1990er Jahre die Arbeitslosigkeit in Deutschland auf hohem Niveau (Spitzenwert 1997 mit 9,9 Prozent). Mit der im Jahre 1998 vergleichsweise spät einsetzenden Aktivierungspolitik veränderte sich – abgesehen von leichten Schwankungen – zunächst sehr wenig. Der sprunghafte Anstieg bei der Erwerbsquote auf 67,2 Prozent 2006 respektive der Arbeitslosenquote auf 11,2 Prozent 2005 ist unter anderem auf die Einführung von ALG II und die damit einhergehende Ausweitung der statistischen Klassifizierung der Erwerbsfähigen und Arbeitslosen zurückzuführen (Tabelle 19). Erst danach setzte eine positive Trendwende ein, die sich in den Folgejahren in der Zunahme von Beschäftigung sowie im Rückgang der Arbeitslosigkeit niederschlug. Dieser positive Trend wurde nur kurzfristig durch die internationale Wirtschaftskrise in 2008 und 2009 unterbrochen, um sich danach fortzusetzen. Starke regionale Disparitäten blieben allerdings bestehen. Während die Arbeitslosenquote in Westdeutschland von 9,9 Prozent in 2005 auf 7,0 Prozent im Mai 2011 zurückging, sank sie in Ostdeutschland lediglich von 18,7 auf 11, 3 Prozent in 2011[130] (Bundesagentur für Arbeit 2008: 96, 97; 2011: 59ff.).

---

130 In Prozent aller zivilen Erwerbspersonen.

Der Anteil der Personen (18–59-jährige), die in Haushalten ohne Beschäftigte lebte, lag 2004 bei 8,5 Prozent (APPLICA 2005: 106), was im internationalen Vergleich eine mittlere Ungleichverteilung der Beschäftigungschancen entlang der Haushaltsstrukturen darstellt. Der Anteil der Langzeitarbeitslosigkeit betrug in 2008 noch immer weit über 50 Prozent (siehe Tabelle 19). Dies wird partiell über stagnierende beziehungsweise sich verringernde Fallzahlen bei den Arbeitsunfähigkeitsrenten seit Anfang der 1990er Jahre erklärt (siehe Abschnitt 11.2) – muss aber gleichwohl auch im Zusammenhang mit einer nur mäßig geförderten Beschäftigungsfähigkeit insbesondere bei den Langzeitarbeitslosen gesehen werden.

Darüber hinaus zeichnen sich massive Verschiebungen bei den geschlechtsspezifischen Erwerbsmustern ab. Während die Erwerbsquote der Männer bei rund 75 Prozent stagniert und die Beschäftigungsquote in 2005 mit circa 71 Prozent sogar tendenziell rückläufig war, stieg die Erwerbsbeteiligung der Frauen auf 69 Prozent in 2009 und die Beschäftigungsquote auf rund 60 Prozent in 2005 beziehungsweise 64 Prozent in 2008. Diese für Frauen soweit positive Beschäftigungsentwicklung ist jedoch eher als Folge des säkularen Trends der Zunahme der Frauenerwerbstätigkeit beziehungsweise des dafür mit verantwortlichen Wachstums des Dienstleistungssektors zu sehen, denn als Folge der Aktivierungspolitik.

Der Einfluss der spezifischen Variante deutscher Aktivierungspolitik schlägt sich vor allem darin nieder, dass sich der Beschäftigungszuwachs insbesondere im Dienstleistungsbereich zu einem erheblichen Teil in Form von Teilzeitarbeit realisiert. Entsprechend lag die Teilzeitquote in 2005 insgesamt bei 21,8 Prozent, wobei die der Frauen mit knapp 40 Prozent extrem hoch war und insbesondere die geringfügige Teilzeitarbeit im Zuge der Arbeitsmarktreformen massiv zunahm (siehe Abschnitt 11.2). Da aber auch andere atypische Beschäftigungsverhältnisse wie Leiharbeit und befristete Beschäftigung zunahmen, wurde der Anteil atypischer Beschäftigungsverhältnisse insgesamt in 2007 auf 37 Prozent aller Beschäftigten geschätzt (Keller/Seifert 2009).

Dabei wird ein Prekaritätskreislauf angenommen, der häufige Wechsel zwischen prekärer beziehungsweise instabiler Beschäftigung und SGB II-Bezug beinhaltet (Hirseland/Ramos Lobato 2010). Die Gruppe der potentiell vom SGB II-Bezug Betroffenen muss daher als deutlich größer wahrgenommen werden, als die bereits hohe Zahl der jeweils aktuellen Leistungsbezieher oder die Langzeitarbeitslosenquote andeuten. Die BA errechnete, dass insgesamt 12,6 Millionen Personen zwischen 2005 und 2008 dauerhaft oder zeitweise hilfebedürftig waren (so genannte Anwesenheitsgesamtheit). Dies entspricht 19,1 Prozent der Bevölkerung unter 65 Jahren (Bundesagentur für Arbeit 2010b).

Die skizzierte Entwicklung trägt mit dazu bei, dass auch in Deutschland eine zunehmende Polarisierung der Erwerbs- und Arbeitsmarktintegration aufgrund von Geschlecht beziehungsweise Elternschaft zu beobachten ist: Die Erwerbsquote von Frauen in 2005, deren jüngstes Kind unter zwei Jahren war, betrug 36,1 Prozent. War das jüngste Kind drei beziehungsweise fünf Jahre lag sie bei 54,8 Prozent. Sind die Kinder älter als sechs Jahre liegt die Erwerbsquote der Mütter bei 62,7 Prozent (OECD 2007c: 46)[131]. Dies geht mit einer massiven Differenz der entsprechenden Erwerbsmuster für das frühere Bundesgebiet und die neuen Länder einher. Während für Westdeutschland die Vollzeitquote für Mütter mit minderjährigen Kindern 2008 mit 22 Prozent angegeben wurde, arbeiteten in Ostdeutschland 53 Prozent Vollzeit (Statistisches Bundesamt 2010).

In Deutschland insgesamt lag der Anteil der Paare mit Kindern unter zwölf Jahren, welche das traditionelle Ernährermodell leben, mit 38 Prozent weiterhin leicht über dem Anteil der Paare (35 Prozent), die das so genannte modernisierte Ernährermodell (Mann Vollzeit/Frau Teilzeit) praktizieren. Demgegenüber arbeiteten in nur knapp über 20 Prozent entsprechender Haushalte beide Partner Vollzeit (Aliaga 2005: 6).

Vergleichende Arbeitszeituntersuchungen zeigen, dass die Erwerbsintegration von Männern und Frauen beziehungsweise Vätern und Müttern auch in Deutschland – jenseits der Vollzeit und Teilzeitbeschäftigung – mit einer zunehmenden Polarisierung des Umfangs bei den Arbeitszeiten einhergeht: 21 Prozent der Frauen arbeiteten in 2007 weniger als 19 Wochenstunden, aber nur 53 Prozent mehr als 35 Wochenstunden. Dagegen haben 92 Prozent der Männer ein Arbeitsvolumen von mehr als 35 Stunden beziehungsweise 64 Prozent von mehr als 40 Wochenstunden (siehe Abbildung 11).

131 Weitere Polarisierungen drücken sich dadurch aus, dass seit den 1970er Jahren die bildungsspezifische Ungleichheit des Erwerbsverhaltens von Frauen mit Kindern wächst: Der Umfang der Erwerbstätigkeit gering qualifizierten Mütter nimmt ab (Kreyenfeld u.a. 2007).

Abbildung 11: Wochenarbeitszeit nach Geschlecht in Deutschland in 2005

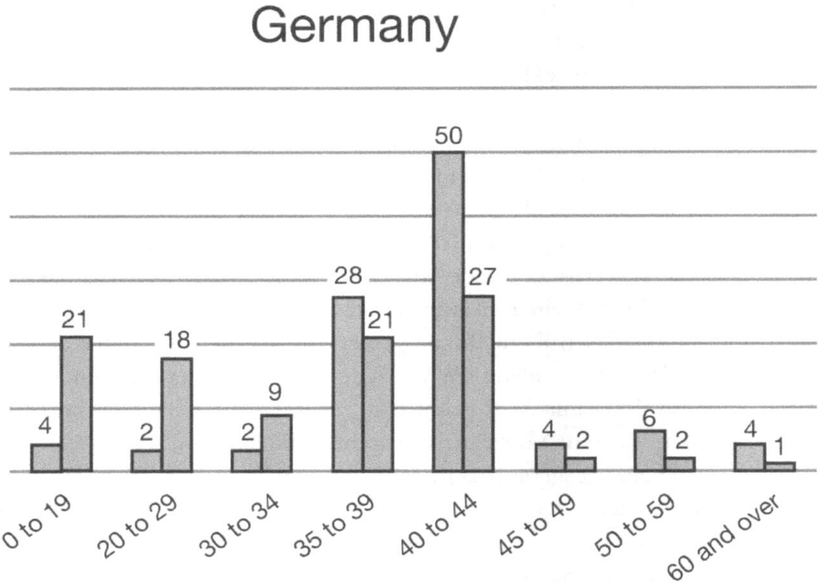

dunkel = Männer; hell = Frauen.
Quelle: OECD (2009c).

Die zunehmende Polarisierung der Beschäftigungsstruktur geht mit einer zunehmenden Einkommensungleichheit einher. Die Einkommensspreizung gemessen am Verhältnis der Einkommen des obersten Dezils zum niedrigsten Dezil (P90/P10) war Mitte der 2000er Jahre mit 3,23 im OECD-30-Vergleich im unteren Mittelfeld. Dahinter verbirgt sich jedoch ein Abgleiten der unteren Einkommen (ILO 2009). Der Gini-Koeffizient (1990: 0,255) stieg auf mittlerweile 0,298 (OECD 2009d: Kap.6). Dies schließt auch eine vergleichsweise große Lohndifferenz zwischen Männern und Frauen ein, die für 2006 mit 22 Prozent angegeben wurde[132] (Europäische Kommission 2008: 31). Insgesamt lässt sich damit für Deutschland die vergleichsweise kurze Periode der Aktivierungspolitik zwischen 1998 bis 2005 durch die weitgehende Stagnation von Erwerbs- und Beschäftigungsquote bei gleichzeitiger Zunahme der Arbeitslosigkeit charakterisieren.

132 Berechnet als Differenz zwischen den Brutto-Stundenlöhnen der Männer und den Frauen und dargestellt als Anteil an den Brutto-Stundenlöhnen der Männer.

Tabelle 19: Beschäftigungsstruktur in Deutschland seit 1991

	1991	1992	1994	1997	1996	1998	2000	2001	2002	2003	2004	2005	2006	2007	2008
Erwerbspersonen in Tausend	37.092	36.562	35.854	35.532	35.698	36.029	36.106	36.184	35.836	35.422	35.415	35.948	36.710	37.491	38.003
Frauen	15.423	15.173	14.942	15.157	15.171	15.447	15.877	16.006	16.011	15.978	15.981	16.202	16.626	17.019	17.272
Männer	21.669	21.389	20.912	20.375	20.527	20.582	20.229	20.178	19.825	19.444	19.434	19.746	20.084	20.472	20.731
Arbeitslose in Tausend	2.201	2.612	3.315	3.901	3.502	3.688	3.062	3.107	3.394	3.659	4.106	4.571	4.269	3.594	3.132
Frauen	1.174	1.396	1.684	1.812	1.629	1.701	1.405	1.392	1.471	1.559	1.786	2.005	1.916	1.661	1.449
Männer	1.027	1.216	1.631	2.089	1.873	1.987	1.657	1.715	1.923	2.100	2.320	2.566	2.353	1.933	1.683
Zivile Beschäftigte in Tausend	36.871	36.390	35.756	35.508	35.673	36.059	36.236	36.350	36.018	35.615	35.604	36.185	36.978	37.815	38.405
Frauen	15.540	15.303	15.068	15.295	15.303	15.598	15.992	16.145	16.157	16.125	16.108	16.382	16.815	17.230	17.497
Männer	21.331	21.087	20.688	20.213	20.334	20.461	20.244	20.204	19.861	19.490	19.496	19.804	20.163	20.586	20.909
Erwerbsbeteiligung in Prozent[1)]	67,1	66,2	64,5	63,8	64,3	64,7	65,6	65,8	65,3	64,6	65,0	65,5	67,2	69,0	
Frauen	56,3	55,7	54,7	55,3	55,5	56,3	58,1	58,7	58,8	58,7	59,2	59,6	61,4	63,2	
Männer	77,6	76,4	74,0	72,1	72,8	72,9	72,9	72,8	71,7	70,4	70,8	71,4	72,8	74,7	
Erwerbsquote 15 bis 24-jährige	60,8	58,8	56,0	51,0	51,9	51,3	51,5	51,3	49,7	47,4	48,0	50,2	50,9	52,0	52,7
Erwerbsquote 55 bis 64-jährige	38,8	39,4	40,6	45,2	44,1	45,0	42,9	42,9	43,3	43,1	47,8	52,1	54,9	57,2	58,7
Arbeitslosigkeit in Prozent[3)]	5,6	6,7	8,5	9,9	9,0	9,3	7,8	7,9	8,6	9,3	10,3	11,2	10,4	8,7	7,5
Frauen	7,0	8,4	10,1	10,6	9,6	9,8	8,1	7,9	8,3	8,8	10,0	10,9	10,2	8,8	7,7
Männer	4,6	5,5	7,3	9,4	8,4	8,9	7,6	7,8	8,8	9,7	10,6	11,5	10,5	8,6	7,5
Anteil Langzeitarbeitslose[1)]	31,6	33,5	44,3	50,1	47,8	52,6	51,5	50,4	47,9	50,0	51,8	54,1	57,3	56,6	53,4

Tabelle 19: (Fortsetzung) Beschäftigungsstruktur in Deutschland seit 1991

	1991	1992	1994	1997	1996	1998	2000	2001	2002	2003	2004	2005	2006	2007	2008
Zivile Beschäftigung in Prozent [1]	67,1	66,2	64,5	63,8	64,3	64,7	65,6	65,8	65,3	64,6	65,0	65,5	67,2	69,0	70,2
Frauen	56,3	55,7	54,7	55,3	55,5	56,3	58,1	58,7	58,8	58,7	59,2	59,6	61,4	63,2	64,3
Männer	77,6	76,4	74,0	72,1	72,8	72,9	72,9	72,8	71,7	70,4	70,8	71,4	72,8	74,7	75,9
Beschäftigungsquote 15 bis 24-jährige	57,5	55,2	51,4	45,8	47,0	46,7	47,2	47,0	44,8	42,4	41,9	42,6	44,0	45,9	47,2
Beschäftigungsquote 55 bis 64-jährige	35,9	35,9	35,9	38,3	38,0	38,4	37,6	37,9	38,6	39,0	41,8	45,5	48,1	51,3	53,8
Anteil der Beschäftigung im Industriesektor	40,9	40,0	37,7	34,8	35,4	34,5	33,7	33,1	32,5	31,9	31,5	30,0	29,8	30,0	29,9
Frauenanteil	26,7	25,7	24,1	23,5	23,7	23,7	23,9	24,1	24,2	24,4	24,4	24,3	24,5	24,3	
Anteil der Beschäftigung im Dienstleistungssektor	55,0	56,2	59,0	62,3	61,6	62,6	63,7	64,3	65,0	65,6	66,0	67,6	67,9	67,7	67,8
Frauenanteil	53,7	53,8	53,8	54,3	54,2	54,3	55,2	55,5	55,7	55,8	55,6	55,0	55,1	55,4	
Teilzeitquote (<30 Wochenstd.) in Prozent der Beschäftigten	11,8	12,3	13,5	15,8	14,9	16,6	17,6	18,3	18,8	19,6	20,1	21,8	22,0	22,2	22,1
Frauen	25,2	26,1	28,0	31,4	29,9	32,4	33,9	35,0	35,3	36,3	37,0	39,4	39,1	39,2	38,6
Männer	2,2	2,4	3,0	4,1	3,7	4,6	4,8	5,1	5,5	5,9	6,3	7,4	7,6	7,9	8,2
Durchschnittlich realisierte Arbeitszeit pro Jahr	1.548	1.566	1.547	1.509	1.518	1.503	1.473	1.458	1.445	1.439	1.442	1.435	1.433	1.433	1.430
Anteil selbstständiger Beschäftigung	9,8	10,1	10,6	10,9	10,8	11,0	11,0	11,1	11,2	11,4	12,1	12,4	12,2	12,0	11,7
Anteil befristeter Beschäftigung	10,1	10,5	10,4	11,7	11,1	12,2	12,7	12,4	12,0	12,2	12,4	13,7	14,1	14,2	14,6

[1] der Bevölkerung im erwerbsfähigen Alter; [2] der zivilen Erwerbspersonen; [3] Arbeitslose, die länger als zwölf Monate arbeitslos sind, als Anteil and Arbeitslosen insgesamt.

Quelle: OECD (2008c; 2009g).

11.5 Zusammenfassung: Kontinuität und selektive Pfadbrüche hin zum Aktivierungsparadigma

Als Vertreter des konservativ-koroporatistischen Wohlfahrtsstaatsmodells war Deutschland zu Beginn der 1990er Jahre vergleichsweise weit von den Zielsetzungen eines aktivierenden Wohlfahrtsstaates entfernt. Zu nennen sind hier sowohl die geringe Erwerbsbeteiligung, unter anderem aufgrund der geringen Defamilarisierung der Reproduktionsaufgaben, als auch das mittlere bis hohe Dekommodifizierungsniveau im Rahmen der Status sichernden Sozialleistungen. Vor diesem Hintergrund wurden die im Sinne einer aktivierenden Arbeitsmarktpolitik formulierten Reformziele bis 2005 letztlich nur partiell verwirklicht. Die danach erfolgten Reformen vor allem in der Familienpolitik, aber auch die Einführung branchenspezifischer Mindestlöhne, deuten ebenso wie die aktuell positive Entwicklung des Arbeitsmarktes eine Fortsetzung der Transformation in Richtung eines aktivierenden Wohlfahrtsstaates an. Gleichwohl bleiben weiterhin spezifische Leerstellen in Bezug auf das idealtypische Konzept, die sich vor allem auf die vergleichsweise gering akzentuierte und zum Teil sogar explizit zurück genommenen Maßnahmen sozialer Befähigung beziehen.

Die Governance der Spannungsverhältnisse in den drei Dimensionen wohlfahrtsstaatlichen Handelns spiegelt ein weitgehend duales System wider. Entsprechen gestalten sich *erstens* die Rechte und Pflichten in Bezug auf Kommodifizierung und Dekommodifizierung für verschiedene Gruppen deutlich unterschiedlich. Für die Kernarbeiterschaft wird weiterhin im Fall der Arbeitslosigkeit eine (kurze) Phase des Status- und Einkommensschutz, einschließlich einer noch immer respektablen Arbeitsförderung im Sinne sozialer Befähigung gewährleistet. Diese Gruppe profitiert weiterhin von »privilegierten« Rechten innerhalb des Versicherungssystems. Langzeitarbeitslose, Newcomer am Arbeitsmarkt und andere eher arbeitsmarktferne Gruppen werden dagegen auf familiale Netzwerke beziehungsweise die bedürftigkeitsgeprüfte Mindestsicherung verwiesen und genießen entsprechend eingeschränkte Rechte auf Dekommodifizierung.

Ihre Kommodifizierung erfolgt – falls überhaupt – primär über die Förderung von Beschäftigungsgelegenheiten, die kein reguläres Arbeitsverhältnis begründen, sondern lediglich eine Aufwandsentschädigung zum Transfer bieten[133]. Als Alternative gilt vielfach die Vermittlung in flexible

133 Für eine partiell ähnliche Argumentation siehe Eichhorst/Marx (2009).

beziehungsweise prekäre Arbeitsverhältnisse. Die Arbeitspflicht wird entsprechend restriktiv und gleichzeitig selektiv implementiert. Die bereits an den SGB III Reformen 1998 geäußerte Kritik, dass den erhöhten Anforderungen an die Eigenverantwortung nicht die nötigen Instrumente gegenüberstehen, mit denen Arbeitnehmer/innen auch tatsächlich befähigt werden, ihrer besonderen Verantwortung gerecht zu werden (Rabe/Schmid 1999: 21), gilt daher auch in Bezug auf die Hartz-Gesetzgebung.

Entsprechen lässt sich *zweitens* das für die Aktivierungspolitik typische Muster einer Ausweitung staatlicher Gewährleistungsverantwortung bei gleichzeitiger Rücknahme der Erfüllungsverantwortung in Deutschland nur bedingt erkennen. Da die Erfüllungsverantwortung des (Zentral-) Staates im Einklang mit dem Subsidaritätsprinzip in Deutschland ohnehin gering ausgeprägt war, wurde diese im Zuge der Reformen lediglich geringfügig weiter abgebaut. Als wesentliche Veränderung ist dagegen die mittlerweile geringe Bedeutung der betragsfinanzierten Transfers für Arbeitslose beziehungsweise erwerbsfähige Hilfebedürftige zu sehen. Eintsprechend stieg die staatliche Finanzierunsverantwortung für die bedürftigkeitsgeprüften Leistungen. Ein klares Scheitern reflexiver Steuerung ist dabei in Bezug auf die Vereinheitlichung der Arbeitsverwaltung und Arbeitsförderung für alle Arbeitslosen und der damit einhergehenden nur geringfügigen Verbesserung der Dienstleistungen zur Förderung der Beschäftigungsfähigkeit zu konstatieren.

Die Gewährleistung der Arbeitsmarktteilhabe wurde kaum ausgebaut, da es im Rahmen der Arbeitsmarktpolitik selbst keine konkrete Aktivierungsgarantie gibt und die Maßnahmen der Arbeitsförderung – ausgehend von einem mittleren bis hohen Niveau – vor allem in den letzten Jahren zurück genommen wurden. Die Ausweitung flexibler Arbeitsformen betrifft zwar in der Tat die eher arbeitsmarktfernen Gruppen, da sie die angenommene Brückenfunktion zum »Normalarbeitsverhältnis« jedoch nur sehr bedingt erfüllen, tragen sie vielfach zur dauerhaften Prekarisierung bei. Allein für Mütter beziehungsweise Eltern stiegen die Chancen der Arbeitsmarktteilhabe durch die Ausweitung familienpolitischer Leistungen. Dabei blieb jedoch die Inkohärenz der institutionellen Anreize für die Arbeitsmarktteilhabe bestehen.

Unter anderem in Folge dieser Politik nimmt *drittens* die Ungleichverteilung beziehungsweise Polarisierung der Erwerbs- und Einkommenschancen in Deutschland zu. Diese vollzieht sich unter anderem entlang der

Merkmale Geschlecht beziehungsweise Elternschaft sowie regional als West-Ost-Gefälle (Übersicht 13).

Bis 2005 wurde das Aktivierungsparadigma in Deutschland in nur residualer Form verwirklicht. Dabei wird keiner der beiden idealtypischen Aktivierungsvarianten gefolgt. Die Förderung von Beschäftigungsfähigkeit baut primär auf die Flexibilisierung der Arbeitsformen. Der institutionelle Wandel wie auch die Arbeitsmarktstrukturen sind durch die Kontinuität der Leistungen des Versicherungssystems und das Normalarbeitsverhältnis einerseits sowie den Ausbau der Mindestsicherung und der Flexibilisierung der Arbeitsformen andererseits geprägt. Da entsprechende Entwicklungen in der vergleichenden Forschung als typisch für konservativ-korporatistische Wohlfahrtsstaaten gelten (Palier 2010a; Palier/Thelen 2010; siehe auch Dingeldey 2010; Gottschall 2008; 2010), ist das entsprechende Muster der institutionellen und strukturellen Dualisierung möglicherweise als spezifische Aktivierungsvariante dieser Ländergruppe zu sehen.

Die Einschätzung, die konservativen Wohlfahrtsstaaten verfolgten Einsparungen (Cost-Containtment) und institutionelle Anpassungen (Recalibration in Form von Updating) als zentrale Reformstrategien (Pierson 2001b), kann anhand der deutschen Entwicklung bis 2005 und danach nur bedingt bestätigt werden. Während Cost-Containment in der Tat als klarer Trend erkennbar ist (siehe Rückgang der Ausgaben für Arbeitsmarktpolitik; Tabelle 18), beinhaltete die residuale Transformation zum aktivierenden Wohlfahrtsstaat in der Arbeitsmarktpolitik bis 2005 und darüber hinaus eine Kombination aus Kontinuität und zahlreichen selektiven Pfadbrüchen. Letztere bestehen in der Aufhebung des Statusschutz für vormalige ALH-Bezieher im Rahmen der bedürftigkeitsgeprüften Grundsicherung, der Verschärfung des Arbeitszwangs für die vormaligen ALH-Bezieher, der zunehmenden Dominanz steuerfinanzierter Leistungen für Arbeitslose wie auch in der partiellen Aufgabe der traditionellen Orientierung am Normalarbeitsverhältnis im Rahmen der expliziten und intensiven Förderung der flexiblen Beschäftigungsformen. Ambivalent erscheint bislang der »Bruch« mit dem Leitbild des männlichen Ernährermodells. Im Widerspruch sowohl zur früh etablierten und bis dato – quasi als Regimemerkmal – gut ausgebauten aktiven Arbeitsförderung als auch zur Aktivierungsrhetorik steht der Rückbau der Weiterbildung.

Charakteristisch für das Reformprofil der deutschen Arbeitsmarktpolitik erscheinen damit institutioneller Wandel in Form von Layering, also das Schaffen neuer Institutionen, während Alte fortbestehen (Streeck/Thelen

2005: 18ff.), kombiniert mit einem partiellen Scheitern von Reformversuchen. Entsprechend sind insbesondere die aufgezeigten Ambivalenzen von Kontinuität und Wandel besonders erklärungsbedürftig.

Übersicht 13: Das Profil der deutschen Arbeitsmarktpolitik 1998 und 2005 im Vergleich

	unmittelbar vor 1998	2005
1. Steuerung individueller Arbeitsmarktteilhabe		
Arbeitslosengeld (Dauer und Lohnersatzquote)	1 Jahr (36 Monate für ältere Arbeitslose); 60 bzw. 67 Prozent d. vorherigen Einkommens	1 Jahr (18 Monate für ältere Arbeitslose; ab 2008 erneut 24 Monate) 60 bzw. 67 Prozent des vorherigen Einkommens
Arbeitslosenhilfe/ Sozialhilfe/ ALG II	im Anschluss bedürftigkeitsgeprüfte ALH, niedrigere Ersatzquote, unbefristet für alle anderen bedürftigkeitsgeprüfte Sozialhilfe	danach ALG II als bedürftigkeitsgeprüfte Mindestsicherung für alle Erwerbsfähigen
Arbeitspflicht	Berufsschutz, geringe Arbeitspflicht für ALG und ALH-Bezieher obligatorische Aktivierung von Sozialhilfeempfängern möglich	kein Berufsschutz, Schwächung des Entgeltschutzes obligatorische Aktivierung für ALG II-Empfänger selektiv
Befähigung (arbeitsmarkt- und familienpolitische Dienstleistungen, Erwerbsanreize)	geringe Qualität von Vermittlung, Beratung hoher Umfang und gute Qualität von Weiterbildung u. Arbeitsförderung geringe finanzielle Erwerbsanreize mittlere Kinderbetreuungsquote, überwiegend Teilzeit	mäßiger Ausbau der Vermittlung u. Beratung Abbau von Weiterbildung und Arbeitsförderung massiver Ausbau von flexiblen, prekären Beschäftigungsformen; geringer Ausbau finanzieller Erwerbsreize mäßiger Ausbau d. Kinderbetreuung Kinderbetreuungsquote knapp 16 % bei < 3-jährige; rund 100 % für >3 bis 6-jährige, wenig bei Älteren; weiterhin Teilzeit

Übersicht 13 (Fortsetzung): Das Profil der deutschen Arbeitsmarktpolitik 1998 und 2005 im Vergleich

	unmittelbar vor 1998	2005
2. Reorganisation der Arbeitsverwaltung und Weiterbildung sowie Koordination mit familienpolitischer Intervention		
Governance-Modi	Hierarchie Co-Governance	(+) Hierarchie (-) Co-Governance (+) Wettbewerb
Gewährleistungs-verantwortung	Zentralstaat Parafiskus	Zentralstaat (-) Kooperation (Tarifpartner)
Finanzierungs-verantwortung	Beiträge Zentralstaat und Kommunen: Steuern	(-) Beiträge (+) Steuern
Erfüllungs-verantwortung	Primär staatliche Arbeitsverwaltung und –vermittlung; korporatistische u. marktliche Anbieter von Arbeitsförderung	(-) Staatliche Organisationen (+) marktliche Akteure bei Arbeitsvermittlung
Reflexive Steuerung	auf männliches Ernährermodell ausgerichtet	Anreize sowohl für männliches Ernährermodell als auch Zweiverdienermodell geringe reflexive Steuerung bei Reorganisation der Arbeitsverwaltung
3. Soziale Umverteilung in Bezug auf Muster der Erwerbsbeteiligung		
Erwerbsbeteiligung Arbeitslosigkeit und Beschäftigungsmuster	geringe Erwerbsbeteiligung geringes Beschäftigungsniveau hohe Arbeitslosigkeit mittleres Niveau von Teilzeitarbeit hohe geschlechtsspezifische Erwerbsdifferenz	gestiegene aber weiter geringe Erwerbsbeteiligung geringes Beschäftigungsniveau, hohe Arbeitslosigkeit, Sinkend ab 2005 Zunahme von Teilzeitarbeit leichte Angleichung der geschlechtsspezifischen Erwerbsteilhabe insg. Polarisierung bei Erwerbsteilhabe, Arbeitszeiten und Einkommen

(+) = zunehmende Bedeutung; (-) = abnehmende Bedeutung.
Quelle: Eigene Darstellung.

12. Konvergente Divergenz: Der aktivierende Wohlfahrtsstaat und seine Varianten

Die Ergebnisse der Länderstudien werden im Folgenden in Form eines Zwischenresümees gebündelt und vergleichend interpretiert. Ziel ist es, anhand der vorliegenden Ergebnisse zum Wandel der Arbeitsmarktpolitik in Dänemark, Großbritannien und Deutschland die ersten beiden der eingangs formulierten Fragen(komplexe) zu beantworten beziehungsweise die dazu formulierten Hypothesen zu bestätigen, einzuschränken oder zurückzuweisen. Dabei wird in einem ersten Schritt auf die Frage nach dem Paradigmenwechsel hin zum aktivierenden Wohlfahrtsstaat und dem damit implizierten Wandel von Governance eingegangen. Der zweite Schritt fasst die Ergebnisse zur Frage nach einem konvergenten respektive divergenten wohlfahrtsstaatlichen Wandel zusammen. Mittels der vergleichenden Gegenüberstellung der verschiedenen Varianten aktivierender Arbeitsmarktpolitik und der länderspezifischen Reformprofile wird die »abhängige Variable« skizziert. Abschließend wird der in Bezug auf die länderspezifischen Entwicklungen bereits dargestellte Erklärungsbedarf aus einer vergleichenden Perspektive formuliert.

Die normativen Sozialstaatsentwürfe des Social Investment State, des aktivierenden Staates wie auch die bereits stärker empirisch fundierten Skizzen neuer Sozialstaatsparadigmen in Form des Enabling State sowie des Workfare State konstatieren umfassende qualitative Veränderungen des Wohlfahrtsstaates. Das hier gewählte spezifische Design einer empirisch vergleichenden Analyse zur Arbeitsmarktpolitik und die sie flankierenden Politikfelder, welche die Veränderung der Spannungsverhältnisse in den drei Dimensionen wohlfahrtsstaatlichen Handelns in den Mittelpunkt stellt, hat sich dabei als äußerst hilfreich erwiesen, die Realisierung der in diesen Entwürfen skizzierten Zielvorstellungen beziehungsweise Entwicklungstrends zu überprüfen und eine erweiterte Perspektive auf den Wandel des Wohlfahrtsstaates zu entwickeln.

Die für die untersuchten Länder skizzierten Veränderungen der Ziele, der Institutionen beziehungsweise der Outputs sowie der Outcomes im Bereich der Arbeitsmarktpolitik und flankierender Politikfelder bestätigen weitgehend die in der vorliegenden Arbeit formulierte Hypothese eines wohlfahrtsstaatlichen Paradigmenwechsels

1. *Die Arbeitsmarktpolitik in den verschiedenen Ländern wird in Anlehnung an das Paradigma des aktivierenden Wohlfahrtsstaates umgebaut (Restructuring). Dies geht mit einem Wandel von Governance im Sinne eines Gewährleistungsstaates einher.*

Die mit der Umsetzung des neuen Paradigmas in den drei Untersuchungsländern vollzogenen Veränderungen lassen sich entlang der drei Dimensionen wohlfahrtsstaatlichen Handelns darstellen. Den dazu formulierten Teilhypothesen entsprechend sind die erzielten Ergebnisse weiter zu spezifizieren.

1a. *Die Governance individueller Erwerbsteilhabe verändert sich in Form einer Rücknahme des Rechts auf Dekommodifizierung und einer Ausweitung des Rechts auf Arbeitsmarktteilhabe, was dialektisch mit der Ausweitung der Pflicht zur Kommodifizierung verbunden ist.*

Diese Teilhypothese bestätigt sich voll, da das Recht auf Dekommodifizierung in allen drei Ländern eingeschränkt wird. Es kommt überall zu Kürzungen der Höhe und/oder der Bezugsdauer von Transferleistungen bei Arbeitslosigkeit. Insbesondere in Großbritannien und Deutschland ist eine zunehmende Bedeutung bedürftigkeitsgeprüfter Transfers zu beobachten. Ebenfalls erfolgt eine Ausweitung der Maßnahmen sozialer Befähigung im Sinne einer Förderung der Beschäftigungsfähigkeit (bis hin zur Gewährung expliziter Rechtsansprüche auf einzelne Maßnahmen, einschließlich der Kinderbetreuung). Dies ist aufs engste mit einer Verschärfung der Arbeitspflicht in Form obligatorischer Aktivierung beziehungsweise der Konditionalisierung von Transferleistungen verbunden. Eine weitere Gemeinsamkeit ist dabei, dass die Beziehung zwischen Sozial-staat und Individuen in allen Ländern kontraktförmig gestaltet wird. Differenzen hinsichtlich des Niveaus der Transferleistungen, des Umfangs der Beschäftigungsförderung und der »Universalität« der Arbeitspflicht bleiben gleichwohl bestehen.

1b. *Der (Zentral-) Staat zieht sich beim Erbringen wohlfahrtsstaatlicher Leistungen (Vollzug) zurück und hierarchische Interventionen werden vielfach durch Wettbewerb und Co-Governance ersetzt. Dies geht einher mit einer Ausweitung staatlicher Gewährleistungsverantwortung, die unter anderem über die Zunahme regulativer und reflexiver Formen der Governance umgesetzt wird.*

Diese These gilt ebenfalls als weitgehend bestätigt. Es zeigte sich in allen drei Ländern ein Wandel von Governance in Form des Rückzugs des (Zentral-) Staates in Bezug auf das Erbringen wohlfahrtsstaatlicher Leistungen zu Gunsten dezentraler staatlicher Akteure beziehungsweise privater kollektiver Akteure (marktförmige oder Dritter-Sektor-Akteure). Als Governance-Modi nehmen Wettbewerb und Formen von Co-Governance massiv zu. Dabei wird die Herausbildung eines Governance-Mix nicht nur beim Erbringen wohlfahrtsstaatlicher Leistungen, sondern auch bei der Finanzierung der Leistungen in allen drei Untersuchungsländern deutlich. In Deutschland und Großbritannien findet eine Ausweitung rein steuerfinanzierter Leistungen sowie – vermittelt über die verschärften Bedürftigkeitsprüfungen – individueller beziehungsweise familialer Finanzierung des Lebensunterhalts von Arbeitslosen statt. Umgekehrt wurde im überwiegend steuerfinanzierten System Dänemarks die Finanzierung über Arbeitnehmerbeiträge ausgeweitet. Das in allen drei Ländern bis 2008 zu beobachtende Sinken der Ausgaben für Arbeitsmarktpolitik als Anteil am BIP ist dabei sowohl auf Kürzungen als auch auf das Sinken der Arbeitslosigkeit zurück zu führen.

Die Steigerung der Eigenverantwortung der Individuen ergab sich indirekt über den Entzug von finanziellen Leistungen. Darüber hinaus können eingeräumte Wahlmöglichkeiten im Rahmen der Kooperation mit den Arbeitsverwaltungen, zum Beispiel hinsichtlich der Aktivierungsoptionen in Dänemark und Großbritannien, oder auch die Einführung von Leistungsgutscheinen und individuellen Budgets in der Bundesrepublik als Individualisierung beziehungsweise Steigerung der Eigenverantwortung betrachtet werden.

Die Ausweitung staatlicher Gewährleistungs- und Regulierungsverantwortung bestätigt sich ebenfalls. Diese ergibt sich einerseits durch die im Zuge von Privatisierungen weiterhin bestehenden oder zunehmenden Regulierungsaufgaben. Ferner beinhaltet die Verwirklichung des Ziels der Beschäftigungsfähigkeit eine Zunahme reflexiver Steuerung, indem vor allem in Dänemark und Großbritannien verschiedene Maßnahmen und Instrumente zur umfassenden Gestaltung des sozialen Kontextes Ressort- und

Politikfeld übergreifend koordiniert werden - und bis 2008 auch die Leistungsverwaltung weitgehend vereinheitlicht wird. Als partielle Ausnahme ist hier allein die Entwicklung in Deutschland zu betrachten, wo die Steigerung politikfeldübergreifender Koordination im Hinblick auf die Gewährleistung einer umfassenden Erwerbsteilhabe bislang noch äußerst mangelhaft entwickelt ist.

1c. *Es kommt zu einer Ausweitung der Erwerbsbeteiligung, die jedoch mit unterschiedlichen Mustern der Arbeitsmarktteilhabe unter anderem nach Geschlecht beziehungsweise Elternschaft einhergeht.*

Diese These ist eingeschränkt zu bestätigen. Eine allgemeine Ausweitung von Kommodifizierung im Sinne einer Zunahme der Erwerbsbeteiligung und Beschäftigung war nur bedingt zu beobachten: Bis 2005 wurde in den untersuchten Ländern das zu Beginn der 1990er Jahre beziehungsweise vor Beginn der Aktivierungspolitik erreichte hohe Niveau der Erwerbsbeteiligung (in Prozent der Bevölkerung im erwerbsfähigen Alter) nicht wiedererlangt und das entsprechende Beschäftigungsniveau nur geringfügig überschritten. Dafür spricht auch, dass zu diesem Zeitpunkt in allen untersuchten Ländern (wie auch in anderen OECD-Ländern) noch immer circa ein Fünftel der Bevölkerung im erwerbsfähigen Alter Transferleistungen bezog (Eichhorst/Konle-Seidl 2008: 24). Allein für die hier fokussierte Gruppe der Mütter mit betreuungsbedürftigen Kindern kann in allen drei Ländern eine kontinuierliche Ausweitung der Erwerbsbeteiligung und Beschäftigung bestätigt werden.

Eine insgesamt positive Bilanz mit Blick auf Erwerbsbeteiligung und Beschäftigung als Indikatoren für Kommodifizierung ist (im Vergleich zum Beginn der 1990er Jahre) allein für Dänemark und Deutschland in der Phase zwischen 2005 und 2008 zu ziehen. In Großbritannien wurde selbst in dieser Phase das alte Niveau nur knapp erreicht. Bis 2005 blieb allein in Deutschland die Arbeitslosigkeit auf kontinuierlich hohem Niveau, während in Großbritannien und Dänemark der Bezug von Erwerbsunfähigkeitsrenten oder anderen Transfers hohe Relevanz hatte (Erlinghagen/Knuth 2009).

Die Bilanz der Kommodifizierung muss auch in Bezug auf die Erwerbsmuster konkretisiert werden. Der (Wieder-) Aufbau der Beschäftigung fand vor allem in Deutschland, aber auch in Großbritannien, durch eine Ausweitung der Teilzeitbeschäftigung statt, so dass hier die erhöhte Zahl von Beschäftigten mit einem partiell geringen Umfang der Arbeitsmarktintegration korreliert. In Dänemark dagegen stagnierte der Teilzeitanteil weitgehend, so dass die Zunahme der Arbeitsmarktintegration primär in Vollzeit erfolgte.

Dabei zeigte sich ein Zusammenhang zwischen dem Umfang reflexiver Steuerung und der Spezifik der Erwerbsmuster: So gehen die nur partiell implementierten oder gescheiterten Formen reflexiver Steuerung in Bezug auf die Koordination von Arbeitsmarkt-, Familien- und Steuerpolitik in Deutschland mit einer zunehmenden Polarisierung der Erwerbsteilhabe und der Arbeitszeitmuster unter anderem nach Elternschaft und Geschlecht einher. Großbritannien konnte durch die erfolgreiche Koordination von In-Work-Benefits und Mindestlohn immerhin eine Zunahme der Arbeitsmarktintegration und eine Reduzierung der Einkommensdifferenzen erreichen. Allein die umfassende reflexive Steuerung der Maßnahmen sozialer Befähigung in Dänemark unterstützt dagegen zunehmend egalitäre Erwerbsmuster von Frauen und Männern respektive Kinderlosen und Eltern. Damit scheint der Umfang reflexiver Steuerung beziehungsweise die Koordination von Arbeitsmarkt- und Familienpolitik mit dem Ziel der Förderung von Beschäftigungsfähigkeit für alle eine wichtige Voraussetzung für das Erreichen von Gleichheit in Bezug auf die Arbeitsmarktpartizipation zu sein.

Die Ergebnissen bestätigen die im Forschungsstand zur vergleichenden Wohlfahrtsstaats- und Arbeitsmarktforschung dargestellten Thesen, welche einen Umbau des Wohlfahrtsstaates konstatieren (Clasen 2005; Pierson 2001b) und einen universellen Rückbau des Wohlfahrtsstaates negieren. Die nur bedingt erfolgreiche Reduzierung der Zahl der Transferempfänger in allen drei untersuchten Ländern kann als punktuelle Bestätigung der These wohlfahrtsstaatlicher Konsolidierung gewertet werden (Castles 2004; 2007; Pierson 1994). Die mit der Entwicklung von Lohnersatzleistungen belegte (Korpi/Palme 2003) und vor allem in der Social Citizenship Debatte betonte These der Rücknahme des Rechtes auf Dekommodifizierung (Goul Andersen/Jensen 2002a; Goul Andersen u.a. 2005), muss dahingehend konkretisiert werden, dass beispielsweise in Dänemark und Großbritannien die Einschränkung des Zugangs zu Transfers aufgrund von Arbeitslosigkeit, wie auch Kürzungen von Höhe und Dauer entsprechender Leistungen partiell durch die »Öffnung« anderer Transferleistungen »kompensiert« wurden. Die These ist daher im Hinblick auf die deutlich schlechteren »Konditionen« des Transferleistungsbezugs bei Arbeitslosigkeit richtig, muss jedoch hinsichtlich der Entwicklung der Optionen des

Transferleistungsbezugs beziehungsweise hinsichtlich der Zahl der Transferleistungsempfänger im erwerbsfähigen Alter insgesamt in Frage gestellt werden.

Ferner bestätigt die vorangegangene Analyse, dass Kürzungen und Einschränkungen der Transfers bei Arbeitslosigkeit in allen Ländern mit einer Ausweitung von sozialen Dienstleistungen gekoppelt wurden. Damit wird einerseits die in einigen quantitativen Studien dargelegte Ausgabenverlagerung zwischen verschiedenen Ressorts und Leistungsarten bestätigt (Obinger/Starke 2009). Andererseits bieten die hier aufgezeigten Ergebnisse letztlich dezidierte Erklärungen für die in weiteren quantitativen Studien aufgezeigte Verstetigung beziehungsweise gar das Wachstum wohlfahrtsstaatlicher Ausgaben (Castles 2004; 2007).

Mit Bezug auf die Social Citizenship Debatte muss ferner festgehalten werden, dass die sozialen Rechte in Form der Gewährleistung von Beschäftigungsfähigkeit klar erweitert wurden. Die durch den Sozialstaat eröffneten Chancen zur sozialen Teilhabe sind jedoch mit der ebenfalls durch den Sozialstaat induzierten (und kontrollierten) Verpflichtung verbunden, die angebotenen Chancen – in Form von Co-Governance – auch wahrzunehmen. Die Erweiterung der Eigenverantwortung der Individuen zieht damit – paradoxerweise – eine Erweiterung staatlicher Intervention im Sinne von Kontrollen und Work-Tests nach sich. Die hier anhand des Vergleichs der Aktivierungspolitik nachgewiesene Dialektik zwischen dem Recht auf Arbeit und dem Zwang zur Arbeit wirft Fragen nach den normativen Grundlagen für die konkrete Ausgestaltung der Governance von Kommodifizierung auf, die letztlich eine Erweiterung des Diskurses über soziale Rechte und Social Citizenship erfordern (siehe Teil V).

Die mit der (obligatorischen) Aktivierung einhergehende Gewährleistung von Aktivierungsangeboten – oder auch die Einlösung des Rechts auf Arbeit – begründet letztlich eine Rolle des Staates als Employer of Last Resort (Dingeldey 2008; Schmid 2004). Dieser Rolle beziehungsweise der entsprechenden Ausweitung des staatlichen Gewährleistungsanspruchs versuchten Dänemark und Großbritannien gerecht zu werden, indem sie eine weitgehend universelle Aktivierung aller als arbeitslos kategorisierten Personen einführten, die mit »garantierten« Arbeitsangeboten verbunden ist. Gleichzeitig muss jedoch betont werden, dass bis 2005 damit zwar alle Arbeitslosen, aber nur ein Teil der Transferleistungsempfänger im erwerbsfähigen Alter »angesprochen« wurden, da zum Beispiel Erwerbsunfähigkeitsrenten weiter eine zentrale Bedeutung hatten. In Deutschland sind

Transferempfänger im erwerbsfähigen Alter überwiegend in den Transfersystemen für Erwerbslose zusammengefasst, ohne dass es eine generelle Aktivierungsgarantie gibt. Aus dieser Perrspektive blieben selbst in Dänemark – und noch stärker in Großbritannien - bestimmt Gruppen vom »Recht auf Aktivierung« beziehungsweise der entsprechenden Pflicht ausgenommen.

Die aus vergleichender Perspektive formulierte Hypothese zum wohlfahrtsstaatlichen Wandel kann anhand der vorliegenden Analyse ebenfalls uneingeschränkt bestätigt werden:

2. *Veränderungen entlang des neuen Paradigmas gehen mit einer Parallelität konvergenter und divergenter Entwicklungen einher, die in der Herausbildung unterschiedlicher Varianten der Aktivierungspolitik münden.*

Die hier als konvergente Divergenz bezeichnete wohlfahrtsstaatliche Entwicklung macht deutlich, dass ähnliche Entwicklung, die im Zuge der Verwirklichung der Ziele des Paradigmenwechsels zu beobachten sind, letztlich auf unterschiedlichen »Wegen« verwirklicht werden. Die diesbezüglich formulierten Teilhypothesen wurden durch die vergleichenden Ergebnisse allesamt bestätigt, lassen sich aber weiter konkretisieren.

2a. *Durch das Aktivierungsparadigma werden in den verschiedenen Wohlfahrtsstaatsregimen »gleichgerichtete« Entwicklungen (Konvergenz der Entwicklungsdynamik) ausgelöst, dabei aber unterschiedliche »Wege« über unterschiedliche Prioritäten bei der Instrumentenwahl verfolgt (Divergenz der Outputs und Outcomes).*

Da Esping-Andersen (1990) seine Regimedifferenzierung in starkem Maße an den verschiedenen »reinen« Typen der Governance der Wohlfahrtsproduktion orientierte, tritt deren zunehmende Auflösung zu Gunsten eines Governance-Mix als wohlfahrtsstaatliche Konvergenz hervor. Ferner zeigt sich aber auch das Ausbleiben von Wandel in Bezug auf spezifische Aspekte als konvergentes Phänomen, wie zum Beispiel der kontinuierlich hohe Umfang der Personen im Transferleistungsbezug. Darüber hinaus bestätigt der detaillierte Ländervergleich, dass eine Entwicklung in die »gleiche Richtung« nicht notwendigerweise zu gleichen Resultaten führt (siehe Abbildung 12).

Die detaillierte Analyse der Spannungsverhältnisse wohlfahrtsstaatlichen Handelns hat ferner bislang unbekannte Zusammenhänge deutlich gemacht, nämlich

- dass Kommodifizierung und Dekommodifizierung sich nicht im Rahmen einer Art »Nullsummenspiel« entwickeln, das heißt dekommodifizierende Maßnahmen nicht in gleichem Maße abnehmen wie die Förderung der (Re-) Kommodifizierung zunimmt;
- dass der Umfang der sozialen Befähigung zur Arbeitsmarktteilhabe dialektisch mit dem Ausweitung der Arbeitspflicht verbunden ist, das heißt dort hoch ist, wo auch die Beschäftigungsfähigkeit hoch ist;
- dass der Einsatz der Instrumente, mit denen Kommodifizierung gefördert respektive Aktivierung realisiert wird, in starkem Maße mit den etablierten wohlfahrtsstaatlichen Institutionen und Traditionen korrespondiert.

Im Ergebnis wurde im dänischen Fall ein hohes Maß sozialer Befähigung mit einem hohen Niveau dekommodifizierender Leistungen und einer extrem strikten Regulierung der Arbeitspflicht kombiniert, um eine weitgehend universelle Arbeitsmarktteilhabe zu »gewährleisten«. Dagegen setzte der Ausbau finanzieller Erwerbsanreize in Großbritannien letztlich ein (bereits vorher bestehendes) geringes Niveau der Dekommodifizierung voraus. Die von Aktivierung betroffene Personengruppe war zunächst eng definiert, wurde jedoch ständig erweitert. Entsprechend nahm auch die Implementation der Arbeitspflicht erst allmählich zu, wobei das dänische »Niveau« noch bei weitem nicht erreicht ist. In Deutschland wurde dagegen einerseits eine »fürsorgende« Arbeitsmarktpolitik für die Kernarbeiterschaft weitgehend fortgesetzt, wobei ein vergleichsweise hohes Niveau der Dekommodifizierung mit einer durchaus noch guten Beschäftigungsförderung und einer geringen Arbeitspflicht verbunden sind. Andererseits wurden die arbeitsmarktpolitischen »Randgruppen« auf ein geringes Dekommodifizierungsniveau im Rahmen der Mindestsicherung verwiesen. Arbeitsmarktintegration erfolgt für diese Gruppen primär über flexible und prekäre Arbeitsverhältnisse. Die Dialektik von Befähigung und Zwang zeigt sich für diese Gruppen in einer weitgehend residualen Förderung und einer nur selektiv implementierten Arbeitspflicht. Vor allem bei den Arbeitsgelegenheiten (Ein-Euro-Jobs) gehen letztlich beide Elemente Hand in Hand.

Die konkrete Realisierung der Ziele des neuen wohlfahrtsstaatlichen Paradigmas erfolgte damit in starker Abhängigkeit von den in den verschiedenen Wohlfahrtsregimen bereits bestehenden Institutionen: Neue Instrumente wurden weitgehend selektiv im Hinblick auf die Passfähigkeit mit den bereits bestehenden Institutionen ausgewählt.

Abbildung 12: Veränderung des Spannungsverhältnisses von Kommodifizierung und Dekommmodifizierung

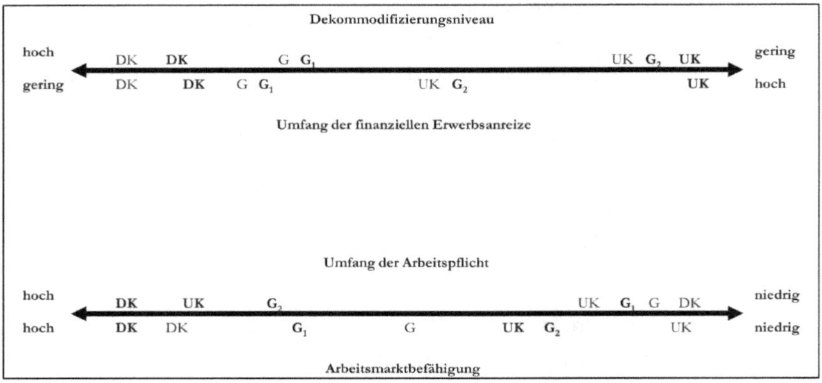

normal = vor der Reform; **Fett** = Aktivierungspolitik Stand 2005; G_1 = ALG I- Bezieher in der BRD; G_2 = ALG II-Bezieher.
Quelle: Erweiterung von Dingeldey (2007a).

Übersicht 14 stellt im Detail dar, dass einzelne Reformelemente aufgrund der unterschiedlichen Regimeeigenschaften in den verschiedenen Ländern wiederum jeweils unterschiedlich als inkrementelle Veränderungen oder Pfadbrüche einzustufen sind.

Die mit dem Paradigmenwechsel vollzogenen Veränderungen in den einzelnen Ländern bestehen demnach aus einem Patchwork von inkrementellen und partiell pfadabweichenden Reformen, die in jedem Regime jeweils anders gelagert sind und das je spezifische Reformprofil ausmachen. Das in der vergleichenden Forschung vielfach vorherrschende Verständnis wohlfahrtsstaatlichen Wandel alternativ als pfadbrechend oder pfadabhängig zu charakterisieren, muss aufgrund dieses Ergebnisses in Frage gestellt und zu Gunsten der Idee von »Bounded Innovation« (Thelen 2003) revidiert werden. Die oben formulierte Teilhypothese kann entsprechend bestätigt werden:

2b. *Die länderspezifischen Reformprofile zeigen eine Kombination aus inkrementellen und pfadabhängigen Reformen in Kombination mit partiell pfadbrechenden Veränderungen.*

Übersicht 14: Reformprofile im Vergleich

	Inkrementelle und pfadabhängige Veränderungen	Partielle Pfadbrüche	Nicht realisierte Pfadbrüche
DK	Kürzung d. Leistungsdauer/ Aufrechterhalten eines hohen Niveaus bei »Insidern« des dänischen Arbeitsmarktes reflexive Gewährleistung der Arbeitsmarktteilhabe Ausweitung des Adult Worker Models	Universalisierung der Arbeitspflicht Privatisierung der Leistungserbringung Zusammenführung der Leistungsverwaltung	Allgemeine Kürzung des Leistungsniveaus
UK	Geringes Leistungsniveau Zielgruppenorientierung/ Armutsbekämpfung Zunahme Arbeitszwang Privatisierung der Leistungserbringung	Zusammenführung der Leistungsverwaltung reflexive Gewährleistung der Arbeitsmarktteilhabe Partielle Abkehr vom Ernährermodell	Erhöhung des allg. beruflichen Qualifikationsniveaus
BRD	ALG I –Leistungen Privatisierung der Leistungserbringung Arbeitspflicht für Sozialhilfeempfänger	ALG II: Ende Statusschutz für Langzeitarbeitslose Dominanz steuerfinanzierter Arbeitslosentransfers Partielle Abkehr vom Normalarbeitsverhältnis und vom Ernährermodell Kürzung Weiterbildung	Reflexive Gewährleistung der Arbeitsmarktteilhabe für alle Zusammenführung der Leistungsverwaltung

Quelle: Eigene Darstellung.

Die Herausbildung unterschiedlicher Varianten des aktivierenden Wohlfahrtsstaates geht einerseits auf die bestehenden Regimedifferenzen zurück, die bereits entlang des Paradigmas des fürsorgenden Wohlfahrtsstaates entwickelt wurden (Abschnitt 6.2 respektive Übersicht 6). Andererseits werden sie durch die je spezifischen Aktivierungsstrategien konstituiert, die sich als Folge der spezifischen Profile inkrementeller und pfadbrechender Veränderungen bei der Umsetzung der Aktivierungspolitik ergeben. Die spezifischen Typen institutionellen Wandels (Streeck/Thelen 2005) variieren dabei weitgehend in Abhängigkeit der Nähe der bereits bestehenden Institutionen zum neuen Paradigma. Entsprechend dominierten in Dänemark »Conversion«, vereinzelt kombiniert mit »Displacement«, während im Vereinigten Königreich »Displacement« zentral war. Die nur residuale

Umsetzung des neuen Paradigmas in Deutschland beziehungsweise die damit einhergehende institutionelle Dualisierung ergaben sich durch selektives Implementieren der neuen Ziele (weitgehendes Ausklammern bestimmter Institutionen und Leistungen), das partielle Scheitern bestimmter institutioneller Reformen und institutionelle Reformen im Sinne von »Layering«.

Die von Esping-Andersen (1990, 1996c) skizzierten Regimetypen bleiben damit auch nach den Reformen im Sinne des Aktivierungsparadigmas grundsätzlich bestehen. Unter Anwendung der eingangs entwickelten Kategorien zur Unterscheidung der jeweiligen Ausprägungen der Spannungsverhältnisse in den verschiedenen Dimensionen wohlfahrtsstaatlichen Handelns ist auch die folgende Teilhypothese zu bestätigen und kann durch die nachfolgende Charakterisierung der Aktivierungsvarianten konkretisiert werden.

2c. *Die entstehenden Aktivierungsvarianten unterscheiden sich durch unterschiedliche Varianten der Governance der individuellen Erwerbsteilhabe, das Ausmaß reflexiver Steuerung und dadurch beeinflusste Erwerbsmuster.*

Für Dänemark und Großbritannien kann jeweils eine weitgehende Übereinstimmung der Entwicklung mit den eingangs idealtypisch skizzierten Varianten aktivierender Wohlfahrtsstaatspolitik »umfassende soziale Befähigung« respektive »Making Work Pay« (Kapitel 6.2, Übersicht 7) bestätigt werden, die entlang der drei Dimensionen wohlfahrtsstaatlichen Handelns definiert wurden. Bedingt durch die nur residuale Umsetzung des Aktivierungsparadigmas beziehungsweise die Dualisierung der Governance der Arbeitsmarktteilhabe lässt sich Deutschland keiner dieser beiden Varianten eindeutig zuordnen (Übersicht 16).

Die Aktivierungsvariante *»umfassende soziale Befähigung« in Dänemark* zeichnet sich durch ein hohes Maß an reflexiver Steuerung in Bezug auf soziale Befähigung aus, beinhaltet gleichwohl weiterhin ein hohes Niveau der Dekommodifizierung, eine umfassende Arbeitspflicht, und geht mit einer zunehmend egalitären Arbeitsmarktteilhabe einher. Eine massive Schlechterstellung, einschließlich der Anwendung direkter Workfare (Verknüpfung bedürftigkeitsgeprüfter Transfers mit Arbeitsnachweisen), wurde nach 2005 für Outsider des dänischen Arbeitsmarktes mit Fokus auf Migranten und Jugendliche eingeführt.

Die Aktivierungsvariante *»Making Work Pay« in Großbritannien* ist primär durch den Ausbau reflexiver Steuerung in Bezug auf finanzielle Erwerbsanreize und Garantien, ein universell geringes Niveau der Dekommodifizierung und eine nur selektive Arbeitsmarktbefähigung in Kombination mit einer nur selektiven Arbeitspflicht geprägt. Dies geht mit einer weiterhin starken Polarisierung der Erwerbsmuster einher.

Die Aktivierungsvariante in *Deutschland* ist durch eine »explizite« *Dualisierung der sozialen Rechte* charakterisiert. Reflexive Steuerung zur Förderung der Erwerbsteilhabe oder der Vereinheitlichung der Arbeitsförderung ist nur gering entwickelt oder gescheitert. Maßnahmen zur sozialen Befähigung wie auch finanzielle Erwerbsanreize wurden nur bedingt ausgebaut, teilweise rückgebaut oder blieben inkonsistent. *Die Flexibilisierung der Beschäftigungsformen* stellt ein zentrales Element der Förderung von Beschäftigungsfähigkeit insbesondere für die eher arbeitsmarktfernen Gruppen dar. Diese nur partielle oder residuale Umsetzung des Aktivierungsparadigmas ging mit einer starken Zunahme der Polarisierung der Erwerbs-, Einkommens- und Arbeitszeitmuster einher.

Wie bereits zuvor angedeutet, bestätigt die skizzierte deutsche Entwicklung damit das für die kontinentalen Wohlfahrtsstaaten insgesamt entdeckte Muster des Wandels: »... the dualism of labour market regulation increasingly found in much of continental Europe, where precarious employment contracts have been expanded as ›exceptions‹ that simultaneously contradict and reinforce the ›rule‹ of the standard employment relationship for core workers« (Clegg 2007: 613; ähnlich auch Gottschall 2010; Palier/Thelen 2010). Dies deutet an, dass die spezifische Kombination von Kontinuität und Wandel in konservativ-korporatistischen Wohlfahrtsstaaten möglicherweise eine »eigene« Variante der Aktivierungspolitik darstellt, die durch Dualisierung und Flexibilisierung geprägt ist.

Entlang der für die vergleichende Wohlfahrtsstaatsforschung identifizierten drei Perspektiven auf wohlfahrtsstaatlichen Wandel (siehe Abschnitt 3.1) lässt sich der Befund der konvergenten Divergenz in der Arbeitsmarktpolitik dahingehend auflösen, dass zwar eine Veränderung der historischen Ausprägung des Wohlfahrtsstaates per se (als eigenständiger moderner Gesellschaftstypus) stattfindet, die bereits entwickelten Regimevarianten jedoch in veränderter Konstitution weiter fortbestehen.

Dies bedeutet, dass nun eine in verschiedenen Wohlfahrtsstaatsregimen ähnliche Entwicklung im Sinne des Aktivierungsparadigmas und die damit verbundenen Veränderungen wohlfahrtsstaatlicher Funktionen erklärt werden müssen. Zudem bedarf es einer Erklärung der fortbestehenden und neu etablierten Divergenzen trotz beziehungsweise innerhalb dieser prinzipiell ähnlichen Entwicklung.

Zu berücksichtigen ist dabei, dass die Varianten aktivierender Arbeitsmarktpolitik, die in Übersicht 15 dargestellt sind, sich vor allem in Bezug auf ihre strukturellen Komponenten zu einem großen Teil aus den bis zu Beginn der 1990er Jahre in den einzelnen Regimen realisierten Politiken und den dadurch gegebenen Ausgangsbedingungen konstituieren. Die entstandenen Aktivierungsvarianten sind demnach nur zum Teil auf die seitdem implementierten Reformpolitiken im Sinne einer Aktivierungspolitik zurückzuführen. Außerdem sind auch die Aktivierungspolitiken selbst als Akkumulation verschiedener Einzelreformen zu verstehen, die – wie bereits angedeutet wurde – in jeweils verschiedenen Phasen zum Teil an durchaus unterschiedlichen Aktivierungszielen orientiert waren. Wie bereits in Abschnitt 8.6 dargestellt, werden daher allein die unterschiedlichen Reformen in der Arbeitsmarktpolitik und ihre Kongruenz mit Regulierungen in flankierenden Politikfeldern respektive die damit verbundenen Reformprofile (Übersicht 15) im Sinne einer »abhängigen Variable« verstanden und sollen im Folgenden erklärt werden.

Übersicht 15: Varianten Aktivierender Arbeitsmarktpolitik

	DK	UK	BRD
Aktivierungsvarianten	Umfassende soziale Befähigung	Making Work Pay	Dualisierung/ Flexibilisierung
1. Leistungen und Leistungsprinzipien			
Regulierung von Kommodifizierung	universell	mittel	mittel
- Arbeitszwang	universell	Zielgruppen	selektiv
- soziale Befähigung	umfassend	gering/Zielgruppe	mittel/gering
Dekommodifizierung	hoch/gestaffelt	gering	gestaffelt
- Leistungsniveau	hoch	gering	mittel/gering
- Dauer (o. Bedürftigkeitsprüfung)	lang	gering	mittel
- finanzielle Erwerbsanreize	gering	umfassend	gering
2. Staatsverständnis und Organisation der Wohlfahrtsproduktion			
reflexive Steuerung	umfassend	selektiv	mittel
Regulierungsverantwortung	Staat	Staat	Staat
Leistungserbringung/Finanzierung	Mix	Mix	Mix
- Staat	hoch/mittel	gering/hoch	mittel/mittel
- Markt	gering/gering	hoch/gering	mittel/gering
- Verbände	hoch/mittel	gering/gering	hoch/hoch
- Familie	gering	mittel bis hoch	mittel bis hoch
3. Soziale Ungleichheit in Bezug auf Muster der Erwerbsteilhabe			
Zahl d. Transferleistungsempfänger im erwerbsfähigen Alter	hoch	hoch	hoch
Erwerbsteilhabe	hoch/egalitär	mittel und polarisiert	mittel und polarisiert

Quelle: Eigene Darstellung.

IV. Governance of Politics: Arbeitsmarktpolitische Reformprozesse im Ländervergleich

Der länderübergreifende Paradigmenwechsel hin zum aktivierenden Wohlfahrtsstaat und dessen Verwirklichung in Form verschiedener Aktivierungsvarianten wurde in Teil III ausführlich dargestellt. Die nachfolgende Erklärung für diese als konvergente Divergenz bezeichnete wohlfahrtsstaatliche Entwicklung setzt zunächst bei allgemeinen »Antriebskräften« an. Als solche verstanden und im Folgenden erörtert, werden der sozioökonomische Problemdruck aufgrund von Globalisierung und gesellschaftlicher Modernisierung sowie die damit einher gehenden Herausforderungen. Ferner sind die seit Ende der 1980er Jahre im internationalen Diskurs unter anderem durch die OECD und die EU verbreiteten normativen Leitbilder eines aktivierenden Wohlfahrtsstaats beziehungsweise einer aktivierenden Arbeitsmarktpolitik zu nennen, die als eine Art »Vorlage« zur Lösung entsprechender Herausforderungen dienten (Kapitel 13). Die »Verfügbarkeit« entsprechender Ideen wie auch der generelle sozioökonomische Problemdruch werden als für alle untersuchten Länder gleiche bzw. ähnliche Einflussfaktoren betrachtet. Entsprechend wird erwartet, dass die Reformdiskurse in allen Ländern durch Ideen des Aktivierungsparadigmas geprägt werden und konkrete Reforminitiativen zur Lösung sozioökonomischer Problemlagen initiiert werden.

Im Einklang mit dem in der Analyse internationaler Einflüsse auf nationale Systeme entwickelten »Übersetzungstheorem« wird jedoch davon ausgegangen, dass sowohl die gemeinsamen Herausforderungen als auch die dafür entwickelten allgemeinen Lösungsstrategien in den verschiedenen nationalen Kontexten je spezifisch wahrgenommen beziehungsweise umgesetzt wurden: »In the translation approach ›common challenges‹ are always local discursive constructions« (Kjær/Pedersen 2001). Der Schwerpunkt der Analyse bezieht sich auf die verschiedenen nationalen Kontexte. Dabei dient das in Anlehnung an den Ansatz eines diskursiv erweiterten akteurzentrierten Institutionalismus skizzierte Variablenmodell (Abschnitt

7.4 sowie 8.5) als Grundlage für das wiederum weitgehend einheitlich gestaltete Design des zweiten Teils der nachfolgend dargestellten Länderstudien zu Dänemark (Kapitel 14), Großbritannien (Kapitel 15) und Deutschland (Kapitel 16).

Einleitend werden die Spezifika der verschiedenen politischen Institutionensysteme und die jeweils relevanten politischen Akteure skizziert. Ferner wird weitgehend kursorisch auf die je spezifischen Problemlagen und institutionellen Bedingungen im Zusammenhang mit den verschiedenen Wohlfahrtsregimen eingegangen[134]. Dabei soll geklärt werden, ob beziehungsweise wie im politischen Diskurs die konkrete Formulierung von Reformzielen in Bezug auf länderspezifische Problemlagen durch die Ideen des Aktivierungsparadigmas geprägt wurden. Im Mittelpunkt der vergleichenden Betrachtung steht dann die Beantwortung der Frage, wie sich die Governance der Entscheidungsprozesse vor dem Hintergrund unterschiedlicher Akteurkonstellationen und institutioneller Settings in den verschiedenen Ländern gestaltete, und inwiefern dies Einfluss auf das Entstehen der verschiedenen Aktivierungsvarianten hatte[135]. Zum Abschluss einer jeden Länderstudie werden dann die einzelnen Einflüsse beziehungsweise ihr Zusammenwirken mit dem Ziel einer Erklärung für den arbeitsmarktpolitischen Paradigmenwechsel und die Herausbildung der je spezifischen Aktivierungsvariante diskutiert.

Die länderspezifischen Reformprofile werden unter anderem als akkumulierte Ergebnisse verschiedener Reformen verstanden. Während des Untersuchungszeitraums veränderten sich die spezifischen Ausprägungen der soweit identifizierten »unabhängigen Variablen«, zum Beispiel im Zuge von Diskurswechseln oder aufgrund von Regierungswechseln. Entsprechend sind auch hier verschiedene, länderspezifische Reformphasen zu unterscheiden. Der jeweilige Beginn dieser Phasen wird durch die Initiierung des Aktivierungsdiskurses sowie maßgebliche Veränderungen bezie-

134 Die Ausgangsbedingungen in Bezug auf die arbeitsmarktpolitischen Institutionen, Instrumente, Normen und Regulierungen wie auch die Entwicklung des Arbeitsmarktes in den verschiedenen Regimen wurden in Kapitel III ausführlich dargestellt. Um Wiederholungen zu vermeiden, wird in diesem Kapitel auf entsprechende Stellen rückverwiesen beziehungsweise weitgehend summarisch auf regimespezifische Eigenschaften und Ausgangsbedingungen hingewiesen.

135 Dabei können letztlich fließende Übergänge zwischen dem öffentlichen Diskurs und der vor allem im Rahmen der durch Co-Governance dominierten Entscheidungsprozesse analytisch nicht klar getrennt werden, so dass kleinere Dopplungen beziehungsweise Querverweise unvermeidlich sind.

hungsweise Richtungswechsel in Bezug auf die im Diskurs propagierten Zielsetzungen definiert, zum Beispiel im Zusammenhang mit der Profilierung eines politischen Akteurs im Vorfeld von Wahlen. Entsprechend sind Anfang und Ende der jeweiligen Phasen nur annähernd zu bestimmen und den in Teil III entlang der inhaltlichen Schwerpunktsetzung der Arbeitsmarktgesetzgebung bestimmten Phasen zeitlich vorgelagert (siehe Übersicht 16). Da die jeweils dritte Reformphase in Dänemark wie auch in Deutschland Mitte der 2000er Jahre und damit nach dem hier gewählten Untersuchungszeitraum bis 2005 beginnt, werden die Reformen dieser Phase – wie auch die nach 2005 erfolgten Reformen in Großbritannien – eher kursorisch dargestellt. Abschließend werden die in den verschiedenen Länderstudien erzielten Befunde zusammengeführt und im Rahmen des diskursiv erweiterten akteurzentrierten Institutionalismus vergleichend diskutiert (Kapitel 17).

Übersicht 16: Reformphasen in Anlehnung an Diskurswechsel in den verschiedenen Ländern

	Dänemark	Großbritannien	Deutschland
1. Phase	Anfang der 1990 Jahre	Mitte der 1990er Jahre	Ende der 1990er Jahre
	Wechsel von der konservativ-liberalen zur sozialdemokratisch dominierten Regierung	konservative Regierung seit 1979	1998 Wechsel von der christlich-liberalen zur rot-grünen Regierung
2. Phase	Ende der 1990er Jahre	Ende der 1990er Jahre	Seit Anfang der 2000er Jahre
	2001 Wechsel von der sozialdemokratisch dominierten zur liberal-konservativen Regierung	1997 Wechsel von der konservativen zur Labour Regierung	2002 Wiederwahl der rot-grünen Regierung
3. Phase	Mitte der 2000er Jahre	Anfang der 2000er Jahre	Mitte der 2000er Jahre
	2005 und 2007 Wiederwahl der liberal-konservativen Regierung 2011 sozialdemokratisch dominierte Regierung*)	2001 und 2005 Wiederwahl der Labour Regierung 2010 liberal-konservative Koalition*)	2005 christlich-sozialdemokratische Koalition 2009 christlich-liberale Koalition*)

*) Sofern dies im Text nicht explizit anders vermerkt wird, führen auch die neu gewählten Regierungen den für die Phase typischen Reformkurs fort.

Quelle: Eigene Darstellung.

13. Globale Herausforderungen und internationaler Diskurs

Seit dem Ende des goldenen Zeitalters wohlfahrtsstaatlicher Entwicklung Mitte der 1970er Jahre sind westliche Wohlfahrtsstaaten mit zunehmenden Problemen konfrontiert. Dies wird im Folgenden anhand der Veränderungen im Zuge der Globalisierung erörtert, wobei insbesondere auf den Wettbewerbsdruck sowie die veränderten Steuerungsbedingungen nationaler Ökonomien eingegangen wird. Ferner wird auf die mit der Tertiarisierung von Wirtschaft und Beschäftigung einhergehenden Probleme sowie die Veränderung des Geschlechtervertrages als Elemente gesellschaftlicher Modernisierung Bezug genommen. Ferner wird das Entstehen neuer sozialer Risiken als Herausforderung für den Wohlfahrtsstaat betont (Abschnitt 13.1). Im Rahmen des internationalen Diskurses führten sowohl Problemanalyse als auch Reformvorstellungen zu neuen Entwürfen wohlfahrtsstaatlicher Leitbilder und Interventionsparadigmen wie sie bereits in Kapitel I.1 vorgestellt wurden. Die Handlungsrelevanz dieser Entwürfe für nationale Regierungen lässt sich jedoch nicht zuletzt an der Verbreitung derselben unter anderem anhand der Politikempfehlungen und Leitlinien von internationalen Organisationen wie der OECD und der EU ablesen (Abschnitt 13.2).

13.1 Veränderungen der Weltwirtschaft und gesellschaftliche Modernisierung

Die Veränderungen im Zuge von Globalisierung und Modernisierung werden als Herausforderungen für den Wohlfahrtsstaat interpretiert[136], da sie

---

136 Die Diskussion um die konkrete Einschränkung nationalstaatlicher Handlungsmöglichkeiten aufgrund von Globalisierung wird in der wissenschaftlichen Literatur weitgehend kontrovers geführt. Für einen Überblick zum siehe Genschel (2004) sowie die

unter anderem zum »Veralten wohlfahrtsstaatlicher Arrangements« (Kaufmann 1997) und zum Entstehen neuer sozialer Risiken beitrugen. Ziel des folgenden Abschnittes ist es, diese Herausforderungen im Sinne eines allgemeinen Problemdrucks als Antriebskraft für wohlfahrtsstaatliche Reformen darzustellen.

Internationalisierung der Wirtschaft

Ein Aspekt von Globalisierung ist der seit den 1970er Jahren immens steigende Anteil grenzüberschreitender Aktivitäten an den Transaktionen insgesamt, die für eine nationale Wirtschaft beziehungsweise Gesellschaft bedeutungsvoll sind. Dies bezieht sich sowohl auf den Handel und die Mobilität von Kapital in internationalen Finanzmärkten als auch – eingeschänkt – auf die Mobilität von Personen (Kaufmann 1997: 118f.). Davon betroffen ist jedoch auch die gestiegene Mobilität der Unternehmen selbst respektive ihrer Produktionsanlagen. In Folge sind nicht mehr nur Unternehmen, sondern auch Staaten einem stärkeren Wettbewerb um Standortvorteile, Absatzmärkte (Schirm 2003) sowie jüngst auch um (qualifizierte) Arbeitskräfte ausgesetzt.

Die Herausforderungen für die Wohlfahrtsstaaten bestehen nun darin, dass soziale Probleme wie Arbeitslosigkeit, unter anderem aufgrund des zunehmenden Konkurrenzdrucks beziehungsweise der Abwanderung von Unternehmen, periodisch ansteigen, während die Handlungsfähigkeit der Nationalstaaten unter anderem durch die Internationalisierung von Finanzmärkten zunehmend eingeschränkt wird. Als zentrale Restriktion der Finanzpolitik erscheint unter anderem, dass die im Rahmen keynesianischer Nachfragesteuerung zur Sicherung von Vollbeschäftigung empfohlene kreditfinanzierte Ausgabensteigerung für die einzelnen Nationalstaaten immer weniger praktikabel wurde (Scharpf 1991). Ferner werden vor allem im Zuge transnationaler wirtschaftlicher und politischer Zusammenschlüsse wie der EU Handlungsspielräume der Nationalstaaten beeinträchtigt. So macht es die gemeinsame Währungspolitik den meisten Mitgliedsländern der EU nunmehr unmöglich, die nationale Wirtschaft durch

einleitende Diskussion zum Forschungsstand (Kapitel 3). Da diese Perspektive jedoch außerhalb der hier verfolgten Fragestellung liegt, wird dieser Forschungsstrang nicht weiter verfolgt.

singuläre Interventionen, wie zum Beispiel Abwertungen, zu stützen (Schirm 2003: 9).

Nicht zuletzt vor diesem Hintergrund haben neo-liberale Theorien an Bedeutung gewonnen, welche die Verbesserung der Angebotsbedingungen in den Vordergrund stellen. Dabei wird insbesondere auf eine Senkung der Produktionskosten als Voraussetzung für die internationale Wettbewerbsfähigkeit abgehoben. Dies beinhaltet sowohl die Senkung von (Unternehmens-) Steuern als auch von Lohn- und Lohnnebenkosten. Entsprechende Vorschläge gehen mit Forderungen nach einem Rückbau des Wohlfahrtsstaates einher, da Umfang beziehungsweise Kosten wohlfahrtsstaatlicher Leistungen nunmehr als Standortfaktoren betrachtet werden, welche die internationale Wettbewerbsfähigkeit negativ beeinflussen können. Kritiker dieser Position verweisen darauf, dass die Wettbewerbsfähigkeit nicht per se durch den Umfang staatlicher Einnahmen und Ausgaben bestimmt wird, sondern durch deren Qualität (Schirm 2003: 10). Demnach schließen sich Wettbewerbsfähigkeit und Wohlfahrtsstaatlichkeit nicht gegenseitig aus, sondern hängen davon ab, ob sie positiv verknüpft werden, zum Beispiel indem der soziale Frieden und/oder die (soziale) Sicherheit oder die Bildung von Humankapital gefördert werden.

Zur Bewältigung der weltweiten Finanzkrise 2008 wurde eine partielle Rückkehr zur nachfrageorientierten Wirtschaftssteuerung auf Makroebene eingeleitet, die sich unter anderem in umfangreichen nationalen Konjunkturprogrammen niederschlug. Die Empfehlungen konzentrieren sich allerdings auf eine Regulierung des Kapitalismus beziehungsweise des internationalen Finanzsystems (Hickel 2009; Straubhaar u.a. 2009) ohne auch auf die Verbesserung der Angebotsbedingungen des Faktors Arbeit in den Nationalstaaten einzugehen.

Post Industrial Pressures und gesellschaftliche Modernisierung

Die durch die Globalisierung entstandenen Herausforderungen der Wohlfahrtsstaaten werden ergänzt durch so genannte Post-Industrial Pressures (Pierson 2001a), die sich im Zuge des Rückgangs der Industrie- und der Zunahme der Dienstleistungsbeschäftigung ergeben. Die Dienstleistungsbeschäftigung ist insgesamt als stark heterogen zu charakterisieren und beinhaltet allgemein eine Zunahme der Flexibilisierung von Arbeit und so genannter atypischer Arbeitsformen. In hohem Maße charakteristisch für die Tertiarisierung ist darüber hinaus die Expansion der Frauenerwerbstätigkeit, die sich als säkularer Trend ereignet, und mit der Zunahme von Teilzeitarbeit einhergeht (Gottschall 2001). Atypische Beschäftigung beziehungsweise Erwerbsunterbrechungen nehmen sowohl aus familialen Gründen als auch aufgrund der Arbeitsmarktentwicklung zu (Müller 2008; Schmid/Protsch 2009).

Unterschiedliche länderspezifische Ausprägungen dieser Entwicklungen (Wagner 2005) ergeben sich dabei sowohl durch die unterschiedliche Nachfrage nach der Arbeitskraft von Frauen im öffentlich-sozialen Dienstleistungssektor als auch durch das unterschiedlich entwickelte Angebot sozialer Dienstleistungen, das die Familien von der Wohlfahrtsproduktion entlastet und die zunehmende Teilhabe der Frauen am Arbeitsmarkt ermöglicht (Bosch/Wagner 2003; Daly 2000). Aufs engste damit verbunden ist das Infragestellen tradierter Leitbilder zur Erwerbstätigkeit und Familie.

Traditionelle wohlfahrtsstaatliche Leistungen und Arrangements der Nachkriegszeit bauten auf die primär im industriellen Sektor verankerten und vor allem die männliche Erwerbsarbeit kennzeichnenden Leitbilder auf. Zu nennen ist hier das Normalarbeitsverhältnis als auch das reflexiv darauf bezogene männlichen Ernährermodell in Verbindung mit der Hausfrauenehe (Baethge 2001). Die in der Nachkriegsära etablierten wohlfahrtsstaatlichen Sicherungssysteme orientierten sich – besonders in den konservativen Wohlfahrtsstaaten – weitgehend an diesen Leitbildern, indem die institutionelle Regulierung zur Absicherung sozialer Risiken wie Alter, Krankheit oder Arbeitslosigkeit die Erfüllung der entsprechenden Normen in Form einer kontinuierlichen und vollzeitlichen Erwerbsbiographie voraussetzte. Bedingung für eine entsprechende männliche Erwerbsbiographie war die geschlechtsspezifische familiale Arbeitsteilung, welche der weitgehend nicht-erwerbstätigen Ehefrau die Erziehungs-, Pflege- und Hausarbeit zuwies. Die soziale Sicherung der Hausfrauen und Mütter (wie auch der minderjährigen, nicht-erwerbstätigen Kinder) wurde durch die vom Erwerbsstatus des Ehemannes abgeleiteten sozialen Rechte gewährleistet, wobei das Aufrechterhalten einer lebenslangen Ehe vorausgesetzt wurde (Hinrichs 1996; Holst/Maier 1998). Über entsprechende sozialpolitische Regulierungen und die Ausgestaltung wohlfahrtsstaatlicher Dienstleistungen wurde eine weitgehende Standardisierung männlicher und weiblicher Lebensverläufe entlang dieser Leitbilder erreicht (Allmendinger 1994; Krüger/Levy 2000).

Individualisierung und der damit einhergehende Wandel der Geschlechterrollen (Beck 1983) wie auch die Veränderung der Arbeitsmärkte aufgrund der Tertiarisierung beeinflussten seit den 1960er/70er Jahren nicht nur die Zunahme der Frauenerwerbstätigkeit und der Zweiverdienerhaushalte, sondern auch die Veränderung traditioneller familialer Lebensformen. Zu nennen sind ein Zuwachs bei Ehescheidungen, Alleinerziehenden, Singles oder kinderlosen Paaren beziehungsweise eine Abnahme der Geburtenraten.

Mit dem aufgezeigten Wandel der Erwerbsformen und -biographien wie auch dem Aufbrechen traditioneller Familienformen entsprechen die konkreten Lebensverhältnisse immer seltener den in den tradierten wohlfahrtsstaatlichen Institutionen vorausgesetzten Normen, wodurch »neue« soziale Risiken entstanden (Taylor-Gooby 2004)[137]. Kennzeichnend dafür ist, dass insbesondere Alleinerziehende während der Familienphase, aber auch im Alter, einem hohen Armutsrisiko ausgesetzt sind (Bonoli 2007a), da sie weder Ansprüche auf abgeleitete soziale Rechte noch – vor dem Hintergrund von Erwerbsunterbrechungen oder reduzierter Erwerbsteilhabe aufgrund von Erziehungsaufgaben – (ausreichende) individuelle Ansprüche in den sozialen Sicherungssystemen erwerben. Mit der Erosion der Einkommen steigen jedoch auch die Armutsrisiken von Einernährerfamilien mit Kindern (Andreß/Seeck 2007; Andreß/Lohmann 2008; Esping-Andersen u.a. 2002: 58). In Verbindung mit Faktoren wie niedrigem Einkommen, flexiblen Beschäftigungsverhältnissen oder dem Eintreten von (Langzeit-) Arbeitslosigkeit führen entsprechende Risiken oftmals zu prekären Lebensverhältnissen. Entsprechende soziale und demographische Probleme sind in den Wohlfahrtssystemen besonders groß, die ihre sozialen Sicherungssysteme den neuen Herausforderungen nicht anpassen beziehungsweise die Vereinbarkeit von Familie und Erwerbstätigkeit (auch) für Frauen nicht umfassend gewährleisten (Bonoli 2007a). Nicht nur die Globalisierung, sondern auch die mit der aufgezeigten sozialen Modernisierung einhergehende Entstandardisierung von Erwerbsbiographien und Lebensverläufen schaffen damit einen erhöhten Anpassungsdruck für die Wohlfahrtsstaaten (Bonoli 2005; Pierson 2001a: 96f.). Die Umgestaltung wohlfahrtsstaatlicher Institutionen muss daher auch als Folge der Rückwirkung entsprechender Entwicklungen betrachtet werden.

---

137 Gleichzeitig kommt es quasi zur »Überversorgung« von Zweiverdienerpaaren, insbesondere wenn diese kinderlos bleiben und zwei kontinuierliche Erwerbsbiographien, womöglich in gehobenen Einkommenssegmenten, realisieren können.

Im Rahmen der vergleichenden Forschung zum so genannten Trilemma der Dienstleistungsentwicklung wird davon ausgegangen, dass die verschiedenen Wohlfahrtsstaatsregime in den 1990er Jahren unterschiedliche Strategien in Bezug auf die Umgestaltung des Sozialstaates unter den Bedingungen der Tertiarisierung und Modernisierung verfolgten – und damit jeweils spezifische Problemlagen erzeugten (Iversen/Wren 1998; Iversen/Cusack 2000). Ausgangspunkt ist dabei die Annahme der so genannten »Kostenkrankheit« der Dienstleistungen, das heißt eines im Vergleich zur Industrieproduktion nur in geringem Maße bestehenden Potentials für Produktivitätssteigerungen im Dienstleistungssektor (Baumol 1967). Dies führe zu einem Absinken der Löhne für Geringqualifizierte und damit zu einem Anwachsen sozialer Ungleichheit, sofern keine wohlfahrtsstaatliche Korrektur vorgenommen werde. Dieser Entwicklungspfad wird primär in den liberalen Wohlfahrtsstaaten verortet. Werden jedoch wohlfahrtsstaatliche Mindestlohnregulierungen eingeführt oder im Rahmen der Tarifpolitik das Absinken der unteren Einkommen verhindert – wie in konservativ-korporatistischen Wohlfahrtsstaaten üblich, birgt dies die Gefahr einer ansteigenden Arbeitslosigkeit (insbesondere von Geringqualifizierten) sowie einer insgesamt geringen Beschäftigungsintegration (vor allem von Frauen). Alternativ kann – wie in den universalistisch sozialdemokratischen Wohlfahrtsstaaten praktiziert – die Expansion des öffentlichen Sektors zur Integration von Frauen und gering Qualifizierten in reguläre Arbeitsverhältnisse genutzt werden. Dies verschärfe allerdings das Problem der Kostenexpansion insbesondere bei den sozialen Dienstleistungen und damit auch die Finanzierungsprobleme des Wohlfahrtsstaats (Iversen/Wren 1998; Iversen/Cusack 2000).

Die Lösung des im Zuge der Tertiarisierung entstehenden Handlungstrilemmas zwischen sozialer Ungleichheit, geringem Beschäftigungsniveau und hoher Staatsverschuldung blieb als Herausforderung der Wohlfahrtsstaaten auch in den 2000er Jahren weiterhin bestehen beziehungsweise wurde sogar durch die im Zuge der Globalisierung und der gesellschaftlichen Modernisierung entstehenden Handlungsrestriktionen und Probleme tendenziell verschärft.

Als Reaktion auf die so eben aufgezeigten vielfältigen Herausforderungen wurden neue Leitbilder wohlfahrtsstaatlicher Politik entwickelt, welche auf einen Umbau des Wohlfahrtsstaates abzielen. Wie einleitend gezeigt (Kapitel 1), haben dabei verschiedene Konzepte ihren Ursprung in spezifischen nationalen Kontexten.

13.2 Aktivierungspolitik in den Politikempfehlungen der OECD und der EU

Um zu verdeutlichen, dass sich der Diskurs um ein neues wohlfahrtsstaatliches Paradigma respektive die aktivierende Arbeitsmarktpolitik international entwickelte und entsprechende Ideen damit länderübergreifende Verbreitung fanden, werden im Folgenden die Vorschläge der OECD und der EU zur Aktivierungspolitik kurz skizziert.

Die OECD Jobs Strategy

Die OECD wird als einflussreiche transnationale Organisation charakterisiert, die jedoch über keine legislative Macht verfügt. Die Einflussnahme auf die Arbeitsmarktpolitik der Nationalstaaten besteht unter anderem darin, ideele Ziele, Leitlinien und Strategien in Bezug auf die Umgestaltung der Wirtschafts- und Sozialsysteme zu formulieren, die durch die Analyse und den Vergleich der Leistungsfähigkeit verschiedener Systeme und Instrumente begründet werden (Jacobsson 2004: 42). Für die Bildungspolitik wurde nachgewiesen, dass die OECD als internationaler Akteur auch ohne direkte Entscheidungskompetenz massiven Einfluss auf nationale Politiken hat, indem sie »weiche« Methoden nutzt. Als zentrales Beispiel ist hier der Vergleich der Leistungen von Schülern im Rahmen der Pisa Studie zu nennen, die vor allem in den Ländern mit »schlechter« Bewertung zu Bildungsreformen führte (Martens/Jakobi 2009).

Den internationalen Diskurs zur Reform der Arbeitsmarktpolitik beeinflusste die OECD dahingehend, dass sie seit Ende der 1980er Jahre eine »Active Society« sowie auf Aktivierung und Befähigung aller arbeitswilligen Gruppen angelegte Maßnahmen propagierte: »Hence, the goal becomes both to welcome into active life all those who wish to take part, and to enable them to do so« (OECD 1989: 9; ebenso OECD 1990). 1994 wurde dann schließlich auf der Basis einer breit angelegten Analyse verschiedener nationaler Arbeitsmärkte die OECD »Jobs Strategy« entwickelt (OECD 1994b). In diesem Rahmen wurde an einer seit den 1970er Jahren verfolgten angebotsorientierten makropolitischen Strategie festgehalten und diese nunmehr mit Politiken zur Förderung von Forschung und Innovation, zur Flexibilisierung von Arbeitszeiten und Löhnen, einschließlich Maßnahmen zur Verbesserung des Produktmarktwettbewerbs, verbunden. Darüber hinaus wurden nun die Effizienzsteigerung aktiver Arbeitsmarktpolitik, die Verbesserung der beruflichen Qualifikationen und die Verstärkung von Arbeitsanreizen durch die Reform der Sozialleistungs- und Steuersysteme im Sinne von »Making Work Pay« hervorgehoben. Die entsprechenden Empfehlungen betonten auch die Einführung beziehungsweise Verschärfung des Arbeitszwangs als Bestandteile einer aktivierenden Arbeitsmarktpolitik:

»Use ›profiling‹ for new benefit claimants to identify those most at risk of becoming long-term unemployed [...]; use ›availability for work‹ (to be controlled by work tests) and ›job –search initiatives‹ (to be confirmed by employers) as independent criteria which must be met to qualify for benefit receipt; Make passive income support conditional on accepting participation in ALMPs after 6 to 8 months of unemployment [...]; participation in training and public sector employment programmes should not establish new benefit entitlements. Make sure that normal placement work remains the main concern of public employment service staff rather than referring job seekers to ALMPs; Make passive income support as ›active‹ as possible by using instruments such as re-employment bonuses, in-work benefits and regular contacts of benefit claimants with the PES« (OECD 1996a: 8).

Maßnahmen der sozialen Befähigung wurden durch die OECD Jobs Stragtegy vor allem im Zusammenhang mit dem Ziel des lebenslangen Lernens empfohlen, das jedoch letztlich weit über die Grenzen der Arbeitsmarktpolitik im engeren Sinne hinausging. Ferner stand das Schaffen von Übergängen zwischen Bildung beziehungsweise Ausbildung und Erwerbstätigkeit sowohl für Jugendliche als auch für Erwachsene im Vordergrund (OECD 1996a: 16).

Eine im Jahr 2003 begonnene Überprüfung und Reformulierung der Jobs Strategy auf der Basis einer Evaluation der Umsetzung der entsprechenden Maßnahmen durch die OECD selbst kam dabei zu einer weitgehend positiven Einschätzung der verfolgten Reformstrategie. Der Employment Outlook 2005 trug den Titel »Extending Opportunities. How Active Social Policy Can Benefit Us All« und betonte: »This shift away from the reactive, compensatory approach of the past gives greater emphasis to investing in people so as to maximise their potential to become self-sufficient, autonomous members of society« (OECD 2005a: 6). Entsprechend wurden die früheren Politikempfehlungen nur geringfügig verändert. Eine wesentliche Korrektur war, dass – vor dem Hintergrund der Entwicklung in den skandinavischen Ländern – der »activation/mutual obligations« Ansatz nunmehr als kompatibel mit weiterhin hohen Arbeitslosengeldleistungen gesehen wurde, sofern ein effizienter Instrumentenmix zur Förderung der Rückkehr in den Arbeitsmarkt zur Verfügung steht. An der Notwendigkeit der In-Work-Benefits wurde insbesondere im Hinblick auf die Förderung von Geringqualifizierten festgehalten. Im Gegensatz zu früheren Verlautbarungen betonte man nun die Förderung der Frauen- beziehungsweise Müttererwerbstätigkeit durch den Ausbau der Maßnahmen zur Vereinbarkeit von Familie und Erwerbstätigkeit (OECD 2006a: 11f.).

In Folge der Finanzkrise wurde die soweit skizzierte Strategie dahingehend angepasst, dass zunehmend auch Arbeitsplatz erhaltende Maßnahmen sowie eine angemessene Ausweitung des sozialen Sicherungsniveaus empfohlen wurden. Entsprechend sollen auch (Zwangs-) Aktivierungsstrategien der jeweiligen Arbeitsmarktlage angepasst werden (OECD 2009f). Alles in allem zeigen damit die kurze Darstellung der OECD Jobs Strategy und darin formulierten Empfehlungen seit Ende der 1980er Jahre, dass der bis dahin primär in den USA entwickelte und umgesetzte Ansatz einer aktivierenden Arbeitsmarktpolitik (siehe Kapitel 1) von der OECD im internationalen Diskurs positiv rezipiert und weiter empfohlen wurde, um die veränderten wirtschaftlichen und sozialen Herausforderungen der westlichen Industrieländer zu meistern.

Die europäische Beschäftigungsstrategie

Vor dem Hintergrund der in den 1980er Jahren fortbestehenden hohen strukturellen Arbeitslosigkeit wurde seit Beginn der 1990er Jahre die Einführung einer eigenständigen Beschäftigungspolitik der EU diskutiert. Der entsprechende politische Prozess mündete schließlich im 1997 unterzeichneten Vertrag von Amsterdam, in den ein Beschäftigungskapitel integriert wurde (Aust 2000; Keller 1999). Obgleich die EU – anders als die OECD – gegenüber ihren Mitgliedsländern über Regelungskompetenzen verfügt und nationale Politiken zum Teil direkt beeinflussen kann, hat sie davon im Bereich der Arbeitsmarktpolitik nur sehr bedingt Gebrauch gemacht. Gemäß des Subsidaritätsprinzips verblieben die Kompetenzen für die Sozial- und Arbeitsmarktpolitik weitgehend bei den Mitgliedstaaten, so dass sich die Verabschiedung verbindlicher Richtlinien durch die EU in Form sanktionsfähiger »Hard Laws« auf das Festlegen von Mindeststandards beschränkte (Trubek/Mosher 2003).

Die zentralen Instrumente der europäischen Beschäftigungspolitik sind daher im so genannten »Soft Law« zu sehen. Im Anschluss an den Amsterdamer Gipfel wurden erstmals beschäftigungspolitische Leitlinien formuliert, deren Umsetzung seit dem Jahr 2000 mit Hilfe der offenen Methode der Koordinierung (OMC) verfolgt wird. Diese beinhaltet »general goals setting for social policies, the mutual exchange of learning experiences between the member states, and the benchmarking of achievements by comparison with the benchmarks and by rankings in league tables« (Maydell/u.a. 2006: 283). Die Wirkungskraft der EU Beschäftigungspolitik entfaltet sich damit primär über die Diffusion von Reformideen im Zuge des politischen Diskurses und der Formulierung der Leitlinien sowie die mit der offenen Methode der Koordinierung angestoßenen Prozesse des gegenseitigen Lernens durch die Mitgliedsländer[138].

Inhaltlich ist – weitgehend im Einklang mit der OECD Jobs Strategy – eine starke Anlehnung an das Paradigma der aktivierenden Arbeitsmarktpolitik zu erkennen (siehe Kapitel 1). Dabei wahrgenommene, leichte Differenzen im Sinne einer stärker auf die Betonung der Arbeitspflicht ausgerichteten Strategie in der OECD und einer stärker an Bildung und Entwicklung einer wissensbasierten Ökonomie ausgerichteten Strategie in der EU, werden auf die Mitwirkung der Sozialpartner bei der Beschäftigungspolitik der EU zurück geführt (Jacobsson 2004: 53).

Die Förderung der Beschäftigungsfähigkeit wurde als übergeordnetes Ziel (erste Säule) der 1997 formulierten Leitlinien genannt und verstanden als »... the capacity for people to be employed: it relates not only to the adequacy of their skills but also to incentives and opportunities offered to individuals to seek employment« (zit. nach Jacobsson 2004: 50). Die empfohlenen Maßnahmen zielten entsprechend auf eine Stärkung aktiver Arbeitsmarktpolitik in Form einer Ausweitung der Teilnehmer an Qualifizierungsmaßnahmen, die Verbesserung der (Aus-) Bildung insbesondere bei Jungendlichen sowie die Förderung des Übergangs von Schule und Beruf. Darüber hinaus wurden auch in den anderen drei Säulen der Leitlinien[139], verschiedene Elemente des Aktivierungsparadigmas reflektiert. Zu nennen sind hier die Umgestaltung der Transfer- und Steuersysteme zur Schaffung von Arbeitsanreizen sowie Maßnahmen zur besseren Vereinbarkeit von Familie und Erwerbstätigkeit (in Form einer Verbesserung von Betreuungs- und Pflegeleistungen) (Europäische Kommission 2006a).

---

138 Dabei besteht vor allem für Länder im Beitrittsverfahren ein besonders hoher »Druck«, die entsprechenden Leitlinien zu erfüllen (Plomien 2007).

139 Diese zielen auf die Entwicklung des Unternehmergeistes, die Förderung und Anpassungsfähigkeit der Unternehmen und ihrer Arbeitnehmer sowie die Stärkung der Maßnahmen für Chancengleichheit (Europäische Kommission 2006a).

Die entsprechenden Ziele wurden im Laufe der Zeit reformuliert. In Folge des Gipfels von Lissabon im Jahr 2000 erfolgte unter anderem eine Verbindung der Leitlinien mit quantitativen Zielmargen. Demnach sollte bis 2010 in der EU insgesamt eine Beschäftigungsquote von 70 Prozent beziehungsweise eine Beschäftigungsquote der Frauen von 60 Prozent erreicht werden. 2003 wurde festgelegt, dass alle Jugendlichen nach sechs und Erwachsene nach zwölf Monaten beziehungsweise mindesten 25 Prozent aller Langzeitarbeitslosen an Aktivierungsmaßnahmen teilnehmen sollten. 85 Prozent der Jugendlichen sollten einen mittleren Bildungsabschluss erreichen und der Anteil der Schulabbrecher auf 10 Prozent reduziert werden. Ferner wurde gefordert, dass 12,5 Prozent aller Erwerbstätigen an Maßnahmen des lebenslangen Lernens partizipieren. Für 90 Prozent aller Kinder ab dem dritten Geburtstag bis zur Einschulung und für 33 Prozent aller Kinder unter drei Jahren sollte ein Betreuungsplatz zur Verfügung gestellt werden (Maydell/u.a. 2006).

Die Evaluation der Lissabon-Strategie in 2004 führte zu einer erneuten Modifikation der europäischen Beschäftigungspolitik (Plomien 2007: 72), indem für den Zeitraum 2005–2008 erstmals integrierte Leitlinien für Wachstum und Beschäftigung formuliert wurden (Triantafillou 2009). Die Beibehaltung der bereits skizzierten Zielvorgaben zum Beschäftigungsniveau wird nunmehr durch das explizit formulierte Ziel der Vollbeschäftigung ergänzt und ein lebenszyklischer Ansatz der Beschäftigungspolitik gefordert. Ferner wurde ein ausgewogenes Verhältnis von Flexibilität und sozialer Sicherheit unter gebührender Berücksichtigung der Sozialpartner angestrebt und versucht, die Segmentierung der Arbeitsmärkte zu verringern (Europäische Kommission 2006b). Die Umsetzung dieser Zielvorgaben erfolgt weiterhin im Rahmen der OMC, wobei allerdings die bislang von den Mitgliedsländern zu erstellenden Nationalen Aktionspläne durch jeweils für drei Jahre gültige Nationale Reformprogramme ersetzt wurden (Plomien 2007: 80).

Der konkrete Einfluss der Europäischen Beschäftigungspolitik auf die Politik der Mitgliedsländer gilt in der wissenschaftlichen Diskussion als durchaus umstritten. Deutliche Auswirkungen werden demnach allein den »harten« Richtlinien zum Beispiel in Bezug auf die Teilzeitarbeit oder die Gleichstellungspolitik attestiert (Falkner u.a. 2005). Die Einschätzungen zur EBS und zur OMC differieren dagegen stark: Während ihnen einzelne Beobachter gänzliche Wirkungslosigkeit (Wally/Blümel 2000) oder bestenfalls eine selektive Einflussnahme zuschreiben (Zohlnhöfer/Ostheim

2007), heben andere die mit der OMC verbundene Institutionalisierung von Lernprozessen beziehungsweise die Rolle der EU Politiken als Auslöser für nationale Modernisierungspolitiken hervor (Heidenreich/Bischoff 2006). Ferner wird ihre Funktion für die Konsolidierung und Bestätigung der nationalen Aktivierungsstrategien betont (Triantafillou 2009). Dabei wird insbesondere auf die Europäisierung nationaler Debatten respektive die Diffusion von europäischen Verlautbarungen bezüglich der Situationsdefinitionen, Problemdeutungen, Regulierungsideen und Strategievorstellungen verwiesen, die gleichwohl national »gebrochen« werden (Lahusen 2006; Serrano Pascual 2004).

Ziel der nachfolgenden Länderfallstudien ist es jedoch nicht, wie in den zuvor zitierten Analysen, Prozesse des Politiktransfers beziehungsweise der Politikdiffusion von der EU in die einzelnen Mitgliedsländer – oder auch umgekehrte Prozesse – detailliert zu verfolgen. Die Ähnlichkeiten der in der OECD als auch in der EU empfohlenen Politikreformen werden vielmehr als Beleg für die generelle Verbreitung und »Verfügbarkeit« der Ideen des Aktivierungsparadigmas interpretiert. Entsprechend werden – wie in dem in Kapitel 7 skizzierten Variablenmodell bereits angedeutet – die von Seiten der OECD und der EU propagierten Reformvorschläge ähnlich wie der skizzierte sozioökonomische Problemdruck als allgemeine und für die untersuchten Länder weitgehend ähnliche Rahmenbedingung beziehungsweise Antriebeskräfte betrachtet. Grundsätzlich gilt jedoch, was in Bezug auf die Globalisierung formuliert wurde, nämlich dass sie nicht gleichzusetzen sind mit einer »›single exit situation‹ that forces governments to react in a particular way but as a ›multiple exit situation‹ offering a menu of choices« (Genschel 2004).

14. Dänemark: Konsens und Co-Governance

Die Einführung des Aktivierungsparadigmas in Dänemark ist – wie in Kapitel 9 dargestellt – durch eine weitgehend universelle Kommodifizierung der Arbeitskräfte zu charakterisieren. Dies beinhaltet die Gewährleistung umfassender sozialer Befähigung wie auch eine umfassende Arbeitspflicht. Hinzu kamen selektive Leistungskürzungen vor allem für Jugendliche und Migranten. Zu erklären ist eine überwiegend pfadabhängige Umsetzung des Aktivierungsparadigmas. Damit einhergehende partielle Pfadbrüche sind zum Beispiel die Einführung einer obligatorischen Aktivierung und die teilweise Privatisierung der Arbeitsverwaltung und der arbeitsmarktpolitischen Dienstleistungen.

Das dänische politische System, in dem die entsprechenden Reformen verwirklicht wurden, wird durch wenige verfassungsmäßig definierte institutionelle Veto-Spieler charakterisiert. Gleichwohl beinhaltet die Dominanz von Minderheitenregierungen wie auch die starke Einbindung der Sozialpartner durchaus beachtliches Veto-Potenzial (Abschnitt 14.1).

Die in Abschnitt 9.1 skizzierten inhaltlichen Schwerpunktsetzungen der dänischen Arbeitsmarktpolitik sind in Abhängigkeit der jeweiligen Diskurs- beziehungsweise Regierungswechsel zu sehen. Insgesamt sind drei Reformphasen zu unterscheiden: Die erste Phase wird Anfang bis Ende der 1990er Jahre verortet und durch Arbeitsmarktkrise, diskursive Akzeptanz des Aktivierungsparadigmas und den Aufbau von Verhandlungsnetzwerken charakterisiert (Abschnitt 14.2). Die zweite Phase, Ende der 1990er Jahre bis Mitte der 2000er Jahre, zeichnet sich durch Vollbeschäftigung und einen parteiübergreifenden Konsens bezüglich des Primats der Arbeitsmarktintegration aus (Abschnitt 14.3). Ab 2005 beginnt eine neue Phase, die durch anhaltende Arbeitskräfteknappheit eine Verschärfung des Primats der Arbeitsmarktintegration und ein punktuelles Aufbrechen von Konsens und Co-Governance charakterisiert ist und hier kursorisch dargestellt wird (Abschnitt 14.4). Abschließend erfolgt eine zusammenfassende Charakterisierung der als zentral erachteten Erklärungsfaktoren (Abschnitt 14.5).

Der Einfluss der erklärenden Variablen auf die Aktivierungsvariante wird für jede Phase diskutiert, wobei die Sub-Titel jeweils eine spezifische Ausprägung der einzelnen Variablen »sozioökonomischen Rahmenbedingungen«, und »Diskurs« wiedergeben. Der Einfluss von Institutionen und Akteuren wird weitgehend in der jeweiligen Ausprägung der Variable »Governance der Entscheidungsfindung« aufgenommen.

14.1 Minderheitenregierungen und korporatistische Einbindung der Tarifpartner

Das politische System Dänemarks ist durch ein unitaristisches Staatsgebilde und ein Einkammerparlament geprägt, was mit geringen institutionellen Reformrestriktionen gleichgesetzt wird (Colomer 1996). Gleichzeitig weist es jedoch einen hohen Grad der Verhandlungen in parlamentarischen Ausschüssen sowie im Rahmen korporatistischer Institutionen unter Einbindung der Tarifpartner auf. Ferner verfügen – vor allem im Rahmen der Sozialpolitik – regionale und kommunale Akteure über einen hohen Grad der Autonomie, die mit einer starken Dezentralisierung von Kompetenzen gekoppelt ist (Lane/Ersson 1996: 276) Eine Charakterisierung des dänischen Systems lautet daher: »It combines Westminster government characteristics with compromise institutions« (Lane/Ersson 1996: 255).

Das Parteiensystem ist spätestens seit 1973 extrem fragmentiert, so dass die Parlamente aus bis zu zehn Parteien bestehen und sich die Bedeutung der klassischen Parteien, also der Sozialdemokraten (SD), der Liberalen (V), der Konservativen (KF) und der Radikalliberalen (RV) verringert hat (Green-Pedersen 2001). Gleichwohl lassen sich die Parteien entlang eines rechts-links Schemas in zwei Blöcke einordnen.

Der SD kommt dabei keine so dominante Rolle zu wie in anderen skandinavischen Ländern (niedrigere Stimmenanteile und historisch geringere Dauer der Regierungsbeteiligung als beispielsweise in Schweden) (Allern u.a. 2007: 621). Sie kann sowohl im linken Lager (Einheitsliste rotgrün (EL) oder Sozialistische Volkspartei (SF)) als auch im Mitte-Rechts Spektrum (einschließlich der liberalen und der Konservativen Partei) Unterstützung suchen.

Anfang der 1990er Jahre erfolgte insbesondere mit Blick auf die arbeitsmarktpolitischen Zielsetzungen eine programmatische Neuorientierung der SD, die unter anderem durch den Wechsel des Parteivorsitzenden Svend Auken zu Nyrup Rasmussen gekennzeichnet war (Henkes 2006: 320) und auch eine Lockerung der engen Beziehungen zu den Gewerkschaften beinhaltete (siehe 14.2).

Das bürgerliche Lager reicht vom Zentrum bis zum weit rechten Flügel und ist vielfach gespalten, zumal bei Themen der Immigrations-, Europa- und Sozialpolitik (Green-Pedersen 2001; Henkes 2006: 315f.). Zwischen 1973 bis 2001 hatten die so genannten Zentrumsparteien, also die Christliche Volkspartei (KRF), die Radikalliberalen (RV) und die Zentrumsdemokraten (CD) die Rolle der »Königsmacher«, das heißt waren in wechselnden Koalitionen mit den Sozialdemokraten respektive den Liberalen und Konservativen entscheidend für die Regierungsbildung (Henkes 2006).

Die liberale Venstre (V) ist seit 2001 größte Partei im Parteiensystem. Die Konservativen (KF) waren von 1982 bis 1993 Regierungspartei in Minderheitenkoalitionen und stellten mit Poul Schlüter den Premierminister. In den letzten Jahren erreichten sie nur noch vergleichsweise geringe Stimmenanteile, traten aber 2001 zusammen mit den Liberalen erneut in die Regierung ein. Die rechtspopulistische Dänische Folkspartei (DF) ist seit 2001 die drittstärkste Partei in Dänemark, kann aber bereits am äußersten rechten Rand verortet werden und zeichnet sich durch ausländerfeindliche Positionen aus.

Die *dänischen Sozialpartner* sind mitgliederstark und verfügen über zahlreiche formelle und informelle Mitbestimmungsmöglichkeiten: Die Gewerkschaften hatten bis 2004 einen Organisationsgrad von etwa 80 Prozent (Allern u.a. 2007: 618), was partiell auf das Fortbestehen des Genter Systems der Arbeitslosenversicherung zurückgeführt wird (siehe auch Abschnitt 9.3)[140]. Seitdem ist jedoch ein massiver Mitgliederschwund zu verzeichnen, so dass der Organisationsgrad bis 2008 auf 69 Prozent fiel (Industrial Relations Observatory on-line 2009a). Die Einzelgewerkschaften organisieren entlang verschiedener Berufs- und Statusgruppen, wobei in den letzten Jahren verschiedene Zusammenschlüsse der kleineren Orga-

140 Dies bezieht sich auf die Gründung und Leitung der freiwilligen Arbeitslosenkassen durch die Gewerkschaften. Dabei ist die Mitgliedschaft in einer Arbeitslosenkasse auch heute noch oftmals mit der Mitgliedschaft in einer Gewerkschaft verknüpft, wenngleich auch singuläre Mitgliedschaften möglich sind (Clasen/Viebrock 2006)

nisationen stattfanden. Bei den Gewerkschaften, die im Dachverband der dänischen Gewerkschaften (Landsorganisationen i Danmark, LO) zusammengeschlossen sind, ist der Mitgliederschwund am stärksten. Andere kleinere Organisationen können durchaus auch Zuwächse verzeichnen. Die Arbeitgeberorganisationen sind entlang des Industrieprinzips organisiert. Ihr Organisationsgrad ist ebenfalls hoch und in den vergangenen Jahren weitgehend stabil: So deckt der Dachverband der Arbeitgeberorganisationen (Dansk Arbejdsgiverforening, DA) mit dem ihm angeschlossenen Unternehmen 51 Prozent der privaten Beschäftigung und 32 Prozent der Gesamtbeschäftigung ab. Der größte Industrieverband (Dansk Industri, DI) organisiert 63 Prozent der Mitglieder des DA und hat die Tarifführerschaft inne. 2008 erfolgte ein Zusammenschluss mit der Confederation of Danish Commercial Transportation and Service Industries, wodurch sich der Einfluss des Industrieverbandes noch weiter erhöhte (Industrial Relations Observatory on-line 2009a). Für 2008 wurde der Deckungsgrad der Tarifverhandlungen auf etwa 83 Prozent (bezogen auf die Arbeitnehmer) geschätzt. Dies entspricht 100 Prozent im öffentlichen und 67 Prozent im privaten Sektor (Industrial Relations Observatory online 2009b).

Im Rahmen von so genannten Räten oder Komitees haben Arbeitnehmer- und Arbeitgeberorganisationen auf lokaler, regionaler und zentraler Ebene traditionell weitreichende Beratungs- und zum Teil auch Entscheidungskompetenzen bei arbeitsmarktrelevanten Politikbereichen. Die in den Tarifvereinbarungen verhandelten Themen sind in Dänemark sehr breit und umfassen neben Löhnen und Arbeitszeiten, auch Zusatzrenten, Lohnfortzahlung im Krankheitsfall, Mutterschafts- beziehungsweise Elternurlaub, berufliche Ausbildung sowie lebenslanges Lernen (Industrial Relations Observatory on-line 2009b).

Obgleich die Sozialpartner noch heute eine starke Position im politischen System Dänemarks innehaben, kam es bereits in den 1980er Jahren zu einer maßgeblichen Veränderung der Formen der Einflussnahme. Durch die damals bürgerliche Regierung wurde eine akzentuierte Ablehnung traditionell korporatistischer Politikroutinen (Adamy 1999) mit einer stärkeren Betonung der staatlichen Handlungsautonomie beziehungsweise einer Zunahme des parlamentarischen Einflusses im Prozess der Politikformulierung verknüpft (Jochem 2004: 242). Diese Entwicklung führte zu einem Machtverlust der Gewerkschaften: Dies zeigte sich unter anderem beim Generalstreik 1985 mit dem sich die Gewerkschaften nicht gegen die staatliche Intervention in die Tarifpolitik in Form eines von der Regierung erlassenen Lohngesetzes durchsetzen konnten. In den nachfolgenden Jahren kam es zu einer Dezentralisierung der Lohnverhandlungen. Die Struktur des dänischen Kollektivverhandlungssystems wird seitdem als zentralisierte oder auch koordinierte Dezentralisierung bezeichnet[141] (Döhrn u.a. 2001). Der Einflussverlust der Gewerkschaften auf zentralstaatlicher Ebene beschränkte die von ihnen zu verhandelnde Agenda auf die Kernbereiche der Lohnpolitik und – maximal noch – die Arbeitsmarktpolitik (Jochem 2004: 234).

Anhand der soweit skizzierten politischen Institutionen und Akteurkonstellationen wird deutlich, dass wohlfahrtsstaatliche Reformen in Dänemark letztlich Verhandlungen in Netzwerken auf verschiedenen politischen Ebenen mit verschiedenen Akteuren voraussetzen, die über eine potentiell hohe Veto-Macht verfügen. Vor diesem Hintergrund wird das dänische System auch als »Negotiated Economy« bezeichnet (Nielsen 1991). Formen reflexiver Steuerung werden durch die Kompromisse und die Kooperation in den entsprechenden Netzwerkstrukturen begünstigt.

14.2 Anfang der 1990er Jahre: Arbeitsmarktkrise, diskursive Akzeptanz des Aktivierungsparadigmas und Aufbau von Verhandlungsnetzwerken

Die diskursiv konsensuale Akzeptanz des Aktivierungsparadigmas wurde in Dänemark durch den starken sozioökonomischen Problemdruck respektive die steigende Arbeitslosigkeit Anfang der 1990er Jahre begünstigt.

---

141 Die Spitzenorganisationen der Gewerkschaften (LO) und der Arbeitgeber (DA) setzen auf sektoraler Ebene beziehungsweise Branchenebene Rahmenbedingungen (unter anderem über das Festlegen der Mindestlöhne) für die Lohnverhandlungen auf lokaler Ebene. Die lokalen Verhandlungsführer berücksichtigen diese, passen ihre Forderungen an die spezifische Wettbewerbslage oder andere Bedingungen in den einzelnen Betrieben an (Industrial Relations Observatory on-line 2009b). Die von DA und LO abgeschlossenen Rahmenverhandlungen werden über so genannte Anpassungsvereinbarungen auf weitere Branchen übertragen. Faktisch ist dies jedoch nicht mit einem System ausschließlich zentraler Lohnbildung gleichzusetzen. Da die betrieblichen Verhandlungen letztlich mit mehreren Einzelgewerkschaften entscheidend sind, besteht generell die Gefahr des Lohndrifts, der sich in den letzten Jahren aber nicht manifestierte (Benner/Bundgaar Vad 2000: 440; Madsen 2000).

Nach dem Regierungswechsel 1993 konnten dann unter der sozialdemokratisch dominierten Koalitionsregierung erste, überwiegend in Netzwerkstrukturen verhandelte Reformen umgesetzt werden.

Sozioökonomische Rahmenbedingungen: Steigende Arbeitslosigkeit und Staatsverschuldung

In Dänemark stieg die Arbeitslosigkeit bis 1993 auf knapp 11 Prozent an (die Langzeitarbeitslosigkeit betrug circa 25 Prozent; siehe Tabelle 6). Mit der Beschäftigungskrise einher gingen die für die skandinavischen Wohlfahrtsstaaten in Folge der vergleichsweise hohen Sozialsausgaben als typisch angenommenen Probleme wie negative Haushaltsbilanz respektive hohe Staatsverschuldung (Esping-Andersen 1996d; siehe Anhang Tabelle A). Die sich fortsetzenden Produktivitätssteigerungen trugen einerseits zum Arbeitslosenproblem bei, dokumentieren andererseits jedoch die Innovationsfähigkeit der dänischen Wirtschaft beziehungsweise das Potential von Produktivitätssteigerungen in einer bereits weitgehend zur Dienstleistungsgesellschaft transformierten Ökonomie.

Vor diesem Hintergrund müssen auch die positiven Effekte des umfassenden Ausbaus des dänischen Wohlfahrtsstaates hervorgehoben werden: Dänemark verfügt über eine hoch qualifizierte Arbeitnehmerschaft. Dies ist auf ein gut institutionalisiertes und flexibles Ausbildungs- und Weiterbildungssystem zurück zu führen, das auf der engen Kooperation zwischen Gewerkschaften, Betriebsräten, Arbeitnehmern sowie Arbeitgebern respektive Managern und dem Expertenwissen der Ingenieure aufbaut. Generell wird daher eine Produktionsstrategie verfolgt, die auf ein hohes Qualifkikationsniveau in Verbindung mit einem hohen Lohnniveau setzt (Campbell/Pedersen 2007: 318, 320). Sowohl die mit der Expansion des dänischen Wohlfahrtsstaates verbundene hohe Beschäftigungsquote von Frauen und Müttern als auch dessen hohe Umverteilungswirkung hat mit dazu beigetragen, dass spezifische Post-Industrial Pressures wie die zunehmende Einkommensdifferenzierung beziehungsweise die Armut von Familien in Dänemark deutlich geringer waren als in den meisten anderen europäischen Ländern. So lag beispielsweise das Armutsrisiko von Kindern in Haushalten von Alleinerziehenden in 2004 bei nur knapp 20 Prozent (EU-SILC; Böhmer/Heimer 2008: 24ff.).

Vor dem Hintergrund der internationalen wirtschaftlichen Verflechtung kann der Handlungsspielraum der dänischen Regierungen im Hinblick auf die Lösung der wirtschaftlichen Probleme gleichwohl als durchaus eingeschränkt betrachtet werden. Dänemark gilt als eine der kleinen offenen Volkswirtschaften (Katzenstein 1985) und damit als außenwirtschaftlich besonders verwundbar. Dies wird zwar nicht mehr als ein Alleinstellungsmerkmal der kleinen Staaten betrachtet, da die entsprechende Einbindung der großen Länder ebenfalls zunahm und sich die Liberalisierung der Kapitalmärkte weitgehend angeglichen hat. Gleichwohl hat der Anteil von Importen und Exporten in Prozent des BIP bis in die 2000er Jahre in Dänemark weiter zugenommen – womit auch die Weltmarktabhängigkeit stieg (Armingeon 2007: 312).

Dänemark ist kein Euroland, aber die Währung ist seit 1993 de facto an die Eurozone gekoppelt. Der Kurs der dänischen Krone wurde in Relation zum ECU beziehungsweise Euro annähernd konstant gehalten. Obgleich die Zielvorgaben der Europäischen Zentralbank für Dänemark nicht verbindlich waren, stellten sie eine klare Leitlinie im Sinne einer Selbstverpflichtung dar. Im Rahmen der damit für Dänemark geltenden makroökonomischen Restriktionen isr das dänische Beschäftigungswunder in Form der bis Mitte der 1990er Jahre rapide gesunkenen Arbeitslosigkeit (Green-Pedersen/Lindblom 2005) wie auch die Lösung der spezifischen Probleme des sozialdemokratisch universalistischen Wohlfahrtsstaatstypus (Haushaltsdefizit und Staatsverschuldung) auf eine nahezu optimale, die Beschäftigung fördernde Konjunktursteuerung zurückzuführen.

Diese bestand darin, dass die Sozialdemokraten im Jahr 1994 bei ihrer Regierungsübernahme die Konjunkturbelebung mit einem expansiven finanzpolitischen Kurs über einen so genannten Kick-Start einleiteten (Benner/Bundgaar Vad 2000: 443). Dies war Teil einer mittelfristigen Strategie, die in eine sukzessiv weniger stimulierende und schließlich restriktive Finanzpolitik überging (Kuntze 2000). Begleitet von einer expansiven Geldpolitik sowie einer zurückhaltenden Lohnpolitik zur Stabilisierung des Preisniveaus konnte ein sich bereits abzeichnender kräftiger Aufschwung der dänischen Wirtschaft unterstützt und bereits 1994 ein Wirtschaftswachstum von 5,5 Prozent erreicht werden (Anhang Tabelle A). Die Steuerreform von 1994, die auf eine Verlagerung der Steuerbelastung von den direkten zu den indirekten Steuern abzielte, beinhaltete aus konjunkturpolitischen Gründen zunächst eine Steuerentlastung. Die angestrebte Erhöhung der Netto-Belastung wurde erst ab 1996 wirksam. Dänemark war Ende der 1990er Jahre mit den Zielvorgaben der europäischen Zentralbank im Einklang – und zwar sowohl im Hinblick auf die Inflationsrate als auch in Bezug auf das positive Haushaltssaldo (Volz 2004). Die eingeleitete Aktivierungspolitik wurde somit durch einen wirtschaftlichen Aufschwung wie auch die Konsolidierung der öffentlichen Finanzen flankiert.

Diskursive Akzeptanz des Aktivierungsparadigmas

Angesichts der krisenhaften wirtschaftlichen Entwicklung und dem Anstieg der Transferleistungsempfänger zu Beginn der 1980er Jahre wurde von der Konservativen (KF) und der Liberalen Partei (V) in Anlehnung an die amerikanische Wohlfahrtsstaatsdiskussion zunächst der Slogan »From Welfare State to Welfare Society« geprägt. Damit wurden Forderungen nach einer Privatisierung sozialer Dienstleistungen und der Einführung von Erwerbsanreizen durch die Umgestaltung des Steuersystems verbunden. Die Sozialdemokraten nahmen die Idee der Wohlfahrtsgesellschaft auf, um die Lösung des Problems sozialer Exklusion daran zu binden (Green-Pedersen 2001: 59; 2002a).

Im Rahmen dieses konsensualen Diskurses wurde gleichzeitig die bis dahin keynesianisch orientierte ökonomische Problemanalyse durch eine angebotstheoretisch begründete Argumentation abgelöst. Dies stützte die Kritik an den passiven und expansiven Beschäftigungsmaßnahmen und Transfers (Goul Andersen/Pedersen 2006; Jørgensen 2002: 175). Die formulierte Kritik an der bis dahin verfolgten Arbeitsmarktpolitik spiegelte die Problemperzeption des Aktivierungsparadigmas wider und wird von Torfing (2007: 115) in vier Punkten zusammengefasst:

> »First, the increasing globalization of the economy and the introduction of new technologies meant that it was no longer enough to park the unemployed in passive benefit schemes. Second, the public expenditure financing the benefit schemes and the auxiliary job offer schemes was rapidly growing without really producing any noteworthy results in terms of increased employment. Third, the rising youth unemployment carried the risk of losing an entire generation from the labour market. Finally, the process of social marginalization and exclusion threatened to create a ›social mass grave‹.«

Der so genannte »neue Kurs« in der Arbeitsmarktpolitik wurde auf der Basis einer entsprechenden Diagnose entworfen und zunächst in einem Bericht des Wirtschaftsrates (1988) und schließlich durch ein Weißpapier des Arbeitsministeriums 1989 verbreitet (Jørgensen 2002: 175; Larsen/Goul Andersen 2009: 245ff.). Ferner wurden von der konservativ-liberalen Regierung verschiedene Kommissionen zur Vorbereitung der Reform des Sozialsystems eingesetzt. Die 1991 ins Leben gerufene Social Commission[142] hob das geringe Niveau der Arbeitsmarktintegration hervor. Als Lösung wurden eine Kürzung der Sozialhilfeleistungen, aber auch eine Erhöhung des Rentenalters und eine Kürzung der Dauer des Arbeitslosengeldes vorgeschlagen. Dies wurde verbunden mit einer normativen Argumentation, welche auf die Reziprozität von Rechten und Pflichten verwies. Die Begründung erfolgte mit Verweis auf die dänische Verfassung, in der sowohl die Pflichten des Staates zur Förderung von Beschäftigungsgelegenheiten als auch die Arbeitspflicht der Bürger verankert sind. Mit dieser historischen Herleitung des Reziprozitätsarguments konnten – so jedenfalls Robert Cox (2001: 479, 481) – Vorwürfe entkräftet werden, dass die Einführung der Arbeitsmarktaktivierung Workfare Politik nach amerikanischem Vorbild sei.

In der dänischen Variante der Aktivierungsrhetorik wurde das Recht auf Arbeit mit Wahlmöglichkeiten zwischen Aktivierungsalternativen verknüpft. Aktivierung wurde als Instrument sozialer Integration und als Element zur Verwirklichung von Sozialbürgerschaft interpretiert (Andersen/Etherington 2005; Larsen/Goul Andersen 2009). Die Kritik an der »Schuld« der Arbeitslosen selbst beziehungsweise das Anprangern der Entwicklung einer Abhängigkeitskultur blieb beschränkt auf das Verhalten von Jugendlichen aus Mittelklassehaushalten, welche nach der Schule einen Leistungsantrag stellten ohne in einer »echten« sozialen Notlage zu sein (Rosdahl/Weise 2000: 177).

Die von der konservativ-liberalen Regierung unter Poul Schlüter Anfang der 1990er Jahre unterbreiteten Vorschläge zur Kürzung der Arbeitslosengeldtransfers sowie zur Reform der Arbeitslosenversicherung stießen auf heftigen Widerstand der Gewerkschaften, die mit politischer Mobilisierung reagierten (Andersen/Etherington 2005). Auch die Sozialdemokraten lehnten aus einer im Parteienwettbewerb motivierten Oppositionspolitik zu diesem Zeitpunkt wohlfahrtsstaatliche Kürzungen sowie die Privatisierung sozialer Dienstleistungen ab (Green-Pedersen 2001: 59; Torfing 2007: 113).

[142] Diese setzte sich – wie auch die 1993 etablierte Welfare Commission – aus handverlesenen Experten und Repräsentanten verschiedener Ministerien zusammen. In diesen beiden Kommissionen waren keine Vertreter der Sozialpartner präsent, da sie eher visionäre Entwürfe aktivierender Politik zeichnen sollten. Diese wurden im öffentlichen Diskurs meist unmittelbar zurück gewiesen, spielten aber gleichwohl in späteren Reformentwürfen durchaus eine Rolle (Torfing 2007: 116).

Gleichzeitig durchlief die sozialdemokratische Partei eine programmatische Umorientierung, bei der das Aktivierungsparadigma grundsätzlich akzeptiert wurde[143]. Im Grundsatzprogramm der SD von 1992 wurde am Ziel der Vollbeschäftigung festgehalten, das nunmehr aber durch eine aktivierende Arbeitsmarktpolitik, welche auf Qualifizierung und Bildung setzte, angestrebt wurde. Explizites Ziel war es, die Bürger zu »befähigen«, den Anforderungen der globalen Wirtschaft gerecht zu werden (Henkes 2006: 330). Nach zehnjähriger Oppositionszeit konnten die dänischen Sozialdemokraten schließlich unter dem neuen Parteivorsitzenden und Ministerpräsidenten Nyrup Rasmussen »mit einem kohärenten Programm aus angebotspolitischer Wirtschafts-, universalistischer Sozial- und aktivierender Beschäftigungspolitik« in die Regierungsverantwortung eintreten (Henkes 2006: 318)[144].

Im Rahmen der 1992 eingesetzten Zeuthen Kommission schlossen sich auch die Gewerkschaften der Diagnose »struktureller Arbeitslosigkeit« an. Dies ebenete den Weg für die allmähliche Akzeptanz der Idee aktivierender Arbeitsmarktpolitik, einschließlich einer Erhöhung der Arbeitsverpflichtung auf Arbeitnehmerseite (Larsen/Goul Andersen 2009: 250). Für die Umsetzung der ersten aktivierenden arbeitsmarktpolitischen Reformen stellte dies eine wichtige Voraussetzung dar, zumal der härtere Umgang mit den Arbeitslosen in der Öffentlichkeit zunächst auf Skepsis stieß (Larsen/Goul Andersen 2009: 242).

Der nach 1993 von der sozialdemokratisch dominierten Regierung lancierte kommunikative Diskurs spiegelte die Ideen des Aktivierungsparadigmas wider. Rhetorisch erfolgreich wurde dabei die Verschärfung der Arbeitspflicht wiederum historisch begründet, indem auf das von allen skandinavischen Sozialdemokratien anfänglich betonte – und später vergessene »Rechte und Pflichten Prinzip« verwiesen wurde. Ferner wurde unter dem Label »passiv versus aktiv« betont, dass für Arbeitslose mehr als nur ökonomische Sicherheit gewährleistet werden sollte. Indem die Besei-

143 Die programmatische Reorientierung der Sozialdemokraten zog auch eine Lockerung der historisch engen Verflechtung mit den Gewerkschaften nach sich (Green-Pedersen/Lindblom 2005: 74).

144 Das bereits in der Opposition entwickelte Langzeitkonzept wurde unter dem Titel »Dänemark als Fortschrittsland – Dänemark 2005« im April 1997 als Regierungsstrategie präsentiert, die sowohl auf eine Erhöhung der Erwerbsintegration beziehungsweise die Aktivierung von Leistungsempfängern als auch auf die Aufrechterhaltung sozialer Sicherung abzielte. Unter Berücksichtigung positiver wie negativer Entwicklungen am Arbeitsmarkt wurde dieses Konzept dann bis 2001 einer permanenten Revision unterzogen (Frenzel 2002: 216).

tigung sozialer und psychischer Probleme von Arbeitslosen mit der Integration in den Arbeitsmarkt verbunden wurde, konnten die Reformen im Sinne einer Win-Win-Situation dargestellt werden (Larsen/Goul Andersen 2009:251). Gleichzeitig wurden so weit reichende Interventionsbefugnisse des Staates in Bezug auf die individuelle Lebensgestaltung der Bürger legitimiert.

Die umfassenden Reformpläne nahmen – im Gegensatz zur Programmatik der konservativ-liberalen Regierung – allein die Privatisierung sozialer Dienstleistungen aus. In Bezug auf dieses Thema wurde die SD »Opfer« ihrer eigenen Rhetorik. Da während der 1980er Jahre die Privatisierungen sozialer Dienstleistungen als Frontalangriff auf den Wohlfahrtsstaat diffamierte worden waren, konnten nun weder die Traditionalisten innerhalb der Partei noch die Öffentlichkeit ohne weiteres von den Vorteilen der Privatisierung sozialer Dienstleistungen überzeugt werden. Selbst im Parteiprogramm von 1996 wurde die Erfüllungsverantwortung für soziale Dienstleistung weiterhin beim Staat verortet (Green-Pedersen 2002a).

Bereits Mitte der 1990er Jahre dominierte damit in Dänemark der Aktivierungsgedanke den politischen Diskurs (Triantafillou 2009). Dabei sticht ein über die verschiedenen politischen Lager hinweg reichender Konsens hervor, der sowohl die Problemdiagnose »strukturelle Arbeitslosigkeit« als auch deren »Lösung« durch Reformen entlang der Ideen des Aktivierungsparadigmas einschloss (Larsen/Goul Andersen 2009).

Governance der Entscheidungsfindung: Initiierung der Aktivierungspolitik durch Verhandlungen in Netzwerken und Paketvereinbarungen

Obgleich die 1990 erneut gewählte konservativ-liberale Regierung unter Poul Schlüter zur Initiierung des Reformdiskurses zur aktivierenden Arbeitsmarktpolitik maßgeblich beitrug, konnte sie aufgrund des skizzierten Widerstandes der Gewerkschaften und der Sozialdemokraten keine wesentlichen strukturellen Veränderung in der Arbeitsmarktpolitik durchsetzen. Allein in der Sozialhilfe wurden 1990 obligatorische Aktivierungsprogramme für jugendliche Leistungsbezieher eingeführt (Rosdahl/Weise 2000). Ferner wurden Verhandlungen über die weitere Ausgestaltung arbeitsmarktpolitischer Reformen in verschiedenen Komissionen initiiert.

Insbesondere die Zeuthen Kommission wird dabei als Knotenpunkt einer neu etablierten Netzwerkstruktur zur Ausgestaltung der arbeitsmarktpolitischen Reformen interpretiert, welche letztlich die Grundlage für die große Arbeitsmarktreform 1993 unter der sozialdemokratisch dominierten Regierung erarbeitete (Torfing 2007: 116). Die Mitglieder der Zeuthen Kommission waren von den im dänischen Parlament vertretenen politischen Parteien benannte wissenschaftliche Experten. Obgleich diese formal unabhängig waren, wird die Zusammensetzung der Kommissionen so interpretiert, dass auch die Sozialpartner auf diesem Wege die Gelegenheit erhielten »to show they could contribute responsibly and constructively to the formation of a new active employment policy« (Torfing 2007: 116).

Die Zeuthen Kommission diente nicht zuletzt als Forum, die in den verschiedenen politischen Lagern zunächst dominierenden unterschiedlichen Problemlösungsansätze zu verhandeln beziehungsweise in Einklang zu bringen. Da die von der konservativ-liberalen Regierung und den Arbeitgebern favorisierten Kürzungen bei der Höhe der Transferleistungen wie auch eine stärkere Finanzierung des Arbeitslosengeldes durch Beiträge politisch nicht durchsetzbar waren (Mailand 2004), skizzierte die Kommission eine Aktivierungsvariante, welche auf individuelle Bedürfnisse abgestimmte Ausbildungsangebote sowie eine Reduzierung der Dauer der Leistungsperiode hervorhob. Ferner wurden eine stärkere Regionalisierung, und Korporatisierung der Arbeitsmarktorganisationen[145] sowie die Einführung von individuellen Aktivierungsplänen als Form der Kontrak-tualisierung der Beziehungen zwischen Arbeitsverwaltung und Individuen vorgeschlagen (Jørgensen 2002: 176).

Die Vorverhandlungen im Rahmen der Zeuthen Kommission zeigen damit, dass Formen der Co-Governance in Dänemark auch über Regierungswechsel »hinweg« funktionierten. Sowohl auf Betreiben konservativ als auch sozialdemokratisch dominierter Regierungen kam es gleichwohl zu Veränderungen dieser Formen der Entscheidungsfindung, die von Beobachtern unterschiedlich interpretiert werden. So konstatieren Larsen und Goul Andersen (2009: 251) eine zunehmende Exklusion der Sozialpartner, da diese weder 1993 noch 1996 »formal« im Rahmen direkter Konsultationen in den politischen Entscheidungsprozesses einbezogen wurden.

145 Der aufgezeigte Machtverlust der Gewerkschaften beziehungsweise Sozialpartner auf zentralstaatlicher Ebene wurde – wie in Kapitel 9 gezeigt – im Zuge der Dezentralisierung der Arbeitsmarktpolitik und der damit einhergehenden Stärkung der korporatistischen Gremien auf regionaler und lokaler Ebene in gewisser Weise »ausgeglichen« (Mailand 2004: 6), was die Akzeptanz der entsprechenden Reformen durch die Sozialpartner erhöhte.

Andere betonen, dass der Einfluss der Tarifpartner nicht grundsätzlich hinterfragt wurde, da sie bei der Implementation weiterhin wesentliche Einflussmöglich hatten »... corporatism has primarily lost ground in connection with the preparation of legislation, not in the administration of legislation« (Christiansen/Togeby 2006). Ferner wird die Erweiterung der beteiligten Akteure als Auflösung der traditionell tripartistischen Strukturen durch Netzwerke beurteilt (Jørgensen 2002: 112). Dies wird als durchaus positive Anpassung an neue Gegebenheiten und Zielsetzungen interpretiert, um – so könnte man das folgende Zitat interpretieren – die komplexen Koordinationsleistungen reflexiver Steuerung zu ermöglichen:

»... problems of structural competitiveness were more complex, involved a multiplicity of structural difficulties that could not be handled in one negotiation arena or policy area, and required a more integrated approach spanning several arenas as well as multiple levels and departments of government. This precipitated a revision of the procedures for consensus building, notably the inclusion of a wider and often shifting set of participants, such as representatives from RD institutes and new government agencies and municipalities ...« (Kjær/Pedersen 2001).

Die Verwirklichung der in den skizzierten Netzwerkstrukturen diskutierten Ziele aktivierender Politik erfolgte schließlich ab 1993 unmittelbar in Folge des Koalitionswechsels. Durch die Herauslösung der Radikalen Liberalen (RV), der Zentrumsdemokraten (CD) und der Fortschrittspartei (KRF) aus der bürgerlichen Koalition entstand eine Mitte-Links-Regierung unter Führung der Sozialdemokratie. Voraussetzung für das Zustandekommen dieser Koalition war die oben skizzierte programmatische Reorientierung der Sozialdemokraten, die ihren Abschluss im Wechsel des Parteichefs fand (Henkes 2006: 320)[146].

Die zunächst entstandene Mitte-Links Koalition (SD/RV/CD/KRF) verfügte als erste Regierung seit zwanzig Jahren wieder über eine parlamentarische Mehrheit, so dass sie für die durchgeführten Reformen keiner Zustimmung durch die Opposition bedurfte. Aber auch die nach 1994 sozialdemokratisch geführte Minderheitenregierung (Koalition der SD mit der RV, DC und SF; siehe Tabelle 20) hatte aufgrund ihrer spezifischen

146 Innerparteiliche Differenzen wurden nicht zuletzt dadurch entschärft, dass der scheidende Parteichef Svend Auken als Umweltminister und ab 1996 als Superminister für Umwelt und Energie in die Regierung eingebunden wurde und auf dieser Position die Modernisierungsstrategie in der Wirtschafts-, Sozial- und Arbeitsmarktpolitik des Polit-Tandems von Poul Nyrup Rasmussen und Mogens Lykketoft unterstützte. Lykketoft galt dabei als Chefstratege des sozialliberalen Regierungsprojektes (Frenzel 2002: 218).

Stellung im Parteiensystem ein sehr hohes Reformpotential. Da in der Arbeitsmarktpolitik – gemäß der *»Nixon goes to China«* Logik – der zunächst von den Konservativen eingeschlagene Reformweg aufgenommen und umgesetzt wurde, war eine im Parteienwettbewerb begründete Opposition der bürgerlichen Parteien quasi unmöglich. Die meisten der Reformen, darunter auch die Kürzung der Dauer des Arbeitslosengeldes, die vom liberalen Koalitionspartner, der RD, eingefordert wurde, konnten mit der Zustimmung der nicht-sozialdemokratischen Opposition verabschiedet werden (Goul Andersen/Pedersen 2006: 14; Green-Pedersen 2001: 62). Gleichzeitig konnte die Regierung bei anderen Reformen auf die Unterstützung der linksoppositionellen Parteien zurückgreifen (Green-Pedersen 2001: 63).

Als Voraussetzung für den Erfolg der Reformen und vor allem für die Vernetzung verschiedener Teilreformen werden auch die vom Finanzministerium aufgebauten Netzwerkstrukturen gesehen (Torfing 2007: 117). Das Finanzministerium hatte bereits seit den 1980er Jahren eine zentrale Stellung im Policy-Prozess. Diese wurde während der sozialdemokratischen Koalition unter Finanzminister Mogens Lykketoft (1993 bis 2000) weiter ausgebaut, indem er ein permanentes Finanzkomitee unter Beteiligung weiterer Minister aus anderen Parteien sowie eine Steuerungsgruppe auf Beamtenebene etablierte. Ferner wurde die Ziel- und Rahmensteuerung im Zuge der Verwaltungsmodernisierung eingeführt. Die Verankerung eines Teils der arbeitsmarktpolitischen Reformen im Rahmen der Budgetverhandlungen[147] und den damit einhergehenden Gesetzesinitiativen ermöglichte es, die einzelnen Policies zu verknüpfen, horizontal über verschiedene Ressortgrenzen hinweg, aber auch vertikal unter Einbeziehung der regionalen beziehungsweise lokalen Ebenen.

Dabei wurde auch der ökonomische Rahmen für die Politik der formal unabhängigen Kommunen (kommunale Steuern und Ausgaben) festgelegt und verschiedene Policy-Entwicklungen koordiniert. Die mit den kommunalen Spitzenverbänden verhandelten Themen schlossen zum Beispiel den Ausbau der Betreuungsplätze für Kinder ein (Jørgensen 2002:113). Das von Premierminister Nyrup Rasmussen Mitte der 1990er Jahre gegebene Versprechen, einen Betreuungsplatz für alle Kinder im Alter von sechs Monaten bis sieben Jahren bis zum Jahr 2000 zu gewährleisten, wurde über

147 Wie bereits in Abschnitt 9.1 sowie Übersicht 9 dargestellt, wurden die Arbeitsmarktreformen 1996 und 1999 nicht als »eigenständige Gesetze«, sondern im Rahmen der Haushaltsgesetze verabschiedet.

die Konzession der Kofinanzierung der entstehenden Kosten durch die Zentralregierung durchgesetzt (Linke Sonderegger 2003: 14; Wehner/ Abrahamson 2003a: 27). Die vom Finanzministerium initiierte Netzwerkbildung trug so entscheidend zum Erfolg reflexiver Steuerung im Sinne Politikfeld übergreifender Vernetzung bei. »The Ministry of Finance has become the coordination centre for general economic policy as well as sectoral policy developments, just as it has decisive control and evaluation functions« (Jørgensen 2002: 114).

Tabelle 20: Regierungen und Wahlergebnisse in Dänemark seit 1990

	1990	1994	1998	2001	2005	2007
Regierungs-koalition	KF/V +RV*	SD[1)]/RV/ CD[2)] +SF*	SD/RV + SF* + EL*	V/KF +DF*	V/KF +DF*	V/KF +NA*
Minister-präsident	Poul Schlüter (KV)	Nyrup Rasmussen (SD)	Nyrup Rasmussen (SD)	Anders Fogh Rasmussen (V)	Anders Fogh Rasmussen (V)	Anders Fogh Rasmussen (V); ab 2009: Lars Løkke Rasmussen (V)
Stimmanteile bei Wahlen in Prozent (Sitze im Folketing)						
EL Einheitsliste Rot-Grün	-	3,1 (6)	2,7 (5)	2,4 (4)	3,4 (6)	2,2 (4)
SF Sozialistische Volkspartei	8,3 (15)	7,3 (13)	7,5 (13)	6,4 (12)	6,0 (11)	13,0 (23)
SD Sozial-demokraten	37,4 (69)	34,6 (63)	36,0 (65)	29,1 (52)	25,8 (47)	25,5 (45)
RV Radiakal Liberale	3,5 (7)	4,6 (8)	3,9 (7)	5,2 (9)	9,2 (17)	5,1 (9)
CD Zentrums-demokraten	5,1 (9)	2,8 (5)	4,3 (8)	1,8 (-)	1,0 (-)	0,9 (-)
NA Neue Allianz						2,8 (5)
KRF Christliche Volkspartei	2,3 (4)	1,9 (-)	2,5 (4)	2,3 (4)	- (-)	()-
KF Konservative	16,0 (30)	15,0 (27)	8,9 (16)	9,1 (16)	10,3 (18)	10,4 (18)
V Liberale Partei	15,8 (29)	23,3 (45)	24,0 (44)	31,3 (56)	29,0 (25)	26,3 (46)
FRP Fort-schrittspartei	6,4 (12)	6,4 (11)	2,4 (4)	0,6 (-)	- (-)	(-)
DF Dänische Volkspartei	-	-	7,4 (13)	12,0 (22)	13,3 (24)	13,9 (25)

Quellen: Henkes (2006); Lane/Ersson (1996); Election Resources on the Internet (2005/2007).

Für die Entscheidungsfindung im Rahmen von Co-Governance charakteristisch erscheint ferner, dass umfassende und gleichzeitig vieldeutige Paketvereinbarungen verabschiedet wurden, bei denen alle Akteure jeweils die Sicherung und Durchsetzung ihrer je spezifischen Interessen reklamieren und ihrer Klientel diskursiv vermitteln konnten. »... the government relied on what in Danish is known as a ›patchwork agreement‹ where different combinations of parties support different elements of the budget« (Green-Pedersen 2001: 63): So galt die in dieser ersten Reformrunde beschlossene Erweiterung der Ausbildungsmöglichkeiten den einen als Förderung von Wettbewerbsfähigkeit und den anderen als Ausbau sozialer Rechte. Zudem wurde die Ausweitung der Ausbildungsoptionen als »Ausgleich« für die (schrittweise) Verschärfung der Arbeitspflicht und die Kürzung der Leistungsdauer des Arbeitslosengeldes gesehen. Dass auch eine Ausweitung der Beurlaubungsprogramme und der Frühverrentung Teil des »Tausches« waren (Torfing 1999a: 387), muss als Konzession an die Gewerkschaften gesehen werden. Diese verteidigten zunächst die verschiedenen Dekommodifizierungsoptionen als »Gegengewicht« zu der vergleichsweise starken Flexibilisierung der Arbeitsverhältnisse (geringer Kündigungsschutz), indem sie als genuiner Bestandteil des universellen Wohlfahrtsstaatsregimes und des dänischen Modells der Flexicurity betrachtetet wurden. Entsprechend wurde eine generelle Kürzung der Leistungshöhe beim Arbeitslosengeld zu diesem Zeitpunkt durch die Gewerkschaften erfolgreich verhindert. Für diese erste Phase der Reformpolitik ist die im Zuge der Co-Governance realisierte Reformfähigkeit in Dänemark als generell hoch und dennoch selektiv einzuschätzen. Vor allem die Gewerkschaften nutzten ihre Veto-Macht erfolgreich, um die Interessen ihrer Klientel zu schützen.

14.3 Ende der 1990er Jahre: Vollbeschäftigung und parteiübergreifender Konsens bezüglich des Primats der Arbeitsmarktintegration

Mit dem erneuten Erreichen von Vollbeschäftigung Ende der 1990er Jahre veränderte sich der politische Diskurs im Sinne einer stärkeren Betonung des Primats der Arbeitsmarktintegration. Der entsprechende Kurswechsel wurde von der 1998 im Amt bestätigten sozialdemokratisch dominierten Regierung initiiert und von der 2001 ins Amt gewählten liberal-konservativen Minderheitsregierung unter Anders Fogh Rasmussen fortgesetzt. Eine Reform der Arbeitsverwaltung konnte nun ebenfalls eingeleitet werden.

Sozioökonomische Rahmenbedingungen: Vollbeschäftigung und Arbeitskräftemangel

Kennzeichnend für diese zweite Reformphase in der dänischen Arbeitsmarktpolitik waren der massive Rückgang der Arbeitslosigkeit auf circa 5 Prozent und der damit in einigen Wirtschafts- und Dienstleistungssektoren einsetzende Arbeitskräftemangel. In Folge des ab 1997 erneut steigenden Lohndrucks[148] kam es zu einer expandierenden Inlandsnachfrage, einer ausgeprägten Ausfuhrschwäche sowie einem Anstieg der Inflationsrate auf circa zwei Prozent jährlich. Die sozialdemokratisch dominierte Regierung reagierte darauf – relativ spät – mit einem Bündel finanzpolitisch restriktiver Maßnahmen. Kurz darauf setzte ein erneuter Aufschwung ein, wobei das Wachstum primär von den Exporten getragen wurde und mit hohen Leistungsbilanzüberschüssen einherging. Die vor diesem Hintergrund zunächst rückläufigen Sozialausgaben und die seit 1999 erzielten Haushaltsüberschüsse wurden schließlich genutzt, um die Staatsverschuldung sukzessive abzubauen.

In Folge der Ende 2001 einsetzenden Rezession lockerte die neu ins Amt gekommene liberal-konservative Regierung die restriktive Finanzpolitik und setzt eine Reihe vorher beschlossener Steuererhöhungen aus (Volz 2004). Die Inflation stieg gleichwohl kaum über das im Euroraum übliche Maß und fiel dann ab 2004 wieder unter zwei Prozent. Mit dem gleichzeitig einsetzenden Aufschwung nahm auch das Wirtschaftswachstum wieder stark zu. Die Staatsverschuldung konnte weiter abgebaut werden und der Haushaltsüberschuss lag 2005 bei fünf Prozent (siehe Anhang Tabelle A).

Die für die skandinavischen Wohlfahrtsstaaten als typisch skizzierte Problemlage hoher Staatsausgaben und Staatsverschuldung in Verbindung mit partiellem Inflationsdruck war damit »aufgelöst«. Als Erklärung für diesen Erfolg wird die von allen dänischen Regierungen der 1990er Jahre implementierte antizyklische Finanzpolitik genannt, die letztlich deutlich besser abgestimmt war als der Policy Mix vieler anderer Länder (Volz 2004).

148 In der Lohnrunde 1998 wurde der von den Sozialpartnern verhandelte Abschluss von den Gewerkschaftsmitgliedern abgelehnt. Es folgte ein Generalstreik, der durch die Intervention der Regierung beendet wurde. Vor dem Hintergrund verbesserter ökonomischer Rahmenbedingungen und unter dem Einfluss des anstehenden Referendums zum Amsterdamer Vertrag war das verabschiedete Gesetz gleichwohl deutlich generöser als das vorherige Abkommen – und kam damit den Forderungen der Gewerkschaftsmitglieder entgegen (Green-Pedersen/Lindblom 2005: 74).

Neuakzentuierung des Reformdiskurses unter dem Primat der Erwerbsintegration

Mit dem Wiedererreichen der Vollbeschäftigung wurde im öffentlichen Diskurs Ende der 1990er Jahre das Argument, dass Erwerbslose nicht arbeiten können, ersetzt durch die Annahme, dass sie nicht arbeiten wollen (Larsen/Mailand 2007: 105). Die bis dahin verfolgte Aktivierungspolitik wurde zunehmend kritisch kommentiert, da zahlreiche arbeitsmarktpolitische Evaluierungsstudien negative Effekte aktiver Maßnahmen, insbesondere auch von Qualifizierungsmaßnahmen, im Hinblick auf die Verlängerung der Arbeitslosendauer zeigten (Bredgaard u.a. 2005a; Larsen/Mailand 2007: 106). Ferner gewann – auch mit Perspektive auf den demographischen Wandel – das Argument eines zukünftigen Arbeitskräftemangels an Bedeutung (Goul Andersen/Pedersen 2006), womit unter anderem die ausgedehnten Dekommodifizierungsoptionen zur Disposition gestellt wurden.

Die Parlamentswahlen 1998 wurden von den Sozialdemokraten in Koalition mit der RV auch in dieser zweiten Phase noch (knapp) gewonnen, indem sie die anderen bürgerlichen Parteien bezichtigten, anti-wohlfahrtsstaatliche Positionen zu vertreten und die sehr populären Frühverrentungsprogramme zurücknehmen zu wollen. Dies kulminierte darin, dass Ministerpräsident Poul Nyrup Rasmussen in der Endphase des Wahlkampfs eine Art »Frühverrentungsgarantie« gab (Larsen/Goul Andersen 2009: 254). Unmittelbar nach der Wahl kam es aber bereits zu einem Positionswechsel. Führende Sozialdemokratien sahen nun die steigenden Kosten für die Frühverrentung als Problem, während die Bürgerlichen ihre Forderung nach einer generellen Abschaffung des Programms zurück nahmen. In der politischen Öffentlichkeit wurden die zaghaften Kürzungen der Frühverrentungsprogramme, die nun von der sozialdemokratisch dominierten Regierung initiiert wurden, als Bruch ihres Wahlversprechens interpretiert, und es kam zu massiven Protesten von Parteimitgliedern und Gewerkschaften (Larsen/Goul Andersen 2009: 255).

In der Aktivierungspolitik vollzogen die Sozialdemokraten einen Richtungswechsel, indem sie spätestens ab 2000 für eine Ausweitung der Arbeitsanreize respektive der Arbeitspflicht, eintraten. Neben dem zunehmenden Arbeitskräftemangel war dies auch in den Evaluationsstudien begründet, die zeigten, dass Arbeitslose vielfach kurz vor der Aktivierung eine Beschäftigung im ersten Arbeitsmarkt fanden (Goul Andersen 2010).

Der Wahlkampf in 2001 wurde dann durch eine Verbindung der Themen der Asyl- und Integrationspolitik mit der Sozialpolitik geprägt, wobei insbesondere der liberalen Partei Venstre unter Anders Fogh Rasmussen eine zentrale Bedeutung zukam. Um Stimmen aus dem Arbeitnehmerlager zu gewinnen, wurde populistisch propagiert, dass die Einsparungen im Rahmen der Ausländerpolitik für die Erhöhung von Zuschüssen im Bereich der Kinderbetreuung, der Altenpflege und der Krankenhäuser verwendet würden (Birke 2003). Mit noch deutlich extremeren Positionen wurde diese Strategie auch von der rechts-populistischen DF verfolgt (Goul Andersen/Pedersen 2006), indem der Missbrauch sozialer Leistungen insbesondere durch Zuwanderer angeprangert wurde. Die Sozialdemokraten verfügten in Bezug auf diese Themen über keine geschlossene Strategie, da einzelne prominente Politiker wie Innenministerin Jespersen versuchten, Rechte Positionen zu integrieren, während andere wie Außenminister Lykketoft und Umweltminister Auken weiterhin linksliberale Ansichten vertraten (Henkes 2006: 347f.).

Nach der Wahl wurde der Diskurs durch das von den liberal-konservativen Regierungsparteien 2002 veröffentlichte Strategiepapier »Mehr Menschen in Arbeit« bestimmt, das einer unmittelbaren Integration der Arbeitslosen in den ersten Arbeitsmarkt Priorität einräumte, während die Vermittlung in Maßnahmen eher zurückgenommen werden sollte. Mit dem Ziel »Make Work Pay« wurden spezifische Kürzungen der Sozialhilfe sowie weitgehend universelle Steuersenkungen begründet (Goul Andersen/Pedersen 2006; Taubert 2007: 41f.).

Die Kritik an der mangelnden Implementation des Integrationsansatzes durch die Arbeitsverwaltung wurde schließlich zum Aufhänger für den Umbau derselben. Damit verknüpft wurden die Einbeziehung der bislang von den Kommunen betreuten Sozialhilfeempfänger sowie die Privatisierung arbeitsmarktpolitischer Dienstleistungen. In einer Rede vor leitenden Angestellten der Sozialabteilungen der Gemeinden in 2003 forderte Arbeitsminister Fredriksen eine bessere Umsetzung der Beschlüsse der Zentralregierung in den Arbeitsverwaltungen ein: »the employment system must be designed so that we are certain that the rules of the Parliament are complied with [...] No Minister can live with the fact that [s]he is held accountable for something that [s]he has no influence on. We need consistence between central and local priorities« (Claus Hjort Fredriksen, Minister of Employment, zit nach Bredgaard/Larsen 2008b).

Der soweit skizzierte Kurs in der Arbeitsmarktpolitik wurde letztlich auch über den Wahlkampf in 2005 hinaus weiter verfolgt. Unter dem Titel »Eine neue Chance für Alle« wurden von der im Amt bestätigten liberal-konservativen Koalition weitere Verschärfungen für Jugendliche und Migranten angekündigt (Goul Andersen/Pedersen 2006).

Die Akzentverschiebung im Sinne des Primats einer direkten Erwerbsintegration von Transferleistungsempfängern erfolgte damit wiederum weitgehend im Rahmen eines konsensualen Diskurses, wobei auch die selektive Verschärfung der Arbeitspflicht für Jugendliche und Migranten sowie die Leistungskürzungen für diese Gruppen letztlich von allen relevanten Akteuren mitgetragen wurden.

Governance der Entscheidungsfindung: Verhandlung als erfolgreicher Weg zur Verwirklichung pfadabweichender Reformen

Die Entscheidung zur Einschränkung der Frühverrentungsprogramme wurde unter der sozialdemokratisch dominierten Regierung in 1998 unter Federführung des Finanzministers in einem letztlich kleinen Kreis getroffen. Von der Opposition war nur Anders Fogh Rasmussen als Vertreter der Liberalen in bilateralen Gesprächen beteiligt. Gewerkschaften und Parteimitglieder waren in den Entscheidungsprozess nicht einbezogen. Der entsprechende Reformvorschlag wurde dann im Rahmen der Budgetverhandlungen 1999 in ein größeres Reformpaket integriert, womit eine separate Diskussion beziehungsweise Abstimmung im Parlament umgangen wurde (Larsen/Goul Andersen 2009: 255). Die weitgehend unilaterale Entscheidungsfindung innerhalb der Regierung und die fehlgeschlagene Vermittlung der Reform in die Öffentlichkeit gelten dabei mit als Gründe für die geringe Akzeptanz der Reform. Die Wahlniederlage der Sozialdemokraten in 2001 wird daher auch als »Bestrafung« der Regierung für diese Reform durch die Wähler interpretiert (Henkes 2006: 346).

Ein weiterer Grund für die Niederlage der SD ist in der erfolgreichen Wahlkampfstrategie des bürgerlichen Lagers zu sehen. Aufgrund der festen Kooperation der Sozialdemokraten mit der damaligen Königsmacherin im dänischen Parteiensystem, der RV, konnte das bürgerliche Lager die Regierungsübernahme nicht über Koalitionsbildung erreichen, sondern nur über die Mobilisierung von Wählerstimmen. Der initiierte offensive populistische und ausländerfeindliche Diskurs zahlte sich dann vor allem für die liberale Venestre mit Anders Fogh Rasmussen an der Spitze aus, die

2001 erstmals als stärkste Partei mit der Regierungsbildung beauftragt wurde, so dass das bürgerliche Lager mit Duldung der DF die Regierung stellen konnte (Goul Andersen 2010).

Die liberal-konservative Regierung setzte für die Verwirklichung ihrer Reformen erneut auf umfassenden Konsens respektive Formen der Co-Governance. Für die Verwirklichung der im Strategiepapier »Mehr Menschen in Beschäftigung« formulierten arbeitsmarktpolitischen Ziele wurde eine gleichnamige Vereinbarung mit den Oppositionsparteien abgeschlossen[149], in der diese sich verpflichteten, die genannten Ziele im Gesetzgebungsprozess zu unterstützen. Ergänzend wurde ein Abkommen mit den Kommunen und den Gewerkschaften vereinbart, welches die Integration von Migranten in den Arbeitsmarkt regelte (Taubert 2007: 46). Das entsprechende Gesetz wurde dann mit großer Mehrheit im Parlament verabschiedet. Somit wurde die Kürzung der aktiven arbeitsmarktpolitischen Maßnahmen im Sinne inkrementeller Anpassungen an die Situation der Vollbeschäftigung im Rahmen von Verhandlungsnetzwerken beschlossen. Das gleiche gilt jedoch auch für partiell pfadabweichende Reformen wie die Verschärfung der Arbeitspflicht oder die partielle Privatisierung arbeitsmarktpolitischer Dienstleistungen.

Dabei stimmten die Gewerkschaften selektiven Leistungskürzungen bei Jungendlichen und Migranten zu, während Leistungskürzungen für die »Kernarbeiterschaft« weiterhin »blockierten« wurden (Goul Andersen 2010). Verhindert wurde so die geplante Kürzung der Arbeitslosengeldleistungen für hoch bezahlte Arbeitnehmer in Form einer Leistungskarenz für die ersten Tage der Arbeitslosigkeit (Larsen 2004: 150). Auch geplante Einschränkungen der gewerkschaftlichen Handlungsautonomie wurden nicht realisiert. Da es zu wilden Streiks kam, fürchteten die Arbeitgeber um den sozialen Frieden und lehnten die entsprechende Maßnahmen ebenfalls ab (Birke 2003). Insgesamt begünstigte die mit der Co-Governance einhergehende starke Position der Sozialpartner beziehungsweise der Gewerkschaften letztlich eine Verteilung der Lasten auf »Outsider«: »The Danish corporatist structures have a tendency to hide the more recent welfare-political problems. Unfair treatment caused by inherent conservatism and politics for insiders is also an effect of corporatism« (Jørgensen 2002: 187).

149 Außen vor blieben allein die linken Oppositionsparteien SF und EL

14.4 Seit Mitte der 2000er Jahre: Punktuelles Aufbrechen von Konsens und Co-Governance

Der arbeitsmarktpolitische Diskurs zur unmittelbaren Arbeitsmarktintegration der Arbeitslosen und der Verschärfung der Arbeitspflicht wurde von der liberal-konservativen Regierung mit dem 2005 propagierten Slogan »Eine neue Chance für alle« fortgesetzt. Die Sozialdemokraten kündigten ihre zunächst gezeigte Unterstützung jedoch auf, als der Nachweis von 300 Stunden Erwerbstätigkeit von Sozialhilfeempfängerhaushalten (Paare) für den dauerhaften Leistungsbezug eingefordert wurde (Goul Andersen 2010). Auch weitere Kürzungen zu Lasten von Migranten beurteilten die Sozialdemokraten eher kritisch. Bei den parlamentarischen Abstimmungen zu den entsprechenden Reformgesetzen wurde die Regierung daher primär durch die rechtspopulistischen DF gestützt (Bundgaard/Vrangbaek 2007). Diese verfolgte damit klar ausländerfeindliche Ziele, da zwei Drittel der Familien, in denen beide Partner Sozialhilfe erhielten, Migranten waren (Goul Andersen 2010).

Bei der Welfare Reform in 2006 kam es erneut zu einem parteiübergreifenden Konsens. Ziel war hier unter anderem, den Leistungsbezug stärker an die Arbeitssuche beziehungsweise die Erfüllung von Aktivierungsanforderungen zu knüpfen (Goul Andersen 2010). Nach 2007 berief die im Amt bestätigte liberal-konservative Minderheitsregierung im Einklang mit den Sozialdemokraten verschiedene Kommissionen ein. Erklärter Auftrag der Kommission zur Vorbereitung einer Steuerreform war die Senkung der hohen Grenzsteuersätze. Die entsprechenden Reformen wurden 2009 mit knapper Mehrheit im Parlament verabschiedet.

Ein weiterer von der Regierung unterbreiteter Reformvorschlag bestand in der Verkürzung der Dauer des Arbeitslosengeldbezugs auf zwei Jahre. Nicht zuletzt aufgrund des Einsetzens der weltweiten Finanzkrise stieß dieser Vorschlag zunächst auf zunehmenden Widerstand sowohl bei den Sozialdemokraten als auch bei der dänischen Volkspartei (Goul Andersen 2010). Im Juni 2010 wurde die Kürzung des Arbeitslosengeldes auf zwei Jahre als Anpassungsreaktion auf die Finanzkrise begründet und ohne Abstimmung mit den Gewerkschaften verabschiedet (Alderman 2010).

Ebenfalls quasi im Alleingang hatte die Regierung bereits 2008 die Schaffung von Jobcentern, die nunmehr für Arbeitslosengeld- und Sozialhilfeempfänger zuständig sind, durchgesetzt. Im Anschluss an die zuvor realisierte Kommunalreform beinhaltete dies auch eine Übertragung der Finanzierungsverantwortung auf die Kommunen. Damit verbunden war eine Einschränkung des Einflusses der Gewerkschaften auf die Implementation der Arbeitsmarktpolitik (siehe Kapitel 9). Durch die Anbindung der Reform an den Haushaltskompromiss wurden eine separate parlamentarische Abstimmung wie auch eine breite öffentliche Diskussion weitgehend vermieden (Goul Andersen 2010). Dies zeigt, dass auch in Dänemark hierarchische Formen der Governance genutzt wurden, um den Widerstand (gesellschaftlicher) Veto-Spieler zu umgehen. Inwiefern in Zukunft erneut der parteiübergreifende Konsens gesucht beziehungsweise Formen der Co-Governance angewandt werden, beispielsweise um die Arbeitsmarktprobleme in Folgen der Finanzkrise zu bearbeiten, bleibt abzuwarten.

14.5 Zusammenfassung: Umfassende Reformfähigkeit durch Konsens und Kooperation

Die Ideen des Aktivierungsparadigmas wurden bereits Ende der 1980er Jahre im dänischen Reformdiskurs aufgenommen und konsensual für die Lösung der länderspezifischen Probleme genutzt. Die konkrete Initiierung aktivierender Reformen begann in einer Phase anhaltend hoher Arbeitslosigkeit. Vor allem zu Beginn der Reformen wurden die Aktivierungsziele mit traditionellen Werten und Normen des sozialdemokratisch-universalistischen Wohlfahrtsregimes verknüpft, um sie im Rahmen eines kommunikativen Diskurses zu legitimieren. Im Vordergrund standen sowohl eine Ausweitung sozialer Befähigung als auch der Arbeitspflicht. Spätere Diskurswechsel im Sinne eines Primats der Arbeitsmarktintegration wurden als Reaktion auf das Wiedererreichen der Vollbeschäftigung vollzogen. Vor allem die liberal-konservative Regierung hat sich darüber hinaus spezifischer Vorurteile gegenüber Migranten als Begründung für Verschärfungen des Leistungsbezugs dieser Gruppe bedient.

Von punktuellen Ausnahmen abgesehen war die Entscheidungsfindung in der dänischen Arbeitsmarktpolitik durch Formen der Co-Governance, das heißt durch Verhandlungen in Netzwerkstrukturen, bestimmt. Im Rahmen dieser Entscheidungsstrukturen beinhaltete die Variante »umfassende soziale Befähigung« eine Art Kompromissformel für die Umsetzung des Aktivierungsparadigmas, die als pfadabhängige Weiterentwicklung des dänischen Wohlfahrtsstaates gedeutet werden konnte und die Interessen aller relevanten Akteure bediente.

Die bereits gut entwickelten Formen reflexiver Steuerung wie beispielsweise die Koordination sozialer Dienstleistungen konnte nicht zuletzt unter der Ägide des Finanzministeriums weiter ausgebaut werden, indem auch »innerhalb« von Regierung und Verwaltung Ressort übergreifende Verhandlungsnetzwerke unter Beteiligung der dezentralen Ebenen etabliert wurden. Dies war eine essentielle Voraussetzung für die erfolgreiche Implementation des neuen Paradigmas in der Variante umfassender sozialer Befähigung.

Formen der Co-Governance ermöglichten auch partiell pfadbrechende Entwicklungen wie die allmähliche Privatisierung der arbeitsmarktpolitischen Leistungserbringung. Die erfolgten Kürzungen zu Lasten von Jugendlichen und Migranten stellen die für korporatistische Arrangements beziehungsweise Netzwerkstrukturen »klassische« Lösung zu Lasten »dritter«, nicht repräsentierter Interessen dar. Grenzen der Reformfähigkeit auf der Basis von Co-Governance zeigten sich darin, dass aufgrund der Einbindung beziehungsweise der Stärke der Gewerkschaften, massive Kürzungen der Leistungshöhe des Arbeitslosengeldes zu Lasten deren Kernklientel nicht zu verwirklichen waren.

Unter der konservativ-liberalen Regierung wurde schließlich nach 2005 zunehmend auf unilaterale Entscheidungen, zum Teil sogar »am Parlament vorbei«, zurück gegriffen, um partiell pfadbrechenden Reformen wie die Einführung der Jobcenter 2008 oder die Kürzung der Dauer der Arbeitslosengeldleistungen in 2010 umzusetzen. Damit wurde die idealtypische Politik des Aktivierungsparadigmas quasi komplettiert. Die Fortsetzung einer restriktiven Politik gegenüber Jugendlichen und Migranten deutet gleichwohl an, dass auch hier eine Spaltung des Arbeitsmarktes und der sozialen Sicherung zu Lasten einer Minderheit aktiv verfolgt wird. Ausschlaggebend für die Erklärung des dänischen Reformprofils bis 2005 erscheinen gleichwohl die Nähe des bestehenden universalistischen Wohlfahrtsstaatsregimes zum Aktivierungsparadigma in der Variante sozialer Befähigung und die Formen der Co-Governance (siehe Abbildung 13).

Abbildung 13: Variablenmodell zur Erklärung des dänischen Profils wohlfahrtsstaatlicher Reformpolitik (1990–2005)

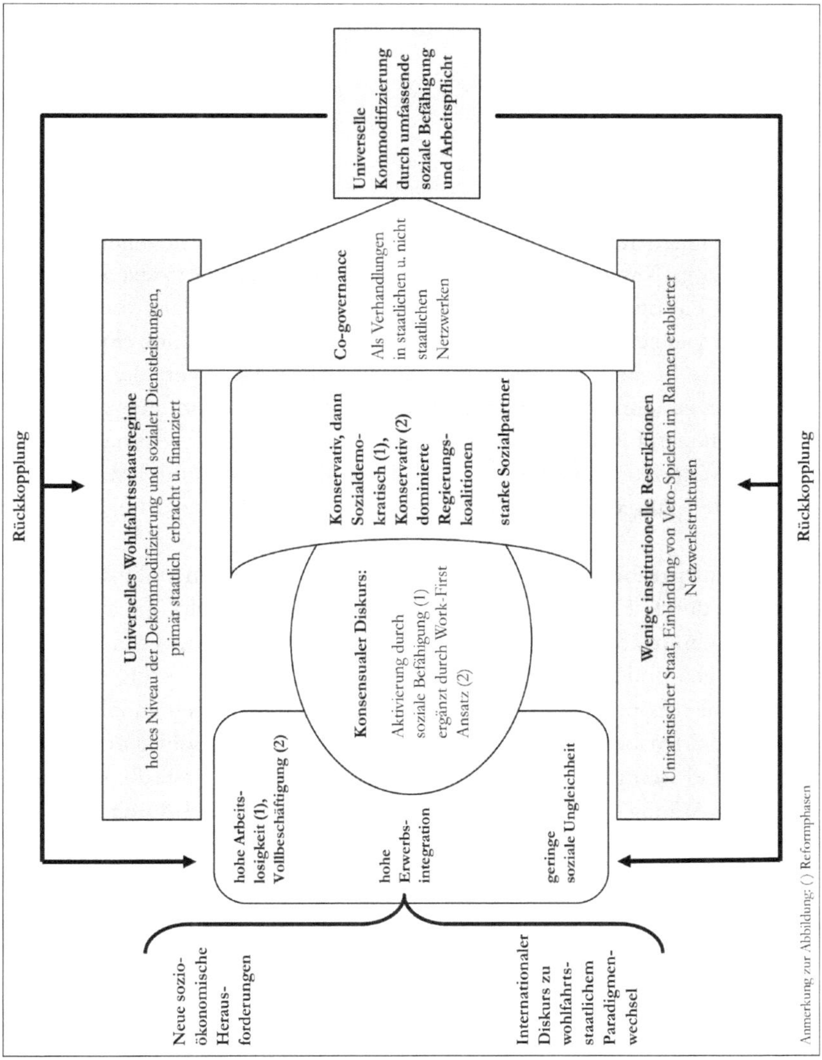

Quelle: Eigene Darstellung.

15. Großbritannien: Dominanz unilateraler Regierungsentscheidungen

Großbritannien hat das Aktivierungsparadigma weitgehend übernommen und – wie in Kapitel 10 dargestellt – entlang der dort formulierten Ziele vorrangig die finanziellen Erwerbsanreize ausgebaut. Erklärt werden müssen damit weitgehend pfadabhängige Veränderungen im Sinne einer primär auf Armuts- beziehungsweise Einkommenssicherung ausgerichteten Politik sowie die zunehmende Privatisierung der Leistungserbringung. Partielle Pfadbrüche sind in der Ausweitung sozialstaatlicher Intervention in Form eines erweiterten Angebots sozialer Dienstleistungen und arbeitsmarktpolitischer Maßnahmen zur Gewährleistung von Beschäftigungsfähigkeit zu sehen.

Die entsprechenden Reformen fanden statt in einem politischen System, das durch Einparteienregierungen ohne starke Veto-Spieler geprägt war (Abschnitt 15.1). In Anlehnung an die sozioökonomischen Rahmenbedingungen und die Veränderungen des Diskurses im Vorfeld der Parlamentswahlen können analog zu den in Kapitel 10 dargestellten inhaltlichen Schwerpunkten bei der Gesetzgebung zur Aktivierungspolitik in Großbritannien drei Reformphasen unterschieden werden: Die erste Reformphase wird von Anfang bis Ende der 1990er Jahre verortet und durch steigende Arbeitslosigkeit, diskursive Akzentuierung von Welfare Dependency sowie Strong State Politics charakterisiert (Abschnitt 15.2). Ende der 1990er bis Anfang der 2000er Jahre zeigte sich eine Veränderung sowohl der ökonomischen Rahmenbedingungen, des Diskurses als auch der Governance, die als Wirtschaftliche Konsolidierung, »Welfare to Work« Diskurs und Netzwerkaufbau zur Legitimationsbeschaffung bezeichnet wird (Abschnitt 15.3). Die dritte Phase begann Anfang der 2000er Jahre und beschreibt einen Strategiewechsel, der durch expansive Wirtschaftssteuerung, sowie einen Diskurs zur Aus- und Weiterbildungsoffensive geprägt ist und gleichzeitig Grenzen hierarchischer Governance deutlich macht. Auch nach 2005 ist bislang kein weiterer Strategiewechsel zu erkennen, weshalb die entsprechenden Reformen kursorisch innerhalb dieser Phase mitdiskutiert werden. (Abschnitt 15.4). Den Abschluss bildet eine zusammenfassende Charakterisierung der verschiedenen Phasen (Abschnitt 15.5).

Der Einfluss der erklärenden Variablen auf die Aktivierungsvariante wird auch bei dieser Länderstudie für jede Phase diskutiert, wobei die Sub-Titel jeweils eine spezifische Ausprägung der einzelnen Variablen »sozioökonomische Rahmenbedingungen« und »Diskurs« wiedergeben. Dagegen gehen der Einfluss von Institutionen und Akteuren in die jeweilige Ausprägung der Variable »Governance der Entscheidungsfindung« ein.

15.1 Einparteienregierungen ohne starke Veto-Spieler

Im politischen System Großbritanniens wurde die parlamentarische Souveränität des Unterhauses weder durch ein Verfassungsgericht noch durch das Oberhaus in nennenswertem Umfang eingeschränkt. Im Rahmen einer »Strong State Politics« wurde unter Margret Thatcher der Wille zu (zentral)staatlicher Intervention und starker politischer Führung bekräftigt, indem eine (weitere) Zentralisierung des britischen Staatsapparates, eine weitgehende Einschränkung der Handlungsautonomie der Kommunen sowie eine explizite Schwächung der Gewerkschaften als konfliktbereite Akteure und potentielle Blockademacht vorangetrieben wurden (Jessop 1991b: 155). Im Anschluss an diese Periode war das als unitaristisch bezeichnete Staatsgebilde dann allerdings »gegenläufigen« Entwicklungen unterworfen: Ab 1997 wurde ein als Devolution bezeichneter Prozess der Regionalisierung eingeleitet. Seitdem verfügt neben Nordirland nun auch Schottland über ein Parlament mit eigenen Gesetzgebungskompetenzen, während die parlamentarischen Versammlung in Wales lediglich Exekutivfunktionen hat (Füchtner 2002: 227). Dieser Prozess ist jedoch nicht mit einer vollen Föderalisierung gleichzusetzen, da die verfassungsmäßige Souveränität des Parlaments in Westminister bewahrt wurde (Bogandor 1999: 185). Ferner schränkte die der Bank of England neu zugestandene Autonomie die Handlungsfähigkeit der Regierung in der Geldpolitik ein.

Für das als Westminster Modell charakterisierte politische System waren stabile Regierungsmehrheiten typisch, die in Folge des Mehrheitswahlrechtes zu Stande kamen[150]. Ferner zeichnete es sich durch die starke Stellung des Kabinetts respektive der einzelnen Minister aus. Die Reformfähigkeit der jeweiligen Regierungen wurde dabei als umfassend verstanden: »the government of the day can rely on to deliver legislation on its manifesto promises« (Bevir/Rhodes 2003: 94). Dass damit auch die politische Koordination der verschiedenen Ressortpolitiken den Politikern respektive dem Kabinett vorbehalten war, ohne maßgeblich durch die Bürokratie unterstützt zu werden (Füchtner 2002: 57), kann sowohl als Stärke als auch als Schwäche angesehen werden.

Aufgrund des Mehrheitswahlsystems war *das Parteiensystem* lange Jahre durch die beiden großen Parteien, die Konservativen und Labour, geprägt. Dabei ist historisch eine Dominanz der Konservativen bei der Regierungsbildung (Dunleavy 1989: 257) zu erkennen, weshalb diese lange Zeit als »natural party of government« gesehen wurden (Kingdom 1997: 285). Mit dem Wahlsieg von Margret Thatcher 1979 wurde eine der bis dahin längsten Regierungsperioden in der britischen Geschichte überhaupt eingeleitet. Mit der Ablösung als Regierungspartei 1997 begann für die Konservativen dann eine Profilsuche, die viele Jahre andauerte.

Labour blieb zunächst durch die Wahlniederlage Anfang der 1980er Jahre gezeichnet. Erst nach einer umfassenden parteipolitischen Erneuerung zu »New Labour« unter Tony Blair konnte dann die bislang größte Parlamentsmehrheit in der Geschichte des Königreichs erzielt und in zwei aufeinander folgenden Wahlen verteidigt werden.

1988 wurden die Liberal Democrats als Fusion der Mitte der 1980er von Labour abgespaltenen SDP und den Liberalen gegründet. Als drittgrößte Partei konnten sie seitdem mehr als zwanzig Prozent der Wählerstimmen erreichen (Kingdom 1997: 282f.). Aufgrund der durch das Wahlsystem bedingten deutlich geringeren Anzahl von Parlamentssitzen mündete dies jedoch 2010 erstmals in einer Beteiligung an der Regierungsbildung (siehe Tabelle 21).

Die Organisationen der *britischen Sozialpartner* waren traditionell fragmentiert und eher mitgliederschwach. Die jeweiligen Dachorganisationen sind in politischen Entscheidungen auf die Zustimmung der Mitgliederorganisationen angewiesen und prinzipiell nicht tarifvertragsfähig: Für die Gewerkschaften war der Trade Union Congress (TUC) nach einem noch

150 Abgeordnete werden aus den Wahlkreisen entsandt. Der Wahlkreis wird nach dem Prinzip »The winner takes it all« vergeben. Es findet keine Korrektur der Sitzverteilung im Unterhaus nach dem Verhältniswahlrecht statt.

immer anhaltenden Prozess der Fusionen das Dach für 59 Mitgliedergewerkschaften in 2007 (Trade Union Congress 2007)[151]. Der gewerkschaftliche Organisationsgrad ist seit den 1980er Jahren noch weiter zurückgegangen und war mit 29 Prozent in 2005 beziehungsweise 27,4 Prozent in 2008 vergleichsweise gering (Baratt 2009; Grainger 2006). Bei der Dachorganisation der Arbeitgeber, der Confederation of British Industry (CBI) wurde geschätzt, dass sie 2009 150 Einzelverbände sowie circa 3000 Firmen als Mitglieder organisierte. Der Organisationsgrad wurde mit 40 Prozent angeben (in Bezug auf die Zahl der in den Betrieben organisierten Beschäftigten; European Industrial Relations Observatory 2009).

Vor dem Hintergrund des traditionellen Voluntarismus in den Arbeitsbeziehungen, das heißt einer fehlenden staatlichen Regulierung der Tarifbeziehungen in Großbritannien, verfolgte Margret Thatcher eine Politik der Marginalisierung der Gewerkschaften (Dingeldey 1997). Dies spiegelt sich bis heute in einer starken Dezentralisierung sowie einer abnehmenden Relevanz von Kollektivvereinbarungen wider. Obgleich die Position der Gewerkschaften unter New Labour wieder etwas gestärkt wurde, bleibt die Relevanz der Tarifpolitik eingeschränkt. In 2007 lag die Deckungsquote der Tarifverhandlungen bei 34,6 Prozent. Dabei zeigten sich starke Differenzen zwischen dem öffentlichen Sektor mit 72 Prozent und dem privaten mit 20 Prozent (European Industrial Relations Observatory 2009).

In die politische Entscheidungsfindung waren die Organisationen der Sozialpartner in Großbritannien im Rahmen eines so genannten »episodic tripartism« nur sporadisch eingebunden (Dunleavy 1989). Dessen Höhepunkt war in den 1960er und 1970er Jahren als die tripartistische Manpower Service Comission (MSC) die aktive Arbeitsmarkt- und Berufsbildungspolitik gestaltete, eine Art Mindestlohn im Rahmen der Wages Councils festgelegt wurde und verschiedene Sozialpakte mit dem Ziel der Unterstützung makroökonomischer Steuerung zu Stande kamen. In enger Verbindung mit dem von der Thatcher Regierung explizit formulierten Ziel der »Union Exclusion« kam es in den 1980er Jahren zur Auflösung

151 Der TUC hatte Ende der 1970er Jahre noch über 100 Mitgliederorganisationen, da die Gewerkschaftsbewegung auf drei Typen der Organisation zurück geht: Zuerst entstanden die Craft Unions (Berufsgewerkschaften), dann folgten Industrial Unions (Organisationsschwerpunkt in einem Sektor jedoch ohne Organisationsmonopol) und General Unions (branchenübergreifende Organisation von ungelernten Arbeitern) (Dingeldey 1997: 68f.).

dieser Institutionen. Die damit verbundene erfolgreiche Schwächung der gewerkschaftlichen Veto-Macht (Petring 2006: 122) ging einher mit dem Fehlen etablierter (Netzwerk-) Strukturen, welche die horizontale und vertikale Koordination und Kooperation mit gesellschaftlichen Akteuren dauerhaft gewährleisten.

15.2 Mitte der 1990er Jahre: Steigende Arbeitslosigkeit, Kritik an »Welfare Dependency« im Diskurs sowie »Strong State Politics«

Anfang der 1990er Jahre verschlechterte sich die ökonomische Situation in Großbritannien und die Arbeitslosigkeit stieg auf Rekordniveau. Der unter dem konservativen Premier John Major geführte Reformdiskurs im Vorfeld der Einführung der Jobseeker's Allowance stellte die Kritik der Welfare Dependency[152] und der primär passiven Orientierung sozialstaatlicher Intervention heraus beziehungsweise betonte die Notwendigkeit der Konditionalisierung von Leistungen. Diese Ziele wurden mit der Einführung der Jobseeker's Allowance durch die konservative Regierung über weitgehend unilateral lancierte Entscheidungen verwirklicht.

Sozioökonomische Rahmenbedingungen: Hohe Arbeitslosigkeit und hohe soziale Ungleichheit

1993 erreichte die Arbeitslosigkeit eine Rekordhöhe von zehn Prozent und war mit einem Anteil von bis zu 45 Prozent Langzeitarbeitslosigkeit im darauf folgenden Jahr gekoppelt (Tabelle 13). Als Konsequenz stiegen auch die Sozialausgaben deutlich an. Sowohl das Haushaltsdefizit als auch die Staatsverschuldung nahmen zu, obgleich das BIP 1993 erneut deutlich anstieg (siehe Anhang Tabelle B). Die Internationalisierung der britischen Wirtschaft war durch eine mittlere Position in Bezug auf die Außenhandelsabhängigkeit gekennzeichnet (Armingeon 2007:312). Allerdings wirkte sich die bis 1992 bestehende Anbindung an das europäische Währungs-

152 Der Begriff der Welfare Dependency, also die Abhängigkeit der Wohlfahrtsklienten von sozialen Transfers, wurde zunächst aus der amerikanischen Debatte entlehnt und schließlich zum Kampfbegriff entwickelt (Leisering/Hilkert 2000: 6).

system negativ aus, da der zur Aufrechterhaltung der Mitgliedschaft zunächst eingeleitete restriktive finanzpolitische Kurs die Rezession verstärkte (Klodt 1998: 279). Eine erneute Konsolidierung der wirtschaftlichen Situation wurde erst zum Ende der Regierungszeit der Konservativen erreicht: Die Inflation sank auf unter zwei Prozent, während das Wirtschaftswachstum auf drei Prozent anstieg (siehe Anhang Tabelle B sowie Klodt 1998). In Folge nahm auch die Arbeitslosigkeit in 1997 ab (siehe Tabelle 13) und die Reallöhne stiegen wieder an (Hamann/Kelly 2003: 645). Damit wurden jedoch nicht alle grundlegenden Probleme der britischen Ökonomie gelöst.

Großbritannien gilt als Vertreter einer liberalen Marktökonomie, für die eine geringe Vernetzung der arbeitsmarktpolitischen Akteure kennzeichnend war, was sich unter anderem auch in einer nur marginalen Entwicklung der Institutionen der beruflichen Aus- und Weiterbildung beziehungsweise einem vergleichsweise geringen Produktivitätsniveau niederschlug. Dabei bestärkte die Handlungsorientierung sowohl der Arbeitgeber als auch der Arbeitnehmer vielfach die Verwirklichung einer Produktionsstrategie, die niedrige Qualifikationen mit niedrigen Löhnen verband (Finegold/Soskice 1988; Soskice 1999).

Der fehlende Ausbau sozialer Dienstleistungsangebote begünstigte das Ernährermodell, so dass das starke Anwachsen der Gruppe der alleinerziehenden Mütter unmittelbar mit deren Verarmung aufgrund fehlender Erwerbsintegration einherging (Lewis 1999: 189 ff.). Zusammen mit der erneut einsetzenden Arbeitsmarktkrise und der Zunahme der Langzeitarbeitslosigkeit führte dies dazu, dass Anfang der 1990er Jahre neben den »Trotz Arbeit Armen«, also den Geringverdienern, auch die »An Arbeit armen Haushalte« (Haushalte ohne Beschäftigte, obgleich im erwerbsfähigen Alter) zum massiven sozialen Problem wurden. Da in einem Fünftel aller Haushalte mit Kindern kein Erwachsener erwerbstätig war (Dingeldey 1998: 35), stieg die Kinderarmut massiv an (Böhmer/Heimer 2008). Das für den liberalen Wohlfahrtsstaatstypus ohnehin als genuin angesehene Problem hoher sozialer Ungleichheit (Esping-Andersen 1996d) verstärkte sich in Großbritannien unter der Politik der Konservativen massiv.

Kritik an Welfare Dependency im neo-liberalen Diskurs

Die Reform des britischen Wohlfahrtsstaates wurde bereits mit Beginn der Regierungsübernahme der Konservativen 1979 eingeleitete und maßgeblich durch die von Margret Thatcher propagierten neo-liberalen Ideen geprägt. Dabei wurde der Abbau wohlfahrtsstaatlicher Leistungen mit der Kritik an der Herausbildung der Welfare Dependency begründet und soziale Ungleichheit als Anreizstruktur positiv gedeutet. In Anknüpfung an viktorianische Werte gelang eine Unterscheidung der »deserving« und »undeserving poor«, die sich an der von diesen gezeigten Eigenverantwortung beziehungsweise Eigeninitiative festmachte. Die Problemlösung wurde so zurück an die Individuen verwiesen. Auf diese Art wurde im kommunikativen Diskurs der Rückzug des Wohlfahrtsstaates und das Schaffen einer »Enterprise Culture« legitimiert (Hills 1998; Schmidt 2000: 239).

Beim erneuten Ansteigen der Arbeitslosigkeit Anfang der 1990er Jahre wurden weitere Einschränkungen der Transfers vom damaligen Secretary of State for Social Security, Peter Lilley, als unzumutbar abgelehnt. Alternative Vorschläge zielten daher auf die weitere Ausweitung von Bedürftigkeitsprüfungen, Tests der Arbeitsbereitschaft und die Setzung von »Anreizen« zur Arbeitsaufnahme (Clasen 2005: 80). Diese Orientierung der Reformen am Aktivierungsparadigma wurde zunächst mit dem Problem der Welfare Dependency legitimiert, indem die zu geringe Erwerbsorientierung und Qualifizierung der Arbeitslosen hervorgehoben wurde. Entsprechend wurde das Ziel der Verbesserung von Beschäftigungsfähigkeit über eine Welfare-to-Work Offensive propagiert (Peck/Theodore 2000: 733). Die mit diesen Vorschlägen verbundene Rolle des Staates als »Employer of last Ressort« bedeutete für die Konservativen eine durchaus schwierige Gradwanderung, da die damit einhergehenden Kosten wie auch die staatliche Intervention im Widerspruch zu den ideologischen Zielen des Laissez Faire gesehen wurden (Peck/Theodore 2000: 735). Gleichwohl wurde von David Hunt, dem Secretary of State for Employment, 1993 eine große Arbeitsmarktreform angekündigt, die unter anderem auf die Verschmelzung von Arbeitslosengeld (Unemployment Benefit) und Sozialhilfe (Income Support) abzielte (Larsen u.a. 2002/3). Dazu wurde das Angebot verpflichtender Arbeitsgelegenheiten für Langzeitarbeitslose in verschiedenen Pilotprojekten erprobt.

Die Gewerkschaften und auch einzelne Vertreter der oppositionellen Labour Party kritisierten den verstärkten Zwang für Arbeitslose, auch unterwertige Beschäftigung zu Niedriglöhnen annehmen zu müssen (Larsen u.a. 2002/3). Im Zuge der ideologischen Reorientierung wurden jedoch von der Führung der Labour Party die Reformnotwendigkeit wie auch die Reforminhalte befürwortet und die neo-liberalen Analyse des Arbeitslosenproblems sukzessive übernommen. Beispielhaft sind die Rücknahme des Bekenntnises zur keynesianischen Wirtschaftssteuerung oder des Ziels der Verstaatlichung[153] (Burchardt/Hills 1999: 39; Clasen 2005: 84). Ferner wurden mit dem 1994 unter dem Parteivorsitz von John Smith veröffentlichten Positionspapier der Commission on Social Justice die aktivierenden Elemente der Arbeitsmarktpolitik, einschließlich der Vermittlung in prekäre Beschäftigung im Niedriglohnbereich, akzeptiert:

»Labour is committed to continuing Tory policies for affordable social security which actively encourages participation in work, including low paid and relatively insecure work. The concept of ›active‹ social security policy has come to replace the ›passive‹ policies that resulted from the continuation of Beveridge's measures in the context of an entirely different economic climate« (Commission on Social Justice 1994: 221; zit. nach Burchardt/Hills 1999:169)

Die programmatische Wende der Labour Party wurde schließlich mit dem Wechsel im Parteivorstand zu Tony Blair und dessen Stellvertreter Gordon Brown im Jahr 1994 konsolidiert[154] und drückte sich unter anderem durch die von Tony Blair forcierte zukünftige Akzeptanz der durch die Konservativen eingeführten arbeitsmarktpolitischen Reformen aus: »Indeed, Blair vetoed proposals from the Labour Party to scrap the Jobseeker's Allowance and advocated workfare in a series of ›tough love‹ speeches on rights and responsibilities« (Jessop 2004).

Zudem präsentierte Gordon Brown als Finanzminister des Schattenkabinetts bereits 1995 den Entwurf des späteren New Deals, der auf Ideen des Aktivierungsparadigmas aufbaute. Das zunächst auf Jugendliche ausgerichtete Welfare-to-Work Programm beinhaltete verschiedene Optionen,

153 Dies drückte sich unter anderem in der Reformulierung der so genannten Clause IV der Parteistatuten aus, welche bis dahin die Kontrolle der Arbeiter über die Produktionsmittel als Ziel formulierte (Petring 2006: 104).

154 Die damit einhergehenden innerparteilichen Reformprozesse zielten eindeutig auf eine »...Stärkung der Machtkompetenzen und damit der Steuerungsfähigkeit innerparteilicher Entscheidungsprozesse durch die Parteiführung [...]. Sie bestimmt im Wesentlichen die auf die nationalstaatliche Ebene gerichteten Politikinhalte, wirkt bei personalpolitischen Auswahlprozessen entscheidend mit und steuert organisationsstrukturelle Veränderungen....« (Jun 2004: 180). Die so genannten »Modernisierer« ließen sich sowohl durch den Wahlerfolg Bill Clintons als auch durch die von den amerikanischen Demokraten vertretene Politik inspirieren (King/Wickham-Jones 1999). Einen ihrer Höhepunkte fand diese Reorientierung in der Umbenennung zu New Labour respektive dem Wahlslogan »New Labour – New Britain«.

schloss jedoch den »passiven« Leistungsbezug ohne die Teilnahme an einer – somit obligatorischen – Aktivierung aus (King/Wickham-Jones 1999: 63).

Obgleich die Einführung der Jobseeker's Allowance in 1996 unter der konservativen Regierung mit kontroversen und kritischen öffentlichen und parlamentarischen Debatten verbunden war (Clasen 2005: 81), kann davon ausgegangen werden, dass der Paradigmenwechsel hin zur aktivierenden Arbeitsmarktpolitik Mitte der 1990er Jahre in Großbritannien durch einen parteiübergreifenden Elitekonsens getragen wurde (Clasen 2005: 81; ähnlich King/Wickham-Jones 1999). Dieser beinhaltete auch die Akzeptanz der Idee einer erweiterten Verantwortung des Staates im Hinblick auf die Förderung von Beschäftigungsfähigkeit durch aktivierende Arbeitsmarktpolitik. Obgleich die Konservativen auf ihrem Parteitag 1996 die realisierte Reform als Erfolg feierten und die Fortsetzung einer entsprechenden Politik planten (Clasen 2005: 81), deuteten die öffentlichen Proteste gegen die Einführung der Jobseeker's Allowance an, dass der kommunikative Diskurs der Konservativen zur Vermittlung der neuen Ziele in die breite Öffentlichkeit nicht wirklich erfolgreich war.

Governance der Entscheidungsfindung: »Strong State Politics« und Reformen qua Regierungsbeschluss

Obgleich die Konservativen mit John Major als Nachfolger von Margret Thatcher die Parlamentswahlen 1992 gewonnen hatten, verfügten sie über eine vergleichsweise geringe Mehrheit, die spätestens seit 1995 aufgrund von Nachwahlen und Parteiübertritten erodierte (siehe Tabelle 21). Die Jobseeker's Allowance – und die damit verbundenen massiven Leistungskürzungen wie auch die Verschärfung der Arbeitspflicht – wurden gleichwohl im Rahmen eines weitgehend unilateral von der Regierung dominierten Entscheidungsprozesses eingeführt (Larsen u.a. 2002/3). Die Kompetenzstreitigkeiten zwischen dem damaligen Arbeitsministerium und dem Sozialministerium (DSS) bezüglich der Zuständigkeit für die Implementation der neuen Leistung wurden über einen Kompromiss gelöst. Dem Employment Service wurde die Verantwortung für Beratung und Prüfung der Arbeitswilligkeit zugestanden, während die Berechnung und Auszahlung der Transfers in der Verantwortlichkeit der Benfit Agencies – und damit des DSS blieb. Das Ziel einer institutionellen Zusammenlegung der verschiedenen Aufgaben wurde damit zu diesem Zeitpunkt nicht erreicht:

»... the unification of unemployment and social assistance benefits, which was one of the main goals of the Bill, could not be achieved« (Larsen u.a. 2002/3: 5.4).

Dieses Beispiel zeigt einerseits die hohe Durchsetzungsfähigkeit sowohl der Regierung als auch einzelner Ministerien, die im Westminster Modell traditionell angelegt war und unter Margret Thatcher im Rahmen der »Strong State Politics« (Jessop 1991b: 155) noch verstärkt wurde. Andererseits werden auch Schwächen im Hinblick auf die Koordination von Politiken beziehungsweise die Kooperation zwischen verschiedenen Akteuren (auch innerhalb der Regierung) (Füchtner 2002: 57) im Sinne reflexiver Formen der Governance deutlich.

Tabelle 21: Regierungen und Wahlergebnisse in Großbritannien seit 1987

	1987	1992	1997	2001	2005	2010
Regierung	Conservative	Conservative	New Labour	New Labour	New Labour	Conservative-Liberal
Prime Minister	M.Thatcher[1]	John Major	Tony Blair	Tony Blair	Tony Blair[2]	David Cameron (Conservative)
Stimmanteile bei Wahlen in Prozent (Sitze im Unterhaus)[4]						
Labour	30,8 (229)	34,4 (271)	43,2 (419)	40,7 (412)	35,2 (356)	29 (258)
Konservative	42,3 (376)	41,9 (336)	30,7 (165)	31,7 (166)	32,3 (197)	36,1 (305)
Liberal Democrats	22,6 (22)[3]	17,8 (20)	16,8 (46)	18,3 (52)	22,0 (62)	23 (57)
Andere	14,0 (28)	5,8 (24)	9,3 (29)	9,4 (29)	10,5 (30)	11,9 (30)

1) Premierministerin seit 1979, 1990 abgelöst von John Major; 2) 2007 abgelöst von Gordon Brown; 3) Allianz der Liberalen und SDP (vor Fusion); 4) Differenzen in den Angaben zu der Anzahl der Sitze wie auch zu den Mehrheiten nach verschiedenen Quellen sind unter anderem auf die unterschiedliche Berücksichtung des Speakers oder der irischen Abgeordneten zurück zu führen. Quellen: Euronews (2010); Petring (2006: 122); Political Science Resources (2007).

15.3 Ende der 1990er Jahre: Wirtschaftliche Konsolidierung, »Welfare to Work« Diskurs und Netzwerkaufbau zur Legitimationsbeschaffung

Von der neu ins Amt gewählten Labour-Regierung wurde – vor dem Hintergrund wirtschaftlicher Konsolidierung – ein umfassender wohlfahrtsstaatlicher Reformdiskurs lanciert, der das Schaffen finanzieller Erwerbsanreize sowie Bildung, Ausbildung und den Ausbau der Kinderbetreuung im Sinne des Aktivierungsparadigmas betonte. Die inhaltlichen Ziele dieser zweiten Reformphase wurden verknüpft mit dem Aufbau von Netzwerken als Formen der Co-Governance im Sinne eines neuen »Steuerungsmodells«. Formen hierarchischer Steuerung wurden damit jedoch eher ergänzt als ersetzt.

Sozioökonomische Rahmenbedingungen: Wirtschaftliche Konsolidierung und Entspannung am Arbeitsmarkt

Für die Labour Regierung hatte 1997 die weitere Stabilisierung der wirtschaftlichen Entwicklung hohe Priorität. In Kombination mit der weitgehenden Abgabe der geldpolitischen Steuerungssouveränität an die Bank of England konnte die Inflationsrate bis zum Jahr 2000 auf deutlich unter zwei, partiell sogar auf unter ein Prozent gesenkt werden. Entlang der noch von den Konservativen erstellten Ausgaben- beziehungsweise Sparpläne wurde die eingeleitete Stabilitätspolitik in den ersten drei Regierungsjahren von Labour quasi ungebrochen fortgesetzt und die haushaltspolitischen Ziele sogar »übererfüllt«. In den Jahren 1998 bis 2001 konnte – auf der Basis des wirtschaftlichen Aufschwungs – sogar ein positiver Haushaltssaldo erreicht werden (siehe Anhang Tabelle B).

Allein mit der Anhebung beziehungsweise Sicherung unterer Einkommen als Reaktion auf die extrem angestiegene Einkommensungleichheit (Hamann/Kelly 2003: 646) grenzte sich Labour deutlich von der Politik der Konservativen ab. Zur Finanzierung wurden Steuervergünstigungen anderer Klientele gestrichen und Verbrauchersteuern erhöht (Petring 2006). Dabei verdeckte allerdings die positive Konjunkturentwicklung und die damit einher gehende Senkung der Arbeitslosigkeit, dass die entsprechenden Veränderungen im Bereich der Steuerpolitik, der Kinderbetreuung und in den Bereichen Bildung und Gesundheit zunächst so marginal waren, dass sie sich als vergleichsweise geringe Mehrausgaben und Umschichtungen im Budget niederschlugen (siehe Kapitel 10 sowie Hills 1998: 26).

»From Welfare to Work« als Ziel des Reformdiskurses

Der Wahlkampf 1997 leitete die zweite Phase britischer Aktivierungspolitik ein und wurde durch sozialpolitische Themen dominiert. Die Konservativen stellten weiterhin das Thema des Sozialbetrugs in den Mittelpunkt. Eine nur geringe Anhebung der öffentlichen Ausgaben sollte mit Mehrausgaben für Krankenhäuser, Schulen und die Polizei verbunden werden. Zudem wurden Steuersenkungen für Familien vorgeschlagen (Bochel/Defty 2007: 40). Die Glaubwürdigkeit der Regierung war jedoch aufgrund innerparteilicher Streitigkeiten und Skandale stark beeinträchtigt, so dass auch der sich einstellende ökonomische Erfolg nicht mehr genutzt werden konnte, um ein weiteres Mal den Wahlsieg zu erringen. Gründe dafür waren die innerparteilichen Konflikte über Großbritanniens Rolle in der Europäischen Gemeinschaft (Kingdom 1997). Ferner trug der scharfe Kontrast zwischen einem inszenierten Feldzug für moralische Werte und den anhaltenden Skandalen um Regierungsvertreter maßgeblich zur Diskreditierung der Regierung bei: »Apart form chronic divisions over Europe, the Conservative government of 1992 to 1997 will be remembered for being caught with its pants down and its hand in the till. Sleaze, as much as Europe, defines the Major years« (Driver/Martell 2002: 11). Meinungsumfragen zu Folge waren die Wähler nach 18 Jahren der Regierung durch die Konservativen einfach »Bereit für einen Wechsel« (Driver/Martell 2002: 11).

Für Labour war es somit vergleichsweise einfach, den politischen Diskurs im Vorfeld der Wahlen zu dominieren. Vor dem Hintergrund der sich gerade erst stabilisierenden wirtschaftspolitischen Lage galt es als oberste Priorität, das der Labour Party traditionell zugeschriebene Image »Steuern zu erhöhen und Geld auszugeben« abzuschütteln. Ausschlaggebend für den Wahlsieg von Labour waren damit, dass sowohl die Fortführung der finanzpolitischen Stabilitätspolitik als auch die neuen sozialpolitischen Zielvorstellungen erfolgreich vermittelt werden konnten (Hills 1998: 22).

Der von den Konservativen geführte Diskurs zur die Abhängigkeit von Sozialleistungen wurde von New Labour reinterpretiert, indem Armut beziehungsweise soziale Exklusion als massive soziale Probleme verstanden wurden. Gleichzeitig diskreditierte man die Lösung dieser Probleme durch die Erhöhung von Transfers als inadäquat (Blackman/Palmer 1999: 122f.) und forderte stattdessen eine aktivierende Sozialpolitik »… not laissez-faire nor state control and rigidity; but an active Government role linked to improving the employability of the workforce« (Blair 1988: 27; zit nach Undy 1999:317). Der Slogan »From Welfare to Work« charakterisierte den Kern der arbeitsmarktpolitischen Programme, die als New Deals bezeichnet wurden[155]. Er bezog sich aber auch auf das Schaffen von Erwerbsanreizen im Steuer- und Transfersystem im Rahmen des Working Family Tax Credits (Lister 1998: 220). Ergänzend wurde für einen gesetzlich regulierten Mindestlohn mit dem Motto »Making Work Pay« geworben.

Die obligatorische Aktivierung wurde unter Bezugnahme auf eine in der Ideologie der Labour Party traditionell verankerte Reziprozität von Rechten und Pflichten legitimiert (King/Wickham-Jones 1999: 69). Das Ziel finanzieller Umverteilung durch den Sozialstaat wurde durch die Förderung von Chancengleichheit »ersetzt« (The Guardian , 6.8. 1997; zit nach Lister 1998: 217). Es erfolgte eine Einbettung der Einzelziele in einen sowohl normativ als auch wissenschaftlich fundierten Diskurs zum Wandel des Wohlfahrtsstaates. Dabei wurde auf die von Wissenschaftlern wie Anthony Giddens verfassten und ebenfalls populär diskutierten normativen Reformentwürfe des Third Way und des Social Investment State zurückgegriffen (siehe Kapitel 1)[156]. Im Ergebnis wurde ein neues Leitbild einer wissensbasierten Ökonomie entworfen, die Tony Blair geprägt sah durch eine Politik der individuellen Befähigung und der Regulierung des Marktes, basierend auf einer starken Zivilgesellschaft und Partnerschaft auf lokaler Ebene:

»1. A dynamic knowledge-based economy founded on individual empowerment and opportunity, where governments enable, not command, and the power of the market is harnessed to serve the public interest
2. A strong civil society enshrining rights and responsibilities, where the government is partner to strong communities
3. A modern government based on partnership and decentralisation, where democracy is deepened to suit modern age [...]« (Blair 1999: 7).

Diese klar konturierten Reformvorstellungen von New Labour, die sich explizit auf die Veränderung von Governance bezogen, wurden weitgehend als Regierungsprogramm übernommen. Das erste Green Paper der

155 In der Interpretation wird dem New Deal Begriff eine Catch-Word-Funktion zugeschrieben, die mit drei Bedeutungen konnotiert werden kann: erstens, die Rooseveltsche Reform des Wohlfahrtsstaates und der damit assoziierte grundlegende Gestaltwandel des Systems; zweitens, ein neuer Gesellschaftsvertrag, bei dem die Verantwortung der Sozialbürger hervorgehoben wird; sowie drittens, die Regelung der Beziehung zwischen Sozialverwaltung und Klient durch eine explizite Vereinbarung (Leisering/Hilkert 2000).

156 Als weitere einflussreiche wissenschaftlich-intellektuelle Wegbereiter der »Welfare to Work« Programme unter New Labour werden der amerikanische Politologe Lawrence Mead und der an der London School of Economics tätige Ökonom Richard Layard genannt (Hyde u.a. 1999: 74).

neuen Regierung mit dem Titel »New Ambitions for Our Country: A New Contract for Welfare« konsolidierte das Ziel der Wohlfahrtsstaatsreform: »We can rebuild the system around work and security. Work for those who can; security for those who cannot [...]« (Secretary of State for Social Security 1998: 57f.).

Eine Besonderheit des von New Labour geführten Diskurses lag in der programmatischen Bündelung von Einzelmaßnahmen im Rahmen übergreifender Zielsetzungen. Beispielhaft ist hier das Versprechens Tony Blairs in 1999, die Kinderarmut in den folgenden zwanzig Jahren zu beseitigen. Die Einlösung dieses Versprechens rekurrierte auf die reflexive Verbindung der 1998 angekündigten National Childcare Strategy[157] mit den arbeitsmarktpolitischen Programmen und der Einführung der negativen Einkommensteuer (Blair 1999: 9).

Kontroversen um einzelne Reformziele innerhalb der Regierung waren vor allem im Spannungsverhältnis zwischen den wirtschafts- und haushaltspolitischen Stabilitätszielen und der Sozialpolitik angelegt. Unter anderem führte eine Auseinandersetzung um die Bedürftigkeitsprüfungen bereits 1998 zum Rücktritt des damaligen Minister of Welfare Reform, Frank Field, da Gordon Brown[158] aus Gründen der Haushaltsdisziplin auf den für die Transferempfänger restriktiven Regelungen bestand (Hills 1998: 19f.).

Die Einführung des Mindestlohns 1999 wurde zwischen den verschiedenen politischen Akteuren kontrovers diskutiert. Die Konservativen lehnten jegliche Mindestlohnregelung strikt ab, da sie überzeugt waren, dass diese Arbeitsplätze vernichte (Finn 2005a: 19) beziehungsweise Streiks und hohe Inflationsraten der 1960er Jahre zurück bringen würde (Larsen u.a. 2006: 643). Die Arbeitgeber akzeptierten eine entsprechende Regelung, stritten aber um die Höhe des Mindestlohns.

157 Diese sollte das Problem »Kinder als Erwerbshindernis« beseitigen, indem sowohl 50 Tausend Plätze für Vorschulkinder unter anderem durch die Schulung von Tagesmüttern geschaffen, Ausschreibungen für die Einrichtung der Betreuung von Kindern nach der Schule und finanzielle Unterstützung für die Kosten der Kinderbetreuung geplant wurden (Hyde u.a. 1999: 82). Der Vorschlag fand breite gesellschaftliche Unterstützung von Seiten der Sozialpartner, der Kinderhilfsorganisationen und der Equal Opportunities Commission (Larsen u.a. 2002/3: 31).

158 Gordon Brown wird als einer der zentralen Anhänger einer bedürftigkeitsgeprüften Mindestsicherung genannt, der eine erneute Stärkung des Versicherungsprinzips verhinderte (Clasen 2011).

Insgesamt kann auch in dieser zweiten Reformphase ein weitgehend parteiübergreifender Konsensus in Bezug auf die Stabilitätspolitik sowie den Kurs in der Arbeitsmarkt- und Familienpolitik konstatiert werden. Die »neuen« Ziele wurden durch die Labour Regierung im Zuge ihres kommunikativen Diskurses durch positive Leitbilder und unter Rückbezug auf traditionelle sozialpolitische Normen nun auch weitgehend erfolgreich in die breite Öffentlichkeit vermittelt.

Governance der Entscheidungsfindung: Aufbau von Netzwerkstrukturen als Legitimationsbeschaffung für unilateral durch die Regierung getroffene Entscheidungen

Die neu ins Amt gekommene Labour Regierung verfügte über eine extrem starke parlamentarische Mehrheit. Parteiintern galt die Führungsrolle von Tony Blair in Verbindung mit Gordon Brown nach den vollzogenen Reformen als unanfechtbar. Die Konservativen waren bis Mitte der 2000er Jahre eine extrem schwache Opposition, die aufgrund parteiinterner Machtkämpfe und Führungswechsel letztlich nicht in der Lage war, eine überzeugende programmatische Alternative im Bereich der Sozial- und Arbeitsmarktpolitik zu entwickeln. (Bochel/Defty 2007: 47).

Aus dieser Position der Stärke heraus setzte die Labour Regierung zunächst verschiedene institutionelle Veränderungen durch, welche die Handlungsautonomie der Regierung partiell einschränkten[159]. Entlang des propagierten Verständnisses von Partnerschaft wurde ferner die Kooperation der so genannten »Stakeholder«, also der jeweiligen Interessengruppen und der Betroffenen gesucht. Dazu wurden zahlreiche Kommissionen beziehungsweise Review Bodies eingesetzt, in denen verschiedene Akteure, darunter auch die Tarifpartner, im Vorfeld von Policy-Reformen Möglichkeiten der Diskussion erhielten. Nicht zuletzt aufgrund der im Vergleich zu den Wirtschaftsvertretern deutlich geringeren Zahl der Gewerkschaftsvertreter in den entsprechenden Netzwerken (Hamann/Kelly 2003: 648) wird dabei auf eine geringe Berücksichtigung gewerkschaftlicher Interessen ge-

159 Zu nennen sind hier erstens die der Bank of England unmittelbar nach der Wahl gewährte Unabhängigkeit und zweitens die Devolution, das heißt die Gründung des schottischen Parlaments sowie der walisischen Versammlung (siehe 15.1).

schlossen[160] (Clasen 2007: 43). Es fand also keine Re-Installation ehemaliger tripartistischer beziehungsweise korporatistischer Institutionen statt. Der Politikstil der Labour-Regierung blieb vielmehr durch die zentrale Rolle des Staates beziehungsweise der Zentralregierung gekennzeichnet: »Nonetheless, there is still a strong role for the state in Blair's ›New Britain‹« (Jessop 2004: 152).

Dabei zeigte eine interviewbasierte Untersuchung einzelner Gesetzgebungsverfahren, dass die skizzierten Formen der Co-Governance vielfach zur Legitimationsbeschaffung für im Kern durch die Zentralregierung unilateral respektive hierarchisch getroffene Entscheidungen dienten (Larsen 2002):

- Das Design der New Deals wurde im engsten Regierungskreis, der quasi durch Tony Blair und Gordon Brown sowie deren Mitarbeiter definiert war, im Rahmen einer »Closed Debate« entworfen. Der Einfluss der Ministerien, i.e des Arbeits- und Sozialministeriums, und auch der Interessengruppen beschränkte sich auf das Mikro-Design. So traf sich eine neu gegründete Taskforce aus Vertretern der Wirtschaft, des Dritten Sektors, der Kommunen und der Gewerkschaften wöchentlich mit Vertretern verschiedener Ministerien sowie unter Beteiligung des damaligen Arbeitsministers Andrew Smith, um die Details des New Deals zu kommentieren (Larsen u.a. 2006: 644, 638). Da der New Deal nicht als eigenständiges Gesetz, sondern als Teil des »Welfare Reform and Pension Act« 1999 im Parlament verabschiedet wurde, fanden quasi keine parlamentarischen Debatten statt. Insgesamt ist daher die erste Arbeitsmarktreform unter New Labour als Teil primär zentralisierter beziehungsweise direktiver Entscheidungsprozesse zu charakterisieren (Larsen u.a. 2006: 644, 638).
- Der Entwurf der Tax Credits wurde von einem deutlich größeren Netzwerk erstellt. Federführend war die 1997 gegründete »Taylor Taskforce«, die aus Mitgliedern des Finanzministeriums, der Inland Revenue, des DSS und des DEE bestand und durch den von Gordon Brown ernannten Vorsitzenden Martin Taylor, den Leiter von Barclays plc. geleitet wurde (Larsen u.a. 2002/3). Darüber hinaus wurde im Rahmen von Workshops und Seminaren eine breite Beteiligung von Nicht-

160 Die Schaffung dieser Netzwerkstrukturen beinhaltet für die Gewerkschaften dennoch eine erneute Verbesserung der Einflussmöglichkeiten auf die Regierung (Ludlam/Taylor 2003: 735).

Regierungsvertretern gesucht, die jedoch eher der Klärung spezifischer Detailfragen diente, denn zur Festlegung der generellen Prinzipien der Reform (Larsen u.a. 2006: 640f.).

- Allein bei der Festsetzung des Mindestlohns wurden die Tarifpartner im Vorfeld der Entscheidungsfindung beteiligt (Larsen u.a. 2006). Gleichwohl liegt auch hier der Eindruck nahe, dass der Verhandlungsspielraum der Tarifpartner von der Regierung exakt konzidiert wurde: In der noch vor der Wahl 1997 gegründeten Low Pay Commission berieten Gewerkschaftsvertreter, Vertreter der Wirtschaft und wissenschaftliche Berater über die Einführung und vor allem die Höhe des Mindestlohns (Petring 2006: 135f.). Da keine Regierungsvertreter in der Kommission waren, fanden zusätzliche Zusammenkünfte zwischen diesen und den Interessenvertretern zur Verhandlung der Höhe des Mindestlohns statt, wobei eine klare Bevorzugung der Wirtschaftsinteressen angenommen wurde: »In fact, most of the meetings on setting the level of the National Minimum Wage involved only CBI, the Treasury and the Number 10 Policy Unit and their special advisors« (Larsen 2002: 644). Mit der gesetzlichen Einführung des Mindestlohns wurde die Low Pay Commission schließlich zu einer dauerhaften Einrichtung gemacht und aufgefordert, kontinuierliche Vorschläge zur Anhebung des Mindestlohns zu machen. Diese wurden den Arbeitgebern im Vorfeld der Implementation durch die Regierung mitgeteilt – was als Voraussetzung für die konfliktfreie Umsetzung gilt (Finn 2005a: 30, 32).
- Der Employment Relations Act 1999 wurde in einem von der Regierung 1998 veröffentlichten White Paper »Fairness at Work« vorbereitet, in dem unter anderem auf die Notwendigkeit der »Partnership between Employers and their Employees« verwiesen wurde. Die darin angelgte Umsetzung der EU Richtlinien zum Elternurlaub im Rahmen der »Family Friendly Policies« wurde in Form einer Verlängerung des Mutterschaftsurlaubs und der Einführung eines (unbezahlten) Elternurlaubs skizziert (DTI 1998, zitiert nach Undy 1999: 329). Ausgehend von diesem Entwurf wurde dann überwiegend in bilateralen Verhandlungen der Regierung mit den Sozialpartnern (CBI beziehungsweise TUC) über die Ausgestaltung des Gesetzes gesprochen. Die endgültige Fassung der darin enthaltenen und umstrittenen Regelung zur Gewerkschaftsanerkennung in den Betrieben gilt als Kompromiss zwischen den Tarifpartnern (Cressey 1999; Petring 2006: 135).

Larsen interpretiert die Nutzung verschiedener Governance-Formen dahingehend, dass kostenintensive wie auch stark ideologisierte Reformen eher im engen Regierungskreis – und damit im Sinne hierarchischer Verfahren – beschlossen wurden. Formen der Co-Governance kamen dann zum Zuge, wenn Reformen sich auf dienstleistungsintensive Bereiche bezogen oder aber aufgrund der damit einhergehenden Ausweitung staatlicher Intervention einer besonderen Legitimationsbasis bedurften. Dies galt um so mehr, je stärker die Interessengruppen in diesen Bereichen waren beziehungsweise desto mehr die Umsetzung der verfolgten Ziele der Ressort übergreifenden Koordination bedurften (Larsen 2002).

Für die Ressort übergreifende Koordination beziehungsweise reflexive Formen der Governance spielte auch in Großbritannien das Finanzministerium eine zentrale Rolle (Jessop 2004: 148). Dazu trug das Einführen einer mittelfristigen Finanzplanung unter Gordon Brown bei, wodurch Mittelbedarfe der einzelnen Ressorts für jeweils drei Jahre festgelegt wurden. Dies diente einerseits dazu, die haushaltspolitische Disziplin zu gewährleisten (Petring 2006: 127). Andererseits wurden die Organisations- und Budgetstrukturen stärker auf eine Ressort übergreifende Politikperspektive ausgerichtet. Neben der Einführung einzelner Performance Agreements zwischen dem Finanzministerium und den einzelnen Ministerien wurden zu diesem Zweck auch verschiedene Ressort übergreifende Übereinkünfte zu öffentlichen Dienstleistungsangeboten, wie zum Beispiel »Sure Start-Provision for Young Children« abgeschlossen (Füchtner 2002: 204)[161]. Über nationale Zielsetzungen wurde dabei eine starke Kontrollfunktion gegenüber den Kommunen beziehungsweise der kommunalen Dienstleistungsproduktion ausgeübt, was als »... Nebeneinander einer gestärkten horizontalen Selbstkoordination und einer hierarchischen Koordination durch die Londoner Zentrale« interpretiert wird (Schönwälder 2002: 261; ähnlich Clasen 2007:49).

Alles in allem zeigte sich damit auch unter der Labour Regierung eine hohe Kontinuität hierarchischer Formen der Governance. Die Regierung

161 Die im Weißbuch »Modernising Government« 1999 anvisierten Ziele im Sinne eines »Joined-up-Government« sowie eines »Integrated Government« zur Bewältigung langfristiger und ganzheitlicher Probleme wurden unter anderem durch die Einrichtung so genannter Cross Cutting Units, i.e die Social Exclusion Unit, oder die Women's Unit angegangen. Der effektive Einfluss beziehungsweise die koordinierenden Effekte dieser Units für die Arbeitsmarktpolitik waren jedoch gering. Ein von der Social Exclusion Unit behandeltes Ressort übergreifendes Thema war Schulschwänzen und Schulabbruch (Blackman/Palmer 1999: 122).

nahm die Rolle einer Art Meta-Akteur ein, welcher politikfeldübergreifend koordinierte, den Zugang anderer Akteure zu politischen Entscheidungen regulierte und im Hinblick auf die Legitimationsbeschaffung der hierarchisch getroffenen Entscheidungen dirigierte. Diese Strategie war sowohl bei der Einführung der New Deals, der Koordination von finanziellen Anreizen im Rahmen der Tax Credits als auch bei der Etablierung des Mindestlohns erfolgreich.

15.4 Seit Anfang der 2000er Jahre: Expansive Wirtschaftssteuerung, Aus- und Weiterbildungsoffensive sowie Grenzen hierarchischer Steuerung

Seit Anfang der 2000er Jahre wurde von der Labour Regierung erneut eine leicht expansive Wirtschaftspolitik verfolgt, um Vollbeschäftigung zu erhalten. Diskursiv wurde nunmehr das Problem der fehlenden Integration von spezifischen Bevölkerungsgruppen in den Arbeitsmarkt hervorgehoben sowie eine Aus- und Weiterbildungsoffensive angekündigt. Dabei traten Reformrestriktionen zu Tage, die mit der fehlenden Etablierung von Netzwerkstrukturen in Zusammenhang stehen.

Sozioökonomische Rahmenbedingungen: Vollbeschäftigung und expansive Ausgabenpolitik

Vor dem Hintergrund der sich stabilisierenden ökonomischen Situation wurde in der nunmehr dritten Reformphase ab 2000 eine leicht expansive Makrosteuerung eingeleitet, die mit einer weiterhin sinkenden Arbeitslosigkeit einherging (siehe Anhang Tabelle B): In den Jahren 2001–2004 realisierte Gordon Brown jährliche Netto-Erhöhungen der Ausgaben von mehr als sechs Prozent in den Bereichen Bildung, Gesundheit und Transport (Jun 2004: 241). Die Beschäftigung im öffentlichen Sektor erhöhte sich kontinuierlich um circa 400 Tausend zwischen 2002 und 2006 (Tabelle 8). Aufgrund der Ausweitung der Anspruchsgrenzen und schließlich der Anspruchsberechtigten stiegen zudem die Ausgaben für die Tax Credits (Deakin/Parry 2000; siehe auch Kapitel 10). Zur Finanzierung wurde zunächst die Neuverschuldung genutzt. Ab 2003 wurden die Sozialversicherungsbeiträge sowohl für Arbeitgeber als auch Arbeitnehmer um ein Prozent erhöht (Petring 2006: 129). Das Armutsproblem hatte sich nur bedingt verringert. Vor allem für Kinder von Alleinerziehenden lag das Armutsrisiko bei fast 40 Prozent in 2004 (EU-SILC; Böhmer/Heimer 2008).

Da gleichzeitig die Konjunktur deutlich abkühlte, das Handelsbilanzdefizit massiv anstieg und die Wachstumsraten auf circa zwei Prozent des BIP jährlich fielen, stieg das Haushaltsdefizit bis 2005 und vor allem 2008 weiter an. Allein die Inflationsrate konnte mit Ausnahme von 2008 bei circa zwei Prozent stabilisiert werden (siehe Anhang Tabelle B). Die Arbeitslosigkeit erhöhte sich in 2006 leicht (5,4 Prozent), blieb aber über die Wirtschafts- und Finanzkrise 2008 zunächst stabil. Das Ausmaß der Strukturkrise am britischen Arbeitsmarkt manifestierte sich erst danach, indem die Arbeitslosigkeit in 2010 auf nahezu acht Prozent anstieg (OECD 2011).

Diskurs zu fehlender Arbeitsmarktintegration sowie Aus- und Weiterbildungsoffensive

Im Wahlkampf 2001 wurde »Vollbeschäftigung« von Labour zum Regierungsziel erklärt und »Beschäftigung« als Schlüsselkonzept für alle sozialen Probleme propagiert: »Employment is not just the foundation of affordable welfare, it is the best anti-poverty, anti-crime and pro-family policy yet invented« *(The Labour Party 2001: 24)*. Beobachter sahen darin eine tendenzielle Verschiebung der ursprünglichen Zielsetzung, indem nicht mehr Arbeitslosigkeit, sondern »Beschäftigungslosigkeit«, das heißt Arbeitsmarktinaktivität bekämpf werden sollte (Clasen 2007: 44; Meager 2007). In diesem Zusammenhang wurde auch die Reform der Arbeitsverwaltung, also die Zusammenlegung der Arbeits- und Sozialämter zu Jobcenters Plus, von Tony Blair als explizites Element eines »Work-First Approach« bezeichnet (Guardian: 20. Juni 2002; zit. nach Larsen u.a. 2002/3). Entsprechend sollten nunmehr auch Bezieher von Erwerbsunfähigkeitstransfers stärker in die Aktivierung einbezogen werden: »We will not use disability benefits to disguise unemployment the Tory approach in the 1980s [...] ... too many people are written off when in fact they could, with support, work« (The Labour Party 2001).

Diese Akzentverschiebung der Zielsetzung in dieser dritten Phase der Aktivierungspolitik erfolgte in Einklang mit der Konsolidierung und Ausweitung der bereits eingeführten Maßnahmen: So wurde die Zusammenlegung der verschiedenen Child Tax Credits zum Integrated Child Tax Credit geplant. Die entsprechenden Vorschläge wurden von den Tarifpartnern begrüßt. Der Arbeitgeberverband CBI wehrte sich lediglich dagegen, die Tax Credits mit dem Gehalt auszuzahlen, da dies administrative Kosten für die Unternehmen verursachte (Larsen u.a. 2002/3). Ferner wurde die Betreuungsgarantie auf alle drei-jährigen Kinder ausgedehnt, die Verlängerung des Elternurlaubs und die Erhöhung des Mutterschaftsgeldes angekündigt. 2004 wurden schließlich im Rahmen der Kinderbetreuungsstrategie ein weiterer Ausbau und vor allem die weitere finanzielle Förderung (partiell kostenlose Angebote) in Aussicht gestellt (Hopkin/ Wincott 2006: 62).

Ausgehend von dem für Großbritannien konstatierten Defizit bei der mittleren berufsfachlichen Qualifizierung der Arbeitnehmerschaft und dem unter anderem darin begründeten geringen durchschnittlichen Produktivitätsniveau, wurde ferner eine Aus- und Weiterbildungsoffensive (Skills Strategy) im Rahmen sukzessiver Weißpapiere der Regierung in 2003 und 2005 lanciert (DfES u.a. 2005; HM Government 2005). Mit dem Ziel der Verwirklichung einer wissensbasierten Ökonomie wurden die Reform der einzelnen Ausbildungsinstrumente und der Institutionen sowie eine Ausweitung der finanziellen Förderung skizziert. Zudem wurden finanzielle Anreize für den Verbleib im Bildungssystem beziehungsweise die Absolvierung einer beruflichen Ausbildung im Zuge des »New Deal for Skills« für Jugendliche geplant (HM-Treasury u.a. 2004).

Bezeichnend für den Politikstil von New Labour war, dass – entsprechend des Ziels der Zurechenbarkeit – konkrete Kennzahlen in Bezug auf die gesetzten Ziele angegeben wurden. Im Wahlprogramm, aber auch in den Berichten des Finanzministeriums, wurden die erreichten Fortschritte bei den anvisierten Reformen minutiös dokumentiert (The Labour Party 2001). Ein Höhepunkt dieser »Vermarktungsstrategie« war das Wahlprogramm der Labour Party von 2005, das – im Widerspruch zum Titel – »Britain forward not Back« letztlich eine Art Laudatio auf die in der Vergangenheit erreichten Fortschritte beinhaltete. Die ersten Sätze dieses Manifestes lauteten:

»Since 1997, two million more people are in work, and the UK has the lowest unemployment for 30 years. Tax credits and the minimum wage are ensuring that work pays for everyone. [...] Since 1997, average incomes have increased by 19 per cent and the income of a typical family has increased by 17 per cent, with living standards rising in double digits for every part of the income spectrum. There are 300,000 more businesses, providing jobs and increased prosperity. There are two million fewer children and nearly two million fewer pensioners living in absolute poverty …« (The Labour Party 2005).

Wenn auch der Sozialpolitik im Wahlkampf 2005 keine entscheidende Bedeutung zukam, deutet das Fehlen neuer sozialpolitischer Ziele in diesem Feld auf eine gewisse programmatische »Erschöpfung« der Labour Regierung hin.

Die Konservativen hatten zu diesem Zeitpunkt keine alternative sozialpolitische Strategie entwickelt, sondern akzeptierten schrittweise die von Labour gesetzte Agenda hinsichtlich einer Verbesserung sozialer Dienstleistungen und (finanzieller) Hilfen für Familien. Ihre Kritik beschränkte sich auf die graduelle Ausgestaltung einzelner Maßnahmen. Dies zeigte sich unter anderem anhand einer 2004 gehaltenen Rede von David Willett, der lange Jahre Sozialminister und dann Bildungsminister des Schattenkabinetts war, und primär die ungenügende Ausgestaltung einzelner Maßnahmen hervorhob. So wurde das noch immer weit unter dem Bedarf liegende Angebot bei der Kinderbetreuung und die viel zu hohen Betreuungskosten, die geringen Fortschritte bei der Verbesserung der Schulbildung oder die vielen Einzelreformen im Bereich der Steuerpolitik hervorgehoben. (Willetts 2004). Grundlegende, alternative Positionen der Konservativen bestanden allein in einer geforderten Entscheidungsfreiheit der Familien hinsichtlich »Arbeit oder Betreuung und Pflege«, die letztlich auch die Forderung nach einer Wiedereinführung eines Steuerfreibetrags für nicht erwerbstätige Ehepartner (Married Couples' Allowance) begründete (ibid). Insgesamt lässt sich damit auch in dieser Phase, jenseits punktuell kritischer Stimmen, ein grundlegender parteiübergreifender Konsens in Bezug auf die Welfare-to-Work Strategien feststellen (Larsen u.a. 2002/3). Nach 2005 trieb der neue gewählte Vorsitzende der Konservativen, David Cameron, die Erneuerung seiner Partei massiv voran und förderte eine positive Haltung gegenüber dem Wohlfahrtsstaat. Die von Labour vertretenen Positionen, beispielsweise in der Bildungspolitik, wurden explizit übernommen, so dass sich die Position der Konservativen nicht mehr allein durch Steuer- und Ausgabenkürzungen definierte (Bochel/Defty 2007: 43).

In 2010 wurde der Wahlkampf dann primär durch den Umgang mit der Finanzkrise geprägt. Der Wahlkampfslogan von Labour lautete »A Future fair for All«. Darin wurde eine weiterhin expansive Haushaltspolitik als Reaktion auf die Finanzkrise vertreten, die den Auf- und Umbau der Wirtschaft stützten sollte. Teil dieser Strategie war eine weitere Ausweitung der

Ausbildungs- und Beschäftigungsprogramme, insbesondere für Jugendliche sowie eine Erhöhung des Mindestlohns und der In-Work-Benefits, die mit Kürzungen der Transferleistungen nach zehn Monaten gekoppelt werden sollten, sofern die Teilnahme an diesen Programmen verweigert würde (Labour 2010).

Die Konservativen propagierten dagegen zunächst eine Haushaltskonsolidierungspolitik, ohne jedoch das Ziel der Wiedereinführung von Steuerfreibeträgen für Ehepaare aufzugeben (Guardian 2010). Für die Arbeitsmarktpolitik wurde im Wahlprogramm respektive im konservativen Manifest 2010 eine Zusammenfassung der verschiedenen arbeitsmarktpolitischen Programme in einem »Single Work Programme« vorgeschlagen (Conservatives 2010). Die Liberalen machten ursprüngliche Forderungen nach kostenloser Kinderbetreuung und Altenpflege, der Aufhebung von Studiengebühren usw. abhängig von der wirtschaftlichen Entwicklung (Guardian 2010).

Governance der Entscheidungsfindung: Marginale Bedeutung von Netzwerken als Hindernis bei der Umsetzung der Skills Strategy

2001 und 2005 wurde der von der Labour Regierung eingeschlagene Reformkurs von den Wählern trotz zunehmender Stimmenverluste weitgehend bestätigt (siehe Tabelle 21). Aufgrund des britischen Mehrheitswahlsystems verfügte die Labour Regierung weiterhin über eine komfortable parlamentarische Mehrheit. Ihre Stärke wurde zudem durch die ideologische Schwäche der Opposition begünstigt, da die Konservativen sich bis Anfang der 2000er Jahre durch Flügelkämpfe zwischen Unterstützern und Gegnern der britischen EU Mitgliedschaft respektive des Thatcherismus und des damit assoziierten weiteren Rückzugs des Staates aufrieben. Dies ging mit mehrfachen Wechseln an der Führungsspitze einher, bis der in der Wahl 2005 »gescheiterte« Michael Howard durch David Cameron ersetzt wurde.

Die Liberal Democrats konnten weiterhin starke Stimmengewinne verzeichnen, die sich jedoch aufgrund des Wahlsystems nur bedingt in der Zunahme von Parlamentsmandaten niederschlugen (siehe Tabelle 21). Mit sozialpolitischen Aussagen zur Expansion der Ausgaben und Leistungen vor allem in den Bereichen Bildung und Gesundheit positionierten sie sich bis 2005 nahe bei beziehungsweise links von der Labour Party. Aber auch hier waren inhaltliche Kontroversen zur Ausgestaltung des Wohlfahrtsstaates mit zahlreichen Wechseln in der Führungsspitze verbunden. Diese wurden in 2006 mit dem Parteivorsitz von Menzie Campbell zunächst zu Gunsten einer stärker neo-liberalen Ausrichtung entschieden. 2007 übernahm Nick Clegg die Parteiführung, setzte aber den entsprechenden Kurs weitgehend fort.

Die Machtressourcen der Labour Regierung bis 2005 waren damit vergleichsweise groß (Tabelle 21). Der daraus erwachsende Handlungsspielraum wurde genutzt, die geplanten Reformen im Rahmen eines primär hierarchisch dominierten Politikstils umzusetzen, flankiert durch eine partielle Einbindung gesellschaftlicher Akteure und einer Governance Rhetorik, welche letzteres positiv hervorhob. Die in der aktivierenden Arbeitsmarktpolitik verfolgten Ziele konnten im Rahmen dieses Governance-Mix in unterschiedlichem Maße verwirklicht werden. Als weitgehend erfolgreich zeigte sich der genannte Politikstil bei der Einführung der Jobcenter. Kompetenzstreitigkeiten, die sich in der ersten Reformphase zwischen dem früheren Department of Employment und dem Department of Social Security ergaben, wurden vorab durch deren Fusion zum Department for Work and Pensions (DWP) ausgeräumt – was als Form reflexiver Steuerung betrachtet werden kann. Der entsprechende Reformprozess selbst wurde dann primär vom Finanzministerium unter Einbeziehung des neue gegründeten DWP, des Department for Education and Skills (DfES) und des Department of Trade and Industry (DTI) initiiert, während der Einfluss weiterer Akteure als marginal geschildert wird (Larsen u.a. 2002/3).

Zur Verwirklichung des Ausbaus der Kinderbetreuung wurde 2002 mit der Childcare Review Gruppe unter der Leitung des DfES ein Ressort übergreifendes Netzwerk unter Einbezug zivilgesellschaftlicher Akteure aufgebaut. Diesem gehörten sowohl Repräsentanten der meisten Ministerien, der Steuerungsgruppe Childcare als auch Nicht-Regierungsorganisationen wie beispielsweise der Daycare Trust an. Das Finanzministerium übte gleichwohl auch hier eine starke Direktivmacht aus. Aus Kostengründen setzte es nicht auf den Ausbau staatlicher Einrichtungen, sondern forcierte den stufenweisen Ausbau des familien- und marktbasierten Angebots der Kinderbetreuung (Larsen u.a. 2006: 639f.). Obgleich die Unterstützung der Ziele der Arbeitsmarktpolitik durch diese Maßnahmen als Erfolg reflexiver Governance zu sehen ist, wurden Defizite hinsichtlich Qualität, Umfang und Kosten der Angebote nicht vollkommen aufgelöst (siehe Kapitel 10).

Auch in Bezug auf die Verbesserung der Aus- und Weiterbildung wurde die Gründung von Netzwerken im Rahmen der Partnerschaftsrhetorik stark betont und das bereits von den Konservativen formulierte Ziel der Einrichtung von Arbeitgeber geführten Institutionen weitgehend übernommen. Gleichzeitig behielt sich die Labour Regierung jedoch Kernkompetenzen hinsichtlich Gestaltung und Entscheidung sowohl der Netzwerke als auch der verfolgten Politiken vor. So erhielt die beispielsweise die neu geschaffene »Skills Alliance«, an der verschiedene Ministerien, verschiedene Ausbildungsinstitutionen und die Sozialpartner (CBI und der TUC) beteiligt waren, keine Kompetenzen in Bezug auf die Festsetzung von Ausgaben, die Formulierung von Zielen oder die Beratung der von der Regierung unterbreiteten Vorschläge – obgleich es nach der Einschätzung von Experten ein umfassendes Planungsnetzwerk hätte sein können (Keep 2006: 51).

Die Leitungsgremien der 2001 geschaffenen Learning and Skills Councils (LSC) wurden mehrheitlich von Arbeitgebervertretern besetzt, die vom Bildungsministerium benannt wurden. Die Finanzierung erfolgte ausschließlich durch öffentliche Mittel. Faktisch waren die LSCs – auch ihrem Selbstverständnis nach – lediglich ausführende Organe der Ministerialbürokratie: »For instance, the LSC – the largest quango in Europe in spending terms – claims that it exists to deliver policy, not to make it« (House of Commons, 2004: 5; zit. nach Keep 2006:50). Diese Charakterisierung begründet die Einschätzung, dass sich unter der Labour Regierung die zentralstaatliche Regulierung und Kontrolle im Bereich der Aus- und Weiterbildungspolitik stark erhöhte und der Staat damit letztlich »actor of first and last resort« blieb:

> »Despite the subsequent deployment of language of employer engagement and employer leadership [Cm 6483, White Paper concerning the Skills Strategy 2005, I.D.] the substantive reality of policy formation has yet to be transformed, with the state continuing to formulate and promulgate policy at a considerable level of detail without any meaningful prior input from employers or their representatives« (Keep 2006: 57).

Gründe für die fehlende Abgabe von Kompetenzen in der Berufsbildung waren auf Seiten der Arbeitgeber zu suchen, die an einer Produktionsstrategie festhielten, die auf einer geringen Qualifikation der Arbeitskräfte aufbaute. Zudem waren die bestehenden von Arbeitgebern getragenen Netzwerkstrukturen nicht in der Lage gewesen, die eingesetzten staatlichen Mittel auch tatsächlich zur Erhöhung der Qualifizierung zu nutzen – geschweige denn selbstregulativ eine Verbesserung des Qualifikationsniveaus der Arbeitnehmer zu gewährleisten. (Keep 2006: 58). So verfügte allein die Low Pay Commission über ein gewisses Maß an Autonomie. Diese wurde genutzt, um – selbst gegen den Widerstand der Arbeitgeber – eine sukzessive Anhebung des Mindestlohns seit 2002 um 60 Prozent umzusetzen (Hopkin/Wincott 2006: 62).

Insgesamt kann damit konstatiert werden, dass auch in dieser dritten Reformphase der spezifische Mix hierarchischer Governance kombiniert mit Elementen der Co-Governance eine hohe, aber selektive Reformfähigkeit beinhaltete. Dabei konnten insbesondere die in Bezug auf Aus- und Weiterbildung formulierten Ziele nicht erreicht werden – was als Restriktion für die Verwirklichung der Elemente sozialer Befähigung als Teil der Aktivierungspolitik gesehen werden muss. Mit dem Machtwechsel von Tony Blair zu Gordon Brown ging schließlich ein zunehmender Popularitätsverlust der Labour Regierung einher. In Kombination mit der im Zuge der Finanzkrise einsetzenden Rezession führte dies schließlich zur Wahlniederlage der Labour Regierung in 2010. Die unter der neuen konservativ-liberalen Regierung eingeleiteten Reformen deuten bislang eine weitgehende Konsolidierung der skizzierten Aktivierungsvariante an (siehe Kapitel 10).

15.5 Zusammenfassung: Hierarchische Steuerung als Beschränkung bei der Verwirklichung sozialer Befähigung

Vor dem Hintergrund hoher Arbeitslosigkeit wurde von der konservativen Regierung Mitte der 1990er Jahre das Aktivierungsparadigma lanciert, indem die Abhängigkeit von Wohlfahrtsstaatsleistungen kritisiert sowie Leistungskürzungen und die Verschärfung der Arbeitspflicht angekündigt wurden. Mit dem beginnenden wirtschaftlichen Aufschwung forderte New Labour Ende der 1990er Jahre schließlich die Ausweitung finanzieller Erwerbsanreize und die Förderung der Beschäftigungsfähigkeit. Damit war in Großbritannien ein grundlegender Reformkonsens in Bezug auf die Verwirklichung des Aktivierungsparadigmas gegeben. Die verfolgte Variante des »Making Work Pay« korrespondierte in vielerlei Hinsicht mit den Traditionen des liberalen Wohlfahrtsstaates. Seit Anfang der 2000er Jahre wurde dann die Ausweitung »sozialer Befähigung« als Teil der Aktivierungspolitik diskursiv in den Vordergrund gestellt.

Die Entscheidungsfindung bei den arbeitsmarktpolitischen Reformen wurde weitgehend durch hierarchische beziehungsweise unilaterale Entscheidungen der Regierung im Sinne von »Strong State Politics« verwirklicht. Dies gilt für Reformen wie die Einführung der Jobseeker's Allowance und die damit verbundenen Leistungskürzungen beziehungsweise die Verschärfung der Arbeitspflicht unter den Konservativen, die als durchaus pfadabhängige Anpassungen interpretiert werden können. Aber auch pfadbrechende Reformen unter New Labour, welche die Ausweitung staatlicher Leistungen beinhaltete, wurden primär über hierarchische Formen der Entscheidungsfindung realisiert. Im Einklang mit dem im Aktivierungsparadigma ebenfalls angelegten neuen Steuerungsparadigma wurde von New Labour der Aufbau von Netzwerkstrukturen als Form der Co-Governance mit nicht staatlichen Akteuren im politischen Diskurs hervorgehoben. Faktisch wurden den entsprechenden Review Bodies und Kommissionen, die unter der Labour Regierung eingerichtet wurden, aber kaum Entscheidungskompetenzen zugestanden, sondern lediglich deren Legitimations- wie auch partiell deren Koordinationsfunktion genutzt. Dies wurde unter anderem im Rahmen der beruflichen Aus- und Weiterbildungspolitik deutlich. Allein die Einführung des gesetzlichen Mindestlohns wurde durch Verhandlungen mit den Sozialpartnern vorbereitet.

Die bis 2005 im liberalen Wohlfahrtsmodell verfolgte »Making Work Pay« Variante des Aktivierungsparadigmas ist damit als Resultat einer Kombination aus sowohl pfadabhängigen als auch partiell pfadbrechenden Einzelreformen zu sehen, die primär über hierarchische Formen der Governance vollzogen wurden (Abbildung 14). Die finanziellen Anreize wie auch der Ausbau der Kinderbetreuung konnten über die unilateralen Entscheidungsprozesse der Regierung weitgehend reflexive koordiniert werden. Allein die Verbesserung der beruflichen Qualifizierung war auf diesem Wege nicht erfolgreich umzusetzen, womit ein weiterer Ausbau sozialer Befähigung restringiert wurde. Die Grenzen der verfolgten Aktivierungsvariante zeigen sich darin, dass die nach Qualifikation und Geschlecht stark polarisierte Arbeitsmarktteilhabe in Großbritannien zwar verbesert, aber nicht aufgelöst werden konnte.

Abbildung 14: Variablenmodell zur Erklärung des britischen Profils wohlfahrtsstaatlicher Reformpolitik (1990–2005)

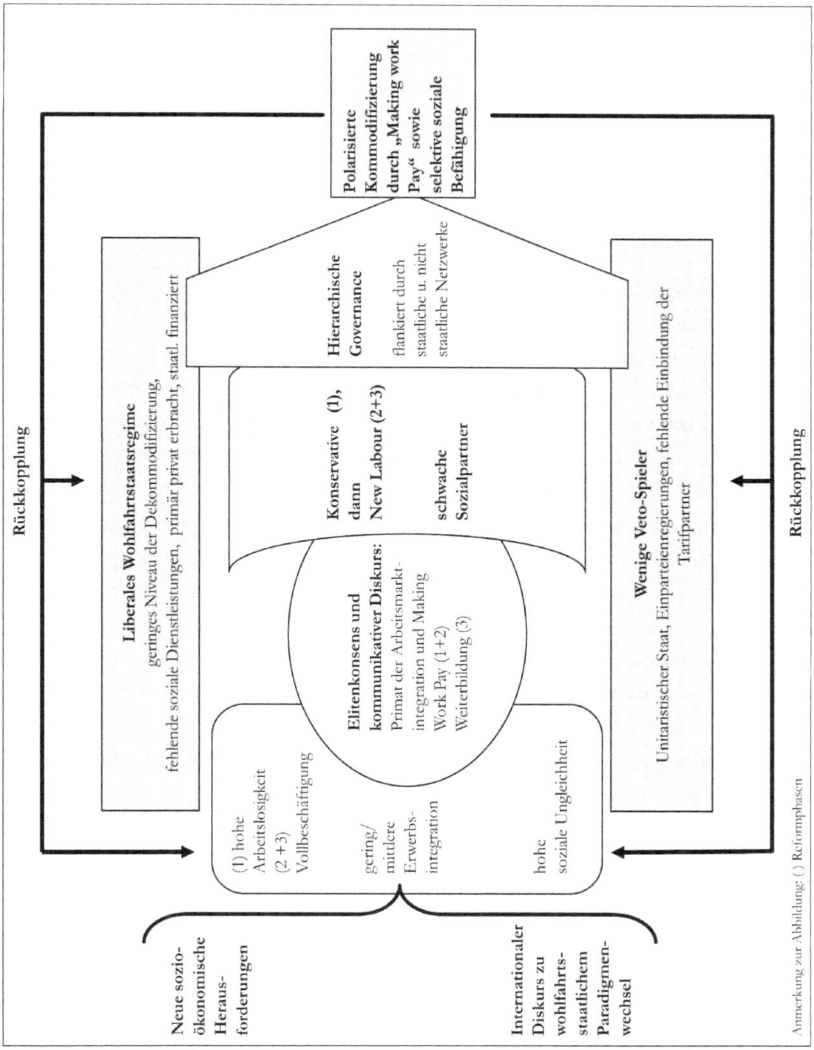

Quelle: Eigene Darstellung.

16. Deutschland: Mangelnder Reformkonsens und Verhandlungszwang

Die deutsche Aktivierungspolitik verfolgte – wie in Kapitel 11 gezeigt – weder einen expliziten Ausbau sozialer Befähigung noch eine dezidierte Ausweitung finanzieller Erwerbsanreize im Sinne der idealtypisch konstruierten Aktivierungsvarianten. Zu erklären sind sowohl Kontinuität als auch partielle Pfadwechsel in Bezug auf den konservativ-korporatistischen Wohlfahrtsstaat. Diese beziehen sich sowohl auf die massive Flexibilisierung der Arbeitsformen, die eine Abkehr von der Orientierung am Normalarbeitsverhältnis darstellt, als auch auf die mit der Einführung der Grundsicherung für Erwerbsfähige verbundenen Veränderungen. Erklärungsbedürftig erscheint ferner die bislang nur geringe Ausweitung von Beschäftigungsfähigkeit.

Dieses spezifische Profil der Reformen ergab sich in einem politischen System, das durch eine vergleichsweise hohe Anzahl von Veto-Spielern gekennzeichnet ist (Abschnitt 16.1). Vor dem Hintergrund der historisch einmaligen Situation der deutschen Wiedervereinigung begann die Aktivierungspolitik mit der Reform des Arbeitsförderungsgesetzes am Ende der konservativ-liberalen Regierungsperiode im Jahr 1998 vergleichsweise spät. In Anlehnung an die in Kapitel 11 aufgezeigten inhaltlichen Schwerpunkte der Gesetzgebung sind insgesamt drei Phasen zu unterscheiden. Charakteristisch für die erste Phase Ende der 1990er Jahre war ein letztlich geringer Reformwille und ein hoher Dissens in Bezug auf Reformschwerpunkte sowie Missmanagement der korporatistischen Co-Governance (Abschnitt 16.2). Der so genannte Vermittlungsskandal sowie der Bundestagswahlkampf 2002 stehen für den Beginn der zweiten Phase der Aktivierungspolitik. Diese war durch die Verschärfung der arbeitsmarktpolitischen Problemlage, die Vorschläge der Hartz-Kommission und die Agenda 2010 sowie die erzwungene Kompromissfindung im Bundesrat geprägt (Abschnitt 16.3). Mit der Regierungsübernahme durch die große Koalition in 2005 setzte dann eine Konsolidierungsphase ein, die im Folgenden weitgehend kursorisch diskutiert wird (Abschnitt 16.4). Abschließend erfolgt eine zusammenfassende Interpretation (Abschnitt 16.5).

Der Einfluss der erklärenden Variablen für das Entstehen der spezifischen Aktivierungsvariante wird für die deutsche Länderstudie für jede Phase diskutiert, wobei die Sub-Titel jeweils eine spezifische Ausprägung der einzelnen Variablen »sozioökonomischen Rahmenbedingungen«, und »Diskurs« wiedergeben. Dagegen wird der Einfluss von Institutionen und Akteuren weitgehend in der jeweiligen Ausprägung der Variable »Governance der Entscheidungsfindung« aufgenommen.

16.1 Hohe Anzahl von Veto-Spielern und Probleme der Konsensfindung

Das politische System der Bundesrepublik zeichnet sich durch eine im internationalen Vergleich sehr hohe Veto-Spieler- und Mitregentendichte sowie eine Mischung aus Mehrheits- und Verhandlungsdemokratie aus (Schmidt 2007: 191): Die Handlungsfähigkeit der Bundesregierungen wurde und wird durch den starken Bikameralismus mit oft divergierenden Mehrheiten in Bundestag und Bundesrat eingeschränkt[162]. Schließlich ist die Veto-Macht des Bundesverfassungsgerichtes zu nennen (Schmidt 2007: 190), die gerade auch bei der Gestaltung der Arbeitsmarktpolitik mehrfach zum Tragen kam. Zahlreiche Entscheidungskompetenzen wurden an andere nationale und supranationale Organisationen (so zum Beispiel die weitgehend autonome Bundesbank und nunmehr die Europäische Zentralbank) oder aber an Verbände und Selbstverwaltungseinrichtungen delegiert.

Das Parteiensystem hatte in der Nachkriegsära einen geringen bis mittleren Fragmentierungsgrad (Schmidt 2007: 97), der nach der Wiedervereinigung deutlich zunahm. Die größten und wichtigsten Parteien – gemessen

162 Letztlich sind nur etwa 40 Prozent der Gesetze im Bundesrat zustimmungspflichtig. Allein die Antizipation von Blockadepotenzialen beeinflusst jedoch vielfach die Konkretisierung von Reformvorschlägen (Burkhart/Manow 2006). Die Reformfähigkeit von Bundesregierungen bei gegenläufigen Mehrheiten im Bundesrat kann unter anderem dadurch erhöht werden, dass Gesetzespakete so geschnürt werden, dass insbesondere die Kernvorhaben nicht zustimmungspflichtig sind (Merkel 2003b: 167).

am Stimmen- und Mandatsanteil sowie an den Jahren der Regierungsbildung – waren die Schwesterparteien der Union, CDU (Christlich Demokratische Union) und CSU (Christlich Soziale Union), welche im Parteienspektrum die Mitte-Rechts-Position besetzten. Die Sozialdemokratische Partei Deutschlands (SPD) hatte die Mitte-Links-Position und war lange Jahre als zweitgrößte Partei deutlich schwächer. Im Allgemeinen waren jedoch weder CDU/CSU noch SPD stark genug, die Regierung alleine zu stellen, so dass Koalitionsregierungen dominierten.

Bis 1998 hatte die FDP (Freie Demokratische Partei Deutschlands) die Rolle als »Königsmacher«. Bereits seit den 1980er Jahren erweiterte sich das Parteienspektrum vor allem auf der Links-Achse. Zunächst etablierten sich »Die Grünen«[163] mit einer Ausrichtung auf Themen der Ökologie und der Bürgerrechte dauerhaft im Bundestag. Nach der Wiedervereinigung kam »Die Linke. PDS« hinzu[164], deren Organisationsbasis in den neuen Bundesländern besonders stark ist (Schmidt 2007: 65).

In Deutschland gelten beide großen Parteien als Sozialstaatsparteien (Schmidt 2005: 170). Nicht nur die SPD, sondern auch der Arbeitnehmerflügel der CDU hatte enge Verbindungen zu den Gewerkschaften. Mit der Schwächung der entsprechenden Flügel und der »Deprofessionalisierung« der Sozialpolitik in den Parteien schwand der Einfluss der Gewerkschaften (Trampusch 2008: 165).

Die *Sozialpartner* verfügten in den Institutionen des deutschen Sozialstaates beziehungsweise der verschiedenen Zweige der Sozialversicherung über umfassende Mitbestimmungsmöglichkeiten. Die Gewerkschaften sind nach dem Industrieprinzip organisiert und ihr Dachverband, der Deutsche Gewerkschaftsbund (DGB) besitzt keine Tarifverhandlungskompetenz. Aufgrund eines seit 1993 anhaltenden Mitgliederrückgangs sank der gewerkschaftliche Organisationsgrad der abhängig Beschäftigten im Alter zwischen 18 und 64 Jahren in 2006 auf nur noch 18 Prozent in Westdeutschland beziehungsweise 19 Prozent in Ostdeutschland (Schnabel/Wagner 2007: 94). Die politische Macht der Gewerkschaften gilt daher zunehmend als eingeschränkt (Visser 2007: 114). Gleichzeitig zeigte sich auch die Organisation des Unternehmerlagers geschwächt durch die Konkurrenz zwischen dem Bundesverband der Deutschen Industrie (BDI)

---

163 Nach der Wiedervereinigung: »Bündnis 90/Die Grünen«.

164 Sie ging aus einer zur Wahl 2005 erfolgten Fusion der ehemals staatssozialistischen SED, »Partei des demokratischen Sozialismus« und der westdeutschen Partei Arbeit & Soziale Gerechtigkeit – die Wahlalternative (WASG) hervor.

und der Bundesvereinigung der Deutschen Arbeitgeberverbände (BDA). Dabei kämpfte der BDA, der Gegenpart der Gewerkschaften, sowohl mit verbandsinternen Konflikten zwischen Groß- und Mittelständischen Unternehmen (Trampusch 2008: 168) als auch mit massiven Mitgliederverlusten vor allem bei kleinen- und mittleren Unternehmen. So fiel beispielsweise in der Metallindustrie der Organisationsgrad der Betriebe im Jahr 2001 auf 31 Prozent (Schroeder 2003: 9f.). In Bezug auf die Zahl der Beschäftigten ist der Organisationsgrad gleichwohl höher und wurde für 2006 insgesamt mit 62 Prozent angegeben (Schulten 2010).

Die unter anderem in Folge der Wiedervereinigung erfolgte Erosion der Tarifverhandlungsstrukturen ist gleichzeitig Ursache und Ausdruck der Schwäche der Sozialpartner: »Since unification, the bargaining system has been fraying at the edges, with individual employers exiting and sectoral collective agreements hollowed out by supplementary firm-level agreements between managements and works councils« (Streeck/Kitschelt 2004: 25). Im Jahr 2006 arbeiteten nur noch 57 Prozent der westdeutschen und 42 Prozent der ostdeutschen Beschäftigten in Unternehmen, die einer Tarifbindung unterlagen (Ellguth/Kohaut 2007). Eine kompensatorische Strategie der »kontrollierten Dezentralisierung« setzte auf die Regulierung von Vielfalt und Differenz im Rahmen flexibler Tarifverträge (Schroeder 2003: 11).

Ältere Befunde der Politikblockaden im deutschen Föderalismus (Heinze 1998; Scharpf u.a. 1976; Scharpf 1985) wurden durch die aufgezeigten Veränderungen der politischen Akteure nicht außer Kraft gesetzt. Vielmehr bestätigte sich, dass im Regierungssystem der Bundesrepublik verschiedene Subsysteme fortbestehen, welche jeweils eigentümliche und unterschiedliche Verfahren der Entscheidungsfindung mit sich führen (Lehmbruch 2000; Trampusch 2006: 58) und somit einen Governance-Mix begründen. Die damit einhergehenden Einflussmöglichkeiten einer Vielzahl von Akteuren machen Politikwechsel schwierig (Benz 2000: 216; Heinze 1998). Aber auch im »Grand Coalition State« seien Veränderungen unter der Voraussetzung umfassender Verhandlungen durchaus möglich – so Manfred Schmidt (1996b: 84). Beobachter verweisen jedoch darauf, dass das Konsensbemühen in großen sozialpolitischen Fragen seit den 1990er Jahren zunehmend einer Konfliktorientierung gewichen sei (Nullmeier 2006). Ursache dafür ist nicht zuletzt, dass die mit der Wiedervereinigung verbundenen Veränderungen der Akteurkonstellationen und das Etablieren einer Art »Dauerwahlkampf« durch die Zunahme der Länderparlamente das Erreichen eines Reformkonsenses in entsprechenden Verhandlungen schwieriger macht als zuvor (Czada 2004: 151).

16.2 Ende der 1990er Jahre: Geringer Reformwille, Dissens bezüglich der Reformschwerpunkte sowie Missmanagement von Co-Governance

Durch die im Zuge der Wiedervereinigung erfolgten Strukturanpassungen verschlechterten sich die ökonomischen Bedingungen massiv und die Arbeitslosigkeit stieg an. Die sukzessive Akzeptanz neuer Zielsetzungen im Sinne eines aktivierenden Wohlfahrtsstaates wurde von starken Kontroversen um die konkreten Maßnahmen begleitet. Die wenigen, eher zögerlich realisierten Arbeitsmarktreformen zwischen 1998 und 2001 entstanden im Rahmen unilateraler Regierungsentscheidungen, die partiell durch Formen der Co-Governance vorbereitet wurden. Prägend war gleichwohl das generelle Scheitern der Co-Governance in Form des Bündnis für Arbeit als Folge des Missmanagements der Schröder-Regierung.

Sozioökonomische Rahmenbedingungen: Ansteigender Trend bei Arbeitslosigkeit, Sozialausgaben und sozialer Ungleichheit

Deutschland wurde in den 1990er Jahren als koordinierte Marktwirtschaft charakterisiert. Dies wurde primär an der Kooperation zwischen Arbeitgebern und Gewerkschaften unter anderem bei der beruflichen Aus- und Weiterbildung und der dadurch ermöglichten Strategie hoher Qualifizierung in Kombination mit hohen Löhnen in der industriellen Produktion festgemacht (Soskice 1999). Im Hinblick auf die Expansion der Dienstleistungsbeschäftigung bestand jedoch eher eine negative Koordination zwischen männlichem Ernährermodell als Grundlage sozialpolitischer Regelungen und der geringen Nachfrage nach sozialen beziehungsweise personenbezogenen Dienstleistungen, die zum geringen Wachstum der Beschäftigung, insbesondere von Frauen, beitrugen (Dingeldey 2002; Knapp 2001).

Die für die konservativen Wohlfahrtsstaaten im Sinne eines »Welfare State without Work« prognostizierte Entwicklung (Esping-Andersen

1996a; Hemerijck u.a. 2000) wurde in Deutschland Anfang der 1990er Jahre durch den massive Arbeitsplatzabbau in den neuen Bundesländern noch verstärkt. Eine Ausweitung der aktiven Arbeitsmarktpolitik im Sinne eines »Vereinigungskeynesianismus wider Willen« kompensierte diese Effekte nur partiell und wurde Mitte der 1990er Jahre zurück genommen (Schmid/Wiebe 1999). Da die Brutto-Lohnerhöhungen hinter den Preis und Produktivitätssteigerungen zurück blieben, kann die Lohnpolitik in diesem Zeitraum als moderat bezeichnet werden (Bispinck/Schulten 1999: 872; Anhang Tabelle C). Gleichwohl stieg die Arbeitslosigkeit bis 1997 auf eine Rekordhöhe von knapp zehn Prozent, bei einem Anteil von mehr als 50 Prozent Langzeitarbeitslosen (siehe Kapitel 11, Tabelle 19).

Staatsverschuldung wie auch Haushaltsdefizit nahmen bei verhaltenem Wirtschaftswachstum massiv zu[165], obgleich die christlich-liberale Regierung eine finanzpolitische Konsolidierungspolitik verfolgte (siehe Anhang Tabelle C), so dass die Maastricht-Kriterien mehrfach verletzt wurden (Zohlnhöfer 2003: 194f.). Nicht frei von Ironie war, dass der Hochzinspolitik von Seiten der Europäischen Zentralbank unter den gegebenen Bedingungen eine wesentliche Bedeutung für die negative wirtschaftliche Performanz Deutschlands zugeschrieben wurde: »institutions German policy-makers bargained for at the European level now have begun to haunt them by inflicting additional burdens of adjustment on their domestic economy« (Streeck/Kitschelt 2004: 23).

Die Haushaltspolitik der Kohl-Regierung wurde von der rot-grünen Bundesregierung nach 1998 unter Finanzminister Hans Eichel weitgehend fortgesetzt[166]. Erst ab 2001 wurde der Konsolidierungskurs angesichts der erneuten konjunkturellen Abschwächung gelockert. In Folge wurden Steuerentlastungen vor allem für höhere Einkommen wie auch für Kapital-

---

165 Die Außenhandelsabhängigkeit Deutschlands war in den 1990er Jahren durch eine mittlere Position gekennzeichnet (Armingeon 2007: 312). Der schnelle und massive Anstieg der Sozialausgaben auf über 26,7 Prozent des BIP in 1998 (siehe Anhang Tabelle C) ergab sich primär dadurch, dass ein beträchtlicher Anteil der Kosten der deutschen Vereinigung den Sozialversicherungen aufgebürdet wurde (Jochem 2004: 254; Zohlnhöfer 2003).

166 Dabei fanden Verschiebungen innerhalb des Bundeshaushaltes statt: Die Ausgaben in den Bereichen Arbeit und Sozialordnung stiegen weiterhin überproportional an und wurden insbesondere durch Budgetsteigerungen im Bereich Bildung und Wissenschaft begleitet, während die Ausgaben für Umwelt- und Verbraucherschutz nominal zurück gingen. Investitionsausgaben stagnierten (Zohlnhöfer 2003: 200). Ein expansives finanzpolitisches Intermezzo fand allein während der 136 Tage mit Oskar Lafontaine als erstem Finanzminister der Koalition statt.

gesellschaften verwirklicht (Eichhorst/Zimmermann 2005: 13). Sowohl Arbeitslosigkeit als auch Lohnzurückhaltung trugen zu einer Zunahme sozialer Ungleichheit bei. Um die Jahrtausendwende galten knapp 13 Prozent der Haushalte mit Kindern als arm, wobei Alleinerziehende besonders gefährdet waren (Bundesregierung 2005: 18, 76).

Die Konjunktursteuerung in Deutschland hatte damit in dieser Phase weder zur Konsolidierung der Haushaltslage beigetragen noch entscheidende Wachstums- und Investitionsimpulse vermittelt, und somit auch keine positiven Effekte hinsichtlich der Steigerung der Beschäftigung beigetragen oder den sozialen Ausgleich befördert.

Von der Standortdebatte zum Diskurs über »Kein Recht auf Faulheit«

Mit der Verschlechterung der wirtschaftlichen Situation und dem Anstieg der Arbeitslosigkeit Mitte der 1990er Jahre wurde erneut an den vor der Wiedervereinigung geführten Diskurs zur »Standortsicherung« angeknüpft. Dabei wurde die Reduzierung der Abgabenlast zur Bewältigung der Folgen zunehmender internationaler Verflechtung als »hegemoniale Deutung innerhalb der staatstragenden Parteien der Bundesrepublik Deutschland« akzeptiert (Seeleib-Kaiser 2001: 123).

Die Parteiprogramme von CDU/CSU (1998) und SPD (1998) für den Wahlkamp 1998 zeigten eine klare Akzeptanz des Aktivierungsparadigmas als Masterplan für die Reform der Arbeitsmarktpolitik. Bezüglich der zu verfolgenden Varianten bestand dagegen starker Dissens – und zwar sowohl zwischen wie auch innerhalb der verschiedenen Lager der großen Parteien. Die CDU/CSU stellte die Verstärkung der Arbeitspflicht und der Arbeitsanreize in den Vordergrund. Die formulierten Ziele beinhalteten den Ausbau gemeinnütziger Arbeitsangebote für Sozialhilfeempfänger sowie einen Umbau der Leistungssysteme, welche eine stärkere Kombination aus Niedriglöhnen und staatlicher Unterstützung ermöglichen sollten. Der Ausbau von Aus- und Weiterbildung wurde überwiegend im Rahmen der Modernisierung des dualen Ausbildungssystems beziehungsweise einer generellen Förderung von Bildung und Wissenschaft angesprochen (CDU/CSU 1998). Ferner wurde bereits 1998 die Zusammenlegung von Arbeitslosen- und Sozialhilfe auf dem Niveau der letzteren vorgeschlagen, wobei die Kommunen als verantwortliche Träger fungieren sollten (TAZ 1998).

Konzepte für die Zusammenlegung von Arbeitslosen- und Sozialhilfe wurden auch von der SPD, den Grünen und der PDS im Rahmen der

Grundsicherungsdebatte erarbeitet, waren jedoch sowohl hinsichtlich der Leistungshöhe als auch dem leistungsberechtigten Personenkreis zu diesem Zeitpunkt noch sehr heterogen (Hassel/Schiller 2010: 186).

Im Kampf um Wählerstimmen dominierte die von der SPD formulierte Kritik an der »Gerechtigkeitslücke« der Politik der Regierung Kohl (Bergmann 2002: 330; Schmidt 2003: 241). Gerhard Schröder gewann viele Wähler, indem er vorschlug, die Verringerung der Arbeitslosigkeit als »Meßlatte« für den Erfolg einer SPD geführten Regierung anzulegen (Egle 2006: 173) und stellte zudem die Rücknahme zahlreicher arbeitsmarktpolitischer Deregulierungsmaßnahmen in Aussicht[167] (SPD 1998).

Mit diesen populistischen Forderungen konnte das weitgehend ungelöste Spannungsverhältnis innerhalb der SPD zwischen Aufbruch im Sinne eines »Dritten Weges« und Bewahren tradierter sozialdemokratischer Ziele überspielt werden (Egle 2006: 160; Jun 2004: 265). Dieses spiegelte sich nicht zuletzt im Wahlprogramm mit dem Titel »Arbeit, Innovation und Gerechtigkeit« (SPD 1998) wider, in dem letztlich Ziele im Sinne unterschiedlicher Varianten des Aktivierungsparadigmas angekündigt wurden. Dabei drückte sich der Einfluss der Modernisierer durch die Forderung nach einer Verschärfung der Arbeitspflicht sowie der Einführung eines Kombilohnmodells aus (Reduzierung von Sozialabgaben im Niedriglohnsektor) (SPD 1998). Die Ankündigung einer Politik der Arbeitszeitverkürzung und der Qualifizierung sowie die Forderung nach der Einführung einer Ausbildungsabgabe (Leistungsausgleichs zwischen ausbildenden und nicht ausbildenden Betrieben) zeigte dagegen die Handschrift der Traditionalisten (SPD 1998). Allein die Wiedereinrichtung des unter Kanzler Kohl gescheiterten korporatistischen Arrangements in Form des »Bündnis für Arbeit, Ausbildung und Wettbewerbsfähigkeit«[168] zur Erarbeitung einer beschäftigungsorientierten Tarifpolitik im Konsens mit Gewerkschaften und Arbeitgebern wurde von den verschiedenen Gruppierungen geteilt. Diese von den Traditionalisten bevorzugte Politikform wurde auch von den Modernisieren positiv bewertet, da im Rahmen des Konzeptes eines aktivierenden Staates (siehe Abschnitt 1.2) die Formen der Co-Governance positiv bewertet wurden (Jun 2004:270; Murswieck 2003: 118, 122, 124).

167 Dies bezog sich auf restriktive Regelungen des Kündigungsschutzes, des Schlechtwettergeldes und der Lohnfortzahlung im Krankheitsfall. Ferner sollte der Missbrauch von geringfügiger Beschäftigung und Scheinselbständigkeit bekämpft werden (SPD 1998: 12f.).

168 Dies wird im Folgenden nur noch »Bündnis für Arbeit« genannt.

Das polivalente Wahlprogramm ermöglichte der SPD die Unterstützung der Gewerkschaften und eröffnete gleichzeitig den Ausbau der Kontakte zum Arbeitgeberlager, so dass beispielsweise vom BDI eine gemeinsame Arbeitsgruppe zur Erarbeitung des Wirtschaftskonzepts der SPD vorgeschlagen wurde (Bergmann 2002: 296f.). In der Regierungsverantwortung wirkte sich das Fehlen eines an die veränderten wirtschaftlichen Bedingungen angepassten, kohärenten sozialpolitischen Profils (Gohr 2003: 47) jedoch als reformerische Zersplitterung beziehungsweise Konzeptlosigkeit aus (Egle 2006: 159f.).

Im Jahr 1999 eskalierte der Richtungsstreit zwischen Traditionalisten und Modernisierern in der SPD und führte zum Rücktritt von Oskar Lafontaine als Finanzminister und Parteivorsitzendem (Egle 2006: 166). Danach versuchte Bundeskanzler Gerhard Schröder die Programmdebatte innerhalb der Partei und der Regierung »von oben« zu entscheiden, indem er im Rahmen des Schröder-Blair Papiers einen Modernisierungskurs nach Vorbild der britischen Sozialdemokratie öffentlich vorgab. Dabei wurde einerseits mit tradierten Glaubenssätzen der Sozialdemokraten gebrochen, um andererseits an die Erfolge und die Rhetorik der britischen Sozialdemokraten beziehungsweise eine Politik der »Neuen Mitte« anzuknüpfen. Die im Wahlprogramm bereits angedeuteten Vorstellungen zum »aktivierenden Sozialstaat« wurden darin folgendermaßen konkretisiert: »Der Staat soll nicht rudern, sondern steuern, weniger kontrollieren als herausfordern« und ›Ein Sozialversicherungssystem, das die Fähigkeit, Arbeit zu finden, behindert, muß reformiert werden. Moderne Sozialdemokraten wollen das Sicherheitsnetz aus Ansprüchen in ein Sprungbrett in die Eigenverantwortung umwandeln«[169] (Schröder/Blair 1999). Die Bedeutung von Ausbildung und beruflicher Qualifizierung wurden ebenso wie die Verringerung der Steuer- und Abgabenlast zur Förderung von Beschäftigung hervorgehoben – jedoch nicht ohne zu betonen, dass Rechte gleichzeitig auch Pflichten bedingten (Schröder/Blair 1999).

Während Spitzenvertreter von CDU und FDP wie auch der Arbeitgeber durchaus Zustimmung zum Schröder-Blair Papier signalisierten (Hülsmeier 1999), formulierten Vertreter des linken SPD-Flügels wie auch verschiedener Einzelgewerkschaften den Vorwurf einer »Neoliberalisierung

169 Weitere Konkretisierungen der politischen Programmatik zum aktivierenden Staat wurden vom damaligen Kanzleramtsminister vorgelegt (Hombach 1998; 1999).

sozialdemokratischer Politik« (Jun 2004: 266)[170]. In Folge wurden die in dem Papier formulierten Zielsetzungen zunächst aufgegeben.

Der Richtungsstreit im »linken Lager« wurde über das Bündnis für Arbeit fortgesetzt (Eichhorst 2002; Heinze 2003: 146). In der öffentlichen Debatte besonders exponiert war der im Mai 1999 publizierte Vorschlag von Mitgliedern der dem Bündnis angeschlossenen Benchmarking Gruppe zur Etablierung eines Niedriglohnsektors durch die Bezuschussung von Sozialversicherungsbeiträgen für gering entlohnte Arbeit (Eichhorst 2002). Dieser Vorschlag stieß jedoch auf heftigen Widerstand der Gewerkschaften, die eine Erosion der unteren Lohngruppen fürchteten (Blancke/Schmid 2003: 223; Schmid 2003: 74). Nicht zuletzt um die öffentlich ausgetragenen Kontroversen erneut zu stoppen, wurde vom Kanzler mit der »Politik der ruhigen Hand« quasi über hierarchische Anweisung zwischen 1999 und 2001 eine Art Reformstillstand verordnet. Gerechtfertigt wurde dies durch die mit der anziehenden Weltkonjunktur genährte Hoffnung, die Arbeitslosigkeit sinke auch ohne weitere Reformen (Eichhorst/Zimmermann 2005: 13; Merkel 2001: 181).

Die schließlich 2001 eröffnete »Faulheitsdebatte« (Oschmiansky 2003) und die damit einhergehenden Vorwürfe des Leistungsmissbrauchs beziehungsweise der »Abhängigkeit« von Sozialtransfers fanden – vor dem Hintergrund erneut steigender Arbeitslosigkeit – wenig Unterstützung. Daraufhin wurde an die im Zuge des Luxemburg-Prozesses von 1997 beschlossenen Ziele im Rahmen der europäischen beschäftigungspolitischen Leitlinien angeknüpft und verstärkt eine auf Aktivierung und soziale Befähigung setzende Aktivierungspolitik diskutiert, die schließlich in Form der Verabschiedung des Job-Aqtiv-Gesetzes angeschoben wurde (Oschmiansky u.a. 2007: 292; Zohlnhöfer/Ostheim 2007). Sowohl Gewerkschaften wie auch Arbeitgeber begrüßten dies (Deutscher Bundestag 2001), nicht zuletzt da Teile des Gesetzes im Bündnis für Arbeit vorbereitet worden waren (siehe unten). Kurz nach Inkrafttreten des Gesetzes ereignete sich der Vermittlungsskandal bei der Bundesanstalt für Arbeit und bestimmte den kommunikativen Diskurs.

170 Die Position der deutschen Gewerkschaften wurde wiederum von internationalen Beobachtern dahingehend kritisiert, in den 1990er Jahren eine auf Status-Quo Sicherung und den Schutz der Insider am Arbeitsmarkt ausgerichtete Politik verfolgt zu haben, ohne eine neue Agenda mit Blick auf eine post-industrielle Ökonomie, gender bezogene Themen beziehungsweise die Vereinbarkeit von Familie und Beruf zu entwerfen (Visser 2007: 114).

Der vielfach konstatierte »Immobilismus« der deutschen Reformpolitik war in dieser ersten Phase der Aktivierungspolitik vor allem auf einen nur schwach ausgeprägten Reformwillen zurück zu führen (Cox 2001; Hassel/ Schiller 2010: 196f.), der nicht zuletzt mit einer im Vergleich zu den Nachbarländern deutlich entspanteren Lage am Arbeitsmarkt einherging. Gleichwohl verdeutlichte der stark antagonistische Diskurs das Fehlen eines Konsenses hinsichtlich der konkret einzuschlagenden Reformstrategie.

Governance der Entscheidungsfindung: Zögerliche Reforminitiativen und schlechte Moderation von Co-Governance

Machtverschiebungen innerhalb der konservativ-liberalen Regierungskoalition ergaben sich Mitte der 1990er Jahre aufgrund der über verschiedene Landtagswahlen gestärkten Position der FDP und der gleichzeitigen Schwäche des Arbeitnehmerflügels der CDU[171]. Dies ermöglichte die Einführung der aktivierenden Arbeitsmarktpolitik im Rahmen der Verabschiedung des SGB III – wie auch die damit verbundene Abschaffung verschiedener »Errungenschaften« des deutschen Modells, also zum Beispiel die Aufgabe des Berufs- und Statusschutzes sowie des Grundsatzes der Vermeidung unterwertiger Beschäftigung. Vor dem Hintergrund der sich zunehmend verschlechternden ökonomischen Situation trug der sozialpolitisch restriktive Kurs jedoch gleichzeitig mit zur Abwahl der Regierungskoalition bei (Raschke 2004: 75).

Die Schwäche der CDU setzte sich in der Opposition fort, wozu vor allem der Spendenskandal um Altbundeskanzler Helmut Kohl sowie das Fehlen eines Machtzentrums mit Richtlinienkompetenz in der Partei beitrugen. Letzteres schlug sich in Form verschiedener Wechsel in der Fraktions- und Parteispitze nieder, die dann vorläufig in 2002 mit der Nominie-

---

171 Die in den 1980er Jahren implementierten Deregulierungsmaßnahmen wurden auch von Mitgliedern der Sozialausschüsse im Hinblick auf das Beschäftigungswachstum als zunehmend positiv wahrgenommen. Kürzungen in der Arbeitsmarktpolitik mussten zur Durchsetzung der Pflegeversicherung hingenommen werden. Mit dem Rücktritt Norbert Blüms vom Vorsitz der christlich demorkatischen Arbeitnehmerschaft und der fehlenden Mitgliedschaft seiner Nachfolger im Parteivorstand gingen wichtige Einflussmöglichkeiten verloren. Spätestens seit Mitte der 1990er Jahre kam es daher zur Aufgabe der internen Veto-Position der Sozialausschüsse gegen Deregulierungsmaßnahmen (Trampusch 2005; Zohlnhöfer 2001: 675f.).

rung von Edmund Stoiber (CSU) als Spitzenkandidat endeten (Roth/Jung 2002: 5; Schlieben 2007: 65–70).

Der Handlungsspielraum der 1998 neu gewählten rot-grünen Regierung war entsprechend groß (Tabelle 22), obgleich sie fünf Monate nach ihrem Amtsantritt die Mehrheit im Bundesrat verlor und diese bei den nachfolgenden Landtagswahlen bis 1999 weiter erodierte (Tabelle 23). Es fehlte jedoch eine klare Reformstrategie. Der »grüne« Koalitionspartner hatte zu dieser Zeit kein ausgeprägtes sozialpolitisches Profil und insbesondere die Arbeitsmarktpolitik war in einer Art implizitem Tausch der SPD überlassen worden (Merkel 2003b: 170f.). In der SPD dominierte die im Wahlkampf bereits angedeutete Richtungslosigkeit und konnte – wie der damalige Arbeitsminister Walter Riester im nachhinein selbst bestätigte – während dieser ersten Legislaturperiode auch nicht überwunden werden (Hassel/Schiller 2010: 196).

Tabelle 22: Regierungen und Wahlergebnisse in Deutschland seit 1990

	1990	1994	1998	2002	2005	2009
Regierungskoalition	CDU/CSU/ FDP	CDU/CSU/ FDP	SPD/Grüne	SPD/Grüne	CDU/SPD	CDU/FDP
Bundeskanzler(in)	Helmut Kohl (CDU)	Helmut Kohl (CDU)	Gerhard Schröder (SPD)	Gerhard Schröder (SPD)	Angela Merkel (CDU)	Angela Merkel (CDU)
Stimmanteile der Erststimme bei Wahlen in Prozent (Sitze im Bundestag)						
PDS/Linke	2,4 (17)	4,4 (30)	5,1 (36)	4,0 (2)	8,7 (54)	11,1 (76)
SPD	33,5 (239)	36,4 (252)	40,9 (298)	38,5 (251)	34,2 (222)	27,9 (146)
CDU/CSU	43,8 (319)	41,5 (294)	35,1 (245)	38,5(248)	35,2 (226)	39,4 (239)
FDP	11,0 (79)	6,9 (47)	6,2 (43)	7,4 (47)	9,8 (61)	9,4 (93)
Grüne	1,2 (8)	7,3 (47)	6,7 (47)	8,6 (55)	8,1 (51)	9,2 (68)

Quelle: Deutscher Bundestag (2008b); für 2009: Bundeswahlleiter (2009).

Durch die Übertragung der Verantwortlichkeit für die Sozialhilfe an das Arbeitsministerium sowie einen neu gegründeten Arbeitskreis »Reform der Arbeitslosen- und Sozialhilfe«[172] wurde eine Strukturreform von Arbeitslosen- und Sozialhilfe zwar vorbereitet, aber nicht effektiv vorangetrieben (Hassel/Schiller 2010: 212, 217). Ferner setzten sich die Traditionalisten

172 An diesem Arbeitskreis waren reformorientierte Mitglieder des BMA, Vertreter der Länder, der Kommunen, der BA und der Tarifpartner sowie der Spitzenverbände beteiligt. Er wurde durch die Bertelsmann Stiftung finanziell unterstützt.

der SPD in der Bundestagsfraktion und dem Arbeitsministerium mit der Rücknahme der Deregulierungsmaßnahmen der Vorgängerregierung durch[173], so dass der Auftakt der Regierungstätigkeit hier einer klassisch-sozialdemokratischen Klientelpolitik gleichkam.

Tabelle 23: Mehrheitsverhältnisse im deutschen Bundesrat seit 1998

	Stimmen der Regierungs-koalition	Unsichere Stimmen*	Stimmen der Opposition
1998 Regierungsantritt SPD/Grüne	35	18	16
Seit 2/1999 (Hessen)	30	18	21
Seit 9/1999 (Brandenburg/Saarland)	23	22	24
Seit 9/1999 (Thüringen)	23	18	28
Seit 9/2001 (Hamburg)	20	18	31
Seit 4/2002 (Sachsen-Anhalt)	16	18	35
Seit 2/2003 (Niedersachsen)	10	18	41
Seit 6/2004 (Thüringen)	10	14	45
Seit 9/2004 (Sachsen)	10	18	41
Seit 4/2005 (Schleswig-Holstein)	6	26	34
Seit 6/2005 (Nordrhein-Westfalen)	0	26	43
Seit 11/2005: Regierungsantritt SPD/CDU/CSU	36	33	0
Seit 6/2007 (Bremen)	44	25	0
Seit 5/2008 (Hamburg)	41	28	0
Seit 10/2008 (Bayern)	35	34	0

*SPD/FDP-Koalition, SPD/PDS-Koalition oder große Koalition. In Klammer: Bundesland beziehungsweise Bundesländer, in denen gewählt wurde. (Es werden nur Landtagswahlergebnisse referiert, welche das Stimmenverhältnis veränderten).
Quelle: Egle (2006: 156) Poguntke (2006ff.).

173 Zentral war unter anderem eine Einschränkung der Flexibilisierung der »prekären« Arbeitsformen wie beispielsweise der geringfügigen Beschäftigung.

In Bezug auf die Moderation des Bündnises für Arbeit[174] wurde dieser Reformauftakt als Fehler bezeichnet. Da die entsprechenden Zugeständnisse nicht als Bestandteil des politischen Tausches verhandelt wurden, konnten keine »Gegenleistungen« der Gewerkschaften zum Beispiel in Form lohn- oder sozialpolitischer Zugeständnisse eingefordert werden (Schmidt 2003: 256). Ähnlich fehlte auch die Verknüpfung der Reform der Unternehmensbesteuerung mit Forderungen an die Unternehmer nach dem Ausbau der beruflichen Weiterbildung oder der Arbeitszeitflexibilisierung (Eichhorst 2002: 278). Anders als bei entsprechenden Pakten in anderen Ländern (Hassel 2000) führten die mit dem Bündnis initiierten Formen der Co-Governance daher nicht zu grundlegenden politikfeldübergreifenden Verhandlungslösungen (Heinze 2003: 152; Neumann 2000; Streeck/Hassel 2004: 117). Das entsprechende Reformpotential wurde so letztlich nicht ausgeschöpft.

Das konkrete Scheitern des Bündnisses entzündete sich an dem Vorschlag der dem Bündnis angegliederten und von der Bertelsmann Stiftung finanziell unterstützten Benchmarking-Gruppe bezüglich der Förderung eines Niedriglohnsektors. Dies war für die Gewerkschaften der Anlass, aus den Konsensgesprächen auszusteigen (Schmid 2003: 74). Die offiziell letzte Sitzung des Bündnisses fand dann nach der Bundestagswahl im März 2003 statt (Egle 2006: 179).

Zu den wenigen Ergebnissen des Bündnisses zählte das Erreichen des Ausbildungskonsenses, in dem sich die Wirtschaft im Sinne der Self-Governance verpflichtete, Ausbildungsplätze bedarfsgerecht auszuweiten. Ferner waren im Bündnis für Arbeit von der nach 1999 personell veränderten Benchmarking-Gruppe zwischen Vertretern der verschiedenen Verbände und den Regierungsvertretern verschiedene arbeitsmarktpolitische Reformvorschläge verhandelt[175] worden (Eichhorst 2002; Streeck/ Tram-

174 An den Spitzengesprächen des Bündnisses nahmen der Bundeskanzler, der Chef des Bundeskanzleramtes, mehrere Minister sowie die Präsidenten der vier Spitzenverbände der Arbeitgeber, der Vorsitzende des DGB und die Vorsitzenden der wichtigsten Einzelgewerkschaften teil. Vorbereitet wurden die Treffen durch die Steuerungsgruppe, welche aus Staatssekretären der Ministerien und den Hauptgeschäftsführern der Verbände bestand. Wissenschaftliche Beratung erfolgte über die Arbeitsgruppe Benchmarking, die mit den Sozialpartnern nahe stehenden und unabhängigen Wissenschaftlern besetzt war (Eichhorst 2002).

175 Der nach der Umbildung beteiligte Wissenschaftler Günther Schmid berichtete, dass die von der Benchmarking Gruppe entwickelten Thesen in der Arbeitgruppe Arbeitsmarktpolitik des Bündnisses vorgestellt wurden und »zu regelrechten Verhandlungen in neun Sitzungen unter Anwesenheit des Berichterstatters der Benchmarking Gruppe führten«.

pusch 2005b: 183), die schließlich in das Job-Aqtiv Gesetz eingingen. Da nahezu zeitgleich Reformen des Erziehungsurlaubs und des Erziehungsgeldes erfolgten, welche unter anderem durch die Einführung der Teilzeitoptionen sowie der Budgetoption die Vereinbarkeit von Familie und Beruf unterstützten, kann dies als gelungene reflexive Governance zur Förderung der Beschäftigungsfähigkeit von Frauen bewertet werden. Dies war jedoch nicht nachhaltig, da die explizite Beschäftigungsförderung von Frauen in der nachfolgenden Legislaturperiode nicht fortgeschrieben wurde.

16.3 Anfang der 2000er Jahre: Verschärfung der arbeitsmarktpolitischen Probleme, Hartz-Kommission sowie erzwungene Kompromissfindung

Seit Anfang der 2000er Jahre erhöhte sich der Reformdruck aufgrund der steigenden Arbeitslosigkeit. Reformziele wurden sowohl von Expertennetzwerken als auch unilateral durch die Regierung formuliert. Bei der Verwirklichung der entsprechenden Ziele traten institutionell bedingte Reformrestriktionen in den Vordergrund, so dass die erzwungene Kompromissfindung im Bundesrat als spezifische Form der Co-Governance die Reforminhalte in dieser zweiten Phase der Aktivierungspolitik maßgeblich beeinflusste.

Sozioökonomische Rahmenbedingungen: Steigende Arbeitslosigkeit und Probleme bei der Haushaltskonsolidierung

Die 2001 einsetzende Konjunkturschwäche führte zu einem deutlichen Rückgang des Wirtschaftswachstums (Anhang Tabelle C) und die Arbeitslosigkeit stieg erneut an (Tabelle 19). Gleichzeitig wurde spätestens nach 2002 die Einhaltung des EU-Stabilitätspaktes beziehungsweise das damit verbundene Ziel, einen ausgeglichenen Staatshaushalt bis 2006 vorzulegen,

Ferner wurden die Verhandlungen des Bündnis für Arbeit mit dem Wirtschafts- und Sozialausschuss gekoppelt, »so dass auch der parlamentarische Gesetzgeber von vorneherein mit im Spiel war« (Schmid 2003: 75). Errungenschaften waren die Ausweitung beruflicher Weiterbildung, Job-Rotation als auch die Eingliederung in den Arbeitsmarkt wie auch die explizite Arbeitsförderung von Frauen respektive Müttern (durch ABM und Lohnkostenzuschüsse) (Streeck/Trampusch 2005b: 183).

stark in Frage gestellt. Versuche, die jährliche Netto-Kreditaufnahme zurückzuführen, scheiterten in mehreren aufeinander folgenden Jahren (Zohlnhöfer 2003: 198f.). Die auf den Abbau von Steuervergünstigungen angelegten Reformen der Körperschafts-, Einkommens- und Umsatzsteuer hatten letztlich nur geringe finanzpolitische Effekte.

Dass es der rot-grünen Regierung nicht gelang, die Arbeitslosigkeit zurückzuführen, wurde auch als Folge der veränderten Prioritätensetzung unter dem neuen Arbeits- und Wirtschaftsminister Wolfgang Clement (SPD) gedeutet, der das Beschäftigungswachstum durch die Förderung des Wirtschaftswachstums zu steigern suchte. Dazu sollten einerseits Kosten des Faktors Arbeit reduziert werden, indem die Abgabenlast aufgrund von Einsparungen durch die Verringerung der Zahl der Transferleistungsempfänger gesenkt wurde. Andererseits sollten durch staatliche Förderung Anreize für Unternehmen geschaffen werden, in Humankapital zu investieren. Arbeitsplätze im Niedriglohnbereich sollten über öffentliche Subventionen gefördert werden (Czada 2008: 190ff.; Jun 2004: 286).

Da im Zuge dieser Politik die Netto-Lohnentwicklung weitgehend stagnierte (Bundesministerium für Arbeit und Soziales 2007), nahm auch die Armutsgefährdung weiter zu (Bundesregierung 2005: 18, 76). Im Jahresgutachten zur gesamtwirtschaftlichen Entwicklung 2003/04 konstatierte schließlich der Sachverständigenrat das Fehlen einer konsistenten Konsolidierungsstrategie der rot-grünen Regierung (Hennecke 2004: 10). Damit wurden die arbeitsmarktpolitischen Reformen im Rahmen der Hartz-Gesetzgebung letztlich nicht wie in den anderen Ländern durch eine kohärente ökonomische Makrosteuerung flankiert.

Diskurs bestimmt durch Hartz-Kommission und Agenda 2010

Vor dem Hintergrund der weiterhin steigenden Arbeitslosigkeit entdeckte der Bundesrechnungshof ein halbes Jahr vor der Bundestagswahl 2002 in fünf Arbeitsämtern »geschönte« Vermittlungsstatistiken, was den so genannten »Vermittlungsskandal« auslöste (Hassel/Schiller 2010: 211; Heinelt 2003: 135). In Folge stellte die Bundesregierung die gegebene Struktur der Bundesanstalt für Arbeit zur Disposition und berief eine Expertenkommission »Moderne Dienstleistungen am Arbeitsmarkt« ein, die nach ihrem Vorsitzenden auch als »Hartz-Kommission« bezeichnet wurde. Der entsprechende Kommissionsbericht sollte noch vor der Bundestagswahl vorgelegt werden. Ohne die entsprechenden Ergebnisse zu kennen, gab der

Kanzler das Versprechen, diese nach einem möglichen Wahlsieg »eins zu eins« umzusetzen (Egle 2006: 179). Dadurch rückten die bisherigen Versäumnisse beziehungsweise Misserfolge der Regierung sowie das 1998 gegebene Kanzlerversprechen bezüglich der Senkung der Arbeitslosigkeit in den Hintergrund. Den Wählern konnte glaubhaft vermittelt werden, dass Hoffnung auf Besserung bestand (Lamping 2006: 239).

Der Bericht der Hartz-Kommission kann in vielerlei Hinsicht als Ergänzung und Konkretisierung der im Wahlprogramm der SPD genannten Ziele verstanden werden[176]. Die dreizehn Module des Berichts beinhalteten Vorschläge sowohl zum Umbau der BA, der örtlichen Arbeitsämter zu Jobcentern als auch zu neuen arbeitsmarktpolitischen Instrumenten und der Reform arbeitsmarktpolitischer Leistungen, wie zum Beispiel der Einführung von PersonalServiceAgenturen. Ferner wurde eine Ausweitung der Minijob Regelung auf 500 Euro empfohlen, allerdings beschränkt auf Beschäftigte in Privathaushalten (Hartz 2002). Bei der Zusammenführung von Arbeitslosenhilfe und Sozialhilfe für Erwerbsfähige wurde das Leistungsniveau nicht explizit benannt, aber tendenziell in der Höhe des Leistungsniveaus der vormaligen ALH skizziert (Hartz 2002:128)[177].

Terminierung und Präsentation des Berichtes der Hartz-Kommission noch vor der Bundestagswahl im August 2002 im Berliner Dom wurden von der Regierung strategisch instrumentalisiert, um einen offenen und kontroversen Diskurs zu verhindern. Aufgrund des Wahlkampfs waren die Möglichkeiten der Kritik innerhalb der SPD beziehungsweise durch die Gewerkschaften eingeschränkt, da diese die Wiederwahlchancen der Regierung verschlechtert hätte (Clasen 2005: 74; Lamping 2006).

Da die in der Kommission gemachten Vorschläge auch mit Mitgliedern der Opposition abgestimmt waren, fiel auch deren Kritik insgesamt moderat aus (Aust 2003: 11). Edmund Stoiber bezeichnete die Vorschläge lapidar als »Hartz-Gequatsche« (Hassel/Schiller 2010: 227). Angela Merkel

176 Im Wahlprogramm der SPD erfolgte eine Schwerpunktsetzung bei der Arbeitszeitflexibilisierung und der Qualifizierung, die auch durch das Ziel einer allgemeinen Verbesserung und Ausweitung von Bildung, einschließlich des Ausbaus der Ganztagsschulen und der Kinderbetreuung flankiert wurde. Bei der Verschmelzung von Arbeitslosen- und Sozialhilfe wurde eine Absenkung des Leistungsniveau auf das Niveau der letzteren noch dezidiert abgelehnt (SPD 2002).

177 Obgleich im Hartz Bericht vielfach auf die beschäftigungspolitischen Leitlinien der EU verwiesen wurde, schrieb man diesen keine Initialfunktion zu, sondern bestenfalls einen Verstärkereffekt (Zohlnhöfer/Ostheim 2007). Für Vorschläge zur Zusammenlegung konnte die Hartz Kommission auf die von Arbeitskreis »Reform der Arbeitslosen- und Sozialhilfe« entwickelten Vorschläge zurückgreifen (Hassel/Schiller 2010: 222).

nannte den Bericht ein »Dokument des Versagens der Bundesregierung«, da keine Lösung für das Problem der Beseitigung der Massenarbeitslosigkeit angeboten wurde (Siefken 2007: 214). Diese Kritik war insofern unangemessen, als der Auftrag der Kommission sich auf die Gestaltung moderner Dienstleistungen am Arbeitsmarkt beschränkte (Jann/Schmid 2004b: 10). Sie erinnerte jedoch daran, dass die Regierung auch an anderer Stelle kein Konzept zur Schaffung von Arbeitsplätzen unter Einbeziehung von Investitions-, Innovations-, Infrastruktur- und Lohnpolitik erarbeitet hatte.

Nicht zuletzt das Wahlprogramm der CDU/CSU machte deutlich, dass auch in dieser zweiten Phase der grundsätzliche Konsens bezüglich einer aktivierenden Arbeitsmarktpolitik mit starken Differenzen bezüglich der jeweils bevorzugten Variante einherging. So betonten CDU/CSU deutlich stärker das Primat der Arbeitsmarktintegration und forderten »Kombilöhne« sowie die allgemeinen Ausweitung von Minijobs auf 400 Euro Monatseinkommen und die Einführung von Midijobs mit gestaffelten Sozialversicherungsbeiträgen. Gleichzeitig wurde an einer traditionellen Familienpolitik festgehalten und die Einführung eines Familiengeldes (für nicht erwerbstätige Mütter) gefordert (CDU/CSU 2002/2006).

Der Wahlerfolg der rot-grünen Koalition in 2002 wurde letztlich nicht sozialpolitisch erzielt, sondern vor allem über die Positionierung im Irak-Krieg sowie durch die Reaktion auf die Flutkatastrophe an der Oder (Raschke 2004: 25). Hinzu kam, dass Edmund Stoiber als Kandidat der Union in dem hoch personalisierten Wahlkampf im Vergleich zu Gerhard Schröder deutlich weniger populär war (Roth/Jung 2002: 14). Ferner trug auch die FDP mit ihrem »Spaßwahlkampf« dazu bei, dass die Mehrheit jenseits von rot-grün knapp verfehlt wurde (Schlieben 2007: 72).

Angesichts einer sich verschlechternden ökonomischen Situation wurde die zuvor mit dem Schröder-Blair Papier skizzierte Reformstrategie mit der Verkündung der »Agenda 2010« durch den Kanzler am 14. März 2003 erneut aufgenommen. Als übergreifende Zielsetzung der angestrebten Reformen wurde die Zukunftssicherung für die nächste Generation genannt. Die Begründung der Reformnotwendigkeit hob auf die Alternativlosigkeit von Wandel ab:

> »Entweder wir modernisieren, und zwar als soziale Marktwirtschaft, oder wir werden modernisiert, und zwar von den ungebremsten Kräften des Marktes, die das Soziale beiseite drängen würden. […]
>
> Daraus ergibt sich nur eine Konsequenz: Der Umbau des Sozialstaates und seine Erneuerung sind unabweisbar geworden. Dabei geht es nicht darum, ihm den

Todesstoß zu geben, sondern ausschließlich darum, die Substanz des Sozialstaates zu erhalten. [...]

Wir haben die Pflicht, den nachfolgenden Generationen die Chancen auf ein gutes Leben in einer friedlichen Welt nicht durch Unbeweglichkeit zu verbauen. Das ist der Grund dafür, dass wir den Mut zu Veränderungen brauchen« (Schröder 2003).

Die Agenda 2010 trug eindeutig die Handschrift der Modernisierer in der SPD, da für die Arbeitsmarktpolitik unter anderem die Befristung des Arbeitslosengeldes auf maximal zwölf Monate und die Zusammenlegung von Arbeitslosen- und Sozialhilfe auf dem Niveau der letzteren angekündigt wurden. Außerdem wurden die Verschärfung der Arbeitspflicht und sowie die erneute Flexibilisierung des Kündigungsschutzes genannt (Schröder 2003). Ziele zum Ausbau der beruflichen Bildung, der Weiterbildung und des lebenslangen Lernens wurden zurück genommen (Wiesendahl 2004: 10).

Die Reaktionen auf die Agenda 2010 waren sehr unterschiedlich und zeigten vor allem die Gespaltenheit innerhalb des linken politischen Lagers. Während sie von der konservativ-liberalen Opposition als Schritt in die richtige Richtung begrüßt wurde (Jun 2004: 280f.), löste sie innerhalb der Regierungsparteien und ihrer »Verbündeten« sowie in der Öffentlichkeit heftige Kontroversen aus. Konfliktpunkte mit den Gewerkschaften waren die Ankündigung, Öffnungsklauseln in den Tarifverträgen notfalls gesetzlich zu regeln sowie die für das Arbeitslosengeld II geplante Erweiterung der Zumutbarkeitsregelungen für Beschäftigungen unter Tariflohn (Hassel/Schiller 2010: 266). Während der DGB wie auch die IG-Metall den geplanten »Wohlfahrtsstaatsabbau« zum Anlass für ein Arbeitnehmerbegehren gegen die Agenda 2010 machten (Trampusch 2008: 166; Wiesendahl 2004: 24), wurde vom Vorsitzenden der Industriegewerkschaft Bergbau, Chemie und Energie gemeinsam mit zwei anderen DGB-Gewerkschaften eine Erklärung zur aktiven Begleitung der Reformen veröffentlicht (Hassel/Schiller 2010; Streeck/Trampusch 2005b: 185).

Trotz dieser Kritik von Teilen der Gewerkschaften wurde die Agenda 2010 letztlich im Sinne eines neoliberal geprägten Elitenkonsenses gedeutet (Wiesendahl 2004: 20), der gegenüber der Öffentlichkeit im Rahmen des kommunikativen Diskurses nicht erfolgreich vermittelt werden konnte. Gründe dafür wurden in der fehlenden inhaltlichen Vereinfachung und Zuspitzung der äußerst komplexen Reformvorschläge gesehen, die dazu führten, dass jeder etwas anderes damit verband und die Kritiker immer die »schlimmsten« Punkte in der Öffentlichkeit hervorheben konnten (Raschke 2004: 26).

Nicht zuletzt als Folge des fehlgeschlagenen kommunikativen Diskurses wurde die Verabschiedung des dritten und vierten Hartz Gesetzes in 2004 von massiven öffentlichen Protesten über mehrere Wochen begleitet. Diese richteten sich primär gegen die Leistungskürzungen und waren in ostdeutschen Städten, die von Langzeitarbeitslosigkeit besonders betroffen waren, extrem stark (Kemmerling/Bruttel 2005: 104). Die Verabschiedung des Gesetzeswerkes wurde dadurch nicht verhindert.

Governance der Entscheidungsfindung: Ein Mix verschiedener Governance-Formen

Mit dem Skandal um die geschönten Vermittlungszahlen der Bundesagentur für Arbeit 2002 öffnete sich ein »Window of Opportunity« (Egle 2006: 178; Fleckenstein 2004; Merkel 2003b), das von der rot-grünen Koalition strategisch optimal mit dem Einsetzen der Hartz-Kommission genutzt wurde (Lamping 2006: 240). Dadurch konnten sie sowohl die Wahl gewinnen als auch pfadbrechende Reformen anstoßen.

Die Charakterisierung der Hartz-Kommission im Sinne einer Governance-Form fällt angesichts sehr unterschiedlicher wissenschaftlicher Einschätzungen schwer[178]. Wesentlich erscheint jedoch ihre Funktion als Agenda-Setzer, die damit verbunden wurde, die antizipierte Gegnerschaft vor allem in Partei und Fraktion der SPD, aber auch in den Gewerkschaften, auszuschalten, da sich die Regierung der Zustimmung »aus den eigenen Reihen« nicht sicher sein konnte (Czada 2004: 140; Lamping 2006). In diesem Sinne übernahm das mit der Kommission etablierten Netzwerk[179]

178 Ludwig-Mayerhofer unterstellt, dass es in der Kommission keine Verhandlungen im eigentlichen Sinn gab, sondern jeder sein persönliches Steckenpferd realisierte (Ludwig-Mayerhofer 2005: 97). Andere sehen die Kommission als Bruch mit der tripartistischen Philosophie des Bündnis für Arbeit, das zu diesem Zeitpunkt bereits als weitgehend gescheitert galt (Streeck/Trampusch 2005a: 10). Auch Lamping interpretiert die Kommission als Symbol für das Ende der Schröderschen Konsenspolitik (Lamping 2006: 234). Im Kontrast dazu bewertet Egle die Kommission als Fortsetzung des Bündnisses für Arbeit mit anderen Mitteln (Egle 2006: 178) und Dyson interpretiert die Kommissionspolitik als Konsens bildende Maßnahme (Dyson 2005).

179 Unter den 21 Mitgliedern der Kommission überwogen Unternehmensvertreter, darunter Interessenvertreter des professionellen und kommerziellen Change Managements. Kommunen, Länder und die BA waren jeweils nur durch eine Person vertreten. Ferner waren vier Vertreter der Sozialpartner sowie zwei Wissenschaftler beteiligt. Weder Vertreter

eine dem eigentlichen politischen Entscheidungsprozess vorgelagerte Verhandlungsfunktion in Bezug auf einzelne Reformaspekte ohne jedoch als übergreifendes, strategisches beziehungsweise koordiniertes Verhandlungsnetzwerk der verschiedenen Interessengruppen zu fungieren. Dies wurde von Kommissionsmitgliedern insofern bestätigt, als der Bericht als Ergebnis von Verhandlungen beziehungsweise »Tauschgeschäften« zwischen den beteiligten Verbandsvertretern charakterisiert wurde[180] (vergleiche Siefken 2007: 224): »Der Hartz-Bericht ist vielmehr Resultat einer meisterhaft moderierten anarchischen Organisation, für das die Organisationstheorie den Begriff des ›Garbage Can Model‹, auf deutsch also etwa »Mülleimermodell‹ geprägt hat (March und Olsen 1989)« (Schmid 2003: 79).

In der Regierung hatten sich nach der Wahl 2002 koalitionsintern die Kräfteverhältnisse zu Gunsten der Modernisierer in der SPD und des kleineren Partners Bündnis 90/Die Grünen verschoben (Murswieck 2003: 130). Die rot-grüne Regierung insgesamt war mit einer nur noch knappen Mehrheit von vier Stimmen deutlich geschwächt (Tabelle 22). Das vom Kanzler in Bezug auf die Hartz-Vorschläge gegebene Umsetzungsversprechen des Kommissionsberichts hatte vor diesem Hintergrund lediglich symbolischen Charakter.

Das Erstarken der Opposition festigte die Mehrheit der CDU/FDP regierten Länder im Bundesrat (Tabelle 23), so dass letztlich über den Vermittlungsausschuss eine Art erzwungene Form der Co-Governance im Sinne eines »Verhandlungs- beziehungsweise Einigungszwangs« im Vermittlungsausschuss entstand (Benz 2007; Scharpf 1992: 63). Da die Opposition explizit auf eine Blockadeposition gegenüber den Reformprojekten

---

der Exekutive noch der Legislative hatten formellen Mitgliederstatus. Der Vorsitzende, Peter Hartz, habe – so die Einschätzung des Mitglieds Günther Schmid – die Arbeit der Kommission durch seinen Ideenreichtum und sein Charisma stark bestimmt. Er wurde unterstützt durch eine Geschäftsstelle des Arbeitsministeriums mit 15 Mitgliedern, die unter anderem Informationsgrundlagen bereitstellten (Schmid 2003: 76f.). Zum Entstehen und der personellen Zusammensetzung der Kommission siehe Hassel/Schiller (2010: 221) sowie Siefken (2007: 190).

180 Demnach akzeptierte die Gewerkschaft Ver-di die Deregulierung des Zeitarbeitssektors, weil sie mit der Einführung der PSA und dem Tarifvorbehalt »entschädigt« wurde. Der Zentralverband des Handwerks konnte den »Meisterzwang« aufrecht erhalten, musste allerdings die Ich- beziehungsweise Familien-AG akzeptieren und konnte die kollektive Kürzung des Arbeitslosengeldes nicht durchsetzen. Die IG-Metall konnte ihre Vorstellungen zu Frühverrentungsmöglichkeiten nur in geringerem Umfang in Form des »Bridge-Systems« bewahren und musste die Herabsetzung der Altersgrenze für nicht begrenzte Befristungen bei Einstellungen von Älteren hinnehmen (Schmid 2003: 78).

der Regierung[181] verzichtete (Schlieben 2007: 108f.), wurden so letztlich Verhandlungen im Sinne einer informellen großen Koalition angeboten.

Die Union nutzte dies, unter anderem um ihre bereits im Wahlkampf formulierten Vorstellungen zur Regelung der Mini- und Midijobs im Rahmen von Hartz II durchsetzen und bewirkte eine komplette Kehrtwende hinsichtlich der von der rot-grünen Regierung wenige Jahre zuvor eingeführten, restriktiven Regulierung flexibler und prekärer Beschäftigungsverhältnisse. Die Neuregelung der geringfügigen Teilzeitarbeit wich daher deutlich von den Vorschlägen der Hartz-Kommission ab (Egle 2006: 179) und muss als Resultat von Co-Governance im Sinne eines Verhandlungskompromisses zwischen Regierung und Opposition verstanden werden.

Die Ankündigung des Kanzlers bezüglich der Zusammenlegung von Arbeitslosen- und Sozialhilfe im Rahmen einer Regierungserklärung wirkte in der Öffentlichkeit, als handele es sich um eine unilateral beziehungsweise im engsten Kreise getroffene Entscheidung. Tatsächlich waren die entsprechenden Passagen der »Agenda 2010« eng mit dem Wirtschafts- und Arbeitsministerium abgestimmt (Hassel/Schiller 2010: 252) und nahmen die Vorarbeit verschiedener seit 2002 bestehender Ausschüsse auf (siehe oben sowie Hassel/Schiller 2010: 239).

Eine ausführliche Analyse des danach stattfindenden politischen Abstimmungsprozesses zeigt, dass im Rahmen der Kabinettsbeschlüsse verschiedene inhaltliche Zugeständnisse gegenüber dem »linken Flügel« der SPD gemacht wurden (Jun 2004: 284). Die abschließende Fassung des dritten und vierten Hartz Gesetzes wurde jedoch maßgeblich durch die Verhandlungen im Vermittlungsausschuss des Bundesrates geprägt. Dabei bestand ein grundsätzlicher Wille beider parteipolitischer Lager, die bereits sprichwörtlich gewordene deutsche Reformblockade zu brechen (Hartung 2003). Da es innerhalb des Unionslagers verschiedene Fraktionen gab, war eine tatsächliche Kompromissfindung jedoch zeitweilig in Frage gestellt (Hassel/Schiller 2010: 282, 286). Am 14. und 15. Dezember 2003 konnte dann unter Beteiligung von Angela Merkel und Gerhard Schröder in einem Verhandlungsmarathon die Ausgestaltung des ALG II wie auch die Re-

181Dies Versprechen von Angela Merkel wurde insofern eingelöst, als in der Legislaturperiode nach der Wahl 2002 kein einziges Gesetz am Vermittlungsausschuss oder am Bundesrat komplett scheiterte (Schlieben 2007: 120).

form der Arbeitsverwaltung in Form einzelner Kompromisslösungen vereinbart werden (Hassel/Schiller 2010: 281)[182].

Auf Betreiben der Union wurden die an den linken Flügel der SPD gemachten Zugeständnisse wie beispielsweise die geplante Verschärfung der Zumutbarkeitskriterien herauszunehmen, erneut in das vierte Hartz Gesetz »hineinverhandelt« (Egle 2006: 181). Durch die von der Union geführten Länderregierungen wurde die vollständige Übertragung der Zuständigkeiten für langzeitarbeitslose Sozialhilfeempfänger von den Kommunen auf die Arbeitsämter im Rahmen der anvisierten Gründung von Jobcentern verhindert. Stattdessen wurde die Zuständigkeit beider Institutionen im Rahmen von Arbeitsgemeinschaften verankert sowie später die Optionsklausel eingeführt (siehe Abschnitt 11.3 sowie Siefken 2007: 223).

Bei der Verabschiedung des Gesetzes im Bundestag stimmte die Mehrheit der Abgeordneten aller Parteien für die Reform, was als parteiübergreifender Konsens gewertet werden kann. Dieser hatte jedoch insofern »Risse« als die rot-grüne Regierungskoalition aufgrund von zwölf »Abweichlern« aus dem linken Lager keine »eigene« Mehrheit hatte (Hassel/Schiller 2010: 283). Nicht zuletzt dieses Abstimmungsergebnis zeigt, dass die innerparteilichen Spaltungen vor allem in der SPD trotz mehrerer Regionalkonferenzen sowie Sonderparteitagen nicht überwunden worden waren (Aust 2003: 15, 16; Jun 2004: 280f.). Gerhard Schröder, der sein persönliches politisches Schicksal mit der Akzeptanz der Reform durch die Partei verbunden hatte, trat schließlich 2004 als Parteivorsitzender zurück und wurde durch Franz Müntefering ersetzt (Jun 2004: 282f.; Raschke 2004: 27).

In dieser zweiten Phase der Aktivierungspolitik wurden zahlreiche pfadbrechende Reformen im Rahmen verschiedener Verhandlungskompromisse zwischen Regierung und Sozialpartnern beziehungsweise Regierung und Opposition im Sinne von Co-Governance realisiert. Die Einigung auf »den kleinsten gemeinsamen Nenner« im Vermittlungsausschuss beinhaltete jedoch das Scheitern der Vereinheitlichung der Arbeitsverwaltung. Damit sind für Deutschland vor allem im Hinblick auf reflexive Formen der Steuerung maßgebliche Defizite zu konstatieren.

182 Bei der flankierenden Verabschiedung des Gesetzes zum Ausbau der Tagesbetreuung für unter drei-jährige wurde mit der Aufspaltung der Gesetzesmaterie in ein zustimmungsfreies und zustimmungspflichtiges Gesetz auf den ursprünglichen Einspruch des Bundesrats reagiert (Bundesrat 2004).

16.4 Seit Mitte der 2000er Jahre: Konsolidierung des Reformpfades

Mitte der 2000er Jahre zeichnete sich ein erneuter wirtschaftlicher Aufschwung ab, der sich mit leichter Verzögerung schließlich auch im Rückgang der Arbeitslosigkeit niederschlug (Tabellen 19 und Anhang Tabelle C). Die wirtschaftspolitische Strategie beinhaltete sowohl Steuererleichterungen für Unternehmen, die jedoch mit einer Erhöhung von Umsatz- und Mehrwertsteuererhöhungen per saldo die Finanznot der öffentlichen Haushalte entschärften. In Kombination mit einer restriktiven Ausgabenpolitik konnten so die Auflagen des europäischen Stabilitäts- und Wachstumspaktes ab 2006 wieder eingehalten und eine Verringerung des Brutto-Schuldenstandes erreicht werden. Dies wurde begleitet von einer anhaltend moderaten Lohnpolitik, was zur Verbesserung der internationalen Wettbewerbsfähigkeit und enormen Exportüberschüssen beitrug (Eicker-Wolf u.a. 2009: 39). Die Armutsrisiken für bestimmte Gruppen blieben jedoch bestehen, so dass 2008 knapp 16 Prozent der Deutschen als armutsgefährdet galten. Die höchste Armutsgefährdungsquote wiesen nach wie vor Alleinererziehende mit 37 Prozent auf (Statistisches Bundesamt 2011; ähnlich Böhmer/Heimer 2008).

Die positive Entwicklung der Wirtschaft und am Arbeitsmarkt wurde erst durch das Eintreten der weltweiten Finanzkrise 2008 erneut unterbrochen. Im internationalen Vergleich blieben deren Auswirkungen auf den Arbeitsmarkt jedoch moderat (Eicker-Wolf u.a. 2009). Dies ging nicht zuletzt auf ein Umsteuern im Sinne einer auch vom Sachverständigenrat geforderten Nachfrage orientierten Makropolitik zurück (ebd. S. 55). In der Arbeitsmarktpolitik wurde mit der Ausweitung beziehungsweise Verlängerung der Kurzarbeit zur Stabilisierung der Beschäftigung der Kernarbeiterschaft weitgehend pfadabhängig reagiert (Klöpper/Holtrup 2011).

In dieser dritten Phase der Aktivierungspolitik seit Mitte der 2000er Jahre wurde der öffentliche Diskurs zunächst dadurch bestimmt, dass man vor allem der SPD ein Versagen beim Bekämpfen der Arbeitslosigkeit vorwarf und weiterhin die mit Hartz IV verbundenen Kürzungen kritisierte (Egle 2006; Raschke 2004). Dies dominierte letztlich auch den Wahlkampf, der im Frühsommer 2005 einsetzte, da Kanzler Gerhard Schröder nach der Abwahl der letzten rot-grün geführten Landesregierung in Nordrhein Westfalen über den Weg einer absichtlich »verlorenen« Vertrauensabstimmung im Bundstag vorgezogene Neuwahlen ansetzte.

Die SPD verwies in ihrem Wahlprogramm mit dem Titel »Vertrauen in Deutschland« auf die »Errungenschaften« der bereits verabschiedeten Reformen im Bereich der Arbeitsmarkt- und Familienpolitik. Zukunftsgerichtet waren allein die Forderung nach der Einführung von branchenbezogenen Mindestlöhnen, bei deren Festsetzung die Rolle der Tarifpartner hervorgehoben wurde, sowie die Einführung eines einkommensbezogenen Elterngeldes (SPD 2005). Das Programm überzeugte die Mehrheit der Wähler nicht. Vor allem im Osten konnten rechtsextreme Parteien und die durch die Fusion von PDS und WSAG entstandene Partei »Die Linke« quasi noch in Folge der Hartz-Proteste zahlreiche Wähler mobilisieren (Zohlnhöfer 2007).

Ferner hatten mittlerweile die Oppositionsparteien CDU und CSU in Anlehnung an die Arbeit der von Angela Merkel als Parteivorsitzenden einberufenen Herzog-Kommission eine weitgehend kongruente sozialpolitische Reformagenda erarbeitet und innerparteilich durchgesetzt (Zolleis 2008: 258). In ihrem Wahlprogramm »Deutschlands Chancen nutzen. Wachstum. Arbeit. Sicherheit« propagierten die CDU/CSU die Deregulierung und Flexibilisierung des Arbeitsmarktes und die Senkung von Steuern und Lohnnebenkosten. Dabei wurde auch die Forderung nach Ausbau eines Kombilohns insbesondere für Hartz IV Empfänger aufrecht erhalten (CDU/CSU 2005).

Das Wahlergebnis spiegelte das Versagen der SPD bei der diskursiven Vermittlung der Reformen in Form massiver Stimmenverluste wider, so dass die Regierungsbildung über eine erneute rot-grüne Koalition unmöglich wurde (siehe Tabelle 22). Die neue Regierung wurde daher in Form einer großen Koalition von SPD und CDU/CSU unter Führung von Angela Merkel als Bundeskanzlerin gebildet. Diese interpretierte die Reformfähigkeit ihrer Regierung im Sinne einer »Koalition der neuen Möglichkeiten« (Merkel 2005). Da sich in der großen Koalition die Defizite einer »erzwungenen Kompromissfindung« weitgehend fortsetzten, wurden die durch die in der großen parlamentarischen Mehrheit angelegten Reformpotentiale nicht ausgeschöpft. Die reflexive Komplettierung eines Reformweges blieb aus. Weder die von der CDU/CSU explizit genannte Ausweitung des Kombilohns (im Sinne einer negativen Einkommensteuer) noch der von SPD und Gewerkschaften favorisierte Mindestlohn wurden eingeführt. Mit der Re-Regulierung des Arbeitnehmer Entsendegesetz in 2009 wurde allein die Möglichkeit der Einführung branchenbezogener

Mindestlöhne geschaffen – und damit wiederum ein Reformkompromiss auf kleinstem gemeinsamem Nenner umgesetzt (Holzner 2009).

Charakteristisch für diese Phase war daher die Konsolidierung der bereits realisierten Reformen, indem mehrere Änderungs- beziehungsweise Anpassungsgesetze zum SGB II und III konsensual verabschiedet wurden. Mit Blick auf Wählerstimmen wurden dann von Arbeitsminister Müntefering Verbesserungen für ältere Arbeitnehmer im Rahmen der »Initiative 50 plus« vorangetrieben. Von der CDU/CSU wurde dagegen die erneute Verlängerung der Bezugsdauer des ALG I für Ältere durchgesetzt – und damit das Aktivierungsziel konterkariert.[183]. Auch das Gesetz zur Neuausrichtung arbeitsmarktpolitischer Instrumente ist im Sinne einer Re-Kalibrierung des durch die Hartz Gesetzgebung eingeleiteten Reformpfades unter Berücksichtigung erster Evaluationsergebnisse zu interpretieren (Eichhorst/ Zimmermann 2007).

Allein in der Familienpolitik konnte unter dem Primat einer besseren Vereinbarkeit von Erwerbtätigkeit und Familie ein Konsens für pfadbrechende Reformen erzielt werden, indem die bereits von der SPD formulierten Ziele einer weiteren Ausweitung der Kinderbetreuung wie auch die Einführung eines einkommensbezogenen Elterngeldes von Ursula von der Leyen (CDU) aufgegriffen wurden. Der Widerstand der CSU wurde mit der zeitlich nicht bestimmten Einführung eines »Betreuungsgeldes« befriedet (Henninger u.a. 2008). Gleichwohl blieb auch hier die reflexive Governance schwach, so dass auch in der Familienpolitik tendenziell widersprüchliche Erwerbsanreize für Mütter nicht beseitigt, sondern eher verstärkt wurden.

Der aufgezeigte Konsolidierungskurs in der Arbeitsmarktpolitik wurde bislang auch von der nach 2009 ins Amt gewählten christlich-liberalen Regierungskoalition unter Bundeskanzlerin Angela Merkel fortgesetzt. Um die angesichts des Verfassungsurteils in Frage gestellte Kooperation von BA und Kommunen im Rahmen der ARGEN aufrecht erhalten zu können, wurde im parteiübergreifenden Kompromiss mit der SPD eine Verfassungsänderung realisiert (Bundesministerium für Arbeit und Soziales 2010b). Auch der Kompromiss bezüglich einer ebenfalls vom Verfassungsgericht angemahnten, veränderten Berechnungsgrundlage der Regelsätze

183 Als Erfolg konnte ferner die Senkung der Lohnnebenkosten, unter anderem aufgrund der schrittweisen Absenkung der Beitragssätze zur Arbeitslosenversicherung auf 2,8 Prozent ab 2009, verbucht werden – obgleich diese durch Erhöhungen anderer Sozialversicherungsbeiträge sowie die erneute Steigerung der Ausgaben der Arbeitslosenversicherung konterkariert wurde (Zohlnhöfer 2009).

des ALG II beinhaltete keine substantiellen Veränderungen. Die seitdem vor dem Hintergrund einer sich verringernden Arbeitslosenquote realisierten weiteren Kürzungen, insbesondere bei der Arbeitsförderung, sind als Widerspruch zu den im Aktivierungsparadigma formulierten Zielen zu betrachten. Ob daraus eine definitive Trendwende respektive der Übergang in eine neue Phase abzulesen ist, bleibt abzuwarten.

16.5. Zusammenfassung: Suboptimale Lösungen durch verschiedene Formen der Co-Governance

In Deutschland wurde das Aktivierungsparadigma seit Beginn der 1990er Jahre im politischen Diskurs weitgehend konsensual aufgenommen und hat den Umbau der Arbeitsmarktpolitik stark beeinflusst. Allein hinsichtlich der konkret einzuleitenden Maßnahmen bestand Dissens – und zwar nicht nur zwischen den verschiedenen Parteien, sondern auch zwischen den verschiedenen Flügeln innerhalb der großen Parteien. Im Rahmen des im Detail stark antagonistischen Diskurses konnte keine spezifische Variante des Aktivierungsparadigmas Dominanz erlangen. Entsprechend wurden Ziele letztlich nur in Bezug auf Partialreformen formuliert ohne dass eine Verknüpfung mit etablierten Normen und Werten des deutschen Wohlfahrtsmodells stattfand. Dies schränkte die Akzeptanz der Aktivierungspolitik in der Öffentlichkeit stark ein.
Ein akuter Anstieg der Arbeitslosigkeit war auch hier Anlass für die Initiierung beziehungsweise Intensivierung aktivierender Reformen. Sie wurden jedoch nur bedingt durch eine erfolgreiche und koordinierte ökonomische Makrosteuerung begleitet, so dass sich – von kleineren Schwankungen abgesehen – die Arbeitslosigkeit erst in der dritten Phase maßgeblich reduzierte.

Die Entscheidungsfindung war über den betrachteten Zeitraum hinweg durch einen Mix unterschiedlicher Governance-Formen geprägt. In der ersten Phase wurden unilateral durch die Regierung getroffene Entscheidungen punktuell über Formen der Co-Governance über das Bündnis für Arbeit ergänzt, wobei größeres Reformpotential durch die Strategielosigkeit der Regierung verspielt wurde. Die Hartz-Reformen in der zweiten Phase wurden über verschiedene, sukzessive Formen der Co-Governance gestaltet. Zu nennen sind Vorverhandlungen im Rahmen des temporär etablierten Netwerks der Hartz-Kommission und institutionell »erzwungene« Verhandlungen zwischen Bundesregierung und Opposition beziehungsweise Länderregierungen im Vermittlungsausschuss des Bundesrates. Danach wurde der Entscheidungsmodus der parteiübergreifenden Verhandlungen innerhalb der Regierung im Rahmen der großen Koalition in Bezug auf die Konsolidierung der Reformen weitgehend fortgesetzt.

Die nahezu eklektizistische Umsetzung von nur einzelnen Elementen des Aktivierungsparadigmas ergibt sich aus der fehlenden »Nähe« des konservativ-korporatistischen Wohlfahrtsstaatsmodells zu einer der Aktivierungsvarianten. Dies erschwerte das Erzielen eines Konsenses hinsichtlich der einzuschlagenden Aktivierungsvariante. Darüber hinaus erlaubten jedoch im spezifisch deutschen Kontext die unterschiedlichen Formen der Co-Governance den verschiedensten Akteuren jeweils ihre Veto-Macht geltend zu machen. Im Rahmen dieser Konstellation konnten partiell pfadbrechende Reformen durchaus umgesetzt werden. Diese konzentrierten sich in ihren angenommenen Wirkungen jedoch auf spezifische Institutionen und Gruppen des Arbeitsmarktes. Die verhandelten Kompromisse waren selten umfassend und erlaubten letztlich keine kohärente Umsetzung einer der idealtypischen Aktivierungsstrategien. Die geringe Fähigkeit reflexiver Steuerung im Rahmen erzwungener Formen der Co-Governance ist damit ein wesentliches Erklärungsmoment für die Verwirklichung der Aktivierungspolitik in der Variante »Dualisierung und Flexibilisierung« (Abbildung 15).

Abbildung 15: Variablenmodell zur Erklärung des deutschen Profils wohlfahrtsstaatlicher Reformpolitik (1998–2005)

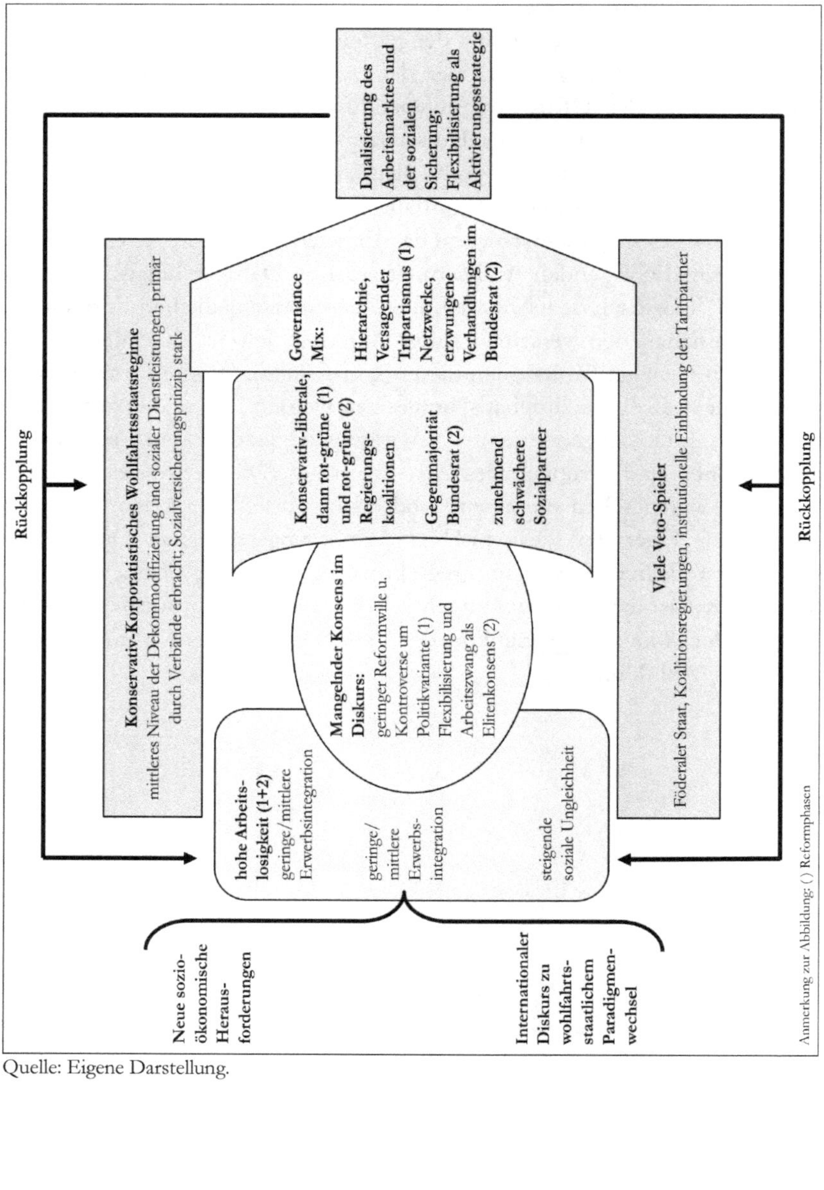

Quelle: Eigene Darstellung.

17. Vergleichende Erklärungen auf der Basis eines diskursiv erweiterten akteurzentrierten Institutionalismus

Die eingangs gestellten Fragen zur Erklärung des sozialstaatlichen Wandels entlang des Aktivierungsparadigmas und den damit einhergehenden unterschiedlichen Reformprofilen in einzelnen Ländern sowie zum Einfluss der verschiedenen Governance-Formen der Entscheidungsfindung werden im Folgenden anhand der Zusammenführung der in den Länderstudien erzielten Ergebnisse beantwortet. Dabei kann vorweggenommen werden, dass die Analyse entlang eines diskursiv erweiterten akteurzentrierten Institutionalismus einen klaren Erkenntnisgewinn für die vergleichende Policy- beziehungsweise Wohlfahrtsstaatsforschung erbracht hat, indem bislang kaum thematisierte Zusammenhänge offen gelegt beziehungsweise bereits bekannte Theoreme weiter konkretisiert wurden.

In den drei Länderstudien konnte detailliert gezeigt werden, dass die im internationalen Diskurs verbreiteten Ideen des Aktivierungsparadigmas in den nationalen Diskursen aufgenommen wurden. In Verbindung mit hohem Problemdruck führte dies zu ähnlichen beziehungsweise »gleichgerichteten« Reformen im Sinne eines Paradigmenwechsels, da die neuen Ideen als eine Art »Road Map« zur Lösung der aufgezeigten Probleme genutzt wurden.

Die Analyse der Diskurse in Dänemark, Großbritannien und Deutschland machte deutlich, dass im Einklang mit der spezifischen sozioökonomischen Problemlage sowie den in den bestehenden Wohlfahrtsregimen etablierten Normen und Werten, auf die sich die politischen Akteure bezogen, jeweils durchaus unterschiedliche Elemente des neuen Paradigmas hervorgehoben wurden. Die Herausbildung regimespezifischer Varianten des neuen Paradigmas ist damit auch als Resultat unterschiedlich akzentuierter Ziele zu sehen und nicht ausschließlich auf institutionelle Restriktionen bei deren Verwirklichung zurück zu führen.

Institutionelle Restriktionen wirkten sich vor allem bei Zielen mit pfadbrechendem Charakter aus, so dass in den verschiedenen politischen Systemen im Einklang mit unterschiedlichen Formen der Governance der Entscheidungsfindung jeweils nur spezifische Pfadbrüche vollzogen werden konnten, während andere scheiterten. Die entlang des diskursiv erweiterten akteurzentrierten Institutionalismus formulierte, übergreifende Hypothese 3 zur Erklärung der länderspezifischen Varianz bei der Umsetzung des Aktivierungsparadigmas kann somit voll bestätigt werden:

3. *Unterschiede bei den Reformen entlang des Aktivierungsparadigmas sind durch das Zusammenspiel verschiedener Variablen zu erklären. Konkrete Reformziele der Aktivierungspolitik werden im politischen Diskurs der einzelnen Länder in Abhängigkeit spezifischer sozioökonomischer Problemlagen und bestehender wohlfahrtsstaatlicher Institutionen formuliert. Die jeweils dominante Form der Governance der Entscheidungsfindung beeinflusst, welche pfadbrechenden Reformziele dabei verwirklicht werden können.*

Die Wirkungsbedingungen der jeweils einzelnen Variablen, die im Ansatz eines diskursiv erweiterten akteurzentrierten Institutionalismus genannt wurden, sind dabei noch weiter zu konkretisieren. Die Ideen des neuen Paradigmas wurden in den jeweiligen nationalen Diskursen unmittelbar auf die je spezifische sozioökonomische Problemlage übertragen beziehungsweise im Hinblick auf die in den verschiedenen Wohlfahrtsregimen jeweils unterschiedlich wahrgenommenen Dysfunktionalitäten bestehender Regelungen und Institutionen bezogen. Die im Aktivierungsparadigma formulierten Ziele wurden dann in weitgehend regimgespezifische Reformstrategien »übersetzt«. Vor allem in Dänemark und Großbritannien zeigte sich dabei eine starke Pfadabhängigkeit bei der Wahl der Reformziele und deren Begründung im Rahmen des kommunikativen Diskurses. Dabei wurde wiederum vor allem in Dänemark und Großbritannien die breite Verknüpfung einzelner Reformziele sowohl im Hinblick auf das Formulieren Politikfeld übergreifender Ziele als auch im Hinblick auf die Einbettung der Arbeitsmarktpolitik in ein breites Konzept der Wohlfahrtsstaatsreform deutlich. Die Diskurse in späteren Reformphasen beinhalteten eine Reflexion bereits erreichter Reformen und setzten an deren Konsolidierung beziehungsweise der »Komplettierung« institutioneller Kongruenz entlang des neuen Paradigmas an. In Deutschland blieben sowohl die entsprechende Ganzheitlichkeit als auch der Aspekt einer planvollen und sukzessiven Entwicklung von Reformpolitik im Rahmen des politischen Diskurses unterentwickelt. Die nur partielle Umsetzung des neuen Paradigmas in

Verbindung mit dem Erhalt regmeprägender Institutionen lässt sich jedoch ebenfalls als regimespezifische Reformvariante interpretieren.

Der Beginn aktivierender Arbeitsmarktreformen war in allen drei Ländern durch ein hohes beziehungsweise ansteigendes Niveau der Arbeitslosigkeit geprägt. Nicht zuletzt der unterschiedliche Erfolg makroökonomischer Steuerung trug dazu bei, dass die sozioökonomische Entwicklung in den verschiedenen Ländern während des untersuchten Reformzeitraums sehr unterschiedlich verlief. So ging der Beginn der Aktivierungspolitik in Dänemark und Großbritannien mit einem unmittelbaren Absinken der hohen Arbeitslosigkeit[184] und dem Erreichen von Vollbeschäftigung einher. Die veänrderte sozioökonomische Situation bedingte Strategiewechsel, die als Rückkopplungseffekt interpretiert werden können. Auch in Deutschland war der Beginn aktivierender Arbeitsmarktreformen beziehungsweise deren Dynamik durch die vergleichsweise spät einsetzende Krise am Arbeitsmarkt bedingt, wobei hier allerdings die Arbeitslosigkeit trotz Aktivierungspolitik bis 2005 nicht sank. Ein eindeutiger Zusammenhang zwischen der ökonomischen Situation und der verfolgten Aktivierungsvariante beziehungsweise der »Richtung« von Strategiewechseln ist jedoch nicht auszumachen, da die verschiedenen Länder in jeweils unterschiedlichen Situationen »Zwang« oder »Befähigung« beziehungsweise finanzielle Anreize ausbauten. Die 2008 einsetzende weltweite Finanz- und Wirtschaftskrise hat dazu beigetragen, dass in den einzelnen Ländern bestehende Instrumente ausgeweitet oder rejustiert wurden. Bislang markierten die entsprechenden Veränderungen in keinem der betrachteten Länder einen definitiven Strategiewechsel in der Arbeitsmarktpolitik.

Im Hinblick auf die oben formulierten Teilhypothesen ist vor allem die Teilhypothese 3a nur bedingt zu bestätigen.

3a. *Die Ideen des Aktivierungsparadigmas werden in allen nationalen Reformdiskursen aufgenommen, aber bereits im Diskurs in regimespezifische Reformstrategien »übersetzt«. Konkrete Reformziele und Strategien werden meist als Reaktion auf spezifische sozioökonomische Problemlagen und deren Veränderungen und/oder Veränderungen der Parteiendominanz in der Regierung entwickelt.*

184Die in diesen Ländern praktizierte Entlastung der Arbeitslosenstatistik durch die Verschiebung von Transferleistungsempfängern in andere soziale Sicherungssysteme wie Erwerbsunfähigkeitsrenten verstärkt dabei den Eindruck des »Erfolges« noch weit über die tatsächlichen Wirkungen der Konjunktur- und Aktivierungspolitik hinaus.

Die Analyse zeigt, dass die parteipolitische Zusammensetzung der Regierungen im Hinblick auf die Wahl und den Wechsel der verschiedenen Aktivierungsstrategien klar nachrangig gegenüber dem Einfluss der sich verändernden sozioökonomischen Situation war. Ein angenommener Zusammenhang in dem Sinne, dass sozialdemokratische Regierungen stärker Maßnahmen der sozialen Befähigung favorisieren, während konservative Regierungen primär auf unmittelbare Arbeitsmarktintegration via Erhöhung von Arbeitszwang und Leistungskürzungen setzen, konnte nicht durchgängig nachgewiesen werden. So wurde beispielsweise in Dänemark bereits durch die sozialdemokratisch dominierte Regierung der Kurswechsel im Sinne eines Primats der Arbeitsmarktintegration initiiert, der dann von der bürgerlichen Regierungskoalition fortgeführt wurde. In Großbritannien hat die sozialdemokratisch dominierte Regierung bis Anfang der 2000er Jahre auf der Basis geringer Transferleistungen eine Politik des »Making Work Pay« favorisiert, um danach einen Diskurswechsel im Sinne sozialer Befähigung voranzutreiben. Ferner war in Deutschland zwischen der ersten und zweiten Regierungsperiode von rot-grün ein Strategiewechsel im Sinne der Aufgabe sozialer Befähigung und der Einführung von Leistungskürzungen zu beobachten, während weder mit dem Regierungswechsel zur großen Koalition noch mit dem Wechsel zur konservativ-liberalen Regierung unmittelbar eine Strategieänderung verbunden war.

Der uniforme Verlauf der Reformpolitik im Sinne einer Initiierung der Aktivierungspolitik durch konservativ dominierte Regierungen, deren Abwahl und schließlich die Umsetzung zentraler Elemente der Aktivierungspolitik durch sozialdemokratisch dominierte Regierungen unterstützt in der Tendenz die »Nixon goes to China«-Logik (Pierson 1996) beziehungsweise die Annahme, dass wohlfahrtsstaatsfreundliche Parteien wie die Sozialdemokraten letztlich eher in der Lage sind, Kürzungen beziehungsweise restriktive Reformen des Wohlfahrtsstaates umzusetzen (Ross 2000). Paradox erscheint dabei auch, dass die erneute Abwahl der Sozialdemokraten sowohl in Dänemark als auch in Deutschland trotz der Erholung am Arbeitsmarkt erfolgte.

Das Argument von (Rueda 2008) die Sozialdemokraten verfolgten eine Politik zu Gunsten von Insidern und lehnten deshalb die Aktivierungspolitik ab, wird der hier dokumentierten komplexen Realität weder in Bezug auf die Vielschichtigkeit der Aktivierungspolitik noch der entscheidungsrelevanten Akteurkonstellationen gerecht. Vor allem in Deutschland aber auch in Dänemark wurde letztlich innerhalb der Aktivierungspolitik eine

Differenzierung sozialer Rechte für Outsider und Insider vollzogen. Dies kann jedoch selbst in Deutschland nur bedingt der rot-grünen Regierung zugeschrieben werden, da die Einführung der Grundsicherung für Arbeitslose maßgeblich durch Formen der Co-Governance geprägt wurde. Die offensive Verteidigung der Insider Interessen ist hier – wie auch in Dänemark – maßgeblich auf den Einfluss der Gewerkschaften zurückzuführen.

Der fehlende eindeutige Zusammenhang zwischen der parteipolitischen Orientierung der Regierung und der Ausprägung der Aktivierungspolitik erscheint letztlich in Übereinstimmung mit der Bestätigung der Teilhypothese 3b, welche einen konsensualen Diskurs als Voraussetzung für die Einführung der Aktivierungspolitik reklamiert.

3b. *Die Verwirklichung konkreter Aktivierungsziele setzt eine dominante Regierung und/oder einen weitgehenden Reformkonsenses zwischen zentralen kollektiven Akteuren sowie die erfolgreiche Vermittlung der entsprechenden Ziele im öffentlichen Diskurs voraus.*

Der Initiierung von Reformen ging in allen drei Ländern das Erreichen eines parteiübergreifenden Reformkonsenses im Hinblick auf die Akzeptanz des Paradigmas voraus, wobei dieser in Dänemark und Großbritannien auch die regimespezifisch gewählte Aktivierungsvariante weitgehend einschloss. Dies erklärt die Kontinuität des eingeschlagenen Reformkurses auch über Regierungswechsel »hinweg«.

In Dänemark entstand dieser Konsens im Rahmen eines weitgehend kooperativen und konsensualen Diskurses, der bis 2005 auch durch die verschiedenen Regierungswechsel nicht in Frage gestellt wurde. In Großbritannien fand eine Annäherung der arbeitsmarktpolitischen Positionen von New Labour an die der Konservativen statt. Zur Legitimierung der jeweils eingeschlagenen Strategien bauten die politischen Eliten in beiden Ländern im Rahmen des kommunikativen Diskurses auf die Mobilisierung politischer Symbole beziehungsweise knüpften an bereits etablierte wohlfahrtsstaatliche Werte und Normen an. Entsprechend bestätigt sich auch die von (Béland 2005; Cox 2001) konstatierte Abhängigkeit der Akzeptanz eines neuen Paradigmas vom spezifischen Policy-Framing der Reformen durch die politischen Akteure.

Dagegen bezog sich der in Deutschland zwischen den politischen Eliten erzielte Konsens primär auf die Reformnotwendigkeit beziehungsweise die generelle Orientierung der Reformpolitik am Aktivierungsparadigma. Die verschiedenen Einzelreformen wurden – nicht zuletzt vor dem Hintergrund eines im Föderalismus quasi auf Dauer angelegten Wahlkampfes – in einem eher antagonistischen Diskurs in Bezug auf Details stark kontrovers diskutiert. Entsprechend wurden übergreifende Zielsetzungen kaum formuliert beziehungsweise Teilziele nicht verknüpft. Ferner fehlten eine Rückbindung des Reformdiskurses an traditionelle Werte und Normen des deutschen Wohlfahrtsstaates, eine klare beziehungsweise konsensuale Präzisierung der einzuschlagenden Aktivierungsvariante sowie eine diskursive Vermittlung der Aktivierungsziele in die breite Öffentlichkeit. Mit Verweis auf Deutschland lässt sich eine Negativhypothese ergänzen:

> *Ein antagonistischer Diskurs und/oder das Fehlen einer Verknüpfung des Paradigmenwechsels mit tradierten wohlfahrtsstaatlichen Normen des jeweiligen Regimes erschwert die Entwicklung einer kohärenten Reformstrategie und erschwert die Akzeptanz von Reformen in der breiten Öffentlichkeit.*

Die Ergebnisse der hier vorliegenden Länderanalysen zeigen ein hohes Maß der Interdependenz zwischen den politischen Institutionensystemen, den relevanten Akteurkonstellationen und den jeweiligen Formen der Governance der Entscheidungsfindung. Vor diesem Hintergrund bestätigt sich der in den normativen Sozialstaatsentwürfen propagierte und in der Governance-Forschung angenommene Trend einer allgemeinen Zunahme der Bedeutung von Verhandlungsnetzwerken (Mayntz 2005), obgleich die Relevanz derselben weiterhin differiert.

In Dänemark können Formen der Co-Governance im Sinne von Verhandlungen in Netzwerken unter Einbezug der Tarifpartner – quasi als Weiterentwicklung der hier bereits seit langem etablierten neo-korporatistischen Entscheidungsprozesse – als dominant angesehen werden. Sie werden nur partiell durch hierarchische Entscheidungen ergänzt. In Großbritannien dominieren weiterhin hierarchische Formen der Governance der Entscheidungsfindung, die durch Formen der Co-Governance lediglich flankiert werden. In Deutschland schließlich ist ein Governance-Mix zu finden, der Formen der hierarchischen Governance und der Co-Governance verbindet, wobei letztere sowohl im Sinne von Verhandlungsnetzwerken (unter Einbezug der Tarifpartner) als auch als erzwungene Verhandlungen mit gegebenenfalls gegenmajoritären Länderregierungen im föderalen System vorkommen.

Den genannten Formen der Governance der Entscheidungsfindung sind dabei spezifische Stärken und Schwächen eigen, welche die jeweils selektive Reformfähigkeit der einzelnen Wohlfahrtsregime beeinflussen (Übersicht 17).

Übersicht 17: Governance der Entscheidungsfindung und Selektivität von Pfadbrüchen

	Dominante Governance der Entscheidungsfindung	ermöglicht	restringiert
DK	Co-Governance als Verhandlungen in Netzwerken flankiert durch Hierarchical Governance	selektive Leistungskürzungen reflexive Steuerung (u.a.durch Tausch) Universalisierung der Arbeitspflicht »gegen« Ausweitung sozialer Befähigung Umbau der Leistungsverwaltung	umfassende Leistungskürzungen zu Lasten der Gewerkschaftsklientel
UK	Hierarchical-Governance flankiert durch Netzwerk-strukturen	Universelle Leistungskürzungen reflexive Steuerung: Gewährleistung finanzieller Erwerbsanreize Umbau der Leistungsverwaltung Kinderbetreuung/Arbeitspflicht sowie Mindestlohn	Ausbau von Weiterbildung aufgrund fehlender Einbindung nicht staatlicher Akteure
BRD	Governance-Mix u.a. Netzwerke, erzwungene Verhandlungen im Bundesrat	selektive Leistungskürzungen im ALG II und Ausschluss der Langzeitarbeitslosen von Statussicherung partielle Aufgabe des Normalarbeitsverhältnis und des Ernährermodells	umfassende Leistungskürzungen zu Lasten der Kernarbeitnehmer reflexive Steuerung: Vereinheitlichung der Leistungsverwaltung Koordination verschiedener Instrumente und Anreize zur Förderung d. Erwerbsteilhabe

Quelle: Eigene Darstellung.

Formen der Co-Governance sind prädestiniert, Politikoptionen umzusetzen, die ein hohes Maß an Koordination zwischen verschiedenen staatlichen und nicht staatlichen Akteuren auf verschiedenen Ebenen erfordern und stellen damit optimale Voraussetzungen für die Aktivierungsvariante der sozialen Befähigung dar. Dies zeigt sich insbesondere anhand der in Dänemark verfolgten Reformpolitik. Dort wurde eine Universalisierung von Beschäftigungsfähigkeit mit Hilfe reflexiver Steuerung erreicht, welche eine hohe Kohärenz von Einzelmaßnahmen und Dienstleistungsangeboten herstellte. Dabei konnten im politischen Tausch auch spezifische für das Regime pfadabweichende Reformelemente wie die Universalisierung der Arbeitspflicht umgesetzt werden. Gleichzeitig bestätigt das dänische Beispiel jedoch auch die der Co-Governance inne wohnenden Restriktionen: Wie bereits erwähnt, begünstigt die Einbindung der Tarifpartner (Scharpf 1987; Schmidt 1982a; 1982b) eine Politik zu Gunsten der Insider und bürdet Kürzungen vor allem den Outsidern auf (Offe 1984).

Im Rahmen der primär hierarchischen Formen der Entscheidungsfindung in Großbritannien konnten dagegen universelle Leistungskürzungen auch »gegen« die Opposition (schwacher) zivilgesellschaftlicher Akteure verwirklicht werden. Der Ausbau finanzieller Erwerbsanreize im Rahmen der In-Work-Benefits, die Gewährleistung sowie die finanzielle Unterstützung des Ausbaus der Kinderbetreuung als partiell pfadabweichende Reformen konnten weitgehend »unilateral« durch die Regierung beziehungsweise durch »rein« staatliche Netzwerke innerhalb des Regierungs- und Verwaltungsapparates reflexiv koordiniert werden. Allein für die Festsetzung des Mindestlohns wurde auf Formen der Co-Governance im Sine einer Kooperation mit den Tarifpartnern zurückgegriffen. Über die Dominanz hierarchischer Formen der Governance nicht zu verwirklichen war dagegen offenbar der angestrebte Ausbau von Aus- und Weiterbildungsmaßnahmen als Teil einer Strategie sozialer Befähigung. Entsprechend kann die fehlende Umsetzung des partiellen Pfadwechsels im Zusammenhang mit dem rhetorisch propagierten Ziel einer umfassenden Qualifizierungsoffensive in Großbritannien letztlich durch selektive Defizite primär hierarchischer Formen der Handlungskoordination beziehungsweise das Fehlen effektiver Formen der Co-Governance interpretiert werden.

Für Deutschland ist die Parallelität hierarchischer Entscheidungen und Formen der Co-Governance typisch, wobei letztere oft genutzt werden, um Veto-Macht geltend zu machen. Entsprechend ist auch die Fähigkeit reflexiver Governance nur gering entwickelt, was sich in einer fehlenden Kohärenz von Einzelreformen niederschlägt. So wurde das Ziel einer Vereinheitlichung der Arbeitsverwaltung und der Arbeitsförderung für ALG I und ALG II im Rahmen erzwungener Kompromissfindung zwischen der rot-grünen Bundesregierung und den Länderregierungen im gegenmajoritären Bundesrat verfehlt. Ferner wurde bislang keine der idealtypischen Varianten der Aktivierungspolitik über sukzessive Reformen im Rahmen reflexiver Steuerung »komplettiert«, da weder die Einführung eines Kombilohnes und eines generellen Mindestlohns im Sinne einer Strategie des »Making Work Pay« noch die Ausweitung der Berufsbildung und Weiterbildungsmaßahmen oder auch die umfassende Erweiterung der Kinderbetreuung als Ganztagsbetreuung im Sinne »umfassender sozialer Befähigung« durchgesetzt werden konnten. Zusammen mit der bislang unhinterfragten Kontinuität der Institutionen des Versicherungssystems, das vor allem die Insider schützt, führte dies zu einer Dualisierung der Arbeitsmarktpolitik und zunehmend auch des Arbeitsmarktes. Da sich in anderen konservativ- korporatistischen Ländern ähnliche Muster in Bezug auf die Reformprofile abzeichnen (Clegg 2008; Palier 2010b), deutet sich die Dualisierung der Institutionen als regimespezifischer Aktivierungspfad an.

Die in der vergleichenden Wohlfahrtsstaatsforschung propagierten Thesen der Pfadabhängigkeit wie auch die mit der Veto-Spieler-Theorie (Bonoli 2001; Siegel 2002; Tsebelis 2002) begründete These mangelnder Reformfähigkeit von Wohlfahrtsstaaten müssen vor diesem Hintergrund präzisiert beziehungsweise partiell revidiert werden. Die Umsetzung der verschiedenen Aktivierungsziele zeigt, dass sich – jenseits der konkreten Anzahl von Veto-Spielern alle drei untersuchten Regime durch eine selektive Reformfähigkeit auszeichnen, da überall spezifische »Brüche« vollzogen und andere »blockiert« wurden. Die hohe Dichte von Veto-Spielern in Deutschland ist nicht mit einer generellen Reformunfähigkeit gleichzusetzen, begründet aber spezifische Probleme. In diesem Sinne lässt sich auch die Teilhypothese 3c voll bestätigen.

3c. *Die verschiedenen Aktivierungsvarianten ergeben sich durch die präferierte Adaption von weitgehend pfadkonformen Aktivierungselementen sowie die selektive Reformfähigkeit der verschiedenen dominanten Formen der Governance der Entscheidungsfindung hinsichtlich pfadbrechender Reformen.*

Eine ergänzende Präzisierung bezüglich der Wirkung der Governance der Entscheidungsfindung lautet:

Formen der Co-Governance restringieren generelle Leistungskürzungen und begünstigen eine Politik sozialer Befähigung, da sie eine umfassende reflexive Steuerung zulassen. Hierarchische Formen der Governance sind eher geeignet generelle Leistungskürzungen zu verwirklichen, zeigen aber eine eingeschränkte Koordinationsfunktion. Vor allem institutionell »erzwungene« Formen der Co-Governance münden letztlich in Entscheidungen auf dem kleinsten gemeinsamen Nenner beziehungsweise Stückwerkreformen und begünstigen die institutionelle Fragmentierung.

Abschließend lässt sich damit festhalten, dass die diskursive Erweiterung des akteurzentrierten Institutionalismus beziehungsweise die daran angelehnte Variablenkonstellation (Abbildung 1) eine hohe Erklärungskraft aufweist und sowohl zur Fundierung als auch zur kritischen Reflexion bereits bestehender Thesen und Erkenntnisse beiträgt sowie innovativ auf bislang nicht beobachtete Zusammenhänge im Bereich der vergleichenden Wohlfahrtsstaatsforschung aufmerksam macht. Dabei erscheinen sowohl die Erweiterung der Erklärungsvariablen um den »Diskurs« als auch der Fokus auf die unterschiedliche Reformfähigkeit der verschiedenen Formen der Governance der Entscheidungsfindung als Gewinn für die Erklärungskraft des Modells.

V. Resümee und Ausblick

Die veränderten sozioökonomischen Rahmenbedingungen respektive Globalisierung, Tertiarisierung und demographischer Wandel stehen für eine neue Entwicklungsstufe des Kapitalismus. Sie erfordern eine Anpassung wohlfahrtsstaatlichen Handelns, um alte und neue Widersprüche zwischen den Funktionsbedingungen der verschiedenen gesellschaftlichen Subsysteme Staat, Markt und Familie zu entschärfen. Der normative Entwurf des aktivierenden Wohlfahrtsstaates ist als Antwort auf diese Herausforderungen zu betrachten.

Um die damit einhergehenden Prozesse des wohlfahrtsstaatlichen Wandels umfassend untersuchen und verstehen zu können, hat die vorliegende Analyse die Forderung Kaufmanns (2009) eingelöst und die sozialpolitischen Ziele und Ideen, die institutionelle Ausgestaltung der Policies und die diese beeinflussenden politischen Entscheidungsprozesse und Machtverhältnisse (Politics) in ihrer dreifachen Dimensionierung am Beispiel der Arbeitsmarktpolitik sowie flankierender Politikfelder untersucht.

Die ursprünglichen sozialpolitischen Aufgaben des fürsorgenden Wohlfahrtsstaates lagen in der Einschränkung von Gefährdungen im Zuge des Arbeitsschutzes oder der Sicherung kategorialer Risiken wie Einkommensverlust aufgrund von Krankheit, Arbeitsunfähigkeit oder Arbeitslosigkeit. Im aktivierenden Wohlfahrtsstaat steht die Prävention in Bezug auf das Eintreten entsprechender Risiken im Vordergrund. Ziele wie »Aktivierung« und »Befähigung« erfordern die Vermittlung von Handlungskompetenzen, was eine ungleich komplexere Form sozialstaatlicher Intervention darstellt als die früheren vielfach auf Kompensation zielenden Interventionsformen (Kaufmann 2009). Das Bekämpfen von Problemlagen wie Armut oder dauerhafte soziale Ausgrenzung erscheint als »Wicked Issue«, da diese multible Ursachen haben und nicht allein im Rahmen einzelner Politikfelder zu bearbeiten sind. Das Erreichen entsprechender Ziele bedarf daher sowohl einer umfassenden Analyse der Wirkungsbedingungen politischer

Intervention als auch deren reflexiver Governance. Eine erfolgreiche Anpassung bestehender Policies an neue Ziele stellt daher hohe Anforderungen an die Reform- und Koordinationsfähigkeit der verschiedenen wohlfahrtsstaatlichen Regime und zwar sowohl bei der Gestaltung der Policies als auch bei den dazu notwendigen politischen Reform- und Entscheidungsprozessen.

Die im Vergleich zum fürsorgenden Wohlfahrtsstaat veränderten Zielsetzungen des aktivierenden Wohlfahrtsstaates beinhalten eine Veränderung sozialstaatlicher Rechte als auch einen Wandel der Interventionsformen und Institutionen. Mit dem spezifischen Fokus auf Governance war der Anspruch verbunden, den bislang nur selektiv betrachteten Zusammenhang des Wandels von Welfare und State breit zu analysieren. Durch die Zusammenführung der vergleichenden Wohlfahrtsstaats- und Arbeitsmarktpolitikforschung mit der Staats- und Governance-Forschung sollten beide Forschungsstränge weiterentwickelt werden. Die Frage nach dem Wandel von Governance wurde dabei erstmals sowohl im Hinblick auf Policies als auch auf Politics untersucht, um etwaige Interdependenzen aufzudecken. Dabei hat sich nicht zuletzt der diskursiv erweiterte Ansatz des akteurzentrierten Institutionalismus als äußerst tauglich erwiesen sowohl konvergente Prozesse des wohlfahrtsstaatlichen Wandels als auch das Entstehen konkreter Reformvarianten (als fortbestehende Divergenz) zu erklären.

18. Relevanz der Ergebnisse für die verschiedenen Forschungskontexte und die Politik

Die erzielten Ergebnisse beinhalten vielfältige Beiträge und Anregungen zu aktuellen Debatten der vergleichenden Wohlfahrtsstaats- und Arbeitsmarktforschung wie auch zur Staats- und Governance-Forschung[185]. Diese werden im Folgenden in Form eines Resümees dargelegt. Zudem lassen sich aus den vorliegenden Ergebnissen auch einige Anmerkungen für die zukünftige Gestaltung von Sozial- beziehungsweise Arbeitsmarktpolitik ableiten.

Ergebnisse mit Blick auf die vergleichende Wohlfahrtsstaats- und Arbeitsmarktforschung

Ein Anspruch der vorliegenden Arbeit war es, der Frage nach dem »Wesen« des Wohlfahrtsstaates nachzuspüren, um den hier fokussierten Wandel vom fürsorgenden zum aktivierenden Wohlfahrtsstaat konkret und detailliert erfassen zu können. Als Voraussetzung bedurfte es zunächst einer Re-Definition der von Esping-Andersen (1996; 1999) gewählten Indikatoren zur Bestimmung der verschiedenen Wohlfahrtsregime mit Hilfe des Governance-Konzepts. Dabei wurden insbesondere die Spannungsverhältnisse wohlfahrtsstaatlichen Handelns betont, die im Rahmen des

185Die vorliegende Untersuchung war auf die Analyse der Arbeitsmarktpolitik und die sie flankierenden Politikfelder beschränkt und kann daher im Hinblick auf die allgemeine Entwicklung des Wohlfahrtsstaates eine nur eingeschränkte Gültigkeit beanspruchen. Auch die entwickelte Operationalisierung der drei Dimensionen wohlfahrtsstaatlichen Handelns ist in starkem Maße spezifisch für das gewählte Untersuchungsfeld und lässt sich nur bedingt für die Analyse anderer Politikfelder beziehungsweise -cluster nutzen. Ähnlich gilt, dass auch die im Rahmen eines drei Ländervergleichs erzielten Ergebnisse nur bedingt verallgemeinerbar beziehungsweise auf andere Länder und Wohlfahrtsstaaten zu übertragen sind. Aber auch auf der Basis einer solchen Partialanalyse wohlfahrtsstaatlicher Politik können generelle Thesen und Forschungsdesigns der entsprechenden Diskurse bestätigt oder hinterfragt werden.

Aktivierungsparadigmas unter veränderten Vorzeichen insbesondere bei der Gestaltung der Arbeitsmarktpolitik in den Vordergrund treten. Entsprechend wurde zunächst hervorgehoben, dass wohlfahrtsstaatliche Politik schon immer auf Kommodifizierung *und* Dekommodifizierung abzielte. Im Zuge des Aktivierungsparadigmas gewinnt Kommodifizierung im Sinne einer Förderung der Teilhabe am Arbeitsmarkt nun auch als Mittel zur sozialen Sicherung und Integration stärker an Gewicht, während Dekommodifizierung, im Sinne der Freistellung vom Zwang die Arbeitskraft zu vermarkten, stark eingeschränkt wird.

Die Operationalisierung der verschiedenen Dimensionen wohlfahrtsstaatlichen Handelns als »Spannungsverhältnis« hat sich als analytisch ertragreich erwiesen, indem ein extrem breites Spektrum entsprechender Leistungen und Regulierungen erfasst werden konnte. Veränderungen wurden nicht nur eindimensional im Sinne eines »mehr oder weniger« einzelner Leistungen abgebildet, sondern der konkrete Mix der verschiedenen sozialstaatlichen Interventionsformen sowie dessen Wandel dargestellt. In Kombination mit einem Politikfeld übergreifenden Fokus konnte so deutlich gemacht werden, dass sich die Mittel zum Erreichen von Kommodifizierung verändern und in den verschiedenen Ländern unterschiedlich gewichtet sind. Neben der im Rahmen der Arbeitsmarktpolitik gestalteten rechtlichen Regulierungen und Dienstleistungen werden zunehmend auch soziale Dienstleistungen beziehungsweise die Familienpolitik und das Steuersystem auf das Ziel der Beschäftigungsfähigkeit hin orientiert. Um finanzielle Arbeitsanreize zu gewährleisten, greift der Staat gegebenenfalls sogar in die (Mindest-) Lohngestaltung ein, während gleichzeitig Transferleistungen konditionalisiert und die Arbeitspflicht ausgeweitet werden. Der im Rahmen der Social Citizenship und der Workfare Debatte vielfach konstatierte Abbau sozialer Rechte in Kombination mit einer Zunahme der Arbeitspflicht konnte in diesem Zusammenhang als nicht vollständiges Bild vom Wandel des Wohlfahrtsstaates aufgedeckt werden. Zutreffender ist vielmehr eine generelle Verschiebung von Rechtsansprüchen im Sinne einer Reduzierung der Rechte auf Transfers und einer Ausweitung der Rechte auf soziale Dienstleistungen in Kombination mit einer Zunahme der Arbeitspflicht.

Als weiteres für die vergleichende Wohlfahrtsstaatsforschung wichtiges Ergebnis ist festzuhalten, dass der Paradigmenwechsel weitgehend länderübergreifend verwirklicht wurde – und damit ein umfassender wohlfahrtsstaatlicher Wandel zu konstatieren ist. Gleichzeitig haben jedoch die von

Esping-Andersen identifizierten Regime des Wohlfahrtskapitalismus – jedenfalls mit Bezug auf die hier untersuchten Länder und Politikcluster – über diesen Wandel hinweg Bestand: trotz partieller Pfadbrüche weisen die Regime eine hohe Kontinuität auf und Veränderungen sind regimespezifisch geprägt.

Zur Charakterisierung der verschiedenen Regime entlang der identifizierten drei Dimensionen wohlfahrtsstaatlichen Handelns lassen sich folgende Erkenntnisse festhalten. Die erste Dimension, also die Ausgestaltung sozialer Rechte, bleibt charakteristisch für die Unterscheidung der verschiedenen Regime. Sie wird nun jedoch mit den revidierten Kriterien deutlich komplexer gefasst, so dass nicht nur Differenzierungen hinsichtlich des Rechtes auf Dekommodifizierung zu erkennen sind, sondern auch hinsichtlich des Rechts auf Kommodifizierung. Die Analyse der Spannungsverhältnisse machte deutlich, dass das Recht auf Arbeitsmarktteilhabe eng mit der Ausweitung von Arbeitszwang gekoppelt ist. Demnach ist Workfare nicht – wie von einigen Autoren zunächst angenommen (Barbier 2004; Torfing 1999b; Van Berkel/Hornemann Møller 2002) – in Großbritannien als einem liberalen Wohlfahrtsstaat am stärksten ausgeprägt, sondern in Dänemark, einem Land das auch die Beschäftigungsfähigkeit umfassend entwickelt hat (Dingeldey 2007a; 2007b). Die damit identifizierte Dialektik diskreditiert »Befähigung« und »Zwang« als jeweils alternative Merkmale zur Differenzierung unterschiedlicher Aktivierungstypen. Die vorangegangene Analyse kontrastiert daher idealtypisch »Umfassende soziale Befähigung« mit »Making Work Pay«. Während der Ausbau der Arbeitspflicht bei beiden Varianten stattfindet, dominieren in ersterer der Ausbau sozialer Dienstleistungen und gegebenenfalls weiterhin hohe Transfers. In der letzterer ist dagegen der Ausbau finanzieller Erwerbsanreize für Geringverdiener wesentlich.

In der zweiten Dimension wohlfahrtsstaatlichen Handelns verblasst die je spezifische Ausprägung der »Governance der Wohlfahrtsproduktion« im Sinne einer Dominanz von Staat, Markt oder Verbänden als ein Kriterium zur Differenzierung verschiedener Regime. So wurde für den Bereich der Arbeitsmarktpolitik wie auch der Familienpolitik gezeigt, dass die ehemals für die verschiedenen Regime charakteristische Form der Governance der Wohlfahrtsproduktion durch jeweils alternative Governance-Formen ergänzt werden. Beispielhaft ist die Abnahme der Dominanz der Organisation sozialer Leistungen im Rahmen des Versicherungssystems beziehungsweise der Dominanz der Verbände und der Familie beim Erbringen sozialer Leistungen bei gleichzeitiger Zunahme steuerfinanzierter Transfers wie auch durch den Markt organisierter Dienstleistungen in einem konservativ-korporatistischen Wohlfahrtsstaat wie Deutschland. Da ähnliche Entwicklungen mit umgekehrten Vorzeichen auch in den anderen Ländern zu erkennen sind, dominiert in allen Wohlfahrtsstaatstypen zunehmend ein Mix der Governance der Wohlfahrtsproduktion. Entsprechend hybride Systeme gleichen sich mittelfristig immer stärker an (Bannink/ Hoogenboom 2007).

Erfolg und Outcome der Aktivierungspolitik hängen zunehmend davon ab, ob reflexive Formen der Governance verwirklicht werden und damit die Kohärenz von Anreizen und Unterstützungsleistungen über verschiedene Politikfelder hinweg hergestellt wird. Diese wurde nicht zuletzt anhand der Muster der Arbeitsmarktintegration von Frauen beziehungsweise Müttern deutlich, die sich entlang der verschiedenen Aktivierungstypen stark unterscheiden und den unterschiedlichen Umfang von Kinderarmut maßgeblich beeinflussen. Wurde bislang die Koordination verschiedener Institutionen primär im Varieties of Capitalism Ansatz im Hinblick auf wirtschaftlichen Erfolg betont, sollte zukünftig auch die in den verschiedenen Ländern in unterschiedlichem Maße erreichte institutionelle Kohärenz sozialpolitischer Maßnahmen reflektiert werden.

In Bezug auf die dritte Dimension wohlfahrtsstaatlichen Handelns deutet sich dabei ein Zusammenhang zwischen erfolgreicher reflexiver Steuerung und der Entwicklung zunehmend egalitärer oder polarisierter Erwerbsmuster entlang der Merkmale Geschlecht oder Elternschaft an. Dies kann als wichtiges Ergebnis mit Blick auf das Erreichen von Chancengleichheit gelten, die als zentrales Ziel im aktivierenden Wohlfahrtsstaat postuliert wird.

Während für Dänemark auf der einen Seite und für Großbritannien auf der anderen Seite die Entwicklung der Aktivierungsvarianten weitgehend in Anlehnung an die für den universalistischen und den liberalen Wohlfahrtsstaatstypus erwarteten idealtypischen Varianten erfolgte, entwickelte sich in Deutschland – wie auch in den von anderen Forschern skizzierten Typologien – eine spezifische, dritte Variante. Im Einklang mit anderen Untersuchungen zur Sozialpolitik in konservativ-korporatistischen Wohlfahrtsstaaten (Palier 2010b; Palier/Thelen 2010) deuten die Untersuchungsergebnisse darauf hin, dass die mit dieser Entwicklung einhergehende institutionelle und soziale Dualisierung eine typische Variante wohlfahrtsstaatlicher Reformpolitik für diesen Regimetyp darstellt.

Die diskursive Erweiterung des akteurzentrierten Institutionalismus hat dazu beigetragen, wohlfahrtsstaatlichen Wandel in Form »konvergenter Divergenz« zu erklären. Demnach konnten die diskursive Rezeption und Akzeptanz der Ideen des Aktivierungsparadigmas in Verbindung mit der krisenhaften Entwicklung wirtschaftlicher Rahmenbedingungen als Motor für Reformbewegungen identifiziert und entsprechende Thesen zur Wirkung des Diskurses im Sinne gleichgerichteter Entwicklungen bestätigt werden. Damit ist festzuhalten, dass neue Ideen wichtige Voraussetzungen für die Formulierung neuer Ziele und damit verbundenen Wandel darstellen. Gleichzeitig wurde deutlich, dass ein international geführter Diskurs wie der zum aktivierenden Wohlfahrtsstaat national unterschiedlich rezipiert wird. Anhand der detaillierten Betrachtung der zeitlichen Abfolge der verschiedenen nationalen Reformdiskurse wurde gezeigt, dass zur Verwirklichung des neuen Paradigmas in den einzelnen Ländern zu unterschiedlichen Zeitpunkten deutlich differierende Prioritäten gesetzt wurden. Dabei stechen sich verändernde sozioökonomische Problemlagen hervor.

Mit den soweit erzielten Ergebnissen verbunden, ist die Erkenntnis, dass das Design und die Qualität der bislang standardmäßig verwendeten Daten und Kennzahlen in der vergleichenden Arbeitsmarkt- und Wohlfahrtsstaatsforschung in künftigen Analysen der Sozialpolitik zu überprüfen ist. Die Analyse von Politikclustern beziehungsweise die Politikfeld übergreifende Untersuchung der verschiedenen Regulierungen und Instrumente der Arbeitsmarktpolitik in Kombination mit der Steuer- und Familienpolitik hat deutlich gemacht, dass eine Verlagerung der Aufgaben und Ausgaben zwischen den verschiedenen Leistungsarten stattfindet, die zum Teil in unterschiedlichen Ressorts verankert sind. Entsprechend schlagen sich Veränderungen nur bedingt im Sozialbudget beziehungsweise im Rahmen der wohlfahrtsstaatlichen Gesamtausgaben nieder. Maßgebliche regulative Veränderungen sind aufgrund ihrer annähernden »Kostenneutralität« im Sozialbudget gar nicht zu erkennen. Die Ergebnisse der vorliegenden Arbeit untermauern damit nachdrücklich die im Zuge der Diskussion zum »Dependent Variable Problem« geäußerte Kritik an der ausschließlich an der Entwicklung der gesamtstaatlichen Sozialausgaben orientierten Beurteilung des wohlfahrtsstaatlichen Wandels (Green-Pedersen 2007; Starke 2006). Entsprechend sind Ansätze, welche auf die Ausgabendynamik einzelner Teilbudgets und damit einhergehender Verlagerungen Bezug nehmen (siehe (Obinger/Starke 2009)), zu unterstützen und weiterzuentwickeln. Zudem sollten Ausgaben beziehungsweise Kosten nach Leistungsarten unterschieden werden, so zum Beispiel für Transfers, für Dienstleistungen, aber auch aus »sozialen« Gründen gewährte Steuerermäßigungen, um entsprechende Veränderungen wohlfahrtsstaatlicher Politiken und sozialer Rechte erfassen zu können (Greve 1994).

Ebenso zeigte sich, dass bestimmte in der vergleichenden Arbeitsmarkt- und Wohlfahrtsstaatsforschung etablierte Kenn- und Messzahlen letztlich nur eingeschränkt als »valide« Indikatoren zur Beurteilung des Policy-Outcomes fungieren können. So gibt beispielsweise die Arbeitslosenquote nur bedingt Aufschluss über die erfolgreiche Integration der Erwerbspersonen in den Arbeitsmarkt, respektive die Entwicklung der Transferleistungsempfänger im erwerbsfähigen Alter. In den verschiedenen Ländern wurden und werden nicht erwerbstätige Transferleistungsempfänger in unterschiedlichem Maße über Transfers für Arbeitslose oder aber alternativ im Rahmen von Frühverrentungsprogrammen, über Erwerbsunfähigkeitsrenten oder die Sozialhilfe versorgt (Erlinghagen/Knuth 2009). Ähnlich muss die Beurteilung des Wachstums von Beschäftigung nach der Zahl der erwerbstätigen Personen insbesondere vor dem Hintergrund der Ausweitung von Teilzeitarbeit und deren unterschiedlichen Erscheinungsformen als versicherungspflichtige oder aber geringfügige Teilzeitarbeit kritisch reflektiert werden. Die Beschäftigungsdynamik einer Volkswirtschaft und einzelner Sektoren sowie das Niveau der Arbeitsmarktintegration spezifischer Gruppen kann letztlich nur über ergänzende Untersuchungen zum Arbeitszeitvolumen exakt bestimmt werden (Bosch/Wagner 2005a; 2005b). Darüber hinaus deutet sich an, dass die Muster der Erwerbsteilhabe beziehungsweise der Umfang der Arbeitsmarktintegration auf Haushaltsebene als Element sozialer Ungleichheit zunehmend an Bedeutung gewinnen. Die Ergebnisse der vorangegangene Arbeit sind daher auch als Plädoyer für die differenzierte Erhebung und Analyse von entsprechenden Daten zu betrachten, um die hier vielfach nur angedeuteten Effekte und Interdependenzen einzelner Entwicklungen zukünftig noch detaillierter nachvollziehen zu können.

Ergebnisse an der Schnittstelle der verlgeichenden Wohlfahrtsstaats- und der Governance-Forschung

Empirische Analysen zur Governance von Policies bezogen sich bislang nahezu ausschließlich auf den Rückzug des Staates aus der Erfüllungsverantwortung, respektive die Veränderungen der Organisation der Wohlfahrtsproduktion. Analysen zur Governance der Entscheidungsfindung hoben primär auf die Zunahme der Formen von Co-Governance respektive von Politiknetzwerken ab. Die vorliegende Untersuchung zur aktivierenden Arbeitsmarktpolitik verfolgte den Anspruch darüber hinaus zu gehen, und Wechselwirkungen der Governance von Policies und Politics offen zu legen. Die dabei erzielten Erkenntnisse zur Erklärung der unterschiedlichen Reformfähigkeit verschiedener Governance-Formen und zum wohlfahrtsstaatlichen Wandel sind gleichermaßen als Erweiterung des Governance-Diskurses zu verstehen.

Der Ansatz des erweiterten akteurzentrierten Institutionalismus hat sich dabei als geeignet erwiesen, Erkenntnisse aus den unterschiedlichen Diskursen zu verbinden beziehungsweise zu integrieren, so dass spezifische Zusammenhänge deutlich wurden. Wenn die Verwirklichung der im Zuge des Aktivierungsparadigmas formulierten Ziele respektive das Erreichen sozialer Gleichheit in zunehmendem Maße durch reflexive Formen der Steuerung beziehungsweise politikfeldübergreifende Koordination beeinflusst wird, kommt der in den verschiedenen politischen Systemen angelegten unterschiedlichen Fähigkeit zur reflexiven Steuerung eine zentrale Bedeutung zu. Diese – so das hier dargelegte Ergebnis – wird maßgeblich durch die jeweilige Form der Governance der Entscheidungsfindung beeinflusst. Da die Formen der Governance der Entscheidungsfindung durch das politische Institutionensystem und die Ausgestaltung der Akteurkonstellationen beeinflusst sind, weisen sie eine gewisse Dominanz und Stabilität auf. Die hier identifizierte jeweils selektive Reformfähigkeit der verschiedenen Formen der Governance der Entscheidungsfindung ergänzt und präzisiert damit sowohl die Pfadabhängigkeitsthese wie auch die Veto-Spielerthese. So lässt sich erklären, warum in einzelnen Regimes bestimmte Reformen respektive partielle Pfadwechsel verwirklicht werden konnten und andere nicht.

In der Governance-Perspektive wird klar, dass auch in Systemen mit vielen Veto-Spielern wie dem der Bundesrepublik Wandel durchaus möglich ist, aber im Allgemeinen eine umfassende Kompromissfindung zwischen den verschiedenen Akteuren voraussetzt. Institutionell quasi erzwungene Verhandlungen münden daher oftmals in Reformen auf dem »kleinsten gemeinsamen Nenner« beziehungsweise in Stückwerksreformen. Entsprechend ist die Koordination verschiedener Reformen zur Herstellung eines erneut kongruenten Institutionen- und Anreizsystems hier deutlich schwieriger als in anderen politischen Systemen. Dies erscheint angesichts veränderter sozialpolitischer Ziele im Rahmen des neuen wohlfahrtsstaatlichen Paradigmas, deren Verwirklichung in hohem Maße von Formen reflexiver beziehungsweise ganzheitlicher Governance abhängen, letztlich als gravierende Einschränkung.

In der Arbeitsmarktpolitik ist die vor allem im Governance-Diskurs vielfach propagierte Zunahme des Entscheidens durch Verhandeln in Netzwerken nicht gänzlich neu. Diese variiert quasi pfadabhängig mit dem institutionellen Gefüge der jeweiligen politischen Systeme beziehungsweise deren Tradition neo-korporatistischer Formen der Entscheidungsfindung. Viele der neu initiierten Netzwerke in Form von Kommissionen oder Review Bodies fungieren jedoch nicht unbedingt als Entscheidungsnetzwerke, sondern dienen zur Legitimation von weiterhin primär hierarchisch getroffenen Entscheidungen oder aber als Mittel zum Umspielen bzw. zum Einbinden von Veto-Spielern. Die vor allem in den normativen Schriften der Governance-Forschung angedeutete Zunahme der Entscheidungsfindung in Netzwerken ist entsprechend zu relativieren.

Die detaillierte Analyse verschiedener Phasen der Reformpolitik zeigte zudem, dass mit der Veränderung der Regierungszusammensetzung beziehungsweise der Machtressourcen der Sozialpartner im Zeitverlauf auch die Formen der Governance der Entscheidungsfindung in einem politischen System differieren. »Gescheiterte« Reformen wurden zum Teil zu einem späteren Zeitpunkt mit einem alternativen Entscheidungsmodis erfolgreich realisiert. Wichtig dafür sind nicht zuletzt die jeweils konkrete sozioökonomische Situation beziehungsweise deren Veränderung oder auch ein Wandel der Macht- und Mehrheitsverhältnisse. Ein weiteres Ergebnis besteht darin festzuhalten, dass die Reformfähigkeit eines politischen Systems in bedeutendem Maße vom Kontext abhängig ist.

Ergebnisse mit Blick auf den Diskurs zum Wandel von Staatlichkeit und Governance

Die Untersuchung stellt eine der ersten empirischen Analysen der Veränderung des staatlichen Interventionsparadigmas hin zum Gewährleistungsstaat dar. Dabei bestätigen sich einige der Annahmen, die im Rahmen des Diskurses zum Wandel von Staatlichkeit und Governance gemacht wurden, während andere in Frage gestellt werden. Die von Kaufmann (1982) im Zusammenhang mit einem neuen sozialstaatlichen Steuerungsparadigma prognostizierte Ausweitung von Dienstleistungsangeboten und pädagogischen Interventionen wird im Rahmen der Reformen der Arbeitsmarktpolitik für alle drei Untersuchungsländer bestätigt. Die proklamierte Rücknahme ökonomischer Intervention ist dagegen in Frage zu stellen. Einerseits ist zwar eine Kürzung der Transferleistungen aufgrund von Arbeitslosigkeit beziehungsweise eine Verlagerung hin zu steuerfinanzierten und bedürftigkeitsgeprüften Leistungen zu beobachten. Andererseits findet jedoch vor allem in Großbritannien mit der Einführung der so genannten In-Work-Benefits beziehungsweise Steuergutschriften eine Ausweitung ökonomischer Intervention (über die Steuerpolitik) mit Bezug zur Gruppe der Geringverdiener statt, die ansatzweise auch in Deutschland zu erkennen ist.

Bestätigt wird ferner, dass der jüngste Wandel von Staatlichkeit sowohl eine Rücknahme als auch eine Ausweitung staatlicher Verantwortung beinhaltet (Genschel/Zangl 2007; 2008). Damit muss der im Zusammenhang mit der Privatisierung von bislang staatlichen Leistungen beziehungsweise dem Rückbau des Wohlfahrtsstaates vielfach formulierten These eines »Hollowing out of the State« (Rhodes 1994) widersprochen werden, sofern sie als Charakterisierung eines universellen Entwicklungstrends gelten soll. Obgleich bei der Reorganisation arbeitsmarktpolitischer Dienstleistungen entsprechende Trends der Privatisierung bei der Leistungserbringung in allen drei Untersuchungsländern zu verzeichnen sind, ging dies unmittelbar einher mit der Zunahme strategischer Koordinationsleistungen des (Zentral-) Staates. Entsprechend stützen die hier vorgestellten Resultate die in der Governance-Forschung benannte »Gegen«-These eines »Filling-in« des Staates (Taylor 2000) im Sinne einer Zunahme staatlicher Aufgaben hinsichtlich der Koordination kollektiver Akteure und Leistungsanbieter wie auch in Bezug auf die Übernahme von bislang über gesellschaftliche Akteure erbrachte Leistungen. Exemplarisch erscheint dabei die Einführung eines gesetzlich regulierten Mindestlohns in Großbritannien beziehungsweise branchenbezogener Mindestlohnregelungen in Deutschland, welche die Erosion der Tarifpolitik als Form gesellschaftlicher Self-Governance durch staatliche Regulierung von Mindeststandards kompensiert beziehungsweise ergänzt. Eine entsprechende Ausweitung staatlicher Gewährleistungsverantwortung findet auch statt, wenn ein Existenz sichernder (Familien-) Lohn von Geringverdienern nicht mehr über Marktmechanismen beziehungsweise Tarifautonomie erzielt werden kann und durch erweiterte sozialstaatliche Transfers für Beschäftigte kompensiert wird.

Ein idealtypisch agierender Gewährleistungsstaat ist letztlich gefordert, das Ziel der Beschäftigungsfähigkeit auch im Sinne eines »Rechts« auf Arbeit tatsächlich einzulösen. Dies impliziert, dass er weiterhin indirekt die Verantwortung für das Erreichen von Vollbeschäftigung trägt und – darüber hinausgehend – letztlich eine Ausfallbürgschaft als Employer of Last Resort (Schmid 2004) leisten muss. Damit aber ist er mehr denn je gefordert, als Meta-Akteur die Organisation verschiedener Formen der Co-Governance zu übernehmen, das heißt die Vernetzung verschiedener staatlicher und nicht staatlicher Akteure sowohl im Rahmen der ökonomischen Makrosteuerung als auch bei der Politikfeld übergreifenden Koordination zur Gewährleistung von Beschäftigungsfähigkeit.

Vor dem Hintergrund dieser Ergebnisse mutet es geradezu paradox an, dass die neuen normativen Staatskonzepte als Reaktion auf staatliches Steuerungsversagens entworfen wurden. Dies wurde unter anderem am Scheitern keynesianischer Makrosteuerung zur Sicherung von Vollbeschäftigung festgemacht (Scharpf 1987). Die vorangegangene Analyse offenbart jedoch, dass mit dem Entwurf des Gewährleistungsstaates indirekt noch deutlich komplexere staatliche Steuerungsaufgaben verbunden sind als mit dem alten »Interventionsstaat«. Vor diesem Hintergrund ist eine Überlastung des Staates oder aber eine Nichterfüllung der idealtypisch implizierten Gewährleistungsgarantien zu erwarten (Dingeldey 2008). Da andere soziale Sicherungselemente letztlich unter Berufung auf den »Ausbau« von Gewährleistungsgarantien abgebaut wurden, kann dies letztlich zu einer Zunahme der Prekarisierung und der sozialen Ungleichheit führen.

Mit dem Konzept des Gewährleistungsstaates verbunden erscheint ferner eine Zunahme staatlich-autoritärer Elemente. Im Rahmen des wohlfahrtsstaatlichen Diskurses wurde seit langem hervorgehoben, dass auch über repressive Interventionsformen auf die Vermarktlichung der Arbeitskraft wie auch die Normierung der individuellen Lebensführung Einfluss genommen wird (Lenhardt/Offe 1977). Mit der Einführung der Aktivierungspolitik wurde diesbezüglich eine neue Stufe erreicht, die unmittelbar als Entstehen eines Workfare State kritisiert wurde (Jessop 2000; Trube 2003). Die vorliegende Analyse hat auf extrem komplexe Zusammenhänge zwischen Befähigung und Zwang hingewiesen. Wesentlich dabei ist, dass sich die Ausweitung staatlicher Einflussnahme auf bislang noch private Lebensbereiche und Entscheidungen bezieht, indem beispielsweise die Defamiliarisierung der Kinderbetreuung nicht nur unterstützt, sondern letztlich auch eingefordert wird – jedenfalls für die Gruppe der Transferleistungsempfänger. Eine tatsächliche Gewährleistung des Rechts auf Arbeit trägt unter diesen Bedingungen daher unmittelbar zu einer erweiterten Standardisierung der Lebensführung beziehungsweise des Lebenslaufs unter dem Primat der Arbeitsmarktintegration bei. Als Weiterentwicklung des Governance-Diskurses wäre daher unter anderem zu prüfen, ob die für den Bereich der Arbeitsmarktpolitik zu beobachtende Ausweitung von Zwang und sozialer Kontrolle wie auch die angedeutete Überforderung staatlicher Steuerungsfähigkeit auch für andere Politikfelder beziehungsweise für weitere politische Regime gilt.

Folgen für die Politik

Die vorangegangene, vergleichende Analyse zur Aktivierungspolitik hat bestätigt, dass die Bewahrung von sozialer Gleichheit, Gerechtigkeit und Freiheit als Ziele wohlfahrtsstaatlicher Politik einen Prozess der aktiven Anpassung der ehemals für die sozialen Sicherungssysteme grundlegenden Annahmen und Leitbilder erfordert, da diese in der Realität zunehmend gebrochen werden. In diesem Sinne bestätigt sich das der Untersuchung voran gestellte Zitat von Rolf Biermann, das den Zwang zum Wandel thematisiert, um bereits bestehende Errungenschaften aufrechterhalten zu können.

Vor diesem Hintergrund muss zunächst eine konzeptionelle Schwäche des Aktivierungsparadigmas benannt werden. Die Einlösung des Ziels universeller Beschäftigungsfähigkeit wie sie im Aktivierungsparadigma intendiert ist, setzt letztlich eine umfassende Arbeitskräftenachfrage in der nationalen Volkswirtschaft voraus. Im Gegensatz zum Paradigma des fürsorgenden Wohlfahrtsstaates bedeutet dies allerdings nicht nur die Gewährleistung von (Voll-) Beschäftigung für den männlichen Ernährer, sondern für alle erwerbsfähigen Individuen – womit ein letztlich deutlich höheres Beschäftigungsniveau angestrebt beziehungsweise ein deutlich größeres Arbeitsvolumen nachgefragt werden muss. Dies ist keinesfalls allein über aktive oder aktivierende Arbeitsmarktpolitik und deren Flankierung durch Familien- und Steuerpolitik zu erreichen, sondern setzt eine erfolgreiche ökonomische Makrosteuerung voraus. Dies wird nicht zuletzt durch die Entwicklungen bis 2005 in Dänemark und Großbritannien im positiven und in Deutschland im negativen bestätigt. Vor diesem Hintergrund muss daher die fehlende Thematisierung ökonomischer Makropolitik als zentrales Manko der theoretischen Fassung des Aktivierungsparadigmas betrachtet werden. Im politischen Handeln muss diese Leerstelle einer beschäftigungsorientierten Wirtschaftssteuerung gleichwohl gefüllt werden.

Wird tatsächlich Vollbeschäftigung unter dem Primat der Beschäftigung für »alle« erreicht, muss der oben dargelegte Grundkonflikt zwischen Zwang und Befähigung von Seiten der Politik und der Politikberatung thematisiert und bearbeitet werden. Mit der Universalisierung der Erwerbsteilhabe müssen unmittelbar auch »Ausnahmen« für dieselbe definiert werden, sofern individuelle Freiheitsgrade erhalten werden sollen. Entsprechend sollten nicht nur Übergänge in Beschäftigung sozialstaatlich gefördert werden, sondern auch Phasen der Nichterwerbstätigkeit beziehungsweise eingeschränkter Erwerbstätigkeit sozialstaatlich gesichert werden. Voraussetzung dafür ist eine normative Verständigung über wohlfahrtsstaatlich geschützte und mehr oder weniger individuell geltend zu machende Ausnahmen universeller Arbeitsmarktteilhabe für Frauen und Männer, zum Beispiel in Form von Elternurlaub. Darüber hinaus sollten auch andere familiale Situationen, die eine Reduzierung von Erwerbsarbeit erfordern, wie auch stark individuell gestaltete berufliche Re-Orientierungen bis hin zu zeitlich befristeten, aber nicht weiter begründungsbedürftigen Sabbaticals stärker sozialstaatlich flankiert werden.

In diesem Sinne ist die Anregung einer Biographisierung der Sozialpolitik zu unterstützen (vergleiche (Kaufmann 2009), die über die seit langem geforderte sozialstaatliche Flankierung von Arbeitsmarktübergängen in und aus Beschäftigung (Schmid 1994b; 2002a; Schmid/Grazier 2002) noch hinaus geht. Sie sollte auch der sich abzeichnenden Vielfalt der Formen der Erwerbsbeteiligung und der privaten Lebensführung Rechnung tragen, um die individuelle Entscheidung über eine entsprechende Gestaltung der Biographie auch unter dem Primat »universeller Erwerbsteilhabe« zu gewährleisten.

Die wirtschaftliche, soziale und familiale Entwicklung und die Struktur der Erwerbsarbeit deuten darauf hin, dass zunehmend auch Menschen beziehungsweise Haushalte mit Beschäftigung einem steigenden Armutsrisiko ausgesetzt sind. Alleinerziehende sind dabei als besonders gefährdete Gruppe zu betrachten. Insbesondere für diese Gruppe muss daher die so eben skizzierte gesellschaftliche Diskussion um eine Erweiterung sozialstaatlich gesicherter »Zeitrechte« mit der Diskussion um »Geldrechte« in Bezug auf den Kindesunterhalt verbunden werden – vor allem um die mit den derzeitigen bedürftigkeitsgeprüften Leistungen einhergehenden bürokratischen und stigmatisierenden Bewilligungsverfahren abzuschaffen. Hier erscheinen Konzepte der negativen Einkommensteuer wie sie in Großbritannien praktiziert werden als gute Lösungen. Sollen entsprechende, Erwerbseinkommen ergänzende Leistungen jedoch nicht zu einer umfassenden staatlichen Subventionierung von Niedriglohnsektoren werden, bedarf es der regulativen Interventionen zur Gewährleistung von Mindestlöhnen (Keune/Galgóczi 2008). Alternativ ist auch eine sozialstaatlich-regulative Unterstützung der Verbreitung der Kollektivverhandlungen beziehungsweise der Verhandlungsmacht der Arbeitnehmervertreter denkbar, wie sie letztlich in Dänemark im Rahmen des Gent-Systems traditionell praktiziert wird (ebd.).

Die Voraussetzungen für das Einlösen entsprechend skizzierter Ziele sind überaus komplex und in den verschiedenen Wohlfahrtsstaaten in durchaus unterschiedlichem Umfang gegeben. Die verschiedenen Länderanalysen machen deutlich, dass die verschiedenen Reformstrategien nicht ohne weiteres auf andere Länder übertragbar sind und bestehende Institutionen des etablierten Wohlfahrtssystems wie auch des politischen Systems die diesbezügliche Handlungsfähigkeit der relevanten politischen Akteure durchaus einschränken. Generell gilt jedoch, dass die Politikgestaltung beziehungsweise Reform und Anpassung des Wohlfahrtsstaates an veränderte soziale und ökonomische Bedingungen zunehmend komplexer wird. Dabei kommt insbesondere den verschiedenen Formen beziehungsweise Stufen reflexiver Governance eine erhebliche Bedeutung zu.

Ein erfolgreicher Reformprozess setzt letztlich bereits die aktive Gestaltung des politischen Diskurses und die Herstellung eines gesellschaftlichen Konsenses voraus, der die angestrebten Ziele wie auch die damit einhergehende Gestaltung von Regeln und Normen als Teilaufgabe reflexiver Governance umfasst. Weitere Teilaufgaben schließen die Bildung kooperativer Netzwerke unter Einbezug möglicher Veto-Spieler, also der politischen Oppositionsparteien, der Sozialpartner sowie weiterer relevanter sozialpolitischer Akteure auf den verschiedenen politischen Ebenen ein. Sie dienen dazu, Kompromisse, zum Beispiel über Tauschgeschäfte, zu erreichen und die Koordination der verschiedenen Maßnahmen und Regelungen zu fördern, um schließlich eine Art institutionelle Kongruenz entlang eines neuen wohlfahrtsstaatlichen Leitbildes zu erreichen (6 1997; 6 u.a. 2002).

Je stärker ein politisches System institutionell fragmentiert ist, umso stärker sind die Hürden, aber umso größer ist auch die Notwendigkeit den

Politikprozess reflexiv zu steuern. Reformwillige Politiker können daher aus den hier präsentierten Ergebnissen »lernen«, dass es für die aktive Gestaltung gerade auch des deutschen Sozialstaates unumgänglich ist, einen solchen normativen Zukunftsdiskurs zu initiieren, mit dem Ziel, einen gesellschaftlichen Konsens bezüglich des einzuschlagenden Reformpfades zu erreichen. Die Untersuchung legt die Empfehlung nahe, die Koordination verschiedener Politikfelder als Voraussetzung für das Erreichen sozialpolitischer Ziele in den Vordergrund zu stellen. Dies scheint für Ziele der Befähigung und Prävention ebenso wie für Querschnittziele im Sinne der Armutsvermeidung letztlich unabdingbar.

Die Zukunft des Wohlfahrtsstaates als Gewährleister umfassender alter und neuer sozialer Rechte ist somit abhängig davon, dass führende politische Akteure die Notwendigkeit reflexiver Politikgestaltung auf den verschiedenen Ebenen erkennen. Zudem müssen sie über ausreichendes politisches Geschick verfügen, politische Prozesse mittelfristig so zu beeinflussen, dass bestehende institutionelle Fragmentierungen überbrückt und schließlich aufgelöst werden können. Ist dies nicht möglich, besteht die Gefahr, dass wohlfahrtsstaatliche Politik in Zukunft die Einschränkung individueller Freiheit und die Zunahme sozialer Ungleichheit nicht mehr verhindern kann, sondern diese möglicherweise sogar befördert.

Abkürzungsverzeichnis

ABM	Arbeitsbeschaffungsmaßnahme, BRD
AFG	Arbeitsförderungsgesetz, BRD
AL	Arbeitslose
ALG	Arbeitslosengeld, BRD
ALH	Arbeitslosenhilfe, BRD
ALMP	Active Labour Market Policy (Aktive Arbeitsmarktpolitik)
AMN	Regionale Arbeitsmarkträte, DK
AMP	Arbeitsmarktpolitik
AMS	Nationale Arbeitsmarktbehörde, DK
AMU	Arbeitsmarktausbildung, DK
APW	Average Production Worker
ARGEN	Arbeitsgemeinschaften der Bundesagentur für Arbeit und der Kommunen
BA	Bundesanstalt für Arbeit, später: Bundesagentur für Arbeit, BRD
BDA	Bundesvereinigung der Deutschen Arbeitgeberverbände, BRD
BDI	Bundesverband der Deutschen Industrie e. V., BRD
BET	Basic Employment Training, UK
BIP	Bruttoinlandsprodukt
BRD	Bundesrepublik Deutschland
CBI	Confederation of British Industry (Dachverband der Arbeitgeber), UK
CD	Zentrumsdemokraten, DK
CDU	Christlich Demokratische Union, BRD
CPI	Consumer Price Indices
CSU	Christlich Soziale Union, BRD

CTC	Child Tax Credit, UK
DA	Dansk Arbejdsgiverforening (Dachverband Arbeitgeber), DK
DCSF	Department for Children, Schools and Families, UK
DF	Dansk Folkeparti (Dänische Volkspartei), DK
DfE	Department for Education (ersetzt DCSF), UK
DfES	Department for Education and Skills, UK
DGB	Deutscher Gewerkschaftsbund, BRD
DI	Dansk Industri, DK
DK	Dänemark
DKK	Dänische Kronen
DLA	Disability Living Allowance
DL	Dienstleistung
DSS	Department of Social Security, UK
DTI	Department of Trade and Industry, UK
DWP	Department for Work and Pensions, UK
ECU	European Currency Unit, EU
EFQM	European Foundation for Quality Management
EinV	Eingliederungsvereinbarung, BRD
EL	Enhedslisten – de rød-grønne (Einheitsliste Rot-Grün), DK
ES	Employment Service, UK
ESA	Employment and Support Allowance, UK
ESG	Einstiegsgeld, BRD
ETO	Education and Training Opportunity, UK
EU	Europäische Union
EU-SILC	European Union Statistics on Income and Living Conditions, EU
Eurostat	Statistisches Amt der Europäischen Union

EZ	Employment Zone, UK
gE	gemeinsame Einrichtungen (Nachfolge ARGEN), BRD
FDP	Freie Demokratische Partei, BRD
fnD	Flexible New Deal, UK
FRP	Fremskridtspartiet (Fortschrittspartei), DK
GDP	Gross domestic product
HM Treasury	Her Majesty's Treasury (Finanzministerium), UK
HMRC	Her Majesty's Revenue and Customs, UK
IAP	Bewerbungstraining, UK
IB	Incapacity Benefit, UK
Ich-AG	Existenzgründungszuschuss, BRD
Familien-AG	Fördermaßnahme zur Gründung einer familialen Selbständigkeit, BRD
IG-Metall	Industriegewerkschaft Metall, BRD
ILO	International Labour Organization
IS	Income Support, UK
IPPR	Institute for Public Policy Research, UK
JSA	Jobseeker's Allowance (Arbeitslosengeld), UK
KF	Det Konservative Folkeparti (Konservative Volkspartei), DK
KRF	Kristeligt Folkeparti (Christliche Volkspartei), DK
LAN	Nationaler Arbeitsmarktrat, DK
LAR	Beschäftigungsrat, DK
LCC	Lokale Koordinationskommittees für Sozialhilfe, DK
LEC	Lokaler Beschäftigungsrat, DK
LO	Landsorganisationen i Danmark (Dachverband der Gewerkschaften), DK
LSC	Learning and Skills Council (ersetzt TEC), UK
MSC	Manpower Service Commission, UK
NA	Neue Allianz

ND	New Deal, UK
ND50+	New Deal for 50+, UK
NDDP	New Deal for Disabled People, UK
NDLP	New Deal Lone Parents, UK
NDLTU	New Deal Long Term Unemployed, UK
ND25+	New Deal for 25+, UK
NDPU	New Deal for Partner of the Unemployed, UK
NDYP	New Deal for Young People, UK
NEP	National Employment Panel, UK
NIF	National Insurance Fund, UK
NPM	New Public Management
NVQ	National Vocational Qualification
OECD	Organisation for Economic Co-Operation and Development
OMC	Open Method of Coordination, EU
PDS	Partei des Demokratischen Sozialismus, BRD
PES	Public Employment Service
PSA	PersonalServiceAgentur (Leiharbeitsunternehmen), BRD
Quangos	Quasi-Non-Governmental-Organisations
RAR	Regionale Arbeitsmarkträte, DK
RD	Research and Development
RDA	Regional Development Agency , GB
REVE	Rat für berufsgerichtete Erwachsenenbildung, DK
RV	Det Radikale Venstre (Radiakalliberale), DK
SAM	Strukturanpassungsmaßnahme, BRD
SBS	Small Business Service, UK
SCC	Skills Councils, UK
SD	Socialdemokraterne (Sozialdemokratische Partei), DK
SDP	Social Democratic Party, UK

SED	Sozialistische Einheitspartei Deutschlands
SF	Socialistisk Folkeparti (Sozialistische Volkspartei), DK
SGB	Sozialgesetzbuch, BRD
SH	Sozialhilfe, BRD
SPD	Sozialdemokratische Partei Deutschlands, BRD
TEC	Training and Enterprise Council, UK
TUC	Trades Union Congress (Dachverband der Gewerkschaften), UK
UK	United Kingdom
UMTS	Universal Mobile Telecommunications System
USA	United States of America
V	Venstre (Liberale Partei), DK
Ver-di	Vereinte Dienstleistungsgewerkschaft, BRD
VUC	Zentrum für Erwachsenenbildung, DK
WFTC	Working Family Tax Credit, UK
WASG	Arbeit & Soziale Gerechtigkeit – die Wahlalternative?, BRD
WSI	Wirtschafts- und Sozialwissenschaftliches Institut, BRD
WTC	Working Tax Credit, UK

Tabellenverzeichnis

Anhang

Übersichtsverzeichnis

Abbildungsverzeichnis

Literatur

6, Perry (1997), *Holistic Government,* London: Demos.

— (1998), »Problem-Solving Government«, in: Hargreaves, Ian/Christie, Ian (Hg.), *Tomorrow's Politics. The Third Way and Beyond*, Trowbridge: Demos, 50–64.

6, Perry u.a. (2002), *Towards Holistic Governance. The new Reform Agenda,* Houndmills/New York: Palgrave.

Abrahamson, Peter (1999), »The Welfare Modelling Business«, *Social Policy & Administration*, 33 (4): 394–415.

— (2006), »Welfare Reform: Renewal or Deviation?«, in: Campbell, John L. u.a. (Hg.), *National Identity and the Varieties of Capitalism. The Danish Experience*, Montreal & Kingston: Mcgill-Queen's University Press, 356–374.

Adamy, Wilhelm (1999), »Arbeitsmarktpolitik hält Kurs. Ermutigende Akzente im neuen Haushalt der Bundesanstalt für Arbeit«, *Soziale Sicherheit*, 49 (2): 59–63.

Alber, Jens (1983), *Vom Armenhaus zum Wohlfahrtsstaat. Analysen zur Entwicklung der Sozialversicherung in Westeuropa,* Frankfurt/New York: Campus.

— (2000), »Sozialstaat und Arbeitsmarkt«, *Leviathan*, 28 (4): 535–589.

Alderman, Liz (2010), *Denmark Starts to Trim its Admired Safety Net. New York Times, 16th of August 2010.*

Aliaga, Christel (2005), *Vereinbarkeit von Familie und Beruf: Unterschiede zwischen Frauen und Männern. Bevölkerung und soziale Bedingungen. Statistik kurz gefasst,* Brussels: Eurostat.

Allan, James P./Scruggs, Lyle (2004), »Political Partisanship and Welfare State Reform in Advanced Industrial Societies«, *American Journal of Political Science*, 48 (3): 496–512.

Allern, Elin H. u.a. (2007), »Social Democrats and Trade Unions in Scandinavia: The Decline and Persistence of Institutional Relationships«, *European Journal of Political Research*, 46 (5): 607–635.

Allmendinger, Jutta (1994), *Lebenslauf und Sozialpolitik. Die Ungleichheit von Mann und Frau und ihr öffentlicher Ertrag,* Frankfurt/ New York: Campus.

Andersen, Hans Thor (2008), »The Emerging Danish Government Reform – centralised Decentralisation«, *Urban Research & Practice*, 1 (1): 3–17.

Andersen, John/Etherington, David (2005), *Flexicurity, Workfare or Inclusion? The Politics of Welfare and Activation in the UK and Denmark.* Paper for Cost A-15, Nantes 2004, Aalborg: CARMA.

Andreß, Hans-Jürgen/Seeck, Till (2007), »Ist das Normalarbeitsverhältnis noch Armutsvermeidend? Erwerbstätigkeit in Zeiten deregulierter Arbeitsmärkte und des Umbaus sozialer Sicherungssysteme«, *Kölner Zeitschrift für Soziologie und Sozialpsychologie*, 59 (3): 459–492.

Andreß, Hans-Jürgen/Lohmann, Henning (Hg.) (2008), *The Working Poor in Europe. Employment, Poverty and Globalization*, Cheltenham/Northampton, USA: Edward Elgar.

Anttonen, Anneli/Sipilä, Jorma (1996), »European Social Care Services: Is it possible to identify Models?«, *Journal of European Social Policy*, 6 (2): 87–100.

Anxo, Dominique u.a. (2000), »Arbeitszeitmuster und Einkommensverteilung von Haushalten im internationalen Vergleich«, in: Dingeldey, Irene (Hg.), *Erwerbstätigkeit und Familie in Steuer- und Sozialversicherungssytemen. Begünstigungen und Belastungen verschiedener familialer Erwerbsmuster im Ländervergleich*, Opladen: Leske + Budrich, 48–95.

APPLICA (2005), *Network on Social Exclusion and Income Distribution. Final Report. European Observatory on the Social Situation.* http://ec.europa.eu/employment_social/social_situation/docs/sso2005_social_inclusion_report.pdf; abgerufen am 6.07.2007.

Armingeon, Klaus (2007), »Kleinstaaten in Weltmärkten. Drei Ergänzungen der Katzenstein-These«, *Zeitschrift für Sozialreform*, 53 (3): 297–320.

Arnkil, Robert/Spangar, Timo (2004), *Comparing Recent Danish, Finnish and Swedish Labour Market Policy Reforms.* WZB Discussion Paper FS I 01-204, Berlin: Wissenschaftszentrum Berlin.

Arts, Wil/Gelissen, John (2002), »Three Worlds of Welfare Capitalism or more? A state-of-the art report«, *Journal of European Social Policy*, 12 (2): 137–158.

Aust, Andreas/Bieling, Hans-Jürgen (1996), »Arbeitsmarkt- und Beschäftigungspolitik in Westeuropa – zwischen strategischer Konvergenz und institutioneller Vielfalt«, *Zeitschrift für Sozialreform*, 42 (3): 141–166.

Aust, Andreas (2000), »›Dritter Weg‹ oder ›Eurokeynesianismus‹? Zur Entwicklung der Europäischen Beschäftigungspolitik seit dem Amsterdamer Vertrag«, *Österreichische Zeitschrift für Politikwissenschaft*, 29 (3): 269–283.

— (2003), *Policy Map Germany: Labour Market Policy, Social Assistance and Women's Employment, Long-term Care.* WRAMSOC Conference Paper. www.kent.ac.uk/wramsoc/workingpapers/index.htm; abgerufen am 8.01.2008.

Aust, Judith/Kremer, Stefanie (2007), »Arbeitsmarktpolitik im Umbruch – Eine Chance für ältere Arbeitnehmer?«, *WSI-Mitteilungen*, 60 (3): 115–122.

Autorengruppe Bildungsberichterstattung (2010), *Bildungsbericht 2010,* Bielefeld: Bertelsmannverlag.

Bäcker, Gerhard u.a. (2000), *Sozialpolitik und soziale Lage in Deutschland. Gesundheit und Gesundheitssystem, Familie, Alter, Soziale Dienste, Bd. 2; 3. überarb. Aufl.,* Opladen: Westdeutscher Verlag.

— (2008), *Sozialpolitik und soziale Lage in Deutschland. Ökonomische Grundlagen, Einkommen, Arbeit und Arbeitsmarkt, Arbeit und Gesundheitsschutz, Bd.1; 4. überarb. Aufl.*, Opladen: Westdeutscher Verlag.

Baethge, Martin (2001), »Abschied vom Industrialismus«, in: Baethge, Martin/Wilkens, Ingrid (Hg.), *Die große Hoffnung für das 21. Jahrhundert? Perspektiven und Strategien für die Entwicklung der Dienstleistungsbeschäftigung*, Opladen: Leske + Budrich, 23–45.

Baethge-Kinsky, Volker (2007), »Transformation statt Erosion arbeitsmarkt-politischer Qualifizierung – Lehren aus der Evaluation der Hartz-Gesetze«, *WSI-Mitteilungen*, 60 (6): 312–319.

Baggesen Klitgaard, Michael (2009), »Agenda Setting and Political Institutions in Education Policy: A Cross-Country Comparison«, in: Dingeldey, Irene/ Rothgang, Heinz (Hg.), *Governance of Welfare State Reform. A Cross National and Cross Sectoral Comparison of Policy and Politics*, Cheltenham/Northampton, USA: Edward Elgar, 219–237.

Baldwin, Peter (1990), *The Politics of Social Soilidarity*, Cambridge: University Press.

Bandemer, Stephan v. (1999), »Der aktivierende Staat: Konturen einer Modernisierungsstrategie von Staat und Gesellschaft«, in: Institut Arbeit und Technik (Hg.), *Jahrbuch 1998/99*, Gelsenkirchen: 64–75.

— (2001), »Aktivierender Staat, New Governance und Arbeitsmarkt- und Beschäftigungspolitik«, in: Olk, Thomas u.a. (Hg.), *Baustelle Sozialstaat. Umbauten und veränderte Grundrisse*, Wiesbaden: Chmielorz, 37–51.

Bandemer, Stephan v./Hilbert, Josef (2001), »Vom expandierenden zum aktivierenden Staat«, in: Bandemer, Stephan v. u.a. (Hg.), *Handbuch zur Verwaltungsreform*, Opladen: Leske + Budrich, 17–25.

Bandemer, Stephan von u.a. (1995), »Staatsaufgaben – Von der ›schleichenden Privatisierung‹ zum ›aktivierenden Staat‹«, in: Behrens, Fritz u. a. (Hg.), *Den Staat neu denken. Reformperspektiven für die Landesverwaltungen*, Berlin: Edition Sigma, 41–60.

Bannink, Duco/Hoogenboom, Marcel (2007), »Hidden Change: Disaggregation of Welfare State Regimes for Greater Insight into Welfare State Change«, *Journal of European Social Policy*, 17 (1): 19–32.

Baratt, Gregg (2009), *Trade Union Membership 2008*, London: National Statistics. Department for Business Enterprise & Regulatory Reform.

Barbier, Jean-Claude (2004), »Systems of Social Protection in Europe: Two Contrasted Paths to Activation and maybe a Third«, in: Lind, Jens u.a. (Hg.), *Labour and Employment Regulation in Europe*, Brussels: Peter Lang, 423–437.

Barbier, Jean-Claude/Ludwig-Mayerhofer, Wolfgang (2004), »The many Worlds of Activation«, *European Societies*, 6 (4): 423–437.

Barbier, Jean-Claude (2005), »Citizenship and the Activation of Social Protection: A Comparative Approach«, in: Goul Andersen, Jørgen u.a. (Hg.), *The Changing Face of Welfare. Consequences and Outcomes from a Citizenship Perspective*, Bristol: The Policy Press, 113–134.

Baumol, William J. (1967), »Macroeconomics of Unbalanced Growth: The Anatomy of Urban Crisis«, *American Economic Review*, 57 416–426.

Beale, Ian u.a. (2008), *The long-term Impact of the New Deal for Young People.* DWP Working Paper No 23, London: Department for Work and Pensions.

Beck, Ulrich (1983), »Jenseits von Klasse und Stand?«, in: Kreckel, Reinhard (Hg.), *Soziale Ungleichheiten*, Göttingen: Otto Schwartz & Co., 35–75.

— (1986), *Risikogesellschaft. Auf dem Weg in eine andere Moderne,* Frankfurt: Suhrkamp.

Becker, Irene/Hauser, Richard (2006), *Verteilungseffekte der Hartz IV-Reform: Ergebnisse von Simulationsanalysen,* Berlin: Edition Sigma.

Béland, Daniel (2005), »Ideas and Social Policy: An Institutionalist Perspective«, *Social Policy & Administration*, 39 (1): 1–18.

Benner, Mats/Bundgaar Vad, Torben (2000), »Sweden and Denmark Defending the Welfare State«, in: Scharpf, Fritz/Schmidt, Vivien A. (Hg.), *Welfare and Work in the Open Economy*, Oxford: Oxford University Press, 399–466.

Benner, Mats (2003), »The Scandinavian Challenge. The Future of Advanced Welfare States in the Knowledge Economy«, *Acta Sociologica*, 46 (2): 132–149.

Benz, Arthur (1994), *Kooperative Verwaltung. Funktionen, Voraussetzungen und Folgen,* Baden-Baden: Nomos.

— (1997), »Kooperativer Staat? Gesellschaftliche Einflußnahme auf staatliche Steuerung«, in: Klein, Ansgar/Schmalz-Bruns, Rainer (Hg.), *Politische Beteiligung und Bürgerengagement in Deutschland. Möglichkeiten und Grenzen der Demokratisierung*, Bonn: Bundeszentrale für politische Bildung, 88–113.

— (2000), »Anmerkungen zur Diskussion über Verhandlungsdemokratien«, in: Holtmann, Everhard/Voelzkow, Helmut (Hg.), *Zwischen Wettbewerbs- und Verhandlungsdemokratie. Analysen zum Regierungssystem der Bundesrepublik Deutschland*, Wiesbaden: Westdeutscher Verlag, 215–221.

— (2001), *Der moderne Staat. Grundlagen der politischen Analyse,* München/Wien: R. Oldenbourg Verlag.

— (2004a), »Einleitung: Governance – Modebegriff oder nützliches sozialwissenschaftliches Konzept?«, in: Benz, Arthur (Hg.), *Governance – Regieren in komplexen Regelsystemen. Eine Einführung*, Wiesbaden: Verlag für Sozialwissenschaften, 11–29.

— (2004b), »Multilevel Governance – Governance in Mehrebenensystemen«, in: Benz, Arthur (Hg.), *Governance – Regieren in komplexen Regelsystemen. Eine Einführung*, Wiesbaden: Verlag für Sozialwissenschaften, 125–146.

— (2007), »Multilevel Governance«, in: Benz, Arthur u.a. (Hg.), *Handbuch Governance.* Wiesbaden: Verlag für Sozialwissenschaften, 297–310.

Theoretische Grundlagen und empirische Anwendungsfelder, VS Verlag für Sozialwissenschaften, 207–310.

Bergmann, Knut (2002), *Der Bundestagswahlkampf 1998,* Wiesbaden: Westdeutscher Verlag.

Betzelt, Sigrid (2007a), »Hartz IV aus Gender-Sicht: Einige Befunde und viele offene Fragen«, *WSI-Mitteilungen*, 60 (6): 298–304.

— (2007b), *»Gender Regimes«. Ein ertragreiches Konzept für die komparative Forschung. Literaturstudie. ZeS Arbeitspapier 12/2007,* Bremen: Zentrum für Sozialpolitik.

Bevir, Mark/Rhodes, R. A.W. (2003), *Interpreting British Governance,* London: Routledge.

Bielenski, Harald u.a. (2001), *Employment Options for the Future: Actual and Preferred Working Hours. A Comparison of 16 European Countries,* Dublin: European Foundation for Living and Working Conditions.

Birke, Peter (2003), *»Wir sind die Sozialdemokratie des 21. Jahrhunderts«. Rechtsparteien in Dänemark.* www.linksnet.de/artikel.php?id=997; abgerufen am 10.02.2005.

Bispinck, Reinhard/Schulten, Thorsten (1999), »Tarifpolitik und Bündnis für Arbeit«, *WSI-Mitteilungen,* 52 (12): 870–884.

Bivand, Paul (2005), »New Deal 25+ Shows Continuous Improvement«, *Labour Market Analysis,* 2005 (166): 20–22.

Blackman, Tim/Palmer, Amanda (1999), »Continuity or Modernisation? The Emergence of New Labor's Welfare State«, *Social Policy Review: Developments and Debates,* (1999) (11): 107–126.

Blair, Tony (1999), *The Third Way. New Politics for the New Century.* Fabian Pamphlet Nr. 588, London: Fabian Society.

Blancke, Susanne/Schmid, Josef (2003), »Bilanz der Bundesregierung Schröder in der Arbeitsmarktpolitik 1998–2002: Ansätze zu einer dopelten Wende«, in: Egle, Christoph u.a. (Hg.), *Das Rot-Grüne Projekt. Eine Bilanz der Regierung Schröder 1998–2002,* Wiesbaden: Westdeutscher Verlag, 215–238.

Blanke, Bernhard/Bandemer, Stephan v. (1999), »Der ›aktivierende Staat‹«, *Gewerkschaftliche Monatshefte,* 50 (6): 321–330.

Blanke, Bernhard/Schridde, Henning (1999), »Bürgerengagement und Aktivierender Staat. Ergebnisse einer Bürgerbefragung zur Staatsmodernisierung in Niedersachsen«, *Aus Politik und Zeitgeschichte,* 24–25/1999: 3–12.

Blanke, Bernhard (2001), »Verantwortungsstufung und Aktivierung im Sozialstaat – Steuerungsfragen der Modernisierung«, in: Burth, Hans-Peter/Görlitz, Axel (Hg.), *Politische Steuerung in Theorie und Praxis,* Baden-Baden: Nomos, 146–166.

Blos, Kerstin/Rudolph, Helmut (2005), *Simulationsrechnungen zum Arbeitslosengeld II: Verlierer, aber auch Gewinner. IAB Kurzbericht 17/2005,* Nürnberg: Institut Arbeitsmarkt- und Berufsforschung.

Blyth, Billy (2007), *Pathways to Work Performance. Summary,* London: Department for Work and Pensions.

Blyth, Mark M. (1997), »›Any More Bright Ideas?‹ The Ideational Turn of Comparative Political Economy«, *Comparative Politics,* 29 (2): 229–250.

Bochel, Hugh/Defty, Andrew (2007), *Welfare Policy under New Labour,* Bristol: Policy Press.

Bogandor, Vernon (1999), »Devolution: Decentralisation or Desintegration?«, *The Political Quarterly,* 70 (2): 185–194.

Bogason, Peter (2000), *Public Policy and Local Governance. Institutions in Postmodern Society,* Cheltenham/Northampton,USA: Edward Elgar.

Böhmer, Michael/Heimer, Andreas (2008), *Dossier Armutsrisiken von Kindern und Jugendlichen in Deutschland. Erstellt durch Prognos AG im Auftrag des Bundesministerium für Familie, Senioren, Frauen und Jugend,* Berlin: Bundesministerium für Familie, Senioren, Frauen und Jugend.

Bönker, Frank (2008), »Interdependenzen zwischen Politikfeldern – die vernachlässigte sektorale Dimension der Politikverflechtung«, in: Janning, Frank/Toens, Karin (Hg.), *Die Zukunft der Policy-Forschung. Theorien, Methoden, Anwendungen*, Wiesbaden: VS Verlag für Sozialwissenschaften, 315–330.

Bonoli, Giuliano u.a. (2000), *European Welfare Futures. Towards a Theory of Retrenchment,* Cambridge: Polity Press.

Bonoli, Giuliano/Palier, Bruno (2000), »How Do Welfare States Change? Institutions and their Impact on the Politics of Welfare State Reform in Western Europe«, *European Review*, 8 (3): 333–352.

Bonoli, Giuliano (2001), »Political Institutions, Veto Points, and the Process of Welfare State Adaptation«, in: Pierson, Paul (Hg.), *The New Politics of the Welfare State*, Oxford/New York: Oxford University Press.

— (2005), »The Politics of the New Social Policies: Providing Coverage against New Social Risks in Mature Welfare States«, *Policy and Politics*, 33 (3): 431–449.

— (2007a), »Time Matters: Postindustrialization, New Social Risks, and Welfare State Adaptation in Advanced Industrial Democracies«, *Comparative Political Studies*, 40 (5): 495–520.

— (2007b), »Too Narrow and too Wide at once: The ›Welfare State‹ as Dependent Variable in Policy Analysis«, in: Clasen, Jochen/Siegel, Nico A. (Hg.), *Investigating Welfare State Change. The »Dependent Variable Problem« in Comparative Analysis*, Cheltenham/Northampton, USA: Edward Elgar, 24–42.

Bonoli, Giuliano/Palier, Bruno (2007), »When Past Reforms Open New Opportunities: Comparing Old Age Insurance Reforms in Bismarckian Welfare Systems«, *Social Policy & Administration*, 41 (6): 555–573.

Borchert, Jens/Lessenich, Stephan (2004), »›Spätkapitalismus‹ revisited. Claus Offes Theorie und die adaptive Selbsttransformation der Wohlfahrtsstaatsanalyse«, *Zeitschrift für Sozialreform*, 50 (6): 563–583.

Borghi, Vando/van Berkel, Rik (2007), »New Modes of Governance in Italy and the Netherlands: The Case of Activation Policies«, *Public Administration*, 85 (1): 83–101.

Börzel, Tanja A. (1998), »Organizing Babylon – On the Different Conceptions of Policy Networks«, *Public Administration*, 76 (2): 253–273.

— (2008), »Der ›Schatten der Hierarchie‹ – Ein Governance-Paradox?«, in: Schuppert, Gunnar Folke/Zürn, Michael (Hg.), *Governance in einer sich wandelnden Welt. PVS – Politische Vierteljahresschrift. Sonderheft 41/2008*, Wiesbaden: VS-Verlag für Sozialwissenschaften, 118–131.

Bosch, Gerhard/Wagner, Alexandra (2003), »Dienstleistungsgesellschaften in Europa und Ursachen für das Wachstum der Dienstleistungsbeschäftigung«, *Kölner Zeitschrift für Soziologie und Sozialpsychologie*, 55 (3): 475–499.

— (2005a), »Measuring Economic Tertiarisation. A Map of Various European Service Societies«, in: Bosch, Gerhard/Lehndorff, Steffen (Hg.), *Working in the Service Sector. A Tale from Different Worlds*, London/ New York: Routledge, 35–53.

— (2005b), »Why do Countries have such Different Service-Sector Employment Rates?«, in: Bosch, Gerhard/Lehndorff, Steffen (Hg.), *Working in the Service Sector. A Tale from Different Worlds*, London/ New York: Routledge, 74–103.

Braun, Dietmar (2001), »Diskurse zur staatlichen Steuerung. Übersicht und Bilanz«, in: Burth, Hans-Peter/Görlitz, Axel (Hg.), *Politische Steuerung in Theorie und Praxis*, Baden-Baden: Nomos, 101–131.

Braun, Thorsten (2003), »Ein neues Modell für Flexicurity – der dänische Arbeitsmarkt«, *WSI-Mitteilungen*, 56 (2): 92–99.

Bredgaard, Thomas/Larsen, Flemming (Hg.) (2005), *Employment Policy from Different Angles*, Copenhagen: DJ øF Publishing Copenhagen.

Bredgaard, Thomas u.a. (2005a), *The Flexible Danish Labour Market – A Review*, Aalborg: CARMA.

— (2005b), *Contracting-out the Public Employment Service in Denmark: A Quasi-Market Analysis*. www.Socsci.aau.dk/~thomas; abgerufen am 20.9.2006.

Bredgaard, Thomas/Larsen, Fleming (2008a), »Quasi-Markets in Employment Policy: Do They Deliver on Promises?«, *Social Policy & Society*, 7 (3): 341–352.

— (2008b), *Redesigning the Governance of Employment Policies – Decentralised Centralisation in Municipal Jobcentres. CARMA's 25th anniversary conference, October 10 2008, Aalborg University Denmark*.

Bredgaard, Thomas u.a. (2009), »Flexicurity und atypische Beschäftigung in Dänemark«, *WSI Mitteilungen*, 62 (1): 31–38.

Brehmer, Wolfram/Seifert, Hartmut (2008), »Sind atypische Beschäftigungsverhältniss prekär? Eine empirische Analyse sozialer Risiken«, *Zeitschrift für Arbeitsmarktforschung*, 41 (4): 501–531.

Brussig, Martin/Knuth, Matthias (2006), »Altersgrenzpolitik und Arbeitsmarkt – Zur Heraufsetzung des gesetzlichen Rentenalters«, *WSI-Mitteilungen*, 59 (6): 307–313.

Bruttel, Oliver/Sol, Els (2006), »Work First as a European Model? Evidence from Germany and the Netherlands«, *Policy and Politics*, 21 (1): 69–89.

Bundesagentur für Arbeit (2005), *Statistik der Bundesagentur für Arbeit*. www.pub.arbeitsamt.de/hst/services/statistik/000100/html/jahr/arbeitsmarkt_2005_gesamt.pdf; abgerufen am 10.02.2008.

— (2006), »Arbeitsmarkt 2005«, *Amtliche Nachrichten der Bundesagentur für Arbeit*, 54, Sondernummer 24. August 2006.

— (2007a), *Statistik der Bundesagentur für Arbeit. Leistungen zur Eingliederung an erwerbsfähige Hilfebedürftige: Einsatz von Arbeitsgelegenheiten 2006*. www.pub.arbeitsamt.de/hst/services/statistik/detail/f.html; abgerufen am 10.04.2008.

— (2007b), *Analytikreport der Statistik April 2007. Arbeitsmarkt in Deutschland. Zeitreihen bis 2006.* www.pub.arbeitsamt.de/hst/services/statistik/200612/ama/jahresrueckblick_d.pdf; abgerufen am 25.09.2007.

— (2007c), »Arbeitsmarkt 2006«, *Amtliche Nachrichten der Bundesagentur für Arbeit*, 55, Sondernummer 1.

— (2007d), *SGB II Sozialgesetzbuch Zweites Buch. Grundsicherung für Arbeitssuchende. Zahlen. Daten. Fakten. Jahresbericht 2006,* Nürnberg: Bundesagentur für Arbeit.

— (2008), »Arbeitsmarkt 2007«, *Amtliche Nachrichten der Bundesagentur für Arbeit*, 56 Sondernummer 2.

— (2009a), *Der Arbeits- und Ausbildungsmarkt in Deutschland. Monatsbericht November 2009,* Nürnberg: Bundesagentur für Arbeit.

— (2009b), *Der Arbeitsmarkt in Deutschland. Kurzarbeit. Aktuelle Entwicklungen,* Nürnberg: Bundesagentur für Arbeit.

— (2009c), *Analytikreport der Statistik April 2009. Arbeitsmarkt in Deutschland. Zeitreihen bis 2008.* www.pub.arbeitsagentur.de/hst/services/statistik/000200/html/analytik/jahresrueckblick_2008.pdf; abgerufen am 25.11.2009.

— (Hg.) (2010a), *Der Arbeits- und Ausbildungsmarkt in Deutschland. Monatsbericht Januar 2010*, Nürnberg: Bundesagentur für Arbeit.

— (2010b), *Grundsicherung für Arbeitsuchende: Verweildauern von Hilfebedürftitgen. Bericht der Statistik,* Nürnberg: Bundesagentur für Arbeit.

— (Hg.) (2011), *Der Arbeits- und Ausbildungsmarkt in Deutschland. Monatsbericht Mai 2011*, Nürnberg: Bundesagentur für Arbeit.

Bundesministerium für Arbeit und Soziales (2007), *Statistisches Taschenbuch. Arbeits- und Sozialstatistik,* Bonn: Bundesministerium für Arbeit und Soziales.

— (2010a), *Mindestlöhne im Sinne des Arbeitnehmer-Entsendegesetzes (AEntG).* www.bmas.de/portal/37846/2010__03__09__mindestloehne__aentg__uebersicht.html; abgerufen am 9.3.2010.

— (2010b), *Bundestag billigt Verfassungsänderung für Arbeitslosenbetreuung aus einer Hand. Pressemitteilung vom 17.06. 2010,* Bundesministerium für Arbeit und Soziales.

Bundesministerium für Familie, Senioren, Frauen und Jugend, (2007), Bundeselterngeld- und Elternzeitgesetz. www.bmfsfj.de/Kategorien/gesetze,did=93110.html; abgerufen am 18.05.2007.

Bundesministerium für Familien, Senioren, Frauen und Jugend, (2009), *Evaluationsbericht Bundeselterngeld- und Elternzeitgesetz 2009,* Berlin: Bundesministerium für Familien, Senioren, Frauen und Jugend.

Bundesrat (2004), »Mitteilung des Vorsitzenden des Vermittlungsausschsses. Gesetz zum qualitätsorientierten und bedarfsgerechten Ausbau der Tagesbetreuung für Kinder (Tagesbetreuungsausbaugesetz – TAG)«. Drucksache 986/04 Bundesrat.

Bundesregierung (Hg.) (2005), *Lebenslagen in Deutschland. Der 2. Armuts- und Reichtumgsbericht der Bundesregierung.* www.sozialpolitik-aktuell.de/docs/Lebenslagen%20in%20Deutschland_EndBericht.pdf; abgerufen am 3.2.2006.

— (Hg.) (2006), *Bericht 2005 der Bundesregierung zur Wirkung der Umsetzung der Vorschläge der Kommission Moderne Dienstleistungen am Arbeitsmarkt. Drucksache 16/505*, Berlin: Deutscher Bundestag.

— (2010), *Solide Finanzen für Wohlstand und soziale Sicherheit. Verlautbarung vom 9.06.2010.* www.bundesregierung.de/Content/DE/Artikel/Euroschutzschirm/2010-06-09-ergebnisse-kabinettsklausur.html#doc990302bodyText1; abgerufen am 24.6.2010.

Bundeswahlleiter (2009), »Bundestagswahlen 2009«. www.bundeswahlleiter.de/de/bundestagswahlen/BTW_BUND_09/ergebnisse/bundesergebnisse/grafik_stimmenanteile_99-1.html; abgerufen am 17. 06. 2010.

Bundgaard, Ulrik/Vrangbaek, Karsten (2007), »Reform by Coincidence? Explaining the Policy Process of Structural Reform in Denmark«, *Scandinavian Political Studies*, 30 (4): 491–520.

Burchardt, Tania/Hills, John (1999), »Public Expenditure and the Public/Private Mix«, in: Powell, Martin (Hg.), *New Labour, New Welfare State? The »third way« in British Social Policy*, Bristol: The Policy Press, 29–51.

Burkhart, Simone/Manow, Philip (2006), »Kompromiss und Konflikt im parteipolitisierten Föderalismus der Bundesrepublik Deutschland«, *Zeitschrift für Politikwissenschaft*, 16 (3): 807–824.

Business Link (2009), *National Minimum Wage Rates since 1999.* http://online.businesslink.gov.uk/bdotg/action/openpopup?type=ONEOFFPAGE&itemId=1081694665&r.s=e&r.l1=1073858787&r.lc=en&r.l3=1081685623&r.l2=1081657912; abgerufen am 6.1.2010.

Büttner, Renate u.a. (2005–03), *Altersübergangsreport.* www.iaq.uni-due.de/auem-report/2005/auem2005/auem2005-03.shtml; abgerufen am 10.2.2006.

Cacace, Mirella u.a. (2008), »Explaining Convergence and Common Trends in the Role fo the State in OECD Healthcare Systems«, *Harvard Health Policy Review*, 9 (1): 5–16.

Cameron, David (1978), »The Expansion of the Public Economy: A Comparative Comparative Analysis«, *American Political Science Review*, 72 (4): 1243–1261.

Campbell, John L. (1998), »Institutional Analysis and the Role of Ideas in Political Economy«, *Theory and Society*, 27 (1): 377–409.

— (2002), »Ideas, Politics, and Public Policy«, *Annual Review of Sociology*, 28 21–38.

Campbell, John L./Pedersen, Ove K. (2007), »The Varieties of Capitalism and Hybrid Success. Denmark in the Global Economy«, *Comparative Political Studies*, 40 (1): 307–332.

Cantillon, Bea u.a. (2001), »Female Employment Differences, Poverty and Care Provisions«, *European Societies*, 3 (4): 447–471.

Carcillo, Stéphane/Grubb, David (2006), »*From Inactivity to Work: The Role of Active Labour Market Policies*«, OECD Social Employment and Migration Working Papers 5 (36).

Castles, Francis G. (1982a), »The Impact of Parties on Public Expenditures«, in: Castles, Francis G. (Hg.), *The Impact of Parties*, Beverly Hills: Sage Publication, 21–96.

— (1982b), *The Impact of Parties: Politics and Policies in Democratic Capitalist States,* London: Sage Publications.

— (2001), »On the Political Economy of Recent Public Sector Development«, *Journal of European Social Policy*, 11 (3): 195–211.

— (2004), *The Future of the Welfare State. Crisis Myths and Crisis Realities,* Oxford: Oxford University Press.

— (2007), »Testing the Retrenchment Hypothesis: an Aggregate Overview«, in: Castles, Francis G. (Hg.), *The Disappearing State? Retrenchment Realities in an Age of Globalisation*, Cheltenham/Northampton, USA: Edward Elgar, 19–43.

CDU/CSU (1998), *Wahlplattform,* Bonn: CDU Bundesgeschäftsstelle.

— (2002/2006), *Leistung und Sicherheit. Zeit für Taten. Regierungsprogramm.* www.hss.de/downloads/BTW_2002-09-22.pdf; abgerufen am 10.02.2007.

— (2005), *Deutschlands Chancen nutzen. Wachstum. Arbeit. Sicherheit.* www.regierungsprogramm.cdu.de/download/regierungsprogramm-05-09-cducsu.pdf; abgerufen am 10.02.2006.

Christiansen, Peter Munk/Togeby, Lise (2006), »Power and Democracy in Denmark: Still a Viable Democracy«, *Scandinavian Political Studies*, 29 (1): 1–24.

Clarke, John (2004), *Changing Welfare Changing States. New Directions on Social Policy,* London u.a.: Sage Publications.

Clasen, Jochen (1999), »Unemployment Compensation and Other Labour-Market Policies«, in: Clasen, Jochen (Hg.), *Comparative Social Policy: Concepts, Theories and Methods*, Oxford: Blackwell, 195–178.

— (2000), »Motives, Means and Opportunities: Reforming Unemployment Compensation in the 1990s«, *West European Politics*, 23 (2): 89–113.

Clasen, Jochen/van Oorschot, Wim (2002a), »Changing Principles in European Social Security«, *European Journal of Social Security*, 4 (2): 89–115.

— (2002b), »Work, Welfare and Citizenship: Diversity and Variation within European (Un) Employment Policy«, in: Goul Andersen, Jørgen u.a. (Hg.), *Europe's New State of Welfare. Unemployment, Employment Policies and Citizenship*, Bristol: The Policy Press, 233–245.

Clasen, Jochen (2005), *Reforming European Welfare States – Germany and the United Kingdom Compared,* Oxford: Oxford University Press.

Clasen, Jochen/Clegg, Daniel (2006), »Beyond Activation: Reforming European Unemployment Protection Systems in Post-Industrial Labour Markets«, *European Societies*, 8 (4): 527–553.

Clasen, Jochen/Viebrock, Elke (2006), »Das Genter System der Arbeitslosenversicherung – immer noch gewerkschaftliches Rekrutierungsinstrument oder sozialpolitisches Auslaufmodell? Dänemark und Schweden im Vergleich«, *Zeitschrift für Sozialreform*, 52 (3): 351–371.

Clasen, Jochen (2007), *Distribution of Responsibilities for Social Security and Labour Market Policy. Country Report: The United Kingdom.* Amsterdam Institute for Advanced Labour Studies Working Papers Number 07/50, Amsterdam: University of Amsterdam.

Clasen, Jochen/Siegel, Nico A. (Hg.) (2007a), *Investigating Welfare State Change. The »Dependent Variable Problem« in Comparative Analysis*, Cheltenham/Northampton, USA: Edward Elgar.

— (2007b), »Comparative Welfare State Analysis and the ›dependent variable problem‹«, in: Clasen, Jochen/Siegel, Nico A. (Hg.), *Investigating Welfare State Change. The »Dependent Variable Problem« in Comparative Analysis*, Cheltenham/Northampton, USA: Edward Elgar, 3–12.

Clasen, Jochen (2011), »The United Kingdom: Towards a Single Working-Age Benefit System«, in: Clasen, Jochen/Clegg, Daniel (Hg.), *Regulating the Risk of Unemployment. National Adaptions to Post Industrial Labour Markets in Europe*, Houndmills/Basingstoke, Hampshire: Palgrave, 15–33.

Clayton, Richard/Pontusson, Jonas (1998), »Welfare State Retrenchment Revisited. Entitlement Cuts, Public Sector Restructuring, and Inegalitarian Trends in Advanced Capitalist Society«, *World Politics*, 51 (1): 67–98.

Clegg, Daniel (2007), »Continental Drift: On Unemployment Policy Change in Bismarckian Welfare States«, *Social Policy & Administration*, 41 (6): 597–617.

— (2008), »Continental Drift: on Unemployment Policy Change in Bismarckian Welfare States«, in: Palier, Bruno/Martin, Claude (Hg.), *Reforming the Bismarckian Welfare Systems*, Oxford: Blackwell, 62–81.

Colomer, Josep (1996), »Introduction«, in: Colmer, Josep (Hg.), *Political Institutions in Europe*, London/New York: Routledge, 1–17.

Compston, Hugh (Hg.) (1997), *The New Politics of Unemployment. Radical Policy Initiatives in Western Europe*, London/New York: Routledge.

Compston, Hugh/Kongshøj Madsen, Per (2001), »Conceptual Innovation and Public Policy: Unemployment and Paid Leave Schemes in Denmark«, *Journal of European Social Policy*, 11 (2): 117–132.

con_sens (2002), *Consulting für Steuerung und soziale Entwicklung GmbH: Exposé: Arbeitsmarktpolitik in Großbritannien. im Auftrag der Bertelsmann Stiftung,* Gütersloh:

Conservatives (2010), »Invitation to Join the Government of Britain. Conservative Manifesto 2010«. http://media.conservatives.s3.amazonaws.com/manifesto/cpmanifesto2010_lowres.pdf; abgerufen am 24.06.2010.

Cox, Robert H. (1998a), »The Consequences of Welfare Reform: How Conceptions of Social Rights are Changing«, *Journal of Social Policy*, 27 (1): 1–16.

— (1998b), »From Safety Net to Trampoline: Labour Market Activation in the Netherlands and Denmark«, *Governance: An International Journal of Policy and Administration*, 11 (4): 397–414.

— (2001), »The Social Construction of an Imperative. Why Welfare Reform Happened in Denmark and the Netherlands but Not in Germany«, *World Politics*, 53 (3): 463–498.

— (2004), »The Path-Dependency of an Idea: Why Scandinavian Welfare States Remain Distinct«, *Social Policy & Administration*, 38 (2): 204–219.

Crepaz, Markus M. L. (1992), »Corporatism in Decline? An Empirical Analysis of the Impact of Corporatism on Macroeconomic Performance and Industrial Disputes in 18 Industrialized Democracies«, *Comparative Political Studies*, 25 (2): 139–168.

— (2001), »Veto Players, Globalization and the Redistributive Capacity of the State: A Panel Study of 15 OECD Countries«, *Journal of Public Policy*, 21 (1): 1–22.

Cressey, Peter (1999), »New Labour and Employment, Training and Employee Relations«, in: Powell, Martin (Hg.), *New Labour, New Welfare State? The »third way« in British Social Policy*, Bristol: The Policy Press, 171–190.

Crompton, Rosemarie (Hg.) (1999), *The Decline of the Male Breadwinner: Explanations and Interpretations*, Oxford: Oxford University Press.

— (2001), »Gender Restructuring, Employment, and Caring«, *Social Politics*, 8 (3): 266–291.

Crotty, James (2003), »Core Industries, Coercive Competition and the Structural Contradiction of Global Neoliberalism«, in: Phelps, Nicholas/Raines, Philip (Hg.), *The New Competition for Inward Investment*, Cheltenham/Northampton, USA: Edward Elgar, 9–38.

Crouch, Colin/Farell, Henry (2004), »Breaking the Path of Institutional Development? Alternatives to the New Determinism«, *Rationality and Society*, 16 (1): 5–43.

Csigó, Monika (2006), *Institutioneller Wandel durch Lernprozesse. Eine neo-institutionalistische Perspektive,* Wiesbaden: VS Verlag für Sozialwissenschaften.

Czada, Roland (2004), »Die neue deutsche Wohlfahrtswelt«, in: Lütz, Susanne/Czada, Roland (Hg.), *Wohlfahrtsstaat – Transformation und Perspektiven*, Wiesbaden: VS Verlag für Sozialwissenschaften, 127–154.

— (2008), »Irrwege und Umwege in die neue Wohlfartswelt«, in: Evers, Adalbert/Heinze, Rolf G. (Hg.), *Sozialpolitik. Ökonomisierung und Entgrenzung*, Wiesbaden: VS Verlag für Sozialwissenschaften, 186–207.

Daguerre, Anne (2004), »Importing Workfare: Policy Transfer of Social and Labour Market Policies from the USA to Britain und New Labour«, *Social Policy & Public Administration*, 38 (1): 41–56.

Daly, Mary/Lewis, Jane (1998), »Introduction: Conceptualising Social Care in the Context of Welfare State Restructuring«, in: *Gender, Social Care and Welfare State Restructuring in Europe*, Aldershot: Ashgate, 1–24.

Daly, Mary (2000), »A Fine Balance. Women's Labor Market Participation in International Comparison«, in: Scharpf, Fritz/Schmidt, Vivien A. (Hg.), *Welfare and Work in the Open Economy*, Oxford: Oxford University Press, 467–510.

Daly, Mary/Lewis, Jane (2000), »The Concept of Social Care and the Analysis of Contemporary Welfare States«, *British Journal of Sociology*, 51 (2): 281–298.

Daly, Mary (2002), »Care as a Good for Social Policy«, *Journal of Social Policy*, 31 (2): 251–270.

— (2003), »Governance and Social Policy«, *Journal of Social Policy*, 32 (1): 113–128.

Daly, Mary/Rake, Katherine (Hg.) (2003), *Gender and the Welfare State. Care, Work and Welfare in Europe and the USA*, Cambridge: Polity Press.

Damgaard, Bodil/Torfing, Jacob (2010), »Network Governance of Active Employment Policy: the Danish Experience«, *Journal of European Social Policy*, 20 (3): 248–262.

Dänisches Arbeitsministerium (Hg.) (1996), *Das dänische Arbeitsmarktmodell und die arbeitsmarktpolitische Entwicklung*, Kopenhagen: Dänisches Arbeitsministerium.

Daycare Trust (2006), *Childcare Today. A Progress Report on the Government's Ten-Year Childcare Strategy*. Annual Conference 2006 in London.

de Henau, Jèrome u.a. (2006), »The Childcare Triad? Indicators Assessing Three Fields of Child Policies for Working Mothers in the EU-15«, *Journal of Comparative Policy Analysis*, 8 (2): 129–148.

de Koning, Jaap/Mosley, Hugh (Hg.) (2001), *Labour Market Policy and Unemployment. Impact and Process Evaluations in Selected European Countries*, Cheltenham/Northampton, USA: Edward Elgar.

de Koning, Jaap (Hg.) (2007), *The Evaluation of Active Labour Market Policies. Measures, Public Private Partnerships and Benchmarking*, Cheltenham/Northampton, USA: Edward Elgar.

de la Porte, Caroline/Pochert, Philippe (2001), »Social Benchmarking, Policy Making and New Governance in the EU«, *Journal of European Social Policy*, 11 (4): 291–307.

Deakin, Nicholas/Parry, Richard (2000), *The Treasury and Social Policy. The Contest for Control of Welfare Strategy,* Houndsmills/Basinkstoke/Hampshire/London: Macmillan Press LTD.

Deeg, Richard (2001), *Institutional Change and the Uses and Limits of Path Dependency: The Case of German Finance.* MPIfG Discussion Paper 01/06, Köln: Max-Planck-Institut für Gesellschaftsforschung.

Department for Education and Skills (2001), *Statistics of Education: Children`s Day Care Facilities,* London: DfES.

— (2007), *Provision for Children under Five Years of Age in England: January 2007. National Statistics. First Release,* London: DfES.

— (2010), *Provision for Children under Five Years of Age in England: January 2010. National Statistics. First Release,* London: DfES.

Department for Work and Pensions (2006), *A New Deal for Welfare: Empowering People to Work.* Green Paper. Cm 6730. www.dwp.gov.uk/welfarereform/docs/A_new_deal_for_welfare-Empowering_people_to_work-Full_Document.pdf; abgerufen am 20.05.2007.

Deutscher Bundestag (2001), *DGB: Job-Aqtiv-Gesetz vom Grundsatz her sehr positiv. hib-Meldung vom 15.10.2001 (268/2001) zur öffentlichen Anhörung des Ausschuss für Arbeit und Sozialordnung.* www.bundestag.de/aktuell/hib/2001/2001_268/01.html; abgerufen am 10.02.2002.

— (2008a), *Bericht zur Evaluation der Experimentierklausel nach § 6c des Zweiten Buches Sozialgesetzbuch. Drucksache 16/11488.*

— (2008b), »Wahlergebnisse«. www.bundestag.de/geschichte/wahlen.html; abgerufen am 10.02. 2008.

Deutsches Jugendinstitut/Dortmunder Arbeitsstelle Kinder – und Jugendhilfestatistik (2008), *Zahlenspiegel 2007. Kindertagesbetreuung im Spiegel der Statistik.* www.bmfsfj.de/Publikationen/zahlenspiegel2007/root.html; abgerufen am 17.6. 2010.

DfES u.a. (2005), *Skills: Getting on in Business, Getting on in Work Cm 6483,* London: Stationary Office.

Dingeldey, Irene (1996), »Wandel gewerkschaftlicher Strategien in der britischen Berufsbildungspolitik der 80er und 90er Jahre«, *Politische Vierteljahresschrift*, 37 (4): 687–712.

— (1997), *Britische Arbeitsbeziehungen. Gewerkschaften zwischen Konflikt, Kooperation und Marginalisierung,* Wiesbaden: Deutscher Universitäts Verlag.

— (1998), »Arbeitsmarktpolitische Reformen unter New Labour«, *Aus Politik und Zeitgeschichte*, 11/1998: 32–38.

— (2000), »Einkommensteuersysteme und familiale Erwerbsmuster im europäischen Vergleich«, in: Dingeldey, Irene (Hg.), *Erwerbstätigkeit und Familie in Steuer- und Sozialversicherungssystemen. Begünstigungen und Belastungen verschiedener familialer Erwerbsmuster im Ländervergleich*, Opladen: Leske + Budrich, 11–48.

— (2001), »European Tax Systems and their Impact on Family Employment Patterns«, *Journal of Social Policy*, 30 (4): 653–672.

Dingeldey, Irene/Gottschall, Karin (2001), »Alte Leitbilder und neue Herausforderungen: Arbeitsmarktpolitik im konservativ-korporatistischen Wohlfahrtsstaat«, *Aus Politik und Zeitgeschichte*, 21/2001: 31–38.

Dingeldey, Irene (2002), *»Der blinde Fleck« in der vergleichenden Wohlfahrtsstaatsforschung. Kritik und Erweiterung der Forschungsperspektiven. ZeS Arbeitspapier 02/2002,* Bremen: Zentrum für Sozialpolitik.

— (2003), »Politikfeldübergreifende Koordination als neue Steuerungsform im aktivierenden Sozialstaat«, *Österreichische Zeitschrift für Politikwissenschaft*, 32 (1): 97–107.

— (2005), »Zehn Jahre aktivierende Arbeitsmarktpolitik in Dänemark«, *WSI-Mitteilungen*, 58 (1): 18–24.

— (2006a), »›Holistic Governance‹: zur Notwendigkeit reflexiver Gestaltung von Arbeitsmarkt- und Familienpolitik. Diskutiert am Beispiel familialer Erwerbsmuster in Dänemark, Großbritannien und der Bundesrepublik«, in: Bertram, Hans u.a. (Hg.), *Wem gehört die Familie der Zukunft? Expertisen zum 7. Familienbericht der Bundesregierung*, Opladen: Barbara Budrich, 359–383.

— (2006b), »Aktivierender Wohlfahrtsstaat und sozialpolitische Steuerung«, *Aus Politik und Zeitgeschichte*, 8–9/2006: 3–9.

— (2007a), »Between Workfare and Enablement: The Different Paths to Transformation of the Welfare State«, *European Journal of Political Research*, 46 (6): 823–851.

— (2007b), »Wohlfahrtsstaatlicher Wandel zwischen ›Arbeitszwang‹ und ›Befähigung‹. Eine vergleichende Analyse aktivierender Arbeitsmarktpolitik in Deutschland, Dänemark und Großbritannien«, *Berliner Journal für Soziologie*, 17 (2): 189–209.

— (2008), »Governance und Sozialpolitik: Der aktivierende Wohlfahrtsstaat als Gewährleistungsstaat«, in: Schuppert, Gunnar Folke/Zürn, Michael (Hg.), *Governance in einer sich wandelnden Welt. PVS – Politische Vierteljahresschrift. Sonderheft 41/2008*, Wiesbaden: VS Verlag für Sozialwissenschaften, 313–329.

— (2009), »Changing Forms of Governance as Welfare State Restructuring. Activating Labour Market Policies in Denmark, the UK and Germany«, in: Dingeldey, Irene/Rothgang, Heinz (Hg.), *Governance of Welfare State Reform. A Cross National and Cross Sectoral Comparison of Policy and Politics*, Cheltenham/Northampton, USA: Edward Elgar, 69–93.

Dingeldey, Irene/Rothgang, Heinz (Hg.) (2009), *Governance of Welfare State Reform. A Cross National and Cross Sectoral Comparison of Policy and Politics*, Cheltenham/Northampton, USA: Edward Elgar.

Dingeldey, Irene (2010), »Agenda 2010: Dualisierung der Arbeitsmarktpolitik«, *Aus Politik und Zeitgeschichte*, 45/2010: 18–25.

Döhrn, Roland u.a. (1998), »Ein dänisches ›Beschäftigungswunder‹?«, *Mitteilungen aus Arbeitsmarkt und Berufsforschung, MittAB*, 31 (2): 312–323.

— (2001), »Geht es auch ohne Expansion des Dienstleistungssektors? Zum dänischen ›Beschäftigungswunder‹«, in: Baethge, Martin/Wilkens, Ingrid (Hg.), *Die große Hoffnung für das 21. Jahrhundert? Perspektiven und Strategien für die Entwicklung der Dienstleistungsbeschäftigung*, Opladen: Leske + Budrich, 269–290.

Dostal, Michael, Jörg (2008), »The Workfare Illusion: Re-examining the Concept and the British Case«, *Social Policy & Administration*, 42 (1): 19–42.

Driver, Stephen/Martell, Luke (2002), *Blair's Britain,* Cambridge: Polity Press.

Drøpping, Jon Anders u.a. (1999), »Activation Policies in the Nordic Countries«, in: Kautto, Mikko u.a. (Hg.), *Nordic Social Policy. Changing Welfare States*, London/New York: Routledge, 133–158.

Dunleavy, Patrick (1989), »The United Kingdom. Paradoxes of an Ungrounded Statism«, in: Castles, Francis G. (Hg.), *The Comparative History of Public Policy*, Cambridge: Polity Press, 242–291.

Dyson, Kenneth (2005), »Authoritative and Reflexive Strategies for Binding Hands: Europeanization, Government by Commission, and Economic Reform«, *German Politics*, 14 (2): 224–247.

Ebbinghaus, Bernhard/Hassel, Anke (2000), »Striking Deals: Concertation in the Reform of Continental European Welfare States«, *Journal of European Public Policy*, 7 (1): 44–62.

Ebbinghaus, Bernhard/Manow, Philip (2001), »Varieties of Welfare Capitalism. An Outlook on Future Directions of Research«, in: Ebbinghaus, Bernhard/ Manow, Philip (Hg.), *Comparing Welfare Capitalism. Social Policy and Political Economy in Europe, Japan and the USA*, London/ New York: Routledge, 304–315.

Egle, Christoph (2006), »Deutschland«, in: Merkel, Wolfgang u.a. (Hg.), *Die Reformfähigkeit der Sozialdemokratie. Herausforderungen und Bilanz der Regierungspolitik in Westeuropa*, Wiesbaden: Verlag der Sozialwissenschaften, 154–196.

Eichhorst, Werner (2002), »Bündnis für Arbeit- Chancen vergeben?«, *Sozialer Fortschritt*, 2002 (11): 274–278.

Eichhorst, Werner/Zimmermann, Klaus F. (2005), »Wirtschaftsfpolitische Bilanz der rot-grünen Bundesregierung«, *Aus Politik und Zeitgeschichte*, 43/2005: 11–17.

Eichhorst, Werner u.a. (2006), »Konzentration statt Verzettelung: Die deutsche Arbeitsmarktpolitik am Scheideweg«, *Perspektiven der Wirtschaftspolitik*, 7 (3): 379–397.

Eichhorst, Werner/Zimmermann, Klaus F. (2007), *Dann waren's nur noch vier... Wie viele (und welche) Maßnahmen der aktiven Arbeitsmarktpolitik brauchen wir noch? Eine Bilanz nach der Evaluation der Hartz-Reformen.* IZA Discussion Paper no. 2605, Bonn: Institut Zukunft der Arbeit.

Eichhorst, Werner u.a. (Hg.) (2008), *Bringing the Jobless into Work? Experiences with Activation Schemes in Europe and the US*, Heidelberg: Springer-Verlag.

Eichhorst, Werner/Konle-Seidl, Regina (2008), *Contingent Convergence: A Comparative Analysis of Activation Policies.* IZA-Discussion Paper No. 3905, Bonn: Institute for the Study of Labor.

Eichhorst, Werner/Marx, Paul (2009), *Reforming German Labour Market Institutions: A Dual Path to Felxibility.* IZA Discussion Paper No. 4100, Bonn: Institute for the Study of Labor.

Eicker-Wolf, Kai u.a. (2009), »Vom unerwarteten Aufschwung in den Sog der Weltrezession. Zur makroökonomischen Politik unter der Großen Koalition«, in: Eicker-Wolf, Kai u.a. (Hg.), *In gemeinsamer Verantwortung. Die Sozial- und Wirtschaftspolitik der Großen Koalition 2005–2009*, Marburg: Metropolis Verlag, 19–75.

Election Resources on the Internet (2005/2007), *Folketing Election Results.* www.electionresources.org/dk/folketing.php?election=2005; abgerufen am 17.6. 2009.

Ellguth, Peter/Kohaut, Susanne (2007), »Tarifbindung und betriebliche Interessenvertretung: Aktuelle Ergebnisse aus dem IAB-Betriebspanel 2006«, *WSI-Mitteilungen*, 60 (9): 511–514.

Emmerich, Knut (1998), »Dänemark: Arbeitsmarktflexibilität bei hoher sozialer Sicherung.«, *Wirtschaftsdienst*, 401–406.

— (1999), *Der dänische Erfolgsweg zum Abbau der Arbeitslosigkeit,* Bonn: Friedrich Ebert Stiftung.

Enderlein u.a. (2010), *Handbook on Multilevel Governance,* Cheltenham/Northampton, USA: Edward Elgar.

Engster, Heribert/Menning, Sonja (2003), *Die Familie im Spiegel der amtlichen Statistik,* Bonn: Bundesministerium für Familie, Senioren, Frauen und Jugend.

Erlinghagen, Marcel/Knuth, Mathias (2009), »Unemployment as an Institutional Construct? Structural Differences in Non-Employment between Selected European Contries and the United States«, *Journal of Social Policy*, 39 (1): 71–94.

Esping-Andersen, Gösta (1985), *Politics against Markets,* Princeton: Princeton University Press.

Esping-Andersen, Gösta (1990), *The Three Worlds of Welfare Capitalism,* Cambridge: Polity Press.

— (1996a), »Welfare States without Work: the Impasse of Labour Shedding and Familialism in the Continental European Social Policy«, in: Esping-Andersen, Gösta (Hg.), *Welfare States in Transition. National Adaptions in Global Economies*, London: Sage Publications, 66–87.

— (1996b), »After the Golden Age? Welfare State Dilemmas in a Global Economy«, in: Esping-Andersen, Gösta (Hg.), *Welfare States in Transition. National Adaptations in Global Economies*, London: Sage Publications, 1–31.

— (1996c), »Positive-Sum Solutions in a World of Trade-Offs?«, in: Esping-Andersen, Gösta (Hg.), *Welfare States in Transitions. National Adaptions in Global Economies*, London: Sage Publications, 256–267.

— (Hg.) (1996d), *Welfare States in Transition. National Adaptions in Global Economies*, London u.a.: Sage Publication.

— (1998), »Die drei Welten des Wohlfahrtskapitalismus. Zur Politischen Ökonomie des Wohlfahrtsstaates«, in: Lessenich, Stephan/Ostner, Ilona (Hg.), *Welten des Wohlfahrtskapitalismus*, Frankfurt/ New York: Campus, 19–59.

— (1999), *Social Foundations of Postindustrial Economies,* Oxford: Oxford University Press.

Esping-Andersen, Gösta/Regini, Marino (2000), *Why Deregulate Labour Markets?*, Oxford: Oxford University Press.

Esping-Andersen, Gösta u.a. (Hg.) (2002), *Why We Need a New Welfare State*, Oxford: Oxford University Press.

Estevez-Abe, Margarita u.a. (2001), »Social Protection and the Formation of Skills: A Reinterpretation of the Welfare State«, in: Hall, Peter A./Soskice, David (Hg.), *Varieties of Capitalism. The Institutional Foundations of Comparative Advantage*, Oxford: Oxford University Press, 145–184.

Euronews (2010), http://de.euronews.net/tag/wahlen-in-grossbritannien-2010/; abgerufen am 17. Juni 2010.

Europäische Kommission (2006a), *Europäische Beschäftigungsstrategie.* http://ec.europa.eu/employment_social/employment_strategy/guidelines_de.htm; abgerufen am 2.08.2007.

— (2006b), *Beschäftigungspolitische Leitlinien 2005–2008.* http://europa.eu/scadplus/leg/de/cha/c11323.htm; abgerufen am 12.4.2007.

— (2008), *Bericht zur Gleichstellung von Frauen und Männern,* Luxembourg: EU. European Commission (1993), *Growth, Competitiveness and Employment.* Com (93) 700. White Paper, Luxembourg: OOPEC.

— (1997), »Proposals of Employment Guidelines for Member State Employment Policies for 1998, Doc/97/22«, Luxembourg: OOPEC.

European Industrial Relations Observatory (2009), *United Kingdom: Industrial Relations Profile.* www.eurofound.europa.eu/eiro/country/united.kingdom_3.htm; abgerufen am 8.01.2010.

Evans, Peter B. u.a. (Hg.) (1985), *Bringing the State Back In*, Cambridge: Cambridge University Press.

Evers, Adalbert/Olk, Thomas (Hg.) (1996), *Wohlfahrtspluralismus. Vom Wohlfahrtsstaat zur Wohlfahrtsgesellschaft*, Opladen: Westdeutscher Verlag.

Evers, Adalbert/Leggewie, Claus (1999), »Der ermunternde Staat. Vom aktiven Staat zur aktivierenden Politik«, *Gewerkschaftliche Monatshefte*, 50 (6): 331–340.

Evers, Adalbert (2000), »Aktivierender Staat. Eine Agenda und ihre möglichen Bedeutungen«, in: Mezger, Erika/West, Klaus (Hg.), *Aktivierender Sozialstaat und politisches Handeln*, Marburg: Schüren, 13–29.

Falkner, Gerda u.a. (2005), *Complying with Europe. EU Harmonisation and Soft Law in the Member States,* Cambridge: Cambridge University Press.

Fargion, Valeria (2000), »Timing and Development of Social Care Services in Europe«, in: Ferrera, Maurizio/Rhodes, Martin (Hg.), *Recasting European Welfare States*, Ilford: Routledge, 59–89.

Ferrera, Maurizio/Hemerijck, Anton (2003), »Recalibrating Europe's Wefare Regimes«, in: Zeitlin, Jonathan/Trubek, David M. (Hg.), *Governaing Work and Welfare in a New Economy. European and American Experiments*, Oxford: Oxford University Press, 88–128.

Finch, Naomi (2003a), *Family Policy in the UK. Third Report of the Project Welfare Policy and Employment in Context of Family Change.* www.york.ac.uk/inst/spru/research/summs/welempfc.htm; abgerufen am 20.4.2005.

— (2003b), *Labour Supply in the UK. Second Report of the Project Welfare Policy and Employment in Context of Family Change.* www.york.ac.uk/inst/spru/research/summs/welempfc.htm; abgerufen am 20.4.2005.

Finegold, David/Soskice, David (1988), »The Failure of Training in Britain: Analysis and Prescription«, *Oxford Review of Economic Policy*, 4 (1): 21–53.

Finn, Dan (2004), *The Challenge of Change: Jobcentre Plus and Partnerships in Implementing Welfare Reform in Great Britain.* Paper presented at the Conference »Employment Policy from Different Angles« 28–29th of October 2004, Aalborg: CARMA.

— (2005a), *The National Minimum Wage in the United Kingdom. Graue Reihe des Instituts Arbeit und Technik 2005-01,* Gelsenkirchen: Institut Arbeit und Technik.

— (2005b), »›Contracting out‹ and Contestability: Modernising the British Public Employment Service«, in: Bredgaard, Thomas/Larsen, Flemming (Hg.), *Employment Policy from Different Angles*, Copenhagen: DJ øF Publishing Copenhagen, 233–249.

Fix, Birgit (2000), »Church-State Relations and the Development of Child Care in Austria, Belgium, Germany, and The Netherlands«, in: *Families and Family Policies in Europe: Comparative Perspectives*, Frankfurt/New York: Campus, 305–321.

Fleckenstein, Timo (2004), »Policy-Lernen in der Arbeitsmarktpolitik. Das Beispiel der Hartz-Kommission«, *Zeitschrift für Sozialreform*, 50 (6): 646–675.

Fligstein, Neil (2000), »Verursacht Globalisierung die Krise des Wohlfahrtsstaates?«, *Berliner Journal für Soziologie*, 10 (3): 349–378.

Flora, Peter/Heidenheimer, Arnold (Hg.) (1981), *The Development of Welfare States in Europe and America*, London: Transaction Books.

Frenzel, Martin (2002), *Neue Wege der Sozialdemokratie. Dänemark und Deutschland im Vergleich (1982–2002),* Wiesbaden: Deutscher Universitätsverlag.

Freud, David (2007), *Reducing Dependency, Increasing Opportunity: Options for the Future of Welfare to Work. An Independent Report to the Department for Work and Pensions,* London: Department for Work and Pensions.

Fromm, Sabine/Sproß, Cornelia (2008), *Die Aktivierung erwerbsfähiger Hilfeempfänger. Programme, Teilnehmer, Effekte im internationalen Vergleich. IAB Forschungsbericht 1/2008,* Nürnberg: Institut Arbeitsmarkt- und Berufsforschung.

Füchtner, Natascha (2002), *Die Modernisierung der Zentralverwaltung in Großbritannien und Deutschland. Strategien konservativer und sozialdemokratischer Regierungen,* Frankfurt am Main u.a.: Peter Lang.

Fürst, Dietrich (1987), »Die Neubelebung der Staatsdiskussion: Veränderte Anforderungen an Regierung und Verwaltung in westlichen Industriegesellschaften«, in: Ellwein, Thomas u.a. (Hg.), *Jahrbuch zur Staats- und Verwaltungswissenschaft*, Baden-Baden: Nomos, 261–282.

Gallie, Duncan/Paugam, Serge (Hg.) (2000), *Welfare Regimes and the Experience of Unemployment in Europe*, Oxford: Oxford University Press.

Ganßmann, Heiner (2004), »30 Jahre Massenarbeitslosigkeit in der Bundesrepublik – ein deutscher Sonderweg?«, *Leviathan*, 32 (2): 164.184.

Garett, Geoffrey (1998), *Partisan Politics in the Global Economy,* Cambridge: Cambridge University Press.

Garrett, Geoffrey (1995), »Capital Mobility, Trade and the Domestic Politics of Economic Policy«, *International Organization*, 49 (4): 657–687.

Genschel, Philipp (2004), »Globalization and the Welfare State: A Retrospective«, *Journal of European Public Policy*, 11 (4): 613–636.

Genschel, Philipp/Zangl, Bernhard (2007), »Die Zerfaserung von Staatlichkeit und die Zentralität des Staates«, *Aus Politik und Zeitgeschichte*, 20–21/2007: 10–16.

— (2008), »Metamorphosen des Staates: Vom Herrschaftsmonopolisten zum Herrschaftsmanager«, *Leviathan*, 36 (3): 430–454.

George, A.L./Bennett, A (2005), *Case Studies and Theory Development in the Social Sciences,* Cambridge: MIT Press.

Giddens, Anthony (1997 (1994)), *Jenseits von Links und Rechts,* Frankfurt: Suhrkamp.

— (1998a), »Equality and the Social Investment State«, in: Hargreaves, Ian/Christie, Ian (Hg.), *Tomorrow's Politics. The Third Way and Beyond*, London: Demos, 25–40.

— (1998b), *The Third Way. The Renewal of Social Democracy,* Cambridge: Polity Press.

— (2000), *The Third Way and its Critics,* Cambridge: Polity Press.

Gilbert, Neil/Gilbert, Barbara (1989), *The Enabling State. Modern Welfare Capitalism in America,* New York/Oxford: Oxford University Press.

Gilbert, Neil (2002), *Transformation of the Welfare State. The Silent Surrender of Public Responsibility,* Oxford: Oxford University Press.

Gilbert, Neil/Terrell, Paul (2002), *Dimensions of Social Welfare Policy,* Boston u.a.: Allyn and Bacon.

Goebel, Jan (2007), »Nach der Einführung von Arbeitslosengeld II: Deutlich mehr Verlierer als Gewinner unter den Hilfeempfängern«, *DIW Wochenbericht*, 74 (50): 753–761.

Gohr, Antonia (2003), »Auf dem ›dritten Weg‹ in den ›aktivierenden Sozialstaat‹? Programmatische Ziele von Rot-Grün«, in: Gohr, Antonia/Seeleib-Kaiser, Martin (Hg.), *Sozial- und Wirtschaftspolitik unter Rot-Grün*, Wiesbaden: Westdeutscher Verlag, 37–62.

Goodin, Robert E. (2001), »Work and Welfare: Towards a Post-Productivist Welfare Regime«, *British Journal of Political Science*, 31 (1): 13–39.

Gornick, Janet C. u.a. (1997), »Supporting the Employment of Mothers: Policy Variation across Forteen Welfare States«, *Journal of European Social Policy*, 7 (1): 45–70.

Gottschall, Karin (2001), »Zwischen tertiärer Krise und tertiärer Zivilisation. Zur sozialwissenschaftlichen Analyse von Dienstleistungsgesellschaften«, *Berliner Journal für Soziologie*, 11 (2): 217–237.

Gottschall, Karin/Hagemann, Karen (2002), »Die Halbtagsschule in Deutschland: Ein Sonderfall in Europa?«, *Aus Politik und Zeitgeschichte*, 41/2002: 12–22.

Gottschall, Karin/Kroos, Daniela (2003), *Self-Employment in Germany and the UK. Labor Market Regulation, Risk Management and Gender in Comparative Perspective.* ZeS Working Paper 13/2003, Bremen: Zentrum für Sozialpolitik.

Gottschall, Karin (2008), »Soziale Dienstleistungen zwischen Informalisierung und Professionalisierung – oder: der schwierige Abschied vom deutschen Erbe sozialpolitischer Regulierung«, *Arbeit*, 17 (4): 254–267.

— (2010), »Arbeit, Beschäftigung und Arbeitsmarkt aus der Genderperspektive«, in: Böhle, Fritz u.a. (Hg.), *Handbuch für Arbeitssoziologie*, Wiesbaden: VS Verlag für Sozialwissenschaften, 671–698.

Goul Andersen, Jørgen (2001), »From Citizenship to Workfare? Changing Labour Market Policies in Denmark since the Oil Crisis«, in: Bolder, Axel u.a. (Hg.), *Deregulierung der Arbeit – Pluralisierung der Bildung?*, Opladen: Leske + Budrich, 73–86.

— (2002), »Work and Citizenship: Unemployment and Unemployment Policies in Denmark, 1980–2000«, in: Andersen, Jorgen Goul/Jensen, Per (Hg.), *Changing Labour Markets, Welfare Policies and Citizenship*, Bristol: Policy Press, 59–85.

Goul Andersen, Jørgen u.a. (Hg.) (2002), *Europe's New State of Welfare. Unemployment, Employment Policies and Citizenship*, Bristol: The Policy Press.

Goul Andersen, Jørgen/Halvorsen, Knut (2002), »Changing Labour Markets, Unemployment and Unemployment Policies in a Citizenship Perspective«, in: Goul Andersen, Jørgen u.a. (Hg.), *Europe's New State of Welfare. Unemployment, Employment Policies and Citizenship*, Bristol: The Policy Press, 1–19.

Goul Andersen, Jørgen/Jensen, Per H. (2002a), »Citizenship, Changing Labour Markets and Welfare Policies: An Introduction«, in: Andersen, Jorgen Goul/Jensen, Per (Hg.), *Changing Labour Markets, Welfare Policies and Citizenship*, Bristol: Policy Press, 1–15.

— (Hg.) (2002b), *Changing Labour Markets, Welfare Policies and Citizenship*, Bristol: Policy Press.

Goul Andersen, Jørgen u.a. (Hg.) (2005), *The Changing Face of Welfare. Consequences and Outcomes from a Citizenship Perspective*, Bristol: The Policy Press.

Goul Andersen, Jørgen/Johannsen, Bjørn Holmgaard (2006), *Welfare Regimes and De-Standardisation of Life Course: The Case of Denmark*. Paper prepared for International Seminar on Welfare State Change St. Restrup, Denmark, Jan 13–15, 2006, Aalborg: Centre for Comparative Studies.

Goul Andersen, Jørgen/Pedersen, Jacob J. (2006), *Continuity and Change in Danish Labour Market Policy: 1990–2005*. Paper prepared for International Seminar on Welfare State Change St. Restrup, Denmark, 13–15th of January 2006, Aalborg: Centre for Comparative Studies.

Goul Andersen, Jørgen (2007a), *Conceptualizing Welfare State Change. The »Dependent Variable Problem«*. CCWS Working Paper No 51, Aalborg: Aalborg University.

— (2007b), »The Danish Welfare State as ›Politics for Markets‹: Combining Equality and Competitiveness in a Global Economy«, *New Political Economy*, 12 (1): 71–78.

Goul Andersen, Jørgen/Pedersen, Jacob J. (2007), *Continuity and Change in Danish Active Labour Market Policy: 1990–2007*. CCWS Working Paper No. 2007-54, Aalborg: Aalborg University.

Goul Andersen, Jørgen (2008), *Activation and ALMP in Denmark: From Enabling to (more) Demanding Measures*. Recwowe Executive Seminar. Active Labour Market Policy. Learning from International Experience 23.10–24.10.2008 in Lausanne/ Switzerland; www.socialpolicy.ed.ac.uk/__data/assets/pdf_file/ .../Executive_Seminar.pdf; abgerufen am 20.10.2009.

— (2010), *Activation as an Element of two Decades of Labour Market Policy Reforms in Denmark*. Background Paper for Presentation at the International Symposion »Activation or Basic Inocme? Towards a Sustainable Social Framework«, Hokkaido University, 26th of February 2010 in Tokyo.

Grainger, Heidi (2006), *Trade Union Membership 2005. Employment Market Analysis and Research,* London: National Statistics.

Grande, Edgar (1997), »Vom produzierenden zum regulierenden Staat: Möglichkeiten und Grenzen von Regulierung und Privatisierung«, in: König, Klaus/Benz, Angelika (Hg.), *Privatisierung und staatliche Regulierung: Bahn, Post und Telekommunikation, Rundfunk*, Baden-Baden: Nomos, 576–605.

Green-Pedersen, Christoffer (2001), »Minority Governments and Party Politics: The Political and Institutional Background to the ›Danish Miracle‹«, *Journal of Public Policy*, 21 (1): 53–101.

— (2002a), »New Public Management Reforms of the Danish and Swedish Welfare States: The Role of Different Social Democratic Responses«, *Governance: An International Journal of Policy and Administration*, 15 (2): 271–294.

— (2002b), *The Politics of Justification. Party Competition and Welfare-State Retrenchment in Denmark and the Netherlands from 1982 to 1998,* Amsterdam: Amsterdam University Press.

Green-Pedersen, Christoffer/Haverland, Markus (2002), »The new Politics and Scholarship of the Welfare State«, *Journal of European Social Policy*, 12 (1): 43–51.

Green-Pedersen, Christoffer (2004), »The Dependent Variable Problem within the Study of Welfare State Retrenchment: Defining the Problem and Looking for Solutions«, *Journal of Comparative Policy Analysis*, 6 (1): 3–14.

Green-Pedersen, Christoffer/Lindblom, Anders (2005), »Employment and Unemployment in Denmark and Sweden: Success or Failure for the Universal Welfare Model?«, in: Becker, Uwe/Schwartz, Herman M. (Hg.), *Employment »Miracles«: A Critical Comparision of the Dutch, Scandinavian, Swiss, Australian and Irish Cases versus Germany and the US*, Amsterdam: Amsterdam Press, 65–85.

Green-Pedersen, Christoffer (2007), »More than Data Questions and Methodological Issues: Theoretical Conceptualization and the Dependent Variable ›Problem‹ in the Study of Welfare Reform«, in: Clasen, Jochen/Siegel, Nico A. (Hg.), *Investigating Welfare State Change. The »Dependent Variable Problem« in Comparative Analysis*, Cheltenham/Northampton, USA: Edward Elgar, 13–23.

Greve, Bent (1994), »The Hidden Welfare State«, *Scandinavian Journal of Social Welfare*, 3 (4): 203–211.

Gustafsson, Siv (1994), »Childcare and Types of Welfare States«, in: Sainsbury, Diane (Hg.), *Gendering Welfare States*, London u.a.: Sage Publications, 45–61.

Haak, Caroll (2003), *Weiterbildung in kleinen und mittleren Betrieben: Ein deutsch-dänischer Vergleich.* WZB-Discussion Paper SPI 2003-01, Berlin: Wissenschaftszentrum Berlin.

Hall, Peter A. (1993), »Policy Paradigms, Social Learning, and the State. The Case of Economic Policy Making in Britain«, *Comparative Politics*, 25 (2): 275–296.

Hall, Peter A./Taylor, Rosemary (1996), »Political Science and the Three New Institutionalisms«, *Political Studies*, 44 (5): 936–957.

Hall, Peter A./Soskice, David (Hg.) (2001a), *Varieties of Capitalism. The Institutional Foundations of Comparative Advantage*, Oxford: Oxford University Press.

— (2001b), »An Introduction to Varieties of Capitalism«, in: Hall, Peter A./Soskice, David (Hg.), *Varieties of Capitalism. The Institutional Foundations of Comparative Advantage*, Oxford: Oxford University Press, 1–68.

Hamann, Kerstin/Kelly, John (2003), »The Domestic Sources of Differences in Labour Market Policies«, *British Journal of Industrial Relations*, 41 (4): 639–663.

Handler, Joel F. (2003), »Social Citizenship and Workfare in the US and Western Europe: From Status to Contract«, *Journal of European Social Policy*, 13 (3): 229–244.

Hartung, Klaus (2003), *Die lange Reformnacht. In: Die Zeit vom 18.12.2003.*

Hartz, Peter (Hg.) (2002), *Moderne Dienstleistungen am Arbeitsmarkt. Vorschläge der Kommission zum Abbau der Arbeitslosigkeit und zur Umstrukturierung der Bundesanstalt für Arbeit*, Berlin:

Hassel, Anke (2000), »Bündnisse für Arbeit: Nationale Handlungsfähigkeit im europäischen Regimewettbewerb«, *Politische Vierteljahresschrift*, 41 (3): 498–524.

Hassel, Anke/Schiller, Christof (2010), *Der Fall Hartz IV. Wie es zur Agenda 2010 kam und wie es weitergeht,* Frankfurt/ New York: Campus.

Häusermann, Silja/Palier, Bruno (2008), »The Politics of Employment-Friendly Welfare Reforms in Post-Industrial Economies«, *Socio Economic Review*, 6 (3): 559–586.

Hayek, F.A. (1978), *New Studies in Philosophy, Politics, Economics and the History of Ideas,* Chicago: Taylor and Francis.

Heichel, Stephan u.a. (2005), »Is there Convergence in Convergence Research? An Overview of Empirical Studies on Policy Convergence«, *Journal of European Public Policy*, 12 (5): 817–840.

Heidenreich, Martin/Bischoff, Gabriele (2006), »Die offene Methode der Koordinierung. Ein europäisches Instrument zur Modernisierung nationaler Sozial- und Beschäftigungsordnungen?«, in: Heidenreich, Martin (Hg.), *Die Europäisierung sozialer Ungleichheit*, Frankfurt/ New York: Campus, 277–311.

Heidenreich, Martin/Zeitlin, Jonathan (Hg.) (2009), *Changing European Employment and Welfare Regimes: The Influence of the Open Method of Coordination on National Reforms*, London: Routledge.

Heimann, Eduard (1980), *(1929) Theorie des Kapitalismus. Theorie der Sozialpolitik,* Frankfurt: Campus.

Heinelt, Hubert/Weck, Michael (1998), *Arbeitsmarktpolitik. Vom Vereinigungskonsens zur Standortdebatte,* Opladen: Leske + Budrich.

Heinelt, Hubert (2003), »Arbeitsmarktpolitik – von ›versorgenden‹ wohlfahrtsstaatlichen Interventionen zur ›aktivierenden‹ Beschäftigungsförderung«, in: Gohr, Antonia/Seeleib-Kaiser, Martin (Hg.), *Sozial- und Wirtschaftspolitik unter Rot-Grün*, Wiesbaden: Westdeutscher Verlag, 125–146.

Heinze, Rolf G. (1998), *Die blockierte Gesellschaft. Sozioökonomischer Wandel und die Krise des »Modell Deutschland«,* Opladen: Westdeutscher Verlag.

— (2003), »Das ›Bündnis für Arbeit‹ – Innovativer Konsens oder institutionelle Erstarrung?«, in: Egle, Christoph u.a. (Hg.), *Das Rot-Grüne Projekt. Eine Bilanz der Regierung Schröder 1998–2002*, Wiesbaden: Westdeutscher Verlag, 137–163.

Hemerijck, Anton/van Kersbergen, Kees (1999), »Negotiated Policy Change: Towards a Theory of Institutional Learning in Tightly Coupled Welfare States«, in: Braun, Dietmar/Busch, Andreas (Hg.), *Public Policy and Political Ideas*, Cheltenham/Northampton, USA: Edward Elgar, 168–185.

Hemerijck, Anton u.a. (2000), »Welfare without Work? Divergent Experiences of Reform in Germany and the Netherlands«, in: Kuhnle, Stein (Hg.), *Survival of the European Welfare State*, London/ New York: Routledge, 106–128.

Hemerijck, Anton/Schludi, Martin (2000), »Sequences of Policy Failures and Effective Policy Responses«, in: Scharpf, Fritz/Schmidt, Vivien A. (Hg.), *Welfare and Work in the Open Economy: From Vulnerability to Competitiveness*, Oxford: Oxford University Press, 125–228.

Henke, Jutta/Wolf, Andreas (2008), *Die Eingliederungsvereinbarung (EinV). Eine subjektive Auswertung und Einschätzung.* www.monapoli.de/EinVEndVs.pdf; abgerufen am 9.3.2010.

Henkes, Christian (2006), »Dänemark«, in: Merkel, Wolfgang u.a. (Hg.), *Die Reformfähigkeit der Sozialdemokratie. Herausforderungen und Bilanz der Regierungspolitik in Westeuropa*, Wiesbaden: Verlag der Sozialwissenschaften, 315–350.

Hennecke, Hans Jörg (2004), »Regieren ohne inneren Kompass«, *Aus Politik und Zeitgeschichte*, 40/2004: 6–11.

Henninger, Annette u.a. (2008), »Geschlechtergleichheit oder ›exklusive Emanzipation‹? Ungleichheitssoziologische Implikationen der aktuellen familienpolitischen Reformen«, *Berliner Journal für Soziologie*, 18 (1): 99–128.

Héritier, Adrienne (Hg.) (1993), *Policy-Analyse*, Opladen: Leske + Budrich.

Hickel, Rudolf (2009), »Plädoyer für einen regulierten Kapitalismus«, *Aus Politik und Zeitgeschichte*, 20/2009: 13–19.

Hicks, Alexander/Kenworthy, Lane (1998), »Cooperation and Political Economic Performance in Affluent Democratic Capitalism«, *American Journal of Sociology*, 103 (6): 1631–72.

Hills, John (1998), *Thatcherism, New Labour and the Welfare State.* CASE Paper/13, London: Centre of Social Exklusion. London School of Economics.

Hinrichs, Karl (1996), »Das Normalarbeitsverhältnis und der männliche Familienernährer als Leitbilder der Sozialpolitik. Sicherungsprobleme im Wandel«, *Soziaier Fortschritt*, 45 (4): 102–107.

Hinrichs, Karl/Kangas, Oliver (2003), »When is a Change Big Enough to be as System Shift? Small System-shifting Changes in German and Finnish Pension Policies«, *Social Policy & Administration*, 37 (6): 573–591.

Hippe, Thorsten (2009), »Vanishing Variety? The Regulation of Funded Pension Schemes in Comparative Perspective«, in: Dingeldey, Irene/Rothgang, Heinz (Hg.), *Governance of Welfare State Reform. A Cross National and Cross Sectoral Comparison of Policy and Politics*, Cheltenham/Northampton, USA: Edward Elgar, 43–68.

Hirseland, Andreas/Ramos Lobato, Philipp (2010), *Armutsdynamik und Arbeitsmarkt. Entstehung, Verfestigung und Überwindung von Hilfebedürftigkeit bei Erwerbsfähigen. IAB-Forschungsbericht 03/2010,* Nürnberg: Institut für Arbeitsmarkt und Berufsforschung.

HM Government (2005), *Skills: Getting on in Business, Getting on at Work.* White Paper. Cm 6483, London: Stationary Office.

HM Revenue & Customs (2006), *WTC2 – Child Tax Credit and Working Tax Credit. A Guide.* www.hmrc.gov.uk/leaflets/wtc2.htm; abgerufen am 18.6.2007.

HM Revenue & Customs Analysis Team (2009), *Child Tax Credit and Working Tax Credit. Take-up Rates 2006-7.* www.hmrc.gov.uk/stats/personal-tax-credits/cwtc-take-up2006-07.pdf; abgerufen am 1.12.2009.

HM Treasury (1998), *The Working Families Tax Credit and Work Incentives. The Modernisation of Britain's Tax and Benefit System. Number Three,* London: HM Treasury.

— (2005), *Budget 2005. Investing for our Future: Fairness and Opportunity for Britain's hard-working Families.* www.hm-treasury.gov.uk/budget/budget_05/budget_report/bud_bud05_report.cfm; abgerufen am 4.4.2007.

— (2007), *Budget 2006. Building Britain's long-term Future: Prosperity and Fairness for Families.* www.hm-treasury.gov.uk/budget/budget_06/bud_bud07_index.cfm; abgerufen am 4.4.2007.

— (2008), *Budget 2008. Stability and Opportunity: Building a Strong, Sustainable Future.* www.hm-treasury.gov.uk/d/bud08_chapter1.pdf; abgerufen am 4.4.2007.

HM-Treasury u.a. (2004), *Supporting Young People to Achieve: Towards a new Deal for Skills.* www.hm-treasury.gov.uk/media/981DF/young_people_493.pdf; abgerufen am 03.06.2005.

Hoffmann-Riem, Wolfgang (2000), »Von der Erfüllungs- zur Gewährleistungsverantwortung – eine Chance für den überforderten Staat«, in: Hoffmann-Riem, Wolfgang (Hg.), *Modernisierung von Recht und Justiz,* Frankfurt: Suhrkamp, 195–219.

Holst, Elke/Maier, Friederike (1998), »Normalarbeitsverhältnis und Geschlechterordnung«, *Mitteilungen aus Arbeitsmarkt und Berufsforschung, MittAB*, 31 (3): 506–518.

Holzner, Gabriele (2009), *Erst Reförmchen, dann der Kampf gegen die Krise.* www.tagesschau.de/wahl/bilanzen/bilanzarbeitsoziales100.html; abgerufen am 25.2.2010.

Hombach, Bodo (1998), *Aufbruch – Die Politik der Neuen Mitte,* München/Düsseldorf: ECON Verlag.

— (1999), »Die Balance von Rechten und Pflichten sichern. Der aktivierende Sozialstaat – das neue Leitbild«, *Soziale Sicherheit*, 48 (2): 41–45.

Hopkin, Jonathan/Wincott, Daniel (2006), »New Labour, Economic Reform and the European Social Model«, *British Journal of Politics and International Relations*, 8 (1): 50–68.

Huber, Evelyne/Stephens, John D. (2000), »Partisan Governance, Women's Employment, and the Social Democratic Service State«, *American Sociological Review*, 65 (6): 323–342.

— (2001a), *Development and Crisis of the Welfare State. Parties and Policies in Global Markets,* Chicago: University of Chicago Press.

— (2001b), »Welfare State and Production Regimes in an Era of Retrenchment«, in: Pierson, Paul (Hg.), *The New Politics of the Welfare State*, Oxford: Oxford University Press, 107–145.

Hülsmeier, Christian (1999), »Zwiespältiges Echo. Schröders Suche nach der Neuen Mitte«, *Soziale Sicherheit*, 48 (6): 202–203.

Hurrelmann, Achim u.a. (2005), »Is there a Legitimation Crisis of the Nation State?«, in: Leibfried, Stefan/Zürn, Michael (Hg.), *Transformations of the State?*, Cambridge: Cambridge University Press, 119–137.

— (Hg.) (2008), *Zerfasert der Nationalstaat? Die Internationalisierung politischer Verantwortung*, Frankfurt: Campus.

Hvinden, Bjørn (2003), »Activation in the Western Europe of the 1990s: Did it Make a Difference?«, in: Krause, Peter u.a. (Hg.), *Combating Poverty in Europe. The German Welfare Regime in Practice*, Aldershot/Burlington: Ashgate, 267–285.

Hyde, Mark u.a. (1999), »›Work for those that can, security for those that cannot‹: The United Kingdom's new Social Security Reform Agenda«, *International Social Security Review*, 52 (4): 69–86.

ILO (2009), *Global Wage Report 2008/09,* Geneva: International Labour Office.

Immergut, Ellen M. (1998), »The Theoretical Core of the New Institutionalism«, *Politcs & Society*, 26 (1): 5–34.

Industrial Relations Observatory on-line (2009a), *Denmark: Industrial Relations Profile.* www.eurofound.europa.eu/eiro/country/denmark_3.htm; abgerufen am 20.12.2009.

— (2009b), *Denmark: Industrial Relations Profile.* www.eurofound.europa.eu/eiro/country/denmark_4.htm; abgerufen am 20.12.2009.

Iversen, Torben/Wren, Anne (1998), »Equality, Employment, and Budgetary Restraint. The Trilemma of the Service Economy«, *World Politics*, 50 (4): 507–546.

Iversen, Torben/Cusack, Thomas R. (2000), »The Causes of Welfare State Expansion. Deindustrialization or Globalization?«, *World Politics*, 52 (3): 313–349.

Iversen, Torben (2001), »The Dynamics of Welfare State Expansion: Trade Openness, De-industrialization, and Partisan Politics«, in: Pierson, Paul (Hg.), *The New Politics of the Welfare State*, Oxford: Oxford University Press, 45–80.

Jacobsson, Kerstin (2004), »A European Politics for Employability: The Political Discourse on Employability of the EU and the OECD«, in: Garsten, Christina/Jacobsson, Kerstin (Hg.), *Learning To Be Employable. New Agendas on Work, Responsibility and Learning in a Globalizing World*, New York: Palgarave, 42–61.

Jahn, Detlef (2006), *Einführung in die vergleichende Politikwissenschaft,* Wiesbaden: VS Verlag für Sozialwissenschaften.

Jann, Werner (2003), »State, Administration and Governance in Germany: Competing Traditions and Dominant Narratives«, *Public Administration*, 81 (1): 95–118.

Jann, Werner/Schmid, Günther (Hg.) (2004a), *Eins zu eins? Eine Zwischenbilanz der Hartz-Reformen am Arbeitsmarkt*, Berlin: Edition Sigma.

— (2004b), »Die Hartz-Reformen am Arbeitsmarkt: Zwischenbilanz«, in: Jann, Werner/Schmid, Günther (Hg.), *Eins zu eins? Eine Zwischenbilanz der Hartz-Reformen am Arbeitsmarkt*, Berlin: Edition Sigma, 7–18.

Jann, Werner/Wegerich, Kai (2004), »Governance und Verwaltungspolitik«, in: Benz, Arthur (Hg.), *Governance – Regieren in komplexen Regelsystemen. Eine Einführung*, Wiesbaden: Verlag für Sozialwissenschaften, 193–214.

Jessop, Bob (1991a), »The Welfare State in the Transition from Fordism to Post-Fordism«, in: Jessop, Bob u.a. (Hg.), *The Politics of Flexibility. Restructuring State and Industry in Britain, Germany and Scandinavia*, Brookfield: Edward Elgar, 82–104.

— (1991b), »Thatcherism and Flexibility: The White Heat of a Post-Fordist Revolution«, in: Jessop, Bob u.a. (Hg.), *The Politics of Flexibility. Restructuring State and Industry in Britain, Germany and Scandinavia*, Brookfield: Edward Elgar, 135–161.

— (1994), »Veränderte Staatlichkeit«, in: Grimm, Dieter/Hagenah, Evelyn, u. M. v. (Hg.), *Staatsaufgaben*, Baden-Baden: Nomos, 43–75.

— (1999), »Narrating the Future of the National Economy and the National State? Remarks on Remapping Regulation and Reinventing«, in: Steinmetz, Georg (Hg.), *State/Culture: State Formation after the Cultural Turn*, Ithaca: Cornell University Press, 375–401.

— (2000), »The Changing Governance of Welfare: Recent Trends in its Primary Functions, Scale and Modes of Coordination«, in: Manning, Nick/Shaw, Ian (Hg.), *New Risks, New Welfare: Signposts for Social Policy*, Oxford: Blackwell Publishing, 12–23.

— (2004), »From Thatcherism to New Labour. Neo-Liberalism, Workfarism and Labour-Market Regulation«, in: Overbeck, Henk (Hg.), *The Political Economy of European Employment. European Integration and the Transnationalization of the (Un) Employment Question*, London/New York: Routledge, 137–152.

Jochem, Sven (2004), »Wohlfahrtsstaatliche Reformpolitik in Verhandlungsdemokratien: Die Niederlande, Dänemark, Schweden und Deutschland im Vergleich«, in: Lütz, Susanne/Czada, Roland (Hg.), *Wohlfahrtsstaat – Transformation und Perspektiven*, Wiesbaden: VS Verlag für Sozialwissenschaften, 231–266.

— (2007), »Pension Reform: Beyond Path Dependency?«, in: Clasen, Jochen/Siegel, Nico A. (Hg.), *Investigating Welfare State Change. The »Dependent Variable Problem« in Comparative Analysis*, Cheltenham/Northampton, USA: Edward Elgar, 261–280.

Jordan, Jason (2006), »Mothers, Wives, and Workers. Explaining Gendered Dimensions of the Welfare State«, *Comparative Political Studies*, 39 (9): 1109–1132.

Jørgensen, Henning (2002), *Consensus, Cooperation and Conflict – The Policy Making Process in Denmark*, Cheltenham/Northampton, USA: Edward Elgar.

Joyce, Lucy/Pettigrew, Nick (2002), *Personal Advisers in New Deal 25+ and Employment Zones.*, London: Department for Work and Pensions.

Jun, Uwe (2004), *Der Wandel von Parteien in der Mediendemorkatie. SPD und Labour Pary im Vergleich,* Frankfurt/ New York: Campus.

Kannengießer, Christoph/Gundel, Elke (2003), »Der Reformprozess der Bundesanstalt für Arbeit – vom bürokratischen Monolith zum Dienstleister am Markt«, *Sozialer Fortschritt*, 52 (8): 207–213.

Katzenstein, Peter, J. (1985), *Small States in World Markets,* Ithaca: Cornell University Press.

Kaufmann, Franz-Xaver (1982), »Elemente einer soziologischen Theorie sozialpolitischer Intervention«, in: Kaufmann, Franz-Xaver (Hg.), *Staatliche Sozialpolitik und Familie*, München/ Wien: Oldenbourg Verlag, 49–86.

Kaufmann, Franz-Xaver u.a. (Hg.) (1986), *Guidance, Control and Evaluation in the Public Sector*, Berlin/New York: Walter de Gruyter.

Kaufmann, Franz-Xaver (1994a), »Diskurse über Staatsaufgaben«, in: Grimm, Dieter/Hagenah, Evelyn, u. M. v. (Hg.), *Staatsaufgaben*, Baden-Baden: Nomos, 15–41.

— (1994b), »Staat und Wohlfahrtsproduktion«, in: Derlien, Hans-Ulrich u.a. (Hg.), *Systemrationalität und Partialinteresse: Festschrift für Renate Mayntz*, Baden-Baden: Nomos, 357–379.

— (1997), *Herausforderungen des Sozialstaates,* Frankfurt: Suhrkamp.

— (1998), »Der Sozialstaat als Prozeß – für eine Sozialpolitik zweiter Ordnung«, in: Ruland, Franz (Hg.), *Verfassung, Theorie und Praxis des Sozialstaats*, Heidelberg: C.F. Müller, 307–322.

— (2002a), »Sozialstaatlichkeit unter den Bedingungen moderner Wirtschaft«, in: Kaufmann, Franz-Xaver (Hg.), *Sozialpolitik und Sozialstaat: Soziologische Analysen*, Opladen: Leske + Budrich, 261–284.

— (Hg.) (2002b), *Sozialpolitik und Sozialstaat: Soziologische Analysen*, Opladen: Leske + Budrich.

— (2009), »Schutz – Sicherung – Befähigung. Dauer und Wandel im Sozialstaatsverständnis«, *Zeitschrift für Sozialreform*, 55 (1): 13–23.

Keep, Ewart (2006), »State Control of the English Education and Training System – Playing with the biggest Train Set in the World«, *Journal of Vocational Education and Training*, 58 (1): 47–64.

Keller, Berndt (1999), »Aktuelle Entwicklungen ›europäischer‹ Beschäftigungspolitik: Vom Weißbuch zum Beschäftigungskapitel«, *Sozialer Fortschritt*, 48 (6): 141–150.

Keller, Berndt/Seifert, Hartmut (2009), »Atypische Beschäftigungsverhältnisse: Formen, Verbreitung, soziale Folgen«, *Aus Politik und Zeitgeschichte*, 27/2009: 40–46.

Kemmerling, Achim/Bruttel, Oliver (2005), *New Politics in German Labour Market Policy? The Implications of the Recent Hartz Reforms for the German Welfare State.* WZB Discussion Paper SP I 2005-101, Berlin: Wissenschaftszentrum Berlin.

Kenis, Patrick/Raab, Jörg (2008), »Politiknetzwerke als Governanceform. Versuch einer Bestandsaufnahme und Neuausrichtung der Diskussion«, in: Schuppert, Gunnar Folke/Zürn, Michael (Hg.), *Governance in einer sich wandelnden Welt. PVS – Politische Vierteljahresschrift. Sonderheft 41/2008*, Wiesbaden: VS-Verlag für Sozialwissenschaften, 132–148.

Keune, Maarten/Galgóczi, Béla (Hg.) (2008), *Wages and Wage Bargaining in Europe*, Brussels: ETUI.

King, Desmond S. (1995), *Actively Seeking Work? The Politics of Unemployment and Welfare Policy in the United States and Great Britain,* London: The University of Chicago Press.

King, Desmond S./Wickham-Jones, Mark (1999), »From Clinton to Blair: The Democratic (Party) Origins of Welfare to Work«, *The Political Quarterly*, 70 (1): 62–74.

Kingdom, John (1997), *Government and Politics in Britain,* Oxford: Polty Press.

Kingdon, John W. (1995), *Agendas, Alternatives, and Public Policies,* USA: Harper Collins College Publishers.

Kitschelt, Herbert (2001), »Partisan Competition and Welfare State Retrenchment: When Do Politicians Choose Unpopular Policies?«, in: Pierson, Paul (Hg.), *The New Politics of the Welfare State*, Oxford/New York: Oxford University Press, 265–304.

Kittel, Bernhard/Obinger, Herbert (2001), *Political Parties, Institutions, and Welfare State Dynamics in Times of Austerity.* MPIJfG Discussion Paper 02/1, Köln: Max Planck Institut für Gesellschaftsforschung.

Kjær, Peter/Pedersen, Ove K. (2001), »Translating Liberalization: Neoliberalism in the Danish Negotiated Economy«, in: Campbell, David F.J./Pedersen, Ove K. (Hg.), *The Rise of Neoliberalism and Institutional Analysis*, Princeton: Princeton University Press, 219–249.

Klenk, Tanja/Nullmeier, Frank (2003), *Public Governance als Reformstrategie,* Düsseldorf: Hans Böckler Stiftung.

Klenk, Tanja (2009), »Die korporatistische Arbeitsverwaltung«, *Aus Politik und Zeitgeschichte*, 27/2009: 34–39.

Klodt, Henning (1998), »Großbritannien: Die marktwirtschaftliche Strategie«, *Mitteilungen aus Arbeitsmarkt und Berufsforschung, MittAB*, 31 (2): 277–293.

Klöpper, Arne/Holtrup, André (2011), *Ambivalenzen betrieblicher Krisenbewältigung. Schriftenreihe Institut Arbeit und Wirtschaft*, Bremen: Universität Bremen.

Knapp, Ulla (2001), »Arbeitslosigkeit und (Frauen-) Erwerbsangebot – Eine andere Sicht des Beschäftigungsproblems«, *WSI-Mitteilungen*, 54 (11): 692–697.

Knijn, Trudie/Kremer, Monique (1997), »Gender and the Caring Dimension of Welfare States: Towards Inclusive Citizenship«, *Social Politics*, 4 (3): 328–361.

Knijn, Trudie/Ostner, Ilona (2002), »Commodification and De-Commodification«, in: Hobson, Barbara u.a. (Hg.), *Contested Concepts in Gender and Social Politics*, Cheltenham/Northampton, USA: Edward Elgar, 141–170.

Knijn, Trudie u.a. (2007), »Activation as a Common Framework for Social Policies towards Lone Parents«, *Social Policy & Administration*, 41 (6): 638–652.

Knill, Christoph (2005), »Introduction: Cross-national Policy Convergence: Concepts, Approaches and Explanatory Factors«, *Journal of European Public Policy*, 12 (5): 764–774.

Knuth, Mathias/Isfort, Birgit (2007), *Der implizite Kombilohn in der Grundsicherung für Arbeitssuchende. Ergebnisbericht der wissenschaftlichen Begleitung des Integrationsmodells »Job2work«. IAQ Forschungsbericht*, Universität Duisburg-Essen. Institut Arbeit und Qualifikation.

Knuth, Matthias/Finn, Dan (2004), »Hartz oder Harrods? Reformen der Arbeitsförderung im vereinten Königreich«, *IAT-Report*, (2004-04): 1–12.

Knuth, Matthias u.a. (2004), *Drei Menüs – und kein Rezept? Dienstleistungen am Arbeitsmarkt in Großbritannien, in den Niederlanden und in Dänemark*, Bonn: Friedrich Ebert Stiftung.

Knuth, Matthias (2006), *»›Activation‹ as a Change of the ›Unemployment Regime‹. Implications for the German Employment System at large«*. Paper prepared for the ASPEN/ETUI Conference October 2006 in Brussels.

Koch, Angelika (2001), »Neubewertung der Familienarbeit in der Sozialpolitik«, *Feministische Studien*, 19 (1): 49–61.

Koch, Susanne/Walwei, Ulrich (2005), »Hartz IV: Neue Perspektiven für Langzeitarbeitslose?«, *Aus Politik und Zeitgeschichte*, 16/2005: 10–17.

Kohl, Jürgen (2000), »Der Sozialstaat: Die deutsche Version des Wohlfahrtsstaates – Überlegungen zu seiner typologischen Verortung«, in: Leibfried, Stephan/Wagschal, Uwe (Hg.), *Der deutsche Sozialstaat. Bilanzen – Reformen – Perspektiven*, Frankfurt/New York: Campus, 115–153.

Kolberg, Eivind Jon/Esping-Andersen, Gösta (1991), »Welfare States and Employment Regimes«, in: Kolberg, Eivind Jon (Hg.), *The Welfare State as Employer*, New York: M.E. Sharpe, 3–36.

Kongshøj Madsen, Per (1998), »Das dänische ›Beschäftigungswunder‹«, *Mitbestimmung*, (5): 36–38.

— (2006), »How Can it Possibly Fly? The Paradox of a Dynamic Labour Market in a Scandinavian Welfare State«, in: Campbell, John L. u.a. (Hg.), *National Identity and the Varieties of Capitalism. The Danish Experience*, Montreal & Kingston: McGill-Queen's University Press, 356–397.

König, Klaus/Benz, Angelika (Hg.) (1997), *Privatisierung und staatliche Regulierung: Bahn, Post und Telekommunikation, Rundfunk*, Baden-Baden: Nomos.

Konle-Seidl, Regina/Walwei, Ulrich (2001), *Job Placement Regimes in Europe: Trends and Impacts of Changes. Labour Market Research Topics Nr.46,* Nürnberg: Institut für Arbeitsmarkt und Berufsforschung.

Konle-Seidl, Regina (2003), »Von der Anstalt zum ersten Dienstleister am Arbeitsmarkt? Möglichkeiten und Grenzen der Reform der Bundesanstalt für Arbeit«, *Gesundheits- und Sozialpolitik*, 57 (1/2): 22–29.

Konle-Seidl, Regina u.a. (2007), *Activation Policies in Germany. From Status Protection to Basic Income Support.* IAB Discussion Paper No. 6/2007, Nürnberg: Bundesagentur für Arbeit.

Kooiman, Jan (1993), »Governance and Governability: Using Complexity, Dynamics and Diversity«, in: Kooiman, Jan (Hg.), *Modern Governance. New Government-Society Interactions*, London u.a.: Sage Publications, 35–50.

Kooiman, Jan/Van Vliet, Martijn (1993), »Governance and Public Management«, in: Eliassen, Kjell/Kooiman, Jan (Hg.), *Managing Public Organisations*, London: Sage Publications, 58–72.

Kooiman, Jan (1999), »Social-Political Governance. Overview, Reflections and Design«, *Public Managment*, 1 (1): 68–92.

— (2000), »Societal Governance: Levels, Models, and Orders of Social-Political Interaction«, in: Pierre, Jon (Hg.), *Debating Governance*, Oxford: Oxford University Press, 138–166.

— (2003), *Governing as Governance,* London u.a.: Sage Publications.

— (2005 (1993)), »Governing as Governance«, in: Schuppert, Gunnar Folke (Hg.), *Governance-Forschung. Vergewisserung über Stand und Entwicklungslinien*, Baden-Baden: Nomos, 149–172.

Korpi, Walter (1983), *The Democratic Class Struggle,* London: Routledge and Kegan Paul.

— (2000), »Faces of Inequality: Gender, Class, and Patterns of Inequalities in Different Welfare States«, *Social Politics*, 7 (2. Special Issue: Faces of Inequality): 127–192.

Korpi, Walter/Palme, Joakim (2003), »New Politics and Class Politics in the Context of Austerity and Globalization: Welfare State Regress in 18 Countries, 1975–95«, *American Political Science Review*, 97 (3): 425–446.

Kreyenfeld, Michaela u.a. (2007), »Die Bildungsungleichheit des Erwerbsverhaltens von Frauen mit Kindern. Westdeutschland im Vergleich zwischen 1976 und 2004«, *Zeitschrift für Soziologie*, 36 (6): 434–452.

Krüger, Helga/Levy, René (2000), »Masterstatus, Familie und Geschlecht. Vergessene Verknüpfungslogiken zwischen Institutionen des Lebenslaufs«, *Berliner Journal für Soziologie*, 10 (3): 379–402.

Kruhoffer, Jens (2001), »Jobrotation in Denmark. Status and Problems«, in: Schmid, Günther/Schömann, Klaus (Hg.), *Von Dänemark lernen. Learning from*

Denmark. WZB Discussion Papers FS I 99-201, Wissenschaftszentrum Berlin: Wissenschaftszentrum Berlin, 17–24.

Kuhn, Thomas (1976 (1962)), *Die Struktur der wissenschaftlichen Revolutionen. 2. rev. Auflage,* Frankfurt a.M.: Suhrkamp.

Kühnlein, Gertrud/Klein, Birgit (2003), *Bildungsgutscheine – mehr Eigenverantwortung, mehr Markt, mehr Effizienz? – Erfahrungen bei der Neuausrichtung der beruflichen Weiterbildung. Arbeitspapiere der Hans Böckler-Stiftung Bd.74,* Düsseldorf: Hans Böckler-Stiftung.

Kuntze, Oscar-Erich (2000), »Dänemark«, *IFO Schnelldienst*, 2000 (7): 13–22.

Kvist, Jon/Pedersen, Lisbeth (2007), »Danish Labour Market Activation Policies«, *National Economic Review*, 99 (2): 99–112.

Kvist, Jon u.a. (2008), »Making All Persons Work: Modern Danish Labour Market Policies«, in: Eichhorst, Werner u.a. (Hg.), *Bringing the Jobless into Work? Experiences with Activation Schemes in Europe and the US*, Heidelberg: Springer-Verlag, 221–256.

Labour (2010), *A Future Fair for All. The Labour Party Manifesto.* www.labour.org.uk/labours-manifesto-for-a-future-fair-for-all; abgerufen am 31.10.2011.

Lahusen, Christian (2006), »Die öffentlichen Debatten zur Arbeitslosigkeit zwischen nationaler Disparität und europäischer Uniformität«, in: Heidenreich, Martin (Hg.), *Die Europäisierung sozialer Ungleichheit*, Frankfurt/New York: Campus, 313–338.

Lampert, Heinz (1996), *Lehrbuch der Sozialpolitik*, Berlin u.a.: Springer.

Lamping, Wolfram (2006), »Regieren durch Regierungskommissionen? Funktionen und Implikationen der Hartz- und der Rürup Kommission im Vergleich«, *Zeitschrift für Sozialreform*, 52 (2): 233–251.

Lane, Jan-Erik/Ersson, Svante (1996), »The Nordic Countries«, in: Colomer, Joseph M. (Hg.), *Political Institutions in Europe*, London: Routledge, 254–282.

Larsen, Christian Albrekt (2002), »Policy Paradigms and Cross-National Policy (Mis)Learning from the Danish Employment Miracle«, *Journal of European Public Policy*, 9 (5): 715–735.

Larsen, Christian Albrekt/Goul Andersen, Jørgen (2009), »How New Economic Ideas Changed the Danish Welfare State: The Case of Neo Liberal Ideas and Highly Organized Social Democratic Interests«, *Governance: An International Journal of Policy and Administration*, 22 (2): 239–261.

Larsen, Flemming (2004), »The Importance of Institutional Regimes for Active Labour Market Policies – The Case of Denmark«, *European Journal of Social Security*, 6 (2): 137–154.

Larsen, Flemming/Mailand, Mikkel (2007), »Danisch Activation Policy: The Role of the Normative Foundation, the Institutional Set-up and Other Drivers«, in: Serrano Pascual, Amparo/Magnusson, Lars (Hg.), *Reshaping Welfare States and Activation Regimes in Europe*, Brüssel u. a.: Peter Lang, 99–127.

Larsen, Jørgen Elm (2005), »The Active Society and Activation Policy: Ideologies, Contexts and Effects«, in: Goul Andersen, Jørgen u.a. (Hg.), *The Changing Face of Welfare. Consequences and Outcomes from a Citizenship Perspective*, Bristol: The Policy Press, 135–150.

Larsen, Trine P. u.a. (2002/3), *The UK: Policy Maps on Employment, Social Assistance, Long-Term Care, Women and the Labour Market and Pensions.* UK Policy MAPS Working Papers. University of Kent. www.kent.ac.uk/wramsoc/workingpapers/index.htm; abgerufen am 31.10.2007.

— (2006), »New Labour's Policy Style: A Mix of Policy Approaches«, *Journal of Social Policy*, 35 (4): 629–649.

Lefresne, Florence (1999), »Employability at the Heart of the European Employment Strategy«, *Transfer*, 5 (4): 460–481.

Lehmbruch, Gerhard (1991), »The Organization of Society, Administrative Strategies, and Policy Networks«, in: Czada, Roland/Héritier, Adrienne (Hg.), *Political Choice. Institutions, Rules and the Limits of Rationality*, Frankfurt/ New York: Campus, 121–160.

— (1996), »Der Beitrag der Korporatismusforschung zur Entwicklung der Steuerungstheorie«, *Politische Vierteljahresschrift*, 37 (4): 735–751.

— (2000), »Institutionelle Schranken einer ausgehandelten Reform des Wohlfahrtsstaates. Das Bündnis für Arbeit und seine Erfolgsbedingungen«, in: Czada, Roland/Wollmann, Hellmut (Hg.), *Von der Bonner zur Berliner Republik. 10 Jahre deutsche Einheit*, Wiesbaden: Westdeutscher Verlag, 89–112.

Leibfried, Stephan (2000), »Nationaler Wohlfahrtsstaat, Europäische Union und ›Globalisierung‹: Erste Annäherungen«, in: Allmendinger, Jutta/Ludwig-Mayerhofer, Wolfgang (Hg.), *Soziologie des Sozialstaats. Gesellschaftliche Grundlagen, historische Zusammenhänge und aktuelle Entwicklungstendenzen*, Baden-Baden: Nomos, 79–108.

Leisering, Lutz/Hilkert, Bernhard (2000), *Von Großbritannien lernen? Wohlfahrtsstaatsreform im Zeichen des Dritten Weges – Das Beispiel aktivierender Sozialhilfepolitik unter Blair,* London: Anglo-German Foundation for the Study of Industrial Society.

Leisering, Lutz (2006), »From Redistribution to Regulation. Regulating Private Old-Age Pensions as a New Challenge in Ageing Societies«, in: Sigg, Roland/ Cantillon, Bea (Hg.), *Social Security in a Life-Long Society*, Genf: International Social Security Assosication.

— (2007), »Soziale Gerechtigkeit – eine Bestandsaufnahme«, in: Empter, Stefan/Vehrkamp, Robert B. (Hg.), *Soziale Gerechtigkeit – eine Bestandsaufnahme*, Gütersloh: Verlag Bertelsmann Stiftung, 77–108.

Leitch Review of Skills (2005), *Skills in the UK: The long term Challenge. Interim Report,* Norwich: HM Treasury.

— (2006), *Prosperity for All in the Global Economy – World Class Skills. Final Report,* Norwich: HM Treasury.

Lenhardt, Gero/Offe, Claus (1977), »Staatstheorie und Sozialpolitik. Politisch-soziologische Erklärungsansätze für Funktionen und Innovationsprozesse der Sozialpolitik«, in: Ferber, Christian v./Kaufmann, Franz-Xaver (Hg.), *Soziologie und Sozialpolitik. Kölner Zeitschrift für Soziologie und Sozialpsychologie – Sonderheft 19*, Opladen: Westdeutscher Verlag, 98–127.

Leschke, Janine u.a. (2006), *On the Marriage of Flexibility and Security: Lessons from the Hartz-Reforms in Germany*. WZB Discussion Paper SP I 2006-108, Berlin: Wissenschaftszentrum Berlin.

Lessenich, Stephan (2000), »Soziologische Erklärungsansätze zu Entstehung und Funktion des Sozialstaats«, in: Allmendinger, Jutta/Ludwig-Mayerhofer, Wolfgang (Hg.), *Soziologie des Sozialstaats. Gesellschaftliche Grundlagen, historische Zusammenhänge und aktuelle Entwicklungstendenzen*, Weinheim/München: Juventa Verlag, 39–78.

Levy, Jonah D. (1999), »Vice into Virtue? Progressive Politics and Welfare Reform in Continental Europe«, *Politics & Society*, 27 (2): 239–273.

Lewis, Jane/Ostner, Ilona (1994), *Gender and the Evolution of European Social Policy*. Working Paper of the Centre for Social Policy Research Nr. 4/94, Bremen: Centre for Social Policy Research.

Lewis, Jane (1999), »The ›Problem‹ of Lone Motherhood in Comparative Perspective«, in: Clasen, Jochen (Hg.), *Comparative Social Policy: Concepts, Theories and Methods*, Oxford: Blackwell, 181–199.

Liebermann, Robert C. (2002), »Ideas, Institutions, and Political Order: Explaining Political Change«, *American Political Science Review*, 96 (4): 697–712.

Lijphart, Arend (1999), *Patterns of Democracy. Government Forms and Performance in Thirty-Six Countries*, New Haven/ London: Yale University Press.

Lind, Jens/Møller, Iver Hornemann (1997), »Unemployment Policy in Denmark«, *Industrial & Labor Relations Review*, 50 (3): 95–115.

Lindsay, Colin u.a. (2007), »New Approach to Employability in the UK: Combining ›Human Capital Development‹ and ›Work First‹ Strategies?«, *Journal of Social Policy*, 36 (4): 539–560.

Linke, Marion (2009), *Aktivierung statt passive Leistung. Der Wandel der dänischen Arbeitsmarktpolitik seit 1990*, Frankfurt/Main: Campus.

Linke Sonderegger, Marion (2003), *Mehr als nur staatliche Kinderbetreuung. Optionserweiterungen und Geschlechterrollen in der aktuellen dänischen Familienpolitik. ZeS Arbeitspapier 7/2004*, Bremen: Zentrum für Sozialpolitik.

— (2007), *Aktivierung als neue Herausforderung an staatliches Handeln. Zum Wandel der dänischen Arbeitsmarktpolitik 1990–2005. Dissertationsschrift*, Bremen: Universität Bremen.

Lister, Ruth (1998), »From Equality to Social Inclusion: New Labour and the Welfare State«, *Critical Social Policy*, 18 (2): 215–225.

— (2002), »Citizenship and Changing Welfare States«, in: Goul Andersen, Jørgen/Jensen, Per H. (Hg.), *Changing Labour Markets, Welfare Policies and Citizenship*, Bristol: Policy Press, 39–59.

List-Jensen, Ann Sasa (2008), *A New Employability Paradigm. Cross-Cutting Measures of Retrenchment/Restructuring of European Employment Policies.* CCWS Working Paper No. 2008-58, Aalborg: Centre for Comparative Welfare Studies.

Lødemel, Ivar/Trickey, Heather (Hg.) (2000), *»An Offer you can't refuse«. Workfare in International Perspective*, Bristol: The Policy Press.

Ludlam, Steve/Taylor, Andrew (2003), »The Political Representation of the Labour Interest in Britain«, *British Journal of Industrial Relations*, 41 (4): 727–749.

Ludwig-Mayerhofer, Wolfgang (2005), »Activating Germany«, in: Bredgaard, Thomas/Larsen, Flemming (Hg.), *Employment Policy from Different Angles*, Copenhagen: DJ øF Publishing Copenhangen, 95–115.

Luhmann, Niklas (1984), *Soziale Systeme. Grundriß einer allgemeinen Theorie,* Frankfurt: Suhrkamp.

Lutz, Burkart (1984), *Der kurze Traum immerwährender Prosperität,* Frankfurt: Campus.

Lütz, Susanne (2004), »Governance in der politischen Ökonomie«, in: Benz, Arthur (Hg.), *Governance – Regieren in komplexen Regelsystemen. Eine Einführun*, Wiesbaden: Verlag für Sozialwissenschaften, 147–172.

Madsen, Jørgen Steen (2000), *Compromise Means Renewed Stability in Danish Industrial Relations.* www.eiro.eurofound.ie/about/2000/02/feature/dk0002168f.html; abgerufen am 20.2.2002.

Mahoney, James (2000), »Path Dependence in Historical Sociology«, *Theory and Society*, 29 (4): 507–548.

Mailand, Mikkel (2004), *The Involvement of Social Partners in Active Labour Market Policy – Do the Patterns fit Expectations from Regimes Theories?* Paper to the Conference »Employment Policy from Different Angles« 2004 in Aalborg.

Majone, Giandomenico (1994), »Paradoxes of Privatization and Deregulation«, *Journal of European Public Policy*, (1): 53–69.

— (1997), »From the Positive to the Regulatory State: Causes and Consequences of Changes in the Mode of Governance«, *International Journal of Public Policy*, 17 (2): 139–167.

Manow, Philip/Seils, Eric (2000), »Adjusting Badly: The German Welfare State, Structural Change, and the Open Economy«, in: Scharpf, Fritz/Schmidt, Vivien A. (Hg.), *Welfare and Work in the Open Economy*, Oxford: Oxford University Press, 264–308.

Manow, Philip (2001), »Comparative Institutional Advantages of Welfare State Regimes and New Coalitions in Welfare State Reforms«, in: Pierson, Paul (Hg.), *The New Politics of the Welfare State*, Oxford/New York: Oxford University Press, 146–165.

Mares, Isabela (2001), »Firms and the Welfare State: When, Why, and How Does Social Policy Matter to Employers?«, in: Hall, Peter A./Soskice, David (Hg.), *Varieties of Capitalism. The Institutional Foundations of Comparative Advantage*, Oxford: Oxford University Press, 184–213.

Marin, Bernd/Mayntz, Renate (Hg.) (1991), *Policy Network: Empirical Evidence and Theoretical Considerations*, Frankfurt/ New York: Campus.

Marshall, Thomas H. ((1949) 1963), »Citizenship and Social Class«, in: Marshall, Thomas H. (Hg.), *Sociology at the Crossroads and Other Essays*, London: Heinemann, 67–127.

— ((1949) 1992), »Staatsbürgerrechte und soziale Klassen«, in: Rieger, Elmar (Hg.), *Bürgerrechte und soziale Klassen. Zur Soziologie des Wohlfahrtsstaates*, Frankfurt/New York: Campus, 33–94.

Martens, Kerstin/Jakobi, Anja (2009), »International Organisations as Governance Actors – the OECD in Education Policy«, in: Dingeldey, Irene/Rothgang, Heinz (Hg.), *Governance of Welfare State Reform: A Cross National and Cross Sectoral Comparison of Policy and Politics*, Cheltenham/Northampton, USA: Edward Elgar, 94–112.

Martin, Chathie/Thelen, Kathleen (2007), »The State and Coordinated Capitalism: Contributions of the Public Sector to Social Solidarity in Postindustrial Societies«, *World Politics*, 60 (1): 1–36.

Maydell, Bernd Baron v./u.a. (2006), *Enabling Social Europe,* Heidelberg: Springer.

Mayntz, Renate/Scharpf, Fritz (1995), »Der Ansatz des akteurzentrierten Institutionalismus«, in: Mayntz, Renate/Scharpf, Fritz (Hg.), *Gesellschaftliche Selbstregelung und politische Steuerung*, Frankfurt/New York: Campus, 39–72.

Mayntz, Renate (1997a), »Politische Steuerung und gesellschaftliche Steuerungsprobleme«, in: Mayntz, Renate (Hg.), *Soziale Dynamik und politische Steuerung: theoretische und methodologische Überlegungen*, Frankfurt: Campus, 186–208.

— (1997b), »Politische Steuerung: Aufstieg, Niedergang und Transformation einer Theorie«, in: Mayntz, Renate (Hg.), *Soziale Dynamik und politische Steuerung: theoretische und methodologische Überlegungen*, Frankfurt: Campus, 262–292.

— (1997c), »Policy-Netzwerke und die Logik von Verhandlungssystemen«, in: Mayntz, Renate (Hg.), *Soziale Dynamik und politische Steuerung: theoretische und methodische Überlegungen*, Frankfurt/ New York: Campus, 239–263.

— (2004), »Governance im modernen Staat«, in: Benz, Arthur (Hg.), *Governance – Regieren in komplexen Regelsystemen. Eine Einführung*, Wiesbaden: Verlag für Sozialwissenschaften, 65–76.

— (2005), »Governance Theory als fortentwickelte Steuerungstheorie?«, in: Schuppert, Gunnar Folke (Hg.), *Governance-Forschung. Vergewisserung über Stand und Entwicklungslinien*, Baden-Baden: Nomos, 11–21.

— (2008), »Von der Steuerungstheorie zu Global Governance«, in: Schuppert, Gunnar Folke/Zürn, Michael (Hg.), *Governance in einer sich wandelnden Welt. PVS – Politische Vierteljahresschrift. Sonderheft 41/2008*, Wiesbaden: VS-Verlag für Sozialwissenschaften, 43–60.

Meager, Nigel (2007), »Recent Developments in Active Labour Market Policies in the UK: the Shifting Focus from Unemployment to Inactivity«, in: de Koning, Jaap (Hg.), *The Evaluation of Active Labour Market Policies. Measures, Public Private Partnerships and Benchmarking*, Cheltenham/Northampton, USA: Edward Elgar, 117–146.

Merkel, Angela (2005), *Regierungserklärung*, Berlin: Plenarprotokolle des Deutschen Bundestages, 16. Wahlperiode, 4.Sitzung, 30.11.2005, 76–91.

Merkel, Wolfgang (2001), »Soziale Gerechtigkeit und die drei Welten des Wohlfahrtskapitalismus«, *Berliner Journal für Soziologie*, 11 (2): 135–157.

— (2003a), »Institutionen und Reformpolitik: Drei Fallstudien zur Vetospieler Theorie«, *Berliner Journal für Soziologie*, 13 (2): 255–274.

— (2003b), »Institutionen und Reformpolitik: Drei Fallstudien zur Vetospieler-Theorie«, in: Egle, Christoph u.a. (Hg.), *Das Rot-Grüne Projekt. Eine Bilanz der Regierung Schröder 1998–2002*, Wiesbaden: Westdeutscher Verlag, 163–192.

Merkel, Wolfgang u.a. (Hg.) (2006), *Die Reformfähigkeit der Sozialdemokratie. Herausforderungen und Bilanz der Regierungspolitik in Westeuropa*, Wiesbaden: Verlag der Sozialwissenschaften.

Meyers, Marcia K. u.a. (1999), »Public Childcare, Parental Leave, and Employment«, in: Sainsbury, Diane (Hg.), *Gender and Welfare State Regimes*, Oxford/New York: Oxford University Press, 117–147.

Mill, John Stuart (1872), *A System of Logic*, Torronto: Harper.

Ministry of Education (2006), *New Adult Vocational Training Concept – Placing the User in the Centre – Denmark. www.logos-net.net/ilo195_base/en/init/dnk_11.htm;* abgerufen am 20.09.2006.

Mohr, Katrin (2007), *Soziale Exklusion im Wohlfahrtsstaat. Arbeitslosenversicherung und Sozialhilfe in Großbritannien und Deutschland*, Wiesbaden: VS Verlag für Sozialwissenschaften.

Morgan, Kimberly/Zippel, Kathrin (2003), »Paid to Care: The Origins and Effects of Care Leave Policies in Western Europe«, *Social Politics*, 10 (1): 49–85.

Mulheirn, Ian/Menne, Verena (2008), *The Flexible New Deal. Making it Work*, London: The Social Market Foundation.

Müller, Dana (2008), »Der Traum einer kontinuierlichen Beschäftigung – Erwerbsunterbrechungen bei Männern und Frauen«, in: Szydlik, Marc (Hg.), *Flexibilisierung. Folgen für Arbeit und Familie*, Wiesbaden: VS Verlag für Sozialwissenschaften, 47–67.

Müller, Kai-Uwe/Oschmiansky, Frank (2006), *Die Sanktionspolitik der Arbeitsagenturen nach den »Hartz«-Reformen. Analyse der Wirkungen des »Ersten Gesetzes für moderne Dienstleistungen am Arbeitsmarkt«.* WZB Discussion Paper SP I 2006-116, Berlin: Wissenschaftszentrum Berlin.

Müntnich, Michael/Wießner, Frank (2002), »Begleitforschung zur Freien Förderung nach § 10 SGB III – Einige Reflexionen zu sozialen Experimenten und der Evaluation von Modellversuchen«, in: Brinkmann, Christian/Wießner, Frank (Hg.), *Innovationen in der Arbeitsmarktpolitik durch freie Förderung*, Nürnberg: Bundesantalt für Arbeit, 219–238.

Murswieck, Axel (2003), »Des Kanzlers Macht: Zum Regierungsstil Gerhard Schröders«, in: Egle, Christoph u.a. (Hg.), *Das Rot-Grüne Projekt. Eine Bilanz der Regierung Schröder 1998–2002*, Wiesbaden: Westdeutscher Verlag, 117–137.

Myles, John/Quadagno, Jill (2002), »Political Theories of the Welfare State«, *Social Service Review*, 34–57.

National Audit Office (2007), *Sustainable Employment: Supporting People to Stay in Work and Advance. Report by the Controller and Auditor General HC 32 Session 2007–2008.*, London: Stationery Office.

National Statistics (2005), *DWP Quarterly Statistical Summary*, London: Department of Work and Pensions.

— (2008), *DWP Quarterly Statistical Summary*, London: Department of Work and Pensions.

— (2009), *DWP Quarterly Statistical Summary*, London: Department of Work and Pensions.

Neumann, Godehard (2000), »Bündnisse für Arbeit in Deutschland – Ein Überblick«, *WSI-Mitteilungen*, 53 (7): 419–429.

Newman, Janet (2001), *Modernising Governance*, London u.a.: Sage Publications.

— (2006), »Modernisation and the Dynamics of Welfare Governance«, *Zeitschrift für Sozialreform*, 52 (2): 165–179.

Nielsen, Klaus (1991), »Learning to Manage the Supply-Side: Flexibility and Stability in Denmark«, in: Jessop, Bob u.a. (Hg.), *The Politics of Flexibility. Restructuring State and Industry in Britain, Germany and Scandinavia*, Aldershot: Edward Elgar, 282–313.

Nordic Social-Statistical Committee (2004), *Denmark*. www.nom-nos.dk/nososco.htm; abgerufen am 5.1.2004.

Nozick, Robert (1974), *Anarchy, State and Utopia*, New York: Blackwell.

Nullmeier, Frank (2001), »Politikwissenschaft auf dem Weg zur Diskursanalyse?«, in: Keller, Reiner u.a. (Hg.), *Handbuch Sozialwissenschaftliche Diskursanalyse. Bd.1: Theorien und Methoden*, Opladen: Leske + Budrich, 285–313.

— (2006), »Sozialpolitik und parlamentarische Demokratie in Deutschland. Neue Anforderungen an einen demokratischen Sozialstaat«, in: *Wohlstand und Gerechtigkeit. Deutschland und die Schweiz im sozialpolitische Vergleich*, Zürich: Rotpunktverlag, 300–314.

— (2007), »Governance – das neue Zauberwort der Verwaltungsreform«, in: Luft, Stefan/Kellner, Klaus (Hg.), *Der öffentliche Sektor im Wandel: Ringvorlesung des Instituts für Politikwissenschaft*, Bremen: Universität Bremen, 15–25.

Obinger, Herbert/Starke, Peter (2009), »Are Welfare States Converging? Recent Social Policy Developments in Advanced OECD Countries«, in: Dingeldey, Irene/Rothgang, Heinz (Hg.), *Governance of Welfare State Reform. A Cross National and Cross Sectoral Comparison of Policy and Politics*, Cheltenham/Northampton, USA: Edward Elgar, 113–144.

O'Connor, Julia S. (1993), »Gender, Class and Citizenship in the Comparative Analysis of Welfare State Regimes: Theoretical and Methodological Issues«, *British Journal of Sociology*, 44 (3): 501–518.

OECD (1989), *Employment Outlook*, Paris: OECD.

— (1990), *Labour Market Policies for the 1990s*, Paris: OECD.

— (1994a), *New Orientations for Social Policy. OECD Social Policy Studies 12,* Paris: OECD.

— (1994b), *The OECD Jobs Study,* Paris: OECD.

— (1996a), *The OECD Jobs Strategy,* Paris: OECD.

— (1996b), *Employment Outlook,* Paris: OECD.

— (1998a), *Employment Outlook,* Paris: OECD.

— (1998b), *Benefit Systems and Work Incentives,* Paris: OECD.

— (2000), *Employment Outlook,* Paris: OECD.

— (2001a), *Employment Outlook,* Paris: OECD.

— (2001b), *Thematic Review on Adult Learning. Background Report Denmark.* www.oecd.org/copyr.htm/; abgerufen am 12.04.2002.

— (2002a), *United Kingdom. Economic Survey,* Paris: OECD.

— (2002b), *Babies and Bosses. Reconciling Work and Family Life. Volume 1. Australia, Denmark and the Netherlands,* Paris: OECD.

— (2003a), *Denmark. Economic Survey,* Paris: OECD.

— (2003b), *Employment Outlook,* Paris: OECD.

— (2004), *Employment Outlook,* Paris: OECD.

— (2005a), *Employment Outlook,* Paris: OECD.

— (2005b), *Employment Outlook,* Paris: OECD.

— (2006a), *Employment Outlook,* Paris: OECD.

— (2006b), *Denmark. Economic Survey,* Paris: OECD.

— (2006c), *Activation Strategies and Performance of Employment Services in the Netherlands, Germany and the United Kingdom. OECD Report for Joint SZW/OECD Seminar on Activation Strategies and Performance of Employment Services,* Paris: OECD/DESA.

— (2007a), *Activating the Unemployed: What Countries Do.* DELSA/ELSA/Working Paper 5 (2007)5, Paris: OECD/DELSA.

— (2007b), *Employment Outlook,* Paris: OECD.

— (2007c), *Babies and Bosses. Reconciling Work and Family Life. A Synthesis of Findings in OECD Countries,* Paris: OECD.

— (2007d), *Country Chapter – Benefits and Wages. United Kingdom.* www.oecd.org/dataoecd/8/9/42488475.pdf, abgerufen am 10.02.2008.

— (2008a), *Denmark. Economic Survey,* Paris: OECD.

— (2008b), *Labour Force Statistics Indicators.* www1.oecd.org/scripts/cde/members/lfsindicatorsauthenticate.asp; abgerufen am 10.2.2008.

— (2008c), *Labour Force Statistics 1987–2007.* http://puck.sourceoecd.org/vl=845341/cl=38/nw=1/rpsv/~6672/v2008n16/s1/p1l; abgerufen am 10.02.2010.

— (2009a), *Labour Force Statistics,* Paris: OECD.

— (2009b), *Tax-Benefit-Models.* www.oecd.org/els/social/workincentives; abgerufen am 29.04.2010.

— (2009c), *Family Data Base.* www.oecd.org/dataoecd/30/40/43367847.pdf; abgerufen am 10.02.2010.

— (2009d), *Society at a Glance. OECD Social Indicators,* Paris: OECD.
— (2009e), *Family Data Base. Use of Childbirth-Related Leave by Mothers and Fathers.* www.oecd.org/els/social/family/database; abgerufen am 10.02.2010.
— (2009f), *Tackling the Jobs Crisis. The Labour Market and Social Policy Response. Maintaining the Activation Stance During the Crisis. OECD Labour and Employment Ministerial Meeting. Paris 28–29 September 2009. Background Document,* Paris: OECD.
— (2009g), *Labour Force Statistics und Country Statistical Profiles.* http://stats.oecd.org/index.aspx; abgerufen 10.2. 2010.
— (2009h), *Economic Outlook Number 86*, Paris: OECD.
— (2010), *Employment Outlook. Moving beyond the Jobs Crisis,* Paris: OECD.
— (2011), *StatExtracts.* http://stats.oecd.org/; abgerufen am 15.2.2010.
Offe, Claus (1984), »Korporatismus als System nichtstaatlicher Makrosteuerung? Notizen über seine Voraussetzungen und demokratische Gehalte«, *Geschichte und Gesellschaft*, 10 (2): 234–256.
Olesen, Søren Peter (2001), »Discourses of Activation at Danish Employment Offices«, in: Seltzer, Michael u.a. (Hg.), *Listening to the Welfare State*, Aldershot u.a.: Ashgate, 103–137.
Oliver, Michael J./Pemberton, Hugh (2004), »Learning and Change in 20th-Century British Economic Policy«, *Governance: An International Journal of Policy and Administration*, 17 (3): 415–441.
Olk, Thomas (2000), »Weder Rund-Um-Versorgung noch ›pure‹ Eigenverantwortung. Aktivierende Strategien der Politik für Familien, alte Menschen, Frauen, Kinder und Jugendliche«, in: Mezger, Erika/West, Klaus-W. (Hg.), *Aktiverender Sozialstaat und politisches Handeln*, Marburg: Schüren, 105–125.
O'Reilly, Jacqueline/Fagan, Colette (Hg.) (1998), *Part-Time Prospects. An International Comparison of Part-Time Work in Europe, North America and the Pacific Rim*, London/ New York: Routledge.
Orloff, Ann (1993), »Gender and the Social Rights of Citizenship: The Comparative Analysis of Gender Relations and Welfare States«, *American Political Science Review*, 58 (6): 303–328.
Oschmiansky, Frank (2003), »Faule Arbeitslose? Zur Debatte über Arbeitsunwilligkeit und Leistungsmißbrauch«, *Aus Politik und Zeitgeschichte*, 6–7/2003: 10–16.
Oschmiansky, Frank u.a. (2007), »Arbeitsmarktreformen in Deutschland – Zwischen Pfadabhängigkeit und Paradigmenwechsel«, *WSI-Mitteilungen*, 60 (6): 291–297.
Oschmiansky, Frank (2010), »Aktive Arbeitsförderungsinstrumente seit Einführung des SGB III: Rückblick und Ausblick«, *Sozialer Fortschritt*, 1/2010 16–23.
Ostner, Ilona (1995), »Sozialstaatsmodelle und die Situation der Frauen«, in: Fricke, Werner (Hg.), *Jahrbuch Arbeit und Technik*, Bonn: Dietz Verlag, 57–69.
Page, Rosie/Hillage, Jim (2006), *Vocational Education and Training in the UK. Strategies to Overcome Skill Gaps in the Workforce.* WZB Discussion Paper SP I 2006-102, Berlin: Wissenschaftszentrum Berlin.

Palier, Bruno (2001), »Beyond Retrenchment: Four Problems in Current Welfare State Research and one Suggestion how to overcome them«, in: Clasen, Jochen (Hg.), *What Future for Social Security? Debates and Reforms in National and Cross-National Perspective*, Bristol: Policy Press, 105–120.

Palier, Bruno/Martin, Claude (Hg.) (2008), *Reforming the Bismarckian Welfare Systems*, Malden/USA and Oxford/UK: Blackwell.

Palier, Bruno (2010a), »The Long Conservative Corporatist Road to Welfare Reforms«, in: Palier, Bruno (Hg.), *A Long Goodbye to Bismarck? The Politics of Welfare Reform in Continental Europe*, Amsterdam: Amsterdam University Press, 333–389.

— (Hg.) (2010b), *A Long Goodbye to Bismarck? The Politics of Welfare Reform in Continental Europe*, Amsterdam: Amsterdam University Press.

Palier, Bruno/Thelen, Kathleen (2010), »Institutionalizing Dualism: Complementarities and Change in France and Germany«, *Politics & Society*, 38 (1): 119–148.

Peck, Jamie/Theodore, Nikolas (2000), »Beyond ›Employability‹«, *Cambridge Journal of Economics*, 24 (6): 729–749.

Peck, Jamie (2001), *Workfare States*, New York/London: Guilford Press.

Peter, Waltraut (2005), »Sozialreformen im Vereinigten Königreich«, *IW-Trends*, 2005 (4): 1–15.

— (2006), *Der britische Working Tax Credit – Beispiel für eine Strategie gegen Arbeitslosigkeit und Armut. KAS-Arbeitspapier Nr. 150/2006,* Sankt Augustin: Konrad Adenauer Stiftung.

Petring, Alexander (2006), »Großbritannien«, in: Merkel, Wolfgang u.a. (Hg.), *Die Reformfähigkeit der Sozialdemokratie. Herausforderungen und Bilanz der Regierungspolitik in Westeuropa*, Wiesbaden: Verlag der Sozialwissenschaften, 119–153.

Pfau-Effinger, Birgit (1999), »Welfare Regimes and the Gender Division of Labour«, in: Christiansen, Jens u.a. (Hg.), *Working Europe. Reshaping European Employment Systems*, Aldershot u.a.: Ashgate, 69–96.

— (2005), »New Forms of Citizenship and Social Integration in European Societies«, in: Goul Andersen, Jørgen u.a. (Hg.), *The Changing Face of Welfare. Consequences and Outcomes from a Citizenship Perspective*, Bristol: The Policy Press, 189–204.

Pierre, Jon (Hg.) (2000), *Debating Governance*, Oxford: Oxford University Press.

Pierre, Jon/Peters, Guy (2000), *Governance, Politics and the State,* Houndmills/London: Macmillan Press.

Pierson, Paul (1993), »When Effect Becomes Cause: Policy Feedback and Political Change«, *World Politics*, 45 (4): 595–628.

— (1994), *Dismantling the Welfare State? Reagan, Thatcher, and the Politics of Retrenchment,* Cambridge u.a.: Cambridge University Press.

— (1996), »The New Politics of the Welfare State«, *World Politics*, 48 (2): 143–179.

— (2000a), »Increasing Returns, Path Dependence, and the Study of Politics«, *American Political Science Review*, 94 (2): 251–267.

— (2000b), »Three Worlds of Welfare State Research«, *Competion & Change*, 33 (6–7): 791–821.

— (2001a), »Post-Industrial Pressures on the Mature Welfare States«, in: Pierson, Paul (Hg.), *The New Politics of the Welfare State*, Oxford: Oxford University Press, 80–106.

— (2001b), »Coping with Permanent Austerity. Welfare State Restructuring in Affluent Democracies«, in: Pierson, Paul (Hg.), *The New Politics of the Welfare State*, Oxford/New York: Oxford University Press, 410–456.

Piggott, Linda/Grover, Chris (2009), »Retrenching Incapacity Benefit: Employment Support Allowance and Paid Work«, *Social Policy & Society*, 8 (2): 159–170.

Plomien, Ania (2007), *Poland's Labour Market Policy and Politics of Gender and the Accession to the European Union: Domestic Impediments to Europeanisation.* http://nbn-resolving.de/urn:nbn:de:gbv:46-diss000116362; abgerufen am: 22.08.2011.

Poguntke, Thomas (2006ff), »Germany«, in: Katz, Richard S./van Biezen, Ingrid (Hg.), *European Journal of Political Research*, Political Data Yearbook 2004 45 (7–8), 1010–1016.

Political Science Resources (2007), *British Governments and Elections since 1945.* www.psr.keele.ac.uk/area/uk/uktable.htm; abgerufen am 9.10.2007.

Prognos AG (2008), *Kinderzuschlag. Gesetzliche Regelungen und Möglichkeiten der Weiterentwicklung*, Berlin: Bundesministerium für Familie, Senioren, Frauen und Jugend.

Przeworski, Adam/Teune, Henry (1970), *The Logic of Comparative Social Inquiry*, New York: Wiley.

Rabe, Birgitta/Schmid, Günther (1999), »Eine Frage der Balance: Reform der Arbeitsmarktpolitik«, *Aus Politik und Zeitgeschichte*, 37/1999: 21–30.

Rake, Katherine (2001), »Gender and New Labour's Social Policies«, *Journal of Social Policy*, 30 (2): 209–231.

Raschke, Joachim (2004), »Rot-grüne Zwischenbilanz«, *Aus Politik und Zeitgeschichte*, 40/2004: 25–31.

Rhodes, Martin (2000a), »Restructuring the British Welfare State: Between Domestic Constraints and Global Imperatives«, in: Scharpf, Fritz/Schmidt, Vivien A. (Hg.), *Welfare and Work in the Open Economy*, Oxford: Oxford University Press, 19–68.

— (2001), »The Political Economy of Social Pacts: ›Competitive Corporatism‹ and European Welfare Reforms«, in: Pierson, Christopher (Hg.), *The New Politics of the Welfare State*, Oxford/New York: Oxford University Press, 165–196.

Rhodes, R. A.W. (1994), »The Hollowing out of the State: The Changing Nature of the Public Service in Britain«, *The Political Quarterly*, 65 (2): 138–151.

— (1997), *Understanding Governance. Policy Networks, Governance, Reflexivity and Accountability*, Buckingham/Philadelphia: Open University Press.

— (Hg.) (2000b), *Transforming British Government. Volume 1: Changing Institutions*, New York: St. Martin's Press, LLC.

— (2000c), »Governance and Public Administration«, in: Pierre, Jon (Hg.), *Debating Governance*, Oxford: Oxford University Press, 54–91.

— (Hg.) (2000d), *Transforming British Government. Volume 2: Changing Roles and Relationships*, New York: St. Martin's Press, LLC.

— (2000e), »Introduction: The ESRC Whitehall Programme: a Guid to Institutional Change«, in: Rhodes, R. A.W. (Hg.), *Transforming British Government. Volume 1: Changing Institutions*, New York: St. Martin's Press, LLC, 1–22.

Ritter, Ernst-Hasso (1979), »Der kooperative Staat«, *Archiv des öffentlichen Rechts*, 104 389–413.

— (1990), »Das Recht als Steuerungsmedium im kooperativen Staat«, in: Grimm, Dieter/Hagenah, Evelyn, u. M. v. (Hg.), *Wachsende Staatsaufgaben – sinkende Steuerungsfähigkeit des Rechts*, Baden-Baden: Nomos, 69–113.

Rodrik, Dani (1998), »Why Do more open Economies have larger Governments?«, *Journal of Political Economy*, 106 (5): 997–1032.

Rohlfing, Ingo (2008), »Vergleichende Fallanalysen«, in: Pickel, Susanne u.a. (Hg.), *Neue Entwicklungen und Anwendungen auf dem Gebiet der Methoden der vergleichenden Politik- und Sozialwissenschaft*, Wiesbaden: VS Verlag für Sozialwissenschaften, 105–124.

Rosdahl, Anders/Weise, Hanne (2000), »When all must be Active – Workfare in Denmark«, in: Lødemel, Ivar/Trickey, Heather (Hg.), *An Offer You can't refuse*, Bristol: The Policy Press, 159–180.

Ross, Fiona (2000), »›Beyond Left and Right‹. The New *Partisan* Politics of Welfare«, *Governance: An International Journal of Policy and Administration*, 13 (2): 155–183.

Roth, Dieter/Jung, Matthias (2002), »Ablösung der Regierung vertagt: Eine Analyse der Bundestagwahl 2002«, *Aus Politik und Zeitgeschichte*, 49–50/2002: 3–17.

Rothgang, Heinz (2006), »Die Regulierung von Gesundheitssystemen in vergleichender Perspektive. Auf dem Weg zur Konvergenz?«, in: Wendt, Claus/Wolf, Christof (Hg.), *Soziologie der Gesundheit. Sonderheft 46 der Kölner Zeitschrift für Soziologie und Sozialpsychologie*, 285–302.

Rothgang, Heinz u.a. (2006), »The State and its Welfare State: How do Welfare State Changes Affect the Make-up of the Nation State?«, *Social Policy & Administration*, 40 (3): 250–266.

— (2007), *The Changing Role of the State in OECD Health Care Systems. From Heterogeneity to Homogeneity?*, Houndmills/Basingstoke, Hampshire: Palgrave.

Rothgang, Heinz/Dingeldey, Irene (2009), »Conclusion: The Governance of Welfare State Reform«, in: Dingeldey, Irene/Rothgang, Heinz (Hg.), *Governance of Welfare State Reform. A Cross National and Cross Sectoral Comparison of Policy and Politics*, Cheltenham/Northampton, USA: Edward Elgar, 238–250.

Rubery, Jill u.a. (1998), *Women and European Employment*, London u.a.: Routledge.

Rueda, David (2008), *Social Democracy Inside Out: Government Partisanship, Insiders, and Outsiders in Industrialized Democracies*, Oxford: Oxford University Press.

Sachverständigenrat zur Begutachtung der gesamtwirtschaftlichen Entwicklung (2007), *Auszug aus dem Jahresgutachten 2006/07. Zur Evaluation von Hartz I bis III*

(Ziffern 495 bis 506). www.sachverstaendigenrat-wirtschaft.de/download/ziffer/z495_506j06.pdf; abgerufen am 2.10.2008.

Sainsbury, Diane (1994), »Women's and Men's Social Rights: Gendering Dimensions of Welfare States«, in: Sainsbury, Diane (Hg.), *Gendering Welfare States*, London u.a.: Sage, 150–169.

— (1999), *Gender and Welfare State Regimes*, Oxford: University Press.

— (2001), »Welfare State Challenges and Responses: Institutional and Ideological Resilience or Restructuring?«, *Acta Sociologica*, 44 (3): 257–265.

Scharpf, Fritz (1973), »Komplexität als Schranke der politischen Planung«, in: Scharpf, Fritz (Hg.), *Planung als politischer Prozeß*, Frankfurt: Suhrkamp, 73–112.

Scharpf, Fritz u.a. (1976), *Politikverflechtung: Theorie und Empirie des kooperativen Föderalismus in der Bundesrepublik*, Kronberg/Taunus: Scriptor.

Scharpf, Fritz (1985), »Die Politikverflechtungs-Falle: Europäische Integration und deutscher Föderalismus im Vergleich«, *Politische Vierteljahresschrift*, 26 (4): 323–356.

— (1987), *Sozialdemokratische Krisenpolitik in Europa. Das »Modell Deutschland« im Vergleich*, Frankfurt/New York: Campus.

— (1988a), »Verhandlungssysteme, Verteilungskonflikte und Pathologien der politischen Steuerung«, in: Schmidt, Manfred G. (Hg.), *Staatstätigkeit*, Opladen: Leske + Budrich, 61–87.

— (1988b), »Inflation und Arbeitslosigkeit in Westeuropa: Eine spieltheoretische Interpretation«, *Politische Vierteljahresschrift*, 29 (1): 6–41.

— (1991), »Die Handlungsfähigkeit des Staates am Ende des zwanzigsten Jahrhunderts«, *Politische Vierteljahresschrift*, 32 (4): 621–634.

— (1992), »Koordination durch Verhandlungssysteme. Analytische Konzepte und institutionelle Lösungen«, in: Benz, Arthur u.a. (Hg.), *Horizontale Politikverflechtung. Zur Theorie von Verhandlungssystemen*, Frankfurt/New York: Campus, 51–96.

— (1993), »Positive und negative Koordination in Verhandlungssystemen«, in: Héritier, Adrienne (Hg.), *Policy-Analyse. Kritik und Neuorientierung*, Opladen: Westdeutscher Verlag, 57–83.

— (1994), »Politiknetzwerke und Steuerungssubjekte«, in: Derlien, Hans-Ulrich u.a. (Hg.), *Systemrationalität und Partialinteresse: Festschrift für Renate Mayntz*, Baden-Baden: Nomos, 381–407.

— (2000a), *Interaktionsformen Akteurzentrierter Institutionalismus in der Politikforschung*, Opladen: UTB.

— (2000b), »Economic Changes, Vulnerabilities, and Institutional Capabilities«, in: Scharpf, Fritz/Schmidt, Vivien A. (Hg.), *Welfare and Work in the Open Economy: From Vulnerability to Competitiveness*, Oxford: Oxford University Press, 21–125.

Scharpf, Fritz/Schmidt, Vivien A. (Hg.) (2000a), *Welfare and Work in the Open Economy: From Vulnerability to Competitiveness*, Oxford: Oxford University Press.

— (Hg.) (2000b), *Welfare and Work in the Open Economy: Diverse Responses to Common Challenges*, Oxford: Oxford University Press.

— (2000c), »Introduction«, in: Scharpf, Fritz/Schmidt, Vivien A. (Hg.), *Welfare and Work in the Open Economy: From Vulnerability to Competitiveness*, Oxford: Oxford University Press, 1–21.

— (2000d), »Conclusions«, in: Scharpf, Fritz/Schmidt, Vivien A. (Hg.), *Welfare and Work in the Open Economy: From Vulnerability to Competitiveness*, Oxford: Oxford University Press, 310–336.

Schirm, Stefan A. (2003), »Politische Optionen für die Nutzung von Globalisierung«, *Aus Politik und Zeitgeschichte*, 5/2003: 7–16.

Schlieben, Michael (2007), *Politische Führung in der Opposition. Die CDU nach dem Machtervlust 1998,* Wiesbaden: VS-Verlag für Sozialwissenschaften.

Schmid, Günther u.a. (1987), *Arbeitslosenversicherung und aktive Arbeitsmarktpolitik. Finanzierungssysteme im internationalen Vergleich,* Berlin: Edition Sigma.

Schmid, Günther (1990), »Beschäftigungs- und Arbeitsmarktpolitik«, in: Beyme, Klaus v./Schmidt, Manfred G. (Hg.), *Politik in der Bundesrepublik*, Opladen: Leske + Budrich, 228–254.

— (1994a), *Reorganisation der Arbeitsmarktpolitik. Märkte, Politische Steuerung und Netzwerke der Weiterbildung für Arbeitslose in der Europäischen Union.* WZB Discussion Paper FS I 94-213, Berlin: Wissenschaftszentrum Berlin.

— (1994b), »Übergänge in die Vollbeschäftigung. Perspektiven einer zukunftsgerechten Arbeitsmarktpolitik«, *Aus Politik und Zeitgeschichte*, 12–13/1999: 9–23.

— (1996), »Reform der Arbeitsmarktpolitik. Vom fürsorgenden Wohlfahrtsstaat zum kooperativen Sozialstaat«, *WSI-Mitteilungen*, 49 (10): 629–641.

Schmid, Günther/Wiebe, Nicola (1999), »Die Politik der Vollbeschäftigung im Wandel. Von der passiven zur interaktiven Arbeitsmarktpolitik«, in: Kaase, Max/Schmid, Günther (Hg.), *Eine lernende Demokratie. 50 Jahre Bundesrepublik Deutschland*, Berlin: Edition Sigma, 357–396.

Schmid, Günther (2002a), »Förderung der Gleichstellung der Geschlechter durch Übergangsarbeitsmärkte«, in: Gottschall, Karin/Pfau-Effinger, Birgit (Hg.), *Zukunft der Arbeit und Geschlecht. Diskurse, Entwicklungspfade und Reformoptionen im internationalen Vergleich*, Opladen: Leske + Budrich, 281–309.

— (2002b), *Wege in eine neue Vollbeschäftigung,* Frankfurt/New York: Campus.

— (2002c), »Employment Systems in Transition: Explaining Performance Differentials of Post-Industrial Economies«, in: Schmid, Günther/Grazier, Bernhard (Hg.), *The Dynamics of Full Employment. Social Integration Through Transitional Labour Markets*, Cheltenham/Northampton, USA: Edward Elgar, 23–80.

Schmid, Günther/Grazier, Bernhard (Hg.) (2002), *The Dynamics of Full Employment. Social Integration Through Transitional Labor Markets*, Cheltenham/Northampton, USA: Edward Elgar.

Schmid, Günther (2003), »Gestaltung des Wandels durch wissenschaftliche Beratung. Das ›Bündnis für Arbeit‹ und die ›Hartz-Kommission‹«, in: Ramge, Stefan/Schmid, Günther (Hg.), *Managment of Change in der Politik? Reformstrategien am Beispiel der Arbeitsmarkt- und Beschäftigungspolitik. Ein Werkstattbericht*, Münster u.a: Waxmann, 68–94.

— (2004), *Gewährleistungsstaat und Arbeitsmarkt. Neue Formen von Governance in der Arbeitsmarktpolitik*. WZB Discussion Paper SP I 2004-107, Berlin: Wissenschaftszentrum Berlin.

Schmid, Günther/Kull, Silke (2004), »Die Europäische Beschäftigungsstrategie. Perspektiven der Offenen Methode der Koordinierung«, in: Kaelble, Hartmut/Schmid, Günther (Hg.), *Das europäische Sozialmodell. Auf dem Weg zum transnationalen Sozialstaat*, Berlin: Edition Sigma, 317–346.

Schmid, Günther/Protsch, Paula (2009), *Wandel der Erwerbsformen in Deutschland und Europa*. WZB Discussion Paper SPI 2009-505, Berlin: Wissenschaftszentrum Berlin.

Schmidt, Manfred G. (1982a), »Does Corporatism Matter? Economic Crisis, Politics and Rates of Unemployment in Capitalist Democracies in the 1970s«, in: Lehmbruch, Gerhard/Schmitter, Philippe C. (Hg.), *Patterns of Corporatist Policy Making*, London: Sage Publications, 237–258.

— (1982b), *Wohlfahrtsstaatliche Politik unter bürgerlichen und sozialdemokratischen Regierungen. Ein internationaler Vergleich*, Frankfurt: Campus.

— (1986), »Politische Bedingungen erfolgreicher Wirtschaftspolitik – Eine vergleichende Analyse westlicher Industrieländer«, *Journal für Sozialforschung*, 1986 (3): 251–273.

— (Hg.) (1988), *Staatstätigkeit. International und historisch vergleichende Analysen*, Opladen: Westdeutscher Verlag.

— (1993), »Arbeitslosigkeit und Vollbeschäftigung in der Bundesrepublik. Eine vergleichende Analyse«, in: Klingemann, Hans-Dieter/Luthardt, Wolfgang (Hg.), *Wohlfahrtsstaat, Sozialstruktur und Verfassungsanalyse*, Opladen: Leske + Budrich, 25–45.

— (1996a), »When Parties Matter. A Review of the Possibilities and Limits of Partisan Influence on Public Policy«, *European Journal of Political Research*, 30 (2): 155–183.

— (1996b), »Germany. The Grand Coalition State«, in: Colomer, Joseph M. (Hg.), *Political Institutions in Europe*, London/New York: Routledge, 99–137.

— (2002a), »The Impact of Political Parties, Constitutional Structures and Veto Players on Public Policy«, in: Keman, Hans (Hg.), *Comparative Democratic Politics*, London u.a.: Sage Publications, 166–184.

— (2002b), »Political Performance and Types of Democracy: Findings from Comparative Studies«, *European Journal of Political Research*, 41 (1): 147–163.

— (2003), »Rot-grüne Sozialpolitik (1998–2002)«, in: Egle, Christoph u.a. (Hg.), *Das Rot-Grüne Projekt. Eine Bilanz der Regierung Schröder 1998–2002*, Wiesbaden: Westdeutscher Verlag, 239–259.

— (2005), *Sozialpolitik in Deutschland. Historische Entwicklung und internationaler Vergleich. 3. überarb. Aufl.*, Opladen: Leske + Budrich.

— (2007), *Das politische System Deutschlands*, München: Beck.

Schmidt, Vivien A. (2000), »Values and Discourse in the Politics of Adjustment«, in: Scharpf, Fritz/Schmidt, Vivien A. (Hg.), *Welfare and Work in the Open Econ-*

omy. Volume I. From Vulnerability to Competitiveness, Oxford/New York: Oxford University Press, 229–309.

— (2002c), »Does Discourse Matter in the Politics of Welfare State Adjustment?«, *Comparative Political Studies*, 35 (2): 168–193.

— (2002d), »How, Where and When does Discourse Matter in Small States Welfare State Adjustment?«, *The New Political Economy*, 8 (1): 127–146.

Schmitter, Philippe C./Lehmbruch, Gerhard (Hg.) (1979), *Trends Towards Corporatist Intermediation*, London: Sage Publications.

Schnabel, Claus/Wagner, Joachim (2007), »Einführung: Gewerkschaftsmitgliedschaft in Deutschland: Strukturen, Determinanten und Tendenzen«, *Industrielle Beziehungen*, 14 (2): 93–95.

Schneider, Karsten (2003), »Die Auflösung hierarchischer Koordination im Zuge organisatorischer Dezentralisierung im kommunalen Sektor«, in: Grande, Edgar/Prätorius, Rainer (Hg.), *Politische Steuerung und neue Staatlichkeit*, Baden-Baden: Nomos, 107–127.

Schneider, Volker/Kenis, Patrick (Hg.) (1996), *Organisation und Netzwerk*, Frankfurt a.M.: Campus.

Schönwälder, Karen (2002), »Konturen eines ›Dritten Weges‹. Großbritannien unter den Blair-Regierungen«, *Leviathan*, 30 (2): 250–266.

Schridde, Henning (2003), »Networked Governance und neue Wohlfahrtsstaatlichkeit – am Beispiel der Bekämpfung der Jugendarbeitslosigkeit in Deutschland und Großbritannien«, in: Grande, Edgar/Prätorius, Rainer (Hg.), *Politische Steuerung und neue Staatlichkeit*, Baden-Baden: Nomos, 107–127.

Schröder, Esther (2009), *Ein-Euro-Jobs zwischen Anspruch und Realität aus Sicht der Maßnahmenteilnehmer und -teilnehmerinnen. Arbeitsgelegenheiten und die Umsetzung der Arbeitsmarktreformen. WISO Diskurs,* Bonn: Friedrich Ebert Stiftung.

Schröder, Gerhard/Blair, Tony (1999), »Der Weg nach vorne für Europas Sozialdemokraten«, *Blätter für Deutsche und Internationale Politik*, 1999 (7): 888–896.

Schröder, Gerhard (2003), *Regierungserklärung des Bundeskanzlers Gerhard Schröder vor dem Deutschen Bundestag am 14.03.2003. Plenarprotokoll 15/32,* Berlin: Bundesregierung.

Schroeder, Wolfgang (2003), »Der neue Arbeitsmarkt und der Wandel der Gewerkschaften«, *Aus Politik und Zeitgeschichte*, 47–48/2003: 6–13.

Schröter, Eckhard/Wollmann, Hellmut (2001), »New Public Management«, in: Blanke, Bernhard u.a. (Hg.), *Handbuch zur Verwaltungsreform*, Opladen: Leske + Budrich, 71–82.

Schulten, Thorsten (2010), »Zur Reichweite der Tarifpolitik in Europa«, *Aus Politik und Zeitgeschichte*, 13–14/2010: 36–46.

Schulz, Bettina (2007), *Großbritannien: Einkommensschere öffnet sich. Frankfruter Allgemeine Zeitung vom 17.Januar 2007.*

Schulze Buschoff, Krain (2005), »Von der Scheinselbständigkeit zur Ich-AG – neue sozialpolitische Weichenstellungen?«, *Zeitschrift für Sozialreform*, (1): 64–93.

Schuppert, Gunnar Folke (1989), »Markt, Staat, Dritter Sektor – oder noch mehr? Sektorspezifische Steuerungsprobleme ausdifferenzierter Staatlichkeit«, in: Ellwein, Thomas u.a. (Hg.), *Jahrbuch zur Staats- und Verwaltungswissenschaft*, Baden-Baden: Nomos, 47–83.

— (1990), »Grenzen und Alternativen zur Steuerung durch Recht«, in: Grimm, Dieter (Hg.), *Wachsende Staatsaufgaben – sinkende Steuerungsfähigkeit des Rechts.*, Baden-Baden: Nomos, 217–249.

— (1997), »Vom produzierenden zum gewährleistenden Staat: Privatisierung als Veränderung staatlicher Handlungsformen«, in: König, Klaus/Benz, Angelika (Hg.), *Privatisierung und staatliche Regulierung: Bahn, Post und Telekommunikation, Rundfunk*, Baden-Baden: Nomos, 539–575.

— (2003), *Staatswissenschaft*, Baden-Baden: Nomos.

— (2005), »Der Gewährleistungsstaat – modisches Label oder Leitbild sich wandelnder Staatlichkeit?«, in: Schuppert, Gunnar Folke (Hg.), *Der Gewährleistungsstaat – Ein Leitbild auf dem Prüfstand*, Baden-Baden: Nomos, 11–53.

Schwartz, Herman M. (2001a), »The Danish ›Miracle‹ Luck, Pluck, or Stuck?«, *Comparative Political Studies*, 34 (2): 131–155.

— (2001b), »Round up the Usual Suspects! Globalization, Domestic Politics, and Welfar State Change«, in: Pierson, Paul (Hg.), *The New Politics of the Welfare State*, Oxford: Oxford University Press, 17–45.

Scott, Gill (1998), »Child-Care: the Changing Boundaries of Family, Economy and State«, *Critical Social Policy*, 18 (4): 519–528.

Scruggs, Lyle/Allan, James P. (2006), »Welfare-state decommodification in 18 OECD Countries: A Replication and Revision«, *Journal of European Social Policy*, 16 (1): 55–72.

Secretary of State for Social Security, Minister for Welfare Reform; (1998), *New Ambitions for our country: A New Contract for Welfare. Cm 3805,* London: Stationary Office.

Seeleib-Kaiser, Martin (2001), *Globalisierung und Sozialpolitik. Ein Vergleich der Diskurse und Wohlfahrtssysteme in Deutschland, Japan und den USA,* Frankfurt/New York: Campus.

Seeleib-Kaiser, Martin/Fleckenstein, Timo (2007), »Discourse, Learning and Welfare State Change: The Case of German Labour Market Reforms«, *Social Policy & Administration*, 41 (5): 427–448.

Serrano Pascual, Amparo (2004), »Are Activation Policies Converging?«, in: Lind, Jens u.a. (Hg.), *Labour and Employment Regulation in Europe*, Brüssel u. a.: Peter Lang, 211–231.

— (2007a), »Activation Regimes in Europe: A Clustering Exercise«, in: Serrano Pascual, Amparo/Magnusson, Lars (Hg.), *Reshaping Welfare States and Activation Regimes in Europe*, Brüssel u.a.: Peter Lang, 275–317.

— (2007b), »Reshaping Welfare States: Activating Regimes in Europe«, in: Serrano Pascual, Amparo/Magnusson, Lars (Hg.), *Reshaping Welfare States and Activation Regimes in Europe*, Brüssel u. a.: Peter Lang, 11–34.

Siefken, Sven T. (2007), *Expertenkommissionen im politischen Prozess. Eine Bilanz zur rot-grünen Bundesregierung 1998–2005,* Wiesbaden: VS Verlag für Sozialwissenschaften.

Siegel, Nico A. (2002), *Baustelle Sozialpolitik. Konsolidierung und Rückbau im internationalen Vergleich,* Frankfurt: Campus.

Skocpol, Theda/Amenta, Edwin (1986), »States and Social Policies«, *Annual Review of Sociology*, 12 (2): 131–157.

Soskice, David (1999), »Divergent Production Regimes: Coordinated and Uncoordinated Market Economies in the 1980s and 1990s«, in: Kitschelt, Herbert u.a. (Hg.), *Continuity and Change in Contemporary Capitalism*, Cambridge: Cambridge University Press, 101–135.

SPD (1998), *Arbeit, Innovation und Gerechtigkeit. SPD Programm für die Bundestagswahl 1998. Beschluß des außerordentlichen Parteitags der SPD am 17. April 1998 in Leipzig,*

— (2002), *Erneuerung und Zusammenhalt – Wir in Deutschland. Regierungsprogramm 2002–2006,* Berlin: SPD.

— (2005), *Vertrauen in Deutschland. Das Wahlmanifest der SPD,* Berlin:

Spieß, Katharina u.a. (2002), »Kinderbetreuung in West- und Ostdeutschland: Sozioökonomischer Hintergrund entscheidend«, *DIW Wochenbericht*, 69 (31): 518–524.

Starke, Peter (2006), »The Politics of Welfare State Retrenchment: A Literature Review«, *Social Policy & Administration*, 40 (1): 104–120.

Statistics Denmark (various).www.statistikbanken.dk, abgerufen am 2.10.2008.

Statistics Denmark (various), *Statistical Yearbook.* www.dst.dk/HomeUK/Statistics/ofs/Publications/Yearbook.aspx, abgerufen am 2.02.2009.

Statistisches Bundesamt (2004), *Kindertagesbetreuung in West- und Ostdeutschland. Pressemitteilung vom 16.März 2004,* Wiesbaden: Statistisches Bundesamt.

— (2010), *Alles beim Alten: Mütter stellen Erwerbstätigkeit hintenan.* www.destatis.de/jetspeed/portal/cms/Sites/destatis/Internet/DE/Content/Publikationen/STATmagazin/Arbeitsmarkt/2010__03/2010__03PDF,property=file.pdf; abgerufen am 15.6.2011.

— (2011), *Fast jeder sechste Deutsche ist gefährdet.* Pressemitteilung vom 25.01.2011, www.focus.de/finanzen/news/armutsrisiko-fast-jeder-sechste-deutsche-ist-gefaehrdet_aid_593526.html; abgerufen am 25.5.2011.

Steffen, Johannes (fortlaufen), Sozialpolitische Chronik. Arbeitnehmerkammer Bremen. www.ak-sozialpolitik.de/doku/02_politik/chronik/chronik_gesamt.pdf; abgerufen am 12.3.2011.

Stephens, John D. u.a. (1999), »The Welfare State in Hard Times«, in: Kitschelt, Herbert u.a. (Hg.), *Continuity and Change in Contemporary Capitalism*, Cambridge: University Press, 164–193.

Stöbe-Blossey, Sybille (2001), »Schlanke Verwaltung«, in: Bandemer, Stephan v. u.a. (Hg.), *Handbuch zur Verwaltungsreform*, Opladen: Leske + Budrich, 262–270.

Stoker, Gerry (1998), »Governance as Theory: Five Propositions«, *International Social Science Journal*, (155): 17–28.

— (Hg.) (1999), *The New Management of British Local Governance*, Houndmills/London: Macmillian Press.

— (2000), »Urban Political Science and the Challenge of Urban Governance«, in: Pierre, Jon (Hg.), *Debating Governance*, Oxford: Oxford University Press, 91–110.

Straubhaar, Thomas u.a. (2009), »Rückkehr des Keynesianismus: Anmerkungen aus ordnungspolitischer Sicht«, *Aus Politik und Zeitgeschichte*, 20/2009: 19–26.

Streeck, Wolfgang/Schmitter, Philippe C. (1985a), »Community, Market, State – and Associations?«, *European Sociological Review*, 1 (2): 119–138.

— (1985b), »Gemeinschaft, Markt und Staat – und die Verbände? Der mögliche Beitrag von Interessenregierungen zur sozialen Ordnung«, *Journal für Sozialforschung*, 25 (2): 133–157.

Streeck, Wolfgang (1988), *Status und Vertrag als Grundkategorien einer soziologischen Theorie der industriellen Beziehungen*, Berlin: Discussion Papers Wissenschaftszentrum Berlin FS I 88-3.

Streeck, Wolfgang/Hassel, Anke (2004), »The Crumbling Pillars of Social Partnership«, in: Kitschelt, Herbert/Streeck, Wolfgang (Hg.), *Germany: Beyond the Stable State.*, London: Frank Cass, 101–124.

Streeck, Wolfgang/Kitschelt, Herbert (2004), »From Stability to Stagnation: Germany at the Beginning of the Twenty First Century«, in: Kitschelt, Herbert/Streeck, Wolfgang (Hg.), *Germany: Beyond the Stable State.*, London: Frank Cass, 1–34.

Streeck, Wolfgang/Thelen, Kathleen (2004), »Introduction: Institutional Change in Advanced Political Economies«, in: Streeck, Wolfgang/Thelen, Kathleen (Hg.), *Beyond Continuity*, Oxford/New York: Oxford University Press, 1–40.

— (2005), »Introduction. Institutional Change in Advanced Political Economies«, in: Streeck, Wolfgang/Thelen, Kathleen (Hg.), *Beyond Continuity. Institutional Change in Advanced Political Economies*, Oxford/New York: Oxford University Press, 1–39.

Streeck, Wolfgang/Trampusch, Christine (2005a), *Economic Reform and the Political Economy of the German Welfare State.* MPIfG Working Paper 05/2, Köln: Max-Planck-Institute for the Study of Societies.

— (2005b), »Economic Reform and the Political Economy of the German Welfare State«, *German Politics*, 14 (2): 174–195.

Swank, Duane (2005), »Globalisation, Domestic Politics, and Welfare State Retrenchment in Capitalist Democracies«, *Social Policy & Society*, 4 (2): 183–195.

Swenson, Peter (2002), *Capitalism Against Markets. The Making of Labor Markets and Welfare States in the United States and Sweden*, Oxford: Oxford University Press.

Tanzi, Vito/Schuknecht, Ludger (2000), *Public Spending in the 20th Century: A Global Perspective*, Cambridge/New York: Capmbridge University Press.

Taubert, Peter (2007), *Die Arbeitsmarktpolitik in Dänemark unter der konservativ-liberalen Regierung: Kontinuität oder Wandel?*, Bremen: Masterarbeit im Studiengang Sozialpolitik.

Taylor, Andrew (2000), »Hollowing out or filling in? Taskforce and the Management of Cross-Cutting Issues in British Government«, *British Journal of Politics and International Relations*, 2 (1): 46–71.

Taylor-Gooby, Peter (Hg.) (2004), *New Risks, New Welfare. The Transformation of the European Welfare State*, Oxford: Oxford University Press.

— (2005), *Final Report. Welfare Reform and the Management of Societal Change.* www.kent.ac.uk/wramsoc/eureports/informationforeureports/finalreport/finalreport.pdf; abgerufen am 2.02.09.

TAZ (1998), *CDU-Wahlprogramm: Die Arbeitslosenhilfe soll an Sozialhilfe angepaßt werden.* 17.04.2008.

The Guardian (2010), »Election 2010«. www.guardian.co.uk/politics/2010/mar/30/tony-blair-swipe-conservatives; abgerufen am 11.2.2011.

Tester, Susan (1999), »Comparative Approaches to Long-term Care for Adults«, in: Clasen, Jochen (Hg.), *Comparative Social Policy: Concepts, Theories and Methods*, Oxford: Blackwell, 136–159.

The Labour Party (2001), *Ambitions for Britain,* London: Labour Party.

— (2005), *Britain forward not back,* London: Labour Party.

The National Archives (2011), *Maternity Pay.* http://webarchive.nationalarchives.gov.uk/+/www.direct.gov.uk/en/Parents/Moneyandworkentitlements/WorkAndFamilies/Pregnancyandmaternityrights/DG_10029290; abgerufen am 31.5.2011.

Thelen, Kathleen u.a. (Hg.) (1992), *Structuring Politics. Historical Institutionalism in Comparative Analysis*, Cambridge: Cambridge University Press.

Thelen, Kathleen (2001), »Varieties of Labor Politics in the Developed Democracies«, in: Hall, Peter A./Soskice, David (Hg.), *Varieties of Capitalism. The Institutional Foundations of Comparative Advantage*, Oxford: Oxford University Press, 71–104.

— (2003), »How Institutions Evolve: Insights from Comparative Historical Analysis«, in: Mahoney, James/Rueschemeyer, Dietrich (Hg.), *Comparative Historical Analysis in the Social Sciences*, Cambridge: Cambridge University Press, 208–240.

Thomas, Andrew (2007), *Lone Parent Work Focused Interviews: Synthesis of findings. Department of Work and Pensions. Research Report No 443,* London: Department of Work and Pensions.

Titmuss, Richard (1974), »Essays on Social Policy. An Introduction«, in: Abelsmith, B/Titmuss, K (Hg.), *Social Policy*, London: Allen and Unwin, 9–13.

TNG (2010), »Flexible New Deal«. www.flexiblenewdeal.info/index.php?option=com_content&task=view&id=30&Itemid=54; abgerufen am 2.2.2011.

Töller, Annette Elisabeth (2008), »Kooperation im Schatten der Hierarchie. Dilematta des Verhandelns zwischen Staat und Wirtschaft«, in: Schuppert, Gunnar Folke/Zürn, Michael (Hg.), *Governance in einer sich wandelnden Welt. PVS – Politische Vierteljahresschrift. Sonderheft 41/2008*, Wiesbaden: VS-Verlag für Sozialwissenschaften, 282–312.

Torfing, Jacob (1999a), »Towards a Schumpeterian Workfare Postnational Regime: Path-Shaping and Path-Dependency in Danish Welfare State Reform«, *Economy and Society*, 28 (3): 369–402.

— (1999b), »Workfare with Welfare: Recent Reforms of the Danish Welfare State«, *Journal of European Social Policy*, 9 (1): 5–28.

— (2007), »Discursive Governance Networks in Danish Activation Policy«, in: Marcussen, Martin/Torfing, Jacob (Hg.), *Democratic Network Governance in Europe*, Houndmills/Basingstoke/Hampshire: Palgrave Macmillan, 111–129.

Trade Union Congress (2007), *Britain's Unions*, London: TUC.

Trampusch, Christine (2002), *Die Bundesanstalt für Arbeit und das Zusammenwirken von Staat und Verbänden in der Arbeitsmarktpolitik von 1952 bis 2001*. MPIfG Working Paper 02/5, Köln: Max-Planck-Institut für Gesellschaftsforschung.

— (2004), »Von Verbänden zu Parteien.Der Elitenwechsel in der Sozialpolitik«, *Zeitschrift für Parlamentsfragen*, 35 (4): 646–666.

— (2005), »Sozialpolitik in Post-Hartz Germany«, *WeltTrends*, 13 (47): 77–90.

— (2006), »Sequenzorientierte Policy-Analyse. Warum die Rentenreform von Walter Riester nicht and Reformblockaden scheiterte«, *Berliner Journal für Soziologie*, 16 (1): 55–76.

— (2007), »Industrial Relations as a Source of Solidarity in Times of Welfare State Retrenchment«, *Journal of Social Policy*, 36 (2): 197–215.

— (2008), »Status quo vadis? Die Pluralisierug und Liberalisierung der ›Social Politik‹: Eine Herausforderung für die politikwissenschaftliche und soziologische Sozialpolitikforschung«, in: Evers, Adalbert/Heinze, Rolf G. (Hg.), *Sozialpolitik. Ökonomisierung und Entgrenzung*, Wiesbaden: VS Verlag für Sozialwissenschaften, 186–207.

Triantafillou, Peter (2009), »Normalizing Active Employment Policies in the European Union«, *European Societies*, 10 (5): 689–710.

Trickey, Heather/Walker, Robert (2000), »Steps to Compulsion within British Labour Market Policies«, in: Lødemel, Ivar/Trickey, Heather (Hg.), *An Offer You can't refuse*, Bristol: The Policy Press, 181–214.

Trube, Achim (2003), »Vom Wohlfahrtsstaat zum Workfarestate – Sozialpolitik zwischen Neujustierung und Umstrukturierung«, in: Dahme, Heinz-Jürgen u.a. (Hg.), *Soziale Arbeit für den aktivierenden Staat*, Opladen: Leske + Budrich, 177–203.

Trubek, David M./Mosher, James S. (2003), »New Governance, Employment Policy, and the European Social Model«, in: Zeitlin, Jonathan/Trubek, David M. (Hg.), *Governing Work and Welfare in a New Economy. European and American Experiments*, Oxford: Oxford University Press, 33–59.

Tsebelis, George (1995), »Decision-Making in Political Systems: Veto Players in Presidentialism, Parliamentarism, Multicameralism, and Multipartyism«, *British Journal of Political Science*, 25 (3): 289–326.

— (2002), *Veto Players. How Political Institutions Work*, Princeton: Princeton University Press.

Undervisningsministeriet (2006), *Adult Vocational Training in Denmark*. www.uvm.dk/cgi/printpage/pf.cgi; abgerufen am 28.03.2007.

Undy, Roger (1999), »New Labour's ›Industrial Relations Settlement‹: The Third Way?«, *British Journal of Industrial Relations*, 37 (2): 315–336.

Ungerson, Clare (2000), »The Commodification of Care: Current Policies and Future Politics«, in: Hobson, Barbara (Hg.), *Gender and Citizenship in Transition*, London: Macmillan Press, 173–200.

Van Berkel, R./Hornemann Møller, I. (2002), *Active Social Policies in the EU: Inclusion Through Participation?*, Bristol: The Policy Press.

Van Berkel, R./Borghi, Vando (2008), »The Governance of Activation«, *Social Policy & Society*, 7 (3): 393–402.

van Berkel, Rik (2009), »The Provision of Income Protection and Activation Services for the Unemployed in ›Active‹ Welfare States. An International Comparison«, *Journal of Social Policy*, 39 (1): 17–34.

van Berkel, Rik u.a. (Hg.) (2011), *The Governance of Active Welfare States in Europe*, Houndmills/Basingstoke: Palgrave.

van Kersbergen, Kees (1995), *Social Capitalism. A Study of Christian Democracy and the Welfare State*, London/ New York: Routledge.

— (2000), »The Declining Resistance of Welfare States to Change?«, in: Kuhnle, Stein (Hg.), *Survival of the European Welfare State*, London

New York: Routledge, 19–37.

— (2002), »The Politics of Welfare State Reform«, *Swiss Political Science Review*, 8 (1): 1–20.

van Kersbergen, Kees/van Waarden, Frans (2004), »›Governance‹ as a Bridge between Disciplines: Cross-disciplinary Inspiration Regarding Shifts in Governance and Problems of Governability, Accountability and Legitimacy«, *European Journal of Political Research*, 43 (2): 143–171.

van Oorschot, Wim (2002), »Miracle or Nightmare? A Critical Review of Dutch Activation Policies and their Outcomes«, *Journal of Social Policy*, 31 (3): 399–420.

van Oorschot, Wim/Abrahamson, Peter (2003), »The Dutch and Danish Miracles Revisited: A Critical Discussion of Activation Policies in Two Small Welfare States«, *Social Policy & Administration*, 37 (3): 288–304.

Visser, Jelle/Hemerijck, Anton (1997), *A Dutch ›Miracle‹*, Amsterdam: Amsterdam University Press.

Visser, Jelle (2007), »Trade Union Decline and What Next. Is Germany a Special Case?«, *Industrielle Beziehungen*, 14 (2): 97–117.

Voges, Wolfgang u.a. (2000), »Uneven Development – Local Authorities and Workfare in Germany«, in: Lødemel, Ivar/Trickey, Heather (Hg.), *»An Offer You Can't Refuse«. Workfare in International Perspective*, Bristol: Policy Press, 71–104.

Voigt, Rüdiger (1996), *Des Staates neue Kleider. Entwicklungslinien moderner Staatlichkeit*, Baden-Baden: Nomos.

Volz, Joachim (2004), »Vorbild Dänemark? Eine Analyse der dänischen Wirtschaftspolitik«, *Wochenbericht des DIW Berlin*, 71 (3): 45–51.

Vorländer, Hans (2001), »Dritter Weg und Kommunitarismus«, *Aus Politik und Zeitgeschichte*, 16–17/2001: 16–23.

Wagner, Adolph (1993), *Grundlegung der Politischen Ökonomie. Teil I: Grundlagen der Volkswirtschaft*, Leipzig: C.F. Winter.

Wagner, Alexandra (2005), »Services and the Employment Prospects of Women«, in: Bosch, Gerhard/Lehndorff, Steffen (Hg.), *Working in the Service Sector. A Tale from Different Worlds*, London/New York: Routledge, 103–130.

— (2007a), *Ein-Euro-Jobs – eine Zwischenbilanz im Mai 2007, Monitor Arbeitsmarktpolitik*. www.monapoli.de; abgerufen am 3.12.2008.

— (2007b), *Erwerbstätige im SGB II-Leistungsbezug*. www.monapoli.de; abgerufen am 12.2. 2008.

Wagner, Susanne (2009), *Altersteilzeit.Beliebt, aber nicht zukunftsgerecht. IAB-Kurzbericht 8/2009*, Nürnberg: Institut für Arbeitsmarkt und Berufsforschung.

Wald, Andreas/Jansen, Dorothea (2007), »Netzwerke«, in: Benz, Arthur u.a. (Hg.), *Handbuch Governance. Theoretische Grundlagen und empirische Anwendungsfelder*, Wiesbaden: VS Verlag für Sozialwissenschaften, 93–106.

Wally, Stefan/Blümel, Barbara (2000), »Der Charakter der Texte ›Nationaler Aktionsplan‹ am Beispiel des Vergleichs Vereinigtes Königreich und Deutschland«, *Österreichische Zeitschrift für Politikwissenschaft*, 29 (3): 301–314.

Weaver, Kent/Rockman, Bert A. (Hg.) (1993a), *Do Institutions Matter? Government Capabilities in the United States and Abroad*, Washington: The Brookings Institution.

— (1993b), »Assessing the Effects of Institutions«, in: Weaver, Kent/Rockman, Bert A. (Hg.), *Do Institutions Matter? Government Capabilities in the United States and Abroad*, Washington: The Brookings Institution, 1–41.

Weber, Max (1988 (1904)), »Die ›Objektivität‹ sozialwissenschaftlicher und sozialpolitischer Erkenntnis«, in: Winckelmann, Johannes (Hg.), *Max Weber: Gesammelte Aufsätze zur Wissenschaftslehre*, Tübingen: JCB Mohr (Paul Siebeck) Verlag Tübingen, 146–214.

Wehner, Cecilie/Abrahamson, Peter (2003a), *Welfare Policies in the Context of Family Change. Policy. The Case of Denmark*. www.york.ac.uk/inst/spru/research/summs/welempfc.htm; abgerufen am 20.04.2004.

— (2003b), *Labour Supply. The Case of Denmark*. www.york.ac.uk/inst/spru/research/summs/welempfc.htm; abgerufen am 20.04.2004.

Weil, Markus (2004), »›The Learning Region‹ in Germany – Regional Networks as the new Forms of Governance in Adult Learning? A Case Study«, in: Husemann, Rudolf/Heikkinen, Anja (Hg.), *Governance and Marketisation in Vocational and Continuing Education*, Frankfurt am Main u.a.: Peter Lang, 191–201.

Wendt, Claus (1998), »Familienpolitik in Dänemark«, *Zeitschrift für Familienforschung*, 10 (2): 103–115.

Wendt, Claus u.a. (2005), *The Self-Regulatory German Health Care System between Growing Competition and State Hierarchy*. Transtate Working Papers No 32, Bremen: Collaborative Research Centre 597.

Wiesendahl, Elmar (2004), »Parteien und die Politik der Zumutungen«, *Aus Politik und Zeitgeschichte*, 40/2004: 19–24.

Wilensky, Harold (1975), *The Welfare State and Equality*, Berkeley: University of California Press.

— (1981), »Leftism, Catholicism, and Democratic Corporatism: The Role of Political Parties in Recent Welfare State Development«, in: Flora, Peter/Heidenheimer, Arnold (Hg.), *The Development of Welfare Sates in Europe and America*, New Brunswick: Transaction, 345–382.

Willetts, David (2004), *Conservative Thinking on Families with Young Children. Speech to The National Family & Parenting Institute Conference »Family Futures: Changing Families – Changing World« 17th June 2004*. www.davidwilletts.org.uk/record.jsp?sectionID=3&type=news&ID=167; abgerufen am 26.10.2007.

Williamson, Oliver E. (1979), »Transaction-Cost Economics: The Governance of Contractual Relations«, *Journal of Law and Economics*, 22 (2): 233–261.

Willke, Helmut (1987), »Entzauberung des Staates. Grundlagen einer systemtheoretischen Argumentation«, in: Ellwein, Thomas u.a. (Hg.), *Jahrbuch für Staats- und Verwaltungswissenschaft*, Baden-Baden: Nomos, 285–308.

— (1995), *Systemtheorie III: Steuerungstheorie*, Stuttgart/Jena: UTB Wissenschaft Fischer Verlag.

Wilthagen, Ton/Tros, Frank (2004), »The Concept of ›Flexicurity‹: A New Approach to Regulating Employment and Labour Markets«, *Transfer*, 10 (2): 166–186.

Windzio, Michael u.a. (2005), *Types of Governance in Education – A Quantitative Analysis*. TranState Working Papers No. 25, Bremen: Collaborative Research Centre 597.

Wolff, Joachim/Hohmeyer, Katrin (2006), *Förderung von arbeitslosen Personen im Rechtskreis des SGB II durch Arbeitsgelegenheiten: Bislang wenig zielgruppenorientiert*. IAB Forschungsbericht 10/2006, Nürnberg: Institut für Arbeitsmarkt und Berufsforschung.

Wood, Stewart (2001a), »Labour Market Regimes under Threat? Sources of Continuity in Germany, Britain, and Sweden«, in: Pierson, Paul (Hg.), *The New Politics of the Welfare State*, Oxford: Oxford University Press, 368–410.

— (2001b), »Business, Government, and Patterns of Labor Market Policy in Britain and the Federal Republic of Germany«, in: Hall, Peter A./Soskice, David (Hg.), *Varieties of Capitalism. The Institutional Foundations of Comparative Advantage*, Oxford: Oxford University Press, 247–274.

Working Group (2000), *Effects of Danish Employability Enhancement Programmes. Published by the Ministry of Labour*. www.am.dk/publikationen/default.sktml; abgerufen am 20.01.2001.

Wroblewski, Angela/Leitner, Sigrid (2003), *Umbau von Arbeitsgesellschaften. Eine Chance zur geschlechtergerechten Verteilung von Arbeit, Zeit und Einkommen. Projektbericht,* Wien: Institut für Höhere Studien.

WZB/Infas (2006), *Evaluation der Maßnahmen zur Umsetzung der Vorschläge der Hartz-Kommission, Modul 1a, Neuausrichtung der Vermittlungsprozesse, Ergebnisbericht 2005,* Berlin/Bonn: Wissenschaftszentrum Berlin.

Zacher, H.F (1987), »Das soziale Staatsziel«, in: Isensee, J.v/Kirchhof, P. (Hg.), *Handbuch des Staatsrechts der Bundesrepublik Deutschland*, Heidelberg: C. F. Müller Juristischer Verlag.

Zeitlin, Jonathan/Trubek, David M. (Hg.) (2003), *Governing Work and Welfare in a New Economy. European and American Experiments*, Oxford: Oxford University Press.

Zohlnhöfer, Reimut (2001), »Parteien, Vetospieler und der Wettbewerb um Wählerstimmen. Die Arbeitsmarkt- und Beschäftigungspolitik der Ära Kohl«, *Politische Vierteljahresschrift*, 42 (4): 655–682.

— (2003), »Rot-grüne Finanzpolitik zwischen traditioneller Sozialdemokratie und neuer Mitte«, in: Egle, Christoph u.a. (Hg.), *Das Rot-Grüne Projekt. Eine Bilanz der Regierung Schröder 1998–2002*, Wiesbaden: Westdeutscher Verlag, 193–214.

— (2007), »Zwischen Kooperation und Verweigerung: Die Entwicklung des Parteienwettbewerbs 2002–2005«, in: Egle, Christoph/Zohlnhöfer, Reimut (Hg.), *Ende des rot-grünen Projektes. Eine Bilanz der Regierung Schröder 2002–2005*, Wiesbaden: VS Verlag für Sozialwissenschaften, 124–150.

Zohlnhöfer, Reimut/Ostheim, Tobias (2007), »Politiktransfer durch die Europäische Beschäftigungspolitik?«, in: Holzinger, Katharina u.a. (Hg.), *Transfer, Diffusion und Konvergenzen von Politiken. PVS Sonderheft 38*, Wiesbaden: VS Verlag für Sozialwissenschaften, 327–347.

Zohlnhöfer, Reimut (2009), »Große Koalition: Durchregiert oder im institutionellen Dickicht verheddert?«, *Aus Politik und Zeitgeschichte*, 38/2009: 1–9.

Zolleis, Udo (2008), *Die CDU. Das politische Leitbild im Wandel der Zeit,* Wiesbaden: VS Verlag für Sozialwissenschaften.

Zürn, Michael (2005), *Regieren jenseits des Nationalstaates: Globalisierung und Denationalisierung als Chance. Gründungsschrift des Sfb »Staatlichkeit im Wandel« 2. Aufl.,* Frankfurt: Suhrkamp.

Anhang

Tabelle A: Ökonomisches Profil Dänemarks seit 1990

	1990	1993	1994	1996	1998	2000	2001	2002	2003	2004	2005	2006	2007	2008	2009
Inflation*	2,6	1,3	2,0	2,1	1,8	2,9	2,4	2,4	2,1	1,2	1,8	1,9	1,7	3,4	1,3
BIP	94,9	106,1	114,3	126,6	138,6	153.9	157.7	165.3	164.0	174,5	179,9	191,3	198,3	202,2	-
Reales BIP Wachstum	1,5	-0,1	5,5	2,8	2,2	3,5	0,7	0,5	0,4	2,3	2,4	3,3	1,6	-1,2	-
Haushaltssaldo	-1,3	-3,8	-3,3	-1,9	0,0	2,3	1,2	0,2	-0,1	1,9	5,0	5,0	4,5	3,4	-
Staats-verschuldung	66,4	85,0	78,9	76,6	69,7	57,1	55,0	55,3	53,6	50,1	42,3	38,3	31,6	39,8	45,3
Sozialausgaben	25,1	28,1	29,5	28,2	26,6	25,8	26,1	26,8	27,8	27,7	27,1	-	-	-	-
Handelsbilanz*	-	9,4	8,1	9,1	3,7	9,6	10,7	10,2	13,3	12,0	12,3	8,3	6,7	7,9	8,2
Produktivität	1,6	0,2	-1,8	3,0	3,8	0,2	4,4	3,7	2,2	1,1	2,8	2,3	5,2	6,2	-

Inflation: Consumer prices – all items, percentage change from previous period; BIP: Gross domestic product, annual, in millions of current prices and current PPPs (in USD); Reales BIP Wachstum: Gross domestic product (GDP), volume, annual growth rates in percentage; Haushaltssaldo: Difference between total general government revenue and total expenditure of general government, percentage of GDP; Staatsverschuldung: General government gross financial liabilities, as a percentage of GDP; Sozialausgaben: Social expenditure - aggregated data, in percentage of GDP; Handelsbilanz: Trade balances for goods and services, $ billion, national accounts basis ; Produktivität: Unit Labour Cost, total economy, annual growth rate.

Quelle: OECD Stat Extracts (2011); abgerufen am: 15.02.2010; *OECD (2009h).

Tabelle B: Ökonomisches Profil Großbritanniens seit 1990

	1990	1993	1994	1996	1998	2000	2001	2002	2003	2004	2005	2006	2007	2008	2009
Inflation*	7,0	2,5	2,0	2,5	1,6	0,8	1,2	1,3	1,4	1,3	2,0	2,3	2,3	3,6	2,2
BIP	934,2	1.021,7	1.087,7	1.217,9	1.362,8	1.535,4	1.630,5	1.713,7	1.777,5	1.902,2	1.972,3	2.065,1	2.131,5	2.186,5	-
Reales BIP Wachstum	0,8	2,2	4,3	2,9	3,6	3,9	2,5	2,1	2,8	2,8	2,1	2,8	3,0	1,3	-
Haushaltssaldo	-1,8	-8,0	-6,8	-4,3	-0,1	1,4	0,6	-1,9	-3,3	-3,3	-3,3	-2,6	-2,6	-4,9	-
Staats-verschuldung	32,3	48,7	46,8	51,2	52,5	45,1	40,4	40,8	41,2	43,5	46,1	45,9	46,9	56,8	71,0
Sozialausgaben	17,0	20,8	20,4	19,9	19,4	19,2	20,1	20,0	20,5	21,1	21,3	-	-	-	-
Handelsbilanz*	-	-9,5	-7,1	1,0	-11,3	-27,2	-34,6	-42,2	-42,7	-59,5	-77,7	-76,7	-90,1	-70,3	-48,5
Produktivität	9,3	0,5	-0,5	1,3	3,6	2,9	3,7	2,5	3,0	1,7	2,3	2,2	2,6	2,8	-

Inflation: Consumer prices – all items, percentage change from previous period; BIP: Gross domestic product, annual, in millions of current prices and current PPPs (in USD); Reales BIP Wachstum: Gross domestic product (GDP), volume, annual growth rates in percentage; Haushaltssaldo: Difference between total general government revenue and total expenditure of general government, percentage of GDP; Staatsverschuldung: General government gross financial liabilities, as a percentage of GDP; Sozialausgaben: Social expenditure - aggregated data, in percentage of GDP; Handelsbilanz: Trade balances for goods and services, $ billion, national accounts basis ; Produktivität: Unit Labour Cost, total economy, annual growth rate.

Quelle: OECD Stat Extracts (2011); abgerufen am: 15.02.2010; *OECD (2009h).

Tabelle C: Ökonomisches Profil Deutschlands seit 1990

	1990	1992	1994	1996	1998	2000	2001	2002	2003	2004	2005	2006	2007
Inflation	2,7	5,1	2,7	1,4	0,9	1,5	2,0	1,4	1,0	1,7	1,6	1,6	2,3
BIP	1.459,4	1.662,2	1.766,0	1.888,2	1.989,2	2.133,0	2.211,6	2.275,4	2.358,0	2.466,4	2.586,5	2.710,2	2.853,2
Reales BIP Wachstum	5,3	2,2	2,7	1,0	2,0	3,2	1,2	0,0	-0,2	1,2	0,8	3,2	2,5
Haushaltssaldo	-	-2,5	-2,3	-3,3	-2,2	1,3	-2,8	-3,6	-4,0	-3,8	-3,3	-1,6	0,2
Staats-verschuldung	-	40,9	46,5	58,8	62,2	60,4	59,7	62,1	65,3	68,7	71,1	69,2	65,3
Sozialausgaben	22,3	25,3	26,0	27,1	26,3	26,2	26,3	27,0	27,3	26,7	26,7	-	-
Handelsbilanz*	-	-9,2	2,7	22,0	29,6	7,0	38,4	93,4	98,2	137,9	147,0	167,4	237,9
Produktivität	2,6	6,3	0,5	0,6	0,1	0,3	0,4	0,4	0,7	-0,9	-0,9	-1,6	-0,3

Consumer prices – all items, percentage change from previous period; BIP: Gross domestic product, annual, in millions of current prices and current PPPs (in USD); Reales BIP Wachstum: Gross domestic product (GDP), volume, annual growth rates in percentage; Haushaltssaldo: Difference between total general government revenue and total expenditure of general government, percentage of GDP; Staatsverschuldung: General government gross financial liabilities, as a percentage of GDP; Sozialausgaben: Social expenditure - aggregated data, in percentage of GDP; Handelsbilanz: Trade balances for goods and services, $ billion, national accounts basis ; Produktivität: Unit Labour Cost, total economy, annual growth rate.

Quelle: OECD Stat Extracts (2011); abgerufen am: 15.02.2010; *OECD (2009h).

Staatlichkeit im Wandel

Sonderforschungsbereich der Universität Bremen

Philipp Knodel, Kerstin Martens, Daniel de Olano, Marie Popp (Hg.)
Das PISA-Echo
Internationale Reaktionen auf die Bildungsstudie
2010, 326 S., Band 16, ISBN 978-3-593-39327-8

Thorsten Hüller
Demokratie und Sozialregulierung in Europa
Die Online-Konsultationen der EU-Kommission
2010, 268 S., Band 15, ISBN 978-3-593-39173-1

Frank Nullmeier, Dominika Biegon, Jennifer Gronau, Martin Nonhoff, Henning Schmidtke, Steffen Schneider
Prekäre Legitimitäten
Rechtfertigung von Herrschaft in der postnationalen Konstellation
2010, 269 S., Band 14, ISBN 978-3-593-39211-0

Gunnar Folke Schuppert
Staat als Prozess
Eine staatstheoretische Skizze in sieben Aufzügen
2010, 190 S., Band 13, ISBN 978-3-593-39189-2

Alexander-Kenneth Nagel
Politiknetzwerke und politische Steuerung
Institutioneller Wandel am Beispiel des Bologna-Prozesses
2009, 326 S., Band 12, ISBN 978-3-593-39039-0

Nicole Deitelhoff, Jens Steffek (Hg.)
Was bleibt vom Staat?
Demokratie, Recht und Verfassung im globalen Zeitalter
2009, 336 S., Band 11, ISBN 978-3-593-39017-8

Bernhard Zangl (Hg.)
Auf dem Weg zu internationaler Rechtsherrschaft?
Streitbeilegung zwischen Politik und Recht
2009, 328 S, Band 10, ISBN 978-3-593-38915-8

Alexandra Lindenthal
Leadership im Klimaschutz
Die Rolle der Europäischen Union in der internationalen Umweltpolitik
2009, 303 S., Band 9, ISBN 978-3-593-38886-1

Sebastian Mayer
Europäische Sicherheitspolitik jenseits des Nationalstaats
Die Internationalisierung von Präventions- und Interventionsmaßnahmen in NATO und EU
2009, 310 S., Band 8, ISBN 978-3-593-38890-8

Achim Hurrelmann, Stephan Leibfried, Kerstin Martens, Peter Mayer (Hg.)
Zerfasert der Nationalstaat?
Die Internationalisierung politischer Verantwortung
2008, 359 S., Band 7, ISBN 978-3-593-38742-0

Susanne Uhl
Die Transformation nationaler Steuersysteme in der Europäischen Union
2008, 228 S., Band 6, ISBN 978-3-593-38615-7

Jörg Richard Werner
Unternehmenspublizität und Corporate Governance im Wandel
Staatliche Steuerungsmodelle im internationalen Vergleich
2008, 289 S., Band 5, ISBN 978-3-593-38616-4

Mehr Informationen unter
www.campus.de/wissenschaft

campus
Frankfurt · New York

Politikwissenschaft

Evelyn Bytzek, Sigrid Roßteutscher (Hg.)
Der unbekannte Wähler?
Mythen und Fakten über das Wahlverhalten der Deutschen
2011, 319 Seiten, ISBN 978-3-593-39382-7

Emanuel Richter
Was ist politische Kompetenz?
Politiker und engagierte Bürger in der Demokratie
2011, 284 Seiten, ISBN 978-3-593-39423-7

Joachim Raschke, Ralf Tils
Politik braucht Strategie – Taktik hat sie genug
Ein Kursbuch
2011, 263 Seiten, ISBN 978-3-593-39420-6

Berit Bliesemann de Guevara, Tatjana Reiber (Hg.)
Charisma und Herrschaft
Führung und Verführung in der Politik
2011, 250 Seiten, ISBN 978-3-593-39378-0

Christoph Butterwegge
Armut in einem reichen Land
Wie das Problem verharmlost und verdrängt wird
2., aktual. Auflage 2011, 391 Seiten, ISBN 978-3-593-39381-0

Mehr Informationen unter
www.campus.de/wissenschaft

campus
Frankfurt · New York